21세기 기업을 위한

마케팅의 이해

윤 훈 현 저

청목출판사

저자 서문

미국의 금융위기로 미래를 전혀 예측할 수 없는 세계적인 불경기 속에서 내수시장은 계속 침체되고 있으며 또한 우리 경제의 견인차 역할을 해온 수출시장마저도 큰 위기에 봉착되어 있다. 세계적인 금융위기의 파고 속에서 한국의 기업들이 자신들의 위치를 지키기 위해서는 무엇보다도 마케팅의 원칙을 고수하는 것일 것이다.

제품과 판매 그리고 영업에만 지나치게 몰입하여 마케팅의 진정한 의미와 철학 그리고 복합적 마케팅이 지향해야 할 철학을 무시하고 있다는 것은 세계적, 국가적, 기업적 차원에서의 위기를 슬기롭게 해결할 수 없음을 보여주는 것이다. 그것은 분명 실천의 기본인 마케팅 문화가 정착되어 있지 않았기 때문으로써, 원리와 원칙보다는 단기적이며 임기응변적 조치에만 지나치게 치중한 결과라고 할 수 있다.

한국의 기업들, 대기업은 물론이고 중소기업이나 벤처기업들은 마케팅이라는 미명하에 판매철학에만 몰두하고 있다. 분명 마케팅 부서가 존재하고 있지만 판매부와 영업부가 상위 부서로 확고한 자리를 차지하고 있는 것이 현실이다. 이러한 철학의 부재는 도덕불감증에 사로잡힌 비윤리적인 기업으로 하여금 부도덕한 작태를 드러나게 하며, 한때 번창했던 기업이 어느 날 몰락하여 사회 전체에 부정적이며 역기능적인 영향을 미치고 있다.

지속가능경영이라는 새로운 패러다임 속에서 거대한 다국적기업들은 우리 기업들로 하여금 선진형 마케팅 관리를 실행하도록 시사하고 요구하고 있지만, 현재 우리 기업들은 모방은커녕 받아들일 자세조차도 갖춰져 있지 않을 뿐만 아니라 아직까지도 이론과 겉모양으로만 실행하고 있다. 말과 글로만 나타나는 고객가치 창조와 고객만족은 고객가치와 고객만족의 진정한 의미를 상실한 채 진행되고 있는 것이 우리 기업들의 현실이다.

이에 본서는 거창한 마케팅 철학을 제시하는 것이 아니라, 마케팅을 공부하는 대학생 그리고 기업의 구성원들로 하여금 마케팅의 진정한 의미와 철학을 이해할 수 있도록 가장 기본이 되는 마케팅의 원리 · 원칙을 알기 쉽게 전달하여 실무에 적용하는데 일조하는 것을 목적으로 한다.

이러한 목적을 달성하기 위해 마케팅의 원리와 원칙을 대학생들과 기업의 구성원들이 쉽게 이해할 수 있도록 전개하고, 또한 이해를 돕기 위해 한국의 기업과 선진외국의 기업을 사진으로 제공하였다. 또한 먼저 마케팅의 기본적인 원리·원칙을 제시한 후, 그 원칙을 적용한 마케팅 전략을 4P 요인에 따라 전개하였으며, 마지막으로 마케팅이 사회전체에 대해 필시 행해야 할 사회적 책임을 제시하였다.

그러나 유감스럽게도 마케팅이라는 학문이 우리의 고유 학문이 아니라 선진외국 특히 미국에서 발달된 학문이므로, 그 전개와 흐름이 미국의 마케팅 교재의 범위를 벗어나지 못하고 있는 것이 현실이다.

이에 따라 본서도 그 범위를 벗어나지 못하고 있음을 인정한다. 그러나 더 중요한 것은 선진기업의 사례와 선진국가의 많은 마케팅 교과서에서 연구된 결과를 배울 수 있다는 것은 그나마 다행스러운 것이다.

본인은 마케팅의 세계적 석학인 Kotler교수의 여러 교과서를 20년 동안 번역한 경험이 있어, 이 경험을 토대로 하여 Kotler교수의 여러 마케팅 교과서가 제시하는 마케팅의 철학과 원칙에 기초하여 본서를 저술하게 되었음을 밝히며, 그에 추가하여 한국기업의 사례를 첨부하여 설명하였다.

본서를 발간할 수 있도록 허락해 주신 청목출판사의 유성렬 사장님을 포함하여 임직원 여러분의 정성과 노고에 감사드린다.

끝으로 항상 가정의 건강함, 기쁨과 슬픔을 인내와 사랑으로 해결해 가며, 본서를 집필할 수 있도록 헌신적으로 내조해 준 아내, 혜정에게 마음속 깊이 고마움을 느끼며, 미국에서 공부에 열중하고 있는 연구의 동반자인 아들 영삼, 영삼의 어려움을 나누는 연진, 그리고 항상 귀여운 웃음을 선사하는 손녀 채영, 또한 생활의 활력을 주고 새로운 기쁨을 주는 외손자인 이결과 이협, 두 아들을 지혜롭고 건강하게 키우고 있는 딸 주연, 그리고 희망스러운 미래를 향해 너무나 고생하며 노력하는 사위 범규 등 모든 가족들에게 고맙다는 말 이외에는 더 이상의 표현이 없을 것 같다. 모두의 고마움과 도움 덕분에 이 책이 탄생되었다.

2009. 1.

저자 윤훈현

차 례

제2부 마케팅 환경과 정보

제 4 부 마케팅 영역의 확대

제 1 부

마케팅과 마케팅의 정의

1
chapter

마케팅의 정의

성공한 기업은 고객에게 기업의 모든 노력을 집중하고, 마케팅에 몰입한다는 공통점을 갖고 있다. 이 기업들은 잘 정의된 표적시장에서 고객의 욕구를 충족시키는 데 최선을 다하고 있다. 이것은 탁월한 고객가치를 창조하고 또한 고객만족을 기반으로 지속적으로 고객관계를 구축하는 데 기업의 전 구성원들이 참여하도록 동기를 부여한다는 것이다.

제1절 마케팅의 의미

기업의 어떤 기능보다도 마케팅은 고객을 서브하고 있다는 것에서 중요하다. 이에 따라서 마케팅의 의미는 수익성 있는 고객관계를 관리하는 과정으로 요약할 수 있는데, 이는 마케팅이 두 가지 목표를 가지고 있다는 것이다. 첫째는 탁월한 가치를 제공하여 신규고객을 유인하고 유치(seeking)하는 것, 둘째는 만족을 제공하여 기존고객을 유지하며 키워나가는(keeping) 것이다.

Wal-Mart사는 항상 저가격을 제공하겠다는 약속을 실제로 실행하였고, Disney사는 오늘 꿈을 실현해 주겠다는 약속을 실천하였으며, Dell사는 고객과의 직접거래를 일관되게 실현하여 세계적인 기업이 되었다. 즉 성공한 우량기업은 고객에게 항상 관심을 기울이고 실천하면 높은 시장점유율과 이익을 창출할 수 있다는 철학을 알고 있다.

복합적 마케팅은 조직 유형과는 관계없이 기업성공의 핵심요소이다. 영리기업뿐만 아니라 비영리조직도 마케팅을 활용하고 있다는 사실이 이를 증명한다.

우리는 어느 때, 어느 곳에서든지 마케팅 활동을 볼 수 있다. 그러나 마케팅은 우리 소비자들의 눈에 보이는 것 이상의 활동과 의미를 포함한다. 즉 당신의 눈을 사로잡는 것 이면에는 당신의 주의와 구매를 유인하기 위해 서로 경쟁하며, 또한 활동하는 대규모한 네트워크가 존재한다.

1. 마케팅의 정의

많은 사람들은 마케팅을 판매와 광고라고 생각한다. 그 이유는 TV광고, 직접우편광고, 판매원 방문, 인터넷 광고의 홍수 속에 살고 있기 때문이다. 그러나 판매와 광고는 마케팅이라는 빙산의 일부에 지나지 않는다.

따라서 마케팅은 판매라는 오래된 개념에서 벗어나 고객욕구를 충족시키는 과정이라는 새로운 관점에서 이해되어야 한다. 즉 마케팅 기업과 마케팅 관리자가 고객욕구를 간파하고 탁월한 고객가치를 제공하는 제품과 서비스를 개발하고, 효과적인 가격전략, 유통경로 전략, 촉진전략을 개발, 수립한다면, 제품과 서비스는 용이하게 판매될 것이다. 즉 마케팅의 목적은 판매노력을 불필요하게 만드는 것이다. 따라서 판매와 광고는 마케팅 믹스(marketing mix) 중의 일부분이라는 것이다. 마케팅 믹스란 고객의 욕구를 충족시키고 고객관계를 구축하기 위해 사용되는 통제 가능한 마케팅 도구들의 집합이다.

광의의 의미에서 볼 때, 마케팅(marketing)은 다른 사람과 함께 가치 있는 제품과 서비스를 창조하고, 제공하며 또한 자유롭게 교환함으로써 개인과 집단이 요구하고 필요로 하는 것을 획득하도록 하는 사회적 과정이다. 이와는 대조적으로 기업과 관련하여 좁은 의미에서 볼 때, 마케팅은 수익성과 가치를 창출하는 고객과의 교환관계를 구축하는 과정이다.

본서에서는 상기의 두 가지 의미를 결합하여, 마케팅이란 기업이 고객을 위해 가치를 창조하고 또한 고객만족을 통해 강력한 고객관계를 구축함으로써, 그 대가로 고객으로부터 상응한 가치를 획득하는 과정이라고 정의한다.

2. 마케팅 과정

과정으로 정의되는 마케팅 과정은 〈그림 1-1〉과 같이 5단계로 구성된다.

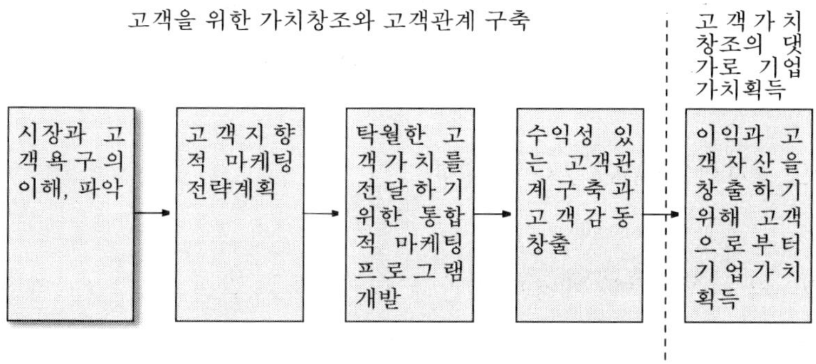

〈그림 1-1〉 마케팅 과정 모형

앞의 4단계를 통해 마케팅 기업은 고객과 시장을 이해, 파악하고, 이를 기초로 하여 고객지향적 마케팅 전략을 계획, 수립함과 동시에 탁월한 고객가치를 전달하기 위해 세부격인 통합적 마케팅 프로그램을 개발하여 수익성을 창출하는 고객관계를 구축하기 위해 노력하여 고객감동을 창출한다. 마지막 단계에서 기업은 탁월한 고객가치를 창출한 대가로 보상을 받게 된다. 즉 고객을 위한 가치창조를 통해 기업은 그 대가로 고객으로부터 상응한 가치, 즉 매출, 이익, 장기적인 고객자산을 획득하게 된다.

제2절 시장과 고객욕구의 이해와 파악

마케팅 기업은 마케팅 과정의 첫 단계에서 고객의 욕구 그리고 고객과의 거래가 이루어지는 시장을 이해하고 파악해야 한다. 고객과 시장은 5가지 핵심개념 즉 ① 1차적 욕구(needs), 2차적 욕구(wants), 수요(demand) ② 마케팅 제공물(marketing offerings: 제품, 서비스, 경험 등), ③ 가치(value)와 만족(satisfaction), ④ 교환(exchange)과 관계(relationship), ⑤ 시장(market) 등으로 구성된다.

1. 고객의 1차적 욕구와 2차적 욕구

마케팅의 가장 기초적인 개념은 인간의 욕구이다. 사람의 1차적 욕구(needs: 본원적 욕구)란 부족하다고 느끼는 상태를 말한다. 인간의 1차적 욕구는 음식, 옷, 따뜻함과 안전을 원하는 생리적 욕구, 소속감과 애정을 원하는 사회적 욕구, 지식과 자기표현을 추구하는 개인적 욕구 등 다양하다.

2차적 욕구(wants : 구체적 욕구)는 문화와 개인의 개성에 영향을 받아 형성된 구체적인 욕구형태를 말한다. 2차적 욕구는 문화 등에 영향을 받으므로 국가에 따라 욕구 형태가 상이하게 나타난다. 예를 들어, 음식에 대한 2차적 욕구에 대해 미국 소비자는 빅맥, 프랜치 프라이, 청량음료 등의 욕구가 생기지만, 한국 소비자는 설렁탕, 비빔밥, 자장면, 막걸리 등의 욕구가 생긴다. 즉 2차적 욕구는 그 소비자가 속한 사회에 따라 상이하게 형성되며, 1차적 욕구를 충족시키는 구체적인 수단이다.

수요(demand)는 구매력을 가진 2차적 욕구를 의미한다. 2차적 욕구와 이 욕구를 충족시킬 수 있는 구매력을 가진 사람은 가장 가치가 크고 또한 만족을 제공할 수 있는 이점(benefit : 혜익)을 갖춘 제품을 구입하고자 한다.

탁월한 마케팅 역량을 가지고 있는 마케팅 기업은 고객의 1차적 욕구, 2차적 욕구 그리고 수요를 파악하고 이해하기 위해 노력한다. 마케팅 기업은 고객조사를 하고,

수집된 고객자료를 분석한다. 그리고 조직의 전 구성원은 고객과 가까이 있기 위해 노력한다. 예를 들어, 미국의 Southwest Airlines사의 임원들은 매 분기마다 한 번씩 수화물을 처리하고, 발권업무에 참여하고, 직접 승무원 역할을 수행한다. Harley-Davidson사의 회장은 정기적으로 Harley 고객들과 함께 Harley 오토바이를 타며, 그런 활동을 통해 피드백과 아이디어를 얻는다.

2. 시장제공물 - 제품, 서비스, 경험

소비자의 욕구를 충족시키는 시장제공물(market offerings)이란 고객의 욕구를 충족시키기 위해 시장에 제공되는 제품, 서비스, 정보, 경험의 조합을 말한다.

시장제공물은 유형적 제품(goods)에 국한되는 것은 아니며, 판매하기 위해 제공되는 무형적 활동이나 서비스도 포함된다. 예를 들어, 은행, 항공사, 호텔, 세무서비스, 집수리, 보험, 병원, 광고대행사 등의 서비스도 시장제공물에 해당된다. 따라서 시장제공물에는 사람, 장소, 조직체, 정보, 아이디어, 경험 등의 대상물도 포함된다. 예를 들어, 어떤 은행이 은행업무 서비스를 제공할 뿐만 아니라 자선단체에게 겨울용 의류를 기부하도록 요청하는 광고를 한 경우, 그 은행의 시장제공물은 형편이 어려운 사람들이 겨울을 따뜻하게 지낼 수 있도록 돕는 것이다.

많은 마케팅 기업들이 고객에게 제공되는 유형적인 제품에만 주의를 기울이고, 그 제품으로 고객이 획득하는 이점(혜익)과 경험이 중요하다는 사실을 소홀히 여기는 실수를 저지르고 있다. 그 기업은 마케팅 근시안(marketing myopia)으로 인해 마케팅 성과를 성취하는데 어려움을 겪는다. 즉 그 기업은 제품 자체에 지나치게 집중하여 고객의 2차적 욕구에만 주의를 기울임으로써 그 고객이 제품을 구매하는데 근본이 되는 1차적 욕구를 망각하게 된다. 따라서 제품이란 소비자가 당연한 문제를 해결하는 하나의 수단에 불과하다는 것이다. 즉 드릴 제조업자는 고객이 드릴을 원하고 있다고 생각하지만, 고객이 진정으로 원하는 것은 드릴을 사용하여 얻게 되는 구멍이라는 사실이다. 결론적으로 마케팅 근시안에 사로잡힌 기업은 고객의 욕구를 더 잘 충족시키거나, 또는 더 저렴하게 충족시킬 수 있는 신제품만을 개발하고 선호한다. 즉 그 기업은 제품에만 몰두한 나머지 그 제품이 주는 진정한 이점을 무시하는 것이다.

현명한 마케팅 관리자는 제품과 서비스의 속성 그 이상에 주의를 기울인다. 즉 그들은 제품과 서비스를 잘 결합하여 상표경험(brand experiences)을 창조하려고 한다. 예를 들어, Disney World와 서울대공원 그리고 Harley-Davidson 오토바이와 Honda 오토바이는 고객에게 경험을 판매한다. 소비자는 단순히 자동차 경주나 프로 농구경기 등을 관전하는 것이 아니라 그 경기가 주는 경험에 열광하는 것이다. 즉 소비자는 제품속성과 이점 그 이상을 원하며, 해결방법을 원한다. 그들은 기쁨을 주는 쇼핑경험, 사용경험, 서비스 경험을 기대하는 등 상표경험을 원하고 있으므로, 마케팅 기업은 상표경험을 창조해야 한다.

상기와 같은 의미에서 볼 때, PC는 단순하게 전선과 전자부품의 결합체 그 이상이라는 것이다. PC는 개인적인 사용경험을 제공하는 것으로서, 개인적 용도로 사용되며, 사용자를 지원하는 두뇌로서 사용자의 삶의 한 부분으로 원하는 환상적인 전략, 제안서 작성, 계산하는 등 이용자의 하루 생활을 전부 담을 수 있다는 것이다.

3. 고객가치와 고객만족

소비자는 자신의 욕구를 충족시킬 수 있는 수많은 제품과 서비스 등에 직면하고 있다. 그 경우 소비자는 수많은 시장제공물들 중에서 특정한 제공물을 선택하게 되는데, 고객은 각 시장제공물이 전달하는 가치와 만족에 대한 기대가치(기대치)를 형성하고, 이것을 토대로 구매한다. 만족한 고객은 재구매를 할 것이고, 다른 사람에게 자신의 긍정적인 경험을 이야기한다. 그러나 불만족한 고객은 경쟁자에게로 변경하고, 자신의 부정적인 경험을 다른 사람에게 악담한다.

따라서 마케팅 기업은 올바른 기대수준을 정해야 한다. 기대수준을 너무 낮게 정하면 자사 제품이 구매자를 쉽게 만족시킬 수 있지만 고객을 충분히 끌어들이지 못할 수 있다. 이에 반해 고객의 기대수준을 너무 높이면, 구매자는 실망할 가능성이 높다. 결론적으로 볼 때, 고객가치와 고객만족은 고객관계를 구축하고 관리하는데 있어 기초가 되는데, 상기의 두 가지 핵심개념은 본 장의 후반부에서 상세하게 연구한다.

4. 교환과 관계

마케팅은 사람들의 교환을 통해 자신의 욕구를 충족시키고자 할 때 발생한다. 교환(exchange)이란 거래 상대방으로부터 자신이 원하는 대상물을 획득한 대가로 이에 상응하는 대상물을 제공하는 행위이다. 이렇게 볼 때, 마케팅 기업은 시장제공물에 대한 반응을 이끌어 내기 위해 노력하는데, 반응에는 제품과 서비스를 구매하는 것 또는 거래를 이끌어 내는 것 그 이상이 포함된다. 예를 들어, 정치 후보자는 자신에게 투표하도록 하거나, 교회는 새로운 신자를 오도록 하며, 대학교는 신입생이 지원하도록 하며, 사회운동이 아이디어를 받아들이도록 이끌어 내는 것도 반응이다. 결론적으로, 마케팅은 표적청중과의 바람직한 교환관계를 구축하고 계속 유지하기 위해 취하는 활동으로 구성된다.

따라서 마케팅의 목적은 단순히 새로운 고객을 유인하여 거래를 창출하는 것에 한정하는 것이 아니라, 고객과의 관계(relationship)를 조성하는 것도 포함된다. 그러므로 마케팅 기업은 탁월한 고객가치를 항상적으로 창조하고 제공함으로써 강력한 관계를 구축해야 한다.

5. 시장

교환 및 관계의 개념은 시장이라는 개념과 연결되어야 한다. 시장(market)이란 제품의 실제 구매자와 잠재 구매자의 집합으로서, 여기에서 구매자는 교환 관계를 통해 충족하고자 하는 특별한 욕구를 가지고 있다.

마케팅은 수익성 있는 고객관계를 창출하기 위해 시장을 관리하는 것이므로 관계를 창출하기 위해서 마케팅 기업은 많은 노력을 해야 한다. 즉 마케팅 기업은 구매자를 탐색하고, 그의 욕구를 간파하고, 좋은 시장제공물을 설계하고, 이에 상응하는 가격을 책정하고, 시장제공물을 적절한 점포를 선정하여 유통시키고, 촉진해야 한다. 즉 제품개발, 마케팅 조사, 커뮤니케이션, 유통, 가격결정, 서비스 등의 활동은 핵심적인 마케팅 활동이다.

일반적으로 마케팅은 마케팅 기업(판매업자)이 수행하는 것으로 생각하지만 구매자도 구매대리인(마케팅 중간상 등)도 마케팅 활동을 수행한다. 즉 소비자는 원하는 재화를 원하는 가격으로 구입하기 위해 노력하며, 구매대리인도 적절한 판매업자를 물색하여 좋은 조건으로 협상하는 등 마케팅 활동을 한다.

〈그림 1-2〉는 현대 마케팅 시스템의 구성요소를 보여주는데, 마케팅은 경쟁사와 함께 최종 소비자를 대상으로 행하는 활동이다. 즉 자사와 경쟁사는 각각 자신의 제공물과 메시지를 전달하는데, 이러한 노력은 마케팅 중간상을 통해 이루어지거나, 또는 직접 이루어진다. 또한 마케팅 시스템의 모든 구성원들은 중요한 환경요인(인구통계적, 경제적, 기술적, 정치적 · 법적, 사회 · 문화적 환경요인)에 영향을 받는다.

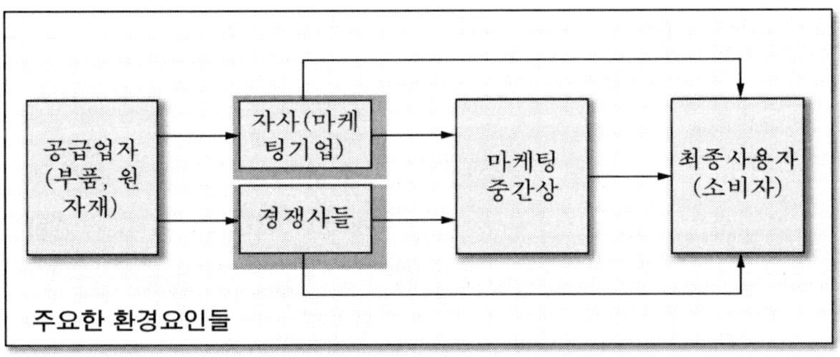

〈그림 1-2〉 현대 마케팅 시스템의 구성요소

시스템의 각 구성원은 다음 단계의 구성원을 위해 가치를 창조하므로 〈그림 1-2〉의 화살표는 각 구성원이 개발 · 관리해야 할 관계를 나타낸다. 이렇게 볼 때, 마케팅 기업이 수익성 있는 관계를 구축하느냐의 성공여부는 자신의 활동뿐만 아니라 최종 소비자의 욕구를 충족시키기 위한 전체 시스템의 상호협력의 수준에 의해서 결정된다. 예를 들어, E-마트는 협력업체(vendor)가 저비용으로 상품을 제공해 주지 않으면, 저가격을 실현할 수 없으며, Toyota 자동차는 판매상이 탁월한 판매활동과 서비스를 제공하지 못하면 승용차 구매자에게 좋은 품질의 제품을 제공할 수 없다.

제3절 고객지향적 마케팅 전략 수립

소비자와 시장을 완벽하게 이해해야만, 마케팅 관리자는 고객지향적 및 복합적 마케팅 전략을 수립할 수 있다.

마케팅 관리(marketing management)란 표적시장을 선정하고, 그들과 수익성 있는 관계를 구축하는 과정이므로, 마케팅 관리자는 탁월한 고객가치를 창조, 전달, 의사소통함으로써 표적고객을 찾아내고, 유인하고, 유지하고, 키워나가는 것을 목표로 한다.

따라서 성공적인 마케팅 전략을 수립하기 위해 마케팅 관리자는 두 가지 핵심적인 문제, ① 어떤 고객을 대상으로 할 것인가(자사의 표적시장은 누구인가) ② 선정된 고객에게 어떻게 최선을 다할 것인가(자사의 가치제안은 무엇인가)에 대해 답을 할 수 있어야 한다.

1. 표적고객 선정

기업은 우선 표적고객을 결정해야 한다. 표적고객의 선정은 시장세분화와 시장표적화를 통해 이루어진다. 즉 전체시장을 동질적인 고객집단으로 세분화하는 시장세분화 작업 그리고 그 세분시장들 중에서 특정한 세분시장을 선정하는 시장표적화 작업으로 이루어진다.

어떤 사람은 가능한 한 많은 고객을 찾아내고 수요를 증대시키는 것을 마케팅 관리라고 생각하지만, 현명한 마케팅 관리자는 모든 고객을 잘 서브하고 충족시킬 수 없다는 것을 알고 있다. 이에 마케팅 기업은 자사가 잘 서브할 수 있는 고객만을 선택하고 그 고객을 표적고객으로 정하여 수익을 실현한다.

일부 마케팅 기업은 고객의 수를 감소시키고 수요를 감소시키려고 한다. 예를 들어, 전력회사는 여름철 피크 사용시간 동안 고객의 수요를 맞추는데 어려움에 봉착하기도 한다. 이렇게 초과수요가 발생하는 경우, 마케팅 기업은 디마케팅을 행하는데, 디마케팅(demarketing)이란 고객의 수를 줄이거나 고객의 수요를 일시적 또는 영구적으로 없애도록 노력하는 것이다.

결론적으로, 마케팅 관리자는 어떤 고객을 표적고객으로 할 것인가 그리고 고객수요의 수준, 수요발생 시점, 수요의 본질을 결정해야 한다(〈표 1-1〉 참조). 요약하면, 마케팅 관리란 고객관리(customer management)와 수요관리(demand management)라고 할 수 있다.

〈표 1-1〉 수요상황과 대응적 마케팅 과업

1. **부정적 수요** : 시장의 주요 부분이 특정제품을 싫어하고, 어떤 대가를 지불하더라도 그것을 피하려고 할 때, 그 시장은 부정적 수요상황에 있는 것이다. 사람들은 예방접종, 치과, 정관수술, 담낭수술에 부정적인 수요를 갖고 있다. 고용주는 작업자로서 전과자나 음주노동자에 대해 부정적 수요를 갖는다. 이런 상황에서 마케팅 직무는 왜 시장이 그 제품을 싫어하는가를 분석하여 제품의 재디자인, 저가격 및 보다 적극적인 촉진 등을 포함한 마케팅 프로그램이 그 시장의 신념과 태도를 바꿀 수 있는가를 분석하는 것이다.

2. **무 수요** : 표적소비자가 특정제품에 대해 알지 못하거나, 또는 무관심할 수도 있다. 즉 농부는 새로운 영농방법에 관심이 없을 수 있고, 대학생은 외국어 과목 수강에 흥미가 없을 수도 있다. 이 경우, 마케팅 직무는 그 제품의 이점을 사람들의 자연적인 욕구 및 관심과 연결시킬 수 있는 방법을 찾는 것이다.

3. **잠재 수요** : 많은 소비자들은 현존제품으로 충족할 수 없는 강한 욕구를 갖고 있다. 즉 해가 적은 담배, 보다 다정한 이웃, 연비가 높은 자동차 등에 대한 강한 잠재적 수요가 있다. 이 때 마케팅의 직무는 잠재시장의 규모를 측정하여 그 수요를 충족시킬 수 있는 재화와 서비스를 개발하는 것이다.

4. **감소 수요** : 조만간 기업들은 자사 제품 중 하나 또는 몇 개의 제품에 대한 수요가 감소하는 상황에 직면하게 된다. 교회는 신도가 감소하고, 사립대학도 지원자가 감소하고 있다. 이에 마케팅 관리자는 시장수요가 감소하는 원인을 분석하고, 새로운 표적시장의 발견, 제품특성의 변화, 보다 효과적인 의사소통방법의 개발 등을 통해 수요를 재생시킬 수 있는가를 결정해야 한다. 즉 마케팅 직무는 그 제품에 대한 창의적인 재마케팅을 통해서 감소하는 수요를 부활시키는 것이다.

5. **불규칙 수요** : 많은 조직들은 수요가 계절별, 일별, 시간별로 변화하는 현상에 직면하게 되는데, 이에 따라 유휴설비 또는 초과작업 등의 문제가 야기된다. 즉 대중교통의 경우, 러시아워가 아닌 시간에는 대부분의 차량이 쉬고 있으나 러시아워에는 차량이 부족하다. 박물관은 주중에는 손님이 적고 주말에는 혼잡하다. 이 경우, 동시적 마케팅이라고 하는 마케팅의 직무는 변동가격, 촉진 그리고 기타 보상제도 등을 이용하여 수요의 시간적 패턴을 변경시킬 수 있는 방법

을 찾는 것이다.

6. **완전 수요** : 조직은 충분한 판매고로 사업에 만족을 느낄 수 있는 완전한 수요상황을 가질 수 있다. 마케팅 직무는 소비자의 선호가 변화하고, 경쟁이 심화되는 상황에 직면할 때, 현재의 수요수준을 유지하는 것이다. 즉 조직은 자기의 질적 수준을 유지·향상하여야 하며, 또한 끊임없이 소비자만족을 측정해야 한다.

7. **초과수요** : 어떤 조직은 그들이 처리할 수 있거나, 처리하기를 원하는 수준보다 높은 수준의 수요에 직면한다. 요세미트 국립공원은 여름에 너무 많은 사람들로 붐빈다. 이 경우, 소위 억제 마케팅이라고 하는 마케팅 직무는 수요를 일시적 또는 영구적으로 줄이는 방법을 찾는 것이다. 일반적 억제 마케팅은 초과수요를 실망시키기도 하며, 가격을 인상하고, 또한 촉진과 제품을 줄이는 조치를 취한다. 반면에 선택적 억제 마케팅은 시장 중에서 수익성이 낮은 시장이나, 제품에 대한 욕구가 적은 부분의 수요를 줄이려는 것이다.

8. **불건전 수요** : 조직화된 노력을 통해서 건전하지 못한 제품의 소비를 저지할 수 있다. 담배, 술, 해로운 약품, 권총, 지나친 성적 영화 및 대가족 제도 등에 대해 불매운동이 행해진다. 이 경우, 마케팅 직무는 어떤 것을 좋아하는 사람들에게 두려운 메시지, 가격인상, 구입 가능성 억제와 같은 방법 등을 사용하여 그것을 포기하도록 하는 것이다.

자료원: Philip Kotler, "The Major Tasks of Marketing Management", *Journal of Marketing*, October 1973, pp. 42-49, and Philip Kotler and Sidney J. Levy, "Demarketing, Yes, Demarketing", Harvard Business Review, November-December 1971, pp. 74-80.

2. 가치제안 선택

마케팅 기업은 표적고객에게 무엇을 제공할 것인가를 결정해야 하는데, 이에는 ① 차별화 방법 ② 시장에서 자사제품의 위치화를 선택하는 것이 포함된다. 기업의 가치제안(value proposition)이란 소비자의 욕구를 충족시키기 위해 기업이 제공하겠다고 약속한 이점(benefit) 또는 가치의 집합을 의미한다(〈표 1-2〉 참조).

〈표 1-2〉 가치제안의 예

기업	가치제안
Saab 자동차	탁월한 운전성능과 짜릿함
BMW 자동차	고급서러움과 품위
제네시스	연표경제성과 고급스러움
옥수수 수염차	웰빙과 자연의 원료
Red Bull 에너지 드링크	정신적, 육체적 피로의 해소

이러한 가치제안은 경쟁자의 상표와 차별화시키는데, 이것은 고객이 경쟁자 상표

가 아니라 자사 상표를 구입해야 할 이유에 대한 답을 준다. 따라서 마케팅 기업은 표적시장 내에서 최고의 경쟁우위를 제공하는 강력한 가치제안을 설계해야 한다.

3. 마케팅 관리철학의 지향성

마케팅 관리자는 표적소비자와 수익성 있는 관계를 구축할 수 있는 전략을 수립하고자 하지만, 마케팅 전략의 지침이 되는 철학은 고객, 기업 및 사회에 대한 관심 중 어느 것에 더 많이 비중을 두느냐에 따라 구분될 수 있다.

기업이 마케팅 전략을 수립. 실행하는데 있어 기초가 되는 마케팅 관리철학에는 생산개념, 제품개념, 판매개념, 마케팅 개념, 복합적 마케팅 개념의 다섯 가지 유형이 있다.

1) 생산개념

생산개념(production concept)은 가장 오래된 관리철학으로서, 소비자가 저렴하고 쉽게 구입할 수 있는 제품을 선호하기 때문에 생산과 유통의 효율성을 향상시키는데 주력해야 한다는 사고를 말한다.

생산개념은 상황에 따라 유용한 관리 철학이 되기도 한다. 예를 들어, 컴퓨터 제조업체인 Lenovo사는 낮은 인건비, 높은 생산효율성, 대량유통을 기초로 경쟁이 치열하고 가격민감도가 높은 중국의 PC시장을 지배하고 있다. 즉 어떤 상황에서는 유용한 관리철학이기는 하지만, 생산개념은 마케팅 근시안을 초래할 수 있다.

2) 제품개념

제품개념(product concept)이란 소비자는 최고의 품질, 성능, 혁신적인 특성을 가진 제품을 선호하기 때문에 지속적으로 제품의 개선하고 다양화하는데 마케팅 전략이 집중해야 한다는 주장이다. 즉 제품개념은 고객이 원하는 품질, 성능, 특성, 다양함을 조사하지 않고 기업이 일방적으로 원할 것이라고 생각하는 품질, 성능, 특성, 다양함을 제공하는 것이다.

우수한 제품품질과 개선이 마케팅 전략의 핵심영역이기는 하지만, 제품 자체에만 초점을 맞추는 것도 마케팅 근시안을 초래할 수 있다. 예를 들어, 어떤 제조업체가 더 좋은 쥐덫을 만들 수 있다면 그것으로 충분할 것으로 믿는다. 그러나 구매자는 더 성능이 향상된 쥐덫이 아니라 쥐를 잡는 더 좋은 해결 방법을 찾고 있다는 사실을 간과하고 있다. 더 좋은 해결방법은 쥐약이나 박멸 서비스, 전자파 등을 이용한 대안적인 제품일 수도 있다.

또한 더 개선되고 향상된 쥐덫이라도 매력적인 제품설계, 포장화, 가격이 제공되지 않거나, 편리하게 구입할 수 없다면, 주의를 끄는 커뮤니케이션 활동이 없다면, 그리고 더 좋은 제품임을 설득시킬 수 없다면 그 제품은 판매되지 않을 것이다.

3) 판매개념

판매개념(selling concept)은 판매와 촉진 노력이 충분히 이루어지지 않으면 소비자는 충분한 양의 제품을 구입하지 않을 것이라는 사고이다. 이 개념은 비탐색품을 취급하는 기업이 받아들이고 있는데, 이러한 산업은 예상가능고객을 찾아내어 그들에게 제품의 이점을 설득해야 한다.

그러나 상기의 공격적인 밀어붙이기식 판매방법은 장기적이고 수익성 있는 고객관계를 구축하기보다는 판매를 성사시키는데 초점을 맞추기 때문에, 많은 위험이 수반된다. 즉 이 개념을 받아들이는 기업은 시장이 원하는 것을 만들기보다는 기업이 만든 것을 판매하는 것을 목표로 한다.

판매개념은 설득된 고객이 제품을 구입하면 그 제품을 좋아할 것이라고 가정하거나, 구입한 제품을 좋아하지 않더라도 제품에 실망했던 것을 잊고 그 제품을 다시 구입할 수도 있다고 가정한다. 그러나 이러한 가정은 기업에게 부정적인 결과 즉 불만족에 의한 부정적인 구전 등을 초래케 함으로써 기업의 존립성을 위태롭게 할 수가 있다.

4) 마케팅 개념

마케팅 개념(marketing concept)은 표적시장의 욕구를 파악하고 경쟁사보다 그 욕구를 더 잘 충족시킴으로써 기업의 목표를 실천하는 것이다. 따라서 마케팅 개념을 수용하는 기업은 고객에게 집중하고 또한 고객가치가 매출과 이익을 창출하는 지름길이라고 생각한다. 생산한 것을 판매하는 제품철학(제품개념)에 비해 마케팅 개념은 고객욕구를 감지하고 이에 대응한다는 고객중심적 철학이다.

즉 마케팅 개념은 마케팅을 사냥하는 활동(hunting)이 아니라 작물을 가꾸는 활동(gradening)으로 인식하므로, 마케팅은 자사 제품에 맞는 올바른 고객을 찾는 것이 아니라, 자사고객을 서브하기 위해 올바른 제품을 찾아내는 것을 임무라고 생각한다.

〈그림 1-3〉은 판매개념과 마케팅 개념을 비교한 것이다. 판매개념은 내적-외적 시각(inside-out)을 취하는데, 이는 공장에서 생산된 기존제품을 가지고 상당한 규모의 판매활동과 촉진을 이용하여 수익성 있는 매출을 실현할 수 있다고 생각한다. 즉 판매개념은 고객을 정복하는 것, 즉 누가 왜 구입하는가에 대해서는 관심이 없이 단기적으로 매출을 달성하는 것에만 신경을 쓴다.

이에 반해 마케팅 개념은 외적-내적 시각(outside-in)을 취하는 것으로서, 잘 정의된 표적시장에서 출발하여 고객욕구를 충족시키기 위한 여러 마케팅 활동을 통합한다(통합적 마케팅). 이러한 노력으로 실현된 고객가치와 고객만족을 토대로 올바른 고객과 지속적인 관계를 창출함으로써 이익을 획득한다(수익성).

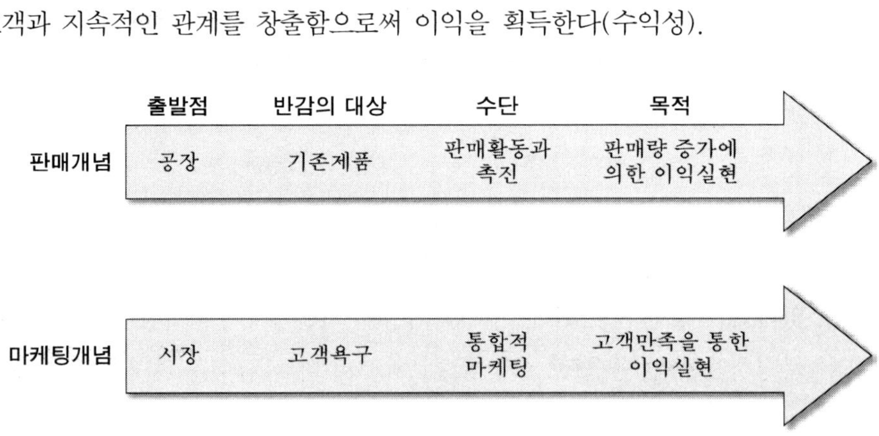

〈그림 1-3〉 판매개념과 마케팅 개념의 비교

표적시장, 고객욕구, 통합적 마케팅 및 수익성이라는 4가지 요소로 구성된 마케팅 개념을 실현한다는 것은 고객이 표현하는 욕구에 단순히 대응하는 것 이상의 노력이 필요하다. 즉 고객추구적(customer-driven) 기업은 기존고객의 욕구를 깊이 이해하기 위해 마케팅 조사를 하고, 신제품과 새로운 서비스 아이디어를 수집하고, 제품개선의 아이디어를 시험한다. 이와 같은 고객추구적 마케팅은 일반적으로 명확한 고객 욕구가 존재하고 고객이 자신의 욕구를 알고 있을 때 효과를 거둘 수 있다.

그러나 대개의 경우 고객은 자신이 원하는 것을 모르며, 또한 무엇이 가능할 것인가도 모를 수 있다. 따라서 고객주도적(customer driving) 마케팅이 요구된다. 즉 고객 자신보다 고객욕구를 더 잘 이해하고 고객의 현존욕구와 잠재욕구를 충족시키는 제품과 서비스를 창출하는 노력이 필요하다. 즉 고객주도적이란 고객이 가고 싶어 하는 곳을 알기 전에 고객이 원하는 곳으로 우리가 선도하는 것이다.

5) 복합적 마케팅 개념

과거 10년 동안 나타났던 영향 요인들은 새로운 마케팅과 기업의 실행을 요구하고 있다. 즉 기업은 새로운 마케팅 환경에서 운영하고 경쟁하는 방법에 대해 신선한 사고가 필요하다. 21세기 마케팅 기업은 전통적으로 추구하였던 마케팅 개념의 차원을 넘어 더 완전하고 결합적인 접근방법을 갖추어야 한다는 사실을 인식하고 있다.

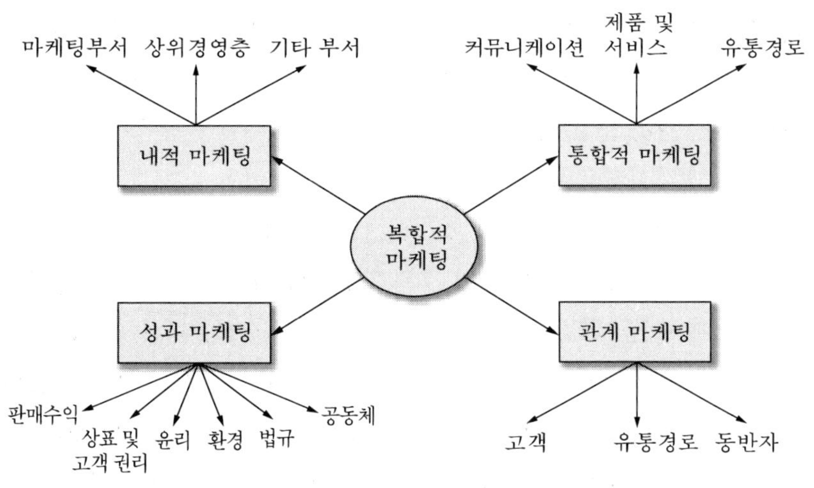

〈그림 1-4〉 복합적 마케팅 차원

복합적 마케팅(holistic marketing) 개념은 마케팅 프로그램, 과정 및 활동의 범위와 상호의존성을 인식하도록 프로그램, 과정 및 활동을 수립하거나 설계 및 실행하는 것에 바탕을 두고 있다. 즉 복합적 마케팅은 마케팅과 관련되는 문제에 대해 광범위하고, 통합적인 식견을 가져야 한다. 이에 통합적 마케팅은 관계 마케팅, 통합적 마케팅, 내적 마케팅 및 성과 마케팅으로 구성된다(〈그림 1-4〉 참조).

(1) 관계 마케팅

마케팅의 주요 목표는 기업의 마케팅 활동의 성공에 직·간접적으로 영향을 주는 모든 구성원이나 조직들과 심오하고도 지속적인 관계를 수립하는 것이다. 관계 마케팅(relationship marketing)은 사업을 유지하고 돈을 벌기 위해서 고객, 공급업자, 유통분배업자 및 기타 마케팅 동반자를 비롯한 주요 당사자들을 만족시키는 장기적인 관계를 구축하는 목표를 달성하는 마케팅으로서, 당사자들 간에 강력한 경제적, 기술적, 사회적 연결을 구축한다.

관계 마케팅은 적절한 집단과 적절한 유형의 관계를 원활히 하는 것으로서, 고객관계관리(customer relationship management: CRM)뿐만 아니라 동반자관계관리(partner relationship management : PRM)를 행해야 한다.

관계 마케팅의 최종 결과는 마케팅 네트워크라는 특이한 기업 자산을 구축하는 것이다. 마케팅 네트워크(marketing network)는 기업 그리고 자사를 지원하는 모든 이해관계자, 즉 고객, 구성원, 원료공급업자, 유통업자, 소매상, 광고대행사, 대학의 과학자 및 상호 이익을 얻을 수 있는 사업관계를 구축해온 기타 구성체들로 구성되어 있다. 따라서 경쟁은 기업들 간이 아니라 더 양호한 네트워크를 구축하고 있는 기업에게 대가를 부여하는 마케팅 네트워크 간에 행해진다.

강력한 관계를 수립하기 위해서는 집단의 역량과 재원 그리고 집단의 욕구, 목표 및 욕망에 대한 이해가 요구된다. 현재 많은 기업들이 각 고객들에 대해 별개의 제공물, 서비스 및 메시지를 창조하고 있다. 기업들은 각 고객의 과거 거래내역, 인구통계적 특성, 심리묘사적 특성 그리고 매체와 유통 선호성에 대한 정보를 수집한다. 그리고 기업들은 높은 고객충성심을 구축하고, 고객의 평생가치에 집중하여 각 고객 지출액의 상당 부분을 장악함으로써 수익적인 성장을 성취하고자 한다.

(2) 통합적 마케팅

기업의 마케팅 전략이란 표적고객이 누구이며, 그들에게 가치를 창조하기 위한 방법이 무엇인가를 다루는 것이다.

마케팅 전략을 수립한 후, 마케팅 관리자는 표적고객에게 자사가 의도하는 가치를 전달하기 위한 통합적 마케팅 프로그램을 개발해야 한다. 마케팅 프로그램은 마케팅 전략을 행동으로 전환시킴으로써 고객관계를 구축하는 것인데, 이를 위해서는 고객 향상적 마케팅 활동에 대한 많은 의사결정이 포함되는데, 포함해야 할 요소가 바로 마케팅 믹스이다. 즉 마케팅 프로그램은 마케팅 믹스로 구성되는데, 마케팅 믹스(marketing mix)란 기업이 자사의 마케팅 목표를 달성하는데 필요한 마케팅 전략을 실행하기 위해 사용하는 일체의 마케팅 수단들의 집합이다.

마케팅 수단, 도구로서 마케팅 믹스는 마케팅의 4P 즉 제품(product), 가격(price), 경로(place), 촉진(promotion)이라고 한다. 즉 표적고객에게 가치제안을 전달하기 위해 마케팅 기업은 우선 욕구를 충족시킬 시장제공물(product)을 창조해야 하며, 그 제공물을 적정가격(price)으로 책정하고, 특별한 유통경로(place)를 통해 표적소비자에게 제공물을 구입하도록 하며, 또한 표적고객에게 제공물의 존재에 대한 정보를 제공하고, 그 장점을 설득(promotion)시켜야 한다.

마케팅 기업은 각각의 마케팅 믹스 수단을 잘 결합하여 정의된 표적시장에게 자사가 의도한 가치를 알리고 전달하는 통합적 마케팅 프로그램을 개발해야 한다.

즉 성공적인 기업은 고객의 욕구(문제)를 경제적으로 편리하게 그리고 효과적인 커뮤니케이션을 통해서 충족시킬 수 있는 기업이다.

통합적 마케팅의 2가지 필요한 주제는 ① 많은 상이한 마케팅 활동들이 가치를 커뮤니케이션하고 전달하기 위해 이용된다. ② 모든 마케팅 활동은 결합된 노력을 극대화하기 위해 조정되어야 한다는 것이다. 따라서 기업은 수요관리, 재원관리 그리고 네트워크 관리를 위한 시스템을 통합해야 한다.

(3) 내적 마케팅

조직 내의 모든 구성원들은 마케팅 원칙, 특히 상위 경영층을 확실하게 신뢰해야 한다. 내적 마케팅(internal marketing)은 고객을 잘 서브하려는 능력 있는 구성원을 고용하고, 훈련하며 동기부여를 하는 과업이다. 재치있는 마케팅 관리자는 기업 내의 마케팅 활동이 기업 외부의 마케팅 활동보다 더 중요하다는 사실을 인식하고 있다.

내적 마케팅은 2가지 수준에서 행해져야 한다. 첫째, 여러 상이한 마케팅 기능, 즉 판매원, 광고, 고객서비스, 제품관리, 마케팅 조사 등은 서로 협력해야 한다. 둘째, 마케팅 관리자는 다른 부서에 의해서 받아들여져야 한다. 즉 다른 부서들도 고객을 생각해야 한다. 마케팅은 기업의 어느 한 부서에서만 담당하는 것이 아니다. 즉 마케팅 개념이 기업 전체에 펴져야 하며, 모든 구성원과 부서가 마케팅 개념을 받아들여야 한다.

(4) 성과 마케팅

복합적 마케팅은 성과 마케팅 그리고 더 광범위한 관심사 및 법적, 윤리적, 사회적, 환경적 영향에 대해 역점을 둘 뿐만 아니라 마케팅 활동 및 프로그램으로 기업에서 창출되는 결과를 이해하는 것을 통합한다. 최고경영층은 마케팅의 결과점수를 조사하기 위해서 그리고 시장점유율, 고객상실률, 고객만족, 제품품질 및 기타 측정수단 등에서 나타난 것을 해석하기 위해 판매수익이라는 수치의 차원을 넘어서 생각해야 한다.

그 첫째는 재무적 이행책임이며, 두 번째는 사회적 책임 마케팅이다.

① 재무적 이행책임

이에 따라 점차 마케팅 관리자는 상표를 구축하고 또한 고객기반을 증대시키는 관점뿐만 아니라 재무적 및 수익성 관점에서 상위관리자에게 마케팅에의 투자에 대한 정당성과 합당성을 증명하도록 요구받고 있다.

결과적으로 마케팅 관리자는 마케팅 노력이 창출하는 직·간접적인 가치를 평가하기 위해 다양한 재무적 측정방법을 이용하고 있다. 역시 마케팅 관리자는 자사의 시장가치 중 상당부분이 무형적인 자산, 특히 상표, 고객기반, 구성원, 공급업자 및 유통업자와의 관계, 지적자산 등에서 창출되고 있다는 사실을 인식하고 있다.

② 사회적 책임 마케팅

분명히 마케팅의 효과와 영향은 기업 및 고객의 차원을 넘어 사회 전체로 확대되고 있다. 따라서 마케팅 관리자는 폭넓은 관점에서 자신의 역할 그리고 자신의 활동에 대한 윤리적, 환경적 및 사회적인 관계를 신중하게 고려해야 한다. 그리고 점차 소비자들도 상기와 같은 것을 요구하고 있다.

이러한 현실은 마케팅 개념을 확대하는 새로운 관점을 요구하고 있다. 이 새로운 개념은 바로 사회지향적 마케팅 개념(societal marketing concept)은 조직의 과업은 표적시장의 1차적 욕구, 2차적 욕구 및 관심사를 결정하고, 소비자 및 사회의 장기적인 복지를 보존 또는 향상시키는 방법에 있어 경쟁사보다 더 효과적 및 효율적으로 바라고 있는 만족을 전달하는 것이라고 주장한다.

지속가능성은 환경의 영향에 도전하는 측면에서 중요한 기업의 관심사가 되고 있다. HP사와 같은 기업은 재활용할 수 있는 컴퓨터와 프린터기를 도입하고 있으며, 또한 온실가스 배출을 감소시키고 있다. McDonald's사는 신선하고 건강에 도움이 되는 생산으로부터 재디자인된 포장화에 이르는 모든 것을 포함하는 사회적으로 책임지는 공급시스템을 추진하고 있다.

사회지향적 마케팅 개념은 마케팅 관리자로 하여금 마케팅을 실행하는데 있어 사회적 및 윤리적으로 고려할 것을 요구하고 있다. 마케팅 관리자는 기업의 이익, 소비자의 욕구충족 및 대중의 이익이 균형이 되도록 이끌어야 한다.

제품들이 보다 일반상표품화됨에 따라 그리고 소비자들이 보다 사회적으로 의식화됨에 따라 Body Shop, Timberland, Patagonia사와 같은 기업들이 경쟁사로부터 자신을 차별화하고, 소비자 선호성을 구축하고 또한 두드러진 판매고와 이익을 성취하기 위한 방법으로 사회적 책임을 증가하고 있다. 그 기업들은 고객들이 점차 좋은 기업시민의 모습을 추구할 것이라고 믿고 있다.

제4절 고객관계 구축

고객관계 구축은 마케팅 과정의 네 번째 단계로서 수익성 있는 고객관계를 구축하는 것이다.

1. 고객관계관리

고객관계관리(CRM: customer relationship management)는 현대 마케팅에서 가장 중요한 개념이지만, 최근까지도 CRM은 단순하게 고객자료를 관리하는 활동으로 정의되어 왔다. 협의적인 정의에 의하면, CRM은 고객충성도를 극대화하기 위해 개별 고객의 구체적인 정보를 관리하고, 고객과의 접촉점을 세밀하게 관리하는 과정이다.

그러나 최근 들어, CRM은 더 넓은 의미를 받아들이고 있다. 즉 CRM이란 탁월한 고객가치와 고객만족을 제공함으로써 수익성 있는 고객관계를 구축, 유지하는 전반적인 과정이다. 이에 따라 CRM은 고객의 획득, 유지, 육성 모두를 다룬다.

1) 고객관계 구축의 기초 : 고객가치와 고객만족

고객관계를 지속적으로 구축하는데 있어 핵심이 되는 것은 탁월한 고객가치와 고객만족을 창출하는 것으로서, 만족한 고객은 충성적인 고객이 되어 많은 양을 구입할 가능성을 높이기 때문이다.

① 고객가치

고객을 확보하고 유지하는 것은 어려운 과업인데, 그 이유는 고객은 수많은 제품, 서비스들 중에서 하나를 선택하기 때문이다. 고객은 가장 높게 지각되는 고객가치(customer perceived value)를 제공하는 기업의 제품을 구입하는데, 지각된 고객가치란 특정한 기업의 시장제공물에서 고객이 얻게 되는 모든 이점(benefit)과 이 이점을 획득하기 위해 지불해야 하는 모든 비용간의 차이를 경쟁사의 제공물과 비교평가한 것으로 정의된다.

예를 들어, Toyota사의 Prius 하이브리드 승용차 소유자는 많은 이점을 획득한다. 가장 확실한 이점은 연료효율성이며, 또한 지위와 이미지 강화라는 가치를 획득할 수 있다. 운전자는 Prius를 운전함으로써 환경에 책임감을 느낄 수 있다. 반면에 그 고객은 Prius를 구입할 때 지불한 돈, 노력, 심리적 비용 등을 지출한다. 따라서 그 소유자는 그것을 소유함으로써 획득하는 가치와 그것에 대한 비용 등을 비교한다. 또한 Prius를 소유함으로써 획득하게 될 가치와 다른 하이브리드 승용차와 또는 하이브리드가 아닌 승용차의 가치를 비교한다. 그 후 지각된 고객가치(기대 가치)가 가장 큰 상표를 선택한다.

그러나 여기에서 문제가 되는 것은 고객은 흔히 제품의 지각적 가치와 비용을 정확하게 객관적으로 판단하지 못할 수도 있다는 것이다. 따라서 고객은 지각된 가치에 근거하여 행동하게 된다.

② 고객만족

고객만족(customer satisfaction)은 제품의 지각적 성과(성능)가 구매자의 기대가치(기대치)와 일치하는 정도를 말한다. 즉 제품의 성과가 기대치에 미치지 못하면 만족하지 못할 것이다. 지각적 성과가 기대치와 일치하면 만족할 것이며, 지각적 성과가 기대치보다 높다면 고객은 매우 만족하거나 감동할 것이다.

지각적 성과 = 기대가치 → 만족
지각적 성과 〈 기대가치 → 불만족
지각적 성과 〉 기대가치 → 매우만족, 감동, 기쁨

탁월하게 마케팅을 수행하는 기업은 중요한 고객을 지속적으로 만족시키는데 전력을 다한다. 더 높은 수준의 고객만족은 더 높은 고객충성도를 그리고 더 좋은 기업성과를 창출하기 때문이다. 따라서 현명한 기업은 제공할 수 있는 것만을 약속하고, 나아가 약속한 것보다 더 많은 것을 제공함으로써 고객을 감동시킨다. 기쁨과 감동을 경험한 고객은 반복구매를 할 뿐만 아니라 고객전도사가 되어 주위 사람들에게 긍정적인 사용경험을 전파한다.

고객을 감동시키는데 관심을 기울이는 마케팅 기업은 매우 높은 가치와 서비스 제공을 어떤 단순한 활동의 집합 그 이상으로 생각하는데, 이것은 기업 전체의 태도이며 전반적인 기업문화의 중요한 부분이기 때문이다.

그러나 여기에서 우리가 주의를 기울여야 할 과제는 고객중심적 기업이 경쟁사에 비해 더 높은 고객만족을 제공하여 고객만족을 극대화하려고 노력하는 것이 최상의 목표가 아니라는 것이다. 즉 기업은 가격을 인하하거나 또는 서비스를 증대함으로써 고객만족을 높일 수 있으나, 이러한 조치가 수익성을 악화시킬 수도 있으며, 이에 따라 이해관계자들 간의 이해의 갈등을 일으킬 수가 있다. 그러므로 마케팅의 목적을 분명하게 인식하는 것이 중요하다.

즉 마케팅의 목적은 수익성을 창출하는 고객가치를 창조하는 것이므로, 이러한 목적을 실현하기 위해 마케팅 관리자는 손해를 보지 않고 고객가치와 고객만족을 창출할 수 있는 관리를 지속적으로 추구해야 한다. 결론적으로 기업은 기업전체 자원의 제약 속에서 다른 이해관계자들에게도 최소한으로 용인될 수 있는 만족을 전달한다는 전제하에 고객만족 수준을 높이려는 철학을 가지고 운영해야 한다.

2) 고객관계의 수준과 고객관계 구축 도구

마케팅 기업은 표적고객의 특성에 따라 여러 수준에서 고객관계를 구축할 수 있다.

첫 번째는 기본적인 관계형성만을 추구하는 경우로서, 이것은 이익기여도가 낮은 고객에게 기업이 추구하는 것으로 가장 낮은 수준의 고객관계이다. 예를 들어, 마케팅 기업은 특정 제품을 구입한 고객에게 직접 전화하기보다는 광고, 판매촉진, 수신자부담 전화번호 제공 및 사이트 등으로 고객관계를 창출한다.

이와는 반대로, 가장 높은 수준의 고객관계는 완벽한 동반자화(full partnership)를 형성하는 것이다. 이것은 마진율이 높은 소수의 핵심고객을 대상으로 형성되는 수준으로서, 제조기업이 대형 소매업체와 긴밀한 협력관계를 구축하는 것이다. 상기와 같이 극단적인 고객관계 수준에서 마케팅 기업은 다양한 수준의 고객관계를 개발할 수 있다.

오늘날 선도적인 마케팅 기업들은 고객충성도 프로그램과 고객유지 프로그램을 개발, 활용하고 있다. 그 기업들은 일관성 있게 높은 고객가치와 고객만족을 창조, 제공할 뿐만 아니라 소비자와 더욱 강력한 유대관계를 구축하기 위해 다양한 마케팅 수단을 활용하고 있다. 예를 들어, 기업들은 자주 구입하거나 대량구매를 하는 고객에게 보상하기 위해 빈도 마케팅 프로그램(frequence marketing program: 상용고객우대 마케팅 프로그램)을 제공한다. 항공사, 호텔, 슈퍼마켓, 백화점 등이 이러한 보상 프로그램을 제공하고 있다.

다른 마케팅 기업은 클럽 마케팅 프로그램(club marketing program)을 후원하는데, 이 프로그램은 회원에게 특별한 혜택을 제공하거나 회원공동체를 조성케 하는 것이 목적이다. 예를 들어, Harley-Davidson사는 HOG(Harley Owners Group)을 후원하고 있는데, 전 세계에 퍼져 있는 이 클럽은 1,500개 이상의 지역 HOG와 백만명 이상의 회원을 확보하고 있다. 또한 일본의 시세이도 화장품 회사는 1,000만 명 이상의 회원을 확보하고 있다.

한편 마케팅 기업은 고객관계를 구축하기 위해 재무적 혜택, 사회적 혜택 그리고 구조적 결속을 활용하기도 한다. 예를 들어, 기업고객과 거래하는 산업재 기업은 고객의 주문, 급여, 재고관리를 지원할 수 있는 특별한 장비 또는 온라인 연결장치를 제공할 수 있다. 선도적인 제약 도매상인 McKesson사는 공급관리 온라인 시스템을 도입하여 소매약국이 재고, 주문, 진열공간 관리를 할 수 있도록 지원하고 있다. 이 시스템은 의료수술장비용 소모품 구매고객이 소모품 구매 및 부속품 관리업무를 최적화할 수 있도록 지원한다.

2. 고객관계의 변화

마케팅 기업이 고객과의 관계를 형성, 구축하는 방식에서 급속한 변화가 일어나고 있다. 과거의 대량마케팅과는 달리, 최근에는 신중하게 선택한 고객을 대상으로 직접적이고 지속적인 관계를 구축하고 있다. 마케팅 기업이 고객과 관계를 구축하는 방식에서 나타나는 최근의 추세는 세 가지이다.

1) 보다 신중하게 선택된 고객과의 관계형성

최근 들어 모든 고객에게 표준화된 방법으로 판매하는 대량마케팅을 실행하는 기업이 점차 감소하고 있다. 많은 마케팅 기업들이 모든 고객과 관계를 구축하기보다는 수익성이 높은 소수의 고객들을 대상으로 관계를 구축하려고 한다. 즉 많은 마케팅 기업들이 고객 수익성을 분석하여 손실을 발생시키는 고객을 제외시키고, 이익을 창출하는데 기여하는 고객만을 목표로 하는데, 이것을 선택적 관계관리(selective relationship management)라고 한다. 즉 기업은 이익창출에 기여하는 고객에게 매력적인 제안과 특별한 대우를 제공함으로써 그들을 자사 고객으로 확보, 유지하고 충성적인 고객으로 만든다.

이러한 경우, 수익창출에 기여하지 않는 고객에 대해서는 여러 가지 방법으로 대처할 수 있다. 우선 수익성 있는 고객으로 전환할 수 있는 방안으로 조치할 수가 있다. 그러나 수익성 있는 고객으로 전환할 수 없는 경우, 한계수준을 벗어난 고객 또는 고객을 유지하는데 너무 많은 비용이 소요되는 고객을 제외시키는 것이다. 예를 들어, 은행들은 구좌의 평균잔고, 거래수준, 서비스 이용빈도, 방문빈도 등을 근거로 고객수익성을 평가한다. 은행들은 많은 잔고를 갖고 있는 수익성 있는 고객에게는 프리미엄 서비스를 제공하지만, 반대로 수익성 기여도가 낮고, 잔고가 없는 고객은 차별적으로 대우한다.

2) 장기적인 관계 구축

마케팅 기업은 선택적으로 거래할 고객과 더 깊고 지속적인 방식으로 거래 관계를 구축하고 있다. 즉 기업은 단순히 신규고객을 끌어들여(seeking) 그들과 단기적인 거래를 하는 전략을 수립하는 것에 몰두하지 않는다. 그 기업은 현재의 고객을 유지(keeping)하고 수익성 있는 장기적인 관계를 구축하기 위해 고객관계관리를 도입하고 있다. 이러한 의미에서 볼 때, 현대적인 마케팅 기업의 마케팅은 수익성 있는 고객을 찾고, 이들과의 관계를 유지. 성장시키기 위해 과학과 예술을 결합하는 노력이다.

과거와는 달리 고객의 유지와 성장을 강조하는 이유는 마케팅 환경이 변화하였기 때문이다. 즉 과거에는 호경기로 인해 시장이 성장하고 신규고객이 충분히 공급되었다. 그러나 인구통계적 특성의 변화, 더 세련된 경쟁전략을 구사하는 경쟁사의 등장, 공급 초과 등의 마케팅 환경은 신규고객을 창출할 수가 없게 되었다. 이에 따라 많은 마케팅 기업들이 정체되거나 또는 쇠퇴해가는 시장에서 점유율을 확보·유지하기 위해 치열한 경쟁을 하게 되었다.

이러한 경쟁은 신규고객을 유인하는데 엄청난 비용을 지출케 하고 있다. 평균적으로 신규고객을 끌어들이는데 소요되는 비용은 기존고객의 만족수준을 유지하는데 소요되는 비용보다 5배에서 10배 정도 많이 소요된다.

3) 직접적인 거래관계 형성

마케팅 기업은 고객과의 깊은 관계를 형성하려고 노력할 뿐만 아니라, 더 직접적인 접촉방법을 이용하여 고개관계를 구축하고 있다. 이러한 변화는 직접 마케팅을 탄생시키고 있다.

이제 소비자는 점포를 직접 방문하지 않고도 전화, 직접우편, 우편주문 카탈로그, 키오스키, 온라인 등 직접 마케팅 수단을 이용하여 구입할 수 있다. 또한 산업재 구매자들도 산업용 소모품으로부터 고가의 첨단설비에 이르는 다양한 제품을 웹을 통해서 구입하는 빈도가 증가하고 있다.

Dell사, Amazon.com사들은 직접적인 유통경로를 통해서만 제품을 판매하고 있다. 또한 기존의 오프라인(brick & mortal) 기업들도 기존의 커뮤니케이션. 유통경로를 보완하기 위해 직접적인 유통경로를 도입하고 있다. 예를 들어, 어떤 오프라인 기업은 대중매체 광고의 지원을 받는 오프라인 소매상을 통해 판매할 뿐만 아니라 자사의 웹사이트를 통해서 고객과의 관계를 구축하고 있다.

이러한 직접 마케팅의 형성과 확산은 두 가지의 상반되는 견해로 해석되고 있다. 첫째, 어떤 마케팅 관리자는 직접 마케팅이 차세대의 마케팅 모델이 될 것이며, 기업과 고객 간의 거래가 직접 경로를 통해 이루어질 날이 올 것이라고 주장한다. 둘째, 다른 마케팅 관리자는 직접 마케팅의 역할, 중요성 그리고 그 확대를 인정하지만, 직접 마케팅은 시장에 접근하기 위한 유통경로의 하나라고 주장한다.

3. 동반자 관계관리

기업의 고객가치 창조와 강력한 고객관계의 구축은 기업 혼자만의 노력으로 실현할 수는 없다. 그러므로 마케팅 기업은 가치창조와 관계구축을 위해서 다양한 마케팅 동반자들과 긴밀한 협력관계를 구축해야 한다. 즉 마케팅 기업은 고객관계관리(CRM)를 잘 해야 할 뿐만 아니라 동반자관계관리도 잘 해야 한다. 동반자관계관리(PRM : partner relationship management)란 더 좋은 고객가치를 창조하기 위해 기업 내·외부의 동반자들과 긴밀하게 공동작업을 하는 것이다.

1) 기업 내부의 동반자

전통적으로 마케팅 관리자는 고객을 이해하고 또한 기업 내 기타 부서에 대한 고객의 욕구를 대변하는 역할을 해왔다. 즉 마케팅 활동은 마케팅 담당자, 판매담당자, 고객지원 담당자가 수행하여 왔다. 그러나 신경제의 도래와 직접적인 연결성의 시대에서, 마케팅만이 고객과의 관계형성을 전담하지 못한다. 즉 기업의 모든 부서(재무, 생산, 인적자원, R&D, 회계 등)가 전자매체를 통해 고객과 상호작용을 하고 있다. 따라서 모든 부서의 구성원들은 고객에 초점을 맞추어야 한다는 새로운 철학을 받아들여야 하였다.

이에 따라 선도적인 마케팅 기업은 각 부서가 고유 업무를 독립적으로 수행하도록 하지 않고, 고객가치를 창조한다는 공동의 목표를 중심으로 모든 부서를 상호 연결시키고 있다. 즉 판매 및 마케팅 담당자에게 고객관계를 전담토록 하기보다는 여러 부서가 참여하여 교차기능적(복합적: cross-functional) 고객관계 팀을 도입하고 있다. 예를 들어, P&G사는 주요 거래소매업체별로 고객개발팀을 할당한다. 판매/마케팅 담당자, 생산팀, 시장 및 재무분석가 등으로 구성된 고객개발팀은 거래 소매상들이 더 높은 성과를 성취토록 P&G사의 여러 부서들이 수행하는 지원노력을 조정·통제한다.

2) 기업 외부의 마케팅 동반자

마케팅 기업이 원료공급업자, 경로구성원, 또는 경쟁사와 형성하는 관계에도 변화가 일어나고 있다. 대부분의 기업들이 다른 기업들과 동반자화하는 네트워크 형태를 취하고 있다. 이런 네트워크화 중에서도 도매상, 소매상 및 물류업체 등으로 구성된 마케팅 경로인 공급체인(supply chain)에서 큰 변화가 일어나고 있다. 공급체인이란 원재료로부터 부품구매자나 최종구매자에게 판매되는 최종제품에 이르기까지 더 긴 경로를 말한다.

최근 많은 마케팅 기업들이 공급체인 관리(supply chain management: SCM)를 통해 공급체인을 구성하는 모든 구성원들과의 동반자화를 강화하고 있다. 공급체인을 구축하는 마케팅 기업은 고객관계가 성공적으로 구축되기 위해서는 자신의 노력뿐만 아니라 자사의 전체 공급체인이 경쟁사의 공급체인에 비해 더 좋은 성과를 성취해야 한다는 사실을 인식하고 있다. 그러므로 부품 공급업체나 유통업체 등 거래 상대방을 단순히 거래고객으로 보는 것이 아니라 고객가치를 최종적으로 전달하려는 공동의 동반자로 간주한다.

오늘날 마케팅 기업은 공급체인 관리에서 진일보하여 더 효과적인 기업이 되기 위해 전략적 동반자가 필요함을 인식하고 있다. 더욱더 치열해지는 세계적인 마케팅 환경에서 혼자만의 노력으로는 불가능하다고 인식하여 전략적 제휴(strategic alliance)가 도입되고 있다. 예를 들어, Dell Computer사는 자사제품에 장착될 서버와 소프트웨어의 매출을 증가시키는데 도움을 주기 위해 Oracle사, MS사 등의 소프트웨어 개발업체와 협력관계를 구축한다. 상기의 예와 같이 때에 따라서 경쟁사와 상호협력을 통해 공동이익을 추구하기도 한다.

제5절 고객으로부터 기업가치 획득

마케팅 관리의 마지막 단계는 탁월한 고객가치의 창조와 전달을 통해 고객관계를 구축한 후, 그 대가로 기업가치를 획득하는 것인데, 기업가치는 현재와 장래의 매출, 시장점유율, 이익 등으로 나타난다. 마케팅 기업은 탁월한 고객가치를 창조하여 매우 만족한 고객을 창출하고, 그 고객은 충성적인 고객이 되어 더 많이 구입한다. 이러한 것은 고객가치의 창조와 전달은 마케팅 기업에게 장기적인 보상을 준다는 것을 의미한다.

1. 고객충성도와 고객유지의 창출

훌륭한 고객관계관리는 고객기쁨(감동)을 산출하는데, 감동한 고객은 충성적인 고객이 되고, 또한 기업과 그 기업의 제품을 긍정적으로 구전한다. 연구결과, 보통 만족, 다소 만족, 매우 만족한 고객의 충성도는 큰 차이가 있는데, 매우 만족함이라는 평가에서 조그만 낮아져도 고객충성도는 상당히 낮아진다는 사실을 밝혔다. 이런 결과에서 볼 때, CRM의 목표는 단순히 고객만족을 창출하는 것이 아니라 고객감동(customer delight)을 창출하는 것이다.

마케팅 기업은 한 명의 고객을 상실하는 것이 한 번의 매출 손실 그 이상의 의미가 있다는 사실을 인식하고 있다. 즉 이것은 한 명의 고객이 기업과 거래관계를 유지하는 기간동안에 발생시킬 누적판매(고객평생가치)를 상실하는 것을 의미하는 것이다.

따라서 마케팅 기업은 고객평생가치(customer lifetime value)를 평가한다. 예를 들어, Stew Leonard사는 50,000달러를, Lexus는 60만 달러를, Taco Bell사는 1,200달

러를 창출한다고 평가한다. 이렇게 볼 때, 고객을 유지·육성하기 위해 노력하는 것은 마케팅 기업이 한 번의 거래에서 손실을 보더라도 장기적인 고객관계로 그 고객으로부터 큰 이득을 보게 된다는 것이다.

결론적으로 볼 때, 마케팅 기업은 고객관계를 구축하는 것을 최우선의 목표로 두어야 한다. 고객감동은 이성적이며 객관적인 판단에 의한 제품선호가 아니라 제품과의 마음 즉, 정서적이며 주관적인 관계형성을 창출하는 것으로서, 마음속에서의 관계가 조성되어야 한다는 것이다.

2. 고객점유율 증대

훌륭한 CRM은 수익성 있는 우량 고객을 유지함으로써 고객평생가치를 획득할 뿐만 아니라, 고객점유율을 높이는데 기여할 수 있다. 고객점유율(share of customer)이란 해당 제품범주(예: 냉장고)에서 고객의 구매액 중 자사제품이 차지하는 비율(예: 냉장고, 김치냉장고, 와인 냉장고, 화장품 냉장고 등)을 의미한다. 따라서 은행은 지갑점유율을, 슈퍼마켓과 식당은 위점유율(share of stomach)을, 자동차회사는 차고점유율, 그리고 항공사는 여행점유율을 높이고자 한다.

고객점유율을 높이기 위해 기업은 기존고객들에게 해당 품목에 더 다양한 품목을 제공하거나, 또는 기존 고객에게 더 많은 제품과 서비스를 판매하기 위해 교차판매(cross-selling)와 고가품 판매(up-selling)를 유도할 수 있다. 예를 들어, Amazon.com사는 자사의 점유율을 높이기 위해 서적 이외에 음악, 비디오, 선물용품, 장난감, 가전제품, 사무용품, 인테리어용품, 정원용품, 의류 및 액세서리, 보석, 온라인 경매 등 다양한 상품을 제공한다. 이에 따라 Amazon.com사는 개별고객의 지출예산에서 더 많은 점유율을 획득할 수 있다.

3. 고객자산 구축

고객을 새로이 획득(seeking)하는 것보다 고객을 유지·육성(keeping)하는 것이 상대적으로 중요하므로, 고객관계관리는 장기적인 관점을 가져야 한다. 마케팅 기업은 수익성을 창출하는 고객을 창출하는 것에 머무는 것이 아니라, 그들을 평생 동안 소유함으로써 고객평생가치를 획득하고 더 높은 구매점유율을 획득, 차지해야 한다.

1) 고객자산의 정의

고객관계관리의 궁극적인 목표는 높은 고객자산을 만드는 것인데, 고객자산(customer equity)이란 현재의 고객 그리고 잠재고객 각각의 할인된 고객평생가치를 합친 것이다. 따라서 많은 수익성을 창출하는 고객이 더 높은 충성도를 보일수록 기업의 고객자산은 증가한다.

이렇게 볼 때, 고객자산은 현재의 매출 또는 시장점유율보다 더 좋은 기업성과 지표가 되는데, 매출과 시장점유율은 과거의 기업성과를 반영하는 반면에, 고객자산은 미래의 성과를 반영하기 때문이다.

기업은 현재의 매출뿐만 아니라 미래의 매출에도 주의를 기울여야 하는데, 그 이유는 고객평생가치와 고객자산이 궁극적인 답이 되기 때문이다. 다시 말해서 장기적으로 볼 때, 현재의 시장점유율은 시장에서의 성공에 대한 답이 아니라는 것이다.

2) 올바른 고객과 올바른 관계의 구축

마케팅 기업은 고객자산을 신중하게 관리해야 하는데, 그 이유는 고객은 관리의 대상이 되며 또한 가치를 극대화해야 할 대상의 자산이기 때문이다. 그러나 고객 모두가 그리고 충성적인 고객 모두가 좋은 투자대상이 아니라는 것이다. 즉 일부 충성적인 고객이 이익을 창출하지 않을 수도 있으며, 일부 충성적이지 않은 고객이 이익을 창출할 수도 있다.

따라서 마케팅 기업이 획득, 유지해야 할 대상이 되는 고객이란 지속적으로 많은 구매를 하는 고객으로서 그 고객은 유지되어야 한다. 이렇게 됨으로써, 불규칙적으로 소량 구매하는 고객은 포기하게 된다. 그 경우 불규칙한 대량 구매자와 일관된 소량 구매자는 분석기준에 따라 분류하고 관리해야 한다.

마케팅 기업은 수익잠재력에 따라 고객을 분류하고, 그에 따라 고객관계를 관리해야 한다. 〈그림 1-5〉와 같이 각 고객의 수익성과 충성유지 기간을 기준으로 고객관계관리를 네 가지로 분류할 수 있는데, 각 집단은 상이한 고객집단 전략이 필요하다.

첫째, 나비집단(butterflies)은 수익성은 높지만 충성유지기간이 짧은 고객이다. 이 고객집단은 기업제공물과 고객욕구간의 적합성이 높지만, 나비처럼 짧은 기간 동안 자사의 제공물을 즐기다가 다른 기업으로 변경한다. 나비집단을 충성적인 고객으로 전환시키려는 노력이 성공하기는 쉽지 않다. 따라서 기업은 그 고객집단과 짧은 기간 동안 좋은 거래를 하는 것에 만족해야 한다. 기업은 단기적인 판매촉진을 이용하여 그들을 유인하여 서로에게 유익한 거래를 성사한 후, 다음 기회가 올 때까지 투자를 중단해야 한다.

잠재 수익성	기간이 짧은 고객	기간이 긴 고객
높은 수익성	**나비집단** 기업제공물과 고객욕구간의 좋은 적합성 높은 수익잠재력	**진정한 친구집단** 기업제공물과 고객욕구간의 좋은 적합성 가장 좋은 수익잠재력
낮은 수익성	**방문객 집단** 기업제공물과 고객욕구간의 매우 낮은 적합성 매우 낮은 수익잠재력	**따개비 집단** 기업제공물과 고객욕구간의 제한된 적합성 낮은 수익잠재력

충성유지기간

자료원: Michael A. Johnson and Fred Selues, "Customer Portfolio Management: Toward Dynaic Theory of Exchange Relationship" Journal of Marketing, April 2004. pp, 1~17.

〈그림 1-5〉 고객관계집단의 유형

둘째, 진정한 친구집단(true friends)은 수익성이 높고 충성기간이 긴 고객이다. 고객의 욕구와 기업제공물 간의 적합성이 높고 좋다. 마케팅 기업은 그 고객에게 감동을 주고 유지. 육성하기 위해 관계를 구축하는데 지속적으로 투자해야 한다. 기업은 진정한 친구집단을 진정한 신뢰자집단(true believers)으로 전환시켜야 하는데, 그 이유는 그 집단이 정규적으로 재구매하고 기업과의 긍정적인 경험을 다른 사람에게 전달하기 때문이다.

셋째, 방문객 집단(strangers)은 낮은 수익성과 짧은 충성기간을 가진 고객으로서, 기업제공물과 고객욕구 간에 적합성은 거의 없다. 이런 고객집단에 대한 고객관계관리 전략은 전혀 투자할 필요가 없기 때문에 단순하다.

넷째, 따개비 집단(barnacles)은 충성기간은 길지만 수익성이 별로 없는 고객으로써, 고객욕구와 기업제공물 간의 적합성이 제한적이다. 예를 들어, 소액구좌를 갖고 있는 은행고객으로서, 정규적으로 은행과 거래하지만, 충분한 수익을 창출케 하지는 않는다. 이 고객집단은 다루기 어려운 고객으로서, 기업은 더 많은 제품을 판매하거나, 수수료를 인상하거나, 서비스 수준을 낮추는 등을 통해서 수익성을 향상시킬 수 있다. 그러나 이러한 노력에도 수익성이 향상되지 않는다면, 거래를 포기해야 한다.

결론적으로는, 고객유형에 따라 상이한 고객관계 전략이 필요하다. 따라서 올바른 고객을 선택하여 올바른 관계를 구축하는 것을 목표를 해야 한다.

제6절 새로운 마케팅 추세

21세기가 시작되면서 시장에서 그리고 마케팅에서 급격한 변화가 일어나고 있다. 변화속도가 너무나 빠르므로, 변화에 적응하는 능력이 경쟁우위가 된다. 따라서 시장이 변화할수록 기업은 그 변화에 맞추어 변화해야 한다.

마케팅 환경을 변화시키고, 또한 마케팅 전략의 변화를 요구하는 주요한 새로운 4가지 마케팅 추세, 즉 디지털 시대의 도래, 급속한 세계화, 기업윤리와 사회적 책임의 강화, 비영리 마케팅의 성장에 대해 연구해야 한다.

1. 디지털 시대의 도래

디지털 시대는 기술혁신으로 시작되었다. 컴퓨터, 장거래 통신, 정보, 수송, 기타 기술의 급속한 성장은 기업이 고객에게 가치를 제공하는 방법에 영향을 미치고 있다.

이러한 기술의 발전 중 전화나 인터넷은 어느 때보다도 사회 구성원들을 모든 측면에서 서로 밀접하게 연결시키고 있다. 또한 기술혁신은 고객에 대해 배우고, 고객을 추적할 수 있는 새로운 방법을 그리고 개별고객의 욕구를 충족시킬 수 있는 제품과 서비스의 개발을 가능케 하고 있다. 그리고 기술을 이용하여 마케팅 기업은 제품을 더 효율적, 효과적으로 제조·유통시키며, 수많은 대형 고객집단과 그리고 일 대 일로 커뮤니케이션하고 있다.

마케팅 기업은 화상회의를 통해 먼 거리에 있는 표적집단과 면접하거나, 그 면접을 관찰할 수 있으며, 온라인을 통해서 고객에 대한 자료를 획득할 수 있다. 강력한 컴퓨터를 이용하여, 마케팅 관리자는 자사고객에 대한 상세한 정보로 구성된 데이터베이스를 구축하고, 개별적인 표적고객의 욕구에 맞추어 제공물을 설계할 수 있다.

기술혁신은 휴대폰, 아이팟, DVR, 웹사이트, 상호작용적 TV, 공항과 쇼핑몰에 설치된 비디오 키오스키 등 새로운 유형의 커뮤니케이션, 광고 수단을 창출하였다. 이에 마케팅 기업은 신중하게 설계된 맞춤 메시지를 선택한 고객만을 대상으로 제공할 수가 있다.

또한 기술혁신은 가상현실 디스플레이를 통해 신제품을 시험하고, 온라인 가상점포를 통해 신제품을 판매하는 등 마케팅의 모든 면에 영향을 주고 있다.

이러한 신제품 중 가장 혁신적인 것은 인터넷으로서, 오늘날 인터넷은 전세계 모든 사람과 기업체를 장소와 시간에 상관없이 서로 연결시키고, 정보, 오락, 커뮤니케이션에 접속시켜 제공하며 또한 받고 있다.

기업은 인터넷을 활용하여 자사고객 그리고 마케팅 동반자들과 더 긴밀한 관계를 구축하고 있을 뿐만 아니라, 전통적인 오프라인 시장(장소로서의 시장: marketplace)에서 경쟁하며 또한 새로운 온라인 시장공간(marketspaces)을 통해 거래를 창출하고 있다.

인터넷은 전세계를 지배하는 현상이 되었는데, 2010년까지 인터넷 이용자 수가 18억 명에 이를 것으로 예상된다. 인터넷 이용인구가 증가되고 또한 다양화됨에 따라 모든 사람들이 웹을 통해 정보를 탐색하고, 제품과 서비스를 구입할 것임을 시사한다.

인터넷을 이용하여 웹을 활용함으로써 전통적인 오프라인 기업(brick-and-mortar)도 온라인-오프라인 기업(click-and-mortar)으로 변화되고 있으며, 온라인을 통해 새로운 고객을 유지하고 기존고객과 더욱 강력한 관계를 구축하고 있다. 또한 인터넷은 닷컴(dot-com) 기업이라고 하는 온라인 기업(click-only)을 탄생시켰는데, 기업간 전자상거래의 증가를 가져왔다.

2. 급속한 세계화

마케팅 관리자는 고객 및 거래동반자와 관계를 재정립하고 또한 새로운 시각으로 그를 둘러싸고 있는 세계와의 접촉방법을 찾고 있다. 즉 더 가까워져 가는 지구촌 시대에서 마케팅 기업들이 전세계 고객 및 마케팅 동반자와 접촉하고 있다.

모든 기업은 그 규모와는 관계없이 세계적인 경쟁에 직면하고 있다. 중소기업들이 외국기업에서 제조한 제품을 구입하거나, 외국에 수출을 하기도 하며, 인터넷 소매업체들은 전 세계에서 주문을 받으며, 소비재 제조업체들이 새로이 부상하는 해외시장을 표적으로 하여 신제품을 출시하고 있다.

수많은 국내기업들은 자국에 진출한 다국적 기업들의 세련된 마케팅에 위험을 느끼고 있으며, 이에 따라 여러 산업 영역의 제조, 서비스 기업들이 세계적 경영을 통해 전 세계에서 제품, 서비스를 생산 · 판매하고 있다.

현재 기업들은 자국에서 생산된 제품을 국제시장에 더 많이 판매하려고 할 뿐만 아니라, 많은 소모품과 부품을 해외에서 구입하고 있다. 따라서 세계 각국의 관리자는 자사가 속한 산업, 경쟁사, 그리고 시장기회를 국내시장의 관점이 아니라 국제적, 세계적 시각에서 보아야 한다.

3. 기업윤리와 사회적 책임의 강화

마케팅 기업은 사회적 가치와 책임, 생존의 기반이 되는 지구에 대한 생각을 재검토하고 있다. 전세계에서 진행되고 있는 소비자보호운동과 환경보호운동이 성숙됨에 따라 마케팅 관리자들은 그들의 행동이 사회와 환경에 미치는 영향에 대해 책임을 과거보다 더 많이 지도록 요구받고 있다. 즉 기업윤리와 사회적 책임이 이제는 거의 모든 사업 영역에서 중요한 도전적인 문제가 되고 있다. 또한 사회적 책임과 환경보호에 대한 요구가 날이 갈수록 더 커지고 있으므로, 이에 따라 지속가능경영에 대한 필요성이 대두되고 있다.

일부 기업들은 이러한 운동에 반발하며, 법적으로 규제하거나, 시민단체가 거세게 요구할 때에만 비로소 예산 등의 조치를 취하기도 한다. 그러나 전향적으로 생각하는 마케팅 기업은 기업환경에 대한 책임감을 적극적으로 받아들이고 있다. 즉 사회적으로 책임지는 행동에 대한 요구를 선행하며 대의를 실천함으로써 기업성과를 높일 수 있는 기회로 인식하며, 또한 고객과 지역사회의 장기적인 복지에 헌신함으로써 이익을 실현하는 방법을 강구하고 있다.

예를 들어, Patagonia사, Ben & Jerry's사, Honest Tea, The Body Shop사 등과 같은 기업은 봉사지향적 자본주의(caring capitalism)를 실행하고 있는데, 사회적 책임감과 이를 실행하는 것을 기업의 가치관과 사명으로 삼고 있다.

4. 비영리 마케팅의 성장

오랫동안 마케팅은 주로 영리를 추구하는 사업분야에 적용되어 왔다. 그러나 최근 들어 마케팅은 비영리 조직(대학, 병원, 교회, 교향악단, 정부, 후원단체 등)의 경영전략에서 중요한 부분이 되고 있다. 특히 사회복지단체 등 비영리 조직들이 후원과 회원을 확보하기 위해 치열하게 경쟁하고 있는데, 회원과 후원을 끌어들이는데 마케팅이 크게 도움을 주기 때문이다.

이와 유사하게 입학생수가 감소하고 또한 운영비용의 증가에 직면하고 있는 사립대학들은 학생유치와 기금확보를 위해 마케팅을 도입하고 있다. 많은 공연예술단체가 적자운영에서 탈피하기 위해 적극적인 기부 마케팅을 전개하고 있다. YMCA, YWCA, 구세군, 걸스카우트 등 비영리 조직도 회원감소를 경험하면서 더 많은 회원과 기부금을 확보하기 위해 자신의 사명과 상품을 현대화하고 있다.

정부기관도 마케팅에 많은 관심을 보이고 있다. 에너지 절감과 보호 그리고 환경보호에 대한 관심을 진작시키기 위해 흡연, 과음, 약물 남용 등을 억제하며 또한 재활용 운동 등을 위해 사회적 마케팅(social marketing) 캠페인을 설계, 실행하고 있다.

제7절 마케팅의 개요

본 장의 앞에서 제시된 〈그림 1-1〉은 마케팅 과정을 간단하게 보여 주었는데, 본 절의 〈그림 1-6〉은 확장된 마케팅 과정의 모형으로서, 지금까지 연구한 내용을 통합하여 제시한다. 즉 마케팅은 고객을 위한 가치창조를 통해 수익성 있는 고객관계를 구축하고, 그 대가로 기업가치를 실현시키는 과정이라고 정의할 수 있다.

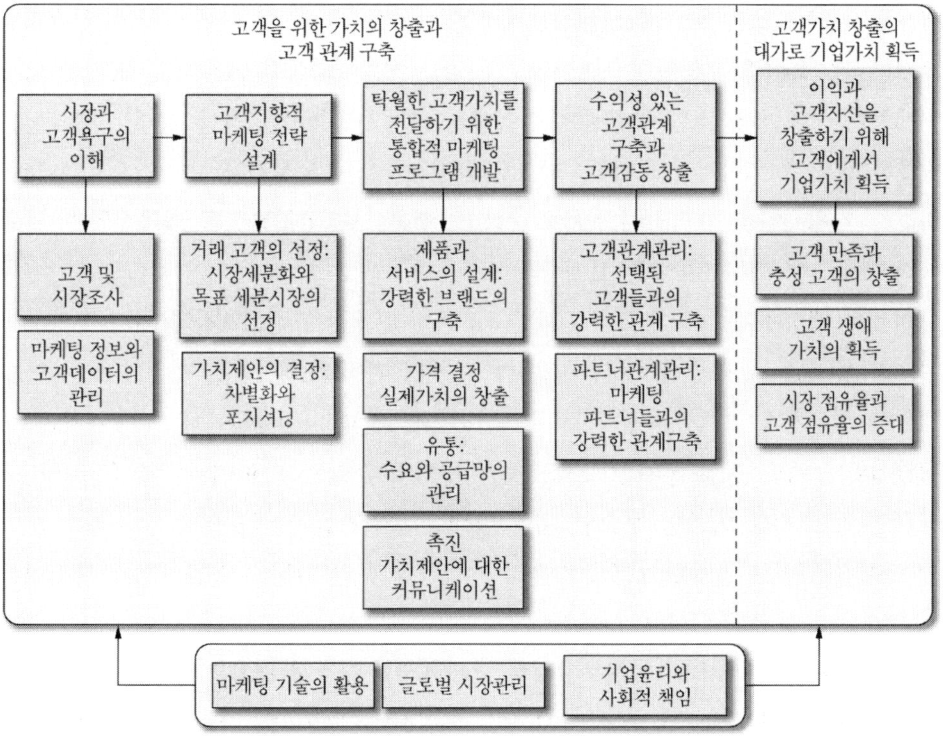

〈그림 1-6〉 마케팅 과정의 확장 모형

마케팅 과정의 처음 4단계는 고객을 위한 가치를 창조하는 과정으로서, 이를 실행하는데 초점을 맞춘다.

첫 번째 단계에서 기업은 고객의 욕구를 조사하고, 마케팅 정보를 관리함으로써 시장을 분명하게 이해한다.

두 번째 단계는 두 가지 핵심적인 질문과 그에 대한 해답을 기초로 고객지향적 마케팅 전략을 수립하는 것이다. 첫 번째 질문은 어떤 소비자를 대상으로 할 것이냐(시장세분화와 시장표적화)로서, 제한된 자원으로 자신의 역량을 가장 잘 발휘할 수 있는 수익성이 높은 고객에게 집중하는 것이며, 두 번째 질문은 표적고객을 가장 잘 만족시키는 방법에 대한 것으로서, 기업은 표적고객을 확보하기 위해 그 고객에게 어떤 가치를 제공할 것인가를 가치제안으로 명시해야 한다.

마케팅 전략이 결정된 후, 세 번째 단계로서 마케팅 기업은 마케팅 전략을 실행하는데 필요한 통합적 마케팅 프로그램을 개발해야 한다. 통합적 마케팅 프로그램은 마케팅 전략을 고객에게 제공될 실제가치로 전환시키는데 이용되는 네 가지 마케팅 요소(수단: 4ps)로 구성된다. 즉 마케팅 기업은 시장제공물을 개발하고, 강력한 상표 주체성을 창조한다. 또한 제공물에 상응하는 제품가격을 설정하여 실제 고객가치를 창조하고, 표적 소비자가 구입할 수 있도록 제공물을 유통시킨다. 마지막으로 마케팅 기업은 가치제안을 표적소비자에게 알리고, 제공물을 구입하도록 설득시키기 위해 촉진 프로그램(촉진 믹스)을 설계한다.

마케팅 과정에서 가장 중요한 단계인 네 번째 단계는 표적고객들과 가치에 기초하여 수익성 있는 관계를 구축하는 것이다. 마케팅 관리자는 마케팅 과정의 모든 단계에서 고객만족과 고객감동을 창출하기 위해 고객관계를 실행하는데, 고객가치와 고객관계의 구축은 기업 혼자의 노력으로 이루어지지 않는다. 따라서 기업은 기업 내의 부서들 그리고 마케팅 시스템 내의 마케팅 동반자들과 공동으로 노력해야 한다. 즉 마케팅 기업은 훌륭한 고객관계관리를 실행할 뿐만 아니라 훌륭한 동반자관계관리(PRM)도 실행해야 한다.

마케팅 과정의 마지막 단계는 강력한 고객관계를 구축한 대가로 마케팅 기업이 고객으로부터 기업가치를 보상받는 것이다. 탁월한 고객가치를 창조·제공하면, 높은 고객만족을 창출하고, 그 결과로 반복구매가 실현된다. 또한 이는 고객평생가치와 더 높은 고객점유율을 획득하는데 도움을 준다. 이런 긍정적인 결과로 장기적인 고객자산이 증가하게 된다.

이러한 마케팅 과정은 급변하는 마케팅 환경에서 행해지므로, 마케팅 기업은 세

가지의 핵심적인 환경변화요인을 마케팅 과정에서 고려해야 한다. 즉 기업은 고객관계와 동반자관계를 구축하는 과정에서 마케팅 기술을 활용하고, 세계적인 시장기회를 이용하고, 기업윤리와 사회적 책임을 실천해야 한다.

참고문헌

윤훈현 역, 『마케팅 관리론』, 12판, 피어슨, 2006.

Barry Berman, "How to Delight Your Customers," California Management Review, Fall 2005, pp. 129-151; Clara Agustin and Jagdip Sin호, "Curvilinear Effects of Consumer Loyalty Determinants in Relational Exchanges," *Journal of Marketing Research*, February 2005, pp. 96-108.

Ian Gordon, "Relationships Demarketing: Managing Wasteful or Worthless Customer Relationships," *Ivey Business Journal*, March/April 2006, pp. 1-4.

Kotler P. and Gary Armstrong, Marketing : An Introduction, 9th ed., Pearson, 2009.

Kotler P. and Gary Armstrong, Principles of Marketing, 12th ed., Pearson, 2008.

Kotler P. and Kevin Lane Keller, Marketing Management, 13th ed., Pearson, 2009.

Roland T. Rust, Valerle A. Zeithaml, and Katherine A. Lemon, Driving Customer Equity (New York: Free Press, 2000); Robert C. Blattberg, Gary Getz, Jacquelyn S. Thomas, Customer Equity (Boston, MA: Harvard Business School Press, 2001); Rust, Lemon, and Zeithaml, "Return on Marketing: Using Customer Equity to Focus Marketing Strategy," *Journal of Marketing*, January 2004, pp. 109-127.

Theodore Levitt's classic article, "Marketing Myopia," *Harvard Business Review*, July-August 1960, pp. 45-56.

Werner Reinartz and V. Kumar, "The Mismanagement of Customer Loyalty," *Harvard Business Review*, July 2002, pp. 86-94.

2 chapter

기업전략과 마케팅 전략 :
고객관계 구축을 위한 동반자화 구축

마케팅 전략과 마케팅 프로그램은 상위 수준인 기업전략 계획의 통제를 받는다. 따라서 기업에서 마케팅의 역할을 이해하기 위해서는 기업 수준에서의 전반적인 계획수립 과정을 먼저 이해해야 한다. 즉 기업이 산업환경의 변화에 적응하고 장기적으로 기업생존을 실현하기 위해서는 미래지향적인 장기적인 전략을 개발, 수립해야 한다.

제1절 기업 수준의 전략계획 수립 : 마케팅 역할의 정의

마케팅 기업은 특정한 상황, 기회, 목표, 자원이 주어진 상태에서 가장 적절한 장기적인 생존, 성장계획을 수립해야 하는데, 이를 위해서는 전략계획 수립(strategic planning)이 필요하다.

1. 전략계획 수립의 의미와 구성

전략계획 수립이란 조직의 목표와 역량, 변화하는 마케팅 기회 사이에서 전략적 적합성을 개발·유지하는 과정으로서, 마케팅 환경이 제공하는 기회에 적합하도록 전략대안을 개발하고 수립하는 과정이다.

전략계획 수립은 기업에서 수립되는 모든 계획수립의 기초가 된다. 기업은 통상 연간계획, 장기계획, 전략적 계획 등을 수립하는데, 연간계획과 장기계획은 기업의 기존 사업을 평가하고, 이를 유지하는 방법을 다루는 반면에, 전략적 계획은 계속해서 변화하는 환경에서 나타나는 기회를 유리하게 이용할 수 있도록 기업이 적응하는 것과 관련된다.

기업 수준에서 이루어지는 전략계획 수립과정은 기업 전체의 목적과 사업을 정의하는 것에서 시작되는데, 〈그림 2-1〉과 같다.

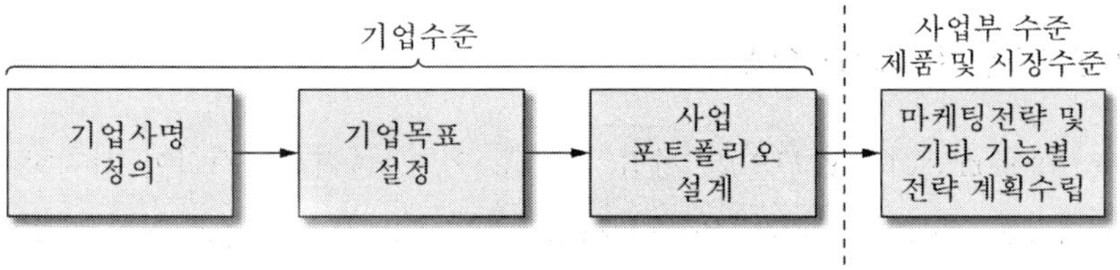

〈그림 2-1〉 전략계획 수립의 단계들

정의된 기업 사명은 기업활동의 방향을 정해 주는 기업목표로 구체화된다. 다음 단계는 기업본부가 최선의 사업, 제품 포트폴리오를 구성하고, 각 사업, 제품에 대해 어느 정도의 지원을 할 것인가를 결정한다. 상기의 결정을 기초로 각 사업, 제품은 기업 수준의 전략계획이 실현될 수 있도록 마케팅, 재무, 생산, R&D 등 기타 부서에 대한 구체적인 실행계획을 수립한다. 결과적으로 마케팅 계획은 사업부(사업단위 : SBU), 제품, 시장수준에서 이루어지는데, 특정한 마케팅 기회를 활용할 구체적인 실행계획을 수립하여 기업 수준의 전략계획 수립을 지원한다.

2. 시장지향적 기업사명 정의

1) 기업사명의 필요성과 의미

기업은 어떤 목적을 성취하기 위해 설립, 창업된다. 설립 초기에는 명확한 조직사명 또는 목적을 갖고 있지만, 시간이 지남에 따라 규모가 커지고, 새로운 제품과 시장이 추가되고, 새로운 환경에 직면함에 따라 초기의 분명한 사명이 흐려질 수 있다.

기업이 표류하고 있음을 인식하게 되면, 경영자는 기업의 사명과 목적을 새로 정의해야 한다. 즉 우리는 어떤 사업을 하고 있는가? 우리의 고객은 누구인가? 고객이 원하는 가치는 무엇인가? 우리는 어떤 사업을 행해야 하는가? 등 근본적인 질문에 답해야 하는데, 이런 질문에 대한 답은 기업에게 가장 어려운 의사결정 사항이다. 성공한 기업은 끊임없이 이런 질문을 제기하고, 진지하고 완벽하게 답을 한다.

기업들은 상기의 질문에 대한 해답을 담은 공식적인 사명문을 개발한다.

2) 기업사명문의 의미와 요소

사명문(mission statement)이란 기업의 철학, 이념, 목적 등 기업이 성취하고자 하는 것을 서술한 것이다. 따라서 분명한 사명문은 보이지 않는 손의 역할을 하여 조직 구성원의 생각과 행동의 지침이 되므로, 잘 만들어진 기업사명문은 더 양호한 기업성과와 재무성과를 산출케 한다.

어떤 기업은 제품 또는 기술의 관점에서 근시안적인 기업사명문을 만든다(예 : 우리 회사는 가구를 생산, 판매한다. 우리 회사는 정유회사이다 등). 그러나 기업사명문은 시장지향적이고, 고객의 욕구에 근거하여 정의해야 한다(예 : 우리 회사는 에너지 개발회사이다). 그 이유는 제품과 기술은 결국 구식이 되지만, 기본적인 시장의 욕구는 영원하기 때문이다.

시장지향적 사명문은 기본적인 고객의 욕구를 충족시키는 것으로 사업을 정의한다. 예를 들어, Nike사는 신발과 의류 제조업체가 아니라, 전 세계의 모든 운동하는 사람에게 건강과 혁신을 주고 싶은 바램을 기업사명으로 삼고 있다. SK정유는 석유,

화학제품을 제조하는 기업이 아니라, 다양한 에너지를 개발, 공급하여 모든 인류에게 밝고 편안한 삶을 제공하는 사명을 갖고 있다. 〈표 2-1〉은 제품지향적 사업 정의와 시장지향적 사업 정의에 대한 예가 제시되어 있다.

〈표 2-1〉 시장지향적 사업 정의

기업	제품지향적 정의	시장지향적 정의
아마존닷컴(Amazon.com)	우리 회사는 책, 비디오, CD, 장난감, 가전제품 등의 제품을 판매한다.	우리 회사는 신속하고, 편하고, 즐거운 인터넷 구매경험을 판매하며, 온라인으로 구매하고 싶은 어떤 제품도 찾을 수 있는 장소이다.
아메리카 온라인 (America Online)	우리 회사는 온라인 서비스를 제공한다.	우리 회사는 시간과 장소에 구애를 받지 않고 고객 접속을 가능하게 한다.
디즈니(Disney)	우리 회사는 테마파크를 운영한다.	우리 회사는 환타지를 창출하며, 미국인의 꿈을 실현시키는 장소이다.
이베이(e-Bay)	우리 회사는 온라인 경매를 운영한다.	우리 회사는 실용성추구 소비자들이 실용적인 모든 품목을 거래할 수 있는 글로벌 시장을 제공하며, 사람들이 쇼핑을 하고, 즐기고, 서로를 알게 되는 유일의 웹 공동체이다.
홈디포(Home Depot)	우리 회사는 수선 도구와 집 개량용 품목을 판매한다.	우리 회사는 소비자에게 꿈의 가정을 실현할 수 있도록 한다.
찰스스왑(Charles Schwab)	우리 회사는 증권업에 종사한다.	우리 회사는 고객의 재무적 꿈을 지키는 보호자이다.
레브론(Revlon)	우리 회사는 화장품을 생산한다.	우리 회사는 라이프스타일과 자기표현, 성공과 지위, 기억, 희망, 꿈을 판매한다.
리츠칼튼호텔 (Ritz-Carlton Hotels)	우리 회사는 객실을 빌려준다.	우리 회사는 리츠칼튼 경험을 창출하며, 오감을 즐겁게 하고, 웰빙을 지향하고, 고객이 표현하지 못한 바람과 욕구를 충족시키는 곳이다.
월마트(Wal-Mart)	우리 회사는 할인점을 운영한다.	우리 회사는 항상 저가격의 상품을 제공하며 일반인들에게 부자들과 똑같은 상품을 구매할 기회를 제공한다.

3) 기업사명의 범위

경영자는 기업사명을 너무 좁게 또는 너무 넓게 정의해서는 안 된다. 만약 필기구 제조업체가 커뮤니케이션 도구사업을 한다고 주장한다면, 기업사명을 너무 넓게 정의하는 것이다.

사명은 또한 현실적이어야 한다. 자사의 규모와 역량에 맞도록 현실성이 있어야 한다. 그리고 기업사명은 구체적이어야 한다. 많은 기업사명문이 공중관계나 홍보의 목적으로 만들어져 구체성이 없고, 구체적인 행동지침이 되지 못하고 있다. 예를 들어, 최고의 품질과 고객만족을 추구하며, 구성원이 우리의 가장 중요한 자산이라고 말하는 진부한 기업 사명문은 우리 주위에서 흔히 볼 수 있는 사명이다.

많은 사명문이 기억하기 어려울 정도로 길고, 의미가 너무 애매모호하고, 어떤 영감을 불러일으키지 못한다. 즉 일반적인 것을 제시하는 사명문은 좋아 보이지만, 조직구성원의 행동지침이 되지 못하고 영감을 주지 못한다.

그리고 기업사명은 시장환경에 적합해야 한다. 즉 변화하는 시장환경에 적합한 것을 사명으로 정해야 한다(예: 여성에 대한 사회환경의 인식 변화에 맞도록 함). 또한 기업사명은 독특한 차별적 역량을 포함해야 한다. 마지막으로, 사명문은 조직구성원에게 동기부여가 될 수 있어야 한다. 즉 기업사명은 더 많은 매출과 이익을 산출하는 것으로 제시되어서는 안 되며, 구성원은 자신의 직무가 의미가 있으며 또한 사람들의 삶에 공헌한다는 느낌을 갖도록 만들어져야 한다.

3. 기업목표 설정

마케팅 기업은 정의된 기업사명을 실현할 수 있도록 사명을 구체적인 목표(objectives)로 전환해야 한다. 즉 각 관리자는 기업사명을 실현할 수 있는 구체적인 목표를 설정해야 하며, 이를 실행할 책임을 져야 한다.

기업사명은 사업부 목표와 마케팅 목표를 포함하여 계층적 구조로 여러 목표들로 구체화된다. 즉 기업사명은 전반적인 기업목표로, 그리고 전반적인 기업목표는 사업부 목표로, 또한 사업부 목표는 하위목표인 마케팅 목표로 다시 구체화된다.

그리고 이런 마케팅 목표를 실현하는데 지원하도록 마케팅 전략과 마케팅 프로그램이 개발, 수립되어야 한다. 또한 각 마케팅 목표는 다시 마케팅 전술로 구체화되는데, 예를 들어, 촉진활동을 위해 필요한 활동이 제시된다. 이와 같이 기업사명은 당해 연도에 실행해야 할 구체적인 목표로 전환된다(〈표 2-2 참조〉).

〈표 2-2〉 기업사명이 구체적인 목표로 전환되는 과정

구분	내용(예)
기업사명	농장의 미래 향상, 식품의 미래를 향상시킴
기업목표	• 더 향상된 농산물 개발, 더 낮은 비용으로 제품개발, 더 많이 판매함, 수익성 있는 고객관계 구축 • 더 많은 영양과 수확률의 안전한 농산물 연구개발 • 이익증대 - 매출 증대, 원가절감
마케팅 목표	• 자국내 시장점유율 증가 • 새로운 해외시장 진출
마케팅 전략	• 가격인하, 외국의 대형농장 인수, 유통경로 증가, 촉진 증가
마케팅 전술	• 판매원 증가, 광고 증가

4. 사업 포트폴리오 설계

기업사명문과 기업목표의 지침에 따라 경영자는 사업 포트폴리오를 계획해야 하는데, 사업 포트폴리오(business portfolio)는 기업을 구성하는 사업, 제품의 집합을 의미한다. 따라서 최상의 사업 포트폴리오는 자사의 강점(strength)으로 주어진 시장 기회(opportunity)를 가장 잘 이용하는 사업, 제품으로 구성하는 것이다.

사업 포트폴리오 계획수립은 두 단계 과정으로 이루어진다. 첫째 단계는 기존의 사업 포트폴리오의 건전성을 분석하여 각 사업에 어느 정도 투자해야 하는가를 결정하는 것이다. 둘째 단계는 성장전략과 축소전략을 개발하여 장래의 사업 포트폴리오를 구성하는 것이다.

1) 기존 사업 포트폴리오 분석

사업 포트폴리오 분석(business portfolio analysis)은 경영자가 기업을 구성하는 사업/제품의 매력도를 평가하는 과정이다. 기업은 수익성이 높은 사업에 더 많은 자금을 투입하고, 경쟁력이 약한 사업에 대해 지원을 줄이거나, 어떤 사업은 철수하기로 결정할 수 있다.

첫째, 사업 포트폴리오 분석을 하기 위해 경영자는 기업을 구성하는 주요 사업 즉 전략적 사업단위(SBU)를 파악해야 한다. 많은 사업, 제품으로 구성된 기업의 경우,

경영자든 고객집단, 고객의 욕구 및 기술의 관점에서 관련 사업/제품을 미리 묶어 주요사업으로 분류해야 한다. 전략적 사업단위(strategic business unit : SBU)는 독자적인 사업과 목표가 있으며, 기업내 다른 사업과 독립적으로 제품계획 등 계획수립이 이루어지며, 자체의 경쟁자가 있고, 모든 것을 책임지는 경영자가 있는 사업이다.

두 번째 단계는 각 SBU의 매력도를 평가하여 지원수준을 결정하는 것이다. 일반적으로 기업은 기업사명, 경영철학 및 역량과 부합되는 제품과 사업에 진출하고 또한 많은 지원을 하는 것이 바람직하다. 자체의 경쟁자를 가지고 있는 SBU가 성공하기 위한 기초인 전략 계획수립은 매력적인 시장기회를 자사에 유리하게 만들기 위해 기업의 강점을 가장 잘 활용하는 방법을 찾는 것이 목적이므로 SBU를 평가하기 위한 포트폴리오 분석기법을 이용해야 한다.

포트폴리오 분석기법은 두 가지 평가기준, 즉 ① SBU가 위치한 시장이나 산업의 매력성 ② 해당 시장이나 산업 내에서 SBU의 경쟁력 강점을 기준으로 SBU를 평가한다. SBU를 평가하는 분석방법에는 여러 가지가 있으나, 가장 잘 알려진 포트폴리오 분석기법은 Boston Consulting Group(BCG)이 개발한 시장-점유율 매트릭스이다.

(1) BCG(Boston Consulting Group)

BCG의 시장-점유율 매트릭스(growth share matrix)는 〈그림 2-2〉와 같이 시장성장률과 상대적 시장점유율에 따라 SBU를 매트릭스에 분류한다. 수직축은 시장성장률(M/G : market growth rate)로서, 시장매력도를 측정한 것이고, 수평축인 상대적 시장점유율(relative M/S : market share)은 시장에서의 기업 경쟁력(기업의 강점)을 측정한 것이다.

성장-점유율 매트릭스에 표시된 SBU는 위치에 따라 별, 자금젖소, 물음표, 개의 네 가지 유형으로 나누어진다.

- **별**(star) : 별 사업단위는 시장성장률과 시장점유율이 모두 높은 사업이나 제품으로서, 급속한 시장성장에 따라가기 위해 많은 투자가 요구된다. 시간이 지남에 따라 시장성장률이 둔화되면, 별 사업단위는 자금젖소가 된다.
- **자금젖소**(cash cow) : 자금젖소 사업단위는 낮은 시장성장률과 높은 시장점유율의 사업이나 제품이다. 시장에서 확고한 기반을 구축했기 때문에 시장점유율

을 유지하는데 소요되는 투자규모가 별로 크지 않다. 따라서 이 사업단위는 많은 현금흐름을 창출하므로 이 자금을 투자가 필요한 다른 사업단위를 지원하는데 활용할 수 있다.

- 물음표(question mark, 문제아 : problem child) : 물음표 사업단위는 높은 시장성장률과 낮은 시장점유율의 사업단위이다. 이 사업단위는 시장점유율을 확대하거나 또는 기존의 시장점유율을 유지하기 위해 많은 자금이 필요하므로 경영자는 어떤 물음표 사업단위를 별로 키워야 하며, 어떤 물음표 사업단위를 시장에서 철수시켜야 할 것을 결정해야 한다.
- 개(dogs) : 개 사업단위는 낮은 시장성장률과 낮은 시장점유율의 사업이나 제품이다. 자체 사업을 유지하는데 소요되는 현금흐름은 창출하지만, 충분한 규모의 현금흐름을 창출할 가능성이 없으며 또한 시장성장이 낮으므로 철수의 대상이 된다.

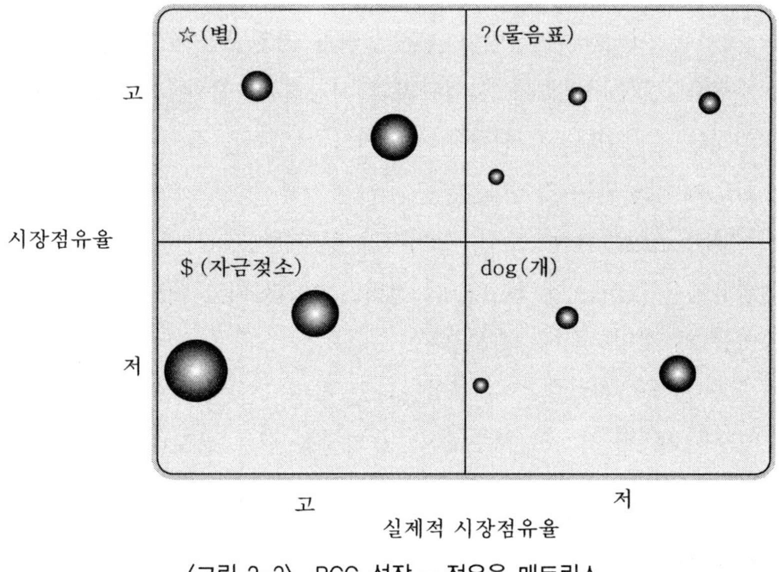

〈그림 2-2〉 BCG 성장 - 점유율 매트릭스

성장-점유율 매트릭스에 있는 원 10개는 기업이 현재 보유하고 있는 SBU를 나타내는데, 이 기업은 별에 2개, 자금젖소에 2개, 물음표에 3개, 개에 3개의 사업단위를 확보하고 있다. 원의 크기는 SBU의 매출액에 비례한다. 결론적으로 볼 때, 이 기업의 사업구조는 아주 좋지는 않지만 괜찮은 편이다.

이 기업은 전망이 있는(즉, 시장점유율이 양호한) 물음표 SBU에 투자하여 별 SBU로 전환시키고, 별 사업을 잘 유지하여 시장성숙기 때에 자금젖소가 될 수 있도록 관리해야 한다. 다행스럽게 규모가 큰 자금젖소 사업을 2개 보유하고 있으므로 이 사업에서 현금흐름을 창출하여 그 현금을 물음표, 개, 별 사업단위에 자금을 지원하여 도움을 줄 수 있다.

경영자는 개 사업과 물음표 사업에 대해 중대한 조치를 취해야 한다. 만약 이 기업이 별 사업을 보유하고 있지 않거나, 개 사업이 너무 많거나 또는 현금흐름 창출능력이 약한 하나의 자금젖소 사업만을 보유하고 있다면, 그 기업의 사업전망은 어둡게 된다.

각 SBU의 매력성을 분석, 분류한 후, 경영자는 각 SBU가 수행할 역할을 결정해야 한다. 기업은 각 SBU에 대해 네 가지 전략 중 하나를 선택할 수 있다.

첫째는 구축(build)전략으로서, 시장점유율을 높이기 위해 사업단위에 더 많은 투자를 하는 것이다. 이 전략은 전망이 높은 물음표 사업단위에 적용될 수 있다.

둘째는 유지(hold)전략으로서, 사업단위의 시장점유율을 현재 수준에서 유지하는 정도로 투자하는 전략이다. 이 전략은 시장에서 선도력을 유지하고 있는 별 SBU나 자금젖소 SBU에 적용되는 것이다.

셋째는 수확(harvest)전략으로서, 장기적인 영향을 고려하지 않고 사업단위의 단기적인 현금유입을 높이는 전략이다. 이 전략은 아직까지도 어느 정도 시장점유율을 유지하고 있는 개 사업단위에 해당된다.

넷째는 철수(divest)전략으로서, 사업단위를 철수시키는 것이다. 사업단위를 매각하거나, 투자된 자원을 서서히 회수하여 그 자금을 다른 용도(사업단위 등)에 사용하는 것으로서, 시장점유율이 낮은 물음표 SBU나 개 SBU에 해당된다.

(2) SBU의 수명주기

시간이 지남에 따라, 각 SBU의 위치는 시장-점유율 매트릭스에서 변화한다. 각 SBU는 수명주기를 갖고 있는데, 대부분의 SBU가 물음표에서 시작하여(시장이 성장하므로 사업을 시작함), 시장에서 성공을 거둔(시장점유율을 획득함) 물음표 SBU는 별의 위치로 이용한다. 시간이 경과하여 시장이 성숙기에 들어서면 시장성장률이 둔화되면 별 SBU는 자금젖소가 되고, 그 산업이 사양산업이 되면 그 SBU는 결국 시장에서 철수하거나 개 사업단위로 가게 되어 수명을 마치게 된다.

기업은 새로운 제품과 사업을 계속 추가해야 하는데, 그 이유는 그 중 일부가 별, 더 나아가 자금젖소 사업단위가 되어 다른 SBU에 자금을 지원하는데 도움을 줄 수 있기 때문이다.

(3) 포트폴리오 분석기법의 문제점

BCG의 시장-점유율 매트릭스와 같은 사업 포트폴리오 계획수립 기법은 전략 계획수립에 큰 변화를 준다. 그러나 이런 분석기법에도 몇 가지 한계점이 있다. 실행하기가 어렵고, 분석에 많은 시간이 소요되며, 비용이 많이 소요된다. 또한 SBU를 정의하는데 어려움이 있거나, 시장성장률과 시장점유율을 측정하기가 어려울 수 있다. 그리고 기존 사업의 매력성을 분류하는데 집중함으로써 미래를 위한 계획수립에 별 도움을 주지 않을 수 있다.

또한 상기와 같은 공식화된 계획수립 도구는 시장점유율 증가, 매력적인 신규 시장 진출에 의한 매출신장 등과 같이 매출증가를 지나치게 강조한다. 이에 따라 많은 기업들이 기존사업과 관련성이 없지만 성장률이 높은 신규사업에 다각적으로 투자하였지만, 운영역량의 부족으로 저조한 성과를 거두고 있다. 뿐만 아니라 기업은 양호한 성숙사업을 너무 빨리 포기하거나, 매각하거나, 현금유동성을 높이는 실수를 자주 범하고 있다. 따라서 공식적인 포트폴리오 계획수립 기법에 근거하여 지나치게 사업다각화를 추진했던 많은 기업들이 최근에 사업범위를 좁히고 자신이 잘 아는 하나 또는 소수의 산업에 사업을 집중하는 방향으로 전환하고 있다.

이런 한계성을 인식한 기업들이 공식화된 매트릭스 기법의 사용을 포기하고 자사의 경영상황에 적합한 더 고객화된 계획수립 기법을 도입하고 있다. 기업본부의 경영자가 주도하였던 공식화된 전략계획수립 방법과는 달리, 각 사업부로 전략계획수립의 권한을 위양하고 있다. 이에 따라 기업은 시장을 잘 알고 있는 경영자로 구성된 사업부 팀에게 전략계획수립의 책임을 지우고 있다.

2) 성장전략과 축소전략 수립

사업 포트폴리오 설계는 기존 사업을 평가할 뿐만 아니라 앞으로 진출해야 할 사업과 제품을 찾아내는 작업도 포함된다. 마케팅 기업은 효과적으로 경쟁하고, 이해관계자 집단을 만족시키고, 능력 있는 구성원을 끌어들이기 위해 성장이 필요하다. 또한 성장은 활기차고 열정적인 기업을 만들며, 구성원에게 확실한 기회가 있다는 것을 지각케 한다. 그러나 기업은 성장 그 자체를 목표로 해서는 안 되며, 수익성 있는 성장을 목표로 해야 한다.

다른 기능에 비해 마케팅은 수익성 있는 기업성장을 달성하는데 중추적인 책임을 지고 있다. 즉 마케팅은 시장기회를 파악, 평가, 선택하고, 이런 기회를 포착할 수 있는 전략을 개발·수립해야 한다.

성장전략을 파악하는데 있어 유용한 수단 중의 하나는 제품/시장 확장 그리드(product/market expansion grid)로서, 〈그림 2-3〉과 같다. 이에 대한 사례로 Starbucks를 이용한다.

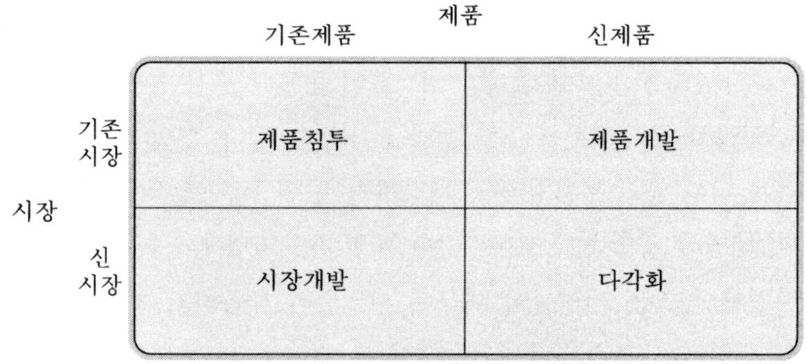

〈그림 2-3〉 제품/시장 확장 그리드

(1) 시장침투

시장침투(market penetration)는 기존제품을 변경하지 않고 기존고객에게 더 많이 판매하는 것으로서, 시장점유율을 증가시키는 전략인데, 3가지 전략을 사용할 수 있다. 첫째, 기존고객에게 더 많이 구입하도록 고무할 수 있다. 이 방법은 기존제품의 이점을 기존고객들이 인식하는 경우에 가능하다. 또한 기업은 더 많은 고객이 편리하게 방문할 수 있도록 기존시장(상권)에 신규점포를 추가할 수 있다.

둘째, 경쟁사의 고객을 끌어들이는 것이다. 이 방법은 경쟁사 제품의 약점이나 마케팅 프로그램의 약점을 간파할 수 있는 경우로서 광고, 가격, 서비스, 메뉴 구성, 점포 디자인의 개선 등은 고객이 더 많이 점포를 방문하고, 더 오래 머물 수 있도록 할 수 있다. 또한 카드를 발행하거나 더 오래 머물 수 있도록 하기 위해 무선 인터넷 설비를 설치할 수 있다.

셋째, 미사용자에게 자사 제품을 사용하도록 설득할 수 있는데, 이 경우는 그 제품을 소유할 수 없거나, 이용방법을 모르는 사람들이 많은 경우로서, 예를 들어, 자동차를 탄 채로 운전석에서 이용할 수 있도록 점포에 주문대를 설치하는 것이다.

(2) 시장개발

시장개발(market development)은 새로운 시장을 개발하여 기존제품을 판매하는 것이다. 첫째, 경영자는 새로 부상하는 인구통계적 잠재시장을 검토하여 새로운 소비자 집단으로 하여금 처음으로 방문하도록 하거나, 구입하도록 유도할 수 있다.

둘째, 현 위치에서 추가적인 유통경로를 추구할 수 있는데, 다른 취급경로를 추가하는 것으로서, 스타벅스사는 현재의 프랜차이즈 방식이 아닌 새로운 경로를 탐색할 수도 있다.

셋째, 자국의 새로운 다른 지역이나 해외에 판매할 것을 고려할 수 있다. 즉 새로운 지역시장으로 시장범위를 확대할 수도 있으며, 세계시장에서 시장범위를 확대할 수도 있다.

(3) 제품개발

제품개발(product development)은 기존시장에 신제품 개발 가능성을 고려하는 것이다. 내구성, 품질, 다용도성 등 새로운 특성을 개발할 수 있는데, 대안적인 기술을 이용하는 것이다. 스타벅스는 비커피 음용자를 유인하기 위해 초콜릿 음료제품, 원두커피를 마시는 소비자를 위해 슈퍼마켓 시장에 진출하고 있다. 그리고 새로운 소비용품 범주로 진출하기 위해 커피함유 알코올 음료라인을 도입하고 있다.

(4) 다각화

다각화(diversification) 전략은 기존제품과 기존시장과는 별개의 분야에게 좋은 기회가 발견되어 새로운 사업을 시작하거나 매입하는 것이다. 좋은 기회란 그 산업이 매력적이고 또한 그 기업이 성공하는데 필요한 사업상 장점을 가지고 있는 경우이다.

자사의 제품이나 캐릭터를 다른 기업에게 라이센싱을 해주거나, 다른 기업을 인수하여 다른 사업에 진출할 수도 있다. 스타벅스는 엔터테인먼트 사업부를 위해 Hear Musci사를 인수하였다. 또한 커피점에 Media Bars라고 하는 키오스키를 설치하였으며, Lion's Gate사와 동반자화하여 영화를 공동제작하고 있다.

(5) 축소전략

상기의 4가지 성장전략과는 대조적으로 기업은 사업 포트폴리오를 축소시키는 전략도 개발해야 한다. 기업은 시장환경의 변화에 따라 일부 제품과 시장의 수익성이 떨어져 그 제품과 시장을 포기할 수 있다.

또한 경험이 부족한 제품시장에 진출하였을 경우 또는 기업의 성장속도가 너무나 빨라 모든 제품이나 사업을 끌고나갈 수 없는 경우에 일부의 제품과 시장을 포기할 수 있다. 즉 탁월한 고객가치를 제공하지 못하는 신제품을 출시하거나 적절한 마케팅 조사를 하지 않고 너무나 많은 해외시장에 진출한 경우에 일부의 제품과 시장을 포기할 수 있다. 또한 일부의 제품이나 사업이 단순히 시간이 오래 지나 수명주기를 다함으로써 포기, 철수할 수 있다.

기업이 이익을 창출하지 못하거나 전반적인 기업경영 전략에 적합하지 않은 상표나 사업을 파악한 후 이를 정비하거나 투자자금을 회수하거나 처분해야 할 것을 신중히 검토해야 한다. 경쟁력이 없는 사업은 필요 이상으로 경영자의 시간과 노력을 요구하기 때문이다.

결론적으로 경영자는 현재 출혈되고 있는 사업을 회생시키기 위해 정력과 지원을 낭비하지 말고, 성장기회가 많은 사업을 키우는데 시간과 노력을 집중해야 한다.

제 2 절 마케팅 계획수립 : 고객관계 구축을 위한 동반자화 형성

기업의 전략계획은 기업이 어떤 사업에 진출할 것이고, 각 사업의 목표를 무엇으로 할 것인가를 결정하는 것인데, 이에 각 사업단위에 대해 더 구체적인 사업계획을 수립한다. 즉 마케팅 등 기업의 주요 기능의 계획은 사업단위에서 수립된다. 즉 사업단위에서 재무, 생산, 마케팅, 연구개발, 인적자원 등의 기능에 대한 계획을 수립한다. 각 기능부서는 사업단위의 전략적 목표를 달성하기 위해 함께 노력한다.

1. 마케팅의 핵심역할

마케팅은 기업수준의 전략계획을 수립하는데 있어 다음의 3가지 핵심역할을 수행한다.

첫째, 마케팅은 경영활동의 지침이 되는 철학인 마케팅 개념과 복합적 마케팅 개념을 제공한다. 이 경영철학은 기업전략이 주요 소비자집단과 수익성 있는 관계를 구축하는 방향으로 수립되어야 한다는 시사점을 제시한다.

둘째, 마케팅은 매력적인 시장기회를 파악하는데 도움을 주고, 그 시장기회를 이용할 수 있는 자사의 잠재력을 평가함으로써 전략계획을 수립하는데 필요한 핵심적인 투입요소가 된다.

셋째, 사업단위 수준에서 마케팅은 사업단위의 목표를 실현하기 위한 전략을 수립하고 또한 사업단위의 목표를 달성하는데 마케팅은 이익을 창출하는 방향으로 실천하도록 지원하는 과업을 수행한다.

결과적으로, 고객가치 창조와 고객만족은 마케팅 관리자가 성공하는데 있어 중요한 원천이 되므로, 마케팅 관리자는 고객관계관리뿐만 아니라 동반자관계관리도 잘 실행해야 한다. 즉 마케팅 관리자는 고객을 위한 효과적인 가치제안을 창출하기 위해 기업내 다른 부서의 담당자들과 긴밀하게 협조해야 한다. 또한 경쟁사보다 탁월한 가치전달 네트워크를 형성하기 위해 자사의 마케팅 시스템이 다른 기업과도 효과적인 동반자관계를 구축해야 한다.

2. 다른 부서와 동반자관계 형성

마케팅 기업의 각 부서는 기업의 가치연결쇠(value chain)에서 연결고리가 되는데, 각 부서는 제품을 설계, 생산, 판매, 배송, 사후 서비스 등을 행함으로써 가치창조 활동을 한다. 따라서 기업의 성공은 각 부서가 맡은 과업을 얼마나 잘 수행하는가 그리고 여러 부서의 활동이 얼마나 잘 조정되는가에 의해 좌우된다.

마케팅 부서는 다른 부서의 도움을 필요로 한다. 즉 다른 부서의 능력과 협조에 영향을 받는다는 것이다. 이것은 기업의 가치연결쇠는 그 연결고리가 강해야 한다는 것을 의미한다. 사업의 성공은 각 부서가 자신의 고객가치를 부가하는 과업을 얼마나 잘 수행하느냐 그리고 여러 부서의 활동이 얼마나 잘 조정되느냐에 의해 결정되기 때문이다.

그러나 문제가 되는 것은 고객을 위한 가치를 창조하기 위해 여러 부서가 서로 조화롭게 업무를 수행해야 하지만, 현실적으로 부서 간의 관계는 갈등과 오해가 너무 많이 발생한다는 것이다. 즉 마케팅 부서가 소비자의 관점에서 고객만족을 실현하기 위해 노력하는 것이 다른 부서의 관점에서 볼 때 그들의 업무성과를 저해하는 원인이 될 수 있기 때문이다. 마케팅 부서의 활동이 구입원가를 상승시키고, 생산일정을 저해하고, 재고를 증가시키며, 예산과다를 발생시킬 수 있다. 따라서 다른 부서는 마케팅 부서의 노력을 방해할 수도 있다.

그러나 마케팅 관리자는 모든 부서가 소비자를 생각하고, 가치제안이 원활하게 작동하기 위한 방법을 강구해야 한다. 즉 마케팅 관리자는 다른 부서의 관리자와 긴밀하게 협력하여 여러 관련부서가 기업의 전략적 목적을 달성하기 위해 협력할 수 있는 부서계획 간의 협조시스템을 개발해야 한다. 예를 들어, 조직 전체에 걸쳐 고객경험을 최대화하고 또한 조직 전체의 고객접촉점을 최대화하는 시스템을 구축하는 것이다.

3. 마케팅 시스템 내의 다른 기업과의 동반자화 구축

고객가치를 창조하기 위해 마케팅 기업은 자신의 가치연결쇠의 차원을 넘어 공급업체, 유통업체 그리고 최종고객의 가치연결쇠도 고려해야 한다.

소비자는 자사 제품의 품질이 다소 낮다고 하더라도 당기업의 마케팅 시스템에 관심을 가지며, 그 시스템에 끌리게 된다. 예를 들어, McDonald's와 Starbucks의 완벽한 시스템은 고객들에게 또 다른 의미를 주기 때문이다. McDonald's사는 QSCV 즉 품질(quality), 서비스(service), 청결(cleanliness), 가치(value)를 고객들에게 높은 수준으로 제공한다.

오늘날 마케팅 기업은 가치전달 네트워크(value-delivery network)의 성과를 높이기 위해 공급연결쇠를 구성하는 다른 구성체와 동반자화를 형성하고 있다. 예를 들어, Toyota사는 공급업체(vendor)와 긴밀한 관계를 구축하는 것이 중요하다는 것을 인식하고, 공급업체를 만족시키기 위해 노력하고 있다.

따라서 오늘날의 시장경쟁은 개별 경쟁사끼리의 경쟁이 아니라, 각 경쟁사가 형성한 가치전달 네트워크 사이의 경쟁이다. 즉 기업의 성과는 그 기업의 가치전달 네트워크의 품질 수준에 따라 결정된다고 할 수 있다.

제 3 절 마케팅 전략과 마케팅 믹스

기업의 전략계획에는 기업의 사명과 목표가 포함되며, 사업단위 계획에는 마케팅의 목표와 전략이 포함된다.

1. 마케팅의 역할과 활동

마케팅의 역할과 활동은 〈그림 2-4〉와 같이 고객지향적 마케팅 전략과 마케팅 믹스를 관리하기 위해 수행되는 주요활동이 포함된다.

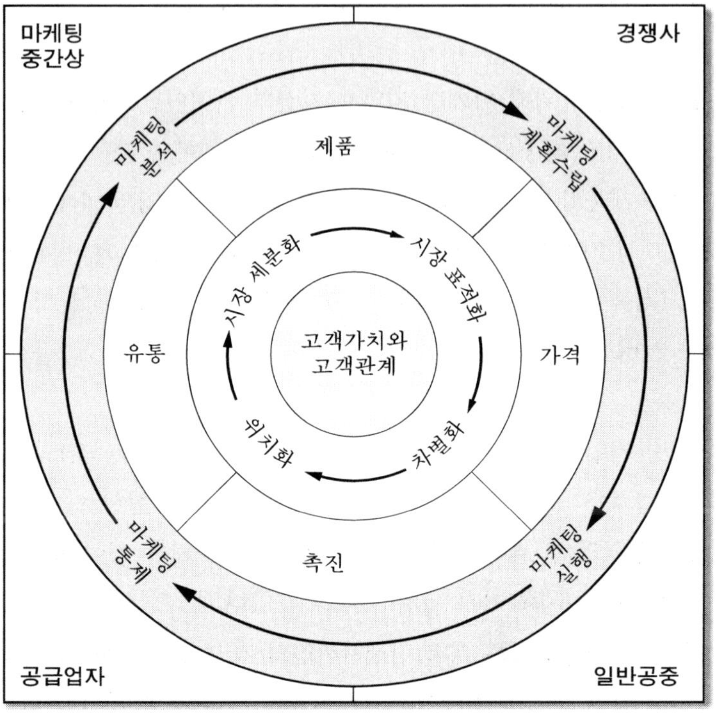

〈그림 2-4〉 마케팅 전략과 마케팅 믹스의 관리

고객은 마케팅 활동의 중심으로서, 마케팅의 목표는 고객을 위한 고객가치를 창조하고, 수익성 있는 강력한 고객관계를 구축하는 것이다. 마케팅 관리자는 이 목표를 달성하기 위해 마케팅 전략을 수립하는데, 마케팅 전략(marketing strategy)은 고객가치 창조와 수익성 있는 고객관계를 구축하기 위해 마케팅 활동의 기분방향을 정하는 것이다. 즉 어떤 고객을 대상으로(시장세분화, 시장표적화), 어떻게 차별화된 마케팅 제공물을 개발할 것인가(차별화와 시장위치화)를 결정하는 것이다. 즉 마케팅 관리자는 전체시장의 범위를 파악하고, 그 시장을 유사한 특성을 가진 세분시장으로 나눈 후, 가장 매력적인 세분시장을 선정한 후, 그 표적세분시장의 고객을 경쟁사보다 더 잘 만족시킬 수 있는 방안을 강구한다.

기업의 마케팅 전략에 근거하여, 통합적 마케팅 믹스 프로그램을 설계하는데, 마케팅 믹스(marketing mix)는 마케팅 기업이 통제할 수 있는 수단인 제품, 가격, 유통경로, 촉진으로 구성된다.

최적의 마케팅 전략과 마케팅 믹스를 개발하기 위해 마케팅 관리자는 마케팅 관리기능을 잘 수행해야 한다. 마케팅 관리기능은 마케팅 분석, 마케팅 계획수립(plan), 마케팅 실행(do), 마케팅 통제(see)로 구성된다. 이런 일련의 마케팅 활동을 통해 마케팅 기업은 주요한 마케팅 환경요인의 변화와 추세를 조사하고, 이에 적응해야 한다.

2. 고객지향적 마케팅 전략

치열한 시장경쟁에서 승리하기 위해 마케팅 기업은 고객중심적이어야 한다. 즉 경쟁사로부터 고객을 빼어 와야 하고, 그 고객에게 더 많은 가치를 제공함으로써 그들을 유지, 육성해야 한다. 그러나 고객을 만족시키기 위해 마케팅 노력을 기울이기에 앞서 마케팅 기업은 먼저 고객의 욕구를 파악, 이해해야 하는데, 그렇게 하기 위해서는 신중하게 고객을 분석해야 한다.

시장에는 너무나 다양한 특성과 욕구를 가진 소비자가 존재하므로 마케팅 기업은 전체시장이 아니라 특정한 표적세분시장의 고객욕구를 충족시켜야만 이익을 실현할 수 있음을 인식하고 있다. 따라서 마케팅 기업은 전체시장을 어떤 기준에 따라 세분화한 후 자사에게 가장 매력적인 세분시장을 선정하고, 그 시장의 고객을 만족시켜 이익을 창출하는 전략을 개발해야 한다. 즉 마케팅 전략수립에서 핵심적인 의사결정 요소는 시장세분화, 시장표적화, 그리고 차별화와 시장위치화이다.

1) 시장세분화

시장은 여러 상이한 유형의 고객, 제품, 욕구로 구성되어 있으므로, 마케팅 기업은 어떤 세분시장이 가장 좋은 기회를 제공하는가를 파악해야 한다. 소비자는 다양한 집단으로 세분화될 수 있는데, 소비자는 지리적 변수, 인구통계적 변수, 심리묘사적 변수, 행위적 변수 등의 기준으로 세분화할 수 있다. 시장세분화(market segmentation)란 전체시장을 욕구, 특성, 구매행동 등을 기준으로 유사한 구매자 집단으로 나누는 과정으로서, 마케팅 기업은 각 구매자집단(세분시장)에 대해 상이한 제품 또는 마케팅 프로그램을 적용해야 한다.

시장을 여러 상이한 세분시장으로 구분할 때, 마케팅 관리자는 마케팅 프로그램을 개발·수립하는데 유용한 시장세분화 기준을 선택해야 한다. 예를 들어, 해열 진통제 구매자를 고소득 진통제 사용자와 저소득 진통제 사용자로 나누는 경우, 이 두 개의 세분시장이 마케팅 프로그램에 대해 동일하게 반응한다면, 소득수준에 근거한 시장세분화는 별 도움이 되지 않는다. 따라서 세분시장(market segment)이란 기업의 마케팅 노력에 대해 각기 유사한 반응을 보이는 고객집단을 의미하므로, 마케팅 기업은 각 세분시장의 상이한 욕구를 충족시킬 수 있도록 마케팅 노력을 기울여야 한다.

2) 시장표적화(표적시장 선정)

전체시장을 여러 개의 세분시장으로 나눈 후, 마케팅 기업은 세분시장들 중에서 하나 또는 그 이상의 세분시장을 선정할 수 있다. 시장표적화(market targeting)는 각 세분시장의 매력성을 평가하여 하나 또는 그 이상의 표적세분시장을 선정하는 과정이다. 이 때 마케팅 기업은 수익성을 실현하는 수준에서 가장 큰 고객가치를 창조하고 이를 계속 유지할 수 있는 세분시장을 표적시장으로 삼아야 한다.

자원이 한정된 기업은 하나 또는 소수의 세분시장 또는 적소시장(niche market: 틈새시장)만을 대상으로 할 수 있다. 예를 들어, Ferrari 자동차는 매년 미국시장에서 최고의 고성능 승용차시장을 대상으로 1,500대만을 생산하여 엄청난 고가격으로 판매하고 있다.

한편 어떤 마케팅 기업은 몇 개의 관련된 세분시장을 표적으로 삼는다. 어떤 의류회사는 어린이, 10대, 20대 이상 성인 세분시장을 목표로 하고, 각 제품을 상이한 소매점을 통해 판매하고 있다(예 : 이랜드).

또 다른 대안으로 대규모 기업은 모든 세분시장을 대상으로 다양한 제품을 제공할 수 있다. 현대자동차는 다양한 소비자 시장을 대상으로 다양한 승용차들, 그리고 산업재 시장을 대상으로 다양한 트럭, 버스 등을 생산·공급하고 있다.

대부분의 기업은 하나의 세분시장을 표적으로 하여 진출한다. 만약 그 시장에서 성공하면 점차 다른 세분시장에 진출하여, 세분시장의 수를 증가시킨 후 결국 전체시장을 표적으로 삼게 된다. 즉 그 마케팅 기업은 해당 산업에서 GM자동차가 되기를 원하는 것이다. 그러나 시장선도기업은 일반적으로 각 세분시장의 특별한 욕구를 충족시키기 위해 각각의 세분시장에 적합한 상이한 제품을 제공한다.

3) 차별화와 시장위치화

마케팅 기업은 표적세분시장을 선정한 후 각 세분시장에 제공될 시장제공물을 어떻게 차별화할 것인가 그리고 그 시장에서 차지해야 할 경쟁적인 위치를 결정해야 한다. 제품 위치(product position)란 소비자의 마음속에서 경쟁사와 비교하여 자사제품이 차지하는 위치를 의미하는데, 마케팅 기업은 자사제품에 대해 독특한 시장위치를 개발해야 한다. 그 이유는 자사제품이 시장에서 경쟁제품과 차이가 없는 것으로 소비자가 지각한다면, 자사제품을 구입할 이유가 없기 때문이다.

위치화(positioning)란 표적소비자의 마음속에 경쟁제품과 비교하여 명확하게 차별화되고, 바람직한 위치에 자사제품이 자리를 잡도록 하는 노력이다. 즉 위치화는 자사제품 또는 자사를 차별화시키는 방법 즉 왜 소비자가 자사상표에 더 많은 가격을 지불해야 하는가에 대한 이유를 개발하는 것이다. 따라서 마케팅 관리자는 자사제품

(예: 에이스 침대)을 경쟁상표와 차별화시키고 표적시장에서 최고의 경쟁적 우위를 제공하는 위치를 계획해야 한다.

BMW는 "이 시대의 최고의 승용차", FORD는 "도로를 잘 달릴 수 있는 승용차", 기아는 "놀랄만한 파워" 등을 고객에게 약속하는데, 상기의 간단명료한 메시지는 제품에 대한 마케팅 전략을 수립하는데 기초가 된다.

제품을 위치화하는 경우, 마케팅 기업은 우선 경쟁적 우위(competitive advantage)를 제공할 수 있는 고객가치 창조가 가능한 차별점을 규명해야 하는데, 이것이 제품위치화의 기초가 된다. 예를 들어, 어떤 기업은 경쟁사보다 더 낮은 가격을 또는 더 고가격으로 더 많은 이점을 제공함으로써 더 많은 고객가치를 제공할 수 있다. 그러나 여기에서 가장 중요한 것은 마케팅 기업이 더 많은 고객가치를 제공하겠다고 약속했다면, 반드시 그것을 전달해야 한다. 따라서 효과적인 위치화는 차별화에서 시작되는데, 차별화(differentiation)는 고객에게 더 많은 가치를 제공할 수 있도록 기업의 시장제공물을 경쟁사와 차이가 나도록 하는 것이다.

결론적으로 원하는 위치를 선택하면 마케팅 기업은 표적소비자에게 그 위치(경쟁적 우위를 갖는 차별적인 속성이 있는 제공물)를 실제로 전달하고, 이를 커뮤니케이트하는 조치를 취해야 한다. 즉 기업의 마케팅 프로그램(마케팅 믹스 : 4p)은 선택된 위치화 전략을 지원 실행해야 한다는 것이다. 따라서 마케팅 믹스는 시장위치화가 결정된 후 그 위치화 전략을 실행하는 마케팅 활동인 것이다.

3. 통합적 마케팅 믹스 개발

전체적인 마케팅 전략이 수립되면, 마케팅 기업은 마케팅 믹스를 구체적으로 계획해야 한다. 마케팅 믹스(marketing mix)란 기업이 표적시장의 고객들로부터 바람직한 반응을 창출하기 위해 사용하는 통제가능한 전술적인 마케팅 도구들의 집합이다. 즉 마케팅 믹스는 기업이 제품 수요에 영향을 주기 위해 사용하는 모든 것이 포함되지만, 일반적으로 제품(product), 가격(price), 유통경로(place), 촉진(promotion)으로 구성되는 4P로 분류되는데, <그림 2-5>에는 각 P에 속하는 구체적인 마케팅 도구들이 제시되어 있다.

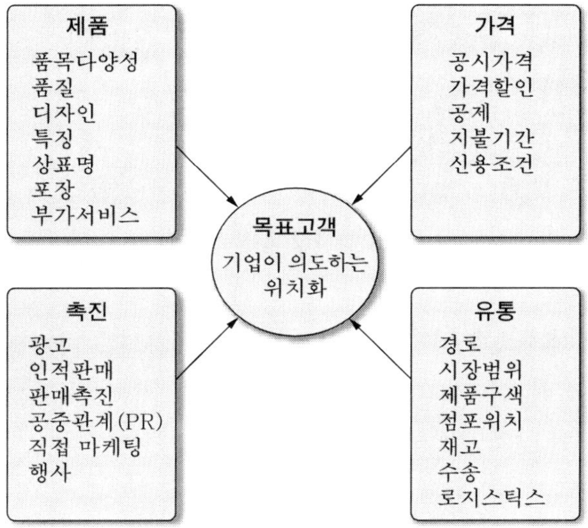

〈그림 2-5〉 마케팅 기업의 4Ps

제품(product)은 기업이 표적시장에 제공하는 재화(goods)와 서비스(services) 등을 의미하는데, 현대자동차의 소나타는 수십 가지의 선택품(options)을 제공하며, 또한 구매 후 서비스와 보증 등을 제공하는데, 이것들이 제품의 구성요소에 포함된다.

가격(price)은 제품을 획득한 대가로 지불해야 할 금액으로서, 현대자동차는 소나타 등 여러 자동차 모델에 대해 권장소비자가격을 결정한다. 그러나 영업소와 대리점들은 현재의 경쟁상황을 고려하고 또한 구매자가 지각하는 승용차의 가치에 맞추기 위해 가격을 변경하기도 한다.

유통경로(place)는 표적소비자가 제품을 편리하고 용이하게 이용할 수 있도록 하는 기업활동으로서, 현대자동차는 많은 영업소와 대리점을 통해 다양한 승용차 모델을 판매한다. 예를 들어, 가전제품의 경우는 여러 다양한 유통경로가 이용되는데, 특히 대형양판점(하이마트 등)과 대리점들은 재고를 보유하고, 가격을 협상하고, 판매 후 서비스 등을 제공한다.

촉진(promotion)은 제품의 장점을 알리고 표적고객이 자사제품을 구입하도록 설득하는 활동이다. 현대자동차는 자사 그리고 많은 자동차 모델에 대한 정보를 소비자에게 제공하기 위해 2007년에 318억원의 광고비를 지출하였다. 또한 각 영업소의 판매원들은 잡지구매자의 구매 의사결정을 돕고, 자사 자동차가 가장 우수하다고 그들을 설득한다. 그리고 현대자동차와 영업소는 세일, 신용제공 등과 같은 구매유발 인센티브를 제공한다.

효과적인 마케팅 프로그램이란 모든 마케팅 믹스 구성요소를 잘 결합하는 통합적 마케팅 프로그램의 개발·수립을 통해서 고객가치를 전달함으로써 마케팅 목표를 달성하는 것이다. 즉 마케팅 믹스는 표적시장에서 강력한 위치를 구축하는데 활용되는 전술적 도구이다.

그러나 4P는 구매자에게 영향을 미치기 위해서 이용되는 마케팅 수단을 기업 즉 판매자의 입장에서 본 것임에 주의해야 한다. 따라서 구매자의 입장에서 보아야 한다는 것이다. 지금의 고객관계 시대에서 각각의 마케팅 수단·도구는 고객에게 이점을 전달되도록 설계되어야 하므로, 4P는 구매자의 관점에서 4C로 표현되어 판매자의 4P는 고객의 4C에 합치되어야 한다. 즉 〈표 2-3〉과 같이 표현되어야 한다.

〈표 2-3〉 4P와 4C의 관계

4P	4C
제품(product)	고객문제해결(customer solution)
가격(price)	고객비용(customer cost)
유통경로(place)	편의성(convenience)
촉진(promotion)	커뮤니케이션(communication)

따라서 기업 입장에서 보면 제품을 판매하는 것이지만, 고객의 입장에서 보면 가치를 구매하거나, 문제의 해결 즉 욕구를 충족시키기 위한 해결책을 구입하는 것이다. 가격은 단순히 가격 그 자체에만 관심이 있는 것이 아니라 제품을 획득, 사용, 처분하는데 소요되는 총비용에 관심이 있다. 또한 고객은 가능한 편리하고 용이하게 구입할 수 있는 제품과 서비스를 원하며, 쌍방향의 커뮤니케이션을 원한다. 결론적으로 마케팅 기업은 4C의 관점에서 먼저 생각한 다음 이에 상응하는 4P를 개발해야 한다.

제 4 절 마케팅 노력관리

마케팅 관리를 잘 한다는 것은 마케팅이라는 활동도 잘 해야 하지만, 관리도 잘해야 한다는 것도 포함된다. 마케팅 과정을 관리하는데 있어, 마케팅 기업은 4가지 마케팅 관리기능(marketing management function) 즉 분석(analysis), 계획수립(planning), 실행(implementation), 통제(control)가 필요하다(〈그림 2-6〉 참조).

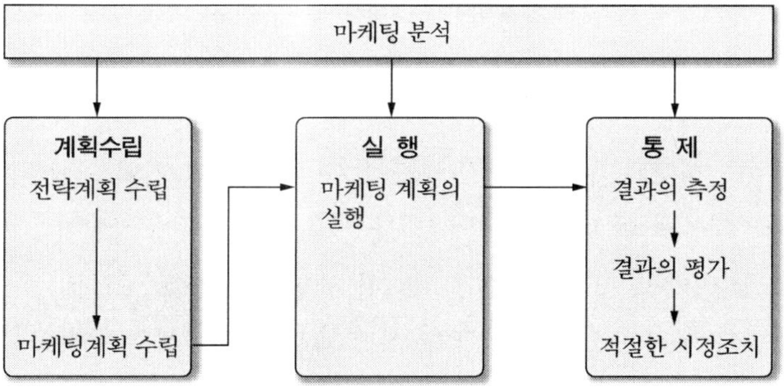

〈그림 2-6〉 마케팅 분석, 계획수립, 실행, 통제

1. 마케팅 분석

마케팅 기능의 분석은 기업상황에 대한 분석에서 시작된다. 마케팅 관리자는 SWOT분석을 해야 하는데, SWOT분석이란 고객시장에 대해 기업의 내부요인의 강점(strength)과 약점(weakness) 그리고 고객시장이 제공하는 기회(opportunity)와 위협(threat)을 평가하는 것으로서, 〈그림 2-7〉과 같다.

강점은 기업이 고객을 잘 서브하여 원하는 목표를 달성하는데 도움이 되는 기업내부의 역량, 자원, 긍정적인 상황요인 등이 포함된다. 반면에 약점은 사업성과를 달성하는데 제약, 방해가 되는 외부적 제약요소와 부정적인 상황요인이 포함된다. 기회는 기업이 자사에 유리하게 활용할 수 있는 긍정적인 외부환경 요인이나 추세이며, 위협은 기업성과의 달성에 위협이 되는 부정적인 외부환경 요인이나 추세를 말한다.

	긍정적	부정적
내부요인	**강 점** 목표실현에 도움이 되는 내부역량	**약 점** 목표실현을 방해하는 내부제약 요소들
외부요인	**기 회** 자사에 유리하게 이용할 수 있는 외부요인들	**위 협** 기업성과에 부정적인 영향을 미칠 가능성이 있는 외부요인들

〈그림 2-7〉 SWOT 분석

마케팅 기업은 시장과 마케팅 환경을 분석하여 매력적인 기회를 발견하고, 환경적인 위협을 파악해야 하며, 또한 어떤 기회를 활용하는 것이 최상인가를 결정하기 위해 현재 가능한 마케팅 활동조치뿐만 아니라 기업의 강점과 약점을 분석해야 한다. 이 SWOT분석의 목적은 기업의 강점을 살려 매력적인 기회를 자사의 것으로 만들고, 약점은 제거하고 위협을 최소화하는 것이다.

2. 마케팅 계획수립

마케팅 기업은 전략 계획수립을 통해 각 사업단위에 어느 정도 지원해야 하는가를 결정한다. 마케팅 계획수립이란 기업의 전반적인 전략목표와 전략계획을 실현하는데 필요한 마케팅 전략을 개발·수립하는 것인데, 마케팅 관리자는 각 사업단위, 제품, 상표에 대한 구체적인 마케팅 계획을 수립해야 한다.

일반적으로 마케팅 계획은 마케팅 관리자가 사업단위별로 제품 또는 상표에 대한 마케팅 계획에 초점을 맞추는데, 〈표 2-4〉와 같이 구성된다.

〈표 2-4〉 마케팅계획서의 구성내용

구성요소	목 적
경영자용 요약서	주요 마케팅 목표와 전략 대안을 간단히 요약한 것으로, 최고경영자가 계획의 요점을 빨리 확인할 수 있도록 도움을 주는 데 목적이 있다. 계획서의 내용은 경영자용 요약에 따라 서술되어야 한다.
현마케팅 상황	목표시장과 시장 내 자사 위치를 서술하며 시장, 제품성과, 경쟁사, 유통 등의 정보도 포함한다. • 시장분석: 시장과 주요 기준시장을 정의하고, 고객의 구매에 영향을 주 고객욕구와 주요 마케팅 환경요인을 검토한다. • 제품현황 검토: 제품라인을 구성하는 주요 제품의 매출, 가격, 총 마진을 포함한다. • 경쟁사 검토: 주요 경쟁사를 파악하고, 그들의 시장위치와 제품품질, 가격책정, 유통, 촉진전략 등을 평가한다. • 유통상황 검토: 주요 유통경로별 최근 매출 추세와 기타 전개상황 등을 평가한다.
위협/기회 분석	제품성과에 영향을 미칠 주요 위협 및 기회요인을 평가하는데, 이는 경영자가 기업 및 기업의 전략에 영향을 미칠 가능성이 있는 긍정적, 부정적 주요 환경요인을 예상하는데 도움을 준다.
마케팅 목표와 주요 이슈	계획기간 내에 달성해야 할 마케팅 목표를 서술하고 이의 달성에 영향을 줄 핵심 이슈를 언급한다. 가령, 목표가 15%의 시장점유율을 달성하는 것이라면 이 목표를 달성하기 위해 고려해야 할 내용이 무엇인지 언급한다.
마케팅 전략	사업단위가 마케팅 목표를 달성하기 위해 고려해야 할 전반적인 마케팅 방향을 다루는데, 목표시장, 위치화, 마케팅 비용 지출수준 등을 구체적으로 언급한다. 또한 위치의 달성을 위한 각 마케팅 믹스 요소별 구체적 전략대안을 요약하고, 각 전략대안이 계획의 전반부에서 언급한 위협, 기회, 핵심이슈에 어떻게 대처하는지도 설명한다.
행동 프로그램	마케팅 전략을 실천할 구체적인 행동 프로그램을 서술하는데, 누가, 어떤 조치를, 언제, 얼마의 비용으로 수행할 것인지 그 내용을 포함한다.
예산	마케팅 활동을 지원할 마케팅 예산 내역을 언급하는데, 이는 예상 손익계산서로 볼 수 있다. 이것은 예상수입(예상 판매량, 평균 판매가격), 예상비용(생산비용, 유통비용, 마케팅 비용 등), 그 차이인 예상이익을 보여준다. 경영층의 재가를 받으면 이는 원자재 구매, 생산 일정, 인사 계획, 마케팅 활동의 토대가 된다.
통제	활동의 진행 과정을 모니터하고, 경영자가 실행 결과를 검토하며, 목표달성에 어려움이 있는 제품을 파악할 수 있게 한다. 마케팅 투자수익률의 측정도 언급한다.

마케팅 계획은 경영자를 위한 집행요약서(executive summary)로 시작되는데, 이 요약서에는 경영자가 용이하게 전체적으로 상황평가, 주요 마케팅 계획목표, 실행방

안 등이 포함된다. 다음으로 마케팅 계획에는 상세한 SWOT분석을 통해 잠재적인 기회와 위협, 현재의 마케팅 상황을 설명하는 부분이 포함된다. 그 다음으로 마케팅 계획은 상표가 달성해야 할 수요 목표를 설명하고, 이 목표를 실행하기 위한 마케팅 전략에 대한 구체적인 내용이 요약된다.

마케팅 전략에는 표적시장, 위치화, 마케팅 믹스, 마케팅 비용지출 등과 관련된 것이 포함된다. 즉 마케팅 전략은 기업이 기대하는 가치를 획득하기 위해 표적고객을 위한 가치를 어떻게 창조할 것인가를 요약 정리한 것이다. 이 부분에서 계획수립 담당자는 계획서의 앞부분에서 제시한 기회, 위협, 핵심적인 것에 대응하는데 필요한 각 전략대안을 서술한다. 다음으로 마케팅 계획은 마케팅 전략을 실행하는데 필요한 구체적인 활동 프로그램과 이를 지원하는데 소요되는 마케팅 예산이 포함된다. 마지막으로 마케팅 활동을 통제하는 방법이 제시되는데, 통제는 활동상황을 조사하고, 마케팅 투자수익률을 측정하고, 적절한 시정조치를 취하기 위한 것이다.

3. 마케팅 실행

좋은 전략을 수립하는 것은 성공적인 마케팅을 위한 출발점이다. 그러나 훌륭한 마케팅 전략이라고 하더라도 이를 잘 수행하지 못하면 아무 소용이 없다.

1) 마케팅 실행의 의미와 중요성

마케팅 실행이란 마케팅 목표를 달성하기 위해 마케팅 계획을 마케팅 활동으로 전환시키는 과정이다. 즉 마케팅 계획수립이 어떤 마케팅 활동을 왜 고려해야 하는가를 다루는 반면에, 마케팅 실행은 누가, 어디에서, 언제, 어떻게 등의 내용을 다룬다. 따라서 마케팅 관리자는 올바른 일을 하는 것(전략수립)뿐만 아니라 올바르게 수행하는 것(실행)이 중요하다는 것을 알아야 한다.

성공하기 위해서는 계획수립과 실행 모두가 중요하지만, 마케팅 기업은 효과적으로 실행함으로써 경쟁적 우위를 달성할 수 있다. 즉 어떤 기업이 다른 기업과 동일한 전략을 가지고 있다고 하더라도 더 신속하거나 양호하게 실행함으로써 시장에서 승리할 수 있다.

문제는 실행하는 것이 더 어렵다는 사실이다. 이것은 좋은 마케팅 전략을 수립하는 것이 이를 잘 실행하는 것보다 더 쉬울 수 있다는 것이다. 따라서 전략과 실행 사이의 차이를 매우기 위해 기업은 더 양호하며 치밀한 계획수립과 실행이 필요하다.

2) 마케팅 실행의 조건

세계가 하나로 연결되어가는 현재, 마케팅 시스템을 구성하는 모든 사람들은 마케팅 전략과 마케팅 계획을 실행하는 과정에서 함께 협력해야 한다. 즉 자사의 여러 제품에 대한 마케팅 계획을 실행하기 위해서는 기업 내·외부의 수많은 동반자들의 의사결정과 활동조치의 도움을 받아야 한다.

마케팅 실행은 마케팅 기업이 자사의 내. 외부의 구성원과 동반자들, 조직구조, 의사결정/보상시스템, 기업문화를 잘 결속·결합하여 전략을 실행하는데 도움이 되도록 응집력을 발휘할 수 있는 행동 프로그램을 만들 수 있느냐에 따라 성공이 결정된다. 즉 마케팅 기업은 자사가 필요로 하는 기술, 동기부여, 인적 특성을 갖춘 구성원을 확보해야 하며, 기업의 공식적인 조직구조와 의사결정 시스템 및 보상시스템이 마케팅 전략을 효과적으로 실행하는데 서브해야 한다.

또한 마케팅 전략을 성공적으로 실행하기 위해서 기업의 마케팅 전략은 조직구성원이 공유하는 가치(가치관)와 신념인 기업문화와 조화를 이루어야 한다. 성공한 기업을 조사한 결과, 시장지향적 기업사명에 기반을 둔 강력한 기업문화를 가지고 있다는 사실을 밝혔다. 즉 우량기업의 모든 구성원은 강력한 기업비전을 공유하고 있기 때문에, 기업에게 있어 올바른 것이 무엇인가를 가슴으로 알고 있다.

4. 마케팅 부서조직

마케팅 기업은 마케팅 전략과 마케팅 계획을 실행하기 위해 마케팅 조직을 설계해야 한다. 기업 규모가 작다면 한 사람이 마케팅 조사, 판매, 광고, 고객서비스 등의 모든 마케팅 활동을 수행할 수 있다. 그러나 기업의 규모가 커지면 마케팅 활동 계획을 수립하고 실행해야 할 마케팅 부서가 필요하다. 대기업의 경우, 마케팅 부서는 많은 전문가 즉 제품/시장관리자, 판매원 관리자, 마케팅 조사 담당자, 광고 담당자 등의 전문가를 확보하고 있다. 이에 따라 많은 마케팅 기업들이 마케팅 조직을 책임질 CMO(chief marketing officers) 직책을 두고 있다.

1) 마케팅 부서조직 유형

마케팅 부서는 몇 가지 유형으로 구성될 수 있다.

첫째, 가장 흔히 볼 수 있는 마케팅 조직유형은 기능별 마케팅 조직(functional organization)인데, 이는 판매(판매원) 관리자, 광고 관리자, 마케팅조사 관리자, 고객서비스관리자, 신제품 관리자 등으로 구성된다.

둘째, 전국시장 또는 세계시장에 판매하는 마케팅 기업은 지역별 조직(geographic organization)을 도입한다. 지역별 조직은 판매원 및 마케팅 담당자를 지역, 국가, 지구별로 할당하는 것으로서, 판매원이 특정지역을 전담하고, 그 지역의 고객을 잘 알게 되고, 이동시간과 비용을 최소화할 수 있다.

셋째, 상이한 많은 제품 또는 상표를 취급하는 마케팅 기업은 제품관리조직(product management organization)을 도입한다. 이 조직은 제품관리자(product manager: PM)가 특정 제품 또는 상표에 대한 전략과 마케팅 프로그램을 수립. 실행한다. 제품관리는 1929년 P&G사가 처음 도입하였는데, 크게 성공하여 이후 많은 소비재기업들이 제품관리조직을 도입하였다.

넷째, 하나의 제품계열(product line)을 상이한 유형의 여러 시장과 고객에게 판매하는 마케팅 기업은 각 시장(고객)의 상이한 욕구와 선호성에 맞추기 위해 시장 또는 고객관리조직(market or customer management organization)을 도입하는 것이 효과적이다. 시장관리조직은 제품관리조직과 유사하다. 즉 시장관리자가 자신이 맡은 특정 시장 또는 고객에 대한 마케팅 전략과 마케팅 계획에 책임을 진다. 이 조직은 각 세분시장의 구체적인 욕구에 맞추어 판매조직을 구성한다는 장점이 있다.

다섯째, 상이한 여러 제품을 여러 상이한 지역/고객시장에 판매하는 대기업은 기능별, 지역별, 제품관리, 시장관리조직이 결합된 복합적인 조직유형을 도입한다. 이 조직유형은 관리자가 자신에게 할당된 기능, 제품, 시장을 균형 있게 관리한다. 그러나 조직구조가 복잡해지고, 조직의 유연성이 감소되는 단점이 있으나, 전문화된 조직구성이 갖는 장점이 상기의 단점보다 더 크다.

2) 최근의 마케팅 조직

최근 들어, 마케팅 조직에 대한 관심이 커지고 있다. 오늘날 마케팅 환경은 제품, 상표, 판매지역보다는 고객과의 관계관리에 더 많은 주의를 기울일 것을 요구하고 있다. 이에 마케팅 기업은 상표 관리에 초점을 맞추는 것으로부터 고객관리에 관심을 기울이는 방향으로 가고 있다. 즉 단순히 제품 또는 상표의 수익성을 관리하는 것으로부터 고객수익성과 고객자산을 관리하는데 역점을 두는 것으로 바뀌고 있다.

이에 따라 마케팅 기업은 마케팅 업무를 주요고객을 중심으로 구성하고 있다. 예를 들어, 대형 소비재기업은 대형 할인점, 양판점 및 체인점과 같은 대형 판매업체와의 거래를 전담하는 대규모한 팀이나 사업부를 도입하고 있다.

5. 마케팅 통제

마케팅 계획을 실행하는 과정에서 예상하지 못한 많은 일들이 발생하기 때문에 마케팅 부서는 지속적으로 마케팅 통제를 해야 한다.

1) 마케팅 통제의 의미와 유형

마케팅 통제(marketing control)란 마케팅 계획과 마케팅 전략의 실행결과를 평가하고, 마케팅 목표가 달성될 수 있도록 시정조치를 취하는 것이다.

마케팅 통제는 4단계로 구성된다. 우선 마케팅 관리자는 구체적인 마케팅 목표 즉 측정기준을 설정한다. 두 번째 단계는 실제 마케팅 성과를 측정하며, 세 번째 단계는 기대하는 성과목표와 실제성과(결과)의 차이가 발생한 원인을 파악한다. 마지막으로 마케팅 관리자는 마케팅 목표와 실제성과와의 차이를 메울 수 있는 시정조치를 취한다. 시정조치의 과정에는 행동 프로그램, 마케팅 목표, 마케팅 조직 등 여러 요인과 틀을 수정하는 것이 포함된다.

마케팅 통제에는 전술적(운영) 통제와 전략적 통제가 있다.

첫째, 전술적(운영) 통제(operating control)는 연간 마케팅 계획에 비교하여 실제 성과를 지속적으로 확인하고 필요한 경우에 시정조치를 취하는 것이다. 전술적 통제의 목적은 연간계획에서 결정된 판매, 이익 등의 목표를 성취, 달성하도록 하는 것으로서, 각 제품, 판매지역, 시장, 유통경로별 수익성을 관리하는 것이 포함된다.

둘째, 전략적 통제(strategic control)는 기업의 기본전략이 시장기회에 적합한가를 검토하는 것이다. 즉 마케팅 전략과 마케팅 프로그램이 마케팅 환경변화를 따라갈 수 없는 경우에 마케팅 기업은 정기적으로 시장접근방법을 전체적으로 재평가해야 한다. 전략적 통제에서 유용한 도구 중의 하나가 마케팅 감사이다.

2) 마케팅 감사의 의미와 내용

마케팅 감사(market audit)는 문제가 되는 영역과 기회를 파악하기 위해 기업환경, 목표, 활동 등을 포괄적, 체계적, 독립적, 정기적으로 검토하는 것이다. 따라서 마케팅 감사는 문제가 되는 영역만을 다루는 것이 아니라 모든 중요한 마케팅 영역을 검토한다. 즉 마케팅 감사는 마케팅 환경, 마케팅 전략, 마케팅 조직, 마케팅 시스템, 마케팅 믹스, 마케팅 생산성과 수익성 등을 평가, 검토한다.

마케팅 감사는 일반적으로 객관적이고 경험이 풍부한 외부기관에 의해 수행된다. 감사결과는 마케팅 관리자에게 상당한 충격을 줄 수 있거나 또는 예상 밖의 결과를 제시할 수도 있는데, 마케팅 관리자는 즉 올바른 행동조치방안을 찾고, 언제, 어떻게 실행할 것인가를 결정해야 한다.

제5절 마케팅 투자수익성의 측정과 관리

마케팅 관리자는 마케팅 비용이 적절하게 사용되고 있는가를 확인해야 한다. 그러나 종종 마케팅 담당자는 마케팅 지출로 실현된 재무적 성과를 검토하지 않은 상태에서 마케팅 예산을 자유롭게 사용하고 있다. 그 이유는 마케팅 활동이 유형뿐만 아니라 무형의 성과를 산출하며 또한 여러 요인에 의해서 마케팅 성과가 영향을 받기 때문에 마케팅 비용의 생산성 또는 수익성을 측정하기가 어렵다고 생각하기 때문이었다.

1. 마케팅 투자수익성의 의미와 측정

기업의 상황이 크게 변화됨으로써, 이제 마케팅 관리자는 재무담당자에게 마케팅 전략을 정당화시켜야 하는 입장이 되었다. 즉 마케팅 관리자는 지출된 마케팅 단위 비용당 실제 투자수익률을 알아야 함을 터득하게 되었다.

이런 여건의 변화에 대응하여 마케팅 관리자는 마케팅 투자수익률을 측정할 수 있는 척도를 개발하고 있다. 마케팅 투자수익률(return on marketing investment 또는 marketing ROI)이란 마케팅 투자로 창출된 순이익을 마케팅 투자비용으로 나눈 것으로서, 마케팅 활동에 투자하여 발생한 이익 수준을 측정한 것이다.

그러나 마케팅 수익률을 측정하는 것은 어려울 수 있다. ROI를 측정하는 데 있어 R(수익)과 I(투자액)는 화폐 단위는 측정한다. 그러나 광고효과 등을 투자수익률로 측정하는 것은 용이하지 않기 때문에 마케팅 ROI에 대한 명확한 정의를 내리는 것은 쉽지 않다.

이에 마케팅 기업은 검토된 여러 성과척도를 검토한 후 마케팅 성과표(marketing dashboards)를 작성한다. 마케팅 성과표는 마케팅 성과를 조사하기 위해 의미 있는 마케팅 성과척도를 하나의 표준적인 표로 정리한 것이다. 즉 마케팅 성과표는 마케팅 관리자에게 전략을 평가하고 조정하는데 필요한 구체적인 성과척도를 제공한다.

2. 고객중심적 마케팅 성과척도 도입

최근 들어, 마케팅 관리자는 지금까지 사용하여 왔던 마케팅 성과척도 이외에 고객획득, 고객유지, 고객평생가치 등과 같은 고객중심적 마케팅 성과척도를 도입하고 있다.

〈그림 2-8〉은 마케팅 지출을 수익을 창출하는 고객관계라는 유형의 수익성을 창출시키는 투자로 인식한다. 즉 마케팅 투자(마케팅 비용)는 고객가치를 창조하고 고객만족을 향상케 하고, 이것은 다시 새로운 고객을 끌어들이며 또한 기존고객을 유지시킨다. 이는 다시 개별고객의 평생가치, 기업의 전반적인 고객가치를 증가시킨다.

결론적으로, 마케팅 투자비용과 비교하여 고객자산증가가 마케팅 투자수익률을 결정한다.

마케팅 투자수익률을 정의하고 측정하는 것이 기업의 계속적인 관심사가 되고 또한 논의의 대상이 있다. 그러나 마케팅 ROI는 모든 마케팅 비용투자에서 중요한 성과척도가 되므로, 성과(performance) 또는 손익(profit and loss)은 마케팅 믹스의 또 다른 P로 추가될 수 있을 정도로 중요하다. 따라서 마케팅 기업은 마케팅이 사업에 미치는 효과를 가능한 계량화하도록 해야 한다.

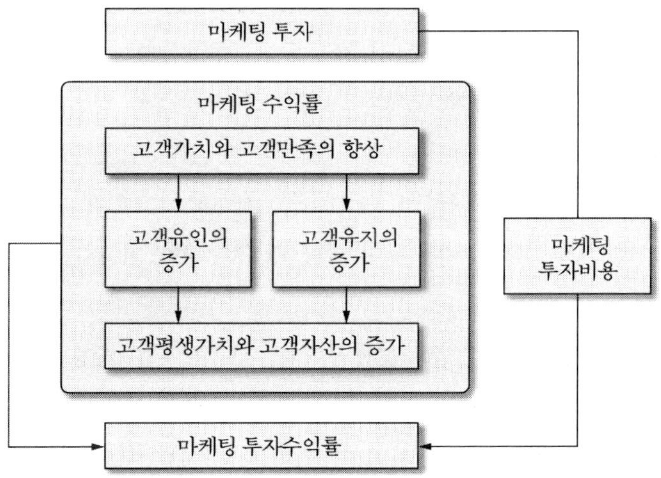

〈그림 2-8〉 마케팅 투자수익률

참고문헌

윤훈현 역, 『마케팅 관리론』, 12판, 피어슨, 2006.

Crafting Mission Statements, Association Management, January 2004, p. 23; Frank Buytendijk, "Five Keys to building a High-Performance Organization," *Business Performance Management Magazine*, February 2006, pp. 24-29.

Don E. Schultz, "New Definition of Marketing Reinforces Idea of Integration," *Marketing News*, January 15, 2005, p. 8.

H. Igor Ansoff, "Strategies for Diversification," *Harvard Business Review*, September-October 1957, pp. 113-124.

Kotler P. and Gary Armstrong, *Marketing : An Introduction*, 9th ed., Pearson, 2009.

Kotler P. and Gary Armstrong, *Principles of Marketing*, 12th ed., Pearson, 2008.

Kotler P. and Kevin Lane Keller, *Marketing Managerment*, 13th ed., Pearson, 2009.

Michael E. Porter, Competitive Advantage: Creating and Sustaining Superior Performance (New York: Free Press, 1985); and Michel E. Porter, "What is Strategy:" *Harvard Business Review*, November-December 1996, pp. 61-78

Michael Karuss, "Marketing Dashboards Drive Better Decisions," *Marketing News*, October 1, 2005, p. 7.

Neil A. Morgan, Bruce H. Clark, and Rich Gooner, "Marketing Productivity, Marketing Audits, and Systems for Marketing Performance Assessment: Integrating Multiple Perspectives," *Journal of Marketing*, May 2002, pp. 363-375.

Philip Kotler and Kevin Lane Keller, *Marketing Management*, 12th ed. (Upper Saddle River, N.J.: Prentice Hall, 2006), Chapter 2.

Rita Gunther McGrath and Ian C. MacMillan, "Market Busting," *Harvard Business Review*, March 2005, pp. 80-89; and Lloyd C. Harris and Emmanuel Ogbonna, "Initiating Strategic Planning," *Journal of Business Research*, January 2006, pp. 100-111.

Roland T. Rust, Katherine N. Lemon, and Valarie A. Zeithaml, "Return on Marketing: Using Customer Equity to Focus Marketing Strategy," *Journal of Marketing*, January 2004, pp. 109-127.

제 2 부

마케팅 환경과 정보

3
chapter

마케팅 환경

마케팅 관리자는 고객 그리고 기업 외부의 동반자들과의 관계를 발전시키는데 능숙해야 한다. 이를 효율적으로 수행하기 위해 마케팅 관리자는 자신을 둘러싸고 있는 주요한 환경적 요인을 이해해야 한다. 기업의 마케팅 환경(marketing environment)은 표적고객과의 성공적인 관계를 구축하고 유지하는데 영향을 미치는 마케팅 외부의 참여자와 영향요인으로 구성된다. 따라서 성공적인 기업은 계속적으로 변화하는 환경을 추적 조사하고 또한 이에 적응하는 노력이 중요하다는 사실을 인식하고 있다.

환경은 지속적으로 빠르게 변화하고 있으므로 소비자와 마케팅 관리자는 미래가 어떻게 변화할 것인가에 대해 궁금해 하고 있다. 기업내에서 어떤 집단보다도 마케팅 관리자는 추세분석, 기회를 포착하는 전문가가 되어야 한다. 기업내의 모든 관리자가 외부환경을 관찰해야 하지만, 특히 마케팅 관리자는 두 가지 성향을 가져야 한다. 첫째, 마케팅 환경에 대한 정보를 수집하기 위한 마케팅 조사, 마케팅 일상정보에 정통해야 한다. 둘째, 고객과 경쟁사를 파악하기 위해 더 많은 시간을 투자하여 환경을 주의 깊게 연구함으로써 새로운 시장기회를 확보할 수 있어야 한다.

마케팅 환경은 미시환경과 거시환경으로 구성된다. 미시환경(micro environment)은 고객을 대하는 기업의 능력에 영향을 미치는 것으로서 기업에 가까이 위치한 구성원(기업내의 최고경영층 및 타부서, 공급업체, 중간상, 고객, 경쟁사, 공중)으로 구성된다. 거시환경(macro environment)은 미시환경에 영향을 미치는 더 큰 사회적 요인(인구통계적, 경제적, 자연적, 기술적, 정치적 · 법적, 사회문화적 요인)으로 구성된다(〈그림 3-1〉 참조).

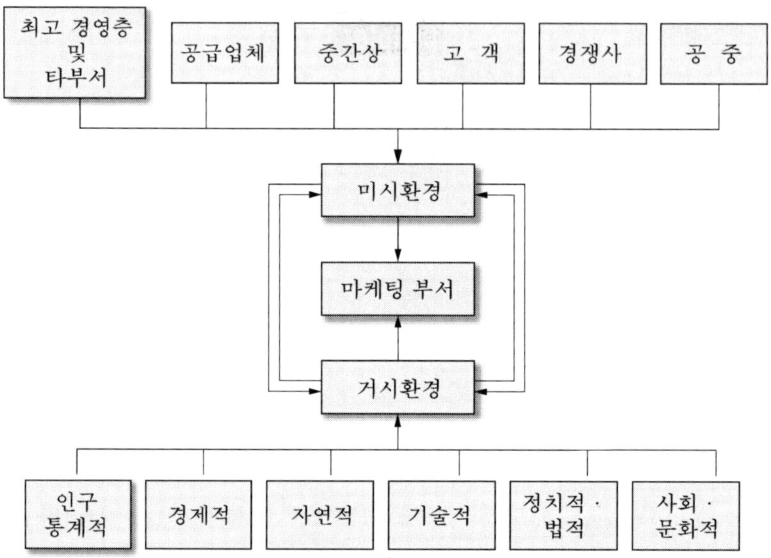

〈그림 3-1〉 마케팅 환경의 구성요소

제1절 기업의 미시환경

마케팅 관리자의 과업은 고객을 위한 가치를 창조하고 또한 만족을 창출함으로써 고객과의 관계를 구축, 발전시키는 것이다. 그러나 마케팅 관리자는 혼자서 상기의 과업을 수행할 수 없다. 〈그림 3-2〉는 마케팅 관리자를 둘러싼 미시환경의 주요한 구성원을 보여준다. 따라서 마케팅의 성공여부는 기업의 최고경영자 및 타부서, 공급업자, 중간상, 고객, 경쟁사, 다양한 공중과의 관계를 구축하는 것에 좌우된다.

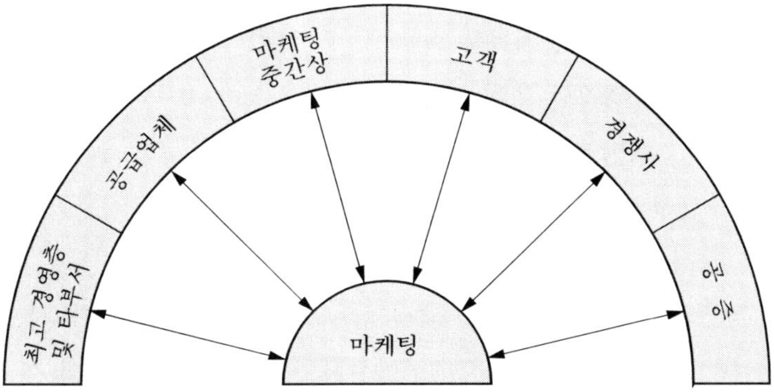

〈그림 3-2〉 미시환경의 주요 구성원

1. 기업의 최고경영층 및 타부서

마케팅 계획을 개발·수립하기 위해 마케팅 관리자는 기업내의 다른 집단(최고경영층, 재무, R&D, 구매, 생산, 회계, 인적자원 등)을 고려해야 한다.

최고경영자는 기업의 미션과 비전 그리고 목표, 전략, 방침 등을 수립한다. 따라서 마케팅 관리자는 최고경영자가 수립한 전사적인 목표, 전략 내에서 의사결정을 해야 한다.

또한 마케팅 관리자는 기업의 다른 부서와 긴밀하게 협력체제를 구축해야 하는데, 그 이유는 다른 부서가 마케팅 부서의 계획과 활동에 영향을 미치기 때문이다. 즉 마케팅 개념은 기업의 모든 기능이 고객을 중심으로 사고해야 하는 것이므로, 모든 기능은 우월한 고객가치와 고객만족을 제공하기 위해서는 조화롭게 수행되어야 한다.

2. 공급업자

공급업자(supplier)는 기업의 전반적인 고객가치 전달 시스템이 작동, 실행되는데 있어 중요한 가교역할을 한다. 즉 공급업자는 기업이 제품과 서비스를 생산하는데 필요한 자원을 제공하므로, 공급업체가 어떻게 만들어서 무엇을 기업에게 제공하느냐가 기업에게 심각하게 영향을 줄 수 있다.

우선 마케팅 관리자는 공급업자를 확보할 수 있는가를 관찰해야 한다. 공급업체의 원자재 공급부족, 공급업자의 파업, 기타 사건 등은 단기적으로 판매에 영향을 미치며, 장기적으로는 고객만족에 타격을 줄 수 있다. 둘째, 마케팅 관리자는 주요한 투입요소의 가격추세를 파악, 추적해야 한다. 공급단가의 인상은 제품가격을 인상시키게 되며, 이는 다시 기업의 판매량에 타격을 줄 수 있다.

오늘날 대부분의 마케팅 관리자는 자사의 공급업체를 고객가치를 창조, 전달하는 동반자로 인식한다. 예를 들어, 어떤 대형할인점은 자사의 공급업체와 협조관계를 위해 노력하고 있다. 즉 공급업체가 자사(대형할인점)의 매장에서 신제품을 시험할 수 있도록 허용하며, 한편 공급업자의 개발부서는 공급업자 제안서 가이드를 발간하고 웹사이트를 유치함으로써 대형할인점의 복잡한 구매과정을 이해할 수 있도록 돕고 있다. 즉 양호한 동반자 관계관리(PRM : partner relationship management)는 대형할인점뿐만 아니라 공급업자, 궁극적으로는 소비자에게 성공을 가져다준다.

3. 마케팅 중간상

마케팅 중간상(marketing intermediaries)은 제조업자의 제품과 서비스를 최종고객에게 촉진하고, 판매하고, 유통시키는데 도움을 주는 기업으로서, 재판매업자, 물적유통기업, 마케팅 서비스대행사, 금융 중간상 등이 포함된다.

재판매업자(reseller)는 기업이 고객을 발견하거나, 고객과의 판매가 이루어지도록 도와주는 유통경로 기업으로서, 상품을 구매하거나 재판매하는 도매상과 소매상이 포함된다. 제조업체가 재판매업자를 선택하고 이들과 동반자화를 형성하는 것이 쉽지 않은데, 그 이유는 제조업체가 과거처럼 수많은 독립적인 소규모한 재판매업자 중에서 거래처를 선택할 수 없기 때문이다. 즉 제조업체는 현재 홈에버, E-마트, LOTTE-마트, 신세계 백화점, 롯데 백화점, 현대 백화점 등과 같은 대규모로 성장하는 재판매조직과 직면하고 있기 때문이다. 이 대형소매점들은 거래조건을 주도하거나, 제조업체를 큰 시장에서 소외시킬 수 있을 만큼 충분한 힘을 가지고 있다.

물적유통기업은 기업이 원산지로부터 목적지에 이르기까지 제품을 저장하고 이동시키는 것을 도와준다. 창고업자, 수송회사와 함께 일하면서 기업은 비용, 배송, 속도, 안전 등을 고려하여 제품을 저장하고, 선적, 수송하는데 가장 최적한 방법을 결정해야 한다.

마케팅 서비스 기업은 기업이 적절한 표적시장에 제품을 촉진할 수 있도록 도와주는 마케팅 조사기업, 광고대행사, 매체기업, 마케팅 상담기업 등이다. 금융 중간상에는 은행, 신용보증회사, 보험회사, 기타 관련기업 등이 포함되는데, 이들은 기업 간의 거래에서 자금조달을 돕고, 제품의 구매, 판매에 따른 위험을 보증해 주는 과업을 한다.

공급업자와 마찬가지로 중간상도 기업의 전반적인 가치전달 시스템의 중요한 구성요소를 형성한다. 즉 만족스러운 고객관계를 창출하기 위해서 기업은 자신의 성과만을 최적화하는 것 이상의 노력을 해야 한다. 기업은 전체 가치전달 시스템의 성과를 최적화하기 위해 중간상과 효율적인 동반자 관계를 형성해야 한다.

따라서 오늘날 마케팅 관리자는 중간상을 단순히 자사 제품을 판매하기 위한 유통경로의 구성원에서 더 나아가 함께 일하는 동반자로서 중요성을 인식하고 있다. 예를 들어, 어떤 맥주회사는 식당 체인점들에게 독립적으로 맥주를 공급하는 경우, 맥주뿐만 아니라 더 많은 것을 제공해 주며, 강력한 마케팅 지원을 약속한다. 즉 맥주에 대한 다양한 조사를 시행하고, 더 나아가 점포의 레이아웃, 글씨 크기, 색상 등이 고객으로 하여금 더 많은 음식과 주류를 주문하게 하는가를 이해하기 위해 다양한 조사를 할 수 있다. 이러한 강력한 동반자화의 노력은 주류시장에서 독보적인 선두자리를 유지할 수 있게 하였다.

4. 고객

기업은 5가지 유형의 고객시장을 세밀하게 연구해야 한다.

소비자 시장은 개인의 소비를 위해 제품이나 서비스를 구입하는 개인이나 가구로 구성된다.

기업체(산업체) 시장은 추가적인 가공을 위해 또는 생산과정에 사용하기 위해 제품이나 서비스를 구입한다.

재판매 시장은 재판매함으로써 이익을 창출하기 위해 제품이나 서비스를 구매한다.

정부시장은 공공 서비스를 생산하거나 제품이나 서비스를 필요로 하는 기관에게 전달하기 위해 제품이나 서비스를 구입하는 정부기관으로 구성된다.

마지막으로, 국제시장은 여러 나라의 소비자로 구성되는데, 소비자, 생산자, 재판매업자, 정부 등이 포함된다.

상기의 각 시장은 특별한 특징이 있으므로, 신중한 연구가 필요하다.

5. 경쟁자

마케팅 컨셉트는 기업이 성공하기 위해서 경쟁자보다 더 양호한 고객가치와 고객만족을 제공해야 한다고 주장한다. 따라서 마케팅 관리자는 표적고객의 욕구에 적응하는 것 이상의 노력을 해야 한다. 즉 마케팅 관리자는 고객의 마음속에 자사의 제공물을 경쟁사의 것보다 더 강하게 인식시킴으로써 전략적 경쟁우위를 확보해야 한다.

모든 기업에게 최상의 한 가지 경쟁적인 마케팅 전략은 없다. 각 기업은 전략을 수립할 때 경쟁사와 비교하여 자사의 규모와 산업 내에서의 위치를 고려해야 한다. 즉 산업 내에서 지배적인 위치에 있는 대기업은 소기업이 채택하기 어려운 전략을 사용할 수 있다. 반면에, 소규모 기업도 대기업보다 더 많은 투자수익률을 창출할 수 있는 전략을 개발할 수도 있다.

6. 공중

기업의 마케팅 환경에는 다양한 공중으로 구성되어 있다. 공중(publics)이란 조직의 목표를 달성하는 능력에 영향을 미치거나 조직과 실제적 또는 잠재적으로 이해관계가 있는 집단이다. 공중에는 7가지 유형이 있다.

- 금융기관 공중(financial publics) : 금융기관은 기업의 자금확보 능력에 영향을 주는데, 은행, 투자회사, 주주가 주요한 금융기관 공중이다.
- 매체 공중(media publics) : 매체공중은 뉴스, 기사, 논설 등을 전달하는데, 신문사, 잡지사, 라디오, TV방송국 등이 포함된다.

- 정부 공중(government publics) : 마케팅 관리자는 의사결정시 정부의 개발정책을 고려해야 한다. 즉 마케팅 관리자는 제품안전, 광고의 진실성, 기타 이슈 등을 기업의 변호사와 상담해야 한다.
- 시민활동 공중(citizen-action publics) : 소비자 단체, 환경단체, 소수인종 단체, 기타 단체 등은 기업의 마케팅 의사결정에 의문을 제기할 수 있다. 공중관계 부서는 기업이 고객, 시민단체와 연락을 취하고 커뮤니케이션할 수 있도록 도움을 주어야 한다.
- 지역 공중(local publics) : 지역공중은 이웃 거주자와 공동체 조직으로 구성된다. 대기업은 공동체 관계 담당자를 임명하고 담당자는 지역 공동체와 협상하고, 회의에 참가하고, 질문에 응답하며, 가치 있는 공익활동에 기여할 수 있도록 한다.
- 일반 공중(general publics) : 기업은 자사의 제품과 활동에 대한 일반공중의 태도에 관심을 기울여야 한다. 공중이 생각하는 기업 이미지는 구매에 영향을 미치기 때문이다.
- 내부공중(internal publics) : 내부공중에는 종업원, 관리자, 자원봉사자, 이사진 등이 포함된다. 대기업은 내부공중에게 동기를 부여하고, 정보를 제공하기 위해 사보나 다른 수단과 도구를 사용한다. 구성원이 기업에 대해 호감을 가질 때 긍정적인 태도는 외부공중에게 전파될 수 있기 때문이다.

마케팅 기업은 고객시장뿐만 아니라 상기의 주요 공중을 위한 마케팅 계획을 준비해야 한다. 즉 기업이 특정한 공중으로부터 우호적인 관계, 호의적인 구전, 시간과 돈의 기부 등과 같은 구체적인 반응을 원하는 경우, 기업은 상기의 반응을 이끌어낼 수 있는 매력적인 제안을 개발해야 한다.

제 2 절 기업의 거시환경

마케팅 기업과 그 구성원들은 자사에게 기회와 위협을 주는 거시적 환경요인 속에서 활동한다. 〈그림 3-3〉은 기업을 둘러싼 거시환경 6가지 요인을 보여주는데, 이 요인을 분석하고, 이 요인들이 기업의 마케팅 계획에 영향을 준다.

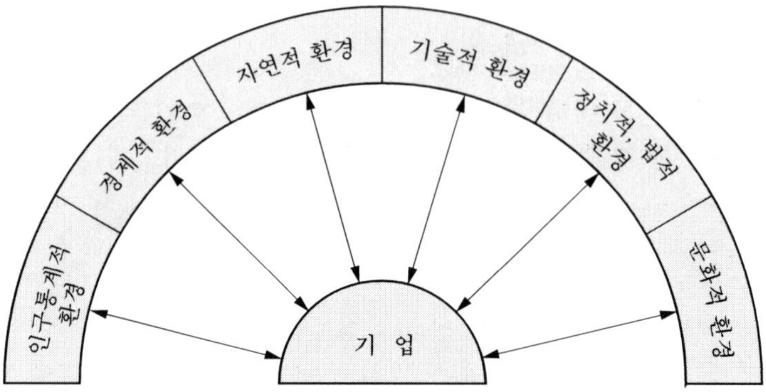

〈그림 3-3〉 거시환경의 주요 요인

1. 인구통계적 환경

인구통계학(demography)은 인구 규모, 밀도, 위치, 연령, 성비, 인종, 직업, 기타 통계자료 측면에서 인구에 대한 연구이다. 인구통계적 환경은 시장을 구성하는 사람을 포함하기 때문에 마케팅 관리자의 중요한 관심사이다.

세계 인구는 기하급수적으로 증가하고 있다. 2006년 말 세계 인구는 66억 명을 넘어섰고, 2015년에는 89억 명이 될 것으로 추산하고 있다. 전 세계의 크고 다양한 인구집단은 기회이면서 도전적인 문제이다. 따라서 마케팅 관리자는 국내 시장의 인구통계적 추세와 변화에 주의를 기울여야 한다. 즉 마케팅 관리자는 변화하는 연령대 구조, 가족 구조, 지리적 이동, 교육과 관련된 특징, 인구밀도 등을 지속적으로 추적, 조사해야 한다.

1) 한국의 인구성장 추세

한국의 인구는 1970년 32,241천 명에서 꾸준히 증가하여 2006년 말 48,297천 명으로 전년 대비 0.33%가 증가하였으나, 인구증가는 계속 둔화되고 있다. 즉 2020년에 49,326천 명으로 정점에 이를 것으로 전망되며, 출산율이 낮아지면서 2025년부터는 인구가 감소될 것으로 예상된다. 인구성장률은 2007년 0.33%에서 2010년에는 0.26%,

2015년에는 0.10%, 2020년에는 -0.02%, 2025년에는 -0.12%, 2030년에는 -0.25%, 2040년에는 -0.67%, 2050년에는 -1.07%가 될 것으로 예상된다.

한국의 기대수명은 의학기술 등의 발달로 평균수명은 계속 증가하여 1970년 61.9세에서 2000년 76.0세, 2005년 78.6세이다. 2010년에는 79.1세, 2030년에는 81.9세, 2050년에는 83.3세가 될 것으로 예상된다.

이러한 인구성장 추세는 마케팅 기업에게 기회보다는 시장이 작아진다는 위협 요인이 될 수 있다. 그러나 평균수명의 증가는 의료 서비스 기업들에게는 엄청난 기회를 제공할 것이다.

2) 변화하는 연령구조

한국의 연령구조는 2000년과는 달리 2050년에는 크게 변화하여 노령화 사회로 진입될 것으로 예상된다.

일반적으로 연령구조는 베이비붐 세대(1946년~1964년 사이에 태어난 세대), X세대(1965년~1976년 사이에 태어난 세대), Y세대(1977년~1994년 사이에 태어난 세대)로 구분된다. 그러나 한국은 2004년 총인구를 연령에 따라 3계층으로 구분하는데, 0~14세인 유년인구는 총인구의 20.0%, 15~64세인 생산가능인구는 71.4%, 65세 이상인 노령인구는 8.7%를 차지하고 있다.

그러나 2019년에는 0~14세가 14.1%, 15~64세가 71.4%, 65세 이상이 14.4%가 될 것이며, 2026년에는 0~14세가 12.8%, 15~64세가 67.2%, 65세 이상이 20.0%, 2030년에는 0~14세가 12.4%, 15~64세가 64.6%, 65세 이상이 23.1%가 될 것으로 예상된다.

또한 만 14세 이하의 유년인구 비중은 2006년 말 현재 18.6%로 선진국보다 높지만, 반면에 65세 이상 노령인구는 2006년 말 현재 9.5%에서 2019년에는 14.4%로 고령화 사회로 진입하고, 2026년에는 20.0%로 초고령 사회에 도달하며, 2040년에는 32.5%로 치솟아 선진국보다 높아질 것으로 예상된다.

이러한 연령구조의 변화는 노인시장을 표적으로 하는 기업에게 시장확대의 기회를 제공할 수 있지만, 유아용품을 생산하는 기업에게는 전체시장의 수요가 감소한다는 것을 의미하기 때문에, 이러한 변화추세에 대한 적극적인 대응방안을 수립할 것을 요구한다.

여기에서 문제가 되는 것은 마케팅 기업이 각 세대(베이비붐, X세대, Y세대)별로 각기 상이한 제품과 마케팅 프로그램을 수립해야 하는가이다. 어떤 전문가는 한 세대에게 효과적으로 소구하는 제품이나 메시지를 만들 때마다 다른 세대가 소외될 수 있다고 경고한다. 또 다른 전문가는 각 세대는 10여년 간격이 있고, 사회경제적인 수준도 다양하다고 지적한다. 예를 들어, 마케팅 관리자는 베이비붐 세대를 세 집단, 즉 선두 세대(leading boomers), 핵심 세대(core boomers), 후발 세대(trailing boomers)로 나누는데, 각 집단은 각각 고유한 신념과 행동패턴을 가지고 있다. 따라서 마케팅 관리자는 각 세대집단 내에서 연령대를 더욱 구체화하여 더 세밀하게 세분시장을 구성할 필요가 있다.

특히 한국의 경우는 베이비붐 세대, X세대, Y세대 등으로 구분하지 않으므로, 세대나 생활주기별로 구분하여 그에 적합한 마케팅 전략을 수립하는 것이 더 효과적일 수 있다. 그 이유는 생산가능인구인 15~64세가 50년이라는 긴 시간을 포함하고 있으며 또한 이 연령층이 여러 번의 사회적 사건을 연령층별로 경험함으로써 생활양식에서 다양하기 때문이다.

3) 한국의 가족 변화

한국의 가족구성은 할아버지, 할머니, 남편, 부인, 자녀들로 구성된 전통적인 직계가족에서 점차 핵가족화되고 있으며, 이혼율이 급증하면서 이상적인 전통적 가정이 그 모습을 잃어가고 있다.

2005년 일반가구는 15,887천 가구로 1995년보다 23% 증가하였다. 가구원 수가 3인 이하인 가구의 비중이 지속적으로 증가하는 추세인데, 특히 1인 가구의 비중이 급속히 증가하여, 2005년 20.6%로서 비전통적 가구의 현상이 두드러지게 나타나고 있다. 또한 4인 이상 가구는 2005년부터 급속하게 감소하고 있는데, 2000년 44.5%에서 2005년 39%로 전통적인 가구가 상대적으로 감소하고 있다.

이러한 현상으로 인해 평균 가구원 수는 4인 이상 가구는 감소하는 반면에, 3인 이하 가구의 증가로 인해 감소추세를 보이고 있는데, 2000년 3.1명에서 2005년 2.9명으로 핵가족화하는 현상이 나타나고 있다. 한국의 핵가족의 구성비율은 2005년 12,491천 가구 중 부부만으로 된 가족은 18.1%, 부부와 미혼자녀로 구성된 가족은

53.7%, 한 부모와 미혼자녀로 된 가족은 11.6%로서 부부만으로 된 가족은 계속 증가하고 있으며, 특히 한 부모와 미혼자녀 가족은 계속 감소하다가 2000년 이후 이혼의 증가로 인해 증가하고 있다. 즉 자녀를 적게 갖고 있는 가정이 증가하면서 부부 중심의 소비패턴과 여가활동이 증가되고 있다. 이에 따라 즉석식품, 소형 포장제품, 시간 절약형 제품 등을 생산하는 기업은 호황을 누릴 수 있는 기회를 갖게 된다.

한국의 가족변화에서 주목해야 할 것은 가족해체 현상이다. 한국의 가족해체 현상은 두 가지로 설명한 수 있다. 첫째, 자녀를 낳지 않고 살거나 또는 혼자 사는 사람이 급증하면서 가족해체 현상이 일어나고 있다. 즉 자녀 없이 부부만 사는 가구가 증가하고 있는데, 이는 결혼한 자녀들이 고령의 부모를 부양하지 않거나 또는 아예 자녀를 낳지 않고 사는 젊은 층 부부가 증가하기 때문이다. 그리고 결혼하지 않거나 또는 이혼한 뒤 혼자 사는 1인 가구도 계속 증가하기 때문이다. 결론적으로, 저출산과 고령화, 높은 이혼율 등 사회변화를 고려해 볼 때 최근 2~3년 전부터 주택유형이나 내구 소비재, 교육, 의료체제 등 산업구조도 빠르게 변화하고 있음을 알 수 있다. 이러한 변화는 마케팅 기업에게 향후 시장의 기회변화를 시사한다.

둘째, 이혼율(결혼한 부부 10쌍 중 4쌍이 이혼함)이 급증하면서 편부 또는 편모 가정도 해마다 급증하고 있는데, 이는 가구 수의 증가뿐만 아니라 거주형태와 소득의 변화에 의한 소비의 변화를 시사한다.

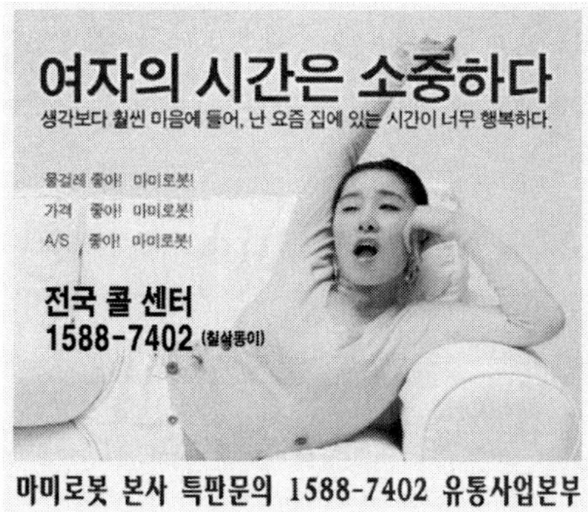

가족변화의 또 다른 현상은 직장여성의 숫자가 계속 증가하고 있다는 것이다. 1985년 이후 계속 증가하였는데, 다만 1998년 2.2% 감소하였고, 불경기가 시작된 2003년

1.3% 감소하였을 뿐 2004년 이후 꾸준히 증가하고 있다. 특히 여성취업의 경우, 전문관리직 종사자의 구성비율은 1993년 11.3%에서 계속 증가하여 2003년 16.9%, 2005년 19.5%, 2006년 18.8%로 증가하였다. 이런 직장여성, 취업주부의 증가로 자녀보육사업, 직장용 여성의류, 금융서비스, 편의식품, 서비스 시장이 생겨나고 있다.

4) 교육수준

한국의 평균 교육수준은 1975년 6.6년에서 계속 증가하여 2005년 11.3년으로 4.7년이나 증가하였다. 특히 남자와 여자의 평균 교육수준이 1975년부터 1990년까지는 남자가 2년이나 많았지만, 1995년부터는 2년 미만으로 감소하여 2005년에는 남과 여의 차이가 점차 줄어들고 있다.

특히, 25세 이상 인구의 학력구성비에서 볼 때, 1975년 이후 2005년까지 고졸 및 대졸 이상은 계속 증가하고 있다. 특히 성별에서 볼 때, 전체적으로 여성의 구성비율은 학력 수준이 높을수록 점차 많아지고 있다. 그러나 대졸 이상의 경우, 아직까지도 여성보다는 남성이 1.5배 이상이다.

이렇게 교육 받은 사람의 비율이 증가하는 경우, 우수한 고가제품, 책, 잡지, 여행, 개인용 컴퓨터, 인터넷 등의 수요도 증가할 것으로 예상된다.

5) 결혼연령이 높아짐

평균 초혼 연령이 1995년 남자가 28.5세, 여자가 25.4%에서 2000년 남자 29.3세, 여자 26.5세, 2005년 남자 30.9% 여자 27.7세로 높아지고 있어, 각종 스포츠나 레저활동, 자기개발 프로젝트 등에 많은 관심을 나타내고 있다.

2. 경제적 환경

경제적 환경(economic environment)은 거시환경요소들 중에서 가장 변덕스러운 환경변수로서 전반적인 경제상황, 소비자의 소득수준, 구매력과 구매의사, 소비패턴 등에 영향을 미치는 요인으로 구성된다.

1) 소득의 변화

한국의 국민총소득(GNI)은 2000년 이후 7% 이상 증가하였으며 또한 국민의 생활 수준을 나타내는 1인당 GNI(명목소득)는 2002년 이후 계속 10% 이상 증가하였다. 그리고 국민경제 전체가 소비나 저축으로 자유롭게 처분할 수 있는 소득규모인 국민 가처분소득(명목소득)도 2000년 이후 계속 증가하고 있다.

그러나 경기침체는 경제적으로 압박 받는 소비자 시대를 초래케 하고 있다. 재정적으로 넉넉하지 않은 소비자는 변화하는 재정상황에 맞추어 더 신중하게 소비하게 되는데, 이것은 가치 마케팅(value marketing)의 도래를 의미한다. 즉 마케팅 기업은 비싸고 품질이 우수한 제품보다는 품질이 조금 떨어지더라도 값이 저렴한 제품을 제공함으로써 재정적으로 매우 보수적인 소비자에게 더 좋은 가치를 제공하는 방법을 탐색해야 한다. 즉 적절한 품질과 적당한 가격이 어우러진 제품이나 서비스를 개발해야 한다는 것이다.

마케팅 관리자는 평균소득뿐만 아니라 소득분포에도 관심을 기울여야 한다. 일반적으로 소득분포는 상류층, 중간층, 노동자층, 하급계층으로 구분될 수 있다. 상류층은 현재의 경제상황에 영향을 받지 않고, 사치품의 주요시장이 된다. 중산층은 소비에 신중하지만 어느 정도의 삶의 질을 추구한다. 노동자층은 음식, 의류, 거주 등의 기본적인 것을 유지하면서 절약하기 위해 많은 노력을 기울인다. 마지막으로 하급계층은 사회복지에 의존하거나 은퇴한 층으로 가장 기본적인 구매조차 돈을 생각해야 한다.

현재 한국은 도시근로자 가구소득을 10분위로 구분하여 그 구성비율로 분석될 수 있는데, 2005년 소득분배 동향에서 볼 때, 소득불평등도를 나타내는 지니(Gini)계수는 0.310으로 2004년과 같은 수준이나, 지니계수가 2000년 이후 계속 낮아지고 있어 소득집중도가 완화되는 모습을 보이고 있다.

여기에서 문제가 되는 것은 시간이 갈수록 부자는 더 부자가 되고 중산층은 줄어들고, 가난한 사람은 가난한 상태로 남아 있다는 것이다. 즉 구성비율은 크게 변화가 없으나, 상위계층으로 갈수록 소득의 크기가 더 증가하고 있다는 것이다.

소득분포가 양극화 현상을 나타냄에 따라 계층간 소비자의 구매력(buying power)

에도 양극화 현상이 일어나고, 따라서 기초지출 및 계약지출을 제외한 자유재량적 지출에서 차이가 발생한다. 즉 소득이 높은 집단일수록 소득에서 기초지출에 지출하는 비율이 낮으며 자유재량적 지출에 지출하는 비율이 높다. 즉 소비자의 소득수준이 높으면 고급제품의 시장이 확대된다. 소비자는 품질수준이 높고, 전문적인 제품 그리고 보다 많은 고객 서비스와 폭넓은 구색을 요구하게 된다. 반면에 소득이 낮은 계층은 제품질의 저가격 제품을 구입하게 되며, 숫적으로 점차 감소하고 있는 중산층의 소비지출이 감소함으로써 시장은 고가격 시장과 저가격 시장으로 양분하게 된다.

2) 소비자 소비패턴의 변화

가구소득의 대부분은 음식, 주거, 교통에 사용된다. 그러나 소득수준이 상이한 소비자는 서로 상이한 소비패턴이 있다.

한국의 경우, 2005년 도시근로자 가구의 월평균 소비지출 중 식료품 구성비(엥겔계수)는 26.4%로 2004년도 27.0%보다 감소하였다. 이렇게 엥겔계수가 하락하는 이유는 가계소득이 증가하면서 식료품비 지출보다는 교양, 오락 등 문화생활 지출이 많이 증가하였으며, 의료, 보건비도 계속 증가하였기 때문이다. 이렇게 볼 때, 향후 지속적인 소득증가는 외식비의 증가와 더불어 의료보건, 교육, 교양, 오락비의 증가를 가져올 것으로 예상되므로, 상기 분야의 산업에 종사하는 마케팅 관리자는 변화하는 소비패턴에 관심을 기울여야 할 것이다.

3. 자연적 환경

자연적 환경(natural environment) 또는 생태적 환경(ecological environment)은 마케팅 관리자가 투입요소로 활용하기 위해서 또는 마케팅 활동에 의해 영향을 받는 천연자원 그리고 산업활동에 의해서 야기되는 생태적 환경의 훼손에 대한 것이다.

자연적 환경에 대한 관심은 1970년 이후 지속적으로 증가하여 왔고, 세계의 많은 도시는 지나친 산업활동으로 인해 공기나 물의 오염은 위험수준에 도달하고 있다. 지구 온난화에 대해 전세계가 우려하고 있으며, 환경보호론자들은 우리가 곧 쓰레기 더미에 덮일 것이라고 경고하고 있다.

1) 자연적 환경의 추세

마케팅 관리자는 자연적 환경의 몇 가지 추세를 잘 알고 있어야 한다.

첫째, 특정한 원자재가 지속적으로 고갈되고 있다는 것이다. 공기와 물과 같은 무한 자원까지도 장기적으로 문제가 될 것이라는 지적을 받고 있다. 대기오염은 이미 세계의 대도시를 질식시키고 있으며, 물 부족은 세계의 일부 지역에서 큰 문제가 되고 있다. 특히 산림이나 식품과 같은 재생 가능한 자원도 현명하게 사용되어야 한다. 기름, 석탄, 기타 광물질과 같은 재생이 불가능한 자원은 심각한 문제를 야기한다. 이러한 자원이 이용가능하다고 하더라도 자원을 활용하여 제품을 제조하는 기업은 상당한 정도의 원가상승요인을 피할 수 없다. 물론 이 요인을 소비자에게 전가하는 것이 용이하지 않으므로, 부족한 자원을 대체할 수 있는 대체자원을 개발해야 한다.

둘째, 에너지 비용의 증가로서, 석유가격의 상승에 따라서 석탄, 태양열, 원자력, 풍력, 조력 등 기타 대체에너지의 개발이 추진되고 있다. 이러한 에너지비용의 변화는 소비자의 소비패턴의 변화를 초래케 한다.

셋째, 증가하는 오염으로서, 화학물질의 과다한 사용 및 핵폐기물의 처리, 위험수준에 처한 대양의 수은농도, 토양속의 화학 오염물질의 양과 음식공급에서 나오는 화학 오염물질의 양, 분해가 불가능한 용기, 플라스틱과 기타 포장물질에서 나오는 환경쓰레기 등의 문제가 계속 증가되고 있다. 이에 기업은 공해방지시설을 설치해야 하며, 궁극적으로 환경을 오염시키지 않는 생산공정과 포장용기의 개발, 제품의 개발이 요구되고 있다.

넷째, 공해방지 및 천연자원 관리에 대한 정부의 개입이 증가되고 있다. 물론 각 국가의 정부마다 깨끗한 환경을 촉진시키기 위한 관심과 노력은 상이하며 차이가 있다. 그러나 중요한 것은 기업은 앞으로 정부나 압력단체로부터의 강력한 통제가 있을 것을 예상해야 한다는 것이다. 따라서 마케팅 관리자는 규제에 반대하지 말고, 세계가 직면하고 있는 자원과 에너지 문제에 대처하고 해결할 수 있는 방안을 개발하여 정부의 규제가 실시되기 전에 필요한 예방조치를 강구해야 할 것이다.

2) 기업의 녹색(환경)운동

자연환경에 대한 관심은 녹색운동(green movement)을 태동시켰다. 오늘날 계몽적인 마케팅 기업은 정부의 규제가 요구하는 것보다 더 많은 과업은 행하고 있다. 이 기업들은 지속가능한 환경전략이나 환경운동을 개발하여 지구가 무기한으로 세계경제를 지원할 수 있도록 노력하고 있는데, 더 환경친화적인 제품을 제조하여 소비자의 수요에 대응하고 있다. 예를 들어, GE사는 더 좋은 세상을 위한 제품을 개발하기 위해 이코매지네이션(ecomagination)을 시도하고 있다.

다른 기업은 재활용이 가능하거나 미생물로 분해가 가능한 제품포장, 재활용이 가능한 원료나 부품, 오염을 잘 통제하고 에너지를 더 효율적으로 사용할 수 있는 작용방법을 개발하고 있다. 예를 들어, HP사는 TV, 컴퓨터와 전기 장치를 재활용하는 것을 강요하는 법안을 추진하고 있다.

즉 기업은 점점 더 건강한 생태환경과 건강한 경제와의 연결고리를 인식하고 있으며, 환경지향적이면서 책임감 있는 활동을 하는 것이 좋은 사업임을 배우고 있다. 아무리 좋은 제품을 생산하고 효과적인 마케팅 활동을 수행하기 위한 것이라고 하더라도 대기, 수질, 기타 자연환경을 오염시키거나 훼손시키고 소음으로 국민의 정신건강을 위협할 수 있는 제품을 생산해서는 안 된다는 의식을 가져야 함을 인식하고 있다.

4. 기술적 환경

기술적 환경은 우리의 운명을 형성하는 가장 극적인 요인으로서, 특정시점에 특정국가나 지역이 갖고 있는 기술수준 또는 기술의 활용상태이다. 기업의 성패에 대해 막대한 영향을 미치고 있는 기술적 환경은 사회에 대한 기술적 성향과 마케팅 활동에 대한 기술의 영향으로 나누어 살펴볼 수 있다.

1) 인간의 활동에 대한 기술적 환경

인간의 생활은 기존의 기술 및 기술변화에 의해서 크게 영향을 받고 있다. 기술에 의한 항생물질, 로봇을 이용한 수술, 소형 전자제품, 노트북 컴퓨터, 인터넷 등과 같이 경이로운 것 등은 인간의 생활수준을 윤택하게 향상시켰으며, 보다 많은 여가시간을 제공하고 있다. 그러나 기술의 발달은 핵미사일, 화학무기, 고성능 자동소총과 같은 무서운 것, 그리고 실업, 대기 및 수질 오염, 기타 건강에 위험을 주는 부정적인 효과를 야기시키기도 하였다.

또한 기술은 자동차, TV, 신용카드와 같은 유익하면서도 해로울 수 있는 제품을 만들게 하였다. 따라서 기술에 대한 태도는 기술을 경이로운 것으로 볼 것인가 또는 실책으로 볼 것인가에 달려 있다. 예를 들어, RFID(radio frequency identification) 장치 또는 스마트 칩(smart chip)은 소비자에게 혜택을 줄 뿐만 아니라 생산자와 소매상에게도 언제 어디에서나 자동적으로 제품을 추적할 수 있는 새로운 방법을 제공한다. 이에 따라 RFID 장치는 매우 경이로운 것으로서 모두에게 혜택을 제공하지만, 어느 미래의 시점에서 그 장치가 주는 부정적 영향을 예측하기가 그렇게 용이하지 않다. 또한 피임약의 경우도 현재에는 우리에게 큰 혜택을 주지만, 미래에는 어떤 부정적 영향을 미칠지 예측하기가 쉽지 않다.

2) 새로운 시장과 기회를 제공하는 기술적 환경

신기술은 새로운 시장과 기회를 만들어주지만 모든 새로운 기술은 기존의 기술을 대체함으로써 기존의 사업에 큰 타격을 줄 수 있다.

기술의 발달은 기업으로 하여금 신제품을 개발하게 하고, 기존 제품의 개량 및 제조공정의 변화를 가져오며, 제품의 품질을 향상시키고, 소비자와의 의사소통을 촉진시키고, 제품의 유통경로를 개선시키는 등의 긍정적인 효과를 제공하고 있다. 그러나 기술적 환경은 부단히 그리고 급속히 변화하고 있으므로, 이에 따라 신제품의 개발속도가 더 빨라지고 있으며, 제품의 수명주기 또한 현저하게 단축하고 있으므로, 기업은 기술혁신을 촉진시키고 있으며, 기업의 기술수준을 빠른 속도로 진부화시키고 있다.

과학 및 기술의 진보발전은 기업의 마케팅 활동의 실행에까지 크게 영향을 미치고 있으므로 마케팅 관리자들은 기술변화의 중요성과 그 영향을 심도 있게 인식해야 한다. 즉 마케팅 관리자는 기술적 혁신을 판매가능한 제품의 형태로 전환시키기 위해 기술전문가와의 유대관계를 강화해야 하며, 기술적 환경의 변화와 다른 거시환경요인들과의 상호의존성을 이해할 수 있어야 한다.

또한 마케팅 관리자는 기존 산업이 새로운 기술에 맞서 싸우거나 이를 무시할 때 그 산업은 쇠퇴할 수 있다는 사실을 명심하여 기술적 환경을 주도면밀하게 관찰해야 한다. 기술적 환경을 분석함으로써 기업은 자사 제품과 관련 있는 분야에서 어떠한 기술적인 변화가 진행 중인가를 파악할 수 있어야 하며, 이러한 변화에서 자사는 어떠한 위치에 놓여 있으며, 기존의 제품을 대체할 만한 것들은 무엇이 있는가에 대한 해답을 얻을 수 있어야 한다. 즉 기업은 변화하는 기술을 어떻게 이용할 것인가에 대해 기업의 장기적인 생존과 관련하여 신중하게 결정해야 한다. 예를 들어, 새로운 가정용품과 다양한 냉동식품이나 리토르트 식품 등의 출현은 주부들의 가사노동을 감소시키고, 여가기회를 확대하여 오락, 스포츠, 레저산업의 발전을 가능케 하고 있다는 현실에 주의를 기울여야 한다.

3) 기술개발 예산의 투자와 제품안전

오늘날 과학자들은 실용적인 태양에너지, 전기자동차, 장기이식, 마음으로 조작하는 컴퓨터, 유전학적으로 만들어진 음식 등과 같이 광범위한 분야에서 새로운 제품과 서비스를 가능케 하는 연구에 몰두하고 있다. 이러한 연구를 위해 막대한 기술개발 예산이 기업뿐만 아니라 국가에서도 이루어지고 있다.

또한 오늘날의 연구는 통상적으로 개인 발명가나 기술자에 의해서 이루어지지 않고 연구팀에서 수행되고 있다. 이에 따라 많은 기업들이 더 시장지향적인 시각을 확보하기 위해 기술개발(R&D팀에 마케팅 전문가를 보강하고 있다. 그 이유는 기술적인 문제뿐만 아니라 상용화의 문제를 해결해야 하기 때문이다. 즉 실용적이고 적절한 가격으로 구매가능한 제품을 만들기 위해서이다.

그러나 제품과 기술이 더 복잡해질수록 일반 공중들은 제품과 기술의 안전성에 대해 염려하고 있다. 이에 따라 정부기관은 조사를 통해서 안전하지 못할 가능성이 있는 제품을 금지할 수 있도록 제조물 책임법(PL법 : product liability)을 제정하여, 제품에 대한 안전표준을 만들고, 이 기준에 미달하는 기업을 처벌하고 있다. 이러한 규제의 결과로 기업은 더 많은 연구비를 지출해야 하며, 신제품 아이디어와 상품화 사이의 개발기간이 길어지고 있다. 결론적으로 볼 때, 마케팅 관리자는 새로운 기술을 적용하고, 신제품을 개발할 때. 그와 관련되는 규제를 잘 숙지해야 한다.

5. 정치적, 법적 환경

마케팅 의사결정은 정치적, 법적 환경에서 진행되는 일에 많은 영향을 받는다. 정치적, 법적 환경은 그 사회를 구성하는 다양한 기관과 개인에게 영향을 미치는데, 이 환경은 제한하는 법규, 정부기관, 압력단체 등으로 구성된다.

1) 집권당에 의한 영향

기업에 대한 정부의 간섭과 지원은 집권당의 정강 또는 정책에 따라 크게 달라질 수 있으므로, 기업경영에 영향을 미치는 정치적, 법적 환경은 집권당이 누구인가에 의해서 좌우된다. 전통적으로 기업의 입장을 옹호하고, 대변하여 주는 속성을 가진 보수정당이 집권하게 되면 기업에 대한 금융지원을 강화하고, 세금을 경감시키며, 각종 규제와 간섭을 약화시키게 한다.

반면에, 시민경제를 보호하고, 향상시키는데 주력하는 진보 또는 혁신정당이 집권하면 각종 규제의 강화 및 세금부과가 가중되는 경향을 띠고, 특히 공공성을 띤 기업에 대해서는 정부에 의한 기업의 소유권 및 경영에의 참여가 심화되기도 한다.

2) 사업을 규제하는 입법조치

자유시장경제를 지향하는 가장 진보적인 추종자조차도 시장경제 시스템은 약간의 제재하에서 가장 잘 운영된다는 것에 동의한다. 즉 잘 개발된 규제는 경쟁을 촉진시키고 제품과 서비스를 위한 공정한 시장을 보장해 준다. 따라서 정부는 사회 전체를 위해서 사업을 제한하는 법과 규제와 같은 공공정책을 개발한다. 이에 따라 거의 모든 마케팅 활동은 광범위한 법과 규제에 의해 구속을 받게 된다.

(1) 입법조치의 증가

정치적 환경의 변화는 일반적으로 법적 환경의 변화를 유도하는 경향이 있다. 즉 법적 환경은 정부의 경제정책의 운용에 대한 의지가 구속력 있는 형태로 구체화된 실천방안이라고 할 수 있다. 따라서 사업에 영향을 미치는 입법조치는 계속적으로 증가하고 있다.

마케팅 관리자가 특히 관심을 가져야 할 법규로는 시장법, 독점규제 및 공정거래에 관한 법률, 상품권법, 식품위생관계법, 광고물단속법, 소비자보호법, 신용카드입법, 방문판매 등에 관한 법률 등을 들 수 있다. 이러한 현상은 한국에서도 동일하게 나타나고 있는데, 〈표 3-1〉과 같다.

〈표 3-1〉 한국에서 마케팅에 영향을 주는 법률

규제법률	내 용
공업표준화법(1961)	광공업 제품에 대한 공업표준 제정에 관한 규정
상품권법(1961)	상품권의 유통질서와 소유자의 권익보호에 관한 규정
물가안정 및 공정거래에 관한 법률(1975)	물가에 관한 규정
독점규제 및 공정거래에 관한 법률(1980)	이 법은 사업자의 시장 지배적 지위의 남용과 과도한 경제력의 집중을 방지하고 부당한 공동행위 및 불공정거래행위에 대한 규제
유통근대화촉진법(1980)	농수산물 및 공산품의 도매, 소매, 수송, 보관 포장 및 기타 이와 관련된 정보 및 용역제공을 목적으로 하는 사업에 관한 규정
하도급 공정화에 관한 법률(1986)	공정한 하도급질서의 확립을 위하여 원사업자와 수급업자의 행위에 대한 규제
부정경쟁방지법(1986)	국내에 널이 알려진 타인의 상표, 상호 등을 부정하게 사용하는 등의 부정거래행위와 타인의 영업비밀을 침해하는 행위에 대한 규제
소비자보호법(1986)	소비자의 기본권익을 보호하기 위하여 국가, 지방자치단체 및 사업자의 의무와 소비자 및 소비자단체의 역할 규정
공산품 품질관리법(1986)	공산품에 대한 품질표시, 품질검사 및 품질관리 등급제에 관한 규정
약관의 규제에 관한 법률(1986)	불공정거래를 방지하고자 약관의 내용을 규제
도소매업진흥법(1986)	도소매업에 관련된 설립 및 거래에 관한 규정, 물가에 관한 규정
신용카드업법(1987)	신용카드에 관한 규정
상표법(1990)	상표사용에 관한 규정
환경정책법(1990	환경보전에 관한 규정
할부거래에 관한 법률(1991)	할부계약에 의한 거래를 규제
방문판매 등에 관한 법률(1991)	방문판매, 통신판매와 다단계판매에 의한 상품의 판매 및 용역의 제공에 관한 규제
옥외 광고물 등 관련법(1992)	옥외 광고물의 표지장소, 표시방법과 제시시설의 설치, 유지 등에 관한 규정

이러한 법적 제약을 바탕으로 규제기관들이 생겨나고 있는데, 이 정부기관은 법규를 집행하는데 결정권이 있기 때문에 이들은 기업에서 실행하고 있는 마케팅 활동의 성과에 여러 방면에서 제약을 가하거나 영향을 미친다.

일반적으로 법률이나 규제기관은 기업의 활동에 제약을 가하는 역할을 수행하고 있지만, 한편으로 새로운 규제로 인하여 혜택을 입는 기업들도 생겨나고 있다. 예를 들어, 공해방지법의 강화로 인하여 제조업에 종사하는 기업은 적법한 공해방지 규격을 맞추기 위해 추가적인 투자를 해야 하지만, 공해방지 관련기업에게는 시장규모의 확대화가 긍정적인 효과와 기회를 제공하기도 한다.

새로운 법규와 이의 법제화는 계속 증가할 것이다. 따라서 마케팅 관리자는 제품이나 마케팅 프로그램을 계획할 때 마케팅 활동에 직·간접적으로 영향을 주는, 즉 제약하거나 지원하는 국가정책이나 경쟁, 소비자, 사회 등을 보호하는데 주요한 법규를 숙지하고 능동적으로 대처하면서 마케팅 의사결정 과장에 반영하여야 할 것이다.

(2) 사업에 관한 법규 제정의 이유

기업활동에 영향을 주는 법률 제정은 여러 가지 이유로 시행되어 왔다.

첫째, 기업 상호간의 관계에서 개별기업을 보호하기 위한 것이다. 경영자는 경쟁을 옹호하지만 경쟁이 그들을 위협할 경우, 이를 완화시키고자 한다. 이에 따라 불공정 경쟁을 정의하고, 이를 방지하여 공정한 경쟁을 고무시키기 위해 규제가 생겨나고 있다.

둘째, 불공정한 기업행위로부터 소비자를 보호하기 위한 것이다. 일부 기업은 위조품을 만들고, 소비자의 사생활을 침해하고, 기만광고를 하고, 포장과 가격으로 소비자를 속이기도 한다. 이에 정부기관은 공정하지 않은 사업관례를 정의하고 법제화한다.

셋째, 자의적인 기업의 이익으로부터 사회 전체의 이익을 보호하기 위한 것이다. 수익을 추구하는 사업활동이 더 좋은 삶의 질을 보장하는 것은 아니므로, 기업의 사회적인 책임을 확실하게 하기 위해 기업의 생산 또는 제품에 수반되는 사회비용에 규제가 생기기도 한다.

3) 윤리와 사회적 책임 활동에 관심 증가

문서화된 법적 규제는 발생할 수 있는 남용을 모두 통제하지 못하고, 또한 기존 법규는 모두 통제하기 힘들 수도 있다. 그러나 문서화된 법규와 규제를 넘어서 사업은 사회적인 윤리강령이나 전문직종의 윤리지침에 지배되어야 한다.

(1) 사회적으로 바람직한 행동

앞서가는 계몽적인 기업은 관리자가 규제시스템이 허용하는 것이나 단순히 적절하게 행동하는 것보다 더 많은 것을 행하기를 원한다. 이와 같이 사회적인 책임을 받아들이는 기업은 소비자와 환경의 장기적인 이익을 보호하기 위한 다양한 방안을 적극적으로 강구한다.

사업활동에서 발생하는 빈번한 스캔들과 환경에 대한 관심이 증가함으로써 윤리와 사회적 책임이라는 이슈가 관심의 대상이 되고 있다. 이러한 이슈들이 마케팅의 거의 모든 측면에 포함되고 있다. 그러나 불행하게도 이러한 이슈는 서로 상반된 이해관계를 갖고 있기 때문에, 악의가 없는 사람이라고 하더라도 주어진 상황에 적합한 행동이 무엇인가에 대해 솔직하게 동의하지 않을 수 있다. 따라서 많은 전문가들은 윤리강령을 제안하고 있으며, 또한 많은 기업들이 복잡한 사회적 책임이슈의 정책, 가이드라인, 다양한 대응책을 개발하고 있다.

새로운 사회적 윤리적 이슈가 되고 있는 것은 인터넷 마케팅이 확대됨으로써 일어나고 있다. 비판가들은 온라인 사생활을 걱정하고 있다. 수집이 가능한 개인적인 디지털 정보의 양은 폭발적으로 증가하였으며, 사용자는 스스로 이러한 정보의 일부를 제공하기도 한다.

비판이 되는 것은 기업이 소비자를 너무 많이 알고 있고, 일부 기업이 디지털 정보를 이용하여 정당하지 않은 방법으로 소비자를 기만할 수도 있다는 것이다. 기업들이 인터넷 사생활정보 정책을 공표하고 있고 소비자의 편익을 위해 사용하고 있지만 정보의 남용도 일어나고 있다. 그 결과 소비자 보호론자와 정책입안자들은 소비자의 사생활을 보호하기 위한 활동을 전개하고 있다.

(2) 대외관련 마케팅

많은 기업이 사회적 책임을 수행하고, 더 호의적인 이미지를 형성하기 위해 자신의 사업을 가치 있는 대외와 연결시키고자 한다. 예를 들어, 유방암 연구를 후원하거나, 지역학교에 후원금을 제공하고, 가난한 가정을 위해 집을 짓거나, 빈곤자에게 음식을 제공하거나, 또는 지역 문화예술 집단을 후원하거나, 심장병과 싸우는 환자를 후원하기도 한다.

대외관련 마케팅은 기업의 중요한 기부형태로서, 시장에 이미지, 제품, 서비스를 내놓는 기업이 상호 이익을 위해 하나의 대외 또는 여러 가지 대외로서의 관계와 동반자 관계를 구축하는 활동이라고 정의한다. 따라서 대외관련 마케팅(cause-related marketing)이란 고객들이 직접 또는 간접적으로 기업과 수익을 산출하는 거래에 관여하는 명명된 대외에 기업의 기여를 연결하는 마케팅이다.

따라서 이 마케팅은 기업의 제품과 서비스를 구매하는 소비자를 가치 있는 대의, 자선기관과 연결시킴으로써 기업이 바람직한 일을 할 수 있게 해준다. 그러나 이러한 연결관계로 인해 대의관련 마케팅은 논쟁을 불러일으키기도 한다. 비판가들은 대의관련 마케팅이 기부하기 위한 전략이라기보다는 판매하기 위한 전략에 가깝다고 걱정한다. 이에 따라 대의관련 마케팅을 이용하는 기업은 증가된 매출과 개선된 이미지 사이의 선을 걸어오면서 비난에 직면할 수 있다.

그러나 잘 운영된다면, 대의관련 마케팅은 기업과 사회 모두에 도움을 줄 수 있다. 즉 기업들은 대의관련 마케팅을 기업의 평판을 높이고, 상표인식을 고취시키고, 고객충성도를 증대하고, 판매고를 높이며 또한 언론기관과의 관계를 증대시키는 기회를

제공하는 것으로 인식하고 있다. 또한 기업은 고객들이 합리적 이점과 감정적 이점을 공급하는 차원을 넘는 양호한 기업시민을 나타내는 모습을 점차 추구할 것이라고 믿고 있다. 한편, 자선단체들은 자금확보의 중요한 공급처를 획득할 수 있다.

6. 문화적 환경

사회문화적 환경(social and cultural environment)은 그 환경 속에 존재하는 사람들의 살아가는 이유와 방법, 행동의 방식에 영향을 주며, 선과 악, 신념과 편견, 그리고 사회적으로 바람직하며 정당한 행위가 무엇인가를 규정하여 주는 것으로서, 사회의 기본가치, 지각, 선호, 행동에 영향을 주는 기관과 요인으로 구성된다. 모든 사회는 다양한 상황에 처해 있는 개인과 조직의 행동과 사고를 이끌고 지도하는 기본적인 믿음, 가치, 규범들을 가지고 있으므로, 사람들은 자신의 기본 믿음과 가치를 형성케 하는 특정한 사회에서 성장하며, 또한 다른 사람과의 관계를 정의하는 세계관을 몸에 익히게 된다.

1) 문화적 가치관의 지속성

사람들은 자기가 속한 사회에서 많은 믿음(신념:belief)과 가치관(values)을 학습하게 되는데, 그러한 핵심적인 신념과 가치관은 상당히 오랫동안 지속되며 변화하지 않는다. 예를 들어, 대부분의 미국인은 일하고, 결혼하고, 기부하고, 정직해야 한다고 믿는다. 이러한 믿음(신념)은 일상적인 생활에서 발견되는 구체적인 태도와 행동을 형성하는 토대가 된다. 또한 이런 핵심적인 신념과 가치관은 부모로부터 자녀에게로 전달되고, 교회, 직장, 학교, 정부에 의해서도 강화된다.

반면에, 2차적인 신념과 가치관은 변할 수 있다. 예를 들어, 결혼에 대한 신념은 핵심적인 신념이지만, 일찍 결혼해야 한다는 신념은 2차적인 것이다. 따라서 마케팅 관리자는 2차적인 신념을 변화시킬 가능성이 있으나, 핵심적인 신념을 변화시킬 가능성은 거의 없다. 예를 들어, 가족계획을 추진하는 것보다는 늦게 결혼해야 한다고 주장하는 것이 더 효과적일 수 있다.

2) 2차적 문화적 가치관의 변화

핵심적인 가치관은 상당히 지속적이지만, 문화적 변화는 발생한다. 인기가수, 영화배우, 유명인사 및 기타 문화적 현상들은 젊은이들의 머리 스타일, 의복, 성적 규범, 삶의 목표에 대해 크게 영향을 미치고 있다. 또한 오늘날의 젊은이들은 새로운 스포츠 영웅 그리고 새로운 활동 등에 의해서도 크게 영향을 받고 있다. 따라서 마케팅 관리자는 새로운 기회와 위협을 파악하기 위해 문화적 변화를 예측해야 하는데, 이러한 미래예측에 관한 정보를 여러 서비스 기업들이 제공하고 있다.

예를 들어, Yankelovich Monitor는 수년간 소비자 가치관의 추세를 추적, 조사하고 있다. 이 기업은 2000년대 10년 동안 주인공이 베이비붐 세대와 X세대에서 나올 것이라고 주장한다. 베이비붐 세대는 2000년대의 모험, 세련됨, 세대간 후원, 재생과 같은 네 가지 요인에 영향을 받으며, X세대는 좋은 삶에 대한 재정의, 새로운 의례, 통제와 자유의 균형과 같은 세 가지 요인에 영향을 받을 것이라고 주장한다.

3) 자신 및 주위사람에 대한 가치관

사회의 중요한 문화적 가치관은 자신과 주위 사람에 대한 가치관으로 표현할 뿐만 아니라 세계관으로 표현된다. 즉 사람들은 거의 무의식적으로 자신이나 타인, 조직, 사회, 자연 그리고 우주와 관계를 맺으려는 세계관을 받아들인다.

(1) 자신에 대한 견해

사람마다 자신을 위해 하는 것과 타인을 위해 하는 것의 강도는 다르다. 즉 어떤 사람은 재미, 변화, 탈출을 원하면서 개인적인 즐거움을 추구한다. 어떤 사람은 종교, 오락, 경력의 완성, 또는 다른 삶의 목표를 통하여 자아구현을 추구한다. 사람은 자신을 표현하기 위한 방법으로 제품, 상표, 서비스를 사용하고, 자신의 관점에 맞는 제품이나 서비스를 구입한다.

이에 따라 마케팅 관리자는 자신에 대한 견해에 대해 상이한 집단이 존재하고 있음을 이해하고, 소비자가 생각하는 자신의 모습을 근거로 제품과 서비스의 표적시장을 선정한다. 예를 들어, Mastercard사는 인생의 경험을 축척하기 위해 신용카드를 사용하고자 하는 모험가를 표적으로 하고 있다.

(2) 타인에 대한 견해

과거 수십 년간 타인에 대한 견해가 바뀌어 가고 있다. 사람들은 무주택, 범죄와 희생, 그리고 다른 사회적 문제에 관심을 갖고 있다. 그들은 보다 인간적인 사회에서 살고자 하고, 자신과 같은 부류를 찾고자 하며, 또한 타인들을 피하고자 한다. 즉 다른 사람들과 진지하고도 장기적인 관계를 갈망한다. 이러한 추세는 헬스클럽, 선박여행, 종교활동과 같이 사람들 간에 직접적인 관계를 증진시킬 수 있는 사교보조 제품과 서비스에 대한 밝은 전망을 보여준다.

또한 혼자 있는 사람이 외롭다는 느낌을 받지 않도록 해주는 TV, 홈 비디오 게임, 인터넷의 이야기방과 같은 사교적 대용물 시장의 성장을 제시한다. 그리고 최근에는 집에 틀어박혀 생활하는 코쿠닝족(cocooning)의 물결이 나타나고 있는데, 이러한 추세에 의하면 사람들은 다른 사람과 외출하는 횟수를 줄이고, 집과 가정의 편안함을 즐기기 위해 집에 머물려고 한다. 또한 이러한 추세는 집을 개선하는 많은 수요를 창출하고 있다. 사람들은 가족과 친구를 위해 확장한 대크(dack)에 즉석에서 사용할 수 있는 바비큐 설비, 야외 목욕탕, 낡은 집을 새 집으로 단장하는 편의시설을 추가하고 있다.

(3) 조직에 대한 견해

기업, 정부기관, 노동조합, 협회, 대학 등과 같은 주요 기관에 대한 태도는 사람마다 상이하다. 대부분의 사람들은 이러한 조직에서 일하고자 하지만, 점차적으로 기관에 대한 신뢰감과 충성도는 낮아지고 있으며 또한 이 기관들에게 사회봉사를 할 것을 기대하고 있다.

기업이 축소화(downsizing)됨으로써 비판과 불신이 발생, 고조되고 또한 기업들의 회계부정 등의 사건을 일으키며, 고유가 시기에서 정유회사들의 기록적인 수익, 여러 의심스러운 활동 등이 대기업들에 대한 불신을 키워 왔다.

오늘날 많은 사람들은 일을 만족의 원천이 아니라 일을 하지 않을 때 즐기기 위한 돈을 버는 귀찮은 잡일로 인식하고 있다, 이러한 인식은 마케팅에 대해 매우 중요한 시사점을 제시한다. 즉 기업은 소비자와 구성원의 신뢰를 획득할 수 있는 새로운 방법을 찾아야 한다. 그리고 기업은 그들이 좋은 기업시민이라는 것과 소비자에게 보내는 메시지가 정직하다는 것을 확신시켜야 한다는 것을 시사한다.

(4) 사회에 대한 견해

사람들은 그들 사회에 대해 각기 상이한 태도를 갖고 있다. 보수적인 사람, 개혁론자, 취득자, 제작자, 탐색자, 도피자 등으로 다양하다. 따라서 사람들의 소비유형과 시장을 대하는 태도는 사회에 순응하는 정도에 의해 영향을 받는다. 예를 들어, 제작자는 잘 먹고, 잘 입고, 잘 사는 높은 성취자가 되려는 경향이 있다. 개혁론자는 소형자동차를 운전하며 간편한 옷을 입고, 보다 절약해서 생활한다. 도피자와 탐색자는 영화, 음악, 서핑, 캠핑 등의 산업에 중요한 시장이 된다.

최근 사람들의 국가에 대한 태도가 애국주의로 변화되고 있어, 마케팅 관리들은 꽃다발에서 옷에 이르기까지 애국심을 자극하는 제품과 촉진에 반응한다. 물론 이러한 노력이 시장에서 잘 받아들여지기도 하지만, 교활한 것으로 간주되기도 한다. 따라서 마케팅 관리자는 상기와 같은 긍정적 및 부정적인 면을 고려하여 강력한 국민정서에 대응할 때 주의를 기울여야 한다.

(5) 자연에 대한 견해

자연세계에 대한 태도도 역시 사람들마다 상이하다. 어떤 사람은 자연에 순응하려고 하고, 어떤 사람은 자연과 조화를 이루고자 하며, 어떤 사람은 자연을 정복하고자 한다. 지금까지 사람들은 기술을 이용하여 자연을 지배하고 또한 풍부한 자연자원에 대한 믿음으로 자연을 정복하고자 하는 높은 의지를 가지고 있었다. 그러나 최근 들어 사람들은 자연의 파괴 가능성과 유한한 자원에 대해 깨닫게 되었으며, 자연은 인간의 활동에 의해서 파괴될 수 있음을 깨닫고 있다.

자연적인 것에 대한 새로운 사람은 LOHAS(lifestyles of health and sustainability) 시장을 창출하였는데, 이 시장에서 소비자는 자연식품, 유기농제품, 영양이 풍부한 제품에서 연비가 효율적인 자동차, 대체약품, 재활용한 제품, 에너지가 절감된 가전제품 등에 이르기까지 모든 것을 추구한다.

또한 자연에 대한 사람들의 태도에 따라 하이킹용 신발, 텐트, 장비, 기타 장비, 도구 등 캠핑, 하이킹, 보트타기, 낚시를 즐기는 사람들이 증가함으로써 기업은 그러한 관심사에 반응을 보이고 있다.

(6) 우주에 대한 견해

사람들은 우주의 기원 그리고 우주에서의 자신들의 위치에 대해서는 신념이 상이하다. 최근 대부분의 사람들은 과거와는 달리 종교와 종교적 확신 그리고 관습을 실천하는 의지가 점차 약화되고 있다. 그러나 어떤 미래학자는 내재적 목적의 광범위한 탐색의 한 부분으로 영적 세상의 새로운 관심에 주목하고 있다. 즉 사람은 물질주의와 사리사욕을 추구하는 욕망에서 벗어나, 가족, 공동체, 지구, 믿음, 선과 악에 대한 확신과 같은 더 영원한 가치를 추구하고자 한다. 사람들은 혼탁한 세상에서 평안을 얻기 위해 종교를 바라보고 있다. 새로운 영성주의는 소비자가 시청하는 TV쇼와 읽는 책에서부터 구매하는 제품이나 서비스에 이르기까지 모든 것에 영향을 준다. 이렇게 높아진 민감성에 주의를 기울임으로써 마케팅 관리자는 새로운 마케팅 기회를 발견할 수 있다.

그러나 한편으로 사람들이 종교적 지향성을 잃어감에 따라 그들은 자아성취와 즉각적인 만족을 추구하고자 한다. 이것은 물질주의와 사리사욕을 계속 추구함으로써 혁신적인 자기만족을 추구하고자 하는 것이다.

4) 한국의 사회문화적 특성

최근 한국의 사회 및 문화적 환경변화의 특징으로써는 소비자들의 라이프스타일과 사회적 가치관의 변화, 소비자주의 및 제품의 안전성에 대한 관심의 증가, 여성의 역할 증대, 생활의 질 강조, 자동차 보유대수의 증가 등 다양하다. 자유롭게 행동하고 생활하고자 하는 소비자의 욕구는 의복의 착용패턴의 변화를 가져와 과거에는 정장이 요구되었던 자리에도 노타이 및 콤비차림이 일반화되어 가고 있어 캐주얼 의류시장이 확대되고 있다.

또한 즉시적인 만족 그리고 편리성을 추구하는 추세가 확산됨으로써 소비자들은 손쉽게 구입하고 이용가능한 제품, 다양한 크기의 포장, 집에서 가까운 소매점포를 선호하는 경향이 커짐에 따라 24시간 영업하는 편의점이 등장하여 자리를 잡아가고 있다. 이와는 대조적으로 절약해야 한다는 위기감으로 인해 멀리 떨어진 창고형 할인점을 이용하는 신세대가 등장하고 있다.

주부들의 사회활동 및 취업 기회가 증가함으로써 시간절약형이며 노동집약적인 가전제품 및 즉석식품, 조리식품의 수요가 증대하였으며, 가정에서 남편의 역할 변화를 가져와 지금까지는 여성들의 일이었던 시장보기, 아기보기 및 가정을 관리하는 일들이 남편들의 몫으로 넘어가고 있다.

소득의 증대에 따라 소비자의 욕구가 다양화, 고급화되어 제품의 구매시에 양보다 질에 대한 관심이 높아져서 값비싼 의류, 식당, 수입 가전제품, 고가가구 등 명품의 수요가 증대하고 있으며, 또한 자기자신을 표출하기 위한 독특한 형태의 소비성향을 보이고 있다.

제3절 시장환경에 대한 반응

1. 시장환경 변화에 대한 반응 유형

시장환경의 변화에 대해 기업은 세 가지 형태로 반응한다. 즉 어떤 일이 이루어지도록 하는 기업, 어떤 일이 일어나는가를 관찰하는 기업 그리고 일어난 일에 놀라는 기업들이 있다.

첫째, 많은 기업은 마케팅 환경을 통제불가능한 요소로 받아들여 기업은 반드시 이에 적응하고 반응해야 한다고 생각한다. 이 기업은 시장환경을 수동적으로 받아들이고, 변화시키고자 시도하지 않으며, 환경적 요인을 분석하고, 환경이 주는 위협을 피하고 기회를 잡기 위한 전략을 수립한다.

둘째, 어떤 기업은 마케팅 환경에 능동적(proactive)인 자세를 취한다. 단순히 관찰하고 대응하는 대신에 공중과 마케팅 환경요인에 영향을 미치기 위해 공격적으로 활동, 즉 환경을 개발한다. 산업에 영향을 미치는 입법에 영향력을 행사하기 위해 로비스트를 고용하고, 호의적인 매체에 노출되기 위해 매체행사를 주관한다. 또한 공중의 의견을 형성하기 위해 광고형식의 기사(advertorials)를 수행한다.

능동적으로 행동을 취함으로써 간혹 외관상 통제불가능한 환경적 사건을 극복할 수 있다. 예를 들어, 기업은 인터넷에 떠도는 많은 악평과 풍문을 통제할 수 있는 것으로 받아들이는 반면에, 다른 기업은 능동적으로 부정적인 구전을 방지하거나 이에 대응하기 위해 노력한다.

2. 마케팅 환경에 대한 능동적인 접근방법

마케팅 관리자는 여러 가지 다양하고 급격하게 변화하는 마케팅 환경을 항상 통제할 수는 없다. 그러나 마케팅 환경을 관찰하고 이에 대응해야만 한다. 예를 들어, 어떤 기업은 지리적인 인구이동, 경제적 환경, 중요한 문화적 가치관에 영향을 미치고자 하지만, 그 시도가 성공하지 못할 수도 있다. 특히 사회문화적 환경의 저변에 깊숙이 스며 있는 핵심적인 가치관은 상당히 오랫동안 지속하며 변화하지 않을 것이지만, 부분적이며 간헐적인 변화는 계속해서 일어나고 있다. 따라서 마케팅 관리자는 변화하는 사회문화적 환경의 추세를 면밀히 분석하여, 그 변화의 추세가 기업에 대해 새로운 마케팅 기회가 될 수 있음을 인식해야 하고, 그에 대한 마케팅 전략을 수립해야 한다.

결론적으로, 마케팅 환경 변화에 대해 현명한 마케팅 관리자는 소극적인 반응적인 접근방법보다도 더 능동적이며 적극적인, 즉 적응과 개발이라는 접근방법을 택해야 한다.

참고문헌

윤훈현 역, 『마케팅 관리론』, 제12판, 피어슨 에듀케이션 코리아, 2006, 8.

한국의 사회지표, 통계청, 2007.

"Decked Out," *Inside*, Spring 2006, pp. 76-77.

Jack Neff, "P&G Products to Wear Wire," *Advertising Age*, December 15, 2004, pp. 1, 32; "Gartner Says Worldwide RFID Spending to Surpass $3 Billion in 2010," *BusinessWire*, December 13, 2005; Rense Boucher, "Wal-Mart Forges Ahead with RFID," *eWeek*, March 6, 2006; Michael Garry, "Wal-Mart Expands RFID Program to Atlanta," *Supermaket News*, June 12, 2006, p. 24;and information accessed online at www.autoidlabs.org, August 2006.

Jayne O'Donnell, "Online Rumor Mill Dogs Companies," *USA Today*, October 29, 2005,

p. 3B.

Lorraine Woellert, "HP Wants Your Old PC Back," *Business Week*, April 10, 2006, pp. 82-83. For more discussion, see the "Environmentalism" section in Chapter 20.

Myra Stark, "Celestial Season," Brandweek, November 16, 1998, pp. 25-26;and Becky Ebankamp, "The Young and Righteous," *Brandweek*, April 5, 2004, p. 18.

Philip Koltler, *Kotler on Marketing* (New York: Free Press, 1999), p. 3; and Kotler, Marketing Insights from A to Z(Hoboken, NJ: John Wiley & Sons, 2003), pp. 23-24.

Philip Kotler and Gary Armstrong, *Marketing : An Introduction*, 9th ed., Prentice-Hall, 2009.

Philip Kotler and Gary Armstrong, *Principles of Marketing*, 12th ed., Prentice-Hall, 2008.

Philip Kotler and Kevin Lane Keller, *Marketing Management*, 12th ed., Prentice-Hall, 2006.

Philip Kotler and Kevin Lane Keller, *Marketing Management*, 13th ed., Prentice-Hmall, 2009.

World POPClock, U. S. Census Bureau, accessed online at www.census.gov, July 2006. This Web site provides continuously updated projections of the U. S. and world populations.

Yankelovich Monitor, see www.yankelovich.com/products/monitor.aspx.

4
chapter

마케팅 정보관리

마케팅 기업은 월등한 고객가치와 고객만족을 제공하기 위해 모든 변화에 대한 정보가 필요하다. 즉 좋은 제품과 마케팅 프로그램은 고객의 욕구에 관한 정확한 정보로 시작하며, 또한 마케팅 기업은 시장의 경쟁사, 재판매업자, 기타 이해관계자 및 다른 요인에 대한 많은 정보를 필요로 한다.

제 1 절 현대적인 마케팅 정보 시스템

시장에서의 두드러진 변화를 확인, 규명하는 중요한 책임은 마케팅 관리자에게 있다. 특히 다른 관리자보다도 마케팅 관리자는 추세를 조사하고 기회를 추구하는 담당자가 되어야 한다. 마케팅 관리자는 정보를 수집하는 기본적인 방법을 알아야 하며 또한 고객과 상호작용하고 경쟁을 관찰하는 데 많은 시간을 지출해야 한다.

1. 마케팅 의사결정과 정보에 대한 불평 및 문제점

최근 정보기술의 발전과 함께 마케팅 기업은 많은 양의 정보를 만들어내고 있다.

즉 기업은 거대한 데이터베이스를 이용하여 마케팅 의사결정을 하고 있다.

그러나 마케팅 관리자는 너무나 많은 자료를 받음으로써 그 속에서 필요한 정보를 찾는데 고전하고 있다. 즉 과잉정보의 시대 속에 파묻힘으로써 적기에 올바른 결정을 내리지 못하고 있다.

대개의 기업들은 정보 수집에서 정교함이 부족하며, 상당수 기업이 마케팅 조사부를 가지고 있지 않다. 그리고 일부 기업은 예측, 판매분석 및 간헐적 조사를 제한적으로 행하는 소규모한 마케팅 조사부를 가동하고 있다. 게다가 상당수 관리자들은 기업 내 어디에 중요한 정보가 비치되어 있는지 알지 못하고, 엄청난 정보를 수집하지만 실제로 필요한 정보는 너무 없으며, 중요한 정보를 획득하는 것이 너무 늦으며, 또한 그들이 받은 정보의 정확성에 대해 불평하고 있다.

마케팅 관리자는 너무나 많은 정보보다는 더 양호한 정보를 필요로 한다. 그리고 이미 확보된 자료를 더 효과적으로 사용하기를 원한다. 우수한 정보를 확보한 기업은 경쟁적 우위를 누릴 수 있다. 즉 시장을 더 신중하게 선택할 수 있고, 더 양호한 제공물을 개발할 수 있으며, 보다 월등한 마케팅 계획을 수립할 수 있다.

2. 마케팅 정보 시스템의 필요성과 의미

여러 가지 문제들을 해결하는데 마케팅 의사결정에 도움을 줄 수 있도록 마케팅 관리자들에게 적절한 정보를, 적절한 형태로, 적절한 시기에 제공할 수 있는 효과적인 마케팅 정보 시스템을 고안하고 있다.

마케팅 정보 시스템(marketing information system : MIS)이란 마케팅 의사결정자를 위해 적기에 정확하고도 필요한 정보를 수집, 분류, 분석, 평가 및 공급하는 구성원, 설비 및 절차로 구성된 체계이다. 〈그림 4-1〉은 마케팅 정보 시스템이 시작되어 종료되는 과정에 정보이용자(예; 마케팅 관리자, 내・외부의 동반자, 마케팅 정보를 원하는 사람 등)가 함께 참여하고 있음을 보여준다.

마케팅 정보 시스템은 기업의 내부기록, 마케팅 일상정보 활동, 마케팅 조사 등을 통해서 수집된다. 그리고 기업의 마케팅 정보 시스템은 경영자가 필요하다고 생각하는 것, 경영자들이 실제로 필요로 하는 것 그리고 경제적으로 이용 가능한 것 등이 잘 어우러진 정보를 제공해야 한다.

마케팅 정보 시스템의 첫 번째 과정은 정보욕구를 평가하기 위해 정보이용자와 상호작용한다. 그 다음으로 이 시스템은 기업 내 데이터베이스, 마케팅 일상정보 활동, 마케팅 조사에서 필요한 정보를 개발한다. 다음으로 이용자가 마케팅 관련 의사결정을 하고 고객관계를 관리하기 위해 적절한 형태로 정보를 분석할 수 있도록 도와준다. 마지막으로 마케팅 정보를 배분하여 마케팅 관리자가 의사결정에 이용할 수 있도록 도와준다.

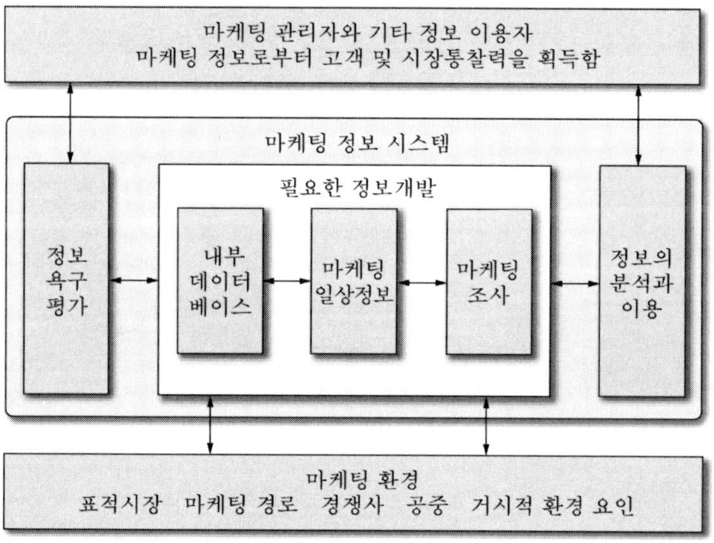

〈그림 4-1〉 마케팅 정보 시스템

제 2 절 마케팅 정보욕구의 평가

1. 마케팅 정보이용자

마케팅 정보 시스템은 마케팅 부서와 다른 부서의 관리자를 도와준다. 또한 원료공급업자, 재판매업자, 마케팅 서비스 대행사 등과 같은 외부 동반자들에게 정보를 제공할 수도 있다. 그러므로 마케팅 기업은 정보시스템을 설계할 때 이용자의 상이한 욕구를 고려해야 한다.

좋은 마케팅 정보 시스템은 정보 이용자가 확보하고자 하는 정보를 실제로 제공할 수 있는가를 분명히 밝혀야 한다. 즉 마케팅 기업은 담당관리자가 어떤 정보를 필요로 하는가를 알기 위해서 담당관리자와 면접·상의해야 한다.

2. 마케팅 정보욕구의 파악

마케팅 정보 시스템은 의사결정을 하는데 필요한 정보를 의사결정자에게 제공하기 위해 마케팅 환경을 계속 조사해야 한다.

그러나 너무나 자주 마케팅 기업은 정보를 구할 수 없거나, 마케팅 정보 시스템의 한계 때문에 필요한 정보를 제공할 수 없을 수도 있다. 예를 들어, 경쟁사의 특정 상표에 대한 광고예산 또는 실제 광고비 등에 관한 정보를 확보하는 것은 거의 불가능하다.

마케팅과 관련된 정보를 확보, 처리, 저장, 배분하기 위해서는 많은 비용이 소요된다. 따라서 마케팅 기업은 추가적인 정보를 확보함으로써 얻을 수 있는 혜택과 이점이 그 추가정보를 획득하는데 소요되는 비용만큼 가치가 있는가를 판단해야 한다. 물론 추가정보가 가치가 있는가를 판단하는 것은 용이하지 않다. 그렇게 됨으로써 정보를 획득하는 비용이 개선된 의사결정이 주는 혜택보다 더 클 수도 있다. 따라서 마케팅 관리자는 추가적인 정보가 항상 가치가 있다고 가정해서는 안 되며, 추가적인 정보탐색 비용 그리고 추가정보가 주는 혜택을 면밀하게 비교해야 한다.

제 3 절 마케팅 정보 개발

마케팅 관리자는 3가지 정보원천 즉, 내부 자료, 마케팅 일상정보, 마케팅 조사를 통해서 필요한 정보를 확보할 수 있다.

1. 내부 자료

1) 내부 자료 원천

마케팅 기업은 엄청나게 많은 내부 자료를 가지고 있는데, 내부 자료(internal database)란 기업의 네트워크에 있는 자료 원천에서 확보된 소비자, 시장정보를 전자장치를 통해 수집해 놓은 것이다. 마케팅 관리자는 마케팅 기회와 위협을 감지하고, 프로그램을 수립하고, 성과를 평가하기 위해 데이터베이스에 있는 정보에 접속하여 과업을 처리할 수 있다.

데이터베이스에 있는 정보는 〈표 4-1〉과 같이 많은 자료 원천에서 나온다. 즉 회계부서, 생산부서, 마케팅부서, 고객 서비스 부서, 판매원 등으로부터 자료를 수집하여, 마케팅 기업은 그 정보를 잘 활용하여 강력한 경쟁적 우위를 확보할 수 있다.

〈표 4-1〉 데이터베이스의 자료원천

부서	자료
회계부서	재무자료, 매출, 비용, 현금흐름
생산부서	생산일정, 선적, 재고 자료
마케팅부서	고객거래, 인구통계적 요인, 심리묘사적 요인, 구매행동정보
고객서비스 부서	고객만족과 서비스 문제점 관련 기록
판매원	재판매업자의 반응, 경쟁사 활동 관련 보고서, 유통경로상 협력업체의 구매시점 거래자료

2) 내부 자료의 장 · 단점

내부 자료는 일반적으로 외부 정보원천보다 신속하고 저렴하게 수집할 수 있는 장점이 있지만 문제점도 있다. 즉 내부 자료는 간혹 다른 목적으로 수집하기 때문에 의사결정을 하기에 불완전하거나 잘못된 결과를 초래할 수도 있다.

또한 내부 자료는 쉽게 진부해지기 때문에 데이터베이스를 최신으로 유지하기 위해서는 많은 노력이 필요하다. 또한 모든 관리자들이 쉽게 정보를 발견하고 효과적으로 이용할 수 있도록 잘 통합되고 쉽게 접근할 수 있는 정보 시스템을 구축해야 한다. 이에 추가하여 많은 자료를 관리하기 위해서는 최신의 장비와 기술이 준비되어야 한다.

2. 마케팅 일상정보

1) 마케팅 일상정보의 의미와 원천

마케팅 일상정보(marketing intelligence)란 경쟁사와 시장에 대한 일일의 전개상황에 관해 공개적으로 수집할 수 있는 정보를 체계적으로 수집하고 분석하는 것으로서, 그 목적은 전략적 의사결정을 개선하고, 경쟁사 활동을 추적, 조사하고, 기회와 위협에 관한 조기경보를 제공하는 것이다.

마케팅 기업들이 경쟁사 정보를 상세하게 수집·조사함에 따라 경쟁적인 일상정보에 관한 자료수집이 증가하고 있다. 이에 따라 마케팅 기업은 종업원을 통해서, 경쟁사 제품을 벤치마킹하는 것, 인터넷 탐색, 업계 전시회에의 참석, 경쟁사의 휴지통을 검색하는 것 등에 이르기까지 다양한 정보원천에서 일상정보를 수집한다.

또한 일상정보는 기업 내부사람(관리자, 엔지니어와 과학자, 구매대리인, 판매원 등), 그리고 원료공급업자, 재판매업자, 고객으로부터 수집할 수 있다. 특히 경쟁사를 관찰하거나 이에 관한 공개적인 정보를 수집함으로써 좋은 자료를 확보할 수 있다. 즉 경쟁사 제품을 구매하거나 분석할 수 있고, 판매를 추적 조사하고, 새로운 특허를 점검하며, 다양한 형태의 증거를 분석할 수 있다.

어떤 기업은 경쟁사가 법적으로 처분한 자산을 면밀하게 조사할 수도 있는데, 그 방법 중의 하나가 쓰레기를 뒤져 경쟁사의 행적을 간파할 수 있다.

마케팅 기업은 연말 결산보고서, 기업 간행물, 연계 전시회에 출품한 전시물, 보도자료, 광고, 웹페이지를 통해서 일상 정보를 공개한다. 특히 인터넷은 경쟁사가 제공하는 방대한 새로운 정보원천이 되고 있다. 즉 인터넷 검색엔진을 통해서 마케팅 관리자는 구체적인 경쟁사 이름, 행사, 추세 등을 탐색할 수 있고, 경쟁사의 성과도 확인할 수 있다. 더 나아가 기업은 웹사이트에 방대한 양의 정보를 올려놓고 고객, 동업자, 공급업자, 투자자, 프랜차이즈 계약자 등을 끌어들이기 위한 세부 자료를 제공한다. 또한 웹사이트는 경쟁사의 전략, 시장, 신제품, 시설, 기타 사건과 행사 등의 유용한 정보를 제공한다.

간혹 마케팅 기업은 경쟁사의 신입사원 채용광고를 통해서도 정보를 획득할 수 있다. 즉 신입사원 채용광고를 통해 새로운 사업이 시작되는지 그리고 새로운 지역에의 진출 등에 관한 정보를 간파할 수 있다.

2) 일상정보 게임과 윤리적 문제

일상정보를 탐색하는 사람은 수많은 온라인 데이터베이스에서 자료를 수집할 수 있는데, 무료나 또는 유료로 가능하다. 그러나 여기에서 문제가 되는 것은 기업들의 일상정보 게임이 존재한다는 사실이다. 즉 일상정보 게임이란 경쟁사는 필사적으로 마케팅 일상정보를 수집하려고 하는 반면에, 마케팅 기업은 자신의 정보를 보호하려고 한다는 것이다. 즉 경쟁사에게는 자사의 정보를 보호하는 방법을 강구하고 있다는 것이다.

그러나 이러한 일상정보 게임으로 인해 여러 가지 윤리적인 문제가 야기되고 있다. 앞에서 제시한 여러 가지 기술들이 합법적이기는 하지만, 어떤 기술은 교활하게 경쟁적이기도 하고, 또 다른 것은 윤리적으로 문제가 될 수도 있다.

따라서 마케팅 기업은 공개적으로 수집이 가능한 정보를 이용해야 한다. 즉 합법적으로 확보가 가능한 일상정보를 정보원천으로 이용할 수 있는 역량과 윤리강령을 지켜야 한다.

제4절 마케팅 조사

1. 마케팅 조사의 의미와 과정

마케팅 관리자는 경쟁사와 시장(소비자)에 대한 일반적인 정보에 추가하여 특정한 상황에 대한 공식적인 조사를 필요로 한다. 예를 들어, Hite 맥주에 대한 광고의 경우, 스포츠 뉴스나 야구나 축구경기 중계시 광고에서 어떤 소구방법이 가장 효과적인가를 알고자 한다. 삼성전자나 LG전자는 얼마나 많은 사람들이 그리고 어떤 사람들이 52인치 이상의 대형 LCD TV를 구매할 것인가를 알고자 한다. 이 경우 마케팅 일상정보는 필요한 정보를 상세하게 제공하지 못하므로, 마케팅 관리자는 마케팅 조사를 해야 한다.

마케팅 조사(marketing research)란 조직이 직면하고 있는 특정한 마케팅 상황과 관련된 자료를 체계적인 설계, 수집, 분석, 보고와 관련된 활동이다. 마케팅 기업은 다양한 상황에서 마케팅 조사를 활용하는데, 예를 들어, 마케팅 조사는 마케팅 관리자가 고객만족과 구매행동을 이해하는 것을 도와주며, 시장잠재력과 시장점유율을 평가하고, 가격, 제품, 유통경로, 촉진활동의 효과성을 진단하는 것을 도와준다.

대기업은 거의 마케팅 조사부서를 갖추고 있는데, 마케팅 조사부서는 마케팅 관리자와 협력하여 마케팅 조사 프로젝트를 수행한다. 그러나 중소기업은 외부의 조사전문가(마케팅 조사 서비스기업)에게 의뢰하여 특정한 마케팅 문제점에 대해 자문을 받는다. 간혹 마케팅 기업은 의사결정에 도움을 받기 위해 외부의 조사기업이 수집한 자료를 구입하기도 한다. 예를 들어, 의류 제조업체들은 제일기획이 조사한 라이프스타일 자료를 구입하여 이용하기도 한다.

마케팅 조사과정은 〈그림 4-2〉와 같이 문제와 조사목적의 정의, 조사계획의 수립, 조사계획의 실행, 결과의 해석과 보고서 작성의 4단계로 되어 있다.

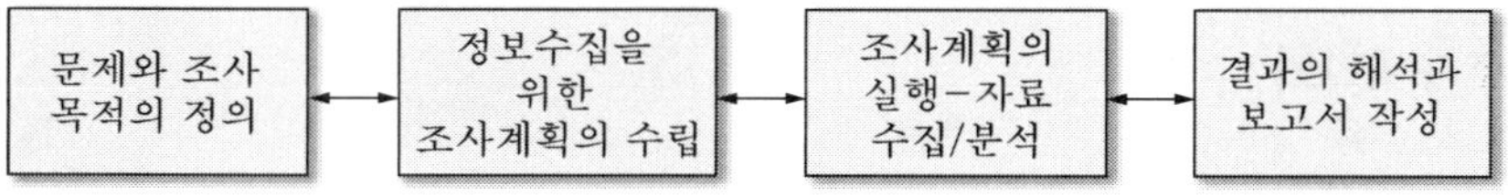

〈그림 4-2〉 마케팅 조사과정

2. 문제와 조사목적의 정의

마케팅 관리자와 조사자는 문제를 정의하고 조사목적을 공유하기 위해 협력해야 한다. 관리자는 의사결정에 필요한 정보가 무엇인가를 잘 알고 있는 반면에 조사자는 마케팅 조사와 정보를 수집하는 방법을 잘 알고 있으므로, 서로 협력해야 한다.

그러나 문제와 조사목적을 정의하는 것이 조사과정에서 가장 어려운 단계라는 사실에 주의해야 한다. 즉 문제를 정확하게 파악해야만 조사목적이 정해지기 때문이며, 두 가지가 명확하게 정해져야만 효과적인 조사가 될 수 있다.

마케팅 관리자가 조사문제와 조사목적을 정의하는데, 마케팅 조사목적에 따라 마케팅 조사 프로젝트는 3가지 유형으로 행해진다.

첫째, 탐색적 조사(exploratory research)의 목적은 문제를 정의하고, 가설을 세우는데 도움이 되는 기초자료를 수집하는 것이다.

둘째, 기술적 조사(descriptive research)의 목적은 제품의 시장가능성, 제품을 구입하는 소비자의 인구통계적 특성과 태도와 같은 사실 등 빈도를 조사하는 것이다.

셋째, 인과관계적 조사(casual research)의 목적은 인과관계에 관한 가설을 검증하는 것으로서, 예를 들어, 사립대학에서 등록금을 인상하지 않는다면 등록률이 얼마나 증가되며, 또한 부족한 자금을 보전할 수 있는가를 검증할 수 있다.

일반적으로 마케팅 관리자는 탐색조사를 먼저 하고, 그 결과를 토대로 기술조사나 인과조사를 한다.

문제와 조사목적에 대한 정의는 조사 과정의 지침이 되므로, 마케팅 관리자와 조사자는 조사목적과 기대되는 결과를 문서로 작성해야 하며, 그 문서에 대해 상위자의 승인을 득해야 한다.

3. 조사계획의 수립

조사문제와 조사목적에서 제시된 지침에 따라 조사자는 필요한 정보를 정확하게 결정하고, 이를 효율적으로 수집하기 위한 계획을 개발, 수립하여 관리자에게 제시해야 한다. 즉 조사계획은 기존자료의 정보원천을 요약하고, 새로운 자료를 수집하기 위해 사용될 조사방법, 응답자 접촉방법, 표본계획, 자료수집 수단 등을 포함한다.

조사계획서는 제안서 형태로 제시되는데, 제안서는 조사프로젝트의 규모가 크고, 복잡할 때 또는 외부서비스 기업이 수행할 때 특히 중요하다. 그 제안서에는 경영상의 문제점, 조사목적과 수집할 정보, 조사결과가 관리자의 의사결정에 도움이 되는 주요내용 등이 포함되며 또한 조사비용이 기술된다.

관리자의 정보욕구를 충족시키기 위해 조사계획은 1차 자료, 2차 자료, 또는 두 자료 모두의 수집이 포함된다. 2차 자료(secondary data)는 다른 목적으로 이미 수집된 것으로서 어디엔가 존재하는 정보이며, 1차 자료(primary data)는 당면한 특정한 목적을 위해 수집되는 정보이다.

4. 2차 자료 수집

일반적으로 조사자는 2차 자료의 수집으로 조사를 시작한다. 기업의 내부자료가 좋은 출발점이지만, 상업적인 자료 서비스 기관과 정부기관을 포함한 여러 외부 정보원천으로부터 수집할 수 있다.

마케팅 기업은 외부의 서비스대행사로부터 2차 자료 보고서를 수집할 수 있다. 예를 들어, 식료품 제조업체는 A. C. Nielsen사로부터 자료를 구입한다. 또한 제일기획 등 광고대행사들이 2차 자료를 판매하므로, 마케팅 기업은 관련되는 자료를 구입할 수 있다.

마케팅 조사자는 상업적인 온라인 데이터베이스(online database)를 이용하여 2차 자료를 수집한다. 유료형식으로 정보를 제공하는 상업적인 웹사이트 외에도 거의 모든 업계협회, 정부산하기관, 기업 간행물, 뉴스매체는 웹사이트를 탐색하는 이용자에게 무료로 자료를 제공한다. 물론 너무나 많은 웹사이트가 너무나 많은 자료를 제공하기 때문에 적절한 자료를 발견하는 것이 부담이 될 수도 있다.

2차 자료는 1차 자료보다 더 빨리, 저렴한 비용으로 수집할 수 있으며, 2차 자료 정보원천은 개별기업이 자체적으로 수집할 수 없는 정보를 제공할 수도 있다.

그러나 2차 자료는 문제점이 있다. 필요한 정보가 없을 수도 있는데, 조사자가 2차 자료를 통해서 원하는 모든 자료를 확보할 수 없기 때문이다. 설령 2차 자료가 있다고 하더라도 사용가치가 없을 수도 있다. 즉 조사자는 2차 자료에 대해 적합성(조사 프로젝트의 욕구에 맞는가), 정확성(신뢰성 있게 수집되었는가), 최신성(현재의 의사결정에 적합한 최신의 정보인가), 왜곡성(객관적으로 수집, 보고되어 왜곡되지 않았는가) 등을 확인하여 평가해야 한다.

5. 1차 자료 수집

2차 자료는 조사의 출발점이 되며 또한 조사문제와 조사목적을 정의하는데 도움을 준다. 그러나 기업은 대부분 1차 자료를 수집하는데 2차 자료보다 더 세심한 주의가 필요하다. 〈표 4-2〉는 1차 자료를 수집하기 위한 계획을 설계하는 것으로서, 조사방법, 접촉방법, 표본계획, 조사수단 등 여러 가지 결정을 해야 한다.

〈표 4-2〉 1차 자료 수집계획

조사방법	접촉방법	표본계획	조사수단
관찰조사 설문조사 실험조사	우편 전화 대인면접 온라인	표본추출 단위 표본의 크기 표본추출 절차	설문지 기계적 도구

1) 조사방법

1차 자료를 수집하기 위한 조사방법에는 관찰조사, 설문조사, 실험조사 등이 있다.

(1) 관찰조사

관찰조사(observational research)는 적절한 사람, 행동, 상황 등을 관찰하여 1차 자료를 수집하는 것으로서, 예를 들어, 주유소는 지역의 교통량, 동네 여건, 경쟁사 주유소의 위치 등을 확인함으로써 새로운 지점의 가능한 위치를 평가할 수 있다.

조사자는 고객과의 대화나 설문조사 등으로는 획득할 수 없는 객관적인 자료를 얻기 위해 소비자의 행동을 관찰하기도 한다. 예를 들어, 여러 개의 비슷한 제품을 소비자들에게 제공하고, 그들의 행동을 관찰할 수 있다. 또는 소비자가 그 제품을 사용하는 방법 등을 관찰함으로써 그 제품에 대해 개선해야 할 부분을 간파할 수 있다.

관찰조사는 사람들이 제공하지 않으려고 하는 정보 또는 제공할 수 없는 정보를 수집할 수 있는 방법이다. 그러나 감정, 태도, 동기 또는 사적 행동과 같이 관찰할 수 없는 것도 있으며 또한 오랫만에 발생하거나, 장기간 동안에 이루어지는 행동은 관찰하기가 용이하지 않다. 이러한 한계 때문에, 조사자는 다른 자료수집 방법과 함께 관찰조사를 사용하기도 한다.

관찰조사의 또 다른 방법으로서, 민족지학적 조사(ethnographic research)가 있다. 이 방법은 잘 훈련된 관찰전문가가 고객들이 사는 거주지에 가서 같이 생활하면서 고객을 관찰하고 상호작용함으로써 고객을 장기간 동안 관찰하는 방법이다.

민족지학적 조사는 일반적으로 설문조사나 표적집단 면접에서 파악하기 어려운 상세한 정보를 제공한다. 즉 이 조사방법의 장점은 전통적인 조사보다 소비자에 대해 폭넓게 이해하도록 도움을 주며 또한 사람들이 살고, 일하는 곳에 밀착되어 관찰함으로써 소비자들의 분명히 나타나지 않았던 욕구에 초점을 맞출 수 있다는 것이다.

(2) 설문조사

설문조사(survey research)는 1차 자료를 수집하는데 가장 많이 이용되는 수단으로서, 기술적인 정보(descriptive information : 설명적인 정보)를 수집하는데 적합한 방법이다. 즉 사람들의 앎의 정도, 태도, 선호성, 구매행동을 파악하고자 하는 기업은 대상자(피조사자)에게 직접 질문하여 필요한 정보를 획득할 수 있다.

설문조사의 최상의 장점은 다양한 상황에서 다양한 정보를 획득하기 위해 사용될 수 있는 유연성이 있다는 것이다. 그러나 설문조사는 많은 문제점을 갖고 있다. 즉 사람들은 기억할 수 없거나 전혀 생각해 본 적이 없기 때문에 질문에 답을 할 수 없는 경우도 있다. 사람들은 잘 모르는 조사자의 질문에 대해 대답하기를 꺼려할 수도 있고, 개인적적인 질문에 응답하기를 거절할 수도 있다. 어떤 응답자는 현명하고 지식이 있는 것처럼 보이기 위해 잘 모르는 것을 대답할 수도 있다. 면접조사가를 도와주기 위해 조사자가 원하는 답을 할 수도 있다. 마지막으로, 바쁜 사람은 시간을 허락하지 않거나, 사생활이 침해당하는 것을 불쾌하게 생각할 수도 있다.

(3) 실험조사

실험조사(experiment research)는 인과관계적 조사에 가장 적합한 방법으로서, 참가자를 특성에 맞는 각 집단(통제집단 또는 실험집단)에 할당한 다음, 각 집단별로 다른 조치(treatment)를 제공하고, 관계가 없는 요인(외생변수)을 통제하면서 집단별 반응의 차이를 조사하는 것이다.

즉 실험조사는 원인과 결과의 관계를 설명하고자 하는 것인데, 결과에 직접 영향을 주는 원인을 파악하는 것이므로, 결과에 영향을 줄 수 있는 기타 변수를 통제하는 것이 문제가 될 수 있다는 사실에 주의해야 한다.

예를 들어, 특정 제품의 가격을 인하하는 것이 수요를 증가시키는가를 조사하기 위해서 이 조사방법이 이용되는데 수요가 가격 이외의 다른 변수에 의해서 변화될 수 있으므로, 다른 변수 즉 외생변수를 통제한 상황에서 가격변화에 대한 수요를 파악하여 가격인하 전략을 검토할 수 있다.

2) 접촉방법

정보는 우편, 전화, 대인면접, 온라인 등으로 수집될 수 있는데, 각 방법의 장·단점은 〈표 4-3〉과 같다.

〈표 4-3〉 접촉방법의 장점과 단점

	우편	전화	대인면접	온라인
유연성	나쁨	좋음	매우 좋음	좋음
모을 수 있는 자료의 양	좋음	적당	매우 좋음	좋음
면접자 영향력의 통제	매우 좋음	적당	나쁨	적당
표본의 통제	적당	매우 좋음	좋음	매우 좋음
자료 수집의 신속성	나쁨	매우 좋음	좋음	매우 좋음
응답률	적당	좋음	좋음	좋음
비용	좋음	적당	좋음	매우 좋음

자료원: Donald S. Tull and Del I. Hawkins, *Marketing Research : Measurement and Method*, 7th ed. (New York: Macmillan Publishing Company, 1993).

(1) 우편

우편을 이용한 설문지(mail questionaire)는 체계화된 설문지를 우편으로 보내어 응답자의 답변을 획득하는 방법이다. 이 방법은 응답자당 적은 비용으로 많은 양의 정보를 수집하기 위해 사용되며, 또한 잘 모르는 면접자와 그리고 개인적으로 또는 전화로 대답하는 것보다 개인적인 질문에 더 정직하게 대답할 수 있는 장점이 있다.

그러나 우편설문지는 모든 응답자가 체계화된 순서에 따라 질문에 답을 해야 하기 때문에 유연성이 떨어지며, 자료를 수집하는데 많은 시간이 소요되며, 응답률(완성된 설문지를 보낸 사람의 비율)이 낮은 경향이 있다. 또한 조사자는 설문지 응답자를 거의 통제할 수가 없다. 즉 올바른 주소에 도달되었다고 해도 누가 설문지에 응답했는가를 통제할 수가 없다.

(2) 전화면접

전화를 이용하여 체계화된 간단한 설문지에 대한 응답을 수집하는 방법이다. 정보를 빨리 수집할 필요가 있을 때 가장 좋은 방법이며, 우편설문지보다 더 유연성이 높은 방법이다. 이 방법은 어려운 질문에 대해 설명을 해줄 수 있고, 응답자의 응답에 따라서 질문을 생략하거나, 다른 것을 질문하거나 질문의 순서를 바꿀 수도 있다.

응답률은 우편설문지보다 높은 경향이 있고, 면접자(조사자)는 원하는 특징을 가진 응답자와 통화하고 싶다고 요청할 수 있으며, 또는 이름을 확인하고 질문할 수도 있다.

그러나 전화면접은 응답자당 비용이 우편질문보다 높다. 또한 면접자와 개인적인 문제를 논의하고 싶지 않을 때 응답하지 않을 수도 있다. 이 방법은 면접자에 대한 편견이 작용할 수 있는데, 면접자의 말하는 방식, 질문하는 방식 또는 면접자 그 자체 등의 차이점이 응답자에게 영향을 미칠 수도 있다.

(3) 대인면접

대인면접(personal interview)이란 면접자가 피면접자와 직접 대면하여 조사하는 방법으로 체계화된 질문지가 이용된다. 이 방법에는 개인면접과 집단면접의 2가지가 있다.

첫째, 개인면접은 집, 직장, 길, 쇼핑센터와 같은 곳에서 사람과 만나 이야기를 나누는 것이다. 이 면접은 매우 유연하게 행해질 수 있는데, 훈련된 면접자는 어려운 질문 그리고 특별한 상황에 대한 문제 등에 맞도록 면접을 할 수 있다. 면접자는 응답자에게 실제 제품, 광고, 포장 등을 보여주고, 행동과 반응을 관찰할 수 있다. 그러나 개인면접은 전화면접보다 3~4배의 많은 비용과 시간이 소요된다.

둘째, 집단면접(group interview)은 훈련된 사회자(moderator)가 6~10명의 사람을 초청하여 제품, 서비스 또는 기업에 관해 이야기를 나누는 것이다. 참가자는 참석의 대가로 약간의 사례비를 받는다. 사회자는 자유롭고 편안한 토론이 되도록 분위기를 조성하는데, 집단 구성원이 상호작용에 의해 그들의 감정과 생각을 이끌어내기 위해서이다. 동시에 사회자는 토론의 초점에 맞추어 진행하므로, 표적집단 면접(FGI

: focus group interviewing)이라고 한다.

조사자와 마케팅 관리자는 한쪽 방향에서만 보이는 거울(one-way mirror)을 통해 표적집단 면접이 진행되는 것을 관찰할 수 있으며, 진행되는 대화내용은 문서나 비디오로 기록하여 추후 연구에 사용하고 의견을 모을 수가 있다. 오늘날 표적집단 조사자는 화상회의나 인터넷 기술을 이용하여 멀리 떨어진 곳에 있는 마케팅 관리자를 표적집단 면접현장과 연결시킬 수 있다.

표적집단 면접은 소비자의 생각과 느낌에 대한 통찰력을 얻을 수 있는 중요한 마케팅 조사의 하나가 되고 있는데, 주로 탐색조사에 이용된다. 그러나 여러 가지 문제점도 있다. 시간과 비용을 절약하기 위해 소수의 표본을 이용하므로, 조사결과를 일반화하기가 어렵다. 또한 면접에 참가하는 소비자가 다른 사람들 앞에서 개방적이거나 솔직하지 않을 수가 있으므로, 실제 행동이나 의도를 파악하는데 장애가 되기도 한다.

표적집단 면접이 탐색단계에서 광범위하게 사용되고 있지만, 문제점이 있으므로 표적집단 면접을 위한 설계시 주의를 기울여야 한다. 즉 조사의 대상에 관여하고 몰두하고 있는 집단을 이용하는 것이 풍부한 조사결과를 얻을 수 있다. 또 다른 대책으로서, 표적집단 면접을 진행하는 분위기 등 환경을 바꾸는 것이다. 즉 소비자가 더 편안하게 느끼고 더 솔직한 응답을 할 수 있도록 제품과 더 관련성이 있는 환경을 만들어 주어야 한다. 예를 들어, 음식조리 제품에 대한 표적집단 면접은 주방환경에서 진행하고, 가구제품 면접은 응접실 환경에서 이루어지도록 하는 것이다. 응접실, 놀이터, 바, 법정에 이르기까지 실제와 유사한 환경을 갖추는 것이다.

(4) 온라인 마케팅 조사

커뮤니케이션 기술의 발전 즉 인터넷의 발전은 마케팅 조사에서도 최신의 접촉방법을 탄생시키고 있다. 즉 마케팅 조사자는 인터넷 설문조사, 온라인 패널, 온라인 실험, 온라인 표적집단 면접 등과 같은 온라인 마케팅 조사를 통해 1차 자료를 수집한다. 미국의 경우, 2006년에 기업은 마케팅 조사비의 30%를 온라인 조사에 지출하였으며, 이에 따라 온라인이 가장 많이 이용되는 자료수집 방법이 되고 있다.

온라인 조사에는 여러 형태가 있다.

첫째, 기업의 웹사이트에 설문지를 올려놓고 이것에 응답할 경우 응답자에게 인센티브를 제공한다.

둘째, 전자우편, 웹 링크나 웹 팝업을 이용하여 사람들이 질문에 응답하고 이에 상응한 사례비를 받을 수 있다.

셋째, 기업은 이야기방(chat room)을 후원하면서 질문을 올리거나 토론 또는 집단면접을 하기도 한다.

넷째, 기업은 이용자가 웹사이트를 방문하고, 다른 사이트로 이동하는 클릭의 흐름을 추적함으로써 온라인 소비자의 행동을 파악할 수 있다.

다섯째, 기업은 여러 웹사이트에서 서로 다른 가격을 실험하거나, 다른 광고의 헤드라인을 올려놓거나, 다른 제품 기능을 제공하거나, 같은 제안을 다른 시기에 올려놓음으로써 이들의 효과를 비교할 수 있다.

마지막으로 신제품 개념을 검증하기 위해 실험용 기구를 웹사이트에 설치할 수도 있다.

웹 설문조사는 일반적인 설문조사나 집단면접에 비해 여러 가지 이점이 있다. 즉 빠른 속도와 저렴한 비용이 가장 큰 장점이다. 온라인 표적집단 면접도 사전에 일정 계획이 필요하지만, 일단 수행되면 그 결과는 즉시 획득될 수 있다.

인터넷 조사는 비용이 저렴하다. 참가자는 세계 어느 곳에서든지 여행비, 숙박비, 설치비용 없이 표적집단에 접속할 수 있다. 인터넷 설문조사는 우편요금, 전화비, 인건비, 인쇄비 등의 비용을 절감할 수 있는데, 우편, 전화, 개인면접 비용의 10~20% 정도밖에 소요되지 않는다. 더 나아가 표본의 크기도 비용에 거의 영향을 미치지 않는다.

또한 온라인 설문조사와 표적집단은 접촉하기 어려운 10대, 독신, 부유층에도 접촉할 수 있다. 또한 자신만의 공간과 편리한 시간에 응답할 수 있으므로 항상 바쁜 취업주부와도 접촉할 수 있다. 즉 인터넷은 다양한 영역에 있는 사람을 조사하는데 적합하므로 고소득층까지도 조사할 수 있다.

그러나 인터넷을 이용하여 마케팅 조사를 하는 것은 몇 가지 단점이 있다.

첫째, 다양한 층으로 구성된 사회에서 인터넷을 사용하는 사람이 제한되어 있으므로, 다양한 사람들과 접촉할 수 없다.

둘째, 누구를 표본에 포함시키는가를 통제할 수가 없는데, 그 이유는 응답자를 확인하기 전에는 그들이 누구인가를 알기가 어렵기 때문이다.

셋째, 인터넷 설문조사는 개인적인 접촉방법에서 얻을 수 있는 움직임을 간파할 수가 없다. 온라인 조사에서는 다른 조사방법에서 활용되는 눈맞춤, 신체에 의한 비언어적 전달, 개인적인 상호작용 등을 활용할 수가 없기 때문이다.

넷째, 인터넷의 응답형태는 응답자의 표현을 제한시킨다. 즉 인터넷의 비대면적 특성은 과도한 집단압력에서 응답자를 보호해 주지만, 이들이 서로 상호작용하면서 어떤 개념에 흥분되는 것을 억제하기도 한다.

상기와 같은 표본추출과 응답의 문제를 해결하기 위해 온라인 조사기업은 미리 가입한 공동체와 응답자 패널을 이용한다.

온라인 조사에서 온라인 조사자가 직면하는 가장 논쟁적인 문제는 소비자의 사생활에서 관한 것이다. 즉 비윤리적인 조사자는 조사가 완료된 후, 제품을 판매하기 위해 설문지를 통해 수집된 전자우편 주소나 개인적인 응답을 이용할 수가 있다. 또한 온라인 조사자는 전자 에이전트(spanbot 또는 trojans) 등이 응답자의 동의를 득하지 않고 개인정보를 수집하고 활용할 수 있다는 것을 염려한다. 이러한 사생활 침해의 문제를 해결하지 못하면, 소비자는 화를 내며, 조사에 협조하지 않을 것이며, 정부로 하여금 소비자를 보호하는 데 개입하도록 한다.

3) 표본계획

마케팅 조사자는 일반적으로 전체 소비자 모집단에서 추출된 적은 수의 표본을 조사, 연구하여 대규모한 소비자 집단에 대한 결론을 도출한다.

표본(sample)은 전체 모집단을 대표할 수 있도록 조사자가 설정한 세분집단이다. 이상적인 표본은 조사자가 규모가 큰 모집단 구성원의 생각과 행동을 정확하게 측정할 수 있도록 모집단을 대표할 수 있어야 한다.

(1) 표본설계시 필요한 의사결정

마케팅 조사자는 표본설계시 3가지 의사결정을 해야 한다.

첫째, 누가 조사될 것인가(표본추출 단위 결정)로서, 이에 대한 답은 항상 명확하지 않을 수 있다. 예를 들어, 어린이용 자전거를 구입하는 의사결정 시, 어머니, 아버지, 어린이 또는 자전거 판매원 중 누구와 면접해야 하느냐에 따라 정보내용이 상이할 수 있다. 조사자는 어떤 정보가 필요하고, 누가 정보를 가지고 있는가를 결정해야 한다.

둘째, 얼마나 많은 사람을 조사할 것인가(표본의 크기 결정)로서, 표본의 크기가 클수록 크기가 작은 표본보다 신뢰할 수 있는 결과를 얻을 수 있다. 그러나 표본의 크기가 커지면 비용이 더 많이 소요된다. 따라서 신뢰할 수 있는 결과를 얻기 위해 항상 전체시장(표적시장)의 상당 부분을 표본으로 선정할 필요는 없다. 즉 표본이 잘 선정된다면, 모집단의 1% 미만의 표본으로도 신뢰성이 높은 결과를 얻을 수 있다.

셋째, 표본을 어떻게 선정할 것인가(표본추출방법 결정)로서 〈표 4-4〉와 같이 다양한 방법이 있다.

(2) 표본추출방법

〈표 4-4〉와 같이 표본추출방법은 크게 2가지로 분류된다.

〈표 4-4〉 표본추출방법

확률적 표본	
단순무작위 표본	모집단의 모든 구성원이 추출될 확률이 열려져 있고 동등함
층화무작위 표본	모집단을 상호 배타적인(가령, 나이에 따라 나눔) 집단으로 나누고, 각 집단에서 무작위로 표본을 추출함
군집(지역)표본	모집단을 상호 배타적인(블록과 같은) 집단으로 나누고, 그 중에서 조사자가 인터뷰를 위한 집단을 추출함
비확률적 표본	
편의표본	조사자는 정보를 얻기 가장 편리한 구성원을 모집단에서 선정
판단표본	조사자의 판단에 따라 정확한 정보를 줄 것으로 예상되는 모집단 구성원을 조사 대상으로 선정함
할당표본	조사자가 응답자 범주별로 미리 정해진 수의 사람을 추출하여 면접함

첫째, 확률적 표본(probability samples)은 모집단에 속한 모든 사람들이 표본에 포함될 확률이 알려져 있고, 조사자는 표본오차의 신뢰도 수준을 계산할 수 있다. 그러나 이 방법은 비용이 많이 소요되고 많은 시간이 걸린다.

둘째, 비확률적 표본(nonprobability samples)은 표본오차를 계산하지 않은 방법으로 자주 사용되는 추출방법이다. 표본을 추출하는 방법에 따라 비용이 달라지고 정확성과 통계적 특성이 달라지므로, 조사 프로젝트에 따라 최상의 표본추출방법을 이용해야 한다.

4) 조사수단

조사자는 1차 자료를 수집할 때 두 가지 조사수단, 즉 설문지와 기계장치 중에서 선택할 수 있다.

설문지는 가장 많이 사용되는 조사수단으로서, 대면접촉, 전화 또는 온라인으로 진행된다.

설문지는 다양한 방법으로 질문할 수 있으므로 융통성이 있는데, 2가지 유형이 있다.

첫째, 선택형(closed-end) 설문지는 모든 가능한 응답을 제시하고, 응답자는 제시된 응답 중에서 하나를 선택하는 질문유형이다. 예 또는 아니오, 4가지 응답 중에서 하나를 선택하거나, 5점 척도, 6점 척도, 7점 척도 등이 있다. 이미 응답이 제시기되어 있으므로, 결과를 표로 제시하고, 해석하기 쉬운 질문을 할 수 있다.

둘째, 개방형(open-end) 설문지는 응답자가 원하는 방식으로 응답할 수 있다. 이 유형은 자유롭게 응답할 수 있으므로 조사자는 선택형 질문보다 더 많은 정보를 얻을 수 있다. 따라서 개방형 질문은 탐색적 조사에서 특히 유용하게 사용될 수 있는데, 그 이유는 빈도 등을 파악하는 것이 아니고, 사람들이 어떤 생각을 하고 있는가를 판단하려고 할 때 유용하기 때문이다.

설문지의 경우, 조사자는 질문의 단어(wording)와 순서에 주의를 기울여야 한다. 즉 단순하고 직설적이며 왜곡되지 않는 단어로 표현되어야 한다. 그리고 질문을 체계적인 순서로 배치해야 한다. 가능하다면 처음의 질문은 응답자의 관심을 유도할 수 있어야 한다. 응답자의 답변이 방어적이 되지 않도록 하기 위해서 어렵고 개인적인 문제의 질문은 마지막에 해야 한다. 질문의 단어표현이 잘못되거나, 순서가 잘못된 부주의한 설문지는 거의 오류를 범하게 된다.

따라서 조사자는 설문지를 만든 후 예비조사(사전조사)를 하여 상기의 문제가 일어나지 않도록 한 후 본조사를 해야 한다.

기계장치는 소비자 행동에 관한 자료를 수집하는 방식이다. 예를 들어, 시청률을 조사하기 위한 피플 미터(people meter)를 이용하거나, 응답자의 신체적인 반응을 측정하기 위해 눈 카메라, 인간 인식기술 등이 이용되고 있다.

6. 조사계획의 실행

조사자는 수립된 조사계획에 따라 조사를 실행해야 한다. 이 과정은 자료를 수집하고, 처리하고, 분석하는 것이 포함된다.

자료의 수집은 조사기업의 요원이나 외부기업이 행한다. 마케팅 조사과정 중 자료수집 단계는 가장 비용이 많이 소요되고, 오류가 발생할 가능성이 가장 크다. 따라서 조사자는 계획이 올바르게 진행될 수 있도록 그 과정을 치밀하게 관찰해야 한다. 조사자는 응답자를 접촉하는 과정에서 발생하는 문제점, 즉 응답자의 비협조, 응답자의 왜곡된 응답, 면접자의 실수, 면접자의 면접 간소화 행동 등과 같은 문제점에 대한 대책을 수립해야 한다.

조사자는 수집된 자료를 처리하고 분석해야 하는데, 자료의 정확성과 완성도를 확인하고, 분석을 위한 코딩작업을 한다. 그 다음으로 결과를 도표화하고 통계적인 측정치를 계산한다.

7. 결과의 해석과 보고서 작성

조사자는 결과를 해석하고, 결론을 도출하며, 결과를 관리자에게 보고한다. 보고시, 조사자는 숫자와 멋져 보이는 통계기법으로 관리자를 압도하려고 해서는 안 된다는 사실을 명심해야 한다. 즉 관리자가 의사결정을 하는데 도움이 되는 핵심적인 발견사항을 보고해야 한다.

그러나 조사결과의 해석이 조사자에게만 맡겨져서는 안 된다. 그 이유는 조사자는 조사설계와 통계전문가이지만, 마케팅 전문가는 아니며, 마케팅 문제에 대한 의사결정은 마케팅 관리자가 하기 때문이다. 그리고 마케팅 관리자가 조사자의 잘못된 해석을 아무 생각 없이 받아들인다면, 훌륭한 조사도 의미가 없으며, 또한 마케팅 관리자는 조사결과에 대해 편견을 가질 수도 있다. 또한 마케팅 관리자는 기대하였던 것을 보여주는 조사결과는 받아들이고, 기대하지 않았거나 원하지 않은 결과는 거부하는 경향이 있다.

결과적으로, 마케팅 관리자와 조사자는 조사결과를 해석할 때 서로 긴밀하게 협조하고 조사과정과 그와 관련되는 의사결정에 대한 책임을 공유해야 한다.

제 5 절 마케팅 정보 분석, 배포 및 사용

마케팅 관리자는 마케팅 의사결정을 하는데 도움을 얻기 위해 외부자료, 마케팅 일상정보 및 마케팅 조사에서 수집된 정보를 더 상세하게 분석한다. 이러한 분석에는 자료에 있는 변수들 간의 관계를 더 정확하게 파악하기 위한 정교한 통계분석이 포함되는데, 자료의 평균값, 표준편차보다 더 많은 의미를 찾아내고, 시장 그리고 마케팅 활동과 그 결과에 대한 해답을 찾아낼 수 있다.

마케팅 관리자는 양호한 의사결정을 하기 위해 분석적 모델을 이용할 수 있다. 분석적 모델을 이용하여 더 효과적인 마케팅 믹스, 판매지역과 판매방문의 설계, 소매점의 위치선정, 최적의 광고믹스 개발, 신제품 판매예측 등에 대한 의사결정을 할 수 있다.

1. 고객관계관리(CRM) 분석

1) 고객접점에서 정보수집

개별고객에 대한 자료를 분석하고, 사용하는 것은 고객정보와 관련하여 가장 중요한 문제이다.

현명한 마케팅 기업은 각 고객과의 가능한 모든 접점에서 정보를 수집한다. 그 접점에는 소비자의 구매, 판매원과의 접촉, 서비스와 지원에 대한 전화요청, 웹사이트 방문, 만족도 조사, 신용제공, 지불과 관련된 상호작용, 시장조사 등이 포함되는데, 이 모든 접점은 기업과 고객과의 모든 만남에 해당된다.

그러나 상기의 모든 접점이 여기저기에서 이루어지므로, 정보 또한 여기저기에서 수집된다. 따라서 이 정보들이 각 데이터베이스와 다른 부서의 기록에 숨겨져 있을 수 있다. 이에 따라 마케팅 기업들은 이러한 문제를 극복하기 위해 고객관계관리(CRM : customer relationship management)를 하고 있는데, 이 시스템은 고객의 충성도를 극대화하기 위해 개별고객의 상세한 정보를 관리하고, 고객접점을 관리하는 것이다.

2) CRM 시스템의 활용과 문제

CRM은 2000년대 초반 처음으로 부각되어 많은 기업들이 CRM 프로그램을 의욕적으로 수립하고 실행하였지만, 실망스러운 결과와 실패를 경험하였다. 그러나 최근 마케팅 기업들은 실패의 경험을 거울삼아 더 신중하게 CRM을 수행하고 실제로 활용될 수 있는 CRM 시스템을 실행하고 있다.

CRM은 모든 정보원천에서 획득한 정보를 포함하고, 심도 있게 분석하며, 결과를 강력한 고객관계를 개발하는데 적용시키는 정교한 소프트웨어와 분석도구로 구성된다. 이에 따라 CRM은 기업의 판매팀, 서비스팀, 마케팅팀이 개별 고객에 대해 아는 모든 것을 통합하여 고객관계에서 완벽하게 검토하고 관찰할 수 있는 역량을 제공하는 것을 목적으로 한다.

CRM분석가는 데이터 웨어하우스(data warehouse)를 개발하고, 고객자료에 있는 풍부한 의미를 찾아내기 위해 세밀한 데이터 마이닝(data mining) 기법을 사용한다. 데이터 웨어하우스는 의사결정에 유용한 정보를 추출할 수 있는 상세한 고객정보를 담은 전자적인 전자 데이터베이스이다. 이것의 목적은 정보를 저장하는 것뿐만 아니라 이 정보에 접근할 수 있는 중심부에 모으는 것이다. 자료가 데이터 웨어하우스에 모이면, 기업은 자료들 속에서 유용한 정보를 추출하고, 고객에 관한 흥미로운 결과를 조사하기 위해 강력한 데이터 마이닝 기법을 이용한다.

고객을 더 잘 이해하기 위해 CRM을 이용함으로써 마케팅 기업은 고객 서비스 수준을 높일 수 있으며, 더 치밀한 고객관계를 개발할 수 있다. 즉 마케팅 기업은 부가가치가 높은 고객을 분류할 수 있고, 효율적으로 이 고객을 표적으로 할 수 있으며, 자사의 제품을 교차판매(cross-sell)하고 또한 고가 판매(up-sell)를 할 수 있다. 즉 특정한 고객의 요구사항에 맞춘 제안을 개발할 수 있다.

그러나 CRM은 혜택뿐만 아니라 비용 및 위험도 수반한다. CRM에 대해 가장 잘못된 생각은 CRM을 단지 기술과 소프트웨어 솔루션으로 인식하는 것이다. 즉 기술만으로 수익성 있는 고객관계를 개발할 수 없다는 것이다. 따라서 CRM은 전반적인 고객관계관리 전략의 한 부분으로써, 관계가 CRM의 모든 것임을 인식하는 것이 중요하다는 것이다.

물론 CRM을 잘 활용하면, 비용과 위험보다는 그 혜택과 이점이 더 크다. 즉, 마케팅 기업은 CRM을 이용하여 여기 저기 흩어져 있는 자료를 한 곳에 모으고 이를 고객접점에서 활용한다는 것이다. 새롭고 강력한 CRM 기술로 마케팅 기업은 방대한 양의 정보를 발굴하고, 이를 바탕으로 표적고객에게 집중하고 결정적인 요인을 간파할 수 있다.

2. 마케팅 정보의 전달과 이용

마케팅 정보는 더 양호한 의사결정을 하기 위해 사용될 때에 비로소 가치가 있다. 따라서 마케팅 정보 시스템은 의사결정을 하거나 고객을 다루어야 하는 관리자나 담당자가 정보를 즉시 이용할 수 있도록 도움을 주어야 한다. 즉 이것은 필요할 때 관리자에게 정기적으로 성과보고서를 최신의 일상정보를 그리고 연구결과 보고서를 제공해야 한다는 것을 의미한다.

그러나 마케팅 관리자는 특별한 상황이나 현장에서 의사결정을 하거나, 또는 비정기적인 정보를 필요로 할 수 있으므로, 정보가 데이터베이스에 저장되어 필요할 때 적시에 사용자에게 편리한 방법으로 전달되어야 한다.

이에 많은 마케팅 기업들이 이 과정을 촉진시키기 위해 인트라넷(intranet)을 이용한다. 인트라넷을 이용하여 구성원, 주주, 기타 이해관계자는 조사정보, 저장된 보고서, 공유되고 있는 업무문서, 접점정보 등 정보에 즉시 접속할 수 있다.

이에 추가하여 마케팅 기업은 엑스트라넷(extranet)을 통하여 주요 고객 그리고 가치연결쇠에 있는 동반자들은 거래계정 정보, 제품정보, 기타 주문자료에 접속할 수 있다. 즉 공급업자, 고객, 재판매업자, 선정된 네트워크내 동반자들은 엑스트라넷에 접속하여 거래계정을 갱신하고, 구매를 조정하고, 고객 서비스를 개선하기 위한 재고와 주문을 확인할 수 있다.

최신의 기술을 이용하여 오늘날의 마케팅 관리자는 어느 때나 어떤 장소에서도 정보 시스템에 접속할 수 있다. 즉 마케팅 관리자는 무선 네트워크를 통해 집에서, 호텔에서, 커피숍에서 시스템에 들어갈 수 있다. 이 시스템을 이용하여 관리자는 원하는 정보를 직접 신속하게 획득할 수 있으며, 세부적인 정보도 이용할 수 있다. 어디에서든지 기업이나 외부의 데이터베이스에서 정보를 획득할 수 있고, 통계 소프트웨어를 이용하여 이를 분석할 수 있으며, 보고서와 발표자료를 준비할 수 있으며, 네트워크에서 다른 사람들과 의사소통을 할 수 있다.

제 6 절 마케팅 정보와 관련된 기타 고려사항

마케팅 정보와 관련된 기타 고려사항에는 중소기업과 비영리조직, 국제시장에 관한 마케팅 정보 그리고 마케팅 정보와 관련된 공공정책과 윤리문제가 포함된다.

1. 중소기업과 비영리조직의 시장조사

대기업과 같이 중소기업도 시장조사가 필요하다. 사업을 시작하는 기업은 산업, 경쟁사, 잠재고객, 새로운 제품이나 서비스 등에 대한 반응 등 정보가 중요하다. 역시 중소기업도 고객의 욕구변화와 신제품에 대한 반응, 경쟁환경의 변화를 추적조사해야 한다.

중소기업과 비영리조직의 관리자는 시장조사를 할 수 있는 많은 예산을 확보한 대기업만이 마케팅 조사를 한다고 생각한다. 물론 중소기업이 많은 조사비용을 감당할 수는 없지만, 비공식적인 방법과 적은 비용으로도 중소기업이 이용할 수 있는 많은 시장조사 기법이 있다.

첫째, 중소기업과 비영리조직의 관리자는 주위에서 일어나는 현상을 잘 관찰함으로써 양호한 마케팅 정보를 얻을 수 있다. 예를 들어, 소매상은 차도와 보도의 통행량을 관찰하여 새로운 입지를 평가할 수 있다. 지역 매체에서 실시된 광고를 수집하여 경쟁사의 광고를 추적할 수 있으며, 얼마나 많은 고객과 다양한 종류의 고객이 매장에서 쇼핑하는가를 시간대 별로 조사하여 고객 믹스를 평가할 수 있다. 또한 관리자는 정기적으로 경쟁사를 방문하고 교류함으로써 통찰력을 습득할 수 있다.

둘째, 관리자는 작은 규모의 편의표본을 이용하여 비공식적인 조사를 할 수 있다. 예를 들어, 비공식적인 표적집단면접을 하여 단골고객들이 자사 제품을 어떻게 생각하고 있는가를 파악할 수 있다. 또한 판매원은 매장을 방문한 고객과 대화하거나, 병원 관계자는 환자와 면담할 수 있으며, 편리한 시간에 고객과 전화통화를 하여 고객의 의견을 얻을 수 있다.

셋째, 관리자는 스스로 간단한 실험을 할 수 있다. 예를 들어, 비영리조직의 관리자는 기부금 모금용 우편물의 주제를 바꾸고 그 결과를 관찰하여 마케팅 전략의 효과성을 파악할 수 있다. 또는 신문광고나 판매촉진 방법을 다양하게 하여, 광고의 크기나 위치, 할인쿠폰, 판매매체 등의 효과를 검토할 수 있다.

넷째, 소규모한 조직은 2차 자료를 확보함으로써 의사결정에 도움을 얻을 수 있다. 업계 협회, 지역매체 서비스기관, 상공회의소, 정부기관 또는 도서관에서 2차 자료를 획득할 수 있다.

마지막으로 소규모한 사업자는 인터넷을 이용하여 적은 비용으로 많은 정보를 수집할 수 있다.

결론적으로 중소기업들도 적은 예산으로 2차 자료 수집, 관찰, 설문조사, 실험 등을 효과적으로 사용할 수 있다. 그러나 이러한 비공식적인 조사방법은 복잡하지 않고 비용이 적게 소요되지만, 신중하게 이용하여야 한다. 즉 조사목적을 분명하게 확인하고, 미리 질문사항을 만들고, 적은 표본과 훈련받지 않은 조사자에 의한 오류를 미리 고려하여 조사가 체계적으로 이루어질 수 있도록 해야 한다.

2. 국제시장 조사

국제 마케팅 조사도 역시 국내 마케팅 조사와 같이 조사문제의 정의, 조사 계획의 수립, 결과의 해석, 보고서 작성 등의 과정을 거쳐야 한다. 그러나 국제 마케팅 조사자는 많고 어려운 문제에 직면하는데, 그 이유는 동질적인 국내시장과는 달리 많은 나라에서 이질적인 시장을 다루기 때문이다. 즉 국제시장은 경제발전과 수준, 문화와 관습, 구매패턴이 상이하기 때문이다.

국제 마케팅 조사자는 대부분의 외국시장에서 양호한 2차 자료를 확보하는데 어려움에 봉착한다. 국제시장 중 상당수 후진국에는 조사서비스기관이 거의 없으며, 따라서 조사서비스를 제공하지 않는다. 설령, 2차 자료가 제공된다고 하더라도 자료가 국가별로 서로 상이한 정보원천에서 수집되어야 하며, 그 정보를 통합하거나 비교하기가 어렵다.

양호한 2차 자료가 충분하지 않기 때문에, 국제 마케팅 조사자는 자신이 1차 자료를 직접 수집해야 하는데, 역시 국내와는 상이한 문제에 직면한다. 예를 들어, 좋은 표본을 확보하기가 어려우며, 표본이 확보되더라도 응답자와 접촉하는 것이 용이하지 않을 수도 있다. 즉 조사자는 전화, 인터넷, 우편 등을 이용하여 자료를 수집할 수가 없다. 또한 열악한 도로환경과 운송시스템으로 인해 개인면접이 거의 어렵고, 비용이 많이 소요된다.

또 다른 문제는 국가별 문화적 차이로 인해 조사가 어렵다는 것이다. 우선 언어가 어려운 장애물로서, 그 국가의 언어로 번역하는 것이 문제가 되며, 이에 따라 조사비용과 오류의 위험성이 증가된다.

또한 국가에 따라 마케팅 조사에 대한 소비자의 태도가 상이할 수 있다. 즉 어떤 국가는 기꺼이 응답하기도 하지만, 어느 국가는 부정적인 태도를 취하거나, 금기시되기도 한다.

응답자가 기꺼이 응답하려고 하더라도 응답자의 문맹률이 높아 설문조사를 하는데 문제가 될 수 있다. 예를 들어, 후진국의 경우, 중산층은 자신이 부유하게 보이기 위해 거짓 응답을 하기도 한다.

이러한 어려움에도 불구하고, 국제 마케팅이 중요시됨에 따라 국제 마케팅 조사도 중요시되고, 그 이용이 증가되고 있다. 따라서 국제 마케팅 기업은 국제 시장에서 성공하기 위해 필시 마케팅 조사를 해야 한다. 즉 소요되는 비용보다 조사결과에 의한 이득이 훨씬 크며 또한 국제 마케팅 조사와 관련된 여러 문제를 미리 인식함으로써 문제와 장애요인을 극복할 수 있으며 피할 수 있다.

3. 마케팅 조사의 공공정책과 윤리

대부분의 마케팅 조사는 기업과 고객에게 많은 혜택과 이점을 준다. 즉 마케팅 조사를 함으로써 마케팅 기업은 고객의 욕구를 이해할 수 있고, 그 결과로 더 만족스러운 제품과 서비스를 제공하고 더 강력한 고객관계를 구축할 수 있다.

그러나 마케팅 조사를 잘못 이용하면 고객에게 해를 줄 수도 있다. 마케팅 조사에서 두 가지 중요한 공공정책과 윤리적 문제는 사생활 침해와 조사결과의 오용이다.

1) 소비자의 사생활 침해

많은 소비자들이 마케팅 조사를 긍정적으로 생각하고 또한 유용한 목적으로 사용된다고 생각하여, 면접에 응하고 자신의 의견을 이야기하며 즐기기도 한다. 그러나 어떤 소비자는 시장조사를 불쾌하게 생각하거나 신뢰하지 않는다. 즉 소비자는 자신에게 깊이 내재되어 있는 감정을 파악하기 위해 조사자가 정교한 기법을 사용하고, 파악한 지식을 이용하여 자신의 구매를 조작할 것이라고 걱정하거나, 또는 마케팅 기업들이 고객의 개인적인 정보를 데이터베이스에 저장하고 있다고 걱정하기도 한다.

어떤 조사자는 처음에는 설문조사를 하기 위해 소비자에게 접근한 후, 무엇인가를 판매하려고 시도하기도 한다. 또 다른 소비자는 마케팅 조사와 전화마케팅 활동을 혼동하고 있으며, 면접자가 면접을 시작하기도 전에 말을 끊어버리기도 한다. 즉 대부분의 소비자들은 조사자가 사생활을 침해하는 것에 대해 불쾌하게 생각하고 있는데, 조사가 너무 길거나, 사적인 질문을 하거나, 불편한 시간에 우편, 전화, 웹 설문지 작성을 요구받아 자신의 시간을 방해함으로써 싫어하기도 한다.

상기와 같은 사생활 침해는 소비자의 불쾌감을 증가시키며, 이에 따라 소비자는 기업에게 정보를 제공하는 것을 거절한다. 이에 따라 현명한 마케팅 기업은 자사와 거래하는 소비자의 사생활을 보호하는데 노력하고 있다. 예를 들어, 어떤 마케팅 기업은 사생활 보호원칙을 수립하여 실천하고 있다.

인터넷 의류쇼핑몰 44%
교환·반품 권리 침해

공정위 '거래조건' 경고

인터넷 의류쇼핑몰 중 절반 정도가 교환 및 반품을 방해하는 거래조건을 소비자에게 제시했다가 공정거래위원회의 경고를 받았다.

공정위는 26일 222개 의류업종 인터넷쇼핑몰의 청약철회 방해행위를 집중 점검한 결과, 약 44%인 97개가 소비자의 교환 및 반품권리를 침해하고 있는 것으로 나타났다고 밝혔다. 의류 및 패션은 인터넷 쇼핑몰 거래에서 차지하는 비중이 17.6%에 달하고 다른 상품에 비해 디자인, 색상, 사이즈 등에서 소비자의 개성이나 주관적 판단요소가 많이 작용해 교환 및 환불 관련 분쟁이 많이 발생하는 품목이다.

위반업체들은 상품을 받은 후 2일 이내 신청하지 않을 경우 교환 및 반품이 불가능하다거나 고객의 단순변심에 의한 환불은 불가능하다는 식의 표시문구를 사용하다 적발됐다.

전자상거래소비자보호법은 상품 구입 후 7일 안에는 단순변심의 경우에도 청약철회를 할 수 있도록 규정하고 있다. 또 결제대금 환급은 적립금으로만 처리한다고 표시한 업체도 있었다. 이수진기자 lulu@

결론적으로 볼 때, 조사자가 수집한 정보의 대가로 소비자에게 가치를 제공한다면, 소비자는 기꺼이 정보를 제공한다. 따라서 가장 좋은 접근방법은 조사자는 중요한 정보만 질문하고, 고객에게 가치를 제공하기 위해 그 정보를 적절하게 사용하며, 고객의 허락 없이 정보를 공유하지 않는 것이다.

2) 조사결과의 오용

마케팅 조사 보고서는 강력한 설득도구가 될 수 있다. 마케팅 기업은 광고와 촉진을 개발하기 위해 조사결과를 이용한다. 그러나 오늘날 많은 광고주가 조사설계를 조작하거나, 의도적으로 조사결과를 교묘하게 남용하는 경우가 발생하고 있다.

예를 들어, 표본을 한정하기도 하며, 또는 설문지에 사용되는 질문을 자사 제품에 유리하게 하여 조사결과가 좋게 나오도록 할 수도 있다. 또한 자사 제품의 폐해를 다른 것과 비교하여 비율을 작게 제시하여 긍정적으로 생각하도록 하기도 한다. 이와 같이 조사표본이나 질문에 사용되는 단어 또는 선택대안을 미묘하게 조작하게 되면, 그 결과에 영향을 줄 수가 있다.

또 다른 경우로서, 독립적인 연구조사도 그 결과에 관심을 갖고 있는 기업에 의해서 후원되는 경우, 연구의 가설 또는 결과를 해석하는 방법을 변경하는 것이 결과에 대해 미묘하게 영향을 줄 수가 있다. 예를 들어, 1회용 기저귀와 천 기저귀 산업에서의 각각의 보고서는 서로 상이한 결과를 나타내기도 한다.

상기와 같이 설문조사의 남용과 오용이 발생할 수 있으므로, 국가는 그와 관련된 법규를 제정하고 또한 관련학회, 국가기관 등 여러 조직체에서 조사의 윤리강령과 행동표준을 개발하고 있다. 그러나 비윤리적이거나 적절치 않은 행위가 단순히 법으로 규제될 수 없다는 것이 현실이다. 따라서 마케팅 기업은 마케팅 조사를 하고, 조사보고서를 작성함에 있어 소비자의 이익을 보호할 책임이 있다는 사실을 인식해야 한다.

참고문헌

윤훈현 역, 『마케팅 관리론』, 12판, 피어슨, 2006.

http://www.yankelovicy.com/products/monitor.aspx, September 2006

David Kiley, "Shoot the Focus Group," *Business Week*, November 14, 2005, pp. 120-121.

Jason Compton, "CRM Gets Real," *Customer Relationship Management*, May 2004, pp. 11-12.

Kotler P. and Gary Armstrong, *Marketing : An Introduction*, 9th ed., Pearson, 2009.

Kotler P. and Gary Armstrong, *Principles of Marketing*, 12th ed., Pearson, 2008.

Kotler P. and Kevin Lane Keller, *Marketing Management*, 13th ed., Pearson, 2009.

5 chapter

소비자시장과 소비자 구매행동

소비자 구매행동은 여러 요인에 의해 영향을 받으므로, 구매행동은 단순하지 않다. 따라서 마케팅 관리자는 구매행동 그리고 영향요인을 이해·파악하는 것은 필수적인 과제이다. 소비자 구매행동(comsumer buying behavior)은 개인적인 소비를 위해 재화와 서비스를 구매하는 개인과 가정 등 최종소비자의 구매행동으로서, 이 모든 최종소비자가 합쳐져 소비자시장(consumer market)을 조성한다.

어느 지역, 국가 또는 세계전역의 소비자들은 연령, 소득, 학력, 취향 등에서 큰 차이가 있으므로 상이한 재화와 서비스를 구입한다. 이렇게 다양한 소비자가 서로간에, 또는 주위의 여러 요인들과 어떻게 관련되어 있는가가 제품, 서비스, 기업 등을 선택하는데 영향을 준다.

제 1 절 소비자 행동모델

대부분의 마케팅 기업들은 소비자들이 무엇을, 어디에서, 어떻게, 얼마나, 언제, 왜 구매하는가에 대한 구체적인 해답을 얻기 위해 소비자 구매행동을 연구한다. 그러나 소비자 구매행동의 이유는 주로 소비자의 마음속에 깊이 내재되어 있기 때문에 구체적인 구매행동의 이유를 이해하고 파악하는 것은 용이하지 않다.

1. 자극-반응 모델(S-R model)

소비자의 입장이 아니라 마케팅 기업의 입장에서 볼 때 마케팅 기업이 사용하는 다양한 마케팅 노력에 대해 소비자가 어떻게 반응하느냐를 이해하고 파악하는 것이 소비자 구매행동을 연구하는데 출발점이 된다.

〈그림 5-1〉은 구매자 행동의 자극 반응 모델(S-R model : stimulus-response model)로서 마케팅 자극과 기타 자극이 소비자의 마음 속(black box)에 들어가서 어떠한 반응을 일으키는가를 보여준다. 따라서 마케팅 관리자는 소비자의 마음속에 무엇이 들어 있는가를 알아내야 한다.

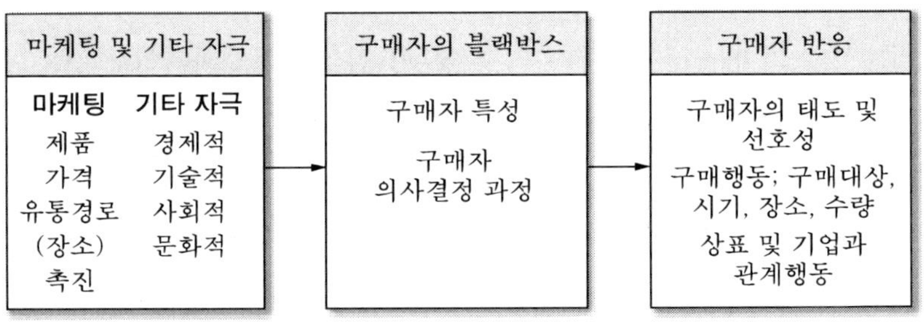

〈그림 5-1〉 구매자 행동(S-R) 모델

2. 구매자 행동모델의 구성요소

구매자 행동모델은 크게 3가지 요소로 구성되어 있다. 우선 마케팅 자극은 4P, 즉 제품(product), 가격(price), 유통경로(place), 촉진(promotion)으로 구성되며, 기타 자극은 구매자의 경제적, 기술적, 정치적, 문화적 환경에서 일어나는 주요 영향요인과 사건으로 구성된다. 이 투입요소(자극)는 구매자의 마음속을 지나 관찰이 가능한 반응 즉 제품선택, 상표선택, 판매상 선택, 구매시점과 구매량으로 나타난다(반응).

여기에서 문제가 되는 것은 마케팅 관리자가 구매자의 마음속에 있는 것을 파악하는 것이다. 즉 자극요소가 어떻게 소비자의 마음속에서 어떻게 변화를 일으키게 하는가를 이해하는 것이다. 소비자의 마음은 두 가지로 이루어진다. 첫째, 구매자의 특성으로서, 이것은 구매자 자신이 자극을 지각하고 반응하는데 영향을 미친다. 둘째는 구매자의 의사결정 과정으로서, 이것도 구매자 행동(고관여 구매 또는 저관여 구매)에 영향을 미친다.

제 2 절 소비자 행동에 영향을 미치는 특성요인

〈그림 5-2〉와 같이, 소비자의 구매는 문화적, 사회적, 개인적, 심리적 특성에 크게 영향을 받는데, 마케팅 관리자는 이 요소들을 통제할 수 없지만, 반드시 고려해야 한다.

〈그림 5-2〉 소비자 행동에 영향을 미치는 요인

1. 문화적 요인

문화적 요인은 소비자 행동에 폭넓게 영향을 미치는 요인으로서, 마케팅 관리자는 구매자의 문화, 하위문화, 사회계층의 역할을 이해해야 한다.

1) 문화

문화(culture)는 사람의 욕구와 행동을 유발케 하는데 있어 가장 기본이 되는 동기요인으로서 인간의 행동은 주로 학습에서 비롯되기 때문이다. 어린이들은 사회 환경 속에서 성장하면서 기본적인 가치관, 지각, 행동, 욕구 등을 가족이나 다른 중요한 조직에서 배우게 된다. 즉 사람들이 살아가는 사회와 집단에는 고유문화가 있는데, 그 문화가 구매행동에 영향을 미치며, 또한 그 문화는 각 국가마다 상이하므로, 그 차이에 적응하지 못하면, 비효율적인 마케팅 또는 치명적인 실수를 초래할 수 있다.

마케팅 관리자는 항상 소비자가 원하는 제품을 발견하기 위해 문화의 변화를 간파해야 한다. 예를 들어, 건강과 체력단련, 날씬한 몸매 등 웰빙으로 문화적 추세가 나타남으로써 건강과 체력단련 서비스업체, 운동기구와 운동복, 자연산 식품과 식이요법 등과 같은 산업 분야가 생겨나고 있다. 또한 격식을 차리지 않는 자유분망함을 추구하는 문화적 추세는 캐주얼 의상과 심플한 가구의 수요를 증가시킨다.

2) 하위문화

각 문화는 더 작은 하위문화로 구성되는데, 하위문화(subculture)란 공통적인 인생경험과 상황에 기초하여 서로 유사한 가치관을 가진 사람들로 구성된 집단이다. 하위문화는 국적, 종교, 인종, 지역, 연령 등으로 구분되는데, 이에 따라 하위문화는 중요한 세분시장이 되므로, 마케팅 기업은 그 하위문화를 구성하는 집단의 욕구에 맞추어 제품과 마케팅 프로그램을 설계한다.

한국도 과거와는 달리 여러 국적을 가진 사람들이 들어와 시장을 구성하고 있지만, 아직까지는 소수이고 소득이 낮아 세분시장으로서 그 역할을 하지 못하고 있다. 그러나 여러 국적으로 구성된 미국은 히스패닉계 미국인, 아프리카계 미국인, 아시아계 미국인 등으로 구성되어 있다.

연령을 기준으로 하는 하위문화는 베이비붐 세대, X세대, Y세대, N세대 등으로 구분되고, 세분시장을 형성하고 있다. 지역으로 볼 때, 서울, 경기지역, 충청지역, 호남지역, 영남지역 등으로 하위문화를 구성하고, 또한 종교에서 볼 때 기독교, 불교, 가톨릭교, 기타 등으로 구분될 수 있다.

3) 사회계층

거의 모든 사회는 어떤 형태의 사회계층 구조를 갖고 있는데, 사회계층(social class)이란 유사한 가치관, 관심사와 행동을 공유하는 사람끼리 구성된 비교적 영구적이고 계층적인 사회적 구분을 의미한다.

재산 (Wealth)

상류층(Upper Class)

상위상류층(Upper Uppers):전체 1%. 사회적 엘리트로서 부모로부터 물려받은 재산으로 사는 사람들. 자선 사업에 많이 기부하고 적어도 하나 이상의 집을 소유하고 있으며 아이들을 제일 좋은 학교로 보낸다.

하위상류층(Lower Uppers):전체 2%. 특별한 능력에 의해 생긴 높은 수입과 재산의 보유. 사회와 도시에서 매우 활동적이고, 비싼 집을 구매하고, 높은 학력을 유지하고, 비싼 차를 구매한다.

교육 (Education)

중산층(Middle Class)

상위중산층(Upper Middles):전체 12%. 유달리 많은 재산을 갖고 있다거나 높은 가족 신분을 갖고 있지 않은 전문직업 종사자. 독립적 사업가, 그리고 기업임원들, 학력을 믿고 모범시민 정신을 갖고 있고 "인생에서 더 좋은 일"을 추구한다.

중산층(Middle Class):전체 32%. 평균 수입의 사무직 또는 비사무직 종사자들로서 "동네에서 더 나은 곳"에서 산다. 유행을 따라가기 위해 유명한 제품을 구매한다. 더 나은 생활은 곧 멋진 동네에서 좋은 학교 근처의 좋은 집에서 사는 것이다.

직업 (Occupation)

노동자 계층(Working Class)

노동자 계층(Working Class):전체의 38%이고, 수입, 학력 그리고 직업과 무관하게 근로 계층 생활방식을 주도하는 사람들. 친척에게 경제적, 감정적으로 의존하고 또는 구매조언 그리고 힘들 때 도움을 청하기도 한다.

소득 (Income)

하류계층(Lower Class)

상류하류층(Upper Lowers):전체 9%이고 가난한 근로자. 그들의 생활 수준은 가난을 간신히 면하고 있지만 더 높은 계층으로 상승하려고 노력한다. 하지만 종종 학력이 부족하거나, 비숙련 노동으로 제대로 된 월급을 받지 못한다.

하위하류층(Lower Lowers):전체 7%이며 눈에 보이게 가난하고 학력 부족으로 비숙련 노동자이다. 그들은 직장 또는 정부의 생활 보호에 의존한다. 그날 그날 살아가는 식이다.

〈그림 5-3〉 미국의 주요 사회계층

이러한 사회계층은 소득을 포함하여 직업, 학력, 재산, 거주지역, 거주형태 등 여러 상이한 요인과 결합되어 결정된다. 따라서 어떤 계층에 속한 사람들은 유사한 행동을 하며, 의류, 가구, 레저활동, 자동차 등에서 독특한 제품/상표 선호성을 보인다.

한국의 경우, 아직까지 사회계층을 분명하게 제시한 자료가 없어 사회계층이 구분되어 있지 않다. 참고로 미국의 경우에는 7가지 유형으로 구성된 사회계층이 있다(〈그림 5-3〉 참조).

2. 사회적 요인

소비자 행동은 소비자가 속한 소집단, 가족, 사회적 지위와 역할과 같은 사회적 요인에 의해 영향을 받는다.

1) 집단

많은 소집단은 사람의 행동에 영향을 미친다. 집단(group)이란 개인적 또는 상호, 공통적인 목적을 성취하기 위해 상호작용하는 두 명 또는 그 이상의 사람들을 말한다.

(1) 집단의 유형

사람들은 여러 유형 중 어느 집단에 속해 있는데, 집단에는 세 가지 유형이 있다.

첫째, 회원집단(membership group)이란 한 개인에게 직접적인 영향을 주며, 그 사람이 속해 있는 소집단이다.

둘째, 준거집단(reference group)은 한 사람의 성격과 행동을 형성하는데 직접적, 간접적인 비교적 또는 준거적인 역할을 하는 소집단이다.

셋째, 열망집단(aspiration group : 이성적 집단)은 준거집단으로서 자신이 속하지 않은 집단으로서, 예를 들어, 어린 여자 축구선수가 언젠가는 유명한 축구선수와 필적되는 선수가 되어 여자 올림픽 축구팀에서 뛰게 될 것을 희망하여 속하고 싶어하는 집단이다.

(2) 준거집단과 의견선도자

마케팅 기업은 표적시장의 준거집단이 누구인가를 확인, 파악하고자 한다. 준거집단은 사람들이 새로운 행동과 라이프스타일에 노출되도록 하고, 나아가 그들의 성격과 자아에 영향을 주며 또한 그들이 제품 및 상표 선택에 영향을 미치는데 압력을 준다. 물론 집단이 영향을 미치는 정도는 제품 및 상표에 따라 차이가 있다. 물론 소비자가 존경하는 사람이 그 제품이나 서비스를 소유하고 있음을 발견하였을 때 영향력은 가장 강하게 나타난다.

집단 영향력을 가장 많이 받는 제품이나 상표의 제조업자는 의견선도자에게 접근하는 방법을 알아야 한다. 의견선도자(opinion leader)란 특별한 기술, 지식, 개성, 기타 특성을 가지고 있어 다른 사람에게 영향을 미치는 준거집단에 속한 사람으로서, 영향력 행사자(influenties) 또는 선도적 수용자(leading adopters)라고도 한다. 이들은 간혹 자신들의 인적 네트워크를 활용하여 무엇이 좋고 나쁜가에 대한 자신들의 지식을 전파한다.

이러한 이유로 마케팅 기업은 자사 제품에 대한 의견선도자를 확인하고, 그들을 대상으로 마케팅 노력을 집중한다. 즉 마케팅 기업은 자사 제품의 입소문을 확산시키기 위해 기존의 의견선도자를 활용하거나, 또는 새로운 의견선도자를 창조하여 자사 제품과 상표를 알리도록 하는 마케팅 커뮤니케이션 활동인 소문 마케팅(buzz marketing)을 사용한다.

(3) 온라인상의 사회적 네트워크

최근 몇 년간 온라인상의 사회적 네트워크(social networking)라는 새로운 형태의 사회적 상호관계가 폭발적으로 발생하고 있다. 사회적 네트워크는 인터넷 매체를 통해 이루어지는 사회적 상호작용으로서, 발전된 정보기술을 이용한 새로운 형태의 입소문은 마케팅 기업에게 또 다른 의미와 시사점을 제시한다.

또한 마케팅 기업은 제품을 촉진하기 위해서 그리고 더 긴밀한 고객관계를 구축하기 위해서 새로운 사회적 네트워크를 이용하고 있다. 그러나 온라인을 이용한 새로운 사회적 네트워크에 접근할 때에는 몇 가지를 주의해야 한다.

궁극적으로 온라인의 내용물을 통제하는 것은 이용자라는 사실이다. 따라서 온라인 네트워크를 이용하는 마케팅 기업의 노력은 기대한 것과는 달리 성공하지 않을 수도 있다는 것이다. 즉 악성으로서 부정적인 의미로 해석될 수 있다는 것에 주의해야 한다.

2) 가족

가족은 사회에서 가장 중요한 소비자 구매조직이므로, 개인이나 가족구성원의 구매행동에 크게 영향을 미친다. 그러므로 마케팅 기업은 남편, 아내, 자녀들이 제품 및 서비스 구매에 미치는 영향 그리고 상대적 영향력에 대해 관심을 기울인다.

남편, 부인의 구매 관여 정도는 제품범주와 구매과정의 단계에 따라 상이하다. 또한 그들의 구매역할은 소비자의 라이프스타일이 변화함에 따라 변화한다. 즉 전통적으로 부인은 가족의 식품, 가정용품, 의상의 구매를 책임졌으나, 여성들이 직업을 갖고 또한 남편이 가족을 위한 구매에 대해 많은 역할을 수행함에 따라 모든 것이 변화하고 있다. 이제는 남편이 식료품 구매의 상당 부분을 담당하고, 여성들이 보험, 자동차 등 내구재 구매에 상당한 영향력을 발휘하고 있다.

이러한 변화는 과거에 여성에게만 또는 남성에게만 제품을 판매하던 마케팅 기업에게 이제는 모든 성별에 관심을 두고 확보해야 한다는 사실을 시사한다.

어린이(자녀)도 또한 가족 구매결정에 강하게 영향을 미치고 있다. 어린이용품의 구매는 물론, 성인용품 구매에 대해 간접적으로 영향을 미친다. 즉 조사결과에 의하면, 아이들은 휴가 장소의 결정, 자동차, 휴대폰 종류의 결정시 크게 영향력을 발휘한다는 사실을 밝혔다.

3) 역할과 지위

사람은 가족, 클럽, 조직 등 많은 집단에 속해 있는데, 그 집단에서 사람들의 가치는 역할과 지위를 정의한다. 역할(role)은 주위사람들이 그 사람이 수행할 것으로 기대하는 활동으로 이루어지는데, 각 역할은 사회에서 그 역할에 상응하는 일반적인 존경심을 반영하는 지위(status)를 수반한다.

사람은 보통 자신의 역할과 지위에 맞는 제품을 선택한다. 취업주부의 경우, 회사에서는 상품개발팀장의 역할을, 가정에서는 아내와 어머니의 역할을, 자신이 좋아하는 운동경기에서는 열정적인 팬의 역할을 한다. 따라서 그녀는 상품개발 팀장으로서 회사에서 자신의 지위와 역할에 맞는 의상을 구매한다.

3. 개인적 요인

구매자의 의사결정은 구매자의 연령과 생활주기 단계, 직업, 경제적 여건, 라이프스타일, 개성과 자아와 같은 개인적 특성에 의해 영향을 받는다.

1) 연령과 생활주기 단계

사람들은 일생동안 구매하는 제품과 서비스를 계속 바꾼다. 음식, 의상, 가족, 레크리에이션 취향은 주로 연령과 관계가 있다. 또한 구매는 생활주기 단계, 즉 시간이 지나면서 가족이 겪는 단계에 따라 상이하게 행해진다. 이에 따라 마케팅 기업은 자신의 표적시장을 생활주기 단계에 따라 정의하고, 각 단계에 적합한 제품과 마케팅 계획을 수립해야 한다.

전통적인 가족 생활주기는 젊은 독신자와 결혼한 부부, 자녀들을 포함한다. 그러나 결혼하지 않은 커플, 나이가 들어 결혼한 독신자들, 아이가 없는 부부, 동성 커플, 편부모, 다시 집에 들어와 사는 어린 자녀가 있는 부모와 같이 비전통적인 가족생활주기 단계가 많아짐에 따라 오늘날의 마케팅 기업은 이에 적합한 마케팅 활동을 행하고 있다.

예를 들어, 생활주기 단계에 따라 5가지 유형의 세분시장이 확인될 수 있다. 첫째, 젊은이(youth) 세분시장은 18세 이하의 고객으로 구성된다. 둘째, 출발단계(getting started) 세분시장은 18~35세 사이의 고객으로서, 졸업, 신용카드, 자동차, 대출, 결혼, 첫 자녀 등과 같은 첫 경험을 하는 고객이다. 셋째, 성장단계(builders) 세분시장은 35~50세 사이로서 가장 많은 소득을 가진 고객이다. 넷째, 축적단계(accumulators) 세분시장은 50~60세 사이로서 퇴직을 준비하는 고객이며, 마지막으로 보존단계(preserves) 세분시장은 60세 이상으로 이상적인 라이프스타일을 유지하는 고객이다.

2) 직업

개인의 직업은 제품과 서비스를 구매하는데 영향을 미친다. 공장근로자는 작업복을, 기업의 경영자는 정장을 더 많이 구입하는 경향이 있다. 이에 따라 마케팅 기업은 평균 이상으로 자사의 제품과 서비스에 더 많은 관심을 보이는 직업분야를 탐색한다. 또한 어떤 기업은 특별한 직업에 종사하는 사람들의 요구에 맞추어 제품을 전문적으로 생산하기도 한다(직업별 유니폼 생산).

예를 들어, 어떤 기업은 공장근로자를 위해 질기고 오래 사용할 수 있고 실용적인 작업복을 생산한다.

3) 경제적 상황

소비자의 경제적 상황도 제품, 서비스 선택에 영향을 미친다. 즉 소비자의 소득에 민감한 제품을 취급하는 마케팅 기업은 개인 소득, 저축, 이자율 등을 고려한다.

또한 불경기가 도래할 경우, 마케팅 기업은 제품의 디자인, 위치, 가격을 경기에 맞도록 변경한다. 또한 다른 기업은 재력이 있는 소비자를 표적으로 하여 그에 맞는 가격으로 제품을 판매하거나, 또 다른 마케팅 기업은 보통 수준의 소득계층을 표적으로 하기도 한다.

4) 라이프스타일

(1) 라이프스타일의 의미와 적용

같은 하위문화, 사회계층, 직업에 속한 사람들도 개인마다 라이프스타일이 상이할 수 있다. 라이프스타일(lifestyle)은 개인의 삶을 살아가는 방식으로서, 그 사람의 심리묘사적 특성(psychographics)들로 표현된다. 즉 라이프스타일은 소비자의 생활유형을 나타내는 AIO의 주요 차원, 즉 행동(activity-일, 취미, 쇼핑, 운동, 사교모임), 흥미(interest-음식, 패션, 가격, 레크리에이션), 그리고 의견(opinion-자신, 사회적 사건과 문제, 사업, 제품)을 사용하여 측정된다.

AIO 차원으로 측정되는 라이프스타일은 첫째, 사람의 사회적 계층이나 개성보다 더 많은 것을 이해할 수 있게 한다. 둘째, 사람의 행동, 세상과의 상호작용의 전반적인 패턴을 설명한다. 셋째, 라이프스타일 개념을 잘 활용하면, 고객의 가치체계 변화와 그 변화가 어떻게 구매행동에 영향을 미치는가를 마케팅 관리자가 이해하는데 도움을 준다.

(2) 라이프스타일 분류법

몇몇 조사서비스 기업들이 라이프스타일 분류법을 개발하였는데, 그 중에서 가장 많이 사용하는 것은 SRI(Standford Research Institude)가 개발한 VALS(Values and Lifestyles) 유형분류이다(〈그림 5-4〉 참조).

VALS 시스템은 구매행동, 즉 사람들이 어떻게 시간과 돈을 소비하는가와 밀접하게 관련을 갖는 잠재적 특성 그리고 네 가지 인구통계적 특성에 근거하여 분류한다. 이것은 소비자를 주요 동기와 자원이라는 두 가지 주요 차원(기준)을 사용하여 8가지 집단으로 분류한다.

주요 동기(primary motivation)는 개인의 이상, 성취와 자기표현을 포함한다. 이상적인(ideal) 동기가 강한 소비자는 지식과 원칙에 따라 행동한다. 성취동기(achievement)가 강한 소비자는 자신과 동등한 위치에 있는 사람들에게 성공을 증명해 보일 제품과 서비스를 찾는다. 자기표현적(self-expression) 동기가 강한 소비자는 사교적 또는 육체적 활동, 다양함과 모험을 추구한다.

지향성 즉 특정한 동기가 상대적으로 강한 소비자는 소득수준, 학력, 건강, 자신감, 활력, 기타 요인으로 다시 높은 자원(high resoarce) 보유자와 낮은 자원(low resource) 보유자로 나누어진다. 자원이 매우 많은 소비자와 자원이 매우 적은 소비

자는 주요 동기와는 관계없이 혁신자와 생존자로 분류된다. 혁신자(innovators)는 자원이 아주 많아서 주요 동기를 다양한 수준에서 모두 보여주기 때문이다. 반면에 생존자(survivors)는 너무 적은 자원을 보유하고 있기 때문에 주요 동기가 강하게 나타나지 않는다. 즉 그들은 욕망을 달성하는 것보다 1차적 욕구를 충족시키는 데 더 집중하기 때문이다.

5) 개성과 자아개념

(1) 개성

개인의 독특한 개성(성격)은 구매행동에 영향을 미친다. 개성(personality)이란 자신을 둘러싸고 있는 환경에 비교적 일관성이 있고, 영구적인 반응을 보이도록 이끄는 독특한 심리적 특성이다. 이런 개성은 자신감, 지배, 사교성, 자율, 방어성, 융통성, 공격성과 같은 특성으로 설명된다.

개성은 특별한 제품이나 상표를 선택하는 소비자 행동을 분석하는데 유용하다. 예를 들어, 커피를 많이 마시는 소비자는 사교성이 강하므로, 고객을 끌어 들이기 위해 Starbucks와 같은 커피전문점들은 사람들이 커피를 마시고 수면서 사람들과 교제하는 분위기를 제공하고 있다.

사람과 같이 상표도 개성을 가지고 있으므로, 소비자는 자신의 개성과 어울리는 상표를 선택한다. 즉 상표개성(brand personality)은 특정한 상표가 가지고 있을 것으로 생각되는 인간의 특성과 집합을 의미한다. 조사에 의하면 상표개성은 다섯 가지로 나타날 수 있다.

- 성실(현실적인, 정직한, 건전한, 쾌활한)
- 흥분한(모험적인, 상기 있는, 상상력이 풍부한, 현대적인)
- 능력(신뢰성 있는, 지적인, 성공적인)
- 세련(상류층이고 매력 있는)
- 거침(야외를 좋아하는, 터프한)

상기와 같은 상표개성은 유명 상표와 강하게 연관되고 있다. 즉 Levi's는 거침,

MTV는 흥분, CNN은 능력, Campbell은 성실함과 강하게 연관되어 있다. 따라서 상기의 상표는 자신과 동일한 개성 특성을 가진 사람들의 관심을 끌 수가 있다.

(2) 자아개념(자아이미지)

많은 마케팅 기업들은 개성과 관련된 개념인 개인의 자아개념(sell-concept) 또는 자아이미지(sell-image)를 사용한다.

자아개념의 기본 전제는 사람의 소유물이 자신의 정체성(주체성)을 형성하는데 도움을 주고 정체성을 반영한다는 것이다. 즉 우리가 갖고 있는 것이 우리를 나타낸다는 것이다. 그러므로 소비자 행동을 이해하기 위해서 마케팅 기업은 우선 소비자의 자아개념과 소유물간의 관계를 파악해야 한다. 예를 들어, Apple사의 Mac의 캐릭터는 젊고 청바지를 입은 사람으로 묘사됨으로써, 그 상표의 개성 그리고 Mac을 이용하는 소비자의 개성을 일치시키고자 한다.

4. 심리적 요인

소비자의 구매선택은 4가지 심리적 요인, 즉 동기, 지각, 학습, 신념과 태도에 영향을 받는다.

1) 동기

사람은 특정한 시점에 많은 기본적인 1차적 욕구를 가지고 있다. 어떤 것은 배고픔, 목마름, 불편함과 같은 생리적 욕구로서, 이는 긴장상태의 유발로 발생한다. 다른 것은 인정, 존경, 소속 욕구로서 심리적인 것이다. 욕구가 충분한 수준으로 강하게 되면, 그 욕구는 동기가 된다. 동기(motivation) 또는 동인(drive)은 만족을 적극적으로 추구하도록 강하게 압박하는 욕구이다.

심리학자들은 인간의 동기이론을 개발하였는데, 두 가지 이론은 Sigmund Freud의 이론과 Abraham Maslow의 이론으로서, 소비자 분석과 마케팅에 대해 매우 상이한 의미를 준다.

(1) Freud 이론

Freud는 사람들이 대체로 자신의 행동을 형성하는 실제적인 심리적 요인을 깨닫지 못한다고 주장한다. 즉 인간은 성장하면서 행동을 억제하는 존재라고 보고 있다. 이런 충동들은 완전하게 제거되거나 통제하지 못하므로, 이런 충동들은 꿈에서, 또는 무심코 입 밖으로 신경과민적 또는 강박관념적 행동으로 나타낼 수 있으며, 최후에는 정신이상 상태에서 나타낼 수도 있다. 이렇게 볼 때, Freud 이론은 구매결정이 소비자 자신도 완전히 이해하기 힘든 잠재적인 동기에 의해 영향을 받는다고 주장한다.

소비자의 숨어 있는 무의식적인 동기를 캐내기 위해 설계된 질적인 조사를 동기조사(motivation research)라고 한다. 소비자는 자신이 왜 그렇게 행동했는가를 설명하지 못하거나 알지 못하므로, 동기 조사자는 상표와 구매상황에 잠재되어 있는 정서와 태도를 발견하기 위해 다양한 심층면접(probing) 기법을 활용한다. 이 심층면접 조사기법에는 문장완성법, 단어연상법, 잉크얼룩법(inkblot) 또는 만화해석법 등이 포함된다.

이런 투영기법(projective technique)이 이해가 안 될 수도 있지만, 마케팅 기업은 소비자의 심리를 더 파고들고 또한 더 양호한 마케팅 방법을 개발하기 위해서 이런 감정을 나타내는 방법(touchy-feely approaches)을 사용한다.

많은 마케팅 기업들은 동기조사를 하기 위해 심리학자, 인류학자, 사회학자를 고용하고 있다. 어떤 광고대행사는 소비자 심리를 탐구하기 위해 일 대 일 테라피 형식(theraphy-like)의 면접을 하고 있다. 또 다른 기업은 여러 상표의 명성수준을 평가하기 위해 소비자에게 자신이 매우 좋아하는 상표를 동물이나 자동차와 비교하여 설명하도록 요청한다. 또 다른 기업은 소비자의 어둡고 깊숙한 정신세계를 탐구하기 위해 최면, 꿈 치료법, 부드러운 조명과 분위기가 있는 음악 등을 이용한다.

(2) Maslow 이론

Maslow는 사람들이 왜 특정한 시점에 특별한 욕구를 느끼는가를 설명하고자 하였다. 즉 어떤 사람은 개인적 안전을 확보하기 위해 시간과 에너지를 소비하며, 또 다른 사람은 존경을 받으려고 시간과 에너지를 소비하는가에 대한 답 즉 인간의 욕구는 시점에 따라 상이한데, 그 욕구는 〈그림 5-5〉와 같다. 가장 긴급한 것이 가장 밑에, 가장 긴급하지 않은 것이 가장 위에 오도록 계층별로 구성된다. 인간의 욕구는 생리적 욕구(physiological needs), 안전 욕구(safety needs), 사회적 욕구(social needs), 존경 욕구(esteem needs), 자아실현 욕구(self-actualization needs)가 있다.

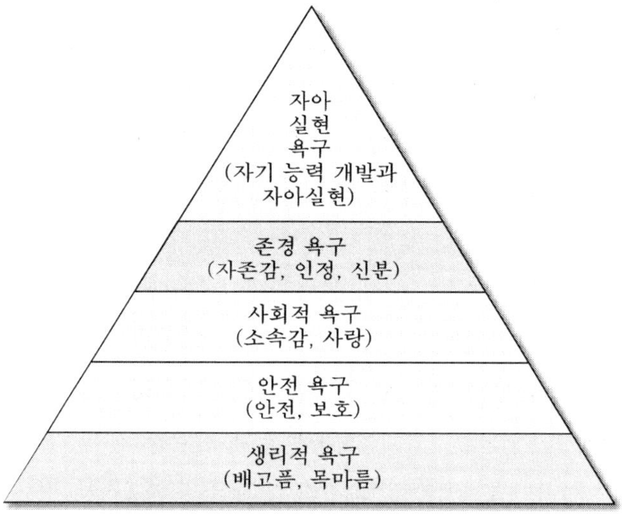

〈그림 5-5〉 Maslow의 욕구단계

사람은 제일 중요하게 여기는 욕구부터 충족하려고 하며, 그것이 충족되면 그 욕구는 더 이상 동기요인이 되지 않으므로, 그 다음으로 중요하게 느끼는 욕구를 충족하려고 한다. 즉 밑에서부터 각각의 중요한 욕구가 충족되면, 그 다음 위로 중요한 욕구가 작용하기 시작한다.

2) 지각

동기가 부여된 사람은 행동할 준비가 되어 있다. 그러나 시장이 어떻게 행동하느냐는 그 사람이 상황을 대하는 주관적인 지각에 영향을 받는다. 즉 우리는 오감(시각, 청각, 촉각, 후각, 미각)을 통해서 정보를 학습하는데, 각자는 이 감각 정보를 자신의 방식대로 받아들이고 조직화하고, 해석한다. 즉 지각(perception)이란 한 개인이 오감을 통해서 투입된 정보를 그가 살아가는 세상에서 의미 있는 것으로 만들기 위해 자기 방식대로 선택, 조직, 해석하는 과정이다.

그러나 사람들은 선택적 주의 선택적 왜곡, 선택적 보존 때문에 동일한 자극물을 각기 상이하게 지각한다. 즉 사람들은 매일 엄청난 양의 자극에 노출되지만, 그 많은 자극 모두에 주의를 기울이는 것이 불가능하다. 선택적 주의(selective attention)란 노출된 정보들 중에서 대부분을 걸러내는 성향으로서, 이는 마케팅 기업이 소비자의 관심을 끌기 위해서 특별한 노력을 기울여야 한다는 것을 시사한다.

노출된 자극까지도 마케팅 기업이 의도한 대로 받아들여지지 않는다. 즉 각 개인은 들어오는 정보를 현재의 사고방식에 맞추어 받아들인다. 선택적 왜곡(selective distortion)이란 사람들이 자신의 신념을 지지하는 방식으로 정보를 해석하는 경향이다. 예를 들어, 어떤 기업을 신뢰하지 않는다면, 그 기업의 광고가 정직하다고 하더라도 그 광고를 의심하게 된다. 즉 선택적 왜곡은 마케팅 기업이 소비자의 사고방식과 그 사고방식이 어떻게 광고와 판매정보를 해석하는데 영향을 미치는가를 이해해야 한다는 사실을 시사한다.

사람들은 자신이 학습하는 것 중에서 많은 것을 잊어버린다. 즉 선택적 보존(선택적 보유 : selective retention)이란 자신의 태도와 신념을 지지하는 정보만을 보존하는 성향으로서, 선택적 보존 때문에, 소비자는 자신이 선호하는 상표의 장점은 기억하지만, 경쟁사 상표의 더 좋은 점은 기억하지 못한다.

선택적 노출, 선택적 주의, 선택적 왜곡, 선택적 보존 때문에 마케팅 기업은 자신이 전달하고자 하는 메시지가 소비자의 마음속에 도달되도록 열심히 노력해야 한다. 이러한 사실은 마케팅 기업이 표적시장에 메시지를 전달하기 위해 많은 드라마와 반복광고를 하고 있다는 것으로 설명된다.

많은 마케팅 기업은 자신이 시도한 메시지를 소비자가 지각할 것인가를 걱정하지만, 한편 소비자는 식역 이하의 광고(subliminal advertising: 잠재의식 광고) 때문에 자신이 모르는 사이에 마케팅 메시지에 의해 영향을 받을까를 걱정하고 있다. 이러한 식역 이하의 광고가 광고 제작자와 소비자 보호단체의 관심을 끌기 시작함으로써 금지되고 있지만, 소비자는 여전히 걱정하고 있다. 연구에 의하면, 식역 이하의 광고 메시지와 소비자 행동 사이에 별 관계가 없는 것으로 나타나, 현재에는 거의 식역 이하의 광고가 행해지고 있지 않는다(예 : 칠성사이다 광고).

3) 학습

사람은 행동을 통해 학습하는데, 학습(learning)이란 경험에 의한 개인행동의 변화로서, 학습은 동인, 자극, 단서, 반응, 강화의 상호작용으로 일어난다.

동인(drive)은 행동을 불러일으키는 강력한 내적 자극으로서, 동인이 특정한 자극대상물(stimulus objects)에 의해 유도되었을 때 그 동인은 동기(motives)로 변한다. 예를 들어, 자아실현을 하려는 동인이 그 사람으로 하여금 디지털 카메라를 구입하도록 동기화시킬 수 있다. 카메라를 구입하려는 생각에 대한 소비자의 반응은 주변 단서에 의해 조절 또는 조건화된다. 단서(cues)란 사람이 언제, 어디서, 어떻게 반응하는가를 결정하는데 영향을 주는 작은 자극 요소이다. 예를 들어, 카메라 점포에서 여러 종류의 카메라 상표를 발견하거나, 가격할인 소식을 듣거나, 친구와 카메라에 대한 이야기를 할 수도 있다. 이 모든 것이 제품을 구매하려는 관심을 보이는 그 소비자의 반응(response)에 영향을 주는 단서이다.

소비자가 Sony 디지털 카메라를 구입하였다고 가정해 보자. 그 구매경험이 가치가 있었다면, 그 소비자는 계속 그 카메라를 사용할 것이고, 그 결과로 반응은 강화(reinforced)될 것이다. 그리고 다음에 그 소비자가 카메라 또는 다른 광학기기와 같은 것을 구입할 때 그 소비자는 Sony를 구입할 것이다.

마케팅 관리자에게 있어 학습이론은 자사 제품을 강한 동일과 연결시키거나, 동기를 유발시키는 단서를 활용하거나, 긍정적인 강화를 제공함으로써 제품의 수요를 증진시킬 수 있다는 실무적으로 중요한 사실을 시사한다.

4) 신념과 태도

(1) 신념

사람들은 행동과 학습을 통해 신념과 태도를 습득하는데, 신념과 태도는 소비자의 구매행동에 영향을 미친다. 신념(belief)이란 소비자가 무언가에 대해 가지고 있는 서술적 생각으로서, 상표에 대한 신념은 소비자가 그 상표에 속해 있다고 생각하여 설명할 수 있는 특징이다. 즉 신념은 실제지식, 의견 또는 확신에 근거하여 형성될 수 있으며, 감정이 개입될 수도 있고, 그렇지 않을 수도 있다.

따라서 마케팅 기업은 사람들이 특정제품 또는 서비스에 대해 형성하는 신념에 대해 관심을 가져야 한다. 그 이유는 이 신념이 합쳐져 구매행동에 영향을 주는 제품이미지, 상표이미지를 형성하기 때문이다. 따라서 신념들 중 일부가 잘못되어 자사제품의 구매를 방해한다면, 마케팅 기업은 이를 고치기 위해 캠페인을 해야 한다.

(2) 태도

사람들은 종교, 정치, 의상, 음악 등 거의 모든 것에 대한 태도를 갖는다. 태도(attitude)란 어떤 대상(사람, 사물, 사안)에 대해 일관성이 있게 호의적, 비호의적, 긍정적, 부정적으로 반응을 나타내려는 학습된 선유경향이라고 정의할 수 있다. 즉 태도는 어떤 대상물을 좋아하거나 싫어하거나, 또는 가까이 하려고 하거나 멀리 하려는 마음의 틀을 갖게 된다. 예를 들어, 위에서 언급한 디지털 카메라에 대해 구매자는 전자제품은 일본이 제일 잘 만든다. 창의성과 자기표현은 우리 생활에서 가장 중요한 것 중의 하나이다라는 태도를 갖고 있을 수 있다. 이 경우에 Sony 카메라는 이 소비자의 현재 태도에 적합할 것이다.

형성된 태도는 변화하기가 어렵다. 즉 사람의 태도는 어떤 패턴에 맞추어 있으므로, 태도를 변화시키기 위해서는 다른 부분에서 매우 힘든 조정 노력이 요구된다. 그리고 마케팅 기업은 소비자의 태도를 변화시키려고 하기보다는 현재의 태도에 자사의 제품을 맞추도록 노력해야 한다. 물론 태도를 변화시키려고 노력한 결과 성공한 경우도 있다(우유, 오토바이, 감자 등). 성공한 경우에서 볼 때, 풀뿌리 마케팅(grassroots marketing)을 이용하여 그 제품에 대한 태도를 변화시켰다.

제3질 구매 의사결성 행동유형

구매행동은 치약, 아이팟, 금융서비스, 승용차 등 제품에 따라 크게 상이하다. 복잡한 결정일수록, 더 많은 구매참여자와 구매에 크게 신중하다. 〈그림 5-6〉은 구매자의 관여도 (관여수준)와 상표 차이의 정도에 기초하여 소비자의 구매 행동 유형을 분류한 것이다. 관여(involvement)란 의사결정자가 구매나 소비행위를 개인적으로 매우 중요하거나 또는 개인적으로 관련이 되는 것으로 인식하는 경우에 광범위하게 문제를 해결하려는 행위를 취하는 것이다. 즉 관여는 어떤 특별한 상황하에서 어떤 자극에 의해서 유발되어 지각되는 개인적인 중요성 또는 관심의 수준이다.

	고관여 수준	저관여 수준
상표들간의 차이가 큼	복잡한 구매행동	다양성 추구 구매행동
상표들 간에 차이가 별로 없음	불협화 감소 구매행동	습관적 구매행동

〈그림 5-6〉 구매행동의 4가지 유형

1. 복잡한 구매행동

소비자가 구매에 크게 관여하고 또한 상표 간의 차이가 크다고 지각할 때, 소비자는 복잡한 구매행동(complex buying behavior)을 취한다. 즉 소비자는 제품이 고가이고, 위험을 수반하고, 가끔 구매하고, 자기표현적 측면이 강할수록, 구매에 크게 관여한다. 일반적으로 소비자는 이러한 제품을 잘 알지 못하고 있다. 예를 들어, PC 구매자는 어떤 속성을 고려해야 하는가를 모를 수 있는데, 이는 많은 제품 특징이 실질적인 의미를 전달하지 못하기 때문이다.

이러한 상황에서 구매자는 우선 제품에 대한 신념과 태도를 형성한 후, 사려 깊은 구매선택을 하는 학습과정을 거치게 된다. 관여도가 높은 제품을 제조. 판매하는 마케팅 기업은 고관여 소비자의 정보수집 행동과 평가행동을 이해해야 한다. 즉 마케팅 관리자는 구매자가 제품의 속성 그리고 그 각 속성의 상대적 중요성을 배울 수 있도록 도와주어야 한다. 또한 자신의 상표를 차별화해야 하는데, 예를 들어, 긴 광고 문구를 사용한 인쇄광고 매체를 통해 자사 상표의 이점(benefit)을 설명해야 한다. 또한 마케팅 기업은 상표 선택에 영향을 줄 수 있도록 매장점원과 구매자간의 동료의식을 자극할 수도 있다.

2. 불협화 감소 구매행동

불협화 감소 구매행동(dissonance-reducing buying behavior)은 고가이며, 가끔 구매하고, 위험이 수반되는 구매로 인해 구매자는 그 구매에 크게 관여하지만, 상호간의 차이가 별로 없을 때 발생한다. 예를 들어, 카펫은 고가이고 자신을 표현해 주는 기능이 있기 때문에 소비자는 고관여 수준에서 의사결정을 한다.

그러나 구매자는 대부분의 카펫 상표를 동일한 것으로 생각할 수 있다. 이 경우에 상표 차이가 거의 없기 때문에 어떤 상표가 있는지 알기 위해서 쇼핑을 하지만, 구매는 비교적 빠른 시간에 이루어진다. 즉 구매자는 주로 좋은 가격 또는 편리한 구매 등에 근거하여 구매결정을 한다.

구매 후에 소비자가 구입한 카펫의 단점을 발견하거나 구매하지 않은 다른 상표에 대해 좋은 점을 들었을 때, 소비자는 구매 후 불협화(postparchase dissonance), 즉 구매 후에 심리적인 불안함을 경험하게 된다. 이러한 불협화에 대처하기 위해 마케팅 기업은 구매 후 마케팅 커뮤니케이션에서 소비자가 자사 상표를 선택한 것에 대해 좋은 감정과 태도를 가질 수 있도록 합당하며 긍정적인 증거와 지지를 제공해야 한다.

3. 습관적 구매행동

1) 습관적 구매행동의 의미

습관적 구매행동(habitual buying behavior)은 소비자의 관여수준이 낮고 상표간의 차이가 거의 없는 상황에서 발생한다. 예를 들어, 설탕은 관여도가 낮고 또한 상표 차이가 거의 없기 때문에 소비자는 단순히 점포에 가서 아무 상표나 선택한다. 만약 소비자가 계속해서 동일한 상표를 구입한다면, 그것은 강한 상표애호도라기보다는 습관적으로 구입하는 것이다. 즉 소비자는 자주 구입하고 또한 저가 제품 구매이므로 저관여 수준을 보인다.

습관적 구매행동의 경우, 소비자 행동은 일반적인 구매 의사결정 과정인 신념-태도-행동의 순서를 거치지 않는다. 즉, 소비자는 특정한 상표를 광범위하게 탐색하지 않으며, 상표의 특성(속성)을 상세하게 평가하지 않고 또한 어떤 상표를 구입할 것인가에 대해서도 신중하게 결정하지 않는다. 즉 소비자는 TV나 잡지 등을 보면서 수동적으로 정보를 받아들인다.

2) 마케팅 기업의 마케팅 노력

습관적 구매행동에 의해 이루어지는 제품을 제조, 판매하는 마케팅 기업은 반복적인 광고를 하여 상표 확신(brand conviction)보다는 상표친숙성(brand familiarity)을 창출해야 한다. 그 이유는 소비자가 상표에 대해 강한 태도를 갖고 있지 않으며, 단지 특정 상표에 친근하므로 선택하기 때문이다. 즉 제품을 구매하는데 크게 관여하지 않으므로 소비자는 구매 후에도 자신의 선택을 평가하지 않는다. 그러므로 구매과정은 수동적 학습(passive learning)으로 형성된 상표 신념에 따라 구매행동이 행해지며, 구매 후의 평가는 이루어질 수도 있고, 이루어지지 않을 수도 있다. 즉 신념-행동-태도의 과정으로 행해진다.

상표에 크게 관여하지 않아 구매관여도가 낮고, 상표 간의 차이가 거의 없는 제품을 취급하는 마케팅 기업은 소비자가 그 제품을 사용하도록 하기 위해 가격할인이나 판매촉진을 사용한다.

그리고 저관여 제품을 광고하는 경우에 광고문구는 중요한 요점 몇 가지만 강조해야 한다. 그리고 쉽게 기억될 수 있고 제품과 연관될 수 있도록 시각적 상징과 심상을 활용하는 것이 효과적이다.

광고 캠페인은 짧은 광고 메시지로 반복해야 하며, TV는 수동적 학습에 적합한 저관여 매체이므로 인쇄매체보다 저관여 제품에 더 효과적이다. 광고계획은 고전적 조건화 이론에 근거하여 이루어져야 하는데, 그 이유는 구매자에게 특정 제품을 상징이나 심상과 연관시켜 반복적으로 노출시키면 그 상징과 심상만 보더라도 즉시 광고된 제품이나 상표를 연상하게 되기 때문이다.

4. 다양성 추구 구매행동

관여도가 낮지만 상표 간의 차이가 있는 구매상황에서 소비자는 다양성 추구 구매행동(variety-seeking buying behavior)을 한다. 이 경우에 소비자는 자주 상표를 변경하는데, 예를 들어, 신념을 토대로 거의 평가하지 않고 쿠키나 라면을 선택한 후, 그것을 먹으면서 평가한다. 그러나 그 후 소비자는 같은 상표를 사용하는 것에 싫증이 나거나, 단순히 다른 상표를 먹고 싶어서 다른 상표를 선택할 수 있다. 이와 같이 변경하는 것은 불만족하기 때문이 아니라, 다양성을 추구하려는 상황 때문이다.

이런 특성을 가진 제품의 시장선도기업과 저점유율 상표는 상이한 마케팅 전략을 구사해야 한다. 시장선도자 상표는 진열공간을 지배하고, 제품을 선반에 완전히 채워 넣고, 상기광고(reminder advertising)를 자주 함으로써 습관적 구매행동을 조장해야 한다. 한편 저점유율 상표기업은 가격을 인하하거나, 특별한 판매촉진, 쿠폰, 무료견본 등을 제공하거나, 또는 새로운 것을 사용해야 하는 이유가 담긴 광고를 함으로써 다양성 추구를 조장해야 한다.

제 4 절 구매자 의사결정 과정

구매자 의사결정 과정은 〈그림 5-7〉과 같이, 욕구인식, 정보탐색, 대체안 평가, 구매결정, 구매 후 평가의 다섯 단계로 구성된다. 구매과정은 실제 구매가 행해지기 전에 시작해서 구매 후에도 오랫동안 지속된다. 따라서 마케팅 관리자는 구매결정뿐만 아니라 구매과정 전체를 이해하는데 집중해야 한다.

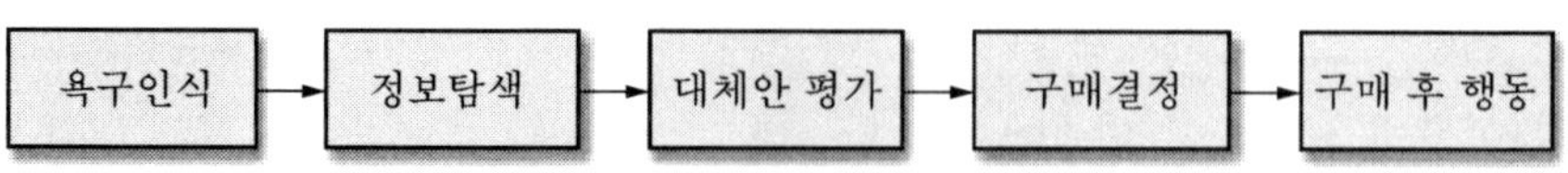

〈그림 5-7〉 구매자 의사결정 과정

〈그림 5-7〉은 소비자가 모든 구매를 하는데 있어 상기의 다섯 단계를 거친다고 제시한다. 그러나 일상적인 구매시에는 종종 다섯 단계 중 일부를 건너뛰거나, 단계의 순서를 바꿀 때도 있다. 예를 들어, 일상적으로 사용하는 치약상표를 구매하는 소비자는 욕구를 인식한 후 정보탐색과 대체안 평가를 건너뛰고 곧바로 구매결정으로 간다. 따라서 〈그림 5-7〉과 같은 구매자 의사결정 과정모형은 소비자가 새롭고 복잡한 구매상황 즉 복잡한 구매행동의 상황에 있을 때 고려되는 것이다.

1. 욕구인식

구매과정은 욕구인식(meed recognition)에서 시작되는데, 이것은 구매자가 문제 또는 욕구를 인식하는 구매자 의사결정의 첫 번째 단계이다. 욕구는 내적 자극(internal stimuli) 즉 정상적인 욕구(배고픔, 목마름, 성욕) 중 하나가 높은 수준에 도달하여 동인(drive)이 될 때이다. 욕구는 또한 외적 자극(external stimuli) 때문에 일어날 수도 있는데, 예를 들어, 광고나 친구와의 대화가 새 차를 구입하도록 할 수가 있다.

이 단계에서 마케팅 기업은 어떠한 욕구나 문제가 일어나는가, 무엇이 이를 유도했으며, 어떻게 이러한 욕구가 소비자로 하여금 특정한 제품을 구매하도록 했는가를 알기 위해 소비자를 연구해야 한다.

2. 정보탐색

1) 정보탐색의 의미

관심 있는 소비자는 더 많은 정보를 탐색할 수도 있고, 안 할 수도 있다. 만약 소비자의 동인이 강하고 또한 만족스러운 제품이 가까이에 있다면, 소비자는 그 제품을 구입할 것이다. 그러나 그렇지 않을 경우에 소비자는 그 욕구를 기억에 저장하거나, 욕구와 관련된 정보탐색을 시작한다.

정보탐색(information search)은 소비자가 제품에 대한 더 많은 정보를 탐색하고 싫어하는 단계이다. 소비자는 단순히 구매하려는 제품과 관련된 정보에 노출될 때마다 주의를 기울이는 강화된 주의(heightened attention)를 할 수도 있다. 또는 제품정보를 적극적으로 찾고 수집하는 능동적인 정보탐색을 할 수도 있다.

예를 들어, 새로운 자동차를 구입해야 한다고 생각하는 겨우, 자동차 광고, 친구의 자동차, 자동차 관련 대화에 더 많은 주의를 기울일 것이다. 즉 적극적으로 읽을거리를 찾거나, 친구에게 전화를 하거나, 기타 다른 방법(웹사이트 등)으로 정보를 수집한다. 즉 정보탐색의 양은 동인(drive)과 동기가 얼마나 강한가, 탐색 이전에 얼마나 많은 정보가 있는가, 얼마나 용이하게 정보를 구할 수 있는가, 추가적인 정보에 얼마나 많은 가치를 두는가 그리고 정보탐색에서 얼마나 많은 만족을 얻을 수 있는가에 달려 있다.

2) 정보원천

소비자는 다양한 정보원천에서 정보를 획득할 수 있다(〈표 5-1〉 참조).

〈표 5-1〉 소비자 정보원천

원천	내용
개인적 원천	가족, 친구, 이웃, 아는 사람
상업적 원천	광고, 점포점원, 판매상, 포장, 진열전시
공공적 원천	대중매체, 소비자 평가조직
경험적 원천	제품의 취급, 조사검토, 사용

상기의 각 정보원천의 상대적 영향은 제품과 구매자에 따라 상이하다. 일반적으로 소비자는 마케팅 기업이 통제하는 상업적 원천에서 가장 많은 정보를 획득한다. 그러나 가장 효과적인 원천은 개인적인 원천이다. 즉 상업적 원천은 보통 소비자에게 정보를 제공하는 기능을 하지만, 개인적 원천은 구매자를 위해 제품구매를 정당화시키거나, 제품평가를 제공하기 때문에 효과적인 원천이다.

더 많은 정보를 획득할수록, 가능한 대안적인 상표와 상표의 특징에 대한 소비자의 인지도와 지식은 증가한다. 그리고 그러한 정보는 특정한 상표를 고려하는 대안에서 제외하는데 도움을 줄 수 있다. 그러므로 마케팅 기업은 예상 잠재고객이 자사상표를 인지하고 자사 상표에 대한 지식을 갖도록 마케팅 믹스를 계획해야 하며, 또한 신중하게 소비자의 정보원천과 각 정보원천의 상대적 중요성을 알아야 한다.

3. 대체안 평가

1) 대체안 평가의 의미와 태도형성

소비자는 정보탐색으로 획득한 여러 대안적인 상표들 중에서 하나를 선택해야 한다. 마케팅 기업은 대체안 평가(alternative evaluation) 즉 소비자가 상표를 선택하기 위해 정보를 처리하는 방법을 알아야 한다. 대체안 평가란 소비자가 탐색한 정보를 이용하여 선택대안에 포함된 상표 대안을 평가하는 단계이다. 이 단계에서 소비자는 모든 구매 상황에 적용되는 단순하고 단일의 평가 과정을 사용하지는 않는다. 즉 몇 가지 평가과정이 이용된다.

소비자는 특별한 평가과정을 거쳐 각 상표대안에 대한 태도를 형성한다. 즉 소비자가 구매 대체안을 평가하는 방법은 개인에 따라, 또는 구체적인 구매상황에 따라 상이하다. 즉 경우에 따라 소비자는 신중한 계산과 논리적 사고를 동원한다. 또 다른 경우에는 거의 평가하지 않거나 전혀 평가하지 않고 충동적으로 구입하거나, 직관에 의존하기도 한다. 간혹 소비자 자신이 구매결정을 할 때도 있고, 또는 친구, 안내책자, 판매원에게 구매와 관련된 조언을 구할 때도 있다.

2) 상표의 속성평가

새로운 자동차를 구입하는 경우, 3가지의 자동차 선택대안이 있고, 그 자동차들을 평가하는데 4가지 제품속성(스타일, 유지비, 품질보증, 가격)을 고려한다고 가정하자.

이 시점에서 소비자는 대안적인 자동차 상표에 대한 정보에 근거하여 신념을 갖게 되며, 각 상표가 각각의 속성에서 어떤 평가점수를 받을 수 있는가를 알게 된다. 어떤 특정한 자동차 상표가 모든 속성에서 최고로 평가된다면, 소비자는 그 상표를 선택할 것으로 예측할 수 있다. 그러나 각 자동차 상표는 각각 상대적인 소구점(매력성)을 가지고 있으므로, 서로 상이할 수 있다. 또한 각 소비자는 몇 가지 속성을 고려하면서 각 속성에 대해 상대적으로 중요하게 생각하는 것이 상이할 수 있다.

따라서 마케팅 기업은 소비자들이 각각의 속성에 부여하는 상대적인 중요도를 확인해야 한다. 그리고 실제로 구매자가 상표대안을 어떻게 평가하는가를 알기 위해 평가과정을 파악해야 한다. 이러한 구매자 구매평가과정을 이해하고 파악함으로써, 마케팅 기업은 구매자의 결정에 영향을 미칠 수 있는 조치를 취할 수 있다.

4. 구매결정

평가단계에서 소비자는 각 상표대안의 순위를 정하고 구매의도를 형성한다. 일반적으로 소비자의 구매결정(purchase decision)은 가장 선호하는 상표, 즉 가장 평가점수가 높은 상표를 구매한다.

그러나 구매의도와 구매결정 사이에는 두 가지 요소가 개입된다. 첫 번째, 요소는 타인의 태도이다. 즉 소비자에게 중요한 어떤 사람이 값이 가장 저렴한 상표를 구입해야 한다고 권유하면, 그 소비자가 비싼 것을 구입할 가능성은 감소한다.

두 번째 요소는 예기치 않은 상황요인(unexpected situational factor)이다. 소비자는 예상수입, 기대가격, 기대되는 제품의 이점과 같은 요인에 근거하여 구매의도를 가질 수 있는데, 예기치 않은 상황이 구매의도를 바꿀 수도 있다. 예를 들어, 경제가 나빠질 수도 있고, 경쟁사 상표의 가격이 인하되거나, 친구가 이미 구입한 제품에 대해 실망했다는 이야기를 할 수도 있다. 그러므로 강하게 선호하는 것, 그리고 구매의도가 항상 실제 구매선택으로 이어지지 않을 수도 있다.

5. 구매 후 행동

1) 구매 후 행동유형

마케팅 기업의 책임은 고객이 제품을 구입한 시점에서 끝나는 것이 아니다. 제품을 구입한 후, 소비자는 만족 또는 불만족을 경험하게 되는데, 이러한 구매후 행동(post purchase behavior)은 마케팅 기업이 관심을 가져야 할 대상이다.

구매한 제품에 대한 만족과 불만족의 결정은 제품에 대한 소비자의 구매 전 기대(consumers expectation: 기대가치)와 제품사용 후 지각된 제품의 성과(perceived performance:실제가치) 간의 관계에 좌우된다. 즉 제품의 실제성과가 기대에 미치지 못하면 소비자는 실망하고 불만족하게 된다. 반대로 제품이 기대를 충족시키면 소비자는 만족하게 된다. 제품성능이 기대보다 훨씬 좋다면, 소비자는 매우 기뻐하고 감동하게 된다. 즉

기대가치(구매전 기대) = 지각된 제품성과 → 만족
기대가치(구매전 기대) 〉 지각된 제품성과 → 불만족
기대가치(구매전 기대) 〈 지각된 제품성과 → 감동, 기쁨이 된다.

기대와 실제성과간의 차이가 클수록 소비자의 불만족은 커진다. 이것은 마케팅 기업이 자사 상표가 보여줄 수 있는 만큼만 약속하는 경우에 소비자가 만족할 것임을 시사한다. 이에 따라 어떤 마케팅 기업은 소비자의 만족을 높이기 위해 제품성능을 낮추어 이야기하기도 한다. 이 경우에 고객은 기대성능보다 실제성능이 더 크기 때문에 다시 구입하고 다른 고객에게 약속한 성능을 지킨다고 이야기해 준다.

2) 만족과 불만족

고객을 만족시키는 것은 마케팅 기업에게 있어 가장 중요한 과업이다. 그 이유는 소비자의 만족은 소비자와 수익성 있는 관계를 구축하는 데 핵심적인 것이기 때문이다. 즉 고객을 유지·육성시키고, 고객평생가치를 획득하는데 핵심적인 것이기 때문이다. 만족한 고객은 재구매하고, 다른 사람에게 제품에 대해 우호적으로 이야기하고, 경쟁상표와 그 상표의 광고에 거의 관심을 갖지 않는다. 따라서 마케팅 기업은 고객을 기쁘게 하고 감동케 하는 것을 목표로 해야 한다.

상기와는 반대로 만족하지 못한 소비자는 만족한 소비자와는 다르게 행동, 반응한다. 나쁜 소문은 좋은 소문보다 더 빠르게 더 멀리 퍼진다. 즉 불만족은 기업 그리고 그 기업의 제품에 대한 소비자의 태도에 타격을 줄 수 있다.

그러므로 마케팅 기업은 만족하지 않은 고객이 자발적으로 불평을 토로할 때까지 기다려서는 안 된다. 대부분의 불만족한 고객은 기업에게 문제를 제기하지 않기 때문이다. 이런 이유에서 볼 때, 마케팅 기업은 고객 만족도를 정기적으로 측정해야 한

다. 또한 마케팅 기업은 고객이 불평. 불만을 토로할 수 있도록 조장하는 시스템을 구축해야 한다. 이렇게 함으로써 마케팅 기업은 자신이 잘 하고 있는가 그리고 어떻게 하면 개선할 수 있는가를 배울 수 있다.

또 다른 문제는 마케팅 기업이 불만족한 고객에게 어떻게 대처해야 하는가이다. 최소한의 방법은 마케팅 기업이 소비자의 불평과 문의사항을 처리할 수 있도록 수신자부담 전화번호와 웹사이트를 제공하는 것이다.

전반적인 구매자 의사결정을 연구함으로써 마케팅 관리자는 소비자가 의사결정을 하는 과정에 도움을 줄 수 있다. 즉 소비자가 제품에 대해 욕구를 느끼지 못해서 구매를 하지 않는 경우, 마케팅 기업은 제품에 대한 욕구를 느끼게 하는 광고메시지를 내보내고, 자사제품이 고객의 문제를 어떻게 해결하는가를 보여주어야 한다. 또한 고객이 제품을 알고 있지만 제품에 대해 부정적인 태도를 갖고 있기 때문에 구매하지 않는다면, 마케팅 기업은 제품을 변경하거나 소비자의 지각을 바꾸어 태도를 변화시킬 수 있는 방법을 강구해야 한다.

제 5 절 신제품에 대한 구매자 의사결정 과정

신제품(new product)이란 잠재소비자에게 새롭게 인식되는 재화, 서비스 또는 아이디어이다. 물론 실제로 제품이 완전히 새로운 것 즉 원초적인 신제품이 아닐 수도 있다. 따라서 중요한 것은 소비자가 제품을 처음으로 학습하고 이를 수용할 것을 결정하는 과정인 것이다.

수용과정(adoption process)은 개인이 혁신제품을 처음으로 학습하는 것으로부터 최종 수용에 이르기까지 거치게 되는 심리과정으로서, 수용(adoption)이란 제품의 정규적인 사용자가 되겠다는 그 사람의 결정이다.

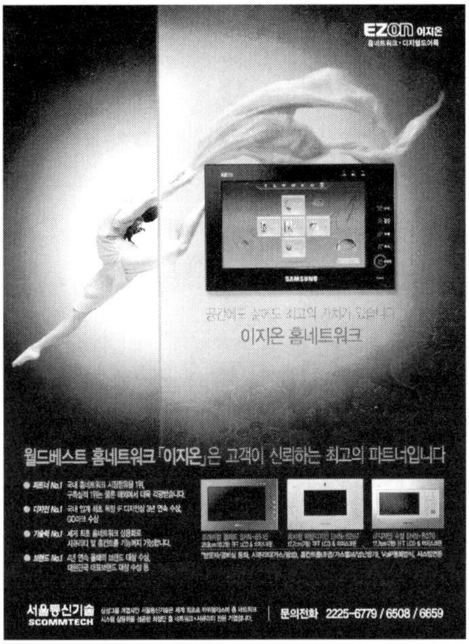

1. 수용과정의 단계

소비자는 신제품을 수용하는데 다섯 단계의 과정을 거친다.

- 인지(awareness) : 소비자가 제품의 존재를 인식하고 있지만 정보는 부족하다.
- 관심(interest) : 소비자가 제품정보를 탐색한다.
- 평가(evaluation) : 소비자가 제품을 시용하는 것이 좋은가를 고려한다.
- 시용(trial) : 소비자는 제품의 평가가치를 높이기 위해 소량으로 신제품을 시용한다.
- 수용(adoption) : 소비자가 신제품을 정규적으로 사용하기로 결정한다.

상기의 과정은 신제품 마케팅 기업은 소비자가 각 단계를 거쳐갈 수 있도록 도움을 주어야 한다는 사실을 시사한다. 예를 들어, 고급승용차 제조업체는 잠재고객이 자사의 새로운 모델을 알고 있으며 또한 관심을 가지고 있지만, 그 모델이 주는 이점이 불확실하고, 고가격 때문에 실제로 구입하지 않는다는 사실을 간파하였을 경우, 제조업자는 특별한 촉진프로그램을 활용하여 잠재성이 높은 예상고객을 유도하여야 한다.

2. 혁신에 대한 개인적 차이

사람들은 신제품을 시용하기 위해 준비하는데 큰 차이가 있다. 각 제품분야에는 소비선도자(consumption pioneers)와 조기수용자(early adopters)가 있다. 한편으로 어떤 사람은 많은 시간이 지난 후에 신제품을 수용한다.

사람들은 〈그림 5-8〉과 같이 5가지 수용자 범주로 나눌 수 있다. 초기에는 극소수의 사람만이 신제품을 수용하지만, 신제품을 수용하는 사람 수가 점차 증가한다. 수용자 수가 최고점에 도달한 후 수용하지 않은 소수의 소비자만 남고, 수용자 수가 하락한다.

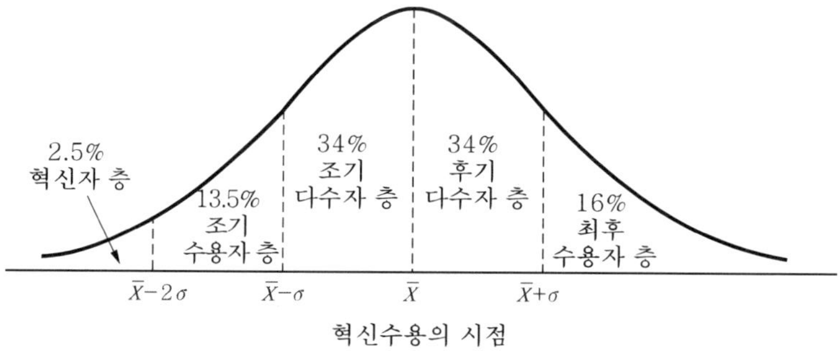

〈그림 5-8〉 혁신수용시점에 따른 수용자 분류

5가지 수용자 집단은 그 규모와 가치관에서 서로 상이하다.

혁신자(innovators)는 새로운 아이디어를 수용하는 구매자 중 처음 2.5%로서, 모험적이고 위험을 감수하고 새로운 아이디어를 사용한다.

조기수용자(early adopter)는 13.5%로서 존중에 기초하여 행동하는데 자신의 공동체에서 의견선도자이고, 새로운 아이디어를 조기에 수용하지만, 신중하게 선택한다.

조기다수자(early majority : 조기 대중)는 34%로서, 신중하며, 제조자는 아니지만 보통사람보다는 빨리 새로운 아이디어를 수용한다.

후기다수자(late majority : 후기 대중)도 34%로서 의심이 많으며 대다수가 시용한 후 새로운 것을 수용한다.

최후수용자(laggard: 느림보)는 16%로서, 전통에 묶여 있고 변화를 의심하고 혁신이 전통으로 받아들여진 후에야 수용한다.

상기와 같은 수용자 분류는 혁신지향적 기업은 혁신자와 조기수용자의 특성을 연구해야 하며, 그들에게 직접 접근할 수 있는 마케팅 노력을 해야 한다는 것을 시사한다. 대체로 혁신자는 후기수용자와 비수용자에 비해 젊고, 고학력이며, 고소득층인 경향이 있다. 또한 그들은 익숙하지 않은 것을 더 잘 받아들이는 편이며, 다른 사람보다 자신의 가치관과 판단에 더 의존하며 모험적이다. 또한 그들은 상표애호도가 상대적으로 높지 않으며, 가격할인, 쿠폰, 견본과 같은 특별한 판매촉진을 더 이용하는 경향이 있다.

3. 수용률에 영향을 미치는 제품특성

신제품의 특성은 수용률 또는 수용속도에 영향을 준다. 즉 어떤 제품은 하루 사이에 확산되는 반면에, 어떤 제품은 시장에서 수용되는데 오랜 시간이 걸린다.

다섯 가지 제품 특성이 혁신제품의 수용률에 영향을 미친다.

- **상대적 이점**(relative advantage) : 혁신제품이 기존제품에 비해 우수하게 보이는 정도이다. HDTV는 더 좋은 화질과 더 편한 프로그램을 감상할 수 있음을 제공한다는 점에서 상대적 이점이 있는 것으로 지각될수록 HDTV의 수용 속도는 더 빨라진다.
- **양립성**(compatibility) : 혁신제품이 잠재 소비자의 가치관과 경험에 일치하고 맞는 정도이다. HDTV는 상위 중산층 가정의 라이프스타일과 양립된다. 그러나 현재의 소비자가 이용하는 프로그램 또는 방송 시스템과는 완전하게 적합하지 않다.
- **복잡성**(complexity) : 혁신제품을 사용하거나 이해하는데 어려운 정도이다. HDTV는 복잡하지 않으므로, 더 많은 프로그램을 이용할 수 있고, 가격이 인하

된다면 더 복잡한 혁신제품에 비해 가정에 더 빠르게 침투할 수 있다.

- 분리성(divisibity) : 더 많은 혁신제품이 한정된 조건에서 사용될 수 있는 정도이다. HDTV는 아직도 고가이기 때문에 빠른 속도로 수용되는데 장애요인이 된다.
- 커뮤니케이션 가능성(communicability) : 혁신제품을 사용한 결과가 다른 사람에게 보여지거나 전해질 수 있는 정도이다. HDTV는 그 자체가 실연과 제품설명을 의미하므로, 소비자 사이에 더 신속하게 확산될 수 있다.

상기의 5가지 이외에 초기원가와 향후 소요되는 원가, 위험과 불확실성, 사회적 용인 등과 같은 특성도 수용률 또는 수용속도에 영향을 미친다. 그러므로 신제품 마케팅 관리자는 신제품 및 신제품 마케팅 프로그램을 개발할 때 상기의 모든 요인을 고려해야 한다.

제6절 국제적 소비자 행동

1. 국제 마케팅 기업의 소비자 행동 이해

한 나라에서도 소비자 행동을 이해한다는 것은 결코 쉬운 일이 아니지만, 여러 국가에서 사업을 하는 국제기업에게 있어 각 국가의 소비자 행동을 이해하고 또한 그들의 욕구를 충족시키는 것은 큰 도전적인 문제가 될 수 있다. 물론 다른 나라의 소비자들도 공통적인 것을 소유하고 있기는 하지만, 가치관, 태도, 행동은 대부분 큰 차이가 있다. 이에 따라 국제 마케팅 기업은 이런 차이를 이해해야 하고, 그 차이에 적응할 수 있는 제품과 서비스 그리고 마케팅 프로그램을 조절해야 한다.

한 국가내에서도 소비자들 간에 차이가 있지만, 동일한 제품의 사용과 소비에 대해서 국가 간에 뚜렷한 차이가 있다. 예를 들어, 시리얼의 경우, 미국, 프랑스, 인도 등의 국가에 대해서, 국제 마케팅 기업은 상이한 광고소구와 그에 따른 소비 패턴을 국가의 차이에 맞도록 변화시키고 있다.

2. 국가들 간의 차이에 대한 적응

국제 마케팅 기업들은 종종 국제시장의 미묘한 차이를 간파하는데 고전하기도 한다. 그러한 차이는 소비자의 신체적 차이 또는 다양한 환경적 차이 때문으로 나타나는 결과이다.

서양 사람들보다 동양 사람들이 손이 작기 때문에 소형가전제품(면도기 등) 제조기업은 동양 사람들에게 맞도록 크기를 작게 하여 제공한다. 그리고 동양 사람들은 겸손과 존경을 미덕으로 여긴다는 문화적 차이도 고려되어야 한다. 따라서 강요적이고 적극적인 판매접근을 불쾌하게 받아들일 수 있다. 즉 이러한 풍습과 관습 그리고 행동에 대한 국가의 차이를 이해하지 못하는 경우, 국제마케팅 기업은 국제적인 제품과 마케팅 프로그램에서 크게 실패하게 된다.

문제가 되는 것은 다양한 시장의 독특한 문화와 소비자 욕구에 대응하기 위해 마케팅 기업이 자사 제품과 마케팅 프로그램을 어느 정도 수정, 조절해야 할 것을 결정하는 것이다.

한 가지 극단적인 것은 운영을 단순화하고 규모의 경제에 따른 원가우위를 획득하기 위해 마케팅 제공물 및 마케팅 전략과 프로그램 등을 표준화하는 것이다. 또 다른 방법은 각 나라마다 수정된 마케팅 전략과 프로그램을 적응화하는 것으로서, 현지 소비자의 욕구를 더 잘 충족시킬 수 있는 제품과 마케팅 프로그램을 제공하는 것이다.

그러나 해외시장에 마케팅 믹스를 현지적응화(차별화)할 것인가 또는 표준화할 것인가의 문제는 논쟁의 대상이 되고 있다. 이 문제에 대해서는 제19장에서 보다 상세하게 연구할 것이다.

참고문헌

윤훈현 역, 『마케팅 관리론』, 12판, 피어슨, 2006.

Adam Ferrier, "Cognitive Dissonance and the Stability of Service Quality Perceptions," *The Journal of Services Marketing*, 2004, p. 433.

Audrey Azoulay and Jean-Noel Kapferer, "Do Brand Personality Scales Really

Measure Brand Personality?" *Journal of Brand Management*, November 2003, p. 143.

Everett M. Rogers. *See his Diffusion of Innovations*, 5th ed. (New York: Free Press, 2003)

Jennifer Aaker, "Dimensions of Measuring Brand Personality," *Journal of Marketing Research*, August 1997, pp. 247-356.

Kotler P. and Gary Armstrong, *Marketing : An Introduction*, 9th ed., Pearson, 2009.

Kotler P. and Gary Armstrong, *Principles of Marketing*, 12th ed., Pearson, 2008.

Kotler P. and Kevin Lane Keller, *Marketing Managerment*, 13th ed., Pearson, 2009.

Pallavi Gogoi, "Meet Jane Geek," *Business Week*, November 29, 2005, pp. 94-95.

Philip Kotler and Kevin Lane Keller, *Marketing Management*, 12th ed. (Upper Saddle River, NJ: 2006), pp. 191-203.

Ronald E. Goldsmith, "The Influentials," *Journal of Product & Brand Management*, 2005, pp. 371-372.

Schiffman and Kanuk, *Consumer Behavior*, pp. 219-220.

VALS/types.shtml and www.sric-bi.com/VALS/projects.shtml, December 2006.

6
chapter

산업재 시장과 산업재 구매행동

대부분의 대기업은 다양한 방법으로 다른 조직체에게 제품을 판매한다. Boeing, Airbus, IBM, Dupont, Caterpillar, 현대중공업, 효성, LS전선 등 수많은 기업들이 자사 제품을 다른 기업이나 조직에게 판매한다. 또한 최종소비자가 사용하는 제품을 제조하는 소비재 기업들도 다른 기업들에게 제품을 판매한다. 예를 들어, 현대와 기아자동차는 트럭회사나 버스회사, 택시회사에 트럭, 버스, 택시를 판매하며, 삼성과 LG전자, 대우전자 등도 자사의 컴퓨터를 기업이나 정부기관에 판매한다. CJ나 대상 등도 자사 제품을 기업이나 기관을 포함한 비영리기관에 판매한다.

제 1 절 산업재 구매행동과 산업재 시장

1. 산업재 구매행동

산업재 구매행동(business buyer behavior)이란 타인에게 공급하거나 빌려주거나 판매할 어떤 제품과 서비스를 생산하기 위해 재화(원료, 부품 등)나 서비스를 구매하는 조직의 구매행동이다. 또한 이 구매행동에는 수익을 목적으로 타인에게 재판매하거나 빌려주기 위해 재화를 구입하는 소매기업이나 도매기업의 행위도 포함한다.

산업재 구매과정은 소비재 구매과정과는 달리, 산업재 구매자는 우선 구매가 필요한 제품과 서비스의 종류를 결정하고, 이와 관련된 여러 공급업자나 상표를 탐색하고, 평가하여 최상의 것을 선택한다. 이에 따라 B to B(산업재, business to business) 마케팅 기업은 산업재 시장과 산업재 구매자의 행동을 이해하는데 최선을 다해야 한다. 그 후 최종소비자에게 판매하는 기업처럼 월등한 고객가치를 창조함으로써 산업재 고객과 수익성 있는 관계를 구축해야 한다.

2. 산업재 시장의 의미 및 특성

산업재 시장(business market)은 소비자 시장보다 더 많은 돈과 품목들이 포함되므로 거대한 시장을 조성한다. 예를 들어, 현대자동차의 소나타의 생산과 판매의 경우, 다양한 공급업체(vendor : 하청업체)가 승용차 생산에 필요한 수많은 부품과 장비를 현대자동차에게 판매한다. 현대자동차는 승용차를 대리점과 영업소를 통해 소비자에게 판매한다. 즉 한 대의 승용차에 대한 소비재 구매(consumer purchase)를 위해 여러 가지의 산업재 구매(business purchase)가 있어야 한다. 또한 현대자동차는 승용차를 필요로 하는 기업 또는 택시회사나 렌트카 회사에 승용차를 판매하며, 또한 자동차 부품 등을 수리서비스 기업에게 판매한다.

어떤 면에서 산업재 시장은 소비재 시장과 비슷하다. 두 시장 모두 구매역할을 하는 사람(구매자), 그리고 욕구를 충족시키기 위해 구매결정을 하는 사람 등을 포함한다. 그러나 산업재 시장은 여러 부분에서 소비재 시장과 상이하다. 〈표 6-1〉과 같이 두 시장은 시장구조와 수요, 구매단위의 본질, 의사결정 유형과 의사결정 과정에서 차이가 있다.

〈표 6-1〉 산업재 시장의 특성

시장구조와 수요
산업재 시장은 더 적은 수의 그러나 더 큰 규모의 구매자를 가지고 있다.
산업재 고객은 지역적으로 더 집중되어(geographically concentrated) 있다.
산업재 구매자 수요는 최종 소비자 수요로부터 나온다.
산업재 시장에서의 수요는 더 비탄력적(inelastic)이다. 즉 수요가 단기적 가격 변화에 덜 영향을 받는다.
산업재 시장에서의 수요는 더 변동이 심하고, 더 빨리 변동한다.
구매 단위의 성격
산업재 구매는 더 많은 구매자를 포함한다.
산업재 구매는 더 전문적인 구매 노력이 수반된다.
의사결정 유형과 의사결정 과정
산업재 구매자는 보통 더 복잡한 구매 의사결정에 직면한다.
산업재 구매 절차는 더 공식화되어 있다.
산업재 구매에서는 구매자와 판매자가 긴밀하게 협력하며, 장기간 관계를 형성한다.

1) 시장구조와 수요

산업재 마케팅 기업은 보통 소비재 시장보다 적은 수의 그러나 더 큰 규모의 구매자와 거래한다. 예를 들어, 한국타이어와 금호타이어의 경우, 타이어의 수요는 소비자 시장보다 산업재 수요가 더 크다. 즉 타이어는 자동차 제조회사의 주문량에 따라 크게 좌우되며, 전체 타이어 수요 중 큰 부분을 차지한다.

산업재 시장은 또한 지역적으로 더 집중되어 있다. 즉 산업재는 주로 제조기업에 의해 소비되는데, 이 제조기업들이 일정지역 즉 특정 공단지역에 집중되어 소비하기 때문이다. 예를 들어, 철강의 경우 조선이나 자동차 제조기업이 집중되어 있는 지역인 포항, 울산, 전주 등에서 많이 소비된다.

또한 산업재 수요는 파생수요(derived demand)로서, 소비재 수요에서 파생된다. 즉 승용차 수요가 감소되면 자동차 생산이 감소되고 따라서 타이어 수요가 감소된다. 이에 따라 간혹 B to B 마케팅 기업은 산업재 수요를 증가시키기 위해 최종 소비자에게 직접 제품을 광고하기도 한다. 예를 들어, Intel사는 PC 구매자에게 자사의 마이크로 프로세스의 가치를 광고하며, 한국타이어나 금호타이어도 자사의 타이어의 우수성을 알리는 광고를 한다.

많은 산업재 시장의 수요는 비탄력적이다. 즉 산업재 제품의 총수요는 일반적으로는 가격변화에 큰 영향을 받지 않는다. 특히 장기적으로 상기의 현상이 뚜렷한데, 예를 들어, 타이어 가격을 인하한다고 해도 타이어 수요가 크게 증가하지 않는다.

마지막으로 산업재 시장의 수요는 더 변동이 심하다. 즉 산업재 재화와 서비스에 대한 수요는 소비재 재화와 서비스보다 더 많이 더 빨리 변화하는 경향이 있다. 즉 소비자 수요가 작게 변화하여도 그와 관련된 산업재 수요는 더 크게 변화한다.

2) 구매단위의 본질

소비재 구매와 비교하여, 산업재 구매는 더 많은 의사결정 참여자와 더 전문적인 구매노력이 요구된다. 보통 산업재 구매는 훈련된 전문 구매관리자에 의해서 수행되며, 또한 구매가 복잡할수록 의사결정 과정에 많은 사람이 참가할 가능성이 있다. 최근 기술 전문가와 최상위 관리자로 구성된 구매위원회가 주요 재화를 구매하는 역할을 하고 있다.

또한 많은 산업재 구매기업들이 자사의 구매기능을 공급관리(supply management) 또는 공급업자 개발(supplier development)기능으로 차원을 높이고 있다. 현재 B to B 마케팅 기업은 더 상위직의 잘 훈련된 새로운 부류의 구매관리자와 만나고 있다. 따라서 산업재 마케팅 기업은 잘 훈련된 구매자와 거래하기 위해 마케팅 관리자 그리고 판매원을 위한 훈련에 최선을 다해야 한다.

3) 의사결정 형태와 의사결정 과정

산업재 구매자는 소비재 구매자보다 더 복잡한 구매 의사결정에 직면한다. 산업재 구매는 많은 제품과 복잡한 기술적, 경제적 고려사항, 구매조직의 수많은 계층의 상호작용에 직면한다.

첫째, 구매과정이 복잡하기 때문에 산업재 구매자는 의사결정을 하는데 많은 시간을 소비한다. 둘째, 산업재 구매절차는 소비재 구매과정보다 더 형식화, 공식화되어 있다. 셋째, 규모가 큰 산업재 구매는 상세한 제품규격, 문서화된 구매주문, 신중한 판매자 탐색, 공식적인 승인을 요구한다.

마지막으로 산업재 구매과정에서 구매자와 판매자는 서로에게 더욱 의존한다. 소비재 마케팅 관리자는 소비자와 멀리 떨어져 있지만, B to B 마케팅 관리자는 구매과정의 모든 단계를 거치는 동안 구매기업의 관리자(기업고객)와 매우 가깝게 협력한다. 즉 B to B 마케팅 기업과 관리자는 자사의 제품을 각 기업고객의 욕구에 맞추어 제공한다. 이러한 활동은 장기적으로 B to B 마케팅 관리자에게 기업고객의 현재의 요구에 부합함과 동시에 고객의 문제해결을 도와주는 동반자화를 형성케 함으로써 계속적인 판매활동을 가능케 한다.

최근 기업고객과 공급자(B to B 마케팅 기업)와의 동반자화는 노골적인 적대적 관계에서 가깝고 사이좋은 관계로 변화하고 있다. 즉 많은 기업고객(customer company)은 공급업자 개발(supplier development)을 실행하고 있는데, 공급업자 개발이란 구매기업이 자신의 제품을 제조하는데 사용할 또는 타인에게 재판매할 제품이나 원재료에 대해 적절하고도 신뢰할 수 있는 공급을 확보하기 위해 공급업자 동반자화(supplier partnership) 네트워크를 개발하는 것이다.

제 2 절 산업재 구매행동

1. 산업재 구매행동 모델

산업재 마케팅 관리자는 산업재 구매자가 다양한 마케팅 자극에 대해 어떻게 반응할 것인가를 알아야 한다. 즉 〈그림 6-1〉과 같이 마케팅 자극과 기타 자극이 구매조직에 영향을 미치고 구매자 반응을 유발한다.

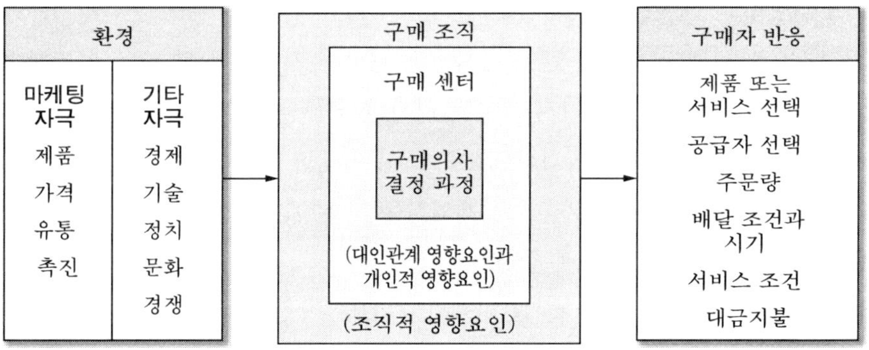

〈그림 6-1〉 산업재 구매행동 모델

산업재 구매의 마케팅 자극은 4P(제품, 가격, 유통경로, 촉진)로 구성되며, 기타 다른 자극에는 환경적 요인(경제적, 기술적, 정치적, 문화적, 경쟁적 요인)이 포함된다. 이러한 자극들이 구매조직에 들어가고, 구매자(구매기업)의 반응(제품 또는 서비스 선택, 공급업자 선택, 주문량, 배달, 서비스, 지불조건 등)으로 변화하여 나타난다.

산업재 마케팅 기업과 관리자는 최적의 마케팅 전략을 수립하기 위해 자극을 구매반응으로 전환시킬 수 있도록 구매조직내에서 어떤 일이 일어나는가를 간파해야 한다.

구매조직에서의 구매활동은 2개의 부문, 즉 ① 구매 의사결정에 관여하는 모든 사람으로 구성된 구매센터(buying center), ② 구매 의사결정 과정으로 구성된다. 구매센터와 구매 의사결정 과정은 외부의 환경적 요인뿐만 아니라 구매조직의 내부요인, 대인 관계적 요인 그리고 개인적 요인에 의해 영향을 받는다.

〈그림 6-1〉의 모델은 산업재 구매 행동에 관한 4가지 사항, 즉 ① 산업재 구매자의 구매 의사결정 유형 ② 구매과정에의 참가자 ③ 구매자에게 영향을 미치는 주요 요인 ④ 산업재 구매자의 구매 의사결정 행위 등을 제시한다.

2. 구매상황 형태와 구매 의사결정

1) 구매상황 형태

구매상황은 일반적으로 3가지 형태가 있다. 즉 일상적인 의사결정인 단순 재구매, 그 반대로서 철저한 조사가 요구되는 신규 구매, 그리고 중간 단계로서 약간의 조사가 필요한 수정 재구매가 있다.

① 단순 재구매

단순 재구매(straight rebuy) 상황에서, 구매자는 변경사항 없이 재주문을 한다. 즉 구매부서는 일상적인 기준에 따라 단순하게 재구매한다. 과거의 구매 만족도에 근거하여 구매자는 목록에 있는 다양한 공급업자 중에서 하나의 마케팅 공급기업을 선정한다.

기존의 공급업자는 무엇보다도 제품과 서비스 질을 유지하는데 노력해야 한다. 그리고 자동재주문 시스템을 제안하여 재주문 시간을 절약할 수 있도록 해야 한다. 이와는 대조적으로 목록에서 제외된 공급업자는 구매자가 자신을 고려하도록 하기 위해 부가가치를 창출하는 새로운 방법을 모색하거나, 구매기업의 불만족 이유를 이용해야 한다.

② 수정 재구매

수정 재구매(modified rebuy) 상황에서 구매자는 제품규격, 가격, 조건, 공급업자 등의 변경을 원한다. 따라서 더 많은 의사결정 참여자가 포함된다.

현재의 공급업자는 거래를 유지하기 위해 최선을 다해야 하고 항상 긴장해야 한다. 한편 목록에 빠진 외부의 공급업자는 보다 향상되고 월등한 것을 구매자에게 제공하여 수정 재구매 상황을 새로운 거래를 조성할 수 있는 기회로 삼아야 한다.

③ 신규 구매

신규 구매(new task) 상황은 구매기업이 제품이나 서비스를 처음 구매하는 경우로서, 비용이나 위험이 클수록 의사결정 참여자가 증가되며, 정보를 수집하기 위한 노력도 증가한다.

신규 구매 상황은 마케팅 기업에게 가장 큰 기회이며 또한 도전이 되므로, 산업재 마케팅 관리자는 구매에 영향을 줄 수 있는 많은 요인을 조사, 탐색하고 도움과 정보를 제공해야 한다.

2) 구매상황 형태와 구매 의사결정

재구매 상황에서 구매자는 거의 의사결정을 하지 않고 신규 구매 상황에서 많은 의사결정을 한다.

신규 구매 상황에서 구매자는 제품규격, 공급업자, 가격할인, 지불조건, 주문량, 배송시기, 서비스 조건 등을 결정하는데, 의사결정의 순서는 각 상황에 따라 상이하며, 여러 의사결정 참여자는 각각의 선택에 영향을 미친다.

3) 시스템 판매

상당수 산업재 구매기업은 하나의 공급업자(vendor)로부터 패키지 형식의 문제해결방법의 형태로 구매한다. 즉 구매기업은 모든 제품 구성요소를 여러 공급기업으로부터 구입하여 그 구성부품을 결합, 조립하지 않고, 판매기업에게 구성요소의 공급뿐만 아니라 그 구성요소를 패키지나 시스템으로 결합, 조립하여 공급할 것을 요구한다.

이에 따라 구매고객의 요구조건을 충족시키는 가장 완벽한 시스템을 제공하는 공급기업이 판매할 수 있다. 즉 시스템 판매(system selling)가 계약을 맺고 유지할 수 있는 중요한 산업재 마케팅 전략이 되고 있다.

판매업자는 구매자가 패키지 형태를 선호함에 따라, 시스템 판매가 효과적인 마케팅 도구가 되고 있음을 인식하고 있다. 이러한 시스템 판매는 두 단계의 과정으로 구성된다.

첫 번째 단계에서 공급업자는 서로 관련되는 제품군을 판매한다. 즉 접착제를 공급하는 기업은 접착제를 사용하는데 이용하는 공구 등을 판매한다. 두 번째 단계로서, 공급업자는 구매자의 원활한 운영을 위해 생산, 재고 통제, 유통, 기타 서비스 등을 묶은 시스템을 판매한다.

결론적으로, 시스템 판매는 계약을 체결하고 유지하기 위한 효과적인 산업재 마케팅 전략이 되는데, 그 이유는 고객기업의 욕구를 완벽하게 충족시킬 수 있는 철저한 해결책을 제공하는 기업이 계약을 체결할 수 있기 때문이다.

3. 산업재 구매과정의 참여자

구매 기업은 엄청난 가치의 재화와 서비스 구매를 결정하기 위해서 구매센터를 활용한다. 구매센터(buying center)는 구매조직의 의사결정 단위로서, 구매 의사결정 과정에서 특정한 역할을 하는 모든 개인과 단체를 의미한다.

이 구매센터에는 제품이나 서비스를 실제 이용하는 사용자, 구매 의사결정을 내리는 사람, 구매 의사결정에 영향을 미치는 사람, 실제 구매를 담당하는 사람 그리고 구매 정보를 통제하는 사람이 포함된다. 즉 구매센터는 구매 의사결정 과정에서 아래의 다섯 가지 역할을 담당하는 사람으로 구성된다.

- **사용자**(users) : 재화나 서비스를 사용하게 될 조직구성원으로서, 사용자가 구매제안을 발의하고 제품규격을 정한다.
- **영향력 행사자**(influencers) : 제품규격을 정하는데 관여하며, 대안을 평가하는데 필요한 정보를 제공한다. 기술부서의 요원이 이에 속한다.
- **구매자**(buyers) : 공급업자를 선정하고 구매조건을 결정하는 공식적인 권한을 가지고 있다. 간혹 복잡한 상황에서는 최고경영층이 구매협상에 참여하기도 한다.
- **의사결정자**(deciders) : 최종 공급업자를 선정하고 승인할 수 있는 공식적 또는 비공식적인 권한을 가지고 있다. 그러나 일상적인 구매상황에서는 구매자가 의사결정자 또는 승인자가 된다.
- **정보통제자**(gate keepers) : 외부로 나가는 정보흐름을 통제하는데, 구매관리자, 기술부서 요원, 개인 비서가 이에 포함된다.

상기의 구매센터는 고정되어 있거나 공식적으로 규정되어 있는 단위는 아니다. 따라서 구매의 형태에 따라 다양한 구매역할을 하는 서로 다른 사람들로 구성된 총합이다. 즉 하나의 조직으로 구매센터의 크기와 구성은 각각의 제품이나 구매상황에 따라 달라진다. 즉 일상적인 구매상황에서는 한 사람(예 : 구매담당자)이 구매센터의 모든 역할을 맡기도 하며 모든 의사결정을 한다.

이러한 구매센터의 개념은 산업재 마케팅 기업에게 중요한 마케팅 도전과제를 시사한다. 즉 산업재 마케팅 관리자는 누가 의사결정에 참여하는가, 각 참여자의 상대적 영향력은 어떠한가, 각 의사결정 참여자가 사용하는 평가요소는 무엇인가를 필시 간파해야 한다.

일반적으로 구매센터는 공식적인 구매 의사결정과 관련되는 필수적인 참여자로 구성되는데, 간혹 비공식적인 참여자가 포함되기도 하며, 그가 의사결정에 강하게 영향을 미치기도 한다. 따라서 많은 산업재 구매 의사결정이 변화하는 구매센터의 참여자들 간의 복잡한 상호작용으로 이루어지므로, 산업재 마케팅 기업의 관리자는 구매센터의 참여자 그리고 그들의 상호작용적 영향력에 주의를 기울여야 한다.

4. 산업자 구매자에게 영향을 미치는 주요 요인

산업재 구매자는 여러 가지 요인에 영향을 받아 구매결정을 한다. 산업재 마케팅 관리자는 경제적 요인이 가장 영향을 주는 요인이라고 가정하여, 구매자에게 경제적 이점(benefit)을 제공하는 것에 집중한다. 그러나 실제로 산업재 구매자는 경제적 요인 그리고 개인적 요인 모두에 반응한다. 즉 구매자는 이성과 감정 모두에 반응한다.

오늘날 대부분의 B to B 마케팅 관리는 산업재 구매 의사결정시에 감정이 중요한 역할을 한다는 사실을 인정한다. 그 이유는 공급업자의 제공조건이 거의 유사한 경우에 산업재 구매자의 선택은 이성적인 선택기준에 의해 이루어지지 않기 때문에, 구매자의 의사결정은 개인적 요인 즉 감정이 더 큰 역할을 하게 된다. 그러나 경쟁관계에 있는 제품이 현저하게 차이가 있는 경우에 산업재 구매자는 선택에 책임을 져야 하며, 이에 따라 경제적 요인 즉 이성에 더욱 관심을 갖게 된다.

〈그림 6-2〉는 산업재 구매자에게 영향을 주는 환경적, 조직적, 대인적(상호인적),

개인적 요인 등을 보여준다.

〈그림 6-2〉 산업재 구매행동에 영향을 주는 주요 요인

1) 환경적 요인

산업재 구매자는 일차적 수요의 수준, 경제 전망, 자본비용과 같은 현재 및 장래의 경제적 환경요인에 영향을 받는다. 또한 핵심적인 원재료의 부족도 환경요인이 될 수 있으며, 기술적, 정치적, 경쟁적 상황에 의해서도 영향을 받는다. 마지막으로 문화와 관습은 산업재 마케팅 관리자의 행동이나 전략을 받아들이는 산업재 구매자의 태도에 강하게 영향을 미친다.

산업재 구매자는 환경적 요인들을 주시해야 하며, 그 요인들이 구매자에게 어떻게 영향을 미칠 것인가를 결정해야 하며, 이러한 도전적인 문제를 기회로 전환시키도록 노력해야 한다.

2) 조직적 요인

구매기업은 고유한 목적, 방침, 절차, 구조, 시스템을 갖고 있으므로, 산업재 마케팅 관리자는 이런 요인을 간파해야 한다.

즉 산업재 마케팅 관리자는 구매 의사결정에 얼마나 많은 사람이 관여하며, 그들은 누구이며, 그들의 평가기준은 무엇인가 그리고 기업의 방침과 구매자의 한계점은 무엇인가 등을 고려해야 한다.

3) 대인적(상호인적) 요인

구매센터는 서로에게 영향을 주는 많은 참여자로 구성되어 있으므로, 대인적(상호인적: interpersonal)요인이 산업재 구매과정에 영향을 미친다. 따라서 대인적 요인 그리고 집단역학을 평가하고 간파하기는 무척 어려우며 미묘하다.

그러므로 산업재 마케팅 관리자는 상기의 대인적 요인과 관련되는 미묘한 관계를 간파하고, 이에 대처할 수 있는 전략을 사전에 수립해야 한다.

4) 개인적 요인

산업재 구매 의사결정 과정에서의 각 참여자는 개인적 동기, 개인적 이해, 개인적 선호에 있어 상이하다. 즉 연령, 교육수준, 소득, 개성, 위험에 대한 태도 등의 개인적 특성이 영향을 미친다.

또한 구매자는 서로 상이한 구매 스타일을 갖고 있다. 즉 어떤 구매자는 전문적 성향이 있어 공급업자의 제안서를 상세하게 검토·분석하지만, 어떤 구매자는 공급업자를 경쟁하도록 하는데 익숙한 직관적 협상자일 수도 있다.

5. 산업재 구매과정

〈그림 6-3〉은 산업재 구매과정 8단계로서, 이 과정은 통상 신규구매 상황에 직면한 구매자가 거치는 과정이다. 그러나 수정 재구매자 또는 단순 재구매자는 몇몇 단계를 뛰어넘기도 한다.

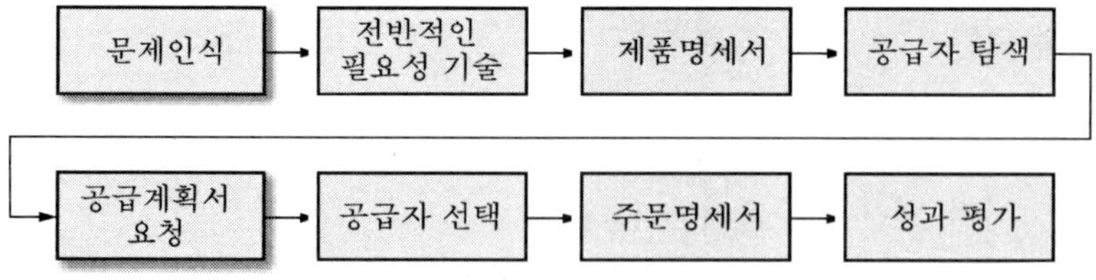

〈그림 6-3〉 산업재 구매과정의 8단계

1) 문제인식

구매과정은 기업의 구성원 중 누군가가 특정한 제품이나 서비스를 획득함으로써 해결될 수 있는 문제나 욕구를 인식하는 것에서 시작한다.

문제인식(problem recognition)은 외부 자극이나 내부 자극에서 출발되는데, 내부 자극으로는 새로운 생산장비나 원재료가 필요한 신제품 출시의 경우 또는 기계가 고장 나서 새로운 부품이 필요한 경우이다. 기타 자극요인으로는 현 공급업자의 제품의 질, 서비스, 가격 등에 대해 구매부서 관리자가 불만족할 경우이다.

외부 요인으로는 구매자가 업계 전시회에서 새로운 아이디어를 얻거나, 광고를 보거나, 더 좋은 제품이나 더 낮은 가격을 제시하는 판매원의 제의를 받은 경우이다. 따라서 산업재 마케팅 기업은 광고에서 소비자에게 잠재적인 문제를 환기시킨 다음, 자사의 제품이 어떻게 문제의 해결방법을 제공하는가를 보여주어야 한다.

2) 전반적인 욕구 기술서

욕구를 인식한 후, 구매자는 필요한 품목의 특징과 수량을 설명하는 전반적인 욕구 기술서(general need description)를 준비한다. 표준적인 품목의 경우에는 거의 문제가 없으나, 복잡한 품목의 경우에 구매자는 그 품목을 결정하기 위해 엔지니어, 사용자, 상담자와 같은 다른 사람들과 상의한다. 또한 품목에 요구되는 신뢰도, 내구성, 가격, 기타 특성의 중요도 순서를 결정해야 한다.

이 단계에서 산업재 마케팅 관리자는 구매자가 필요로 하는 것을 결정하는데 도움을 주고 또한 다양한 제품특성이 있는 가치 있는 정보를 제공해야 한다.

3) 제품 규격명세서

구매조직은 그 품목의 기술적인 제품 규격명세서(product specification)를 만드는데, 종종 가치분석 엔지니어링 팀의 도움을 받는다. 가치분석(value analysis)은 비용절감을 위한 접근방법으로서, 부품이 재설계될 수 있는가, 표준화될 수 있는가, 더 저렴한 가격으로 생산하는 방법이 있는가를 결정하기 위해 그 품목을 면밀하게 분석하는 기법이다. 엔지니어링 팀은 가장 좋은 제품특성을 결정하고 그에 따라 규격명세서를 만든다.

산업재 마케팅 관리자는 새로운 계약을 확보하기 위한 수단으로서 이 가치 분석을 이용할 수 있다. 특히 명부나 목록에 포함되지 않은 외부의 공급업자는 구매자가 목적을 달성하는데 더 좋은 방법을 제시함으로써, 단순 재구매 상황을 새로운 사업을 획득할 수 있는 기회가 되는 신규 구매상황으로 전환시킬 수 있다.

4) 공급업자 탐색

구매자는 가장 월등한 공급업자를 찾기 위해 공급업자 탐색(supplier search)을 행한다. 업계 회원명부를 살펴보고, 컴퓨터를 탐색하거나, 다른 기업으로부터 추천을 받아 자료를 수집한다.

오늘날에는 인터넷을 이용하여 공급업자를 탐색하므로, 산업재 마케팅 기업에게 있어 인터넷은 공평한 경쟁의 장이 되고 있다. 즉, 인터넷은 규모가 크든 작든 공급업자에게 똑같은 혜택을 제공한다.

신규 구매상황의 경우, 그리고 품목이 복잡하고 고가일 경우, 구매자가 공급업자를 탐색하는데 많은 시간이 소요된다. 이에 따라 공급업자는 구매자 명부에 들어가고 또한 시장에서 좋은 평판을 쌓아야 한다. 즉 산업재 마케팅 기업은 공급업자를 탐색하는 구매기업에 대해 주의를 기울이며 또한 자사가 고려대상이 되도록 해야 한다.

5) 공급계획서 요청

공급계획서 요청(proposal solicitation) 단계에서 구매자는 일정한 자격을 갖춘 공급업자에게 계획서를 제출할 것을 요청한다. 공급업자는 통상 카탈로그나 판매원을 보낸다. 그러나 복잡하거나 고가인 경우에 구매자는 잠재적인 공급업자에게 상세한 서면계획서나 공식적인 시연(프레젠테이션)을 요청한다.

산업재 마케팅 기업은 구매자의 계획서 요청에 따라 공급계획서를 작성하기 위해 조사, 기술, 제시하는 능력을 향상시켜야 하며 또한 그 계획서는 기술적 서류가 아닌 마케팅 서류가 되어야 한다. 즉 프레젠테이션은 신뢰감을 주고, 경쟁사에 비해 우수한 기업으로 인식되도록 해야 한다.

6) 공급업자 선정

구매센터의 구성원은 공급계획서를 검토한 후 공급업자를 선정(supplier selection)한다. 구매센터는 공급업자의 속성 그리고 그 속성의 상대적 중요성을 리스트로 작성한다.

통상 구매관리자는 제품과 서비스의 질, 적시 배달, 기업의 도덕적 행동, 정직한 커뮤니케이션, 경쟁적인 가격을 가장 중요한 속성으로 인식하고 있으며, 또한 수리와 서비스, 능력, 기술적 원조와 조언, 지리적 위치, 과거의 성과, 평판도 중요한 속성으로 인식한다. 구매센터의 구성원은 상기의 속성을 기준으로 공급업자를 평가하고, 최상의 공급업자를 선정한다.

구매자는 선정한 공급업자와 더 좋은 가격과 조건에 대해 협상을 시도할 수 있는데, 그 후 하나 또는 소수의 공급업자를 선택한다. 많은 구매자들이 하나의 공급업자에게 전적으로 의존함으로써 발생할 수 있는 위험을 감소시키기 위해 몇 명의 공급업체를 설정하고(이중 개발), 추후에도 그들로부터 가격비교와 성과 정보를 받는다.

오늘날 공급업자 개발 관리자는 강력한 공급업자 동반자화 네트워크를 조성하고 있는데, 이것은 기업이 고객에게 더 많은 가치를 제공할 수 있기 때문이다.

7) 주문 명세서

구매자는 주문 명세서(order-routine specification)를 준비하는데, 주문 명세서에는 최종 주문과 선정된 공급업자의 최종주문, 필요한 수량, 배송시기, 반품방침, 품질보증 등의 내용이 있는 규격명세서 등이 포함된다.

유지보수용, 수선용, 운영용 품목의 경우, 구매자는 주기적인 구매주문보다는 일괄계약(blanket contracts)을 하는 경향이 있는데, 일괄계약은 정해진 기간내에 정해진 가격으로 구매자가 요구할 때마다 계약된 품목을 공급해 주는 장기적인 관계이다.

최근 규모가 큰 구매자들은 공급업자에 의한 재고관리(vendor managed inventory : 공급업자가 관리하는 재고)를 행하고 있는데, 이것은 구매자가 공급업자에게 자사의 주문과 재고를 넘기는 시스템이다. 이 시스템하에서 구매자는 판매와 재고 정보를 주요한 공급업자와 직접 공유하게 되므로, 공급업자는 재고상태를 점검하고 자동적으로 필요한 만큼 보충한다.

8) 성과평가

구매자는 공급업자의 성과를 평가(performance review)한다. 구매자는 사용자와 접촉하여 만족도를 평가하므로, 성과평가 단계는 구매자가 공급업자와의 계약을 계속 유지하거나, 조정하거나, 중단하는가를 결정하는 단계이다.

그러므로 판매업자 즉 산업재 마케팅 기업은 구매자가 기대하고 있는 만족을 충족시키고 있는가를 확인하기 위해 구매자가 평가하는데 사용하는 평가요인을 관리해야 한다.

9) 산업재 구매과정의 활용과 참여자 역할

〈그림 6-3〉에 제시된 구매과정 모델은 신규 구매상황에서 일어날 수 있는 산업재 구매상황을 단순화한 것인데, 실제로 구매과정은 이보다 훨씬 복잡하다. 그리고 각 구매조직은 자신만의 방법으로 구매하고, 각 구매상황에는 독특한 요구사항을 갖고 있다.

그리고 구매센터의 여러 참여자는 구매과정의 여러 다른 단계에 관여한다. 즉 일반적으로 일정한 구매과정이 있다고 하더라도 구매자는 동일한 주문일 경우에도 항상 그 과정단계를 따르지 않고 다른 단계를 추가할 수도 있다. 그리고 구매자는 보통 구매과정의 일정한 단계를 반복한다.

마지막으로, 고객관계는 정해진 기간 동안에 진행되는 다양한 구매과정 단계에서 형성되므로, 산업재 마케팅 관리자는 개별적인 구매를 관리하는 것이 아니라, 전체적인 고객관계를 관리한다는 철학을 가져야 한다.

6. 전자조달 : 인터넷 구매

1) 전자조달의 성장과 의미

과거 몇 년 동안, 정보기술의 발달로 B to B 마케팅 과정이 변화되어, 온라인 구매(전자조달 : e-procurement)가 성장되었다.

기업은 여러 가지 방법을 이용하여 조달을 할 수 있다. 즉 기업은 자신의 기업구매 사이트(company buying site)를 만들어 입찰자를 모집하고, 조건을 협상하고 주문할 수 있다. 또한 기업은 주요 공급업자와 엑스트라넷 링크(extranet link)를 만들 수 있는데, 기업 구매자는 장비, 원재료, 소모품 등을 구입할 수 있다. B to B 마케팅 기업은 사용하기 용이하고 충실하게 디자인된 웹사이트를 만들어 온라인으로 구입하고자 하는 고객에게 도움을 줄 수 있다.

전자조달을 이용하여 구매자는 새로운 공급업자에게 접근할 수 있고, 구매비용을 절감하고, 주문과정과 배송을 빠르게 할 수 있다. 그리고 산업재 마케팅 기업은 온라인에서 고객과 자신을 연결할 수 있다. 즉 온라인에서 마케팅 정보를 제공하고, 제품과 서비스를 판매하고, 고객지원 서비스를 제공하고 또한 고객관계를 계속 유지할 수 있다.

2) 전자조달의 혜택과 문제

B to B 전자조달은 많은 혜택을 준다. 즉 B to B 전자조달은 거래비용을 절감하고, 구매자와 공급업자 간에 효율적인 거래를 가져다 준다. 웹으로 이루어지는 구매프로그램은 전통적으로 이용하였던 청구서, 주문절차와 관련된 문서업무를 없애고 있다.

또한 전자조달은 주문과 배송 간의 시간을 줄여주는데, 특히 해외의 많은 공급업자와 거래하는 기업은 시간을 절약할 수 있다. 또한 전자조달로 구매자는 잡스러운 과업을 하지 않음으로써 더 전략적인 문제에 집중할 수 있다. 즉 온라인을 이용함으로써 구매 전문가는 단조롭고 고역스러운 일이나 문서업무를 적게 하여, 재고를 관리하고 공급업자와 창의적으로 일하는데 더 많은 시간을 할애할 수 있다.

그러나 전자조달의 사용이 급속하게 진행됨으로써 몇 가지 문제가 발생하고 있다. 즉 웹을 이용하여 공급업자와 고객이 정보와 자료를 공유할 수 있고 또한 제품을 설계하는데 서로 협력할 수 있지만, 과거 오랫동안 유지되어온 고객과 공급업자 간의 관계가 서서히 약화되고 있다. 그 이유는 구매기업들이 웹을 이용하여 더 양호한 공급업자를 물색하기 때문이다.

또한 전자구매(e-purchasing)는 보안문제를 야기시키고 있다. 전자우편과 홈뱅킹

거래가 암호화 프로그램으로 보호되고 있지만, 기업이 기밀거래를 완벽하게 수행할 수 있는 정도로 보안환경이 아직은 마련되고 있지 못한 실정이다.

제3절 기관과 정부시장

산업재 구매자(구매기업)와는 달리 기관과 정부조직 즉 비영리 조직의 구매는 추가적인 특징과 필요사항이 있다.

1. 기관시장

기관시장(institutional market)은 학교, 병원 요양원, 교도소, 사람들에게 재화와 서비스를 제공하는 기타 기관으로 구성되는데, 일반적으로 기관은 후원자 그리고 조직의 목표라는 측면에서 영리조직과는 상이하다.

대다수의 기관시장은 적은 예산과 선택권이 거의 없는 고객(captive patrons)을 특징으로 하고 있다. 예를 들어, 병원은 환자와는 상이한 욕구와 목표를 가지고 있다. 따라서 병원의 구매관리자는 최소한의 규격기준에 맞거나, 그 기준을 초과하지 않는다면, 최상의 품질과 낮은 가격을 제시하는 공급업자를 선정한다.

상기와 같은 비영리 조직의 특성 때문에, 상당수 마케팅 기업은 기관구매자의 특징과 욕구를 충족시키기 위한 별도의 부서를 설치하여 대응하고 있다.

2. 정부시장

1) 정부시장의 의미와 구매과정

정부시장(government markets)은 정부조직이 필요로 하는 재화와 서비스를 구매하는 시장으로서, 대기업이나 중소기업 모두에게 많은 기회를 제공한다.

정부의 구매는 산업재 구매와 유사한 점도 많이 있지만, 정부에게 제품과 서비스를 판매하기 위해 기업은 또 다른 특별한 것도 이해해야 한다. 즉 정부시장에서 성공하기 위해 마케팅 기업은 핵심적인 의사결정자를 탐색하고, 구매행동에 영향을 주는 요인을 밝혀내고 구매 의사결정 과정을 이해해야 한다.

정부조직은 전형적으로 공급업자에게 입찰제안서 제출을 요구하고, 일반적으로 가장 낮은 가격을 제출하는 공급업자와 계약한다. 물론 각 정부기관은 일정시간내에 계약을 완료하기 위해 공급업자의 높은 품질과 평판을 고려하기도 하는데, 이는 일정한 자격을 갖추어야 한다는 것이다. 그리고 높은 R&D 비용과 위험을 수반하는 복잡한 프로젝트나 경쟁사가 거의 없는 상황에서는 협상된 계약에 근거하여 구매하기도 한다.

정부조직은 외국의 공급업자보다는 자국의 공급업자를 더 선호하는 경향이 있지만, 그러한 편애가 점차 없어지고 있다.

2) 정부구매의 영향요인

정부 구매자도 소비재 및 산업재 구매자와 마찬가지로 환경적, 조직적, 대인적, 개인적 요인에 영향을 받는다. 그러나 정부구매의 특별한 한 가지는 정부가 세금을 사용하므로, 세금이 어떻게 사용되는가를 감시하는 외부 사람(국회, 감사원, 기타 단체)이 있다. 따라서 정부조직은 공급업자에게 많은 서류업무를 요구한다. 이에 반해 공급업자는 과중한 서류처리업무, 관료주의, 규제, 의사결정 지연, 조달구매부서의 빈번한 인사이동 등을 불평한다.

상기와 같은 비능률적인 관료주의에도 불구하고, 기업들이 정부와 거래를 하고자 하는 이유는 정부가 엄청나게 많은 제품과 서비스를 구입하기 때문이다.

대부분의 정부조직은 예비 공급업자에게 정부에 판매할 수 있는 방법을 상세하게 설명하는 가이드라인(지침서)을 제공하고 있다. 즉 사업 서비스 센터 등을 통해 정부기관이 구매하는 방식, 공급업자가 준수해야 할 과정과 단계, 현재의 조달기회를 교육시키며, 정보를 제공한다. 그러나 공급업자는 대규모한 정부구매 상황에 대처하기 위해 정부 시스템에 정통하고 또한 관료주의를 극복할 수 있는 방법을 모색해야 한다.

비경제적 요소도 정부구매에서 점차 큰 역할을 하고 있다. 즉 정부 구매자는 부진한 기업이나 지역기업을 활성화시키기 위해 권장하기도 한다. 중소기업, 소수민족이 운영하는 기업, 인종이나 성별 또는 연령차별을 하지 않는 기업에 우선권을 주기도 하므로, 판매업자는 상기의 요인을 고려해야 한다.

3) 정부구매에 대한 마케팅 기업의 대응

정부에 판매하는 기업은 여러 가지 이유 때문에 마케팅 지향성을 포기할 경우도 있다. 즉 정부의 소비가 선거에서 당선된 공무원이 결정하는 경우가 많기 때문이다. 또한 정부구매는 가격을 강조하므로 가격을 인하하는 기술에 투자해야 한다. 따라서 제품의 속성이 구체적으로 제시되는 경우에 제품 차별화는 마케팅 요인이 될 수 없으며, 또한 공개입찰의 경우에 광고나 인적판매는 거의 역할을 하지 못한다.

최근 정부구매도 온라인으로 이루어지고 있음을 간파해야 한다. 정부기관이 자체의 웹사이트를 통해 조달할 내용을 제공하며 또한 제반 정보를 제공하고 있다. 따라서 마케팅 기업은 정부기관의 웹사이트에 주목해야 하며, 인터넷 시스템이 점차 확대되고 있음도 인식해야 한다.

참고문헌

윤훈현 역, 『마케팅 관리론』, 12판, 피어슨, 2006.

Das Narayandas, "Building Loyalty in Business Markets," *Harvard Business Review*, September 2005, pp. 131-139; and James C. Anderson, James A. Narus, and Wouter van Rossum, "Customer Value Propositions in Business Markets," *Harvard Business Review*, march 2006, pp. 91-99.

Frederick E. Webster, Jr., and Yoram Wind, *Organizational-Buying Behavior*, pp. 33-37.

James C. Anderson and James A. Narus, *Business Market Management*, 2nd ed. (Upper Saddle River, NJ: 2004), chapter 3; and Philip Kotler and Kevin Lane Keller, *Marketing Management*, 12th ed. (Upper Saddle River, NJ: Prentice Hall, 2006), chapter 7.

James C. Anderson and James A. Narus, *Business Market Management: Understanding, Creating and Delivering Value* (Upper Saddle River, NJ: Prentice Hall; 2004), chapter 3.

Kotler P. and Gary Armstrong, *Marketing : An Introduction*, 9th ed., Pearson, 2009.

Kotler P. and Gary Armstrong, *Principles of Marketing*, 12th ed., Pearson, 2008.
Kotler P. and Kevin Lane Keller, *Marketing Managerment*, 13th ed., Pearson, 2009.
Messmer, "The Feds Get into Online Buying," *Network World*, March 5, 2001, p. 67.
Robinson, Faris, and Wind, *Industrial Buying Behavior*, p. 14.

제 3 부

고객지향적 마케팅 전략과 통합적 마케팅 믹스 설계

7
chapter

고객지향적 마케팅 전략 :
표적고객을 위한 가치창조

현대의 마케팅 기업은 시장의 모든 구매자에게 소구할 수 없거나 또는 모든 구매자를 동일한 방식으로 소구할 수 없다는 사실을 인식하고 있다. 그 이유는 구매자들이 너무 많고, 넓게 분산되어 있고, 욕구와 구매유형이 너무나 다양하며, 또한 각 세분시장에 대응할 수 있는 마케팅 기업의 능력이 매우 상이하기 때문이다.

이에 따라 마케팅 기업은 자신이 가장 잘 대응하여 수익을 창출할 수 있는 시장의 부분을 확인해야 한다. 즉 마케팅 기업은 적절한 고객과 적절한 관계를 조성할 수 있는 고객지향적 마케팅 전략을 수립해야 한다.

제 1 절 표적 마케팅

1) 표적 마케팅의 의미

모든 마케팅 기업은 대량 마케팅에서 표적 마케팅으로 변화하고 있다. 표적 마케팅(target marketing)이란 세분시장을 확인하고, 그 중에서 하나 또는 그 이상의 표적세분시장을 선정하고, 각 표적세분시장에 적합한 제품과 마케팅 프로그램을 개발하는 것이다.

마케팅 기업은 마케팅 노력을 분산시키는 것이 아니라(산탄총 방식), 자신이 가장 잘 창조할 수 있는 가치에 많은 관심을 기울이는 구매자에게 초점을 맞추어야 한다(소총 방식).

2) 표적 마케팅의 단계

〈그림 7-1〉은 고객지향적 마케팅 전략을 수립하는데 가장 중요한 네 가지 주요단계를 보여준다.

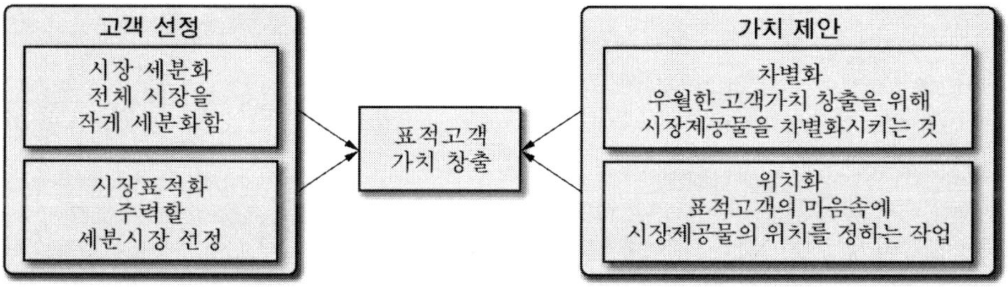

〈그림 7-1〉 시장세분화, 시장표적화, 시장위치화의 단계

첫 번째와 두 번째 단계에서 마케팅 기업은 자신이 만족시킬 고객을 선정한다. 즉 시장세분화(market segmentation)는 시장을 서로 상이한 제품 및 마케팅 믹스를 요구하는 독특한 욕구, 특징과 행동을 갖는 더 작은 구매자 집단으로 나누는 것이다. 마케팅 기업은 시장을 세분화하는 여러 기준과 방법을 확인하고 그에 따라 분류된 세분시장의 프로파일을 개발한다. 시장표적화(표적시장 선정 : market targeting)는 각 세분시장의 매력성을 평가하여 진출할 하나 또는 그 이상의 세분시장을 선정하는 것이다.

마지막 두 단계에서 마케팅 기업은 가치제안(표적 고객을 위한 가치창조)을 결정한다. 차별화(differentiation)는 경쟁사보다 월등한 고객가치를 창조하기 위해서 기업의 시장제공물을 실제로 차별화하는 것이다. 위치화(위치선정: positioning)는 표적소비자의 마음속에 경쟁제품과 비교하여 상대적으로 분명하고, 독특하며, 바람직한 위치를 차지하기 위한 시장제공물을 계획하는 것이다.

제 2 절 시장세분화

시장은 구매자로 구성되지만, 이 구매자는 욕구, 자원, 위치, 구매태도와 구매관습에서 서로 상이하다. 이에 따라 마케팅 기업은 시장세분화를 통해 크고 이질적인 시장을 작은 세분시장으로 나눔으로써 각 세분시장의 독특한 욕구에 맞는 제품과 서비스를 더 효율적이며 효과적으로 세분시장에 도달할 수 있다.

1. 소비자 시장의 세분화

시장을 나누는 유일한 방법은 없다. 따라서 마케팅 기업은 시장구조를 파악하는 최상의 방법을 찾기 위해 각각의 시장세분화 변수를 사용하여 시장을 세분화하거나 또는 여러 변수를 사용하여 세분화할 수 있다.

〈표 7-1〉은 소비자 시장을 세분화하는데 사용하는 주요 변수, 즉 지리적, 인구통계적, 심리묘사적 및 행동적 변수를 보여준다.

1) 지리적 세분화

지리적 세분화(geographic segmentation)는 시장을 국가, 지역, 주(도), 도시, 동네 등과 같이 서로 다른 지리적 단위로 나누는 것이다. 마케팅 기업은 하나 또는 여러 개의 지리적 구역에서 사업을 할 것인가 또는 모든 지역에서 사업을 하지만 욕구 등의 지리적 차이에 관심을 가질 것인가를 결정해야 한다.

많은 마케팅 기업들이 오늘날 개별지역, 도, 도시, 동네 등의 욕구에 적응하기 위해 제품, 광고, 촉진, 판매노력을 지역화하고 있다. 예를 들어, Coca-Cola사는 일본시장을 위해 즉석에서 마실 수 있는 네 가지 캔 커피를 개발하였는데, 각 커피는 특정한 지역을 표적으로 하고 있다.

〈표 7-1〉 소비자 시장을 위한 세분화 변수

변수	전형적인 세분화
지리적	
지역	태평양 연안지방, 산악지방, 서북중부지방, 남서중부지방, 동북중부지방, 동서중부지방, 남대서양 연안지방, 중대서양 연안지방, 뉴잉글랜드 지방
도시 또는 대도시	5,000명 미만, 5,000~19,999, 20,000~49,999, 50,000~99,999, 100,000~249,999, 250,000~499,999, 500,000~999,999, 1,000,000~3,999,999, 400만명 이상
인구밀도	도시, 교외, 시골
기후	북부, 남부
인구통계적	
연령	6세 미만, 6~11세, 12~19세, 20~34세, 35~49세, 50~64세, 65세 이상 남녀
가족규모	1~2명, 3~4명, 5명 이상
가족생활주기	독신청년, 결혼 젊음 무자녀, 결혼 젊은 6세 미만 자녀, 결혼 젊음 6세 이상 자녀, 성년 결혼 무자녀, 성년 결혼 18세 미만 무자녀, 성년 결혼 18세 이상 자녀, 성년독신, 기타
소득	9,999달러 미만, 10,000~14,999, 15,000~19,999, 20,000~29,999, 30,000~49,999, 50,000~99,999, 100,000달러 이상
직업	전문 및 기술직, 경영자, 공무원, 기업주, 서기 및 판매종업원, 기능직 및 직장, 운전직, 농부, 퇴직자, 학생, 주부 및 무직자
교육	중졸 및 그 이하, 고중퇴, 고졸, 대중퇴, 대졸
종교	천주교, 기독교, 유대교, 이슬람교, 힌두교, 기타
세대	베이비붐 세대, X세대
국적	북아메리카, 남아메리카, 영국, 프랑스, 독일, 이탈리아, 일본
사회계층	하하층, 하상층, 근로층, 중간층, 중상층, 상하층, 상상층
심리묘사적	
라이프스타일	문화 지향적, 스포츠 지향적, 외부 지향적
개성	강제적, 사교적, 권위적, 야심적
행위적	
사용 경우	정규적, 특수적
혜택(이점)	품질, 서비스, 경제성, 속도
사용자 지위	비사용자, 전사용자, 잠재적 사용자, 초회사용자, 정규사용자
사용률	경(소량)사용자, 중사용자, 중(다량)사용자
충성도의 정도	무, 중간, 강, 절대적
구매준비 태세단계	비인지, 인지, 정보 가짐, 관심, 희구, 구매의도
제품에 대한 태도	열광적, 긍정적, 무관심, 부정적, 적대적

다른 마케팅 기업은 아직까지 진출하지 않은 지역을 개발하려고 노력하고 있다. 예를 들어, 상당수 대기업들이 소도시에 매장을 개설하기 위해 경쟁이 치열한 대도시와 교외에서 빠져나오고 있는데, 이러한 현상은 한국에서도 뚜렷하게 나타나고 있다.

반면에 다른 대형소매상들은 더 밀집된 도시지역에 진출하기 위해 새로운 개념을 개발하고 있는데, 현재 표준규모의 매장과는 달리 규모가 작은 매장을 개점하고 있다.

2) 인구통계적 세분화

인구통계적 세분화(demographic segmentation)는 시장을 연령, 성별, 가족 크기, 가족생활주기, 소득, 직업, 교육수준, 종교, 인종, 동세대, 국적 등을 기준으로 나누는 것이다.

인구통계적 변수는 고객집단을 세분화하는데 가장 많이 이용되는데, 2가지 이유 때문이다. 첫째, 소비자의 1차적 욕구, 2차적 욕구, 사용량 등이 인구통계적 변수와 밀접하게 관련되어 있다. 둘째, 인구통계적 변수가 다른 세분화 변수보다 세분시장을 측정하기 용이하기 때문이다.

세분시장이 추구하는 이점이나 행동 등과 같은 다른 세분화 변수에 의해 우선 세분시장으로 정의되는 경우에도 표적시장의 크기를 평가하고, 그 시장에 효율적으로 도달하기 위해 세분시장의 인구통계적 특징을 알아야 한다.

(1) 연령과 생활주기

소비자의 욕구는 연령에 따라 변화하므로, 마케팅 기업은 상이한 연령대와 생활주기 단계의 소비자 집단에게 상이한 제품을 제공하거나, 상이한 마케팅 접근방법을 사용하기 위해 연령과 생활주기에 따른 세분화를 이용한다. 즉 어떤 기업은 아동시장을, 그리고 또 다른 기업은 베이비붐 세대시장을 위한 제품을 제공한다.

그러나 마케팅 기업은 연령이나 생활주기 세분화를 이용할 때, 고정관념의 영향을 받지 않도록 주의해야 한다. 예를 들어, 베이비붐 세대가 모두 동일하게 활동하지 않기 때문이다. 따라서 연령은 개인의 생활주기, 건강, 일, 가정상황, 욕구, 구매력을 예측할 수 있는 좋은 지표가 되지 않는다는 사실에 주의해야 한다. 즉 원숙한 나이의 소비자를 대상으로 마케팅 활동을 하는 마케팅 기업은 일반적으로 위약한 모습보다는 긍정적인 이미지와 긍정적인 소구를 사용한다.

(2) 성별

성별 세분화(gender segmentation)는 의류, 화장품, 화장실용품, 잡지 등에서 오래전부터 사용되어 왔다. 그러나 최근 들어, 여성용 제품 마케팅 기업들이 여성용품을 약간 변경하여 남성시장에 그리고 남성용 제품 마케팅 기업은 남성용품을 약간 변경하여 여성시장에 진출하고 있다.

지금까지 거의 진출하지 못하였던 여성시장에 남성용품을 변경하여 여성시장을 공략하고 있는데, 예를 들어, Nike사는 여성용 스포츠의류 시장에 진출하기 위해 노력하고 있다.

또한 주로 남성용품 기업들의 웹사이트와 매체 네트워크도 여성을 표적으로 하고 있다. 예를 들어, WE TV는 여성을 위한 네트워크로서, 여성들에게 중요한 명분이나 공익적 대의(cause)를 지원함으로써 여성이 자신의 목소리를 내고, 그에 따라 기분 좋게 느낄 수 있도록 도와주고 있다. 또한 신용카드 기업들도 여성의 소득이 증가됨에 따라 여성전용 신용카드를 제공하고 있으며, 단기신용 대출기업들도 여성들을 위한 대출서비스를 제공하고 있다(러시 엔 케시 등).

(3) 소득

소득 세분화(income segmentation)는 자동차, 의류, 화장품, 금융서비스, 여행 등과 같은 제품과 서비스를 판매하는 마케팅 기업이 오래 전부터 사용하여 왔다. 예를 들어, 사치품과 편의 서비스를 제공하는 많은 기업들이 부유층 소비자를 표적으로 하고 있다.

그러나 소득 세분화를 이용하는 기업이 모두 부유층을 표적으로 하지는 않는다. 예를 들어, 저가격을 제공하는 소매상들이 저소득과 중산층 소비자 집단을 표적으로 하고 있다.

3) 심리묘사적 세분화

심리묘사적 세분화(psychographic segmentation)는 구매자를 사회계층, 라이프스타일, 개성 등과 관련된 특징을 기초로 서로 상이한 세분시장으로 나누는 것이다. 같은 인구통계적 집단에 속한 시장이라도 심리묘사적 특징에서 많이 상이할 수 있다.

사람들은 자신의 라이프스타일을 반영하는 제품을 구입하는 경향이 있으므로, 마케팅 기업은 자신의 시장을 소비자의 라이프스타일에 따라 구분하고, 이를 바탕으로 라이프스타일에 소구하는 마케팅 전략을 수립한다. 예를 들어, 신용카드 기업들은 고객의 라이프스타일에 맞는 카드임을 약속하며, 그에 어울리는 유명인사의 라이프스타일을 보여준다. 또한 부유층 주택가에 위치한 고급 백화점은 그 부유층 소비자들의 라이프스타일에 맞도록 매장 분위기를 조성하기도 한다.

마케팅 기업은 또한 시장을 세분화하기 위해 개성 변수를 사용하고 있는데, 어떤 오토바이 회사는 힙팝과 유행의 흐름에 민감한 20대 초반을 표적으로 하는데, 이는 개성집단을 대상으로 하는 전략이다. 또한 어떤 기업은 마음속에 있는 반항적이고 독립적인 어린 시절에 소구함으로써, 어린 시절에 하지 못했던 것을 50세가 되어 행하도록 하고 있다.

4) 행동적 세분화

행동적 세분화(behavioral segmentation)는 구매자를 지식, 태도, 사용상황, 제품에 대한 반응 등에 기초하여 집단으로 나누는 것이다. 마케팅 관리자들은 행동변수가 시장을 세분화하는데 가장 좋은 출발점이라고 생각한다.

(1) 사용상황

어떤 상황에서 제품을 구매하겠다고 생각하는가, 실제로 구매하는가 또는 구매한 제품을 사용하는가에 따라 구매자를 집단으로 나눌 수 있다. 이러한 사용상황 세분화를 이용하여 마케팅 기업은 제품의 용도를 개발하는 데 도움을 받을 수 있다. 예를 들어, 계란은 아침에 가장 많이 소비하는 제품이지만, 계란에 대한 제품의 우위성을 제시하여 하루 어느 때든지 계란을 먹을 것을 촉진함으로써 계란의 수요를 창출할 수 있다.

어버이날과 같은 특별한 공휴일이나 기념일에 과자, 꽃, 카드, 관련 선물의 매출증가를 촉진하기 위해 많은 마케팅 기업들이 공휴일 상황에 맞는 특별한 제공물과 광고를 한다. 특히 특별한 제품(초콜릿, 자장면, 빼빼로 등)은 밸런타인 데이, 11월 11일, 등에 맞추어 집중적으로 광고함으로써 소비를 진작시키고 있다.

(2) 추구하는 이점

제품에서 추구하는 이점(benefit)에 따라 소비자를 구분할 수 있다. 이점 세분화(benefit segmentation)는 사람이 제품 계층에서 추구하는 주요한 이점, 각 이점을 추구하는 사람의 유형, 이 이점을 제공하는 주요 상표를 파악하여 마케팅 전략을 수립하는 것이다.

예를 들어, 운동복의 경우, 운동복에서 추구하는 이점에 따라 시장을 세분화할 수 있는데, 기능과 스타일의 조화를 추구하는 소비자, 열심히 운동하고 운동복과 함께 살고 운동복을 신중하게 생각하여 성과와 기능을 추구하는 소비자 그리고 운동에 관심이 적고 운동복에 관여수준이 낮으나 가족을 위해 운동복을 구입하고 내구성과 가치를 원하는 소비자로 세분화할 수 있다.

(3) 사용자 상태

시장은 제품의 미사용자, 과거 사용자, 잠재고객, 첫 번째 사용자, 정기적인 사용자 등으로 구분될 수 있다. 이 경우 각 집단은 상이한 마케팅 소구수와 전략을 필요로 한다.

인생에서 새로운 전기를 갖는 소비자(예: 결혼한 부부나 출산한 부모 등)는 대량 소비자가 될 가능성이 있는 잠재고객 집단에 포함될 수 있다. 따라서 이 세분시장을 표적으로 하는 마케팅 기업은 상기의 집단에 속한 사람들의 이름을 입수하고, 미래의 구매점유율을 선점·확보하기 위해 무료견본이나 광고물(판촉물 등)을 보낼 수 있다.

(4) 사용률

시장은 제품을 소비하는 양에 따라 소량 소비자, 중간 소비자, 다량 소비자로 나눌 수 있다.

다량 소비자(heavy user)가 전체 소비자에서 차지하는 비율은 낮지만, 전체소비에서 높은 비율을 차지하는 경향이 있으므로, 마케팅 기업은 다량 소비자 집단의 여러 특성을 파악하여, 이에 적합한 마케팅 전략을 수립할 수 있다(예 : 맥주 등).

(5) 충성도 수준

시장은 소비자의 충성도 수준에 따라 세분화될 수 있는데, 그 배경은 소비자는 상표, 점포, 기업에 대해 충성도를 가지고 있기 때문이다. 즉 어떤 소비자는 항상 특정한 상표만을 구입함으로써 거의 완벽한 충성도를 가지고 있다.

한편 다른 소비자는 보통 수준의 충성도를 갖고 있다. 주어진 제품군 내에서 2~3개의 상표충성도가 있거나, 어떠한 상표를 선호하지만 간혹 다른 상표를 구입하기도 한다. 또한 어떤 구매자는 전혀 충성도가 없어 구매할 때마다 다른 상표를 원하거나, 어떤 것이든 할인판매하는 것을 구입한다.

마케팅 기업은 시장에서 충성도 유형을 분석함으로써 많은 것을 배울 수 있다. 첫째, 마케팅 기업은 자사에 대해 충성적인 고객을 연구할 수 있다. 즉 표적시장을 파악함으로써 마케팅 소구방법을 개발할 수 있다. 둘째, 자사에 대해 충성도가 상대적으로 낮은 고객을 연구함으로써 마케팅 기업은 어떤 상표가 가장 경쟁적인가를 발견할 수 있다. 셋째, 자사 상표에서 타사 상표로 변경한 고객을 분석함으로써 자신의 마케팅 약점을 간파할 수 있다.

5) 세분화 변수의 결합적 사용

마케팅 기업은 하나 또는 몇 개의 세분화 변수로 시장을 세분화하지는 않는다. 더 작고, 더 정의된 표적고객을 발견하기 위해 더 많은 세분화 변수를 사용한다. 예를 들어, 어떤 은행은 은퇴한 부자집단을 발견한 후, 그 집단 내에서 소득수준, 자산, 저축과 위험 선호도, 주거, 라이프스타일 등에 기초하여 더 작은 세분시장을 간파하여, 그에 적합한 마케팅 전략을 수립하고 있다.

여러 개의 변수를 이용한 시장세분화의 좋은 예는 지리적 변수와 인구통계적 변수를 결합하여 이용하는 것으로서 지리인구통계적 세분화(geodemographic segmentation)라고 한다.

가장 앞서가는 라이프스타일 시장세분화 시스템 중 하나는 Claritos사가 개발한 PRIZM NE(New Evolution)이다. 이 시스템은 미국 가구를 인구통계적 변수(연령, 교육수준, 소득, 직업, 가족구성, 인종, 주거 등)와 행동과 관련된 변수, 라이프스타일 변수(구매, 휴식시의 활동, 매체 선호성 등)에 따라 구분된다. 마케팅 관리자는 PRIZM NE를 이용하여 고객이 누구이고, 고객이 무엇을 구매할 것인가를 알기 위해 고객이 어디에 사는가에 관한 정보를 이용할 수 있다.

PRIZM NE는 미국 가구를 66개의 독특한 세분시장으로 구분하는데, 이것은 14개의 서로 상이한 사회적 집단으로 구성된다. 이렇게 구성된 사회적 집단은 각각에 대해 이름이 부여된다. 또한 이 시스템은 사람과 지역을 결합시켜 서로 유사한 마음을 갖고 있고, 시장성이 높은 소비자 집단으로 세분화하는 것을 도와주는데, 각 세분시장은 독특한 특징과 구매행동을 보여준다.

결론적으로 볼 때, 시장세분화는 많은 다양한 마케팅 기업에게 강력한 수단을 제공한다. 즉 시장세분화는 마케팅 기업이 핵심고객 세분시장을 발견하고, 더 잘 이해하고, 더 효율적으로 표적화하며, 구체적인 욕구에 맞춘 마케팅 제공물과 메시지를 개발하는데 도움을 준다.

2. 산업재 시장 세분화

1) 산업재 시장 세분화 변수

소비재와 산업재 시장의 마케팅 기업은 시장을 세분화하기 위해 거의 동일한 변수를 사용한다. 산업재 구매자는 지리적 요인, 인구통계적 요인(산업, 기업의 규모) 또는 추구하는 이점, 사용자 상태, 사용률, 충성도 수준 등으로 세분화할 수 있다. 그러나 산업재 마케팅 기업은 또한 고객의 사업운영상 특징, 구매방식, 상황요인, 개인적 특징과 같은 변수를 추가로 사용한다.

이에 따라 전체시장이 아니라 세분시장을 공략함으로써, 마케팅 기업은 추구하는 세분시장에 적절한 가치제안을 제공하고 또한 그 결과로 더 많은 가치를 획득할 수 있다.

2) 산업재 시장의 기타 세분화 변수

거의 모든 마케팅 기업들이 어느 정도는 산업재 시장을 상대하고 있다. 예를 들어, 어떤 신용카드 회사는 영세상인, 기업, 소규모 사업자와 같은 세 개의 사업자 세분시장을 표적으로 하여, 각 세분시장에 적합한 독특한 마케팅 프로그램을 개발하고 있다. 따라서 각 세분시장에 대해 자사의 신용카드를 취급하도록 설득할 수 있는데, 이 산업재 세분화는 규모별 기준에 의한 것이다.

많은 마케팅 기업이 규모가 크거나 또는 여러 지역에서 사업하는 고객을 관리하기 위해 별도의 시스템을 도입하고 있다. 예를 들어, 어떤 사무실 가구 제조업체는 고객을 은행, 보험, 전자를 포함하여 10개의 산업으로 구분하고, 자사의 판매원으로 하여금 각 세분시장의 규모가 더 작은 각 지역의 고객을 관리하도록 하고 있다. 이 경우에 세분화 변수는 업종으로서, 업종의 차이에 따라 별개의 마케팅 전략을 수립하는 것이다.

주어진 표적산업과 기업고객의 크기 범위에서 마케팅 기업은 구매 접근방식과 구매기준에 따라 시장을 세분화할 수 있다. 또한 마케팅 기업은 구매행동과 추구하는 이점이 산업재 시장을 세분화하는데 가장 좋은 기초가 된다는 사실을 터득하고 있다.

3. 국제시장 세분화

1) 국제시장의 세분화 변수

소수의 기업만이 세계의 거의 모든 국가에서 사업을 할 정도로 충분한 자원과 의지가 있다. Coca-Cola, Sony, P&G사와 같은 거대한 다국적기업은 약 200여 국가에서 마케팅 활동을 하고 있지만, 대부분의 국제기업은 더 적은 수의 국가에 초점을 맞추고 있다.

많은 국가에서 사업을 한다는 것은 새로운 도전이다. 가깝게 위치하고 있다고 하더라도 각 국가는 정치적, 문화적, 경제적 구성에서 매우 상이할 수 있다(한국, 일본, 중국의 경우). 따라서 국제기업은 자국시장에서 하는 것과 마찬가지로 세계시장을 독특한 구매욕구와 행동을 갖고 있는 세분시장으로 구분할 필요가 있다.

마케팅 기업은 국제시장을 여러 변수들 중 하나 또는 결합을 이용하여 세분화할 수 있다.

첫째, 마케팅 기업은 지리적 위치에 따라 세분화할 수 있다. 국가를 지역에 따라 서부유럽, 동부유럽, 태평양지역, 중동지역, 아프리카지역, 북미지역, 남미지역 등으로 묶을 수 있다. 이러한 지리적 세분화는 서로 가까운 곳에 위치한 국가는 공통된 특징과 행동을 많이 공유할 것으로 가정한다. 물론 대부분의 경우는 공통적이지만, 예외도 많이 있다. 예를 들어, 미국과 캐나다는 유사한 점이 많지만, 멕시코와는 문화적으로 경제적으로 매우 상이하다. 또한 한국과 일본 그리고 중국도 가까운 거리에 위치하고 있지만, 경제적, 문화적, 정치적으로 매우 상이하다.

둘째, 세계시장은 경제적 요인을 기준으로 세분화될 수도 있다. 즉 국가는 국민소득 수준, 경제개발 수준으로 구분될 수 있다. 국가의 경제구조는 국민의 제품과 서비스에 대한 욕구를 형성하고 이에 따라 상이한 마케팅 기회를 제공한다.

셋째, 국가는 정부의 형태와 안전성, 외국기업에 대한 수용성(태도), 금융규제, 관료화 정도 등과 같은 정치적, 법적 요인으로 세분화될 수 있다. 이러한 요인은 어떤 국가에 어떻게 진출할 것인가를 선택하는데 중요한 역할을 한다.

넷째, 문화적 요인도 세분화에 사용될 수 있는데, 국제시장을 언어, 종교, 가치관과 태도, 관습, 행동 패턴에 따라 세분화하는 것이다.

2) 국제시장의 상호시장 세분화

국제시장을 지리적, 경제적, 정치적, 문화적 및 기타 요인에 기초하여 세분화하는 것은 각 세분시장이 유사한 국가로 구성된다고 가정한 것이다.

그러나 마케팅 기업은 상호시장 세분화(intermarket segmentation : 시장 간 세분화)라는 상이한 접근방법을 사용하는데, 이것은 소비자가 서로 상이한 국가에 속해 있다고 해도 유사한 욕구와 구매행동을 가진 구매자끼리 동일한 세분시장으로 구성하는 것이다.

예를 들어 Mercedes Benz는 국가와 관계없이 세계의 부자를 표적고객으로 삼고 있으며, 스웨덴의 가구회사인 IKEA사는 세계적으로 중산층을 지향하는 소비자를 표적으로 하는데, 이 기업은 세계적으로 일반 소비자가 구입할 수 있는 우수한 품질의 가구를 판매하기 때문이다.

4. 효과적인 시장세분화 조건

시장을 세분화하는 방법은 많지만, 모든 세분화가 효과적이지 않을 수 있다. 예를 들어, 식용소금 구매자는 미혼 소비자와 기혼 소비자로 구분할 수 있다. 그러나 결혼이라는 변수가 소금의 구매에 거의 영향을 미치지 않으며, 또한 거의 같은 양을 구입하고, 모든 소금제품의 품질이 거의 유사하며, 같은 가격을 지불하고자 한다면, 마케팅 기업은 시장을 세분화할 필요가 없다.

시장세분화가 마케팅 전략에 유용하게 사용하기 위해서 세분시장은 아래의 조건을 갖추어야 한다.

- **측정가능성(measurable)** : 세분시장의 크기, 구매력, 프로파일을 측정할 수 있어야 한다. 그러나 어떤 세분화 변수를 이용한 세분시장이 측정하기 어려운 경우가 있다. 예를 들어, 왼손잡이 시장은 존재하지만, 규모를 측정하기가 어렵고 또한 그에 따라 왼손잡이 세분시장을 위한 제품도 별로 없다. 여기에서 중요한 문제는 이 세분시장을 확인하고 측정하기가 어렵다는 것이다.
- **접근가능성(accessible)** : 세분시장은 효과적으로 도달되고 만족시킬 수 있어야 한다. 예를 들어, 밤에 늦게까지 사교활동을 하는 많은 독신남과 독신녀가 화장품(향수 등)을 다량으로 소비한다고 해도, 그 세분시장이 특정지역에 살지 않고, 쇼핑하지 않고, 특정한 매체에 노출되지 않는다면, 그 세분시장에 접근하기는 용이하지 않다.

- **규모의 적정성(substantial)** : 세분시장은 진출할 만큼 충분한 규모와 수익성이 있어야 한다. 즉 세분시장은 맞춤형 마케팅 프로그램을 추구할 가치가 있을 정도로 규모가 크면서 동질적인 집단으로 구성되어야 한다. 예를 들어, 키가 2m 이상인 큰 사람을 위해 특별한 자동차를 개발하는 것은 가치가 없을 것이다.
- **차별화 가능성(differentiable)** : 세분시장은 개념적으로 구별될 수 있고, 다른 마케팅 믹스 요소와 마케팅 프로그램에 상이하게 반응해야 한다. 예를 들어, 기혼여성과 미혼여성이 할인판매되는 향수에 대해 유사하게 반응한다면 이는 상이한 세분시장으로 구성되지 않는다.
- **활동 가능성(actionable)** : 효과적인 마케팅 프로그램은 세분시장을 끌어들이고 이 세분시장을 서브하기 위해 계획되어야 한다. 예를 들어, 규모가 작은 소형 항공사가 5개의 세분시장을 발견했더라도, 각 세분시장이 너무 작다면 이 항공사의 관리자는 각 세분시장을 서브하기 위해 상이한 마케팅 프로그램을 개발할 수가 없다.

제 3 절 시장표적화(표적시장 선정)

시장세분화를 통해 세분시장의 기회를 간파한 후, 마케팅 기업은 세분시장을 평가하고, 얼마나 많은 세분시장(몇 개)을 그리고 어떤 세분시장(어느 시장)을 최상으로 공략할 것인가를 결정해야 한다.

1. 세분시장 평가

세분시장을 평가할 때 마케팅 기업은 각 세분시장의 크기(현재)와 성장성(미래), 구조적 매력성, 기업의 목표와 지원 등 세 가지 요인을 검토해야 한다.

첫째, 마케팅 기업은 각 세분시장의 현재의 매출, 미래의 성장률, 기대되는 수익 등과 관련되는 자료를 수집하고 분석해야 한다. 마케팅 기업은 적정한 크기와 성장이 가능한 특징을 갖고 있는 세분시장에 관심을 갖는데, 크기와 성장은 상대적인 것임에 주의해야 한다. 즉, 크고 성장속도가 빠른 세분시장이 항상 모든 기업에게 매력적이지 않다. 소규모 기업은 규모가 큰 세분시장을 공략하는데 필요한 기술과 자원이 부족할 수도 있으며, 또한 이 세분시장이 너무 경쟁적임을 발견할 수 있다.

둘째, 마케팅 기업은 장기적인 측면에서 세분시장의 매력성에 영향을 미치는 요인을 검토해야 한다. 즉, 이 세분시장에 이미 강력하고 공격적인 경쟁사가 많이 진출해 있다면, 그 세분시장은 매력적이 아니다. 그리고 실제의 또는 잠재적인 대체품이 많이 있다는 것도 세분시장에서 확보할 수 있는 가격과 수익을 제한할 수 있다. 구매자의 상대적인 힘도 세분시장의 매력성에 영향을 미치는데, 판매자에 비해 상대적으로 강한 교섭력이 있는 구매자는 가격을 인하하고, 더 많은 서비스를 요구하며, 경쟁사로 하여금 경쟁케 하여 수익성이 낮아질 수도 있다. 마지막으로, 강력한 공급업자가 있다면 공급가격을 통제하거나 주문된 제품과 서비스의 품질과 양을 낮추는 경우 그 세분시장은 매력적이지 않다.

셋째, 세분시장의 규모가 적절하고, 성장가능성이 있으며 또한 구조적으로 매력적일지라도, 마케팅 기업은 자사의 목표와 자원을 고려해야 한다. 즉 매력적인 세분시장이 자사의 장기적인 목표와 부합되지 않기 때문에 무시될 수 있으며, 또는 매력적인 세분시장에서 성공하기 위한 기술과 자원이 부족할 수도 있다. 마케팅 기업은 경쟁사에 비해 월등한 가치를 제공하고 또한 경쟁우위를 확보할 수 있는 세분시장에만 진출해야 한다.

2. 표적시장 선정

상이한 세분시장들을 평가한 후 기업은 어떤 그리고 얼마나 많은 세분시장에 진출할 것인가를 결정해야 한다. 표적시장(target market)은 마케팅 기업이 만족시키고자 하는 공통된 욕구와 특징을 공유하는 구매자집단으로 구성된다.

구매자는 독특한 1차적 욕구와 2차적 욕구를 가지고 있기 때문에 기업은 잠재적으로 각 구매자를 서로 상이한 표적시장으로 인식해야 한다. 그 후 기업은 이상적으로 각 구매자집단에 대해 상이한 마케팅 프로그램을 계획할 수 있다. 대부분의 마케팅 기업은 너무나 많은 작은 규모의 구매자집단을 개별적으로 공략하는 것이 바람직하지 않다는 것을 간파하고 있다. 따라서 마케팅 기업은 더 큰 세분시장을 탐색하는데, 일반적으로 표적시장의 선정은 여러 상이한 수준에서 수행될 수 있다.

〈그림 7-2〉는 마케팅 기업이 표적시장을 매우 넓게(비차별적 마케팅), 매우 좁게(미시 마케팅) 또는 중간(차별적 마케팅 또는 집중적 마케팅) 정도로 선정할 수 있다.

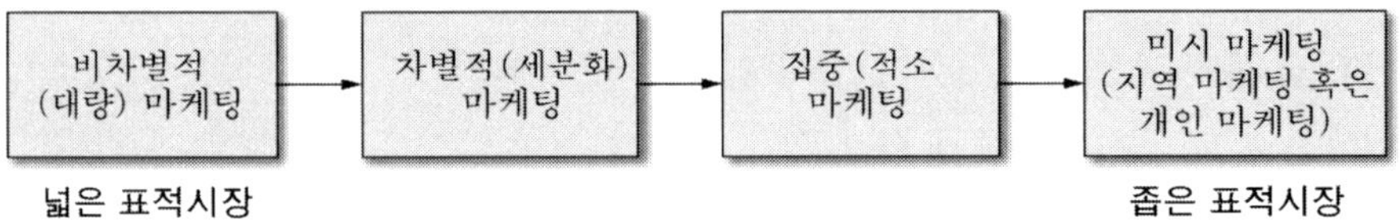

〈그림 7-2〉 표적시장 전략 수준

1) 비차별적 마케팅

비차별적 마케팅(undifferentiated marketing) 또는 대량 마케팅(mass marketing) 전략은 마케팅 기업이 세분시장의 차이를 무시하고 하나의 제공물로 전체시장을 서브하는 것이다. 즉 대량 마케팅 전략은 고객욕구의 차이점보다는 공통점에 초점을 맞추는 것으로서, 마케팅 기업은 대다수의 구매자에게 소수할 수 있는 제품과 마케팅 프로그램을 계획, 설계한다.

앞 장에서 연구한 바와 같이, 대부분의 현대 마케팅 기업은 대량 마케팅 전략에 대해 의구심을 갖고 있다. 모든 고객을 만족시킬 수 있는 한 가지 제품이나 상표를 개발하는 것이 어렵고 불가능하기 때문이다. 더 나아가 대량 마케팅 기업은 특별한 세분시장이나 적소시장(niche market: 틈새시장)의 욕구를 더 잘 충족시키고 만족시키는 데 더 집중화된 전략을 사용하는 기업과 경쟁하는데 고전하기도 한다. 즉 다수의 오류(majority fallocy)에 빠지게 된다.

2) 차별적 마케팅

차별적 마케팅(differentiated marketing) 전략을 구사하는 마케팅 기업은 여러 상이한 세분시장을 공략·진출하기로 결정하고, 각 세분시장별로 상이한 제공물을 설계한다. 예를 들어, 자동차 회사는 각각의 소득수준, 용도, 개성에 맞는 자동차를 생산할 수 있다. 또한 의류회사도 상이한 패션 세분시장의 다양한 욕구를 서브할 수 있도록 상이한 의류소매 전문점을 개점할 수 있다.

세분시장에 따라 제품과 마케팅을 변화시켜 적응, 공략함으로써 마케팅 기업은 각 세분시장에서 더 많은 매출과 더 강력한 위치화를 기대할 수 있다. 따라서 여러 상이한 세분시장에서 강력한 위치화를 개발한 후 차별적 마케팅은 모든 세분시장을 전체적으로 동일하게 서브하는 비차별적 마케팅보다 더 많은 매출을 창출할 수 있다.

그러나 차별적 마케팅 전략은 사업운영비용을 증가시킨다. 즉 10개의 세분시장에 대해 상이한 10개의 제품을 제조하는데 소요되는 비용은 1가지 제품을 100개 생산하는 것보다 많이 소요된다. 또한 각 세분시장별로 상이한 마케팅 계획을 개발하는 것은 추가적으로 마케팅 조사, 판매예측 분석, 촉진계획, 경로 관리 등이 요구된다. 또한 상이한 광고가 상이한 세분시장에 도달하기 위해서는 많은 촉진비용을 발생시킨다. 따라서 마케팅 기업은 차별적 마케팅 전략을 결정할 때, 그는 인한 매출의 증가와 비용의 증가를 비교·검토해야 한다.

3) 집중적 마케팅

세 번째 시장범위 전략은 집중적 마케팅 또는 적소 마케팅 전략이다.

(1) 집중적 마케팅의 의미와 전개

집중적 마케팅(concentrated marketing) 또는 적소 마케팅(niche marketing : 틈새 마케팅)은 기업의 재원이 제한되어 있는 경우에 매력적인 전략이다. 즉 마케팅 기업은 큰 시장에서 작은 점유율을 추구하기보다는 작은 시장 또는 적소(틈새)시장에서 큰 점유율을 추구하는 것이다. 예를 들어, 일본의 Oshkosh Truck사는 공항용 구조트럭과 콘크리트 믹서를 전문적으로 제조하는데 세계에서 가장 큰 기업이다.

집중적 마케팅을 전개하는 마케팅 기업은 적소시장의 소비자 욕구에 대해 풍부한 지식과 축적된 특별한 명성과 평판을 이용하여 강력한 시장위치를 확보할 수 있다. 마케팅 기업은 주의 깊게 정의된 표적시장의 욕구에 맞추어 제품, 가격, 촉진 프로그램을 적응함으로써 제품을 판매할 수 있다. 또한 마케팅 기업은 제품과 서비스, 유통경로, 커뮤니케이션 프로그램을 가장 잘 만족시킬 수 있고, 가장 많은 수익을 창출할 수 있는 고객을 표적으로 함으로써 더 효율적으로 판매할 수 있다.

일반적으로 규모가 큰 세분시장은 많은 경쟁기업을 유인하지만, 적소시장은 작고, 소수의 경쟁사가 있다. 또한 적소시장 전략은 소규모 기업이 대규모한 경쟁사가 중요하게 여기지 않거나, 무시하는 적소를 상대로 하여 제한된 자원을 집중할 수 있으므로 경쟁할 수 있는 기회를 가질 수 있다. 예를 들어, Apple사가 아이팟과 아이튠을 도입하였을 때 음악 다운로드 시장에서 70% 이상의 점유율을 차지하였는데, 이는 혁신이 Apple의 최첨단 제품에 더 높은 가격을 지불할 의지가 있는 충성적인 고객을 창출할 수 있는 기반을 만들어 주었다는 사실을 보여준다.

(2) 적소시장의 개발과 문제점

많은 마케팅 기업이 규모가 크고 자원이 많은 경쟁사에 대항할 수 있는 교두보를 마련하기 위해 적소시장 기업으로 사업을 시작하지만, 어느 정도 성장하면 더 넓은 시장에서 경쟁하게 된다. 또한 시장이 변화하면서 어떤 대기업은 매출을 증가시키기 위해 적소시장을 개발하기로 한다. 예를 들어, 어떤 음료회사는 적소시장을 위한 제품을 도입하였는데, 초기에 그 상표는 전체 음료시장에서 거의 점유율이 작았지만, 그 제품이 빨리 성장하여, 지금에는 전체 음료시장에서 많은 점유율을 획득하기도 한다(옥수수 수염차, 비타 500 등).

오늘날 인터넷을 이용한 매장개설은 적소시장에 진출, 공략하는데 매우 매력적인 전략이다. 소규모한 사업자는 웹에서 작은 적소시장을 서브함으로써 많은 매출을 창출할 수가 있다.

집중적 마케팅은 많은 수익성을 창출할 수 있다. 그러나 일반적으로 위험도 역시 높다. 하나 또는 몇 개의 작은 세분시장에 모든 사업을 의존하는 기업은 세분시장이 악화되면 위기를 맞게 된다. 또한 규모가 큰 경쟁사가 더 많은 자원을 가지고 그 세분시장에 진출하는 경우가 있다. 이러한 이유 때문에 많은 적소기업이 여러 개의 세분시장으로 자신의 사업을 다각화하고 있다.

4) 미시 마케팅

차별적 마케팅과 집중적 마케팅 전략을 구사하는 마케팅 기업은 다양한 세분시장과 적소시장의 욕구에 맞추어 제공물과 마케팅 프로그램을 조정하지만, 동시에 각 개별 소비자에 맞추어 제공물을 고객화하지는 않는다.

미시 마케팅(micromarketing)은 특정한 개인이나 지역의 기호를 충족시키고 만족시키기 위해 제품이나 마케팅 프로그램을 맞추는 활동이다. 즉 미시 마케팅은 개인 하나 하나를 회사의 고객으로 보기보다는 고객 하나하나를 개인으로 인식한다. 미시 마케팅에는 지역 마케팅과 개인별 마케팅을 포함한다.

(1) 지역 마케팅

지역 마케팅(local marketing)은 도시, 인근지역, 특별한 지역점포와 같은 지역 고객집단의 욕구에 상표와 촉진활동을 적응하는 것이다. 예를 들어, 어떤 은행은 동네의 인구통계 자료에 따라 각 지점마다 상이한 은행 서비스를 제공하고 있다(압구정동에 위치한 갤러리아 백화점 등).

지역 마케팅은 몇 가지 단점이 있다. 이 전략은 규모의 경제를 감소시켜 제조 및 마케팅 비용을 증가시킨다. 또한 기업이 지역 및 지방시장의 다양한 요구조건에 맞추게 되면, 이에 따라 로지스텍스상의 문제가 발생할 수 있다. 더 나아가 제품 또는 메시지를 지역에 따라 상이하게 제공함으로써 상표의 전반적인 이미지를 희석시킬 수 있다.

그러나 마케팅 기업이 점차 세분화된 시장에 직면하게 되고, 새로운 지원기술을 개발함으로써, 지역 마케팅은 단점보다는 장점을 획득하게 된다. 즉 인구통계적 요인과 라이프스타일 측면에서 지역, 지방간의 현저한 차이가 나타남에 따라 지역 마케팅으로 마케팅 기업은 더 효율적으로 제품을 판매할 수 있다. 또한 해당 지역주민을 위해 더 정교하게 조율된 상품구색을 선호하는 소매상의 욕구를 충족시킬 수 있다(예 : 강남에 위치한 신세계백화점).

(2) 개인별 마케팅

극단적인 수준에서 미시 마케팅은 개별고객의 욕구와 선호성에 제품과 마케팅 프로그램을 적응하는 개인별 마케팅이 된다. 개인별 마케팅(individual marketing)은 일 대 일 마케팅(one to one marketing), 대량 고객화(mass customization), 개인시장 마케팅(market-of-one marketing) 등으로 불리운다.

대량 마케팅이 광범위하게 이용됨으로써 과거 수세기 동안 소비자가 개별고객으로 서비스를 받아왔다는 사실이 무시되어 왔다. 사실상 양복은 양복점에서, 구두는 양화점에서, 가구도 주문에 따라 공급하였다.

그러나 오늘날 새로운 기술을 이용하여 마케팅 기업은 개별화된 마케팅으로 회귀하고 있다. 더 강력한 컴퓨터, 상세한 데이터베이스, 로버트식 생산과 유연 생산방식, 전자우편과 인터넷과 같은 상호작용적 커뮤니케이션 매체 등이 모두 합쳐져 대량 고객화를 촉진시키고 있다. 대량고객화는 마케팅 기업이 개별적인 욕구에 맞추어 제품이나 서비스를 디자인하기 위해 많은 개별고객과 일 대 일로 상호작용하는 것이다.

예를 들어, Dell사는 주문형 컴퓨터 시스템을 창안하였으며, Nike사도 웹사이트 방문자로 하여금 수백 가지의 색상 중에서 하나를 선택하고 장식된 단어나 문구를 운동화에 새김으로써 운동화를 고객별화하고 있다. 또한 일본의 National Bicycle사는 12,500,000가지의 자전거를 제공함으로써 개별고객의 욕구를 충족시키고 있다.

컴퓨터, 과자, 의류, 골프채에서 소방차에 이르기까지 모든 종류의 제품을 판매하는 기업은 개별 구매자의 욕구에 맞추어 자사의 제공물을 개인별화하고 있다.

이러한 개인별화는 소비재 마케팅 기업뿐만 아니라 산업재 마케팅 기업들도 제공물을 개인별화하기 위한 방법을 창안하고 있다. 예를 들어, 농기구 회사는 개별고객이 원하는 규격에 맞추어 농기구를 제공하며, 일본의 Oshkosh Truck사도 소방차, 공항 구조차, 믹서 레이콘 트럭, 쓰레기차, 제설기, 앰블런스, 군용차량 등을 생산하는데 특화되어 있다. 이와 같이 대량고객화 전략은 경쟁사와의 경쟁에서 살아남는 방법을 제공한다.

인간의 상호작용적 욕구를 고려하지 않는 대량생산과는 달리 일 대 일 마케팅은 고객과의 관계를 과거보다 더 중요한 것으로 만들고 있다. 즉 21세기에는 대량고객화 전략이 마케팅의 원리가 되고 있다. 즉 고객을 개별적으로 모시던 과거의 시절에서, 그리고 개별고객의 이름을 모르던 대량 마케팅으로, 그리고 다시 개인별화 시대로 회귀하는 순환과정을 거치고 있다.

개인별 마케팅에 대한 움직임은 고객의 자아 마케팅(self-marketing: 셀프 마케팅) 추세를 반영한다. 즉 개별고객은 구입할 제품과 서비스를 결정할 때 자신이 점점 더 많은 책임을 감수해야 한다. 즉 구매자는 구매과정에 자신이 더 많은 책임을 지므로, 마케팅 기업은 그의 구매결정에 영향력을 발휘하지 못한다.

상호작용적 대화가 증가하고, 일반적인 광고가 감소하면서 자아(셀프) 마케팅의 중요성은 그 만큼 증가하고 있다. 구매자는 Consumer Report를 점검하고, 인터넷을 이용하여 제품토론 포럼에 참여하고, 전화 또는 온라인으로 주문하게 됨으로써, 마케팅 기업은 새로운 방법으로 구매과정에 영향을 미쳐야 한다. 즉 마케팅 기업은 제품개발과 구매과정의 모든 단계에서 고객을 더 많이 관여시킴으로써, 구매자가 자아마케팅을 실행할 기회를 더 많이 마련해야 한다.

5) 표적시장 전략 선택

마케팅 기업은 시장표적화 전략 또는 표적시장 선정전략을 선택할 시 많은 요인을 고려해야 한다.

첫째, 마케팅 기업은 자사의 자원 범위내에서 최상의 전략을 선택해야 한다. 즉 기업의 자원이 제한적일 경우에는 집중적 마케팅이 합리적이다.

둘째, 가장 좋은 전략은 제품의 변화성(product variability)에 좌우된다. 즉 비차별적 마케팅은 기름이나 강철과 같이 표준화된 제품에 적합하지만, 카메라 또는 자동차와 같이 디자인에서 차이가 많은 제품은 차별적 또는 집중적 마케팅이 적합하다.

셋째, 제품수명주기도 고려되어야 한다. 신제품을 도입하는 도입기에는 하나의 표준모델이 판매되는 것이 실용적이므로 비차별적 마케팅이나 집중적 마케팅이 합리적이다. 그러나 성숙단계에 있는 성숙기에는 차별적 마케팅 전략이 합리적인 전략이 된다.

넷째 요인은 시장의 변화성(market variability)으로써, 모든 구매자가 동일한 기호를 갖고 같은 양을 구입하고 또한 마케팅 활동에 동일하게 반응한다면 비차별적 마케팅이 적합하다.

마지막으로, 경쟁사의 전략도 고려되어야 한다. 경쟁사가 차별적 마케팅이나 집중적 마케팅을 구사한다면, 비차별적 마케팅은 자살행위나 다름없다. 반대로 경쟁사가 비차별적 마케팅을 사용한다면, 마케팅 기업은 개인별 마케팅이나 집중적 마케팅을 사용함으로써 경쟁적 우위를 확보할 수 있다.

3. 사회적으로 책임지는 표적시장 마케팅

현명한 표적시장 전략은 최상으로 만족시킬 수 있고 수익성이 높은 세분시장에 집중함으로써 마케팅 기업이 효율적이고 효과적으로 운영할 수 있도록 도와준다. 즉 마케팅 기업은 표적시장 전략을 통해 고객에게 이점을 제공할 수 있는데, 마케팅 기업이 고객의 욕구를 만족시킬 수 있도록 적합한 제공물을 가지고 특정한 소비자집단에 접근할 수 있기 때문이다.

1) 사회적 책임상 문제

표적시장 마케팅은 간혹 논란과 우려를 초래하기도 한다. 가장 큰 문제는 논쟁의 여지가 있거나 또는 잠재적으로 해를 줄 수 있는 제품을 가지고 취약한 소비자 또는 불이익을 받거나 혜택을 받지 못하는 소비자를 표적으로 한다는 것이다. 예를 들어, 시리얼 산업이 어린이들에게 기울인 마케팅 노력이 비판의 대상이 되었다. 즉 사랑을 받는 인기있는 캐릭터의 입을 통해서 전달되는 프리미엄 제안과 광고소구가 어린이들을 무방비로 만들었다는 것이다. 또한 이와 유사하게 장난감 등 다른 아동용 제품을 마케팅하는 기업들도 비난을 받고 있다.

또 다른 문제는 의도적으로 또는 우연적으로 성인용품에 대한 마케팅이 어린이들에게 파급될 때 발생된다. 예를 들어, 담배와 술에 대한 비판이다. 담배 회사와 맥주회사가 미성년 흡연자와 음주자를 표적으로 한다는 것이다. 또한 편의즉석식품 마케팅 기업들도 고지방, 설탕이 가미된 식품, 염분이 많이 함유된 식품 등을 어린이들에게 소구함으로써 비판을 받고 있다.

또한 인터넷 그리고 주의 깊게 표적시장을 선정할 수 있는 다른 직접 매체(direct media)의 성장은 표적시장 전략의 남용 가능성에 대한 새로운 걱정거리를 만들고 있다. 즉 인터넷은 이용자를 세부적으로 구별케 하고, 이는 다시 더 정확한 표적시장 전략을 가능케 하고 있다. 그러나 문제가 있는 제품을 만드는 기업 그리고 기만적인 광고를 하는 기업은 이를 이용하여 가장 취약한 청중에게 피해를 입히고 있다. 즉 부도덕한 기업은 의심하지 않는 수백만의 컴퓨터 이용자에게 직접적으로 기만적인 메시지를 보낼 수 있다.

2) 사회적 책임적 마케팅

아동, 성인, 특정한 세분시장을 표적으로 하는 모든 마케팅 활동이 비판을 받는 것은 아니다. 실제로 대부분의 활동이 표적고객에게 이점을 제공한다. 예를 들어, 어느 치약회사는 다양한 칫솔과 치약을 제공하여 어린이들을 만족시키고 있다.

따라서 표적 마케팅을 수행함에 있어 문제가 되는 것은 누구를 표적으로 하느냐가 아니라 어떻게, 무엇을 위해서 하느냐이다. 즉 논란은 마케팅 기업이 표적이 된 세분시장을 희생시키면서 이익을 얻으려고 시도할 때 발생한다는 것이다. 즉 마케팅 기업이 부당하게 취약한 세분시장을 표적시장으로 하거나 또는 그들에게 의심스러운 제품 또는 마케팅 전술을 제공할 때 논란이 생긴다는 것이다.

사회적으로 바람직하고 책임지는 마케팅은 기업뿐만 아니라 고객에게도 이익을 가져다 줄 수 있는 시장세분화 그리고 시장표적화를 요구한다.

제4절 차별화와 위치화

마케팅 기업은 표적세분시장에서 경쟁사와의 경쟁에서 승리하기 위해 세 번째 전략인 차별화와 위치와 전략을 수립하고 구사해야 한다.

1. 가치제안과 제품의 위치

표적시장을 선정한 후 마케팅 기업은 가치제안(value proposition), 즉 표적세분시장을 위해 어떻게 차별화된 가치를 창조하고, 그 세분시장에서 어떤 위치를 차지할 것인가를 결정해야 한다.

제품의 위치(products position)란 주요한 속성에 대해 소비자가 제품을 정의하는 방식으로서, 제품이 소비자의 마음속에서 경쟁제품에 비해 상대적으로 차지하고 있는 위치이다. 즉 제품은 공장에서 만들지만, 상표는 소비자의 마음속에서 만들어진다는 것이다. 예를 들어, 세계적인 자동차 시장에서 Toyota의 야리스와 Honda의 피트는 경제적인 차로 위치되고, Benz와 Cadillac은 최고급 승용차로, Porsche와 BMW는 성능으로 위치되어 있다. Volvo는 안전하고 강력한 것으로 위치되고, Toyota의 프리어스는 첨단기술 솔루션으로 위치되어 있다.

소비자는 수많은 제품 및 서비스 정보에 파묻혀 있으므로, 제품을 구입할 때마다 그 제품을 평가할 수 없다. 따라서 소비자는 구매과정을 단순화하기 위해 제품, 서비스, 기업을 범주화한 다음, 이것을 자신의 마음속에 자리를 차지하도록 한다. 즉 제품의 위치는 경쟁제품과 비교하여 어떤 제품에 대해 소비자가 가지는 지각, 인상, 느낌의 복잡한 조합이다.

소비자는 마케팅 기업의 도움을 받거나 또는 도움을 받지 않고도 제품을 위치화한다. 그러나 마케팅 기업은 제품의 위치를 운에 맡겨서는 안된다. 즉 선정된 표적시장에서 자사 제품에게 가장 좋은 우위를 제공해 줄 수 있는 위치를 계획하고, 계획된 위치를 만들기 위한 수단인 마케팅 믹스를 설계해야 한다.

2. 위치화 지도

차별화와 위치화 전략을 수립함에 있어, 마케팅 관리자는 지각적 위치화 지도(perceptual positioning map)를 준비하는데, 위치화 지도는 주요한 구매차원에서 자사 상표와 경쟁사 상표에 대해 소비자가 지각하는 것을 보여준다.

〈그림 7-3〉은 미국에서 대형 고급 SUV(sport utility vehicle) 시장에 대한 위치화 지도이다. 지도상의 각 원의 위치는 가격과 제품지향성(고급 대비 성능)이라는 중요한 차원에서, 각 상표의 지각된 위치를 가리킨다. 각 원의 크기는 그 상표의 상대적 점유율을 의미한다. 이에 따라 고객은 시장선도주자인 Cadillac Escalator를 고급과 성능이 조화를 이룬 중간정도의 가격이 매겨진 대형 SUV로 지각한다.

특히, 원조 Hammer H1은 매우 높은 성능과 매우 비싼 가격으로 위치되어 있다. 즉 Hummer는 기존의 H1 Alpha를 부유하지만 거칠고 투박한 개인주의자로 구성된 작은 세분시장을 표적으로 하고 있다. 이와는 대조적으로, Hummer H2는 고급스럽지만 합리적인 가격의 고급 SUV로 위치하고 있다.

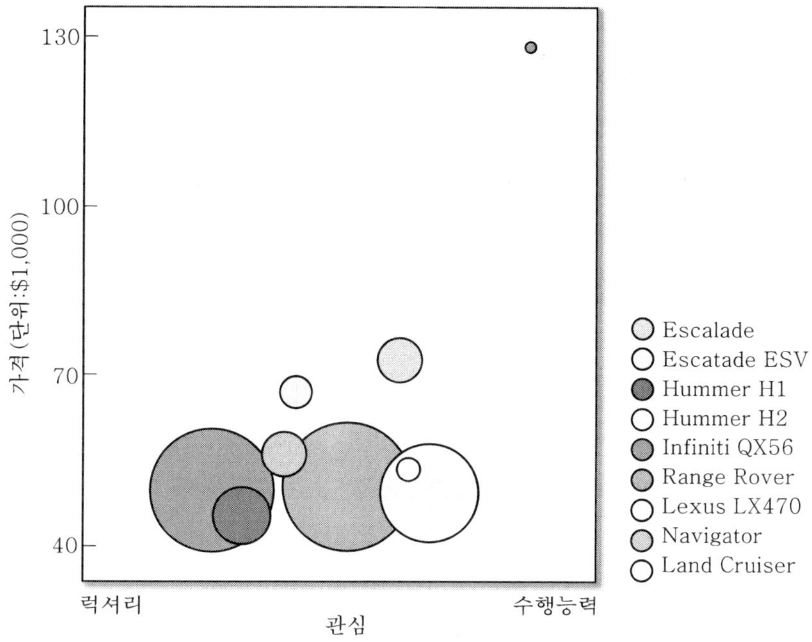

〈그림 7-3〉 위치화 지도 : 대형고급 SUV 시장

3. 차별화 전략과 위치화 전략 선택

어떤 마케팅 기업은 차별화 전략과 위치화 전략을 쉽게 선택할 수 있다. 예를 들어, 특별한 세분시장에서 품질로 유명한 기업은 새로운 세분시장에서 품질을 추구하는 구매자가 충분히 있다면, 그 위치를 고수할 수 있다.

그러나 대부분의 경우 둘 또는 그 이상의 경쟁사가 동일한 위치를 추구하고 있으므로, 각 기업은 자신을 구별할 수 있는 다른 방법을 모색해야 한다. 즉 각 마케팅 기업은 세분시장내에서 어느 정도 이상의 규모를 갖춘 고객집단에게 소구할 수 있는 이점(benefit)의 조합을 만듦으로써 제품을 차별화해야 한다.

차별화와 위치화는 세 단계, 즉 ① 위치 구축의 기초가 되는 경쟁우위를 제공하는 차별화된 고객가치의 조합을 파악하는 단계, ② 올바른 경쟁우위를 선택하는 단계, ③ 전반적인 위치화 전략을 선택하는 단계로 구성된다. 그리고 마케팅 기업은 선정된 위치를 고객에게 효과적으로 커뮤니케이트하고, 실제로 이를 전달해야 한다.

1) 차별화된 가치와 경쟁우위 확인

표적시장과 수익성 있는 관계를 구축하기 위해 마케팅 기업은 경쟁사보다 고객의 욕구를 더 잘 이해하고 또한 더 많은 고객가치를 전달해야 한다. 즉 마케팅 기업이 탁월한 가치를 제공하는 것으로 자신을 차별화시키고 또한 위치화시킬 수 있다면 경쟁적 우위(competitive advantage)를 획득하게 된다.

그러나 확고한 위치는 공허한 약속으로는 구축될 수 없다. 즉 마케팅 기업이 자신의 제품을 가장 우수한 제품과 서비스를 제공하는 것으로 위치화시켰다면, 기업은 약속한 품질과 서비스를 전달할 수 있는 제품을 실제로 분명하게 차별화해야 한다. 그렇게 하기 위해서 마케팅 기업은 광고 슬로건과 광고문구에서 자신의 위치를 큰 소리로 알리는 것 이상의 과업을 행해야 한다. 즉 그 슬로건과 함께 그 슬로건에서 제시할 것을 실제로 경험할 수 있도록 해야 한다.

차별화 요소를 찾기 위해 마케팅 기업은 자사 제품과 서비스에 대한 고객의 모든 경험을 생각해야 한다. 기민한 기업은 고객과의 모든 접점에서 자신을 차별화할 수 있는 방법을 발견할 수 있어야 한다. 마케팅 기업이 자신 또는 자신의 시장제공물을 차별화할 수 있는 구체적인 방법으로 제품, 서비스, 유통경로, 사람, 이미지 차별화가 있다.

(1) 제품 차별화

제품 차별화(product differentiation)는 연속선상에서 나타날 수 있다. 즉 한쪽 극단으로서는 제품 차이가 거의 없는 닭고기, 강판, 아스피린 등과 같은 물리적 제품(physical product)에서 나타난다. 그러나 이러한 제품에서도 어느 정도 의미가 있는 차별화가 가능하다. 예를 들어, 닭고기의 경우에도 경쟁제품보다 더 좋고, 신선하고, 부드럽다는 차별화가 가능할 수 있다.

또 다른 극단적인 경우는 자동차, 의류, 가구와 같이 상당히 차별화할 수 있는 제품이 있다. 이러한 제품은 특성, 성능, 스타일과 디자인 측면에서 차별화할 수 있다. 예를 들어, 삼성전자의 Zipel 냉장고는 내부의 습도가 경쟁사 제품의 17%보다 높은 78%라고 주장함으로써 차별화하며, 딤채 김치냉장고는 숙성에 필요한 온도를 제공할 수 있다고 차별화를 주장한다.

상기와 유사하게 마케팅 기업은 자사 제품을 일관성, 내구성, 신뢰성, 수선용이 성과 같은 속성을 중심으로 차별화할 수 있다.

(2) 서비스 차별화

마케팅 기업은 유형적 제품을 차별화하는 차원을 넘어 제품에 수반되는 서비스를 차별화할 수 있다.

어떤 마케팅 기업은 신속함, 편리함, 신중한 배송 등을 통해 서비스 차별화(service differentiation)를 행한다. 또한 수선 서비스와 설치 서비스도 어떤 기업을 다른 기업과 차별화할 수 있다. 그리고 어떤 마케팅 기업은 고객훈련 서비스 또는 상담 서비스를 제공함으로써 서비스 차별화를 구현할 수 있다.

(3) 유통경로 차별화

유통경로 차별화(channel differentiation)를 실행하는 마케팅 기업은 경로의 범위, 전문성, 성과를 설계하는 방식을 통해 경쟁우위를 획득할 수 있다.

Amazon.com사, Dell사는 직접경로를 기반으로 차별화하고 있다. 또한 건설장비 산업에서 Caterpillar사는 탁월한 유통경로를 기반으로 세계 최강의 서비스를 제공하여 차별화하고 있다.

(4) 인적 차별화

기업은 인적 차별화(people differentiation) 즉 경쟁사보다 더 우수한 구성원을 고용하고 훈련시킴으로써 강력한 경쟁우위를 확보할 수 있다. 그러나 여기에서 중요한 것은 구성원의 차별화는 마케팅 기업이 고객접점에 있는 구성원을 신중하게 선발하고, 잘 훈련시켜야 한다는 것이다.

Disney사는 친절하고 명랑한 구성원으로 유명하며, 싱가포르 항공사는 기내에서 봉사하는 구성원의 우아함으로 탁월한 명성을 얻고 있다.

(5) 이미지 차별화

경쟁사와 가치제안이 동일하게 보이는 경우에도 구매자는 기업이나 또는 상표의 이미지 차별화(image differentiation)에 기초하여 차이를 지각할 수 있다.

기업 이미지 또는 상표 이미지는 제품의 고유한 이점과 위치화를 전달해야 한다. 그러나 강력하고 고유한 이미지를 개발하기 위해서는 창의성과 혁신적 작업이 필요하다. 즉 마케팅 기업은 단지 몇 개의 광고를 이용하여 공중의 마음에 이미지를 단시간내에 형성시킬 수 없다.

마케팅 기업은 말하고 행하는 모든 것을 실천함으로써 이미지를 형성시켜야 한다. 즉 마케팅 기업은 돌출되는 표식(마크), 색상, 유명인사, 심벌(상징), 캐릭터, 기타 이미지로 나타낼 수 있는 요소 등을 이용하여 기업이나 상표의 개성을 전달하는 광고를 통해 커뮤니케이드하고 또한 그 이미지가 형성될 수 있도록 실제로 행동해야 한다.

2) 적절한 경쟁우위 선정

마케팅 기업이 경쟁우위를 확보할 수 있는 몇 개의 잠재적인 차별적 요소를 발견하였을 경우, 위치화 전략을 수립하는데 토대가 될 것, 즉 얼마나 많은 차별점 그리고 어떤 차별점을 촉진해야 할 것인가를 결정해야 한다.

(1) 촉진할 차별점의 수 결정

일반적으로 많은 마케팅 관리자는 자사가 표적시장에서 단 한가지의 이점(benefit)을 촉진해야 한다고 생각한다. 즉 그 마케팅 기업은 각 상표에 대해 독특한 판매제안(USP : unique selling proposition)을 개발하고 이를 고수해야 한다. 이것은 각 상표는 하나의 속성을 선정한 후 그 속성에서 자신이 최고임을 알리는 것이다. 그 이유는 구매자는 커뮤니케이션 정보의 홍수 속에서 1등 상표를 더 잘 기억하는 경향이 있기 때문이다.

다른 마케팅 관리자는 자신을 한 개 이상에서 차별적으로 위치해야 한다고 생각한다. 즉 두 개 이상의 경쟁기업이 동일한 속성에서 자신이 최고라고 주장하는 경우에 상기의 방식이 필수적이다. 즉 대량시장이 여러 개의 작은 세분시장으로 나누어지는 시기에 기업은 더 많은 세분시장에 소수하기 위해 자신의 위치화 전략을 넓혀야 한다. 예를 들어, 어느 마케팅 기업은 세탁, 방취, 보습 등 세 가지 이점을 동시에 제공하는 비누를 소개할 수 있는데, 소비자들이 세 가지 이점 모두를 원하기 때문이다. 또한 어떤 치약회사는 미백, 충치예방, 냄새 제거 등의 이점을 제공하는 치약을 개발, 시장에 도입하여 성공하였다.

이러한 경우, 하나의 상표가 세 가지 이점을 동시에 제공할 수 있다는 것을 소비자에게 설득하는 것이 도전적인 과제가 된다. 따라서 마케팅 기업은 자사 상표가 주장하는 특성이나 이점을 증가시킴으로써 불신을 조장시키며 또한 분명한 위치화가 무너질 수 있음을 감수해야 한다.

(2) 촉진해야 할 차별점 선정

상표의 모든 차별점이 의미가 있거나 가치가 있는 것은 아니다. 즉 모든 차별점이 좋은 차별화 요인이 되는 것은 아니라는 것이다. 각 차별점은 고객에게 이점을 제공할 뿐만 아니라, 그 반대로 기업에게는 비용을 발생시킬 가능성이 있다. 따라서 차별점은 아래에 제시된 7개 기준을 만족시킬 때 추진할 가치가 있다.

- 중요성(important) : 차별점은 표적 구매자에게 매우 중요한 이점을 제공해야 한다.

- 독특성(distinctive) : 경쟁사가 차별점을 제공하지 않거나 또는 자사가 경쟁사보다 더 독특한 방법으로 차별점을 제안할 수 있어야 한다.
- 우월성(superior) : 차별점은 소비자가 동일한 이점을 획득할 수 있는 다른 방법보다 월등해야 한다.
- 의사소통 가능성(communicable) : 차별점은 구매자에게 의사소통될 수 있고, 눈에 뜨일 수 있어야 한다.
- 선점 가능성(preemptive) : 경쟁사가 쉽게 차별점을 모방할 수 없어야 한다.
- 구매 가능성(affordable) : 구매자가 차별점에 대해 지불할 수 있어야 한다.
- 수익 가능성(profitable) : 기업은 이익을 창출하면서 차별점을 도입할 수 있어야 한다.

여기에서 마케팅 기업은 두 가지 중요한 사실을 기억해야 한다. 첫째, 많은 기업들이 상기의 기준 중 한 가지가 충족되지 않은 상태에서 차별화 전략을 수립하고 실행함으로써 실패를 했다는 사실이다. 둘째, 제품이나 서비스를 위치화하기 위해 기초가 되는 경쟁우위를 선정하는 것이 어렵지만, 올바른 선택은 성공을 하는데 있어 결정적이라는 사실이다.

3) 전반적인 위치화 전략 선정

상표의 전반적인 위치화를 상표의 가치제안(value proposition)이라고 하는데, 이것은 상표가 차별화되고 위치를 갖는데 있어 기초가 되는 이점들의 조합을 의미하는 것으로서 소비자가 그 상표를 사용하는 이유를 마케팅 기업이 제시하는 것이다. 예를 들어, Volvo의 가치제안에는 핵심이점으로서 안전뿐만 이니라 신뢰성, 공간성, 스타일 등의 이점이 포함되는데, 이로써 가격은 경쟁제품보다 다소 고가이지만, 이러한 이점이 결합되면 정당하다고 지각된다.

〈그림 7-4〉는 마케팅 기업이 자사 제품을 위치시키는데 기초가 될 수 있는 가능한 가치제안을 보여준다. 이 그림에는 5개의 칸이 있는데, 이 칸들은 경쟁에서 이길 수 있는 가치제안으로서 마케팅 기업에게 경쟁적 우위를 제공하는 차별화와 위치화이다. 가운데 있는 칸은 잘 해로 한계가 있는 가치제안이다.

이점 \ 가격	더 비싼 가격	같은 가격	더 싼 가격
많음	더 비싸게 더 많이	같은 가격으로 더 많이	싼 가격으로 더 많은 이점을
같음			더 싼 가격으로 같은 이점을
적음			훨씬 싼 가격으로 더 적은 이점을

〈그림 7-4〉 가치제안의 대체안들

상기의 5가지는 마케팅 기업이 제품을 위치시키는데 사용하여 이길 수 있는 가치제안으로서, 더 비싸게 더 많은 이점을(more for more), 같은 가격으로 더 많은 이점을(more for the same), 더 싼 가격으로 같은 이점을(the same for less), 훨씬 더 싼 가격으로 더 적은 이점을(less for much less), 싼 가격으로 더 많은 이점을(more for less) 제공하는 방식이다.

(1) 더 비싸게 더 많은 이점 제공

이 위치화는 더 고급스러운 제품이나 서비스를 제공하면서 더 많이 소요되는 비용을 커버하기 위해 더 비싼 가격을 부과하는 것이다.

리츠칼튼 호텔, 몽블랑 볼펜과 만년필, Benz 자동차, 바이킹 전자제품은 모두 우월한 품질, 장인정신, 내수성, 성능, 스타일을 주장하고, 이에 상응하는 가격을 요구한다. 즉 구매자에게 월등한 품질을 제공할 뿐만 아니라 특별한 명성도 제공하므로, 이 제품은 지위와 고상한 라이프스타일을 상징하며, 가격 차이는 실제로 추가된 품질보다 큰 경우도 있다.

가장 좋은 것임을 제안하는 기업은 호텔, 식당, 음식, 패션에서부터 자동차, 가전제품에 이르기까지 모든 제품과 서비스에서 발견될 수 있다. 새로운 경쟁사가 비정상적인 고가격으로 그 제품군에 진출할 때 소비자는 간혹 놀라고 흥분되기도 한다. 예를 들어, Starbucks 커피는 매우 비싼 상표로 시장에 진출했고, Dyson사는 고급 진공청소기를 성능에 맞는 가격으로 시장에 진출하였다.

일반적으로 기업은 아직까지는 완전하게 개발되지 않아 더 완숙한 형태로 개발될 가능성이 있는(underdeveloped) 제품이나 서비스 범주에서 더 비싸지만 더 좋은 제품을 도입할 수 있는 기회를 탐색할 필요가 있다. 그러나 간혹 더 저렴한 가격으로 같은 품질을 주장하는 모방제품이 시장에 도입됨으로써 이러한 전략을 추구하는 상표는 취약할 수 있다. 또한 이 부류의 경우, 호경기에 판매실적이 좋은 사치품은 침체기가 올 경우 구매자들이 구매에 신중해짐에 따라 위험한 상황에 처할 수 있다.

(2) 같은 가격으로 더 많은 이점 제공

기업은 더 저렴한 가격으로 경쟁사와 비슷한 수준의 품질을 또는 같은 가격으로 더 많은 이점을 제공함으로써 더 비싸게 더 많은 이점을 제공하는 위치화 전략을 사용하는 경쟁사를 공격할 수 있다. 예를 들어, Toyota사는 Benz나 BMW와 경쟁하면서 같은 가격으로 더 많은 이점을 제공함이라는 가치제안을 가진 Lexus 계열을 도입하였다.

(3) 더 싼 가격으로 같은 이점 제공

이 전략은 매우 강력한 가치제안이 될 수 있는데, 그 이유는 대부분의 사람들이 가치 있는 제품을 좋아하기 때문이다. 예를 들어, Dell사는 더 낮은 가격으로 동일한 수준으로 품질을 가진 컴퓨터를 제공하며, Wal-Mart와 같은 대형 할인점 그리고 Best Buy와 같은 단일제품범주 만물상(category killer : 전문품 할인점)도 이 위치화 전략을 사용한다.

상기의 기업들은 무엇인가 다르거나 더 좋은 것을 제공한다고 주장하지 않는다. 그 대신에 우월한 구매력과 더 낮은 운영비에 기초하여 백화점이나 전문점에서 취급하는 상표를 할인된 가격으로 제안한다.

또 다른 경우로서, 어떤 기업은 시장선도자로부터 고객을 빼앗기 위해 유사제품이지만 더 저렴한 가격의 상표를 개발한다. 예를 들어, AMD사는 시장을 선도하는 Intel사의 마이크로소프트 칩보다 더 싼 가격의 버전을 만들었다.

(4) 아주 싼 가격으로 더 적은 이점 제공

시장에는 항상 더 적은 이점을 제공하기 때문에 원가도 더 적게 소요되는 제품이 있다. 제품을 구매할 때 가장 좋은 것을 구입할 능력이 있는 사람은 매우 적다. 대개의 경우 소비자는 기꺼이 최적의 성능을 갖지 못한 제품으로 만족해하거나 또는 더 싼 가격의 대가로 호화스러운 것의 일부를 포기하기도 한다. 예를 들어, 숙박만을 원하는 많은 여행자는 불필요한 많은 부가시설에 대해 비싼 가격을 지불하려고 하지 않는다. 이에 따라 일부 호텔체인은 부가적인 편의시설을 제한하고 낮은 가격을 부과한다.

이러한 위치화는 아주 싼 가격으로 더 낮은 성능 또는 더 낮은 품질에 대한 소비자의 요구수준에 맞추는 것으로서, Sam's Club과 Costco와 같은 창고형 할인점은 상품구색이 다양하지 못하고 일관성이 없으며 서비스 수준도 낮지만, 그 결과는 가격을 최저수준으로 책정한다. 또 다른 예로서, Southwest 항공사는 아주 싼 가격으로 더 적은 이점을 제공하는 위치화 전략을 사용한다.

(5) 더 싼 가격으로 더 많은 이점 제공

더 싼 가격으로 더 많은 이점을 제공하는 것은 승리할 수 있는 가치제안으로서, 많은 마케팅 기업들이 이를 실행하고 있다.

단기적으로 어떤 기업은 실제로 이와 같은 위치화를 설정하였는데, 예를 들어 Home Depot사가 처음 사업을 시작하였을 때 가장 좋은 구색, 가장 좋은 서비스, 가장 낮은 가격정책을 세웠다. 그러나 장기적으로 Home Depot사는 이러한 위치화를 유지하는데 더 고전하고 있다. 더 많은 이점을 제공하는 것은 통상 더 많은 비용이 소요되므로, 더 싼 가격으로 제공한다는 약속을 지키기가 어려웠기 때문이었다.

이러한 경우, 각 상표는 표적시장의 욕구에 맞도록 설계된 위치화 전략을 도입해야 한다. 즉 더 비싸게 더 많은 이점을 제공하는 것은 어떤 세분시장을 대상으로 하며, 그리고 아주 싼 가격으로 더 적은 이점을 제공하는 것은 다른 표적시장을 공략하는 것이다. 따라서 어떤 시장도 많은 다른 기업들이 각각 성공적으로 서로 다른 위치를 차지할 수 있는 공간이 있다는 것이다.

중요한 것은 각 기업이 표적소비자에게 자신을 특별하게 만들 수 있으며 또한 승리할 수 있는 위치화 전략을 개발해야 한다는 것이다.

4) 위치화 기술문 개발

기업과 상표의 위치화는 위치화 기술문(positioning statement)으로 요약되어야 한다. 이러한 기술문은 "우리의 (상표)는 특성 대상(표적세분시장과 욕구)에게 (어떤 차이)를 제공하는 (개념:concept)이다"라는 양식으로 만들어진다.

위치화 기술문에 제시된 위치화에는 2가지 내용이 분명히 제시되어야 한다.

첫째, 이 제품이 어떤 제품범주 즉 어떤 제품회원군(membership)에 속하는가를 정의해야 한다(예 : Mountain Dew는 청량음료이다 등).

둘째, 제품범주에 속한 다른 회원(경쟁사)과의 차이점(더 많은 카페인을 함유하고 있음)을 보여주어야 한다. 즉 특정 상표(예 : 비타 500)를 특정 제품 범주에 설정하는 것(건강음료 등)은 그 범주에서 다른 제품과 공유할 수 있는 유사점을 제안해야 한다. 그러나 상표의 우월성은 상표의 차별점을 기초로 만들어지기 때문이다.

간혹 어떤 기업은 차별점을 제시하기 전, 자사 상표를 전혀 다른 범주에 포함시키기도 한다. 즉 자사 상표를 기존의 범주와는 달리 위치화시킴으로써 차별점을 강하게 강조하여, 경쟁사와의 경쟁을 피함으로써 독특한 위치를 차지할 수도 있다.

4. 선택된 위치를 커뮤니케이트하고, 실제로 전달함

위치가 선정되면, 마케팅 기업은 표적 소비자에게 자신이 선정한 바람직한 위치를 전달하기 위해 강력한 조치를 취해야 한다. 즉 마케팅 기업은 자사의 마케팅 믹스 노력올 통해 위치화 전략을 시원해야 한다.

기업을 위치화하는 것은 단지 말이 아닌 구체적인 활동이 필요하다. 즉 더 좋은 품질과 서비스라는 위치를 구축하기로 결정했다면, 기업은 우선 위치를 전달해야 한다. 이러한 위치를 전달하는 위치화 전략의 구체적인 전술을 실행한다는 것은 제품, 가격, 유통경로 그리고 촉진과 같은 마케팅 믹스를 설계하는 것이다.

예를 들어, 더 고가에 더 많은 이점을 제공한다는 위치를 추구하는 기업은 반드시 최고 품질의 제품을 생산하고 가격을 높게 책정하고, 고품질 제품을 취급하는 판매상을 통해서 제품을 유통시키고, 고품질의 매체를 통해 광고해야 한다.

마케팅 기업은 위치화 전략을 수립하는 것보다 위치화 전략을 실천하는 것이 더 어렵다는 사실을 터득하고 있다. 또한 기존의 위치를 바꾸는 것이 어렵고 또한 시간이 많이 소요된다는 사실을 주목해야 한다.

일단 마케팅 기업이 원하는 위치를 구축했다면, 일관성 있는 성과와 커뮤니케이션을 통해서 이를 유지하기 위해 주의를 기울여야 한다.

또한 마케팅 기업은 고객의 욕구와 경쟁사 전략의 변화에 맞추기 위해 계속 위치를 추적조사하고 적응시켜야 한다. 그러나 고객을 혼란스럽게 만들 수 있는 갑작스러운 변화는 피해야 한다. 그렇지만, 제품의 위치는 항상 변화하는 마케팅 환경에 적응해 가면서 점진적으로 진화, 발전해야 한다.

참고문헌

윤훈현 역, 『마케팅 관리론』, 12판, 피어슨, 2006.

Don Peppers and Martha Rogers, *Managing Customer Relationships: A Strategic Framework* (Hoboken, NJ: John Wiley & Sons, 2004), chapter 10.

Kotler P. and Gary Armstrong, *Marketing : An Introduction*, 9th ed., Pearson, 2009.

Kotler P. and Gary Armstrong, *Principles of Marketing*, 12th ed., Pearson, 2008.

Kotler P. and Kevin Lane Keller, *Marketing Management*, 13th ed., Pearson, 2009.

Michael Porter, *Competitive Advantage* (New York: Free Press, 1985), pp. 4-8, 234-236.

Stanley Slater and Eric Olson, "A Fresh Look at Industry and Market Analysis," *Business Horizons*, January-February 2002, pp. 15-22.

8
chapter

제품, 서비스, 상표전략

차별화와 위치화 전략을 실천하는 핵심은 마케팅 믹스 요소인데, 그 중에서도 가장 핵심적인 것은 제품이다.

제1절 제품의 정의

제품(product)이란 시장의 욕구를 충족시킬 수 있는 것으로서 주의, 획득, 사용 또는 소비해야 할 대상물로 정의되므로, 제품에는 유형재(tangible goods), 서비스, 행사, 사람, 장소, 조직, 아이디어 또는 이들의 결합물 등이 포함된다.

한편 서비스(service)는 무형이고 어떤 것을 소유할 수 없는 특징을 가진 활동, 이점 또는 만족을 말하는데, 은행, 호텔, 항공, 소매업, 세금보고 서비스, 집수리 등이 이에 포함된다.

1. 제품, 서비스, 경험

마케팅 믹스에 대한 계획수립은 표적고객을 위해 가치 있는 제공물을 구성하는 것에서 시작되는데, 제공물은 수익성 있는 고객관계를 구축하는데 근간이 된다. 따라서 제품은 시장제공물(market offering)의 핵심 구성요소로서, 기업의 시장제공물에는 유형재와 서비스 모두를 포함한다. 각 구성요소는 전체 제공물 중에서 큰 비중을 차지하거나 또는 상대적으로 적은 비중을 차지할 수 있다.

시장제공물은 그 형태에 따라 순수한 유형재, 순수 서비스 그리고 그 중간 형태로 존재한다. 순수한 유형재는 서비스가 제외된 것으로서 비누, 치약, 소금 등이며, 순수 서비스는 주로 서비스로 구성된 시장제공물로서, 의사의 치료, 금융서비스 등이다. 그리고 상기의 양극단 사이에서 유형재와 서비스의 구성비율이 서로 상이한 다양한 시장제공물이 있다.

오늘날 많은 제품과 서비스가 표준화된 상품으로 변화됨에 따라, 마케팅 기업은 고객가치를 창출하기 위해 새로운 시장제공물에 관심을 돌리고 있다. 제공물을 차별화하기 위해 마케팅 기업은 단순히 제품과 서비스를 전달, 제공하는 것에서 한 차원을 더 나아가 자사제품 또는 기업과의 경험을 창출, 관리하고 있다.

경험(experience)은 엔터테인먼트(오락) 산업에서 중요한 성공요소로 간주되고 있지만, 최근 들어 모든 유형의 기업이 경험을 창출하기 위해 전통적인 제품과 서비스를 재조명하고 있다. 예를 들어, 어떤 인형 제조업체는 단순히 고급인형을 제조, 판매하는 것에 머물지 않고 인형과 이를 소중히 여기는 소녀들 간의 특별한 경험을 창출하기 위한 추가적인 조치를 개발하였다.

경험을 판매하는 기업은 고객이 단순히 제품과 서비스를 구매하는 것이 아니라, 이러한 제공물이 고객들을 위해 해주는 어떤 것을 구매한다는 것을 간파하고 있다.

2. 제품과 서비스 수준

제품계획자는 〈그림 8-1〉과 같이 세 가지 수준에서 제품과 서비스를 생각해야 하는데, 그 이유는 각 수준은 부가적인 고객가치를 창조하기 때문이다.

가장 기본적인 수준은 핵심이점(core benefit)인데, 이것은 구매자가 진정으로 구입하는 것이다. 따라서 제품을 설계할 때 마케팅 관리자는 소비자가 추구하는 핵심적인 문제해결 이점이나 서비스가 무엇인가를 정의해야 한다. 예를 들어, 립스틱을 구입하는 여성은 입술의 색깔 그 이상, 즉 희망과 아름다움을 구입한다. 그리고 휴대폰을 구입하는 사람은 그 기능상의 이점 이외에 자유, 사람, 자원과 항시 접속할 수 있음을 구매하는 것이다.

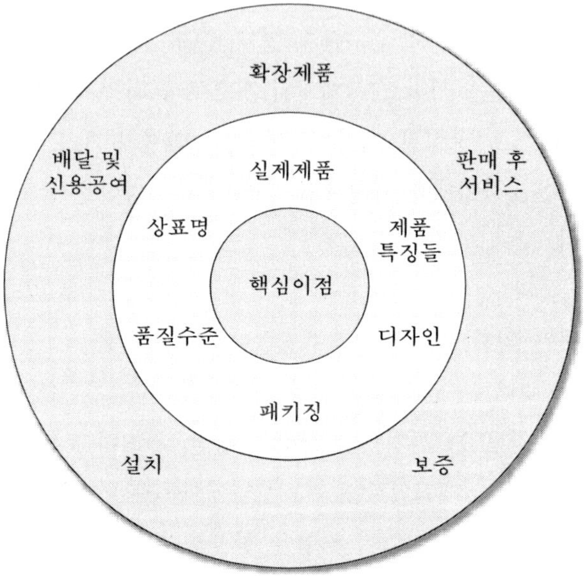

〈그림 8-1〉 제품의 세 가지 수준

두 번째 그 핵심이점을 실제제품(actual product)으로 전환시키는 것인데, 이를 위해서는 제품과 서비스의 특징, 디자인, 품질수준, 상표명, 포장 등의 개발이 필요하다. 예를 들어, 휴대폰은 실제제품으로서, 상표명, 부품, 스타일, 제품 특징, 포장, 기타 속성을 신중하게 결합시켜 지속적인 접속성이라는 핵심이점을 실제로 전달하는 것이다.

셋째, 제품계획자는 핵심이점과 실제제품을 지원하는 부가적인 소비자 서비스와 편익을 제공하는 확장제품(augmented product)을 만들어야 한다. 휴대폰은 커뮤니케이션 도구 이상을 제공해야 한다. 즉 이동 중 접속에 문제가 없도록 완벽한 해결책을 제공해야 한다. 따라서 기업과 대리점은 소비자에게 부품 보장, 제품사용법, 신속한 수선서비스, 문제나 의문이 있을 때 이용할 수 있는 수신자부담 전화번호와 웹사이트 등도 제공해야 한다.

소비자는 제품을 자신의 욕구를 충족시키는 이점의 묶음으로 생각한다. 따라서 제품을 개발할 때 마케팅 기업은 우선 제품에 의해 충족시켜야 할 핵심적인 소비자 욕구를 파악해야 한다. 그 다음으로 가장 높게 만족시킬 수 있는 고객경험을 제공할 이점의 묶음을 제공할 수 있도록 실제제품을 설계하고, 또한 이를 확장시킬 방법을 강구해야 한다.

3. 제품과 서비스 분류

제품과 서비스는 이것을 사용하는 소비자의 유형에 따라 크게 소비재와 산업재로 분류된다.

1) 소비재

소비재(consumer product : 소비용품)는 최종소비자가 개인적으로 소비하기 위해 구매하는 제품과 서비스를 의미한다. 소비재는 소비자가 제품과 서비스를 구입하기 위해 행하는 행동적 특징에 따라 편의품, 선매품, 전문품, 미탐색품으로 분류된다. 상기의 4가지 각 제품유형은 소비자가 이것을 구입하는 방식과 기업이 마케팅하는 방법에서 차이가 있다(〈표 8-1〉 참조).

첫째, 편의품(convenience product)은 자주, 즉시, 최소한의 비교와 구매노력으로 구입되는 제품과 서비스로서, 비누, 과자, 신문, 즉석식품 등이다. 편의품은 통상 저가격으로 판매되며, 고객이 필요로 할 때 용이하게 이용할 수 있도록 여러 장소에서 취급된다.

둘째, 선매품(shopping product)은 비교적 가끔 구입되는 제품과 서비스로서, 고객은 구입하는 과정에서 각 대체품의 욕구충족정도(suitability), 품질, 가격, 스타일 등을 신중하게 비교한다. 소비자는 선매품의 구매시 정보수집과 대체품을 비교하는데 상당한 시간과 노력을 투입하는데, 가구, 의류, 중고차, 주요 내구재, 호텔과 항공 서비스 등이 선매품에 해당된다. 선매품은 선정된 소수의 유통점에서 취급되며, 고객이 대안을 비교하는 과정을 도와주기 위해 충분한 판매지원을 제공한다.

〈표 8-1〉 소비재 유형별 마케팅 고려요인

마케팅 고려요인	소비용품의 유형			
	편의품	선매품	전문품	미탐색품
고객구매 행동	빈번한 구매, 구매계획을 하지 않음, 대안비교 노력 혹은 쇼핑 노력을 기울이지 않음, 고객의 관여수준이 낮음	덜 자주 구매됨, 상당한 구매계획과 쇼핑 노력을 기울임, 가격, 품질, 스타일 등에 근거하여 상표대안을 비교함	강한 상표 선호도와 충성도, 특별한 구매노력, 상표대안간 비교가 이루어지지 않음, 가격민감도가 낮음	제품에 대한 인지도와 지식이 별로 없음
가격	저가격	고가격	고가격	다양함
유통	광범위한 유통, 편리한 점포위치	비교적 소수의 소매점을 통한 선별적 유통	판매지역별로 하나 혹은 몇 개의 점포에 의한 전속적 유통	다양함
촉진	제조업체의 의한 대량촉진	제조업체와 유통업체에 의한 광고와 인적판매	제조업체와 유통업체에 의해 특정 고객층을 겨냥해 신중하게 수행되는 촉진활동	제조업체와 유통업체에 의한 적극적인 광고와 인적판매
예	치약, 잡지, 세탁세제	주요 내구재, TV, 가구, 의류	롤렉스 시계, 고급 크리스털 제품 등의 사치품	생명보험, 적십자 헌혈

셋째, 전문품(specialty product)은 독특한 특징 또는 상표의 정체성이 있는 제품과 서비스로서, 이를 구매하기 위해 상당한 노력을 기꺼이 감수하려는 일부의 구매자 집단이 있다. 특별한 승용차 모델, 고가격의 사진기, 디자이너 의류, 의료와 법률 자문 서비스 등이 전문품에 속한다. 구매자는 통상 전문품을 구매하기 위해 기꺼이 먼 곳까지 여행을 하며, 대체품을 비교하지 않으며, 그들이 원하는 제품을 취급하는 판매상을 찾는 데에만 시간을 투자한다. 따라서 전문품을 취급하는 점포의 위치는 크게 문제가 되지 않는다.

넷째, 미탐색품(unsought products)은 소비자가 이 제품의 존재를 알지 못하거나 또는 알고 있더라도 일반적으로 구입하려고 생각하지 않는 소비재이다. 대부분의 새로운 혁신제품은 소비자가 광고를 통해 그 존재를 알기 전까지는 미탐색품이다. 존재를 알고 있지만 일상적으로 구매를 고려하지 않는 제품과 서비스의 전형적인 예는 생명보험, 미래를 대비하는 장례서비스(묘비, 묘지 등), 헌혈 등이다. 이에 따라 미탐색품은 상당한 수준의 광고, 인적판매 그리고 기타 마케팅 노력이 필요하다.

2) 산업재

산업재(industrial products)는 추가적인 가공을 하기 위해서 또는 사업상의 용도로 구입되는 제품이나 서비스이다. 따라서 소비재와 산업재의 구분은 제품의 구매목적에 따라 좌우된다. 즉 소비자가 집에서 사용하기 위해 자전거를 구입하면 그것은 소비재이며, 이에 반해 그 소비자가 영업용으로 사용하기 위해 자전거를 구입한다면 그것은 산업재이다.

산업재는 크게 원자재와 부품(material과 parts), 자본재(capital items), 소모품과 사업용 서비스(suppliers and services)로 나누어진다.

원자재와 부품에는 원재료, 가공재, 부품 등이 포함된다. 원재료(raw materials)는 농산품(밀, 과일, 야채 등)과 천연제품(생선, 목화, 원목, 원유, 철광석 등)으로 구성되며, 가공재(manufactured materials)와 부품(parts)은 철, 원사, 시멘트와 같은 원자재(component materials)와 소형모터, 타이어 등과 같은 부속품(component parts) 등을 포함한다. 대부분의 가공재와 부품은 산업재 사용자에게 직접 판매된다. 가격과 서비스가 중요한 마케팅 도구이며, 상표화와 광고는 상대적으로 덜 중요하다.

자본재(capital items)에는 구매자의 제품생산에 도움을 주는 산업재로서, 설비와 부속장비 등이 포함된다. 설비(installation)는 공장, 사무실 등과 같은 건물과 발전기, 대형 컴퓨터, 엘리베이터 등의 고정설비(fixed equipment)로 구성된다.

부속장비(accessory equipment)는 이동용 생산 장비와 생산도구(작업공구와 리프트 트럭 : 지게차 등)와 컴퓨터, 팩스기, 책상 등의 사용용 설비(office equipment) 등을 포함한다. 이것은 설비에 비해 제품수명이 짧으며, 단순히 생산과정에 도움을 준다.

소모품(suppliers)은 업무용 소모품(윤활유, 석탄, 종이, 연필)과 수선, 유지용 소모품(페인트, 나사 등)을 포함한다. 소모품은 편의품의 성격을 띠는 산업재로서, 최소한의 구매노력이 요구되며, 대체품을 비교하여 구매된다. 비즈니스 서비스에는 유지, 수선 서비스(창문청소, 컴퓨터 수리 등)와 경영자문서비스(법률자문, 경영상담, 광고 등) 등이 포함되는데, 일반적으로 계약에 의해서 제공된다.

3) 조직, 사람, 장소, 아이디어

최근 들어 마케팅 관리자는 제품의 개념을 확대하여 유형제품과 서비스뿐만 아니라, 조직, 사람, 장소, 아이디어 등 다양한 시장제공물을 제품에 포함시키고 있다.

(1) 조직 마케팅

대부분의 조직은 자신을 판매하기 위한 활동을 수행한다. 조직 마케팅(organization marketing)은 조직에 대한 표적소비자의 태도와 활동을 창출/유지/변화시키기 위해 수행하는 활동으로 구성된다.

이러한 조직 마케팅은 영리기업과 비영리 기업에서 실행된다. 영리기업은 자신의 이미지를 좋게 만들고 다양한 공중에게 자신을 마케팅하기 위해 공중관계 활동 또는 기업이미지 광고캠페인을 후원한다. 이와 유사하게 교회, 대학, 자선기관, 박물관, 순수공연단체 등 비영리 조직은 기금을 모금하고 또한 회원과 후원자를 끌어들이기 위해 자신의 조직을 마케팅한다.

(2) 사람 마케팅

사람도 제품으로 간주되므로, 사람 마케팅(person marketing)이란 특정인에 대한 태도 또는 행동을 창출/유지하거나 변화시키기 위해 취하는 활동으로 구성되는 것이다. 대통령, 연예인, 운동선수에서부터 의사, 변호사, 건축가 등 전문가에 이르기까지 다양한 사람들이 명성을 구축하기 위해 사람 마케팅을 사용한다. 그리고 기업, 자선기관, 기타 조직도 자신의 제품 또는 대의(cause : 공익)를 판매하는데 도움을 얻기 위해 유명인사를 이용한다.

사람 마케팅을 효과적으로 활용함으로써 특정인의 이름을 강력한 상표(power brand)로 만드는데, 유명인사는 기업의 상표에 크게 도움을 주는 대신에 유명인사 자신도 유명해질 수 있다.

(3) 장소 마케팅

장소 마케팅(place marketing)은 특정장소(관광지나 공단지역)에 대한 태도 또는 행동을 창출·유지시키거나 변화시키기 위해 취하는 활동을 말한다.

도시, 지역, 국가 등은 관광객, 새로운 거주지, 컨벤션, 사무실, 공장 등을 유인하기 위해 서로 경쟁한다. 따라서 관광마케팅은 주로 관광지 그리고 공단 등에 오도록 하기 위한 마케팅이다.

(4) 아이디어 마케팅

아이디어도 마케팅의 대상이 될 수 있다. 즉 양치질, 외출 후 집에 온 후 손을 닦는 것의 중요성을 알리는 일반적인 아이디어 또는 치석제거 치약이 일상생활을 편안하게 해준다는 구체적인 아이디어 모두가 아이디어 마케팅의 대상이 될 수 있다.

아이디어 마케팅 가운데, 특히 사회적 아이디어 마케팅은 사회적 마케팅(social marketing)이라고 하는데, 사회적 마케팅이란 사회구성원의 복지와 사회 전체의 복지를 향상시키기 위해 개인의 행동에 영향을 미칠 의도로 설계된 프로그램에 상업적인 마케팅 개념과 수단을 활용하는 것으로 정의된다.

사회적 마케팅 프로그램은 흡연, 알코올 중독, 약물남용과 오용, 과식 등을 줄이기 위해 공중보건(public health) 캠페인을 포함하며, 야생 동식물 보호, 청정공기, 자원보존 등을 촉진시키기 위한 환경 캠페인도 이에 해당된다. 또한 가족계획, 인권, 인종 평등, 남녀평등 등의 사회적 문제를 다루는 것도 사회적 마케팅의 예이다.

사회적 마케팅은 단순히 광고캠페인을 전개하는 것에 한정되어서는 안 된다. 즉 다양한 마케팅 수단과 도구가 활용되어야 한다. 또한 사회적 마케팅은 4P 중 촉진에만 국한된 것이 아니며, 사회변화와 관련된 목표를 달성하기 위해 나머지 마케팅 믹스 요소 등을 활용해야 한다.

제 2 절 제품과 서비스에 대한 의사결정

제품과 서비스에 대한 의사결정은 세 가지 수준, 즉 개별제품, 제품계열 그리고 제품믹스에서 이루어진다.

1. 개별제품과 서비스에 대한 의사결정

〈그림 8-2〉는 개별제품 및 서비스를 개발하고 마케팅하는 과정에 필요한 의사결정, 즉 제품속성, 상표화, 포장화, 표찰화 그리고 제품지원 서비스에 관한 의사결정을 보여준다.

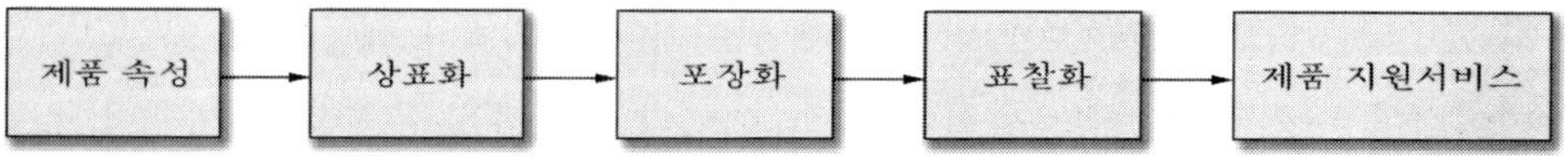

〈그림 8-2〉 개별제품에 대한 의사결정 과정

1) 제품 및 서비스 속성

제품 또는 서비스를 개발한다는 것은 그것이 제공할 소비자 이점(consumer benefit)을 정의하는 것을 포함하는데, 정의된 이점은 품질, 특성, 스타일, 디자인 등의 제품특성을 통해 커뮤니케이트되고 전달된다.

(1) 제품 품질

제품품질(product quality)은 마케팅 관리자가 제품의 위치를 정하는데 이용되는 주요한 수단이며, 제품/서비스의 성과에 직접적인 영향을 준다. 따라서 제품품질은 고객가치와 고객만족에 밀접하게 연결된다.

협의적으로 보면 품질이란 결점이 없는 정도로 정의되지만, 고객중심적 기업은 품질의 의미를 고객가치와 고객만족을 창출하는 것으로 인식한다. 한편 The American

Society for Quality는 품질을 표현되는 또는 암시적인 고객욕구를 충족시키는 능력이 있는 제품. 서비스의 특성으로 정의한다.

이에 따라, 마케팅 기업은 품질을 향상시키기 위해 노력하고 있다. 전사적 품질경영(TQM : Total Quality Management)은 기업의 전 구성원이 제품, 서비스, 사업과정상의 품질을 끊임없이 향상시키려는 노력으로서, 대부분의 선도기업에게 고객지향적 품질은 사업수행의 기본이 되고 있다. 그리고 오늘날 마케팅 기업은 품질수익률(return on quality) 개념을 도입하고 있는데, 이것은 품질을 투자로 보고 제품품질을 유지하기 위한 지속적인 노력을 주요한 성과지표로 간주하는 것이다.

제품품질은 두 개의 차원, 즉 품질수준과 품질의 일관성으로 나눌 수 있다.

첫째, 품질수준이란 제품이 그 기능을 제대로 수행할 능력, 즉 성능품질(performance quality)을 의미하므로, 제품개발과정에서 마케팅 관리자는 먼저 제품위치를 지원할 수 있는 품질수준을 선택해야 한다. 예를 들어, BMW와 Benz는 Genesis보다 더 우수한 성능품질을 제공한다. 그러나 모든 기업이 최고의 성능품질 수준을 제공하지 않는데, 그 이유는 높은 수준의 품질을 제공하는 제품을 원하거나 구입할 여력이 있는 고객이 많지 않기 때문이다. 그러므로 마케팅 기업은 표적시장의 욕구와 경쟁제품의 품질수준에 부합되는 품질수준을 선택해야 한다.

둘째, 품질수준은 높은 품질수준뿐만 아니라, 높은 품질일관성도 포함한다. 즉 제품품질은 결점(제품 부적합)이 없는 것과 목표로 정한 성능수준을 일관되게 전달하는 것 모두를 포함하는 품질일치성(conformance quality)을 의미한다. 따라서 모든 마케팅 기업은 높은 수준의 품질일치성을 갖도록 노력해야 한다. 이런 의미에서 볼 때, Genesis는 Benz나 BMW와 대등한 품질인 것으로 볼 수 있다는 것이다. 물론 Genesis가 Benz만큼 우수한 성능은 아니지만, 고객이 지불하는 가격과 기대에 상응하는 품질을 일관성 있게 전달할 수 있기 때문이다.

(2) 제품 특성

제품은 다양한 특성(feature 또는 option)을 제공할 수 있다. 기본 모델(standard)에서 시작하여 더 많은 특성을 추가한 고급모델을 제공할 수 있다. 이러한 특성을 자사제품을 경쟁제품과 차별화하기 위한 경쟁수단이므로, 가치 있는 새로운 특성은 처음 도입한 마케팅 기업이 되는 것은 가장 효과적인 경쟁방법의 차이이다. 예를 들어, 삼성전자의 Zipel 냉장고가 일정수준의 습도를 유지하는 것 등이 이에 속한다.

마케팅 기업이 새로운 특성들을 파악하고, 어떤 특성을 제품에 추가해야 할 것인가를 결정하기 위해서는 일련의 과정을 거쳐야 한다.

우선 기업은 정기적으로 제품을 사용해 본 구매자를 대상으로 조사해야 한다. 즉 어떻게 제품을 좋아하게 되었고, 가장 좋아하는 제품특성은 무엇이며, 제품을 향상시키기 위해 어떤 특성이 추가되어야 하는가 등을 조사해야 한다. 상기의 질문에 대한 구매자의 응답은 마케팅 기업에게 제품특성에 대한 많은 아이디어를 제공한다.

그 다음으로 마케팅 기업은 각 특성이 고객에게 주는 가치와 기업에 대해 발생시키는 비용을 비교, 평가해야 한다. 이것을 기준으로 비용 대비 고객이 높게 가치를 부여하는 특성을 제품에 추가해야 한다.

(3) 제품의 스타일과 디자인

고객가치를 추가하는 또 다른 방법 중의 하나는 독특한 제품 스타일과 디자인을 활용하는 것이다. 스타일(style)은 단순히 제품의 외양을 서술하는 것으로서, 소비자의 눈을 끌거나 또는 단조로움을 유발시키는 것 등이다. 물론 인기를 불러일으키는 스타일은 주의를 끌고, 미적 즐거움을 줄 수 있지만, 제품성능을 더 우수하게 만드는 데는 기여하지 않을 수가 있다. 즉 스타일은 필시 제품성능과 관계되지 않는다는 것이다. 따라서 디자인은 스타일보다 더 넓은 개념이다.

디자인(design)은 제품의 외관과 성능을 포함하는 개념으로서, 좋은 디자인은 제품의 외관과 제품의 유용성 모두에 기여한다. 즉 좋은 디자인은 고객의 욕구를 잘 이해하는 것에서 시작되며, 또한 제품 또는 서비스 속성을 창조할 뿐만 아니라 고객의 제품사용경험을 형성하는 것을 포함한다.

이에 따라 제품 디자이너는 제품속성과 기술적 명세에 대해 고심하기보다는 고객이 제품을 어떻게 사용하고, 제품에서 획득하는 이점이 무엇인가에 대해 더 많은 시간을 할애해야 한다. 즉 좋은 디자인은 고객가치를 향상시키고, 원가를 절감하고 또한 강력한 경쟁적 우위를 창출하는데 기여할 수 있다.

2) 상표화

(1) 상표의 의미와 상표화

전문성을 갖춘 마케팅 기업이 보유한 현저한 기술 중의 하나는 상표를 구축하고 관리하는 능력이다. 상표(brand)란 제품이나 서비스 제조업자나 판매업자가 누구인가를 파악할 수 있도록 하는 이름, 용어, 표식, 심벌, 디자인 그리고 이들의 결합을 의미한다. 이에 따라 소비자는 상표를 제품을 구성하는 중요한 부분으로 인식하며, 그러므로 상표화는 제품에 가치를 부가할 수 있다. 예를 들어, 소비자는 Kenzo 향수를 고품질의 고가의 제품으로 지각하지만, 아무런 표시가 없는 병에 담겨진 동일한 성분의 향수는 저품질의 제품으로 지각한다.

상표화의 힘은 매우 강력하여 상표가 없는 제품은 거의 없다. 소금에도 상표가 부착되어 있으며, 볼트와 너트 등 소모품까지도 유통업체의 이름을 붙여 판매되고, 자동차 부품(점화플러그, 타이어, 필터 등)도 승용차 제조업체 상표와는 별개로 자체의 상표가 있다. 뿐만 아니라 과일(사과, 배, 토마토, 딸기 등), 채소(무, 배추 등), 축산제품(달걀, 메추리알, 쇠고기, 돼지고기 등)도 상표가 부착되어 있다.

(2) 상표화의 이점

상표화는 구매자에게 그리고 제조업체에게 여러 측면에서 도움을 준다.

상표명은 구매자에게 자신이 원하는 이점을 제공할 제품을 파악하는데 도움을 준다. 또한 제품품질의 수준과 일관성에 관한 정보를 제공한다. 즉 동일한 상표를 구입하는 소비자는 구입할 때마다 동일한 특성, 이점, 품질을 획득한다는 것을 알고 있다.

한편, 상표화는 판매업자에게도 이점을 제공한다. 상표명은 제품 특유의 품질과 관련된 내용을 담을 수 있는 수단이 된다. 판매업자의 상표명과 등록상표(trade mark, registered brand)는 법적보호를 받아 경쟁사가 자사의 독특한 제품 특징을 모방할 수 없다. 상표화는 시장을 세분화하는데 도움을 준다. 즉 제조업체는 여러 가지 상표의 제품을 시장에 도입하고 있다.

3) 포장화

(1) 포장화의 의미와 기능

포장화(packaging)는 제품을 담은 용기와 포장재를 디자인하고 생산하는 것이다. 전통적으로 포장의 주요기능은 제품을 고정하고 보호하는 것이었으나, 여러 가지 요인으로 인해 포장화는 중요한 마케팅 수단으로 부상되고 있다. 즉 경쟁의 격화 그리고 소매점 진열대에 진열된 자사제품에 대한 주의를 환기시킬 필요성 등으로 인해, 포장화는 고객 유발, 제품설명, 판매유도 등과 같은 판매 기능을 수행하고 있다.

좋은 포장화로 고객은 기업 그리고 상표를 즉각 인지할 수 있다. 예를 들어, 수 천 가지의 품목을 취급하는 슈퍼마켓의 경우, 쇼핑객 한 사람은 분당 300개 정도의 품목을 지나치며, 전체 구매자 중 60% 이상이 충동구매를 하는 치열한 경쟁적인 마케팅 환경에서 포장화는 구매자에게 영향을 주기 위해 판매업자가 이용할 수 있는 최후의 수단이 될 수 있다. 즉 시장환경이 변화함에 따라 포장 그 자체가 중요한 판매수단으로 부상되고 있다.

(2) 포장화의 문제와 관심사

잘못 설계된 포장은 소비자의 불만을 야기시키고, 기업의 매출을 감소시킨다. 이와는 대조적으로 혁신적인 포장화는 마케팅 기업에게 경쟁우위를 제공하고 매출을 증대시킨다. 즉 포장화의 작은 개선이라도 매출에 큰 차이를 발생시킬 수 있다는 것이다. 따라서 혁신적인 포장화의 도입이 하나의 추세가 되고 있으며, 다른 제품범주로 확산되고 있다.

최근 들어, 포장화에서 제품안전성이 주요한 관심사가 되고 있다. 기업들은 아이들이 열기 어렵도록 설계된 포장화가 중요하다는 사실을 인식하고 있다. 특히, 의약품과 식품 제조업체들이 어린이들이 용기의 뚜껑을 열기 어렵게 하거나 독극물을 투입할 수 없도록 하거나, 모방(짝퉁) 제품의 폐해를 사전에 막기 위해 어려운 포장에 제품(예: 술)을 담고 있다. 그리고 포장화에 대한 의사결정에 마케팅 기업은 환경에 대한 관심이 증가되는 최근의 추세에 관심을 기울여야 한다. 다행스럽게도 많은 마케팅 기업들이 포장크기를 축소하고, 환경친화적인 포장화용 소재를 사용함으로써 그린마케팅(green marketing)을 실천하고 있다.

4) 표찰화

(1) 표찰의 의미와 기능

표찰(label)은 제품에 부착되어 있는 단순한 꼬리표에서부터 포장의 한 부분인 복잡한 그래픽에 이르기까지 범주가 넓다. 표찰은 몇 가지 기능을 수행한다.

기본 기능은 자사 제품 또는 상표를 확인시키는 것으로서, 오렌지 위에 도장으로 찍힌 Sunkist 상표명이 이에 해당된다. 또한 표찰은 몇 가지 제품정보를 담고 있는데, 제품의 제조업자, 제조장소(한국, 중국 등), 제조 연월일(유통기한), 성분, 사용법, 사용상 주의점 등이다. 마지막으로 표찰은 제품을 촉진시키고, 그 제품의 위치화를 지원한다. 예를 들어, 의류산업은 의류를 보이게 하는 방법으로 제품의 표찰을 촉진수단으로 이용하고 있는데, 의류의 표찰은 강한 제품이미지를 전달하기 때문이다. 즉 운동복에 부착된 책자 형태의 태그는 까다로운 운동선수에게 이 제품의 사용법을 자세하게 설명하거나 또는 어떤 특별한 소재가 제조과정에서 사용되었는가를 설명함으로써 그 상표의 위치화를 강화시킬 수 있다.

(2) 표찰에 관한 법적규제

표찰화는 긍정적인 측면뿐만 아니라 부정적인 측면도 있다. 포장화와 표찰은 오랫동안 그 법규에 대해 큰 변화를 경험하고 있다. 즉 허위, 오도 그리고 기만적인 표찰이나 포장은 불공정경쟁을 유발하고 있다. 특히 표찰은 고객을 오도하고, 중요한 성분을 설명에서 제외하거나 또는 안전과 관련된 경고문구나 주의사항을 포함시키지 않기도 한다(예 : GMO 식품의 경우에 GMO라는 내용을 포함시키지 않음).

최근 표찰화는 표준단위당 가격을 표시하는 단위가격 정책(unit pricing), 제품진열의 유효기간을 표기하는 제품유효기간 표시제(open dating), 제품의 영양가치를 표기하는 영양성분정보 표찰화(nutritional labeling) 등이 도입되고 있다.

이와 더불어 판매업자는 식품의 영양정보를 자세하게 제공해야 하며, 저지방, 저칼로리(light), 고식이섬유(high fiber) 등과 같은 건강관련 용어의 사용이 규제되고 있다. 따라서 판매업자는 표찰이 정부(법규)가 요구하는 정보를 포함하고 있는가를 확인해야 한다.

5) 제품지원 서비스

고객 서비스는 제품전략의 또 다른 구성요소로서, 기업의 제공물에는 일반적으로 지원 서비스가 포함되는데, 이 지원 서비스는 전체 제공물 중 미비한 부분일 수도 있거나 또는 중요한 부분일 수도 있다.

다양한 제품지원 서비스를 개발하여 제공하기 위해서는 몇 개의 단계를 거쳐야 한다. 첫 번째 단계는 기존 서비스의 가치를 평가하기 위해 정기적으로 고객 설문조사(survey)를 실시해야 한다.

두 번째 단계에서 마케팅 기업은 각 서비스를 제공하는데 소요되는 비용을 평가해야 한다.

세 번째 단계에서 마케팅 기업은 고객을 감동시키고 기업에 대해 이익을 창출하는 서비스 패키지를 개발해야 한다.

최근 들어, 많은 마케팅 기업들은 불가능했던 지원 서비스를 제공하기 위해 전화, 전자우편, 팩스, 인터넷, 상호작용 목소리(interactive voice) 등을 함께 사용하고 있다.

2. 제품계열 의사결정

제품전략은 개별제품에 대한 의사결정뿐만 아니라 제품계열의 구축과 관련된 의사결정을 포함한다.

1) 제품계열의 의미와 길이

제품계열(product line)이란 서로 밀접하게 관련된 제품들의 집합이라고 정의한다. 따라서 제품계열은 비슷한 기능을 수행하거나(화장실용품), 동일한 고객집단에게 판매되거나(Gucci 제품), 동일한 유통경로를 통해 판매되거나(방문판매원이 판매하는 고급 화장품), 또는 비슷한 가격대로 판매되는 것이다. 예를 들어, LG전자와 삼성전자는 5대 가전제품 계열인 TV, VTR, 전자레인지, 냉장고, 세탁기 계열을 생산, 판매하고 있다.

제품계열에서 주요한 의사결정은 제품계열의 길이(product line length)인데, 이것은 제품계열에 포함된 품목의 수를 의미한다. 즉 제품계열의 길이가 너무 짧으면 품목을 추가하여 이익을 증가시킬 수 있다. 반대로 계열의 길이가 너무 길다면 품목을 제거하여 이익을 증대시킬 수 있다. 예를 들어 LCD TV 계열은 크기에 따라 계열의 길이가 결정되는데, 계열의 길이는 시간이 지남에 따라 계속 길어지는 경향이 있다.

그러므로 제품관리자는 정기적으로 제품계열을 분석하여 제품계열을 구성하는 각 품목의 매출과 이익을 평가하여 각 품목이 제품계열의 성과를 위해 어느 정도 공헌하는가를 파악해야 한다.

2) 제품계열 길이의 영향요소

제품계열의 길이는 기업의 목표와 자원규모에 영향을 받는다. 예를 들어, 기업이 고가판매(upselling)를 추구하는 경우, 현재의 고객들로 하여금 고가제품을 구입하도록 하는 것으로서, BMW사는 3시리즈 모델을 구입한 고객으로 하여금 5시리즈 또는 7시리즈 모델의 고객으로 상향전환시키려고 노력한다.

반면에 기업목표가 동일한 고객에게 자사의 여러 제품을 함께 판매하려고 교차판매(cross-selling)를 추구할 수도 있다. 예를 들어, HP사는 고객에게 프린터기와 함께 카트리지를 판매할 수 있으며, LG전자는 드럼 세탁기와 함께 건조기를 판매할 수 있다.

또한 기업목표가 경기변동의 영향을 최소화시키는 것이라면, 기업은 가격대가 상이한 제품을 출시할 수도 있다.

기업은 두 가지 방식, 즉 계열확대 전략 그리고 계열보충 전략으로 제품계열의 길이를 길게 할 수 있다.

3) 계열확대 전략

계열확대 전략(line stretching)은 현재의 가격대 이상으로 제품계열의 길이를 늘이는 것으로, 신제품 개발이라는 개념이 포함되는데, 하향확대, 상향확대, 양방향 확대의 세 가지 대안이 있다.

(1) 하향확대

하향확대(downward stretching)는 고급시장을 대상으로 사업을 해온 기업이 제품계열을 중, 저가 시장으로 확대하는 것이다.

마케팅 기업은 여러 가지 이유로 하향확대를 추구한다. 첫째, 새로운 경쟁사가 중·저가 시장으로 진출할 가능성을 사전에 봉쇄·차단하기 위해서 또는 경쟁사가 자사가 현재 서브하고 있는 고급시장으로 진출하고자 하는 시도에 대응하기 위해 추구할 수 있다. 둘째, 저가 세분시장이 급속하게 성장하기 때문에 중저가 제품을 제품계열에 추구하는 것이다. 예를 들어, Benz는 상기의 이유 때문에 중·저가 Benz로 하향하였다.

(2) 상향확대

상향확대(upward stretching)란 중저가 시장에 있는 기업이 고급제품을 추가하여 제품계열의 길이를 길게 하는 것이다.

마케팅 기업이 상향확대를 하는 이유는 첫째, 기존제품에 고급제품을 추가함으로써 제품계열의 이미지를 높일 수 있다. 둘째, 고급시장이 급속하게 성장하고, 이폭이 높은 경우에 상향확대를 추구할 수 있다. 예를 들어, 일본 자동차 제조업체들이 고급

승용차 모델을 새로 도입하고 있는데, 이 고급승용차 모델은 이전 승용차 상표명을 포기하고, 완전히 새로운 상표명을 사용하고 있다.

(3) 양방향 확대

양방향 확대는 중간가격대 대중시장에서 사업하는 기업은 중저가 시장과 고가제품 시장으로 진출하는 제품계열 전략이다.

예를 들어, Marriott 호텔은 기존의 주력 제품계열에 고급시장과 경제형 저가 시장을 겨냥한 호텔계열을 새로 추가하였다(〈그림 8-3〉 참조).

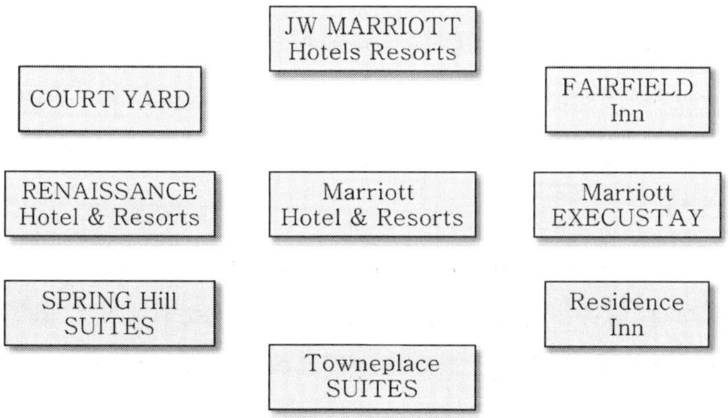

〈그림 8-3〉 Morriott 호텔의 제품계열확대

4) 계열보충 전략

기업은 계열을 늘이기 위해 계열보충 전략을 고려할 수 있는데, 계열보충(product line filling) 전략이란 현재의 취급 품목 범위내에서 새로운 품목을 추가하는 것으로 새로운 선택품(option)이 기존 제품에 추가되어 계열이 증가되는 것이다.

이러한 제품계열보충 전략은 추가 이익을 획득하기 위해서, 거래유통업체를 만족시키기 위해, 과잉생산능력을 활용하기 위해, 완전제품계열을 갖춘 시장선도자가 되기 위해 그리고 경쟁사의 시장 진출을 봉쇄하기 위해서 등의 이유로 행해진다.

그러나 계열보충전략으로 인해 품목간의 자기시장잠식현상(cannibalization)과 고객의 혼란을 초래한다면, 계열보충이 지나친 것이 된다. 이를 방지하기 위해 마케팅 기업은 고객이 새로운 품목이 기존 품목과 차이가 있는 것으로 지각하는가를 확인해야 한다.

3. 제품믹스 의사결정

1) 제품믹스의 의미

여러 개의 제품계열을 보유한 마케팅 기업은 제품믹스를 갖는다. 제품믹스(product mix : 제품 구색) 또는 제품 포트폴리오(product portfolio)는 특정한 판매업자가 판매하기 위해 시장에 제공하는 제품계열과 품목을 합친 것을 의미한다. 예를 들어, Colgate사의 제품믹스는 구강 위생제품(oral care), 피부관리용품(personal care), 가정관리용품(home care), 애완동물사료용품(pet nutrition)의 4가지 제품계열로 구성되어 있다.

각 제품계열은 다시 몇 개의 하위제품계열(subline)로 구성되는데, 가정관리용품 계열은 식기세척기, 섬유유연제, 가정용 청소용품 등의 하위계열로 구성된다. 그리고 각 제품계열과 하위제품계열에는 많은 개별품목이 포함되는데, 이에 따라 Colgate사의 제품믹스는 수백 가지 이상의 품목으로 구성된다.

2) 제품믹스의 차원

(1) 제품믹스의 4가지 차원

마케팅 기업의 제품믹스는 4가지 차원, 즉 제품믹스의 넓이, 길이, 깊이, 일관성의 차원으로 되어 있다.

첫째, 제품믹스 넓이(product mix width)란 기업이 보유한 제품계열의 수이다. 예를 들어, 삼성전자와 LG전자는 가전제품의 경우, 세탁기 계열, 냉장고 계열, 전자레인지 계열, TV 계열, VTR 계열 등 5개 이상의 제품계열을 가지고 있다.

둘째, 제품믹스 길이(product mix length)는 각 제품계열을 구성하는 품목의 총수를 의미한다. 예를 들어, LG전자와 삼성전자의 경우 1,000개 이상의 품목을, 그리고 현대자동차는 승용차 계열, 소형 트럭 계열, 대형트럭 계열, BUS 계열 등으로 구분될 수 있으며, 총 품목수는 수십 가지에 달한다.

셋째, 제품믹스 깊이(product mix depth)는 제품계열사의 각 제품이 제공하는 품목(versions)의 수를 말한다. 예를 들어, 750ℓ짜리 캐비넷형 냉장고의 경우에도 여러 다양한 모델이 제공되고 있다. 치약의 경우에도 180g짜리 치약도 모양과 성분의 차이에 따라 구분하여 제공된다.

넷째, 제품믹스의 일관성(product mix consistency)은 다양한 제품계열이 최종 용도, 생산요건, 유통경로 등에서 얼마나 밀접하게 관련이 되는가를 말한다. 예를 들어, Colgate의 제품계열은 동일한 유통 경로를 통해 판매되는 소비용품이라는 점에서 일관성이 있다.

(2) 제품믹스 차원과 제품전략

제품믹스의 4가지 차원은 마케팅 기업의 제품전략에 대한 기본방향을 결정하는데 기초가 된다.

마케팅 기업은 네 가지 방법으로 사업을 확대할 수 있다.

첫째, 새로운 제품을 추가하여 제품믹스의 폭을 넓힐 수 있다.

둘째, 기존 제품계열의 길이를 증가시켜 완전한 제품계열을 갖춘 기업이 되는 것이다.

셋째, 각 제품을 변형시켜 더 다양한 품목을 추가함으로써 제품계열을 더욱 깊게 만들 수 있다.

넷째, 제품계열간의 일관성을 강화하거나 완화하여 제품전략을 추구할 수 있는데, 이것은 기업이 하나의 사업영역에서 강력한 명성을 추구하느냐 또는 여러 영역에서 이를 추구하느냐에 따라 결정된다.

제 3 절 상표화 전략 : 강력한 상표명 구축

상표는 기업의 특정한 제품과 설비보다 긴 수명을 가진 중요한 기업자산이다. 즉 상표는 신중하게 개발하고 관리되어야 할 강력한 무형자산이다.

1. 상표자산

상표는 기업이 고객과의 관계를 구축하는 핵심요소이므로 상표명과 심볼(상징) 그 이상이다. 즉 상표는 제품과 제품성과에 대한 소비자의 지각과 느낌을 상징하는 것으로서, 제품 또는 서비스가 소비자에게 의미하는 모든 것을 말한다.

1) 상표의 가치와 상표자산의 의미

강력한 상표의 진정한 가치는 소비자의 선호도와 충성도를 획득하는 힘을 가지고 있다는 것이다. 물론 상표가 갖고 있는 힘과 가치는 상표에 따라 매우 상이하다. 예를 들어, 세계적인 상표인 Coca-Cola, Pepsi, Nike, Tide, Harley-Davidson, Toyota 등의 상표들은 단순히 독특한 이점(benefit)이나 신뢰성 있는 서비스를 전달하기 때문이 아니라, 고객과의 관계를 구축하였기 때문에 시장에서 성공한 것이다.

간혹 소비자는 상황에 따라 특정한 상표와 매우 강한 유대관계를 갖는다. 예를 들어, 전동공구가 필요한 경우 Black and Decker 전동공구 상표에서 느끼는 이점은 특별하게 강한 관계를 조성하기도 한다.

이러한 강력한 상표는 높은 상표자산을 갖는데, 상표자산(brand equity)이란 상표명을 안다는 것이 제품이나 서비스에 대한 고객반응에 미치는 긍정적이며 차별적인 효과이다. 따라서 고객이 상표를 구매하기 위해 추가로 지불하려고 하는 금액은 상표의 자산적 가치를 측정하는 척도의 하나로서, 상당수 고객들은 자신이 선택한 상표에 대해 타 경쟁상표보다 20~50%정도 비싼 가격을 기꺼이 지불하고 있다.

강력한 상표자산을 보유한 상표는 마케팅 기업에게 매우 가치 있는 자산으로서, 상표의 재무적 가치를 측정하는 과정을 상표가치 평가(brand evaluation)라고 한다.

물론 상표가치를 추정하는 것은 어려운 작업이지만, 2006년 발표된 조사에 의하면 Coca-Cola의 상표가치는 670억 달러, Microsoft는 570억 달러, IBM은 560억 달러로 추정하였다. 세계에서 가장 가치있는 상표목록에는 상기의 상표 이외에 GE, Intel, Nokia, Toyota, McDonald's, Benz 등이 포함되어 있다.

2) 상표자산의 경쟁우위성

높은 상표자산은 기업에게 많은 경쟁우위를 제공한다. 즉 강력한 상표는 높은 수준의 상표 인지도와 소비자 충성도를 갖기 때문이다. 소비자는 점포에서 강한 상표를 취급할 것을 기대하기 때문에, 그 상표를 소유한 기업은 유통업체와의 거래조건 협상에서 우위를 점할 수 있다. 상표자산이 높은 상표명은 신뢰성이 높기 때문에, 그 상표를 소유한 기업은 새로운 제품계열 그리고 상표확장 제품을 성공적으로 출시할 수 있다. 그리고 강력한 상표는 치열한 가격경쟁에서 기업에 보호막을 제공한다.

무엇보다 중요한 것은 강한 상표는 강력하고 수익성이 있는 고객관계를 구축하는 토대가 된다는 것이다. 즉 상표로 창출된 고객관계의 가치를 창출한다는 것으로서, 고객자산(customer equity)을 창출한다. 이것은 강력한 상표가 진정으로 이익을 창출하는 충성고객 집단을 확보하고 있다는 것을 시사하는 것이다. 따라서 마케팅이 전력을 기울여야 할 것은 상표관리를 중요한 수단으로 활용하여 고객자산을 추구해야 한다는 것이다.

2. 강력한 상표 구축

상표전략에는 〈그림 8-4〉와 같이, 상표 위치화, 상표명 선택, 상표 소유자 결정, 상표 개발 등에 대한 의사결정이 포함된다.

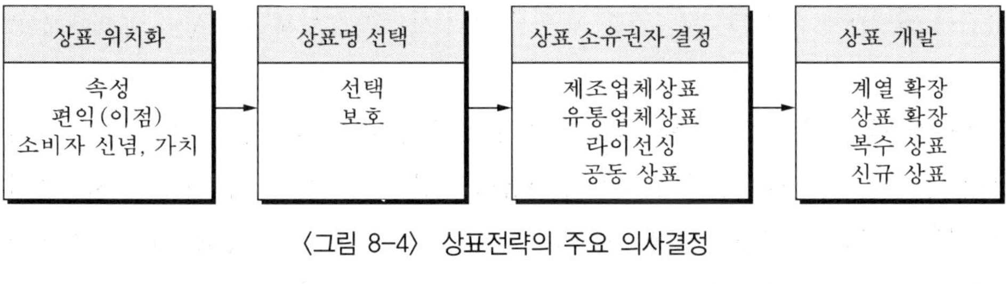

〈그림 8-4〉 상표전략의 주요 의사결정

1) 상표 위치화

(1) 상표 위치화 수준

마케팅 기업은 표적고객의 마음 속에 자사 상표를 분명하게 위치시켜야 하는데, 제품 속성, 제품 이점, 소비자 신념과 가치라는 3가지 수준에서 자사 상표를 위치시킬 수 있다(〈그림 8-5〉 참조).

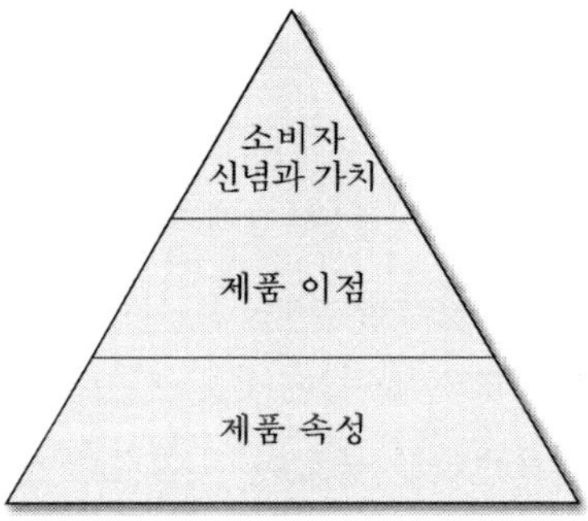

〈그림 8-5〉 상표 위치화 수준

가장 하위수준에서 이루어지는 상표 위치는 제품 속성에 기반을 둔 것이다. 예를 들어, The Body Shop은 천연성분이면서 환경친화적인 제품원료, 독특한 향, 특별한 피부촉감을 갖게 하는 구성성분 등 그 제품이 갖고 있는 속성을 강조할 수 있다.

그러나 제품 속성에 기초한 위치는 가장 매력도가 떨어지는 상표 위치화로서, 경쟁사가 용이하게 자사 상표의 제품 속성을 모방할 수 있기 때문이다. 더 중요한 것은 고객이 진정으로 관심을 두는 것은 제품 속성이 아니라, 그 제품 속성이 고객에게 제공하는 제품 이점이다.

따라서 한 차원 높은 수준은 고객의 욕구를 충족시킬 것이라고 바라는 이점과 상표를 연결시키는 것이다. 즉 The Body Shop은 단순히 우수한 제품원료를 사용한다는 것을 강조하기보다는 원료를 사용하여 만든 화장품으로부터 얻게 되는 미용상의 이점과 연결시키는 것이다. 예를 들어, Volvo 자동차의 안전성, FedEx의 정기소화물 배달의 보장, Nike의 최고의 운동성과, Lexus의 품질 등으로서, 소비자가 진정으로 바라는 이점과 연결하는 것이다.

최고로 강한 상표는 제품 속성 또는 제품 이점에 기초한 위치에 머물지 말고, 강력한 소비자 신념과 가치에 근거하여 상표를 위치시키고 있다. 즉 이러한 상표는 감정, 정서적 요소로 채워져 있다. 따라서 The Body Shop은 환경친화적 원료를 사용한다거나, 피부관리와 관련된 이점을 제공한다는 차원을 넘어 자사제품을 구입하는 것이 사회의식이 있는 고객에게 단순히 얼굴화장이 아닌 마음의 화장을 한다는 느낌을 갖도록 전달할 수 있어야 한다.

(2) 성공한 상표와 상표 약속

성공한 상표는 마음 깊은 곳에 자리잡은 정서적 수준에서 고객과 관계를 형성한다. 제품의 유형적 속성보다는 상표의 사용과정에서 경험하는 놀라움, 열정, 흥분 등을 강조하는 상표위치를 추구하고 있는 것이다.

결론적으로 볼 때, 상표를 위치화할 때, 마케팅 기업은 상표의 사명 그리고 상표가 지향해야 하고 실행해야 할 방향인 상표의 비전을 설정해야 한다. 그 이유는 상표는 특정한 제품 특성, 이점, 서비스, 경험 등의 묶음을 고객에게 일관되게 전달, 제공하겠다는 기업의 약속이기 때문이다. 그리고 그러한 마케팅 기업의 상표 약속은 단순하면서도 정직해야 한다.

2) 상표명 선택

좋은 상표명은 제품이 성공하는데 많은 부가적인 가치를 제공할 수 있지만 최선의 상표명을 찾는 것은 쉽지 않은 과업이며 또한 그런 상표명을 보호하는 노력도 또한 필요하다.

(1) 상표명에 포함될 바람직한 특징

상표명을 선정하는 작업은 우선 제품, 제품이 제공하는 이점, 표적시장과 고객, 제안된 마케팅 전략 등을 세밀하게 검토, 분석하는 것에서 시작한다. 그 다음으로 상표명을 개발하기 위해서는 과학과 예술이 동시에 요구되며 또한 직관적인 판단도 필요하다

상표명은 아래의 바람직한 특징을 포함하여야 한다.

① 제품의 이점과 품질을 전달할 수 있어야 한다(Beautytest, Craftman 공구, 해

충박멸 스프레이 등)

② 발음하기 쉽고 회상과 기억이 용이해야 한다. 즉 Tide, Silk, Tromm 등 짧은 상표명이 이용되는데, 어느 경우에는 긴 상표명이 효과적인 수도 있다(I can't Believe It's Not Butter 마가린).

③ 두드러져야 한다(Lexus, Kodak, Oracle 등).

④ 다른 제품영역으로 확장이 가능해야 한다. 예를 들어, Amazon.com은 온라인 서점으로 시작하였지만, 다른 제품범주로 사업의 확장이 가능하도록 하였다.

⑤ 외국어로 쉽게 번역이 될 수 있어야 한다. 예를 들어, Exxon이라는 상표명으로 바꾸기 위해 1억 달러 이상의 마케팅 비용이 소요되었는데, Standards Oil사는 상표명 후보를 150개 이상의 해외 시장에서 통용되는 54개 언어로 번역할 때 문제가 없는지 조사하였다. EnCo라는 상표명 후보는 일본어로 발음할 때 문제가 있음을 확인하였다. 또 다른 예로서, 대영자전거의 경우 영어로 표기되었을 때 Dai Young은 발음상에서 Die Young으로 발음될 수 있어 문제가 될 수 있다.

⑥ 상표등록과 법적보호가 가능해야 한다. 상표명이 기존의 등록된 상표명을 침해한다면 등록될 수 없다. 현대자동차의 Pony와 Elantra 상표명도 특정 국가에서 사용할 수가 없었다.

(2) 상표명 보호노력

상표명이 선정되면, 마케팅 기업은 상표명을 보호하기 위해 노력하고 관리해야 한다. 많은 마케팅 기업들이 자사의 상표명을 구축하여 최종적으로 해당 제품범주와 하나가 되도록 만들기 위해 노력하고 있다. Klennex, Levi's, Jell-O, Scotch Tape, Ziploc, Fiberglass와 같은 상표명은 해당 제품범주 자체를 의미할 정도로 큰 성공을 거두었으나, 이러한 성공이 기업의 상표 사용권에 위협을 줄 수 있다. 즉 도입 초기에 법적보호를 받았던 많은 상표(cellophane, aspirin, nylon, kerosine, yo-yo, escalator 등)가 이제는 모든 판매업체가 사용할 수 일반적인 이름, 즉 보통명사가 되었다.

따라서 상표를 보호하기 위해 마케팅 기업은 상표명으로 사용된 단어와 등록된 마크(trade mark)를 상표의 구성요소로 만드는데 세심한 노력을 기울여야 한다. 예를 들어, 등산용구 상표인 K2는 유사상표에 대응하여 자사상표를 보호하기 위해 자사상표와 유사한 상표를 구별하기 위해서 엄청난 신문광고를 하고 있다.

3) 상표 소유권자 결정

제조업체는 상표 소유권과 관련하여 4가지 대안을 고려할 수 있다. 제품은 제조업체 상표(NB : national brand)로 출시할 수 있다. 또 다른 대안은 제조업체가 유통업체(도매상 또는 소매상)에 판매한 제품에 유통업체가 자체 상표명을 붙여(PB : private brand, 사적 상표, 소매상 상표, 유통업체 상표, 중간상 상표) 시장에 판매하는 것이다. 또한 일부 제조업체는 자신이 상표명을 개발하지 않고, 라이센스 상표(licensed brand)를 판매한다. 그리고 또 다른 대안은 두 기업이 제휴하여 공동상표 제품을 판매하는 것이다(〈표 8-2〉 참조).

〈표 8-2〉 상표 소유권 관련 4가지 대안

구 분	내 용
제조업체 상표	NB(national brand), manufacturer's brand
사적 상표	PB(private brand), 중간상 상표, 판매상 상표
라이센스 상표	licensed brand, 상표 사용계약에 의한 상표 이용
공동 상표	Co-brand, 두 기업이 제휴하여 공동상표 이용

(1) 제조업체 상표와 유통업체 상표

제조업체 상표(manufacturer's brand)가 주로 제품시장을 지배하여 왔지만, 최근 들어 소매업체와 도매업체가 자체 소유의 유통업체 상표(PB-private brand 또는 store brand)를 도입하고 있다. 유통업체 상표가 여러 산업에서 성장함에 따라 제조업체 상표의 수익성을 위협하고 있다.

특히 대형 소매업체들이 자체의 유통업체 상표(사적 상표)를 소유하고 있다. 예를 들어, Wal-Mart사는 Sam's Choice 음료, 식품, Equate 의약품과 건강/미용제품, White Cloud 화장지, 기저귀 등의 상표를 소유하고 있으며, CostCo도 자체 상표인 Kirkland 상표를 이용하고 있다. 고급 전문백화점인 Saks Fifth Avenue도 의류제품, 넥타이, 운동복, 와이셔츠 등 계열에서 사적 상표를 판매하고 있다. 한국에서도 Lotte, 현대, 신세계 백화점 등은 물론 E-마트까지도 사적 상표를 취급하고 있다.

제조업체 상표와 유통업체 상표 간에 벌어지는 상표 전쟁(battle of brand)에서 소매업체는 상대적으로 우위를 점하고 있다. 소매업체는 어떤 제품을 취급하고 각 제품을 어디에 진열하고 소매가격을 얼마로 책정하고, 지역광고에 어떤 제품을 소개할 것인가를 통제한다. 또한 대형 소매업체들은 입점수수료(신제품 진열수수료 : Slotting fees)를 부과하는데, 입점수수료는 소매업체가 신제품을 취급하기로 하고, 이를 진열대에 진열하는 대가로 제조업체가 지불하는 비용이다. 따라서 수수료를 지불할 여력이 없는 중소 제조업체가 소매점 진열대를 확보할 기회가 제한될 수 있다는 문제가 있다.

유통업체 상표가 상표인식을 구축하기 어렵고, 제품의 비축과 촉진에 많은 비용이 소요될 수 있으나, 소매업체는 자체상표를 취급함으로써 많은 이폭을 획득할 수 있는 장점이 있다. 또한 유통업체 상표는 다른 경쟁 유통업체에서 구입하여 취급할 수가 없기 때문에 더 많은 점포방문과 더 높은 점포충성도를 유발시킬 수 있다. 또한 소매업체는 유통업체 상표의 가격을 동종 제조업체 상표에 비해 더 저렴하게 책정할 수 있으므로 경제성을 추구하는 소비자에게 소구할 수 있다. 특히 불경기시 소비자들이 가격에 매우 민감하기 때문인데, 2008년 초 원자재 가격이 급등하여 소매가격에 영향을 줌으로써, E-마트는 자체상표의 개발을 대폭 증가하고 있다.

또한 대부분의 소비자는 유통업체 상표가 대규모 제조업체가 생산, 공급하고 있다고 믿고 있는데, 예를 들어, 유한 킴벌리사는 자체의 제조업체 상표뿐만 아니라 유통업체 상표의 제품도 생산하고 있다.

유통업체 상표의 위협에 대처하기 위해 선도적인 제조업체 상표는 기술개발에 많은 투자를 함으로써 신상표, 새로운 제품 특성, 지속적인 품질향상을 창출해야 한다. 또한 강력한 광고 프로그램을 개발함으로써 풀 전략에 의해 상표 인지도를 높이고 상표 선호도를 유지해야 한다. 더 나아가 유통에 대한 규모의 경제 그리고 유통업체와 제조업체 간의 공동성과를 향상시키기 위해 유통업체와 협력관계(동반자 관계)를 구축할 방안을 마련해야 한다.

(2) 라이센싱

대부분의 제조업체가 자신의 상표명을 창출하기 위해 많은 시간과 비용을 투자한다. 그러나 어떤 기업은 다른 제조업체가 창출한 상표명, 캐릭터, 유명한 이름, 인기

영화, 서적의 캐릭터 등을 라이센스한다. 이러한 라이센스는 상표 등을 사용한 대가로 수수료만 지급하면 이미 인지된 상표명이나 캐릭터를 사용함으로써 그 효과를 얻을 수 있다.

의류와 액세서리 판매업자는 블라우스, 넥타이, 린넨, 가방 등의 제품에 Calvin Klein, Tommy Hilfiger, Gucci, Armani 등 유명 디자이너 이름 또는 이니셜을 부착하기 위해 수수료를 지불한다. 어린이용품 판매업자는 의류, 장난감, 학용품, 린넨, 인형, 도시락통, 시리얼 등의 제품에 캐릭터 이름을 부착한다. 라이센스 공여를 받은 캐릭터 이름에는 디즈니, Sesame, Peanuts, Harry Potter 등으로 광범위하다.

이름이나 캐릭터의 라이센싱은 최근 들어 빠른 속도로 성장하고 있는데, 미국과 캐나다에서 라이센스를 제공받은 제품의 연 소매매출액이 2000년대 중반 이후 1,750억 달러에 이르고 있다. 따라서 라이센싱은 많은 마케팅 기업에게 매우 수익성이 높은 사업이 되고 있다. 이에 Coca-Cola사는 자사의 상표명을 어린이용품에, Harley-Davidson사는 세발자전거 제조업체에 라이센스를 제공하고 있다.

(3) 공동 상표화

공동 상표화(Co-branding)는 서로 다른 기업이 소유하는 두 개의 기존 상표명을 하나의 제품에 함께 사용하는 것이다. 예를 들어, GSE사는 Gulligan과 제휴하여 Gulligan 정수시스템이 부착된 냉장고를 개발하였으며, LG전자는 IBM과 제휴하여 LG-IBM 노트북을 개발하였다. 대부분의 공동 상표화의 경우 한 기업이 다른 기업의 유명 상표를 라이센스 받아 자사제품에 함께 사용한다.

공동 상표화는 여러 가지 장점이 있다. 첫째, 각 상표가 서로 다른 제품범주에서 시장선도적 지위를 확보하고 있으므로, 공동 상표는 소구될 수 있는 소비자의 범위를 넓히고, 더 많은 상표자산을 창출한다. 둘째, 공동 상표화는 기존 상표가 단독으로 진출하기 어려운 제품 범주로 시장범위를 확장할 수 있게 한다.

반면에 공동 상표화는 몇 가지 한계점도 있다. 첫째, 제휴관계의 형성은 통상 복잡한 법적 제약과 라이센스 등을 수반한다. 즉 라이센스 도입계약 등이 매우 까다롭고, 복잡하여 간혹 법적인 문제를 유발하기도 한다. 둘째, 공동 상표화에 참여하는 기업은 자신의 광고, 판매촉진, 기타 마케팅 노력을 신중하게 조정해야 한다. 그리고 참여기업들은 상대 동반기업이 자사 상표에 많은 신경을 쓸 것이라는 신뢰를 가져야 한다. 그러나 자사 상표가 제휴 동반기업에 의해 잘못 사용되거나 또는 동반기업이 파산되는 경우에 자사에 악영향을 미칠 수도 있다.

4) 상표 개발

기업은 상표개발과 관련하여 4가지 선택대안을 고려할 수 있는데, 계열확장, 상표확장, 복수상표 및 신상표가 있다(〈그림 8-6〉 참조).

제품범주

상표명	기존	신
기존	계열확장	상표확장
신	복수 상표	신상표

〈그림 8-6〉 상표개발 전략

(1) 계열확장

계열확장(line extensions)은 제품범주내에서 새로운 형태, 색상, 크기, 원료, 향 등의 신제품에 기존 상표명을 함께 사용하는 것이다. 예를 들어, Yoplait는 새로운 향, 부드러운 것, 콜레스테롤을 감소시킨 것, 칼로리를 줄인 것 등에도 요구르트 상표명을 그대로 사용하고 있다. 이렇게 볼 때, 기업의 신제품 개발시 거의 대부분은 계열확장이 되고 있다.

기업은 신제품을 출시할 때 원가를 낮추고 또한 위험을 낮추는 방안의 하나로 계열확장을 이용한다. 또는 다양한 소비자의 욕구를 충족시키기 위해, 과잉 생산능력을 활용하기 위해, 또는 소매점의 진열공간을 더 많이 차지하기 위해 계열확장을 사용할 수 있다.

그러나 지나친 계열확장은 부정적인 결과를 초래할 수 있다. 즉 과도한 계열확장은 원래 그 상표가 가지고 있던 구체적인 의미를 상실하거나 소비자의 혼란과 분노를 유발시킬 수 있다. 예를 들어, Coke의 경우 16가지의 변형된 Coke가 판매되고 있는데, 각각의 하위상표는 자신만을 위해 과대광고를 함으로써 많은 소비자가 이러한 차이를 충분히 이해할 수 없어 혼란을 불러일으킬 가능성이 있다.

계열확장의 또 다른 위험은 어떤 한 확장제품의 매출이 다른 계열제품의 희생으로 획득될 수 있다는 것이다. 즉 계열확장이 됨으로써 기존의 제품판매가 감소되는 결과를 초래할 가능성이 있다. 따라서 가장 효과적인 계열확장은 자사의 다른 품목의 매출을 잠식하지 않고 경쟁사 상표의 매출을 빼앗아 올 때이다.

(2) 상표확장

상표확장(brand extension)은 현재의 상표명을 새로운 제품범주의 신제품으로 확장하는 것으로서, 1회용 기저귀의 상표를 샴푸, 로션, 연고, 목욕비누, 세수수건 등의 유아용 화장실용품으로 확장하는 경우이다. 과거에 LG전자는 세탁기 상표를 에어컨에 사용하였다.

상표확장은 상이한 제품범주의 신제품이 출시되었을 때 즉시 소비자가 인지하고 빠르게 수용할 수 있는 장점이 있다. 또한 새로운 상표명을 도입하고 구축하는데 소요되는 많은 광고비를 절약할 수 있다.

그러나 상표확장은 몇 가지 위험을 수반한다. Big 팬티스타킹, Heinz 애완동물용 사료, Clorox 세탁세제 등의 경우처럼 기존제품과 일관성이 없는 지나친 상표확장은 시장에서 실패할 수 있다. 또한 지나친 상표확장은 핵심 상표의 이미지를 희석시킬 수 있으며, 확장제품이 시장에서 실패할 경우, 같은 상표명을 사용하는 다른 제품에도 부정적인 영향을 줄 수 있다.

더 나아가 상표명은 특정한 신제품에 적합하지 않을 수 있다. 따라서 상표명을 신제품에 확장하고자 하는 기업은 그 상표가 떠올리는 연상이 신제품에 얼마나 적합한가를 조사해야 한다.

(3) 복수 상표

복수 상표화(multi-branding)는 동일한 제품범주에서 여러 개의 상표제품을 도입하는 것으로서, 어떤 기업은 세제범주에서 여러 상이한 용도의 세제에 대해 상이한 상표명을 사용한다.

이러한 복수 상표화는 서로 상이한 구매 동기가 있는 소비자에 맞추어 서로 상이한 특성과 소구점이 있는 상표 제품을 제공할 수 있는 이점이 있으며, 또한 소매점에서 더 넓은 진열공간을 확보할 수 있다.

복수 상표의 주요 단점은 각 상표가 낮은 시장점유율을 차지하거나 수익성이 매우 낮을 수도 있다는 것이다. 또한 매우 수익성이 높은 소수의 상표를 키우지 못하고, 여러 상표에 마케팅 노력과 자원을 분산시키는 결과를 초래할 수 있다. 상기와 같은 결점을 보완하기 위해서는 제품범주의 기존 상표 수를 줄이고 또한 새로운 상표 출시를 위한 엄격한 선별기준을 설정해야 한다.

(4) 신상표

기존 상표명의 힘이 약해지는 경우 마케팅 기업은 새로운 상표명을 도입해야 한다. 또는 새로운 제품범주로 진출하는 경우 신제품에 사용될 적절한 기존 상표명이 없을 때 신상표명을 개발할 수 있다. 예를 들어, Toyota사는 Y세대 소비자를 표적으로 하여 Scion이라는 상표를 개발하였으며, 마츠시타사는 가전제품 사업단위에 따라 Panasonic, Technics, JVC, Quasar 등의 서로 상이한 상표를 사용한다.

신상표의 수가 지나치게 많은 경우에 기업은 한정된 자원을 분산시키는 결과를 초래할 수 있다. 특히 소비자용 포장제품과 같은 산업의 경우, 소비자와 소매업체들은 차이가 거의 없는 너무 많은 상표가 판매되고 있다는 사실을 알고 있다. 이에 따라 일부 소비자용 포장제품 제조업체들은 메가상표(mega brand) 전략을 추구하고 있다. 메가상표 전략이란 경쟁력이 약한 상표를 철수시키고, 각 제품범주에서 점유율이 1위 또는 2위의 위치를 성취할 수 있는 상표에 마케팅 비용과 노력을 집중시키는 것이다.

3. 상표 관리

기업은 4단계에 걸쳐 자신의 상표를 신중하게 관리해야 한다(〈표 8-3〉 참조).

〈표 8-3〉 상표 관리 단계

단 계	내 용
1 단계	소비자에게 상표 위치화를 적극적으로 알림
2 단계	구성원이 고객중심적이 되도록 훈련시킴
3 단계	유통업체와 판매상을 훈련시키고 동기를 부여함
4 단계	상표의 강점과 약점을 정기적으로 감사함.

첫째, 마케팅 기업은 소비자에게 상표 위치화를 지속적으로 알려야 한다. 엄청난 광고비를 지출함으로써 강력한 상표가 될 수 있는데, 상표인지도를 창출하고, 소비자의 선호도와 충성도가 구축되기 때문이다. 즉 많은 광고캠페인은 상표선호도를 창출하는데 도움을 줄 수 있다.

그러나 상표를 유지시키는 것은 광고가 아니라 상표경험(brand experience)이라는 사실을 명심해야 한다. 즉 오늘날의 소비자는 많은 접촉점을 통해 상표를 알게 되기 때문인데, 상표 접촉점에는 광고, 상표와의 개인적 경험, 구전, 기업의 웹페이지 등이 포함된다. 즉 기업은 광고개발에 노력을 기울이는 것만큼 접촉점을 관리하는데 주의를 기울여야 한다는 것이다.

둘째, 마케팅 기업은 기업의 모든 구성원이 고객중심적이 되도록 훈련을 시켜야 한다. 그 이유는 상표 위치화는 기업의 모든 구성원이 상표와 함께 생활을 해야만 유지될 수 있기 때문이다. 그렇게 하기 위해서 기업은 구성원들이 상표 약속을 이해하는데 도움을 주고 또한 이를 실행하는데 열중할 수 있도록 내부 상표구축활동을 도입해야 한다.

셋째, 마케팅 기업은 유통업체와 판매상들이 자사고객을 더 잘 서브하도록 그들을 훈련시키고 동기를 부여해야 한다. 이것은 상표자산을 관리하는 작업을 상표관리자에게만 맡겨서는 안 된다는 것을 시사한다. 그 이유는 상표관리자는 상표를 구축·관리하는데 필요한 모든 조치를 취할 만큼 강한 권한이 없으며 또한 상표자산을 관리하는 것이 장기적인 전략을 요구함에도 불구하고 상표관리자는 단기적인 결과를 추구하는 경우가 많기 때문이다. 따라서 일부 마케팅 기업들은 주요 상표를 관리하기 위한 상표자산 관리팀을 도입하고 있다.

넷째, 마케팅 기업은 상표의 강점과 약점을 정기적으로 감사해야 한다. 즉 기업은 자사상표가 소비자가 진정으로 가치 있게 생각하는 이점(benefit)을 잘 전달하는가, 상표의 위치가 적절한가, 소비자 접촉점이 상표 위치화를 지원하는가, 소비자에게 제공할 자사상표의 의미를 상표관리자가 이해하고 있는가, 상표가 적절하고 지속적인 지원을 받고 있는가 등을 자문해야 한다.

상표감사(brand audit)는 더 많은 지원이 필요한 상표, 제거되어야 할 상표, 고객 선호성의 변화와 새로운 경쟁사의 진출로 인해 상표의 변경 또는 재위치화가 요구되는 상표 등을 파악할 수 있게 한다.

제4절 서비스 마케팅

서비스는 최근 들어 급성장하고 있다. 즉 국내 총생산량의 50% 이상을 차지하고 있으며, 앞으로도 서비스산업을 계속 성장할 것이다. 또한 세계 경제에서 서비스의 성장률은 더욱 빨라 국제무역가치 중 37%를 차지하고 있다.

서비스 산업은 매우 다양하다. 정부는 법원, 고용서비스, 병원, 군대, 경찰, 소방서, 우편서비스, 학교 등을 이용하여 서비스를 제공한다. 비영리 개인조직도 박물관, 자선단체, 교회, 대학, 재단, 병원 등을 이용하여 서비스를 제공한다. 수많은 영리조직도 서비스를 제공하는데, 항공사, 은행, 호텔, 보험회사, 컨설팅회사, 법률회사, 카드회사, 병원, 엔터테인먼트 기업, 부동산회사, 소매업체 등이 이에 속한다.

1. 서비스의 특징

서비스 기업은 마케팅 프로그램을 설계할 때, 서비스의 4가지 차별적 특징인 무형성, 비분리성, 변화성, 소멸성을 고려해야 한다.

1) 서비스 무형성

서비스 무형성(service intangibility)은 소비자가 서비스를 구입하기 전에는 보거나, 맛을 알거나, 느끼거나, 소리를 듣거나, 냄새를 맡을 수 없다는 것을 의미한다. 예를 들어, 성형수술을 받은 사람은 수술(서비스)을 받기 전에는(구매하기 전에) 결과를 볼 수가 없다. 비행기 이용객은 자신과 짐이 도착예정지에 안전하게 운송될 것이라는 약속과 비행기표를 받는다.

무형성으로 인한 불확실성을 감소시키기 위해 구매자는 서비스 품질을 알려주는 단서(표식)를 탐색한다. 즉 구매자는 눈으로 직접 볼 수 있는 장소, 가격, 장비, 커뮤니케이션 등으로 품질을 추론한다.

이에 따라 서비스 제공자는 서비스를 유형화시키는 방법을 찾고 또한 품질을 나타내는 올바른 표식을 보내는 과업을 행해야 한다. 어떤 분석가는 이를 증거관리(evidence management)라고 하는데, 이는 서비스 조직이 고객에게 자신의 역량을 보여줄 증거를 조직적으로 정직하게 제시하는 것이다.

2) 서비스 비분리성

서비스 비분리성(service inseparability)이란 서비스가 서비스 제공자와 분리될 수 없다는 것이다. 유형재(physical goods)는 생산→저장→판매→소비과정을 거치지만, 서비스는 판매가 먼저 이루어진 후 생산과 소비가 동시에 이루어지기 때문이다.

이것은 서비스 담당자가 서비스를 제공한다면, 그 담당자는 서비스의 한 부분이 된다는 것이다. 또한 서비스가 생산되는 과정에 고객도 참여하기 때문에, 서비스 제공자 - 고객 간의 상호작용은 서비스 마케팅의 차별적 특성이다. 따라서 서비스 제공자와 고객 모두가 서비스 산출물에 영향을 미친다.

3) 서비스 변화성

서비스 변화성(service variability)은 누가, 언제, 어디서, 어떻게 서비스를 제공하느냐에 따라 서비스 품질이 달라진다는 것이다. 즉 구성원에 따라, 어떤 담당자는 상냥하고 효율적인 반면에 다른 담당자는 불쾌감을 주고 업무처리가 느릴 수 있다. 그리고 특정한 종업원의 서비스 품질도 각 고객접점에서 자신의 열정과 마음자세에 따라 달라질 수 있다.

서비스 기업은 서비스의 변화성을 줄이기 위한 세 가지 조치를 취함으로써 품질관리를 할 수 있다.

첫째는 우수한 요원을 선발하고 훈련하는 절차에 투자하는 것이다. 올바른 서비스 요원을 선발하고 또한 그 요원을 탁월하게 훈련시키는 것은 그 서비스 요원이 숙련된 전문가이냐 또는 미숙련 작업자이냐에 관계없이 중요하다.

두 번째 조치는 조직 전체적으로 서비스 수행과정을 표준화하는 것이다. 이러한 표준화는 이동흐름표 내에서 서비스 상황과 과정을 나타내는 서비스 청사진을 준비함으로써 이루어질 수 있는데, 이 이동흐름표는 잠재적으로 발생할 수도 있는 서비스 결함요점을 인식하기 위한 목적으로 사용된다.

세 번째 조치는 제안 및 불평불만 시스템, 고객조사 그리고 비교쇼핑 등을 통해 고객만족을 조사하는 것이다.

4) 서비스 소멸가능성

서비스 소멸가능성(service perishability)은 나중에 판매하거나 사용하기 위해 서비스를 저장할 수 없음을 의미한다. 어떤 의사는 진료예약을 지키지 않은 환자에게 비용을 부과하는데, 그 이유는 진료서비스 가치는 예약시점에만 존재하며, 예약한 환자가 예약시간에 진료를 받지 않으면 그 가치가 사라지기 때문이다.

서비스 소멸가능성은 수요가 안정적일 때는 큰 문제가 되지 않는다. 그러나 수요가 변동적인 경우에 서비스 기업은 서비스 소멸가능성의 특성 때문에 어려움을 겪는다. 예를 들어, 출퇴근 시간대에 대중교통 회사는 수요가 하루종일 분산될 경우에 비해 훨씬 더 많은 수송차량을 확보해야 한다.

상기의 특징에 대해 서비스 기업은 수요가 공급의 균형을 맞추기 위한 전략을 설계해야 한다. 예를 들어, 호텔과 리조트는 비수기에 더 많은 고객을 유인하기 위해 저가격을 제공한다. 식당은 피크시간대(점심시간)에 시간제 종업원을 고용한다.

2. 서비스 기업의 마케팅 전략

훌륭한 서비스 기업은 선택한 표적시장에서 강력한 위치를 구축하기 위해 마케팅을 활용한다. 그러나 서비스 제품은 유형제품과 상이한 특징이 있기 때문에 더 많은 마케팅 접근방법이 필요하다.

1) 서비스-이익 연결쇠

고객과 현장서비스 담당자는 서비스를 창출하기 위해 상호작용을 하는데, 효과적인 상호작용이 이루어지기 위해 현장서비스 담당자의 기술 그리고 그들을 지원하는 지원과정이 필요하다.

(1) 서비스-이익 연결쇠의 구성요소

성공적인 서비스·기업은 고객과 구성원 모두에 대해 주의를 기울이는데, 그 이유는 상호작용의 결과이기 때문이다. 따라서 서비스 기업은 서비스-이익 연결쇠를 이해해야 하는데, 서비스-이익 연결쇠(service-profit chain)란 서비스 기업의 수익성은 종업원 만족 그리고 고객만족과 관련된다는 것이다.

서비스-이익 연결쇠는 5가지 요소로 구성된다.

① **내부서비스 품질** : 우수한 종업원의 선발과 훈련, 좋은 작업환경, 고객과 접촉하는 종업원에 대한 전폭적인 지원 등 서비스 담당자를 만족케 한다.

② **만족하고 생산성이 높은 서비스 종업원** : 만족을 느끼고, 기업에 충성하고, 열심히 일하는 종업원은 더 많은 서비스 가치를 창조한다.

③ **더 큰 서비스 가치** : 더 효과적이고 효율적인 고객가치 창조와 서비스 전달은 고객의 만족과 충성심을 창출한다.

④ **만족하고 충성도가 높은 고객** : 만족한 고객은 기업에 대해 충성심을 보이고, 반복구매를 하고, 다른 고객을 추천함으로써 높은 이익을 창출한다.

⑤ **건전한 이익과 성장** : 만족한 충성적인 고객은 탁월한 기업성과를 낳는다.

상기의 요소들과 같이 〈그림 8-7〉은 서비스 기업의 이익, 성장목표를 실현하는 것은 고객을 돌보고, 서브하는 종업원을 만족시키는 작업에서 시작된다는 사실을 시사한다.

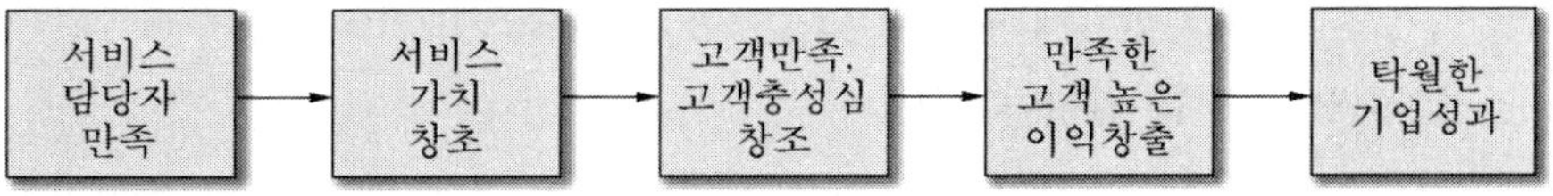

〈그림 8-7〉 서비스 - 이익 연결쇠

(2) 서비스 마케팅의 3가지 유형

서비스 마케팅은 4P를 사용하는 전통적인 외적 마케팅 이상의 노력이 필요하다. 〈그림 8-8〉은 서비스 마케팅은 외적 마케팅뿐만 아니라 내적 마케팅과 상호작용 마케팅이 필요함을 보여준다.

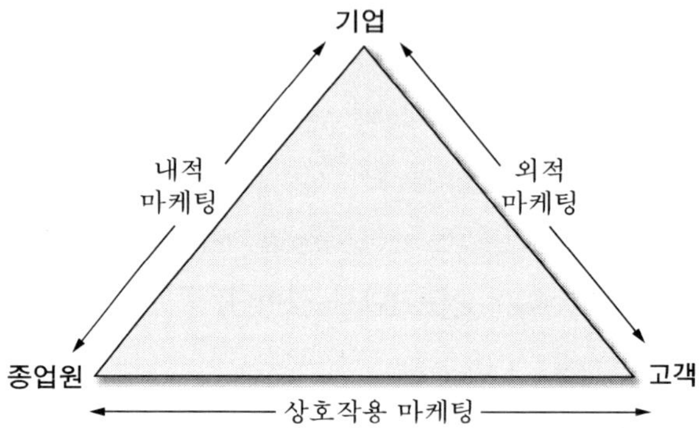

〈그림 8-8〉 세 가지 유형의 서비스 마케팅

첫째, 내적 마케팅(internal marketing)은 서비스 기업이 고객접촉점에 있는 종업원과 지원서비스 담당자들이 고객만족을 제공하기 위해 하나의 팀으로 일하도록 유도하고 동기를 부여하는 노력을 의미한다. 즉, 마케팅 기업은 모든 구성원이 고객중심적이 되도록 해야 한다. 따라서 내적 마케팅은 외적 마케팅보다 우선되어야 한다.

둘째, 상호작용 마케팅(interactive marketing)은 서비스 접점에서 구매자와 판매자(제공자)의 상호작용에 의해서 품질을 제고시켜 서비스 품질을 실현하는 노력을 의미한다. 즉 서비스 마케팅에서 서비스 품질은 서비스 제공자(전달자)와 서비스 전달활동에 의해 크게 영향을 받는다는 것이다.

따라서 서비스 마케팅 관리자는 상호작용 마케팅 기술을 완벽하게 습득해야 한다. 예를 들어, 고객의 욕구를 충족시키기 위해 종업원에게 고객과 상호작용하는 방법(대화, 인사말, 행동 등)을 철저하게 교육시켜야 한다.

또한 마케팅 기업은 하이터치(high-touch)와 하이테크(high-tech)가 결합된 상호작용을 제공하는 방법을 알아야 한다.

예를 들어, 고객은 투자서비스 기업의 웹사이트에 로그인하여 자기의 계정정보 투자에 대한 조사결과, 실시간의 주식시세, 마감시간 후 거래 등에 접속할 수 있다. 또한 고객은 실시간 온라인 행사에 참가하고, 고객서비스 담당자와 온라인으로 대화할 수 있다. 더 사적인 상호작용을 원하는 고객은 전화로 서비스 담당자와 접촉하거나, 지점을 방문할 수도 있다. 즉 그 투자서비스 기업은 클릭, 전화, 방문이라는 세 가지 통로를 이용하여 완벽한 상호작용 마케팅을 행하고 있다.

3. 현대적 서비스 기업의 마케팅 과업

경쟁과 비용이 증가하고, 생산성과 품질이 낮아지고 있는 오늘날 더 세련된 서비스 마케팅이 요구된다. 즉 서비스 기업은 3가지 마케팅 과업, 즉 서비스 차별화와 강화, 서비스 품질의 향상 그리고 서비스 생산성의 증대에 당면하고 있다.

1) 서비스 차별화 강화 및 관리

치열한 가격경쟁이 벌어지고 있는 오늘날의 시장에서 서비스 마케팅 기업은 경쟁사와 차별화된 서비스를 제공하기가 더욱 어려워지고 있다. 고객이 여러 서비스 기업이 제공하는 서비스가 유사하다고 생각한다면, 고객은 서비스 가격에만 주의를 기울일 것이기 때문이다.

이러한 가격경쟁을 피하는 해결방법은 차별화된 서비스 제공물, 서비스 전달 그리고 이미지 등을 개발하는 것이다.

첫째, 경쟁사와 차별화하기 위해서는 서비스 제공물에 혁신적인 특징을 포함해야 한다. 예를 들어, 호텔의 경우 로비에서 승용차를 대여함, 금융서비스를 제공함, 비즈니스 센터 등의 서비스를 제공하고 각 객실에 초고속 인터넷 연결망을 설치하는 것이다.

둘째, 서비스 기업은 실제 서비스 전달에서 차별화를 추구할 수 있다. 즉 더 능력있고 신뢰성이 있는 고객접촉 담당자(people)의 확보, 탁월한 물리적 환경(증거(physical evidence)의 개발, 그리고 탁월한 서비스 전달과정(process)의 설계 등으로서, 3ps라고 한다. 이에 따라 서비스 마케팅은 유형재 마케팅의 4P에 상기의 3P를 합쳐 7P가 마케팅 프로그램으로 형성되어 서비스 마케팅 전략을 수립하는 핵심요소가 된다.

셋째, 서비스 기업은 심벌(상징)과 상표화를 통해 이미지에서 차별화할 수 있다. 예를 들어, 어떤 은행은 사자를 심벌로 채택하고, 문구용품, 광고, 선물 등에 사자인형을 이용함으로써 자사가 강인하다는 이미지를 부각시키고 있다. 또 다른 예로서, 황소(Merrill Lynch), 사자(MGM), 황금색 아치(McDonald's) 등이 있다.

2) 서비스 품질 관리

서비스 기업은 경쟁사보다 더 높은 품질을 일관성 있게 제공함으로써 차별화할 수 있다.

(1) 서비스 품질표준 설정

서비스 산업도 고객지향적 품질운동을 전개하고 있으며, 또한 서비스 기업은 표적고객이 서비스 품질에서 기대하는 것이 무엇인가를 파악해야 함을 터득하고 있다.

그러나 불행스럽게도 서비스 품질은 제품품질보다 정의하고 판단하기가 더 어렵다. 따라서 서비스 품질은 측정하기 위한 기준척도가 필요한데, 고객유지가 서비스 품질을 측정하는 최상의 척도가 될 수 있다. 그 이유는 서비스 기업의 고객유지 능력은 그 기업이 고객에게 어느 정도 일관성 있게 가치를 전달하느냐에 따라 결정되기 때문이다.

최고의 서비스 기업은 높은 서비스 품질표준을 설정한다. 그리고 그 서비스 기업은 자사뿐만 아니라 경쟁사의 서비스 성과를 면밀하게 조사한다. 또한 최고의 서비스 기업은 단순히 양호한 서비스를 제공하는 것에 만족하지 않고, 100% 완벽한 무결점 서비스를 지향한다. 98%의 서비스 무결점 성과를 표준으로 하는 것이 괜찮은 것처럼 보일 수 있다. 그러나 98%의 표준을 채택하는 경우, UPS사는 매일 300,000건의 우편물을 분실하거나 잘못 배송하는 결과를 초래할 수 있다. 또한 미국의 약사들은 매주 140만 개의 처방전의 약배합에서 실수를 하게 되는 것이다.

(2) 서비스 회복과 서비스담당자의 권한

제품 제조업체는 모든 것이 완벽할 때까지 기계설비와 재료를 조정, 수정할 수 있지만, 서비스 품질은 구성원과 고객 간의 상호작용이 어떠한가에 따라 달라질 수 있으므로, 최선을 다하는 서비스 기업이라고 하더라도 소비자는 간혹 배송의 지체, 너무 구운 스테이크, 무뚝뚝한 종업원 등을 경험할 수 있다.

그러나 훌륭한 서비스 회복(service recovery)은 분노하고 불만족한 고객을 충성적인 고객으로 전환시킬 수 있다. 실제로 훌륭한 서비스 회복은 처음에 잘하는 것보다 더 많은 구매와 더 높은 고객충성심을 획득할 수 있다. 그러므로 서비스 기업은 항상 양호한 서비스를 제공하기 위해 그리고 서비스 실패가 발생할 때마다 즉각적인 서비스 회복을 제공하기 위해 모든 조치를 취해야 한다.

서비스 회복을 위해 최우선적으로 취해야 할 조치는 현장의 서비스담당자에게 권한을 주는 것이다. 즉 그들이 고객의 욕구를 인지하고, 고객을 서브하고 돌보는데 필요한 권한, 책임, 인센티브 등을 제공하는 것이다. 예를 들어, 잘 훈련된 담당자가 현장에서 고객을 행복하게 하기 위해 필요한 조치를 취할 수 있는 권한을 가지며 또한 경영자가 고객의 불만과 그 원인을 찾아내는데 담당자가 도움을 주고 또한 서비스와 고객의 행복함을 제고시킬 수 있는 방법에 필요한 아이디어를 제공할 수가 있다.

3) 서비스 생산성 관리

비용이 급속하게 증가하고 있음을 경험하는 서비스 기업은 서비스 생산성을 향상시킬 수 있도록 노력해야 한다. 이에 따라 서비스 기업은 서비스 생산성을 향상시키기 위한 방안을 강구한다. 즉 서비스 기업은 기존의 종업원을 더 잘 교육시키며, 또는 열심히 과업을 수행하거나, 더 요령 있게 일을 할 수 있는 신규 종업원을 채용할 수 있다.

또한 서비스 기업은 서비스 품질을 어느 정도 희생하면서 서비스 생산성을 증가시킬 수도 있다. 예를 들어, 즉석식품 기업은 조립생산공정과 같이 설비를 추가하고 생산과정을 표준화함으로써 서비스 산업화(대량생산화)를 추구할 수 있다. 즉 서비스 제공담당자의 생산성을 높이기 위해 기술의 힘을 이용할 수 있다.

그러나 서비스 기업은 생산성을 높이는데 너무 집착하여 서비스 품질을 저하시키는 상황이 발생되지 않도록 해야 한다. 서비스 산업화와 원가절감 노력은 단기적으로 서비스 기업의 효율성을 높일 수 있다. 그러나 그러한 서비스 산업화의 노력은 혁신을 추구하고, 서비스 품질을 유지하며, 고객의 욕구에 대응하는 것과 같은 장기적인 역량을 없앨 수가 있다.

따라서 서비스 생산성을 향상시키려고 하는 기업은 고객가치를 창조하고 전달하는 방법을 필시 고려해야 한다. 즉 생산성을 추구함으로써 서비스 자체가 사라지지 않도록 주의해야 하는 것이다.

참고문헌

윤훈현 역, 『마케팅 관리론』, 12판, 피어슨, 2006.

www.marriott.com, October 2006.

www.social-marketing.org/aboutus. html, October 2006.

"The 100 Top Brands," *Business Week*, August 7. 2006, pp. 60-66

B. Joeseph Pine II and James H. Gilmore, "Trade in Ads for Experiences," *Advertising Age*, September 27, 2004, p. 36.

Franziska Volckner and Henrik Sattler, "Drivers of Brand Extension Success," *Journal of Marketing*, April 2006, pp. 18-34; and Chris Pullig, carolyn J. Simmons, and Richard G. Netemeyer, "Brand Dilution: When Do New Brands Hurt Existing Brands?" *Journal of Marketing*, April 2006, pp. 52-66.

Jacquelyn A. Ottman, Edwin R. Strattford, and Cathy L. Hartman, "Avoiding Green Marketing Myopia," *Environment*, June 2006, pp. 22-37.

James L. Heskett, W. Earl Sasser Jr., and Leonard A. Schlesinger, *The Service Profit Chain: How Leading Companies Link Profit and Growth to Loyalth, Satisfaction, and value* (New York: Free Press, 1997); Heskett, Sasser, and Schlesinger *The Value Profit Chain: Treat Employees Like Customers and Customers Like Employees* (New York: Free Press, 2003).

Kevin Lane Keller, "The Brand Report Card," *Harvard Business Review*, January 2000, pp. 147-157; Keller, *Strategic Brand Management*, pp. 766-767.

Kotler P. and Gary Armstrong, *Marketing : An Introduction*, 9th ed., Pearson, 2009.

Kotler P. and Gary Armstrong, *Principles of Marketing*, 12th ed., Pearson, 2008.

Kotler P. and Kevin Lane Keller, *Marketing Management*, 13th ed., Pearson, 2009.

Leonard Berry and Neeli Bendapudi, "Clueing in Customers," *Harvard Business Review*, February 2003, pp. 100-106.

Philip Kotler and Kevin Lane Keller, *Marketing Management*, 12th ed. (Upper Saddle River, NJ: Prentice Hall, 2006), chapter 10.

Philip Kotler, Ned Roberto, and Nancy Lee, *Social Marketing: Improving the Quality of Life*, 2nd ed. (Thousand Oaks, C.A: Sage Publications, 2002); and www.social0marketing.org, October 2006.

Rebecca Bedrossian, "Packaging," *Communication Arts*, May/June 2006, pp. 92-101.

Roland T. Rust, Katherine N. Lemon, and Valarie A. Zeithaml, "Return on Marketing: Using Customer Equity to Focus Marketing Stratege," *Journal of Marketing*, January 2004, p. 109.

9
chapter

신제품 개발과 제품수명주기

모든 마케팅 기업은 신제품을 개발하고 관리하는데 능숙해야 한다. 모든 제품은 태어나서 몇 단계를 거치다가 소비자의 욕구를 더 잘 충족시키는 새로운 경쟁제품에 밀려 결국 사멸하게 된다. 이러한 제품수명주기(PLC : product life cycle)는 두 가지 중요한 도전적인 과제를 제시한다.

첫째, 모든 제품은 결국 쇠퇴하게 되므로, 마케팅 기업은 오래된 제품을 대체할 수 있는 신제품을 개발하는데 능숙해야 한다(신제품 개발이라는 도전적 과제).

둘째, 마케팅 기업은 제품이 수명주기의 각 단계를 거칠 때마다 변화하는 취향, 기술, 경험에 적응하기 위한 마케팅 전략을 수립, 개발하는데 능숙해야 한다(제품수명주기 단계별 전략수립이라는 도전적 과제).

제 1 절 신제품 개발전략

1. 신제품 개발 방법

소비자의 취향, 기술력, 시장경쟁이 빠르게 변화함에 따라 마케팅 기업은 새로운 제품과 서비스를 지속적으로 개발해야 한다. 마케팅 기업은 두 가지 방법으로 신제품을 개발할 수 있다.

첫째는 인수(aquisition)를 하는 것으로서, 이 방법은 기업, 제품특허, 다른 제품을 생산할 수 있는 라이센스(license)를 구입하는 것이다.

두 번째는 기업의 R&D 부서에서 신제품을 개발(new-product development)하는 것이다.

여기에서 신제품이란 기업이 자체의 연구개발 노력으로 만들어낸 독자 제품이거나, 개량제품, 보완제품, 새로운 상표로서 소비자에게 새로운 것이다. 따라서 신제품은 소비자 그리고 소비자를 서브하기 위해서 노력하는 마케팅 기업에게 중요한데, 그 이유는 신제품이 소비자에게는 생활에 다양함을 주고 문제를 해결해 주며, 기업에게는 성장을 가져오는 원동력이 되기 때문이다.

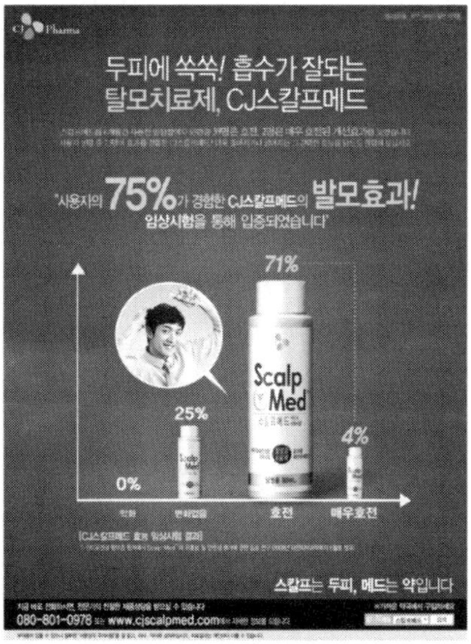

2. 신제품 개발의 위험

신제품을 개발하는 혁신은 비용이 많이 소요되고 또한 투자에 대한 실패의 위험성이 매우 크다. 예를 들어, Texas Instrument(TI)사는 가정용 컴퓨터 시장에 진출하였다가 6억 6,000만 달러의 손해를 보았으며, Webvan사도 온라인 식료품 매장을 개점했었다가 고객의 부족으로 문을 닫기까지 12억 달러의 손해를 보았다. 또한 Motorala사는 Illidium 개발에 실패하여 50억 달러의 손실을 경험하였다.

신제품의 성공률은 매우 낮다. 우리가 잘 알고 있는 기업들조차도 많은 비용을 투자한 제품이 실패하는 경우가 있다. Coca-Cola사의 New Coke, Anhenser Busch사에서 출시한 Eagle Snacks, FedEx사의 Zap Mail 전자우편, McDonald's사의 Arch Deluxe 샌드위치 등이 실패한 제품의 예이다. 연구에 의하면, 미국의 경우, 새로운 소비재 중 90%가 실패하였는데, 이는 매년 출시되는 30,000개의 새로운 식품, 음료, 미용제품 중 70%에서 90%가 12개월 내에 실패하였음을 의미한다.

그렇게 많은 신제품이 실패하는 데는 여러 가지 이유 때문이다. 첫째, 설령 아이디어가 좋더라도 마케팅 기업이 시장규모를 과대평가하였거나, 둘째, 실제 제품이 형편없이 디자인되었을 수도 있고, 셋째, 시장에 제대로 위치화하지 못했거나, 넷째, 출시시기가 적절하지 못했거나, 다섯째, 가격이 너무 비싸게 책정되었거나, 여섯째, PR이 잘 되지 않을 수도 있다. 일곱째, 마케팅 조사에서 결과가 좋지 않은 아이디어가 기업의 상위관리자가 좋아한다는 이유로 밀어붙였을 수도 있다. 여덟째, 제품개발 비용이 예상보다 더 많이 소요되기도 하며, 아홉째, 경쟁사가 예상보다 강하게 대응할 수도 있다. 이렇게 볼 때 신제품 실패의 원인은 대부분 분명하다.

제 2 절 신제품 개발과정

마케팅 기업은 필시 신제품을 개발해야 하지만 실패확률이 성공확률보다 더 높다는 도전적 문제에 부딪친다. 따라서 성공적인 신제품을 개발하기 위해서 마케팅 기업은 소비자, 시장, 경쟁사를 잘 이해해야 하고, 소비자에게 탁월한 가치를 전달할 수 있는 제품을 생산, 제공해야 한다. 이를 위해서 마케팅 기업은 신제품 계획을 수립하고, 신제품 아이디어를 탐색하고, 아이디어를 제품으로 발전시킬 수 있는 체계적인 신제품 개발과정(new-product development process)을 확립해야 하는데 그 과정은 〈그림 9-1〉과 같다.

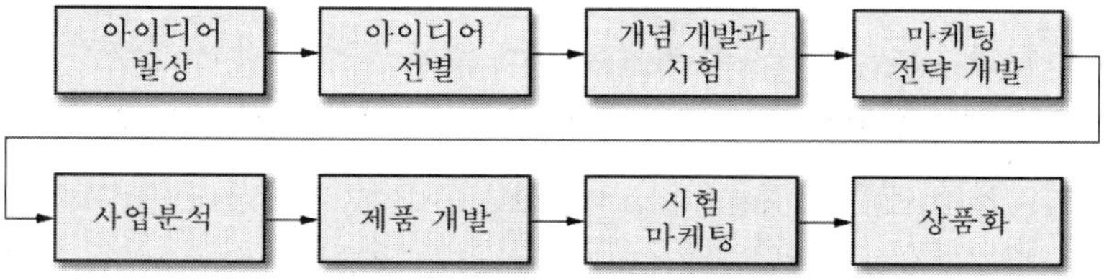

〈그림 9-1〉 신제품 개발과정 단계

1. 아이디어 발상

신제품 개발은 아이디어 발상(idea generation)에서 출발하는데, 이것은 신제품 아이디어를 체계적으로 탐색하는 것이다. 마케팅 기업은 몇 개의 좋은 아이디어를 찾기 위해서 수많은 아이디어를 만들어야 한다. 어떤 경영상담기업에 의하면, 기업이 히트상품 한 개를 만들기 전에 검토하는 아이디어의 수는 평균 3,000개 정도라는 사실을 밝혔다.

신제품 아이디어의 주요 원천에는 내부원천과 소비자, 경쟁사, 유통업자, 원료공급업자 등을 포함하는 외부원천이 있다.

1) 기업내부의 아이디어 원천

마케팅 기업은 공식적으로 R&D 부서와 같은 내부의 아이디어 원천을 이용하여 신제품의 새로운 아이디어를 찾아낸다. 이 부서들에는 기업의 최고경영자, 개술개발부, 엔지니어, 제조부서, 판매부서 등으로 구성된다.

어떤 기업은 구성원이 신제품 아이디어를 창조하고 개발하는 것을 적극 권장하는 내부 기업가 프로그램을 이용하고 있다. 예를 들어, 3M사의 15% 규칙(15% rule)은 구성원에게 근무시간의 15%를 회사와 직접 관련이 있거나 없거나 관계없이 개인적으로 관심있는 프로젝트를 하는데 활용하도록 한다. 삼성전자는 수원에 신제품 혁신을 장려하기 위해 특별한 내부기관인 가치혁신 프로그램(VIP : value innovation program) 센터를 마련하였다. VIP 센터는 아이디어 공장과 같은 것으로서, 여기에서 연구원, 엔지니어, 디자이너는 24시간 함께 생활하면서 신제품 아이디어를 창출한다.

모든 기업에 혁신제품을 위한 산실이 있지는 않다. 어떤 기업은 구성원이나 중소기업으로부터 새로운 아이디어를 획득하기도 한다. 미국의 경우, 중소기업을 대상으로 한 최근의 설문조사에 의하면, 75%의 중소기업이 구성원에게 새로운 제품이나 서비스 아이디어를 제안할 것을 직접 권장하는 것으로 나타났다.

기업 내 모든 구성원은 좋은 신제품 아이디어를 정식으로 제안할 수 있어야 한다. 즉 오늘날과 같이 빠르게 변화하는 경쟁적인 환경에서 훌륭한 아이디어 제안은 모두 구성원의 공동책임이 되어야 한다는 것으로서, 이를 위해서는 상의하달식의 접근방법은 피해야 한다.

2) 기업 외부의 아이디어 원천

좋은 신제품 아이디어는 소비자 그리고 경쟁자, 유통업자와 원료공급업체, 그리고 기타 여러 외부원천에서 나온다.

첫째, 좋은 신제품 아이디어는 간혹 고객으로부터 나온다. 즉 기업은 고객의 문의사항 그리고 만족하지 못한 부분을 분석하여 이런 문제점들을 잘 해결할 수 있는 신제품 아이디어를 찾아낼 수 있다. 또는 기업은 기술자와 판매원이 소비자와 함께 고민하여 소비자의 제안 사항을 바탕으로 신제품 아이디어를 찾아낼 수도 있다.

간혹 소비자는 신제품을 창조하고, 제품을 자기 방식대로 사용하기도 한다. 마케팅 기업은 이런 소비자의 아이디어를 상품화하여 이익을 창출하기도 한다. 즉 소비자가 그 제품의 본 기능 이외에 추가적인 기능을 활용하는 경우에 소비자의 추가적인 기능을 더욱 강화하여 신제품을 창조할 수 있다.

어떤 기업은 소비자에게 제품을 직접 디자인하도록 도구와 재료를 제공하기도 한다. 즉 소비자를 제품개발 관리자로 인식하여 신제품 개발에서 소비자의 역할을 강조하는 것이다.

그러나 마케팅 기업은 신제품 개발과정에서 지나치게 소비자의 아이디어에 의존하지 않도록 주의해야 한다. 특히 첨단제품은 소비자 자신이 무엇이 필요한가를 잘 모르는 경우가 많기 때문이다. 즉 이것은 단순히 소비자가 원하는 것을 제공하는 것이 항상 올바른 것이 아니라는 것으로서, 신제품 개발의 경우에 있어 소비자가 기대하는 것 이상을 제공하는 것이 성공한다는 것을 의미한다.

둘째, 마케팅 기업은 소비자 이외의 외부원천을 이용할 수 있다. 경쟁사가 신제품 아이디어의 좋은 원천이 되기도 한다. 마케팅 기업은 경쟁사의 광고에서 신제품에 대한 실마리, 즉 단서를 얻기도 한다. 간혹 경쟁제품을 구입하여 이를 분해하고 어떻게 작동하는가를 살펴보기도 하고, 경쟁제품의 판매추이를 분석하여 자사에서도 신제품을 출시해야 할 것인가를 결정하는 자료로 활용한다.

셋째, 유통업자와 공급업자도 신제품과 관련된 좋은 아이디어를 많이 제공한다. 유통업자는 시장과 가까이 있으므로, 소비자의 문제점과 신제품의 가능성에 대한 정보를 제공해 주기 때문이다. 또한 공급업자는 신제품을 개발하는데 이용할 수 있는 새로운 개념, 기술, 자재 등의 정보를 기업에게 제공한다.

넷째, 그 밖의 아이디어 원천으로는 업계 잡지, 업계 전시회, 세미나, 정부 산하기관, 신제품 상담기업, 광고대행사, 마케팅 조사기업, 대학과 상업적 연구소, 발명가 등이 있다.

다섯째, 어떤 기업은 IDCO, Frog Design과 같은 외부 디자인 기업에게 신제품에 대한 아이디어와 디자인 개발에 대한 도움을 청하기도 한다.

2. 아이디어 선별

아이디어 발상 단계의 목적은 많은 아이디어를 끄집어내는 것이다. 이와는 대조적으로 후속 단계의 목적은 아이디어 수를 줄이는 것이다. 첫 번째 아이디어 감소단계는 아이디어 선별(idea screening)로서, 좋은 아이디어를 선별하고 나쁜 것을 가능한 한 빨리 제거하는데 도움을 주는 과정이다. 제품개발 비용이 이후 단계부터 매우 크게 증가하므로, 기업은 수익성을 창출할 수 있는 제품이 될 만한 아이디어만을 추진해야 한다.

마케팅 기업은 관리자들에게 신제품 아이디어를 정해진 양식에 맞추어 보고서 형태로 작성하도록 하는데, 이후 신제품위원회가 이 보고서를 검토한다. 보고서는 제품과 표적시장, 경쟁사의 정보를 기록해야 하며, 대략적인 시장규모와 제품가격, 개발소요시간과 비용, 제조비용, 수익률 정보가 포함된다. 위원회는 일반적인 기준에 따라 제출된 보고서에 포함된 아이디어를 평가한다.

즉 마케팅 기업은 신제품 아이디어에 등급을 매기고 선별할 수 있는 잘 설계된 시스템을 갖추어야 한다.

3. 개념 개발과 시험

매력적인 아이디어는 제품 개념(product concept)으로 발전되어야 한다. 여기에서 구별해야 할 것은 제품 아이디어, 제품 개념 그리고 제품 이미지이다. 제품 아이디어(product idea)란 기업이 시장에 내 놓을 수 있다고 판단한 제품의 아이디어를 의미한다. 제품 개념이란 의미 있는 소비자의 입장에서 설명할 수 있는 더 자세한 제품 아이디어이며, 제품 이미지(product image)란 소비자가 실제 또는 잠재적 제품을 지각(perceive)하는 방식을 의미하는 것으로서, 소비자가 그 제품을 전체적으로 설명한 내용이다.

1) 개념 개발

기업은 신제품을 몇 가지 대안적인 제품 개념으로 발전시켜 각각의 개념이 소비자에게 얼마나 매력적인가를 파악하고, 가장 좋은 것을 선택하는 것이다. 예를 들어, 연료전지 전기승용차에 대해서 아래와 같은 제품 개념을 만들 수 있다.

개념1 : 시내주행을 주목적으로 하는 가족용으로 보조승용차로서, 초소형차로 설계되며, 가격도 저렴하다. 심부름을 하거나 친구집 방문 등으로 적절하다.
개념2 : 젊은 사람을 표적으로 중간 정도 가격의 스포츠카 형태의 소형차
개념3 : 실용적이며 저공해 자동차를 원하며 환경에 관심이 많은 사람을 표적으로 비싸지 않은 초소형 그린 자동차
개념4 : SUV가 제공하는 넓은 실내공간을 좋아하지만 연비가 낮은 것을 걱정하는 사람들을 위한 고급형 SUV

2) 개념 시험

개념 시험(concept testing)이란 표적소비자 집단을 대상으로 신제품 개념을 실험

하는 것이다. 개념은 소비자에게 서술형이나 또는 실물(symbolically or physically)로 제시된다.

일반적으로 개념 시험은 글이나 그림으로 제시하여도 충분할 수 있지만, 개념은 구체적이고 유형적인 형태로 제시하는 것이 신뢰도를 높인다. 개념이 제시된 후, 소비자는 〈표 9-1〉에 제시된 질문에 답을 한다.

소비자의 응답은 어떤 개념이 가장 강력한 소구점(appeal)을 갖고 있는가를 기업이 결정하는 데 도움을 준다. 예를 들어, 마지막 질문은 소비자에게 제품을 구입할 의향이 있는가를 묻는다. 소비자들 중 10%가 확실히 구입할 것이라고 응답하고, 5%는 아마 구입할 것이라고 응답했다고 가정하자. 마케팅 기업은 이 수치를 표적시장 전체에 적용하여 판매량을 추정할 수 있다. 그러나 사람들은 말한 대로 행동하지 않는다는 사실에 주의를 기울여야 한다.

〈표 9-1〉 연료전지 동력의 전기승용차 개념 시험을 위한 질문

1. 연료전지 동력의 전기승용차 개념을 이해하나요?
2. 차의 성능에 대한 주장이 사실이라고 생각합니까?
3. 일반승용차에 비해 연료전지 동력 전기승용차의 주된 이익은 어떤 것입니까?
4. 건전지 동력의 전기승용차에 비해 어떤 이점이 있다고 생각하십니까?
5. 차의 모양을 개량하고자 한다면 어떤 점을 제안하겠습니까?
6. 어떤 용도로 일반승용차에 비해 연료전지 전기승용차를 더 좋아하나요?
7. 차를 충전하는 가격으로는 얼마가 적당하다고 생각합니까?
8. 누가 이 차의 구입을 결정합니까? 누가 운전합니까?
9. 이런 차를(확실히, 아마도, 아마도 안, 절대로 안) 살 의향이 있습니까?

마케팅 기업들이 실제로 신제품을 생산하기 전에 소비자를 대상으로 신제품 개념 시험을 정기적으로 수행한다. 이러한 정기적인 개념 시험의 결과에 따라 생산된 제품은 크게 성공하고 있는데, 반면에, 제품 개념 시험에서 소비자의 호응을 받지 못하였는데도 불구하고 생산한 결과 성공하지 못하고 있다.

4. 마케팅 전략 수립

제품 개념 시험의 결과, 최상이라고 판단된 제품 개념을 기준으로, 이 제품을 시장에 출시하기 위한 초기(예상되는) 마케팅 전략을 수립해야 하는데, 이 단계가 마케

팅 전략 수립(marketing strategy development)이다.

마케팅 전략 서술문(marketing strategy statement)은 크게 세 부분으로 구성된다.

첫 번째 부문에는 표적시장을 설명하는데, 이에는 제품위치화와 매출, 시장 점유율, 이윤 목표 등이 포함된다.

두 번째 부문에는 제품의 예상가격, 유통경로 그리고 첫 해의 마케팅 예산 개요가 기술된다.

세 번째 부문에는 장기적인 매출계획, 수익 목표 그리고 마케팅 믹스 전략 등이 포함된다.

5. 사업성 분석

마케팅 관리자는 제품 개념과 마케팅 전략을 수립한 후, 제안된 신제품의 사업 매력도를 평가해야 한다. 사업성 분석(사업 분석 : business analysis)은 신제품에 대한 예상되는 비용, 판매량, 순이익(추정 손익계산서)이 기업의 목적에 적합한가를 검토하는 것이다. 긍정적으로 평가되면, 그 제품 개념은 제품개발 단계로 넘어가게 된다.

판매 추정은 유사제품의 판매추이를 분석하고, 시장의 의견을 파악하기 위한 설문조사로 가능하다. 또한 제품개발에서 발생할 수 있는 위험정도에 따라 최저 판매와 최고 판매를 추정할 수 있다.

판매예측자료가 준비되면, 경영진은 마케팅 비용, R&D 비용, 제조공정 비용, 회계 비용, 재무비용 등을 포함한 예상되는 총제품비용과 예상이익을 추정할 수 있다. 즉 추정 손익계산서를 마련할 수 있다. 마케팅 기업은 판매와 비용 정보를 기준으로 신제품의 재무 매력도(financial attractiveness)를 평가한다.

6. 제품개발

지금까지 많은 신제품 개념에 근거한 제품은 단지 말로 설명되거나, 그림, 개략적인 실물모형 등으로 존재하였다. 제품 개념이 사업성 평가를 통과하면, 제품개발(product development) 단계로 넘어간다. 이 단계에서 R&D 부서나 기술부서는 제품 개념을 물리적 제품(physical product)으로 실현시킨다. 그러나 제품개발 단계는 많은 투자가 요구된다. 즉 제품개발 단계는 제품 아이디어가 실제 사용가능한 제품으로 발전될 수 있는가를 보여준다.

R&D부서는 하나의 제품 개념에 근거하여 하나 또는 그 이상의 실제 모형을 개발하고 시험한다. R&D부서는 소비자를 만족, 흥분시키고, 예산에 맞는 비용으로 신속하게 생산할 수 있는 제품원형(시제품 : prototype)을 설계한다. 성공적인 시제품을 제조하는 데는 몇 일, 몇 주, 몇 달, 몇 년이 소요될 수 있다.

제품이 안전하고 효과적으로 기능하는가, 소비자가 제품의 가치를 쉽게 인식할 수 있는가를 확인하기 위해 엄격한 검사를 한다. 그러한 신제품은 필요한 기능적 특성을 잘 갖추어야 할 뿐만 아니라, 마케팅 기업이 의도한 심리적 특성도 잘 전달해야 한다. 예를 들어, 연료전지 전기승용차는 소비자에게 잘 만들어졌고, 편안하며, 안전하다는 인식을 심어주어야 한다. 즉 경영자는 소비자가 이 승용차를 잘 만들어졌다고 평가하는 이유가 무엇인가를 파악해야 한다.

즉 소비자가 잘 만들어졌다고 인식하는 어떤 기준(부드럽게 잘 닫히는 문소리, 부드러운 시동 소리 등)을 파악해야 한다. 이러한 기준을 고려하여 마케팅 기업은 소비자가 직접 시험주행을 해보고, 자동차 속성을 평가하는 소비자 시험을 실행하기도 한다.

7. 시험 마케팅

1) 시험 마케팅의 의미와 필요성

제품이 개념 시험 단계와 제품 시험 단계를 통과하면, 그 다음 단계는 시험 마케팅으로서, 시험 마케팅(test marketing)은 실제적인 시장상황에서 제품과 마케팅 프로그램을 도입하는 단계이다.

이런 시험 마케팅은 마케팅 관리자에게 많은 비용이 소요되는 실제로 출시하기 이전에 제품을 실제 마케팅해 보는 경험을 제공한다. 즉 시험 마케팅을 하는 기간 동안 마케팅 기업은 제품 자체뿐만 아니라, 위치화 전략, 광고, 유통, 가격, 상표화와 포장,

예산 등을 포함한 마케팅 프로그램 전체를 시험할 수 있다.

이 시험 마케팅은 신제품 종류에 따라 상이하다. 시험 마케팅은 비용이 많이 소요되고, 시간이 많이 걸리므로 경쟁사가 그 기간 동안 자신에게 유리하게 대처할 수 있는 기회를 제공할 수 있다.

따라서 제품을 개발하고 출시하는 비용이 적게 소요되거나 또는 경영진이 신제품에 대해 자신감이 클 때에는 시험 마케팅을 하지 않거나, 소규모로 시행할 수 있다. 또한 소비재의 경우 단순한 계열확장이나 성공적인 경쟁제품의 복제품인 경우에는 간혹 시험 마케팅을 하지 않는다.

그러나 많은 투자가 소요되는 신제품을 출시하거나 또는 경영진이 제품이나 마케팅 프로그램에 확신이 없을 때에는 상당한 시험 마케팅을 실시할 수 있다. 즉, 마케팅 기업이 다른 사업에 진출하기 위해 신제품을 개발하여 출시할 때에는 철저한 시험 마케팅을 실시하는 것이 효과적인 방법이다.

비록 시험 마케팅 비용이 많이 소요되더라도 일반적으로 그 비용은 실제 출시하여 발생하는 실패에서 오는 비용보다 적다. 그러나 시험 마케팅이 결코 성공을 보장하는 것이 아님을 알아야 한다.

2) 시험 마케팅 접근방법

시험 마케팅을 이용하는 경우, 소비재 기업은 아래 세 가지 접근방법 중 하나를 이용하는데, 그 방법에는 표준시험시장, 통제된 시험시장, 모의시험시장이 있다.

(1) 표준시험시장법

표준시험시장법(standard test market)을 이용하는 마케팅 기업은 우선 전체시장을 대표할 만한 몇 개의 대표적인 시험도시를 선정한다. 그리고 이 도시에서 완전한 마케팅 캠페인을 실시하며, 제품의 성공여부를 파악하기 위해 점포감사(store audits), 소비자와 유통업자를 대상으로 설문조사 등 다양한 측정방법을 이용한다. 그 결과를 근거로 전국시장의 판매와 순이익을 예측하고, 잠재적인 제품 문제점도 찾아내고 마케팅 프로그램을 조정한다.

표준시험시장법은 몇 가지 단점이 있다. 비용이 많이 소요되고, 경우에 따라 3년에서 5년까지의 긴 시간이 소요될 수 있다. 또한 경쟁사가 시험시장의 결과를 감시할 수도 있으며, 시험도시에서 제품가격을 인하하고 촉진활동을 증가시키고, 시험용 제품을 구입함으로써 정확한 시험결과를 획득하는데 방해할 수 있다. 마지막으로 시험시장은 제품이 전국적으로 출시되기 전에 경쟁사에게 자사 제품을 자세하게 관찰할 수 있는 기회를 제공한다. 그렇게 됨으로써 경쟁사는 당사의 전략을 방어할 수 있는 전략을 개발할 시간이 있고, 심지어 신제품과 대항할 제품을 개발할 수도 있다.

이러한 문제점에도 불구하고, 표준시험시장법이 이용되고 있다. 그러나 오늘날 많은 마케팅 기업은 더 비용이 적게 소요되고 신속하게 결과를 알 수 있는 모의시험시장 방법으로 변경하고 있다.

(2) 통제시험 시장법

통제시험 시장법(controlled test market)은 일정한 수수료를 지급하고 신제품을 진열해 주는 통제된 점포패널을 이용하여 시험하는 방법이다. AC Nielsen사의 Scantrack이나 IRI(Information Resources Inc)사의 Behaviorscan과 같은 통제된 시험마케팅 시스템은 TV시청에서부터 점포계산대에 이르기까지 신제품에 대한 소비자 개인의 행동을 추적·조사한다.

Behaviorscan 실험이 실행되는 각 시장에서 IRI사는 일정한 소비자 패널을 유지하고 있는데, 이 패널은 등록된 신분증(ID 카드)을 특정점포의 계산대에 제시하여, 자신이 패널에 가입한 것을 확인시켜 실험자료가 될 수 있도록 하지만, 실험에 참가하지 않은 점포에서 구입한 제품은 집에 와서 휴대폰 스캐너를 이용하여 자신의 모든 구매활동을 보고한다. 시험점포에서 IRI는 시험하는 제품진열대에서의 위치, 가격, 판매촉진 등의 요인을 통제한다.

Behaviorscan과 같은 통제된 시험시장은 표준시험시장보다 비용이 적게 소요된다. 시험 제품의 소매점 입점이 처음 몇 주 내에 가능하므로 통제된 시험시장은 표준시험시장보다 훨씬 빠르게 완료될 수 있다. 반면에, 표준시험시장처럼 통제된 시험시장도 경쟁사에게 자사의 신제품을 관찰·조사할 수 있는 기회를 줄 수 있는 단점이 있다. 또한 조사회사가 사용하는 제한된 수의 시험시장이 자사제품의 시장이나 표적소비자를 대표하지 못한다는 문제점이 있다.

그러나 조사회사는 시험시장의 결과를 이용하여 더 넓은 제품시장을 추정할 수 있는 경험이 있고 또한 선정된 시험시장에서 발생한 편향된 조사결과를 설명할 수 있는 능력이 있으므로 효과적으로 이용할 수 있다.

(3) 모의시험시장법

기업은 신제품을 모의 쇼핑환경에서 시험할 수 있다. 모의시험시장법(simulated test market)이란 기업이나 조사기업이 소비자 표본을 대상으로 시험하는 신제품을 포함한 다양한 제품광고와 촉진을 보여준 후, 이 소비자에게 시험 전에 소정의 금액을 지급하고, 소비자는 실제 점포 또는 시험을 위해 만든 점포에 초대되어 자신이 원하는 제품을 구입하거나 또는 그 돈을 가질 수도 있는데, 이 경우, 조사원은 얼마나 많은 소비자가 신제품이나 경쟁. 상표를 구입했는가를 기록하여 조사하는 방법이다.

이 모의실험은 신제품 사용 그리고 경쟁사 광고와 비교된 자사 광고의 효과를 측정하는 척도가 된다. 조사자는 실험 직후 실험에 참가한 소비자를 대상으로 구매한 이유, 구매하지 않은 이유를 묻는다. 그리고 몇 주 후, 제품에 대한 태도, 용도, 만족도, 재구매 의도 등을 조사하기 위해 전화로 면접한다. 조사자는 컴퓨터 통계모델을 이용하여 모의시험시장의 결과를 전 지역으로 확대하여 전국 판매량을 예측한다.

최근에 마케팅 기업들은 가상현실 체험(virtual reality)이나 인터넷과 같은 새롭고 흥미로운 첨단방법을 모의시험시장에 도입하고 있다.

모의시험시장은 표준시험시장 및 통제된 시험시장의 단점을 보완한다. 즉 비용이 적게 소요되고, 8주 이내에 완료할 수 있으며, 경쟁업체로부터 자사의 신제품을 보호할 수 있다. 그러나 작은 표본집단과 조작된 쇼핑환경 때문에 많은 마케팅 관리자들은 모의시험시장의 결과를 정확하거나 신뢰적이라고 생각하지 않는다.

모의시험시장은 사전시험시장법(pretest market)이라는 이름으로 광범위하게 사용되고 있다. 이 방법은 신제품과 관련된 마케팅 프로그램을 저렴하고 빠른 시간 내에 평가할 수 있는 장점이 있다.

8. 상품화

경영자는 시험 마케팅에 의한 정보를 이용하여 신제품을 출시할 것인가 또는 포기할 것인가에 대해 최종결정을 한다. 만약 마케팅 기업이 어떤 신제품을 상품화(commercialization : 신제품을 시장에 출시함)한다면, 많은 비용이 소요된다. 즉 마케팅 기업은 제조공장을 세우거나 임대해야 하며, 주요 소비재 신제품은 출시된 첫 해에만 광고, 판매촉진, 기타 마케팅 활동에 수십 억원의 자금을 투자해야 한다.

신제품을 출시하는 마케팅 기업은 우선 도입시기(timing)를 결정해야 한다. 예를 들어, 연료전지 전기승용차가 자사의 다른 승용차 판매를 잠식케 한다면 도입을 잠시 연기할 수도 있다. 또는 그 승용차의 개선이 필요하거나, 경제가 더 나빠진다면, 기업은 다음 해로 출시를 연기할 수도 있다. 그러나 경쟁사가 자체의 연료전지 모델을 출시하려고 한다면, 당기업은 제품 출시를 서두를 수도 있다.

다음으로 마케팅 기업은 어디에서(where) 신제품을 출시할 것인가를 결정해야 한다. 즉 신제품을 한 곳에서만 출시할 것인가, 한 지역에 국한할 것인가, 전국적으로 확대할 것인가 또는 세계시장에도 진출할 것인가를 결정해야 한다.

신제품을 전국이나 세계시장에 유통시킬 수 있는 자신감, 자본, 능력이 있는 기업은 많지 않다. 따라서 많은 마케팅 기업은 시간 간격을 두고 시장의 단계적 도입(market rollout)을 고려한다. 특히 소규모 기업은 시장성 있는 도시나 지역을 선정하여 한 번에 한 지역씩 차례로 진출할 수도 있다. 그러나 대규모 기업은 짧은 시간에 여러 지역이나 전국에 동시에 새 모델을 도입할 수 있다.

세계적인 유통 시스템을 갖추고 있는 마케팅 기업은 세계적 규모의 단계적인 도입을 통해 신제품을 출시할 수 있다. 예를 들어, P&G사는 건전지로 작동되는 자사의 칫솔인 Spinbrush를 세계 35개 국가에 출시하였다.

제 3 절 신제품 개발관리

〈그림 9-1〉의 신제품 개발과정은 신제품 아이디어를 발상하고, 선별하고, 개발하며, 출시하는데 필요한 일련의 주요한 활동을 강조한다. 그러나 신제품 개발은 상기의 단계를 거치는 것만을 의미하지 않는다. 마케팅 기업은 총체적인 관점에서 신제품 개발과정을 관리해야 한다. 즉 성공적인 신제품 개발이란 소비자 중심적이며 또

한 팀에 기초한 체계적인 노력이 필요하다.

1. 고객중심의 신제품 개발

신제품 개발은 필시 고객중심적이어야 한다. 신제품 아이디어를 탐색하고 개발할 때, 보통 기업은 기업내 R&D부서의 기술연구에 지나치게 의존하는 경향이 있다. 그러나 성공적인 신제품 개발은 고객이 필요로 하는 것과 고객이 원하는 가치를 완전히 이해하는 것에서 출발해야 한다. 고객중심의 신제품 개발(customer-centered new-product development)이란 고객의 문제를 해결하고, 소비자가 더 많이 만족을 경험할 수 있도록 하는 새로운 방법을 찾는데 중점을 두는 것이다.

최근 연구는 가장 성공적인 신제품은 타제품과 차별화되며, 소비자의 주요한 문제를 해결하고, 매력 있는 고객가치 제안을 제시하는 제품이라는 사실을 밝혔다. 따라서 오늘날 혁신기업은 어떤 신제품을 개발하더라도 새로운 고객가치를 찾기 위해 연구실에서 벗어나 소비자와 함께 어울리고 있다.

이렇듯 고객중심의 신제품 개발은 소비자의 문제를 해결하는 것, 즉 고객의 욕구를 충족시키는데서 출발하고 그것으로 끝난다.

2. 팀지향적 신제품 개발

탁월한 신제품 개발은 기업 전체, 부서상호 간의 노력이 필요하다. 〈그림 9-1〉의 연속적 제품개발(sequential product development) 방식은 각 관련부서가 개별적으로 과업을 진행시키고, 한 부서가 수행한 개별 업무를 다음 단계를 맡고 있는 다른 부서로 넘기면 자신의 과업이 완성된다. 이러한 질서정연하고 연속적이며 단계적인 과정은 복잡하고, 위험한 프로젝트를 조심스럽게 진행시킬 때 도움을 주기도 한다. 그러나 정확하지만 느린 제품개발 방법은 변화가 빠르고 경쟁이 치열한 시장에서는 신제품의 실패, 판매와 이익의 하락, 시장위치의 추락 등을 초래할 수 있다.

이에 많은 마케팅 기업은 신제품을 시장에 더 빨리 출시하기 위해 팀지향적(팀에 기초한) 신제품 개발(teambased new-product development) 방법을 이용한다. 이 방식은 기업내 부서가 복합 기능팀(상호기능적 팀)의 구성원으로서 서로 긴밀하게 협력하며, 시간을 절약하고, 효율성을 높이기 위해 제품개발과정에서 두 가지 이상의 단계가 동시에 진행하기도 한다. 즉 신제품을 이 부서에서 타 부서로 넘기는 것이 아니라, 다양한 부서의 사람으로 팀을 구성하여 신제품 개발의 처음부터 끝까지 공통으로 작업한다. 이 팀은 마케팅, 재무, 디자인, 제조, 법률 부서에서 차출된 사람으로 구성되는데, 완료공급업자와 소비자가 포함되기도 한다. 이 동시적 접근방법(concurrent new-product development)은 어떤 기능부서에서 일이 늦어지더라도 팀이 함께 움직이면서 해결할 수 있다.

팀에 기초한 접근방법은 한계가 있다. 이에 따라 이 접근방법은 조직적 긴장과 혼란을 더 자주 일으킬 수도 있다. 그러나 제품수명주기가 짧아지는 등 산업이 급속하게 변화하는 현실에서, 빠르고 탄력적인 제품개발에서 창출되는 보상이 위험성보다 더 크다.

결론적으로 볼 때, 고객중심적 접근방법과 팀중심적 신제품 개발을 갖춘 마케팅 기업은 적절한 신제품을 시장에 신속하게 출시함으로써 경쟁우위를 점할 수 있다.

3. 체계적인 신제품 개발

1) 혁신제품 관리시스템

신제품 개발은 우연히 되는 대로 하는 것이 아니라, 전체적인 관점에서 체계적으로 해야 한다. 그렇게 하지 않으면 많은 좋은 아이디어가 순간 반짝했다가 바로 사장될 수 있기 때문이다. 이러한 문제를 방지하기 위해 마케팅 기업은 신제품 아이디어를 수집, 검토, 평가, 관리하는 혁신제품 관리시스템(innovation management system)을 운용해야 한다.

마케팅은 구성원들로부터 존경받는 상위자를 기업의 혁신제품 경영관리자로 임명할 수 있다. 이 시스템을 운용함에 있어, 웹을 기반으로 하는 아이디어 경영시스템을 구축하여 모든 이해관계자(구성원, 원료공급업자, 유통업자, 판매상 등)가 신제품 아이디어를 탐색하고 발전시키는데 관여하도록 할 수 있다. 또는 여러 관련부서의 구성원으로 혁신제품 관리위원회를 조직하여, 제안된 신제품 아이디어를 평가하고 좋은 아이디어를 상품화하는데 도움을 주도록 할 수 있다. 그리고 가장 좋은 아이디어를 낸 사람에게 상을 주는 시상 프로그램을 도입할 수도 있다.

혁신제품 관리시스템 접근방법은 두 가지 바람직한 결과를 창출할 수 있다. 첫째, 혁신 중심적인 기업문화를 만들 수 있다. 이는 최고경영층이 혁신을 지지하고, 독려하고, 포상을 한다는 것을 보여준다. 둘째, 많은 신제품 아이디어들 중 특출한 것을 선택할 수 있다. 즉 이 접근방법은 새롭고 좋은 아이디어를 더 체계적으로 발전시킬 것이며, 이것은 더 많은 신제품 성공을 가능케 한다.

2) 복합적 접근방법의 필요성

신제품 성공은 한두 개의 좋은 아이디어를 탐색하고, 생각해 내고, 그 아이디어를 제품화하고, 소비자를 찾는 것 이상의 노력이 요구된다. 즉 성공적인 신제품은 신제품 아이디어를 창안하고 선별하는 것에서 출발하여, 소비자가 만족할 제품을 출시하는 것까지 포함하여 가치 있는 고객경험을 창출하기 위해 새로운 방법을 찾고자 노력하는 것을 요구한다.

또한 성공적인 신제품 개발은 기업 전체의 헌신을 필요로 한다. 즉 탁월한 신제품을 개발한 기업들은(Apple, Google, 3M, P&G, GE 등) 전반적인 기업문화가 혁신적인 사고를 고무하고 지원해 주고, 이를 포상하고 있다.

제4절 제품수명주기 전략

경영자들은 신제품을 출시한 후, 제품이 오랫동안 잘 팔리기를 희망한다. 마케팅 기업은 제품이 영원히 시장에서 판매될 것으로 기대하지 않더라도 최소한 제품출시를 위해 투자한 노력과 위험을 충분히 보상받을 만큼의 이익을 창출해 주기를 바란다. 경영자들은 각각의 제품이 그 자체의 수명주기를 갖고 있다는 사실을 잘 알고 있지만, 한 제품이 가지고 있는 수명주기의 정확한 형태나 길이를 미리 알기는 어렵다.

1. 전형적인 제품수명주기 유형

1) 제품수명주기와 판매 및 이익 변화

〈그림 9-2〉는 전형적인 제품수명주기(PLC : product life cycle)를 보여준다. 한 제품이 수명주기를 거치는 동안 판매와 이익은 변화한다. 제품수명주기는 다섯 가지 단계로 구분되는데, 각 단계는 독특한 특징을 가지고 있다.

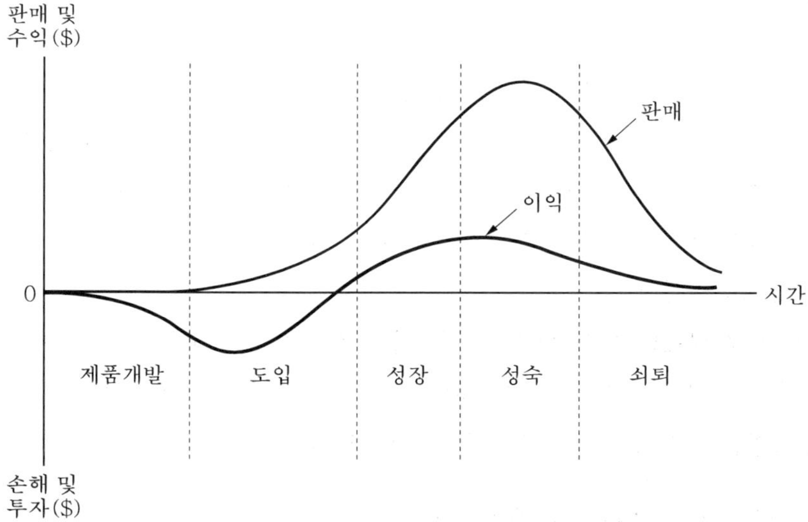

〈그림 9-2〉 제품수명주기에 따른 판매량과 이익

① **제품개발**(product development) : 기업이 신제품 아이디어를 창안하고, 개발시키는 것이다. 이 단계에서 매출은 없고, 투자 금액은 증가한다.

② **도입기**(introduction) : 시장에 제품이 처음 소개되어 서서히 매출이 증가하는 시기로서, 제품의 시장도입에 필요한 막대한 비용으로 인해 순이익이 발생하지 않는다.

③ **성장기**(growth) : 시장에서 제품수용이 급속하게 증가하면서 순이익이 발생하는 시기이다.

④ **성숙기**(maturity) : 제품이 많은 잠재고객에게 이미 받아들여진 상태로, 매출의

증가율이 완만해지는 시기이다. 경쟁에서 살아남기 위해 마케팅 비용이 증가하여 순이익은 현 상태를 유지하거나 감소하기 시작한다.

⑤ **쇠퇴기(decline)** : 매출이 감소하여 순이익이 감소하는 시기이다.

모든 제품이 제품수명주기를 따르는 것은 아니다. 어떤 제품은 출시하자마자 사장되기도 하고, 어떤 제품은 성숙기에 오랫동안 지속되기도 한다. 어떤 제품은 쇠퇴기에 들어선 후에도 강력한 촉진과 재위치화(re-positioning)를 통해 성장기로 다시 회귀하기도 한다. 잘 관리되고 있는 유서 깊은 상표는 100년 이상 살아가고 있다(망부석 상표).

이 제품수명주기의 개념은 각각의 제품 계층(product class : 제품 종류 : 휘발유를 사용하는 승용차), 제품 형태(product form : SUV), 상표(기아자동차의 스포티지)에도 적용될 수 있다. 즉 제품 계층은 다른 것에 비해 수명주기가 가장 길다. 많은 제품 계층의 매출은 성숙기에 오랫동안 지속된다. 반면에 제품 형태는 표준적인 PLC 형태를 가진다. 흑백 TV, 카세트테이프 등은 통상적으로 도입기, 성장기, 성숙기, 쇠퇴기를 거쳤다.

어떤 특정 상표의 수명주기는 경쟁사의 도전과 대응에 따라 빠르게 변화한다. 예를 들어, 세탁세제(제품 계층)와 가루세제(제품 형태)는 꽤 긴 수명주기를 향유하였지만, 특정한 몇몇 상표의 수명주기는 무척 짧았다.

2) 스타일, 패션, 일시적 유행의 주기

PLC 개념은 스타일, 패션, 일시적 유행에도 적용된다(〈그림 9-3〉 참조).

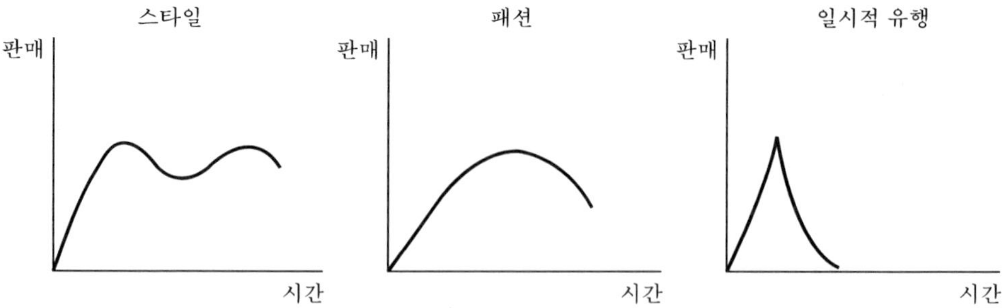

〈그림 9-3〉 스타일, 패션, 일시적 유행

스타일(style)은 기본적이고 특색 있는 표현방식을 의미한다. 예를 들어, 주택(한옥, 양옥, 아파트 등), 복장(정장, 캐주얼) 등에서 나타난다. 스타일은 고안되면 유형을 넘나들면서 흔히 세대를 넘어 존속한다(여성용 바지 스타일).

패션(fashion)은 특정 분야에서 현재 받아들이고 있는 인기 있는 스타일을 의미한다. 예를 들어, 과거에는 비즈니스 정장이 유행하였으나, 오늘날에는 비즈니스 캐주얼이 그 자리를 차지하고 있다. 패션은 천천히 성장하고 한 동안 인기를 유지하다가 천천히 쇠퇴한다(청바지).

일시적 유형(fad)은 소비자의 열광과 즉각적인 제품 상표의 인기에 힘입어 비정상적으로 높은 매출을 기록하는 짧은 기간을 의미한다. 예를 들어, 요요나 수석 모으기, 양배추 인형 등이 이에 속한다(찢어진 청바지).

3) PLC 개념과 마케팅 전략 수립

PLC 개념은 마케팅 관리자에게 제품과 시장이 어떻게 움직이는가를 설명하는 유용한 틀이 된다. 즉 PLC 개념을 잘 이용하면 제품수명주기의 각 단계별로 양호한 마케팅 전략을 수립하는데 도움을 준다.

그러나 제품의 성과를 예측하고, 마케팅 전략을 수립하기 위해 PLC 개념을 사용하는 것에는 현실적으로 몇 가지 문제가 있다. 첫째, 제품관리자가 한 제품이 PLC에서 어떤 단계에 있는가를 정확하게 지적하거나 또는 어느 시점에 다음 단계로 이동해야 하는가를 파악하는데 어려움이 있다. 둘째, 제품관리자가 한 제품이 각각의 단계를 거쳐 다음 단계로 이동하는데 영향을 미치는 요소가 무엇인가를 파악하는 것이 결코 쉽지 않다.

현실적으로, 각 PLC 단계에서 매출액, 각 단계가 지속되는 기간, PLC 곡선의 모양 등을 예상하는 것도 어렵다. 또한 PLC개념을 이용하여 마케팅 전략을 수립하는 것도 용이하지 않은데, 그 이유는 마케팅 전략이 제품의 수명 주기에 대한 원인임과 동시에 결과이기 때문이다. 즉 어떤 제품의 PLC에서의 현재 위치는 가장 적합한 마케팅 전략을 제시해 준다. 그리고 그러한 마케팅 전략은 제품이 수명주기에서 다음 단계로 이동한 후 제품성과에 영향을 미친다.

따라서, 마케팅 관리자는 어떤 제품이 제품수명주기의 단계를 거칠 것이라는 전제하에서 마케팅 전략을 수립한 후, 맹목적으로 밀어붙이는 일을 없어야 한다. 즉 마케팅 관리자는 수명주기의 법칙에 도전하고, 제품을 예상치 못한 방식으로 위치화할 필요가 있다. 이렇게 함으로써, 마케팅 기업은 제품수명주기의 성숙기에서 무너지는 제품을 살려 다시 한번 성장기로 되돌릴 수 있다. 또는 소비자가 신제품을 수용하지 못하도록 하는 장애물을 극복하여 신제품을 곧바로 성장기로 진입시킬 수도 있다.

2. 도입기

1) 도입기의 의미와 특성

도입기(introduction stage)는 신제품이 처음 시장에 출시할 때부터 시작한다. 제품을 시장에 소개하는데 많은 시간이 소요되며, 그에 따라 판매는 서서히 증가한다. 인스턴트 커피나 냉동식품과 같이 잘 알려진 제품도 빠르게 증가하는 성장기에 갈 때까지 몇 년이나 소요되었다.

이 단계는 판매고가 낮고, 유통비용과 촉진비용이 많이 소요되기 때문에 순이익은 적자이거나 매우 낮다. 또한 유통경로와 재고를 확보하는데 많은 비용이 필요하다. 소비자에게 신제품을 알리고 시용(try)을 하도록 하기 위한 촉진에 소요되는 비용도 상대적으로 높다.

일반적으로 이 단계에서는 시장이 향상된 제품을 구입할 수 있는 준비가 되어 있지 않기 때문에, 마케팅 기업은 기본형으로 제품을 생산한다. 그리고 이 시기에 마케팅 기업은 구입할 가능성이 가장 높은 소비자에게 신제품을 주로 판매한다.

특히 시장개척기업(market pioneer)은 최초에 의도한 제품 위치화와 일치하는 초기전략을 구사해야 한다. 즉 초기전략은 신제품이 전체 수명주기 동안 전개될 마케팅 계획에서 단지 처음이라는 사실을 망각해서는 안된다.

시장개척기업이 경쟁사를 죽이는 출시 전략을 선택한다면 단기이익을 위해 장기이익을 희생하는 결과를 초래할 수 있다는 사실을 명심해야 한다. 제품이 후기단계로 갈수록 개척기업은 계속해서 가격과 촉진에 새로운 전략을 수립해야 한다. 즉 개척기업이 처음부터 정확한 전략을 수립한다면, 시장에서 선도기업이 되고 또한 그 위치를 지켜낼 가능성이 매우 크다.

3. 성장기

1) 성장기의 의미와 특성

성장기(growth stage)란 신제품이 시장에서 인정을 받아 매출이 급격하게 신장하기 시작하는 단계이다. 초기 수용자(early adopters)는 계속해서 제품을 구매하고, 그들의 뒤를 이어 일반 소비자가 구매하기 시작하는데, 특히 구전(입소문)이 긍정적일 경우 상기의 현상이 두드러지게 나타난다.

이 시기는 이윤창출의 기회를 노리는 새로운 경쟁사가 시장에 진출하는 시기이다. 즉 경쟁사가 새로운 제품특성을 소개함에 따라 시장은 더 확대된다. 경쟁사가 증가됨에 따라 유통 매장 수가 증가하고 또한 소매점의 재고가 증가함으로써 매출은 크게 증가한다. 가격은 그대로 유지되거나 조금 낮아지는 현상을 보인다. 기업은 판매촉진 비용을 그대로 유지하거나 조금 더 증가하기도 한다. 시장에 제품을 알리는 것이 아직까지 중요한 목표이지만, 반면에 경쟁사와 대면해야 하는 시기이기도 하다.

성장기 동안 촉진비용이 증가하지만 생산량이 증가하면서 1개당 생산비가 낮아져 이윤은 증가한다.

2) 성장기의 마케팅 전략

마케팅 기업은 시장에서의 빠른 매출 성장을 오래 지속시키기 위해 여러 가지 전략을 사용한다. 즉 마케팅 기업은 제품 품질을 높이고, 새로운 제품특성과 모델을 추가한다. 또한 새로운 세분시장과 새로운 유통경로에 진출한다. 처음에는 제품을 알리는데 집중했던 광고는 제품에 대한 확신과 구매를 유도하는 것으로 변화한다. 더 많은 소비자가 제품을 구입할 수 있도록 적절한 시기에 가격을 인하한다.

성장기에 있는 기업은 높은 시장점유율과 현재의 단기적인 높은 수익 사이에서 고민을 해야 한다. 기업은 제품개선과 촉진활동, 유통경로 등에 투자하여 시장에서 지배적인 위치를 확보할 수 있다. 그러나 이 전략은 다음 단계인 성숙기에서 최대 이윤을 획득하고자 한다면 현 단계에서 단기적인 최대 이윤을 포기해야 한다.

4. 성숙기

1) 성숙기의 의미와 특징

성숙기(maturity stage)는 제품의 매출이 더 이상 성장하지 않는 시기이다. 성숙기는 전 단계보다 오래 지속되는 경향이 있으며, 이 단계의 제품을 관리하는 방법이 마케팅 관리자에게 어려운 도전적인 문제가 된다. 대부분의 제품이 성숙기에 있으며, 따라서 마케팅 관리자는 성숙기에 접어든 제품을 잘 관리해야 한다.

매출 신장률이 둔화됨으로써 생산자는 많은 재고를 확보하게 된다. 과잉생산능력은 심한 경쟁을 불러일으키며, 따라서 경쟁사는 가격을 인하하고, 광고와 판매촉진 비용을 증가하고, 제품의 버전을 향상시키기 위해 R&D 예산을 증가한다. 상기의 노력으로 인해 이익은 감소하게 된다. 따라서 약한 경쟁사는 시장에서 퇴출하기 시작하며, 시장에는 확고부동한 경쟁사만 남게 된다.

2) 성숙기의 마케팅 전략

성숙기 단계에서 성공한 제품의 대부분은 변화하는 소비자의 요구에 부응하기 위해 진화를 거듭하고 있다. 즉 제품관리자는 이미 성숙한 제품을 유지하거나 방어하는 것 이상을 해야 하는데, 그 이유는 공격이 최상의 방어이기 때문이다. 이 시기에는 3가지 수정전략, 즉 시장과 제품 그리고 마케팅 믹스를 수정하는 것을 고려해야 한다.

첫째, 시장 수정전략은 현제품의 소비를 증가시키는 것으로서, 새로운 사용자와 새로운 세분시장을 추구하는 전략이다. 그리고 마케팅 관리자는 현고객의 제품사용률을 증가시키는 방법을 고안할 수 있다. 예를 들어, WD-40은 자사의 유명제품의 새로운 용도를 발견하여 시장을 넓히고 있다.

둘째, 제품 수정전략은 새로운 사용자를 끌어들이거나, 사용빈도를 증가시키기 위해 품질이나 특성들, 스타일, 포장과 같은 제품특징을 변화시키는 전략이다. 마케팅 기업은 제품의 품질과 성능, 즉 내구성, 신뢰성, 속도, 맛 등을 향상시키거나, 제품의 스타일과 매력도를 향상시킬 수 있다. 예를 들어, 식품이나 생활용품 기업은 소비자의 구매를 증가시킬 목적으로 맛이나 색상, 원료, 포장 등을 새롭게 한다. 또한 마케팅 기업은 제품의 유용성, 안전, 편의성을 확대시킬 수 있도록 새로운 특성을 추가할 수 있다. 예를 들어, 식용류 제조기업들은 식용류를 사용할 때 흐르는 것을 막기 위해 편리한 용기를 개발하기도 한다.

셋째, 마케팅 믹스 수정전략은 하나 또는 여러 개의 마케팅 믹스 요소를 변경하여 매출증가를 추구하는 전략이다. 새로운 사용자와 경쟁사의 소비자를 끌어들이기 위해 가격을 인하하거나, 더 좋은 광고를 만들거나, 중간상 판촉, 가격할인, 경품, 콘테스트 등의 적극적인 판매촉진을 사용할 수 있다. 그리고 대량 상품화(mass merchandising : 대량 상품 구색화)를 이용하여 유통망을 더 확장시킬 수 있다. 또한 마케팅 기업은 소비자에게 새로운 또는 개선된 서비스를 제공할 수 있다.

5. 쇠퇴기

1) 쇠퇴기의 의미와 문제점들

쇠퇴기(decline stage)는 제품형태와 상표의 매출이 내리막길을 걸어 매출이 낮은 수준으로 떨어지는 상태이다.

기술적 진보, 소비자 취향의 변화, 경쟁 격화와 같은 여러 이유로 매출액은 감소한다. 매출과 이익이 감소함에 따라 어떤 기업은 시장에서 퇴출되기도 하며, 남아 있는 기업도 제품 종류를 최소화시킨다. 너무 작은 세분시장 그리고 이익을 거의 창출하지 못하는 유통경로를 포기하거나, 촉진예산을 삭감하고 가격을 더 인하하기도 한다.

시장성이 떨어진 제품을 계속 유지하는 것은 기업에게 이익의 문제 이외에 비용측면에서 큰 부담을 준다. 즉 관리자가 이런 제품을 관리하는데 많은 시간을 소모하며, 빈번한 가격변경과 재고처리가 필요하다. 건강한 제품으로 더 많은 이익을 창출하기 위해 사용되어야 할 광고와 판매력이 쇠퇴기의 제품을 유지하는데 낭비가 될 수 있다. 해당 제품의 명성이 추락함으로써 기업과 그 기업의 다른 제품에 악영향을 미칠 수 있으며, 이것은 미래에 더 큰 비용을 초래할 수 있다. 기업은 시장성이 떨어진 제품을 계속 유지함으로써 대체품을 탐색하는 시점을 늦추게 되며, 불균형적인 제품믹스를 만들고, 현재의 이익을 저해하며, 기업의 미래 거점을 확보하는데 악영향을 미칠 수 있다.

2) 쇠퇴기의 마케팅 전략

여러 가지 악영향과 문제 때문에 마케팅 기업은 노화된 제품에 대해 특별한 관심을 기울여야 한다. 첫째, 기업은 정기적으로 매출, 시장점유율, 비용, 이익의 추세를 체크하여 쇠퇴기의 제품이 어떤 것인가를 파악해야 한다. 둘째, 마케팅 관리자는 쇠퇴기의 각 제품을 유지할 것인가, 수확(harvest)할 것인가, 또는 포기할 것인가를 결정해야 한다.

첫째, 마케팅 관리자는 경쟁사가 해당 산업에서 떠날지도 모른다고 희망하여 쇠퇴하는 상표를 그대로 유지하기로 결정할 수도 있다. 예를 들어, P&G사는 다른 경쟁사가 철수한 덕분에 자사의 쇠퇴하는 액체비누 사업에서 많은 이익을 획득하였다. 또는 제품이 다시 성장기를 맞이할 수 있도록 그 상표를 재위치화할 수도 있다.

둘째, 마케팅 관리자는 판매가 유지될 것이라고 기대하여 제품과 관련된 다양한 비용(공장 유지비와 설비비, 관리비, R&D 비용, 광고비, 판매원 비용 등)을 절감함으로써 제품수확(harvest)을 결정할 수도 있다.

셋째, 마케팅 관리자는 제품을 계열에서 포기할 수도 있다. 즉 그 제품을 다른 기업에 매각하거나 싼 가격으로 판매할 수도 있다. 이 경우에 기업이 그 상표의 구매자를 물색하려고 계획하는 경우, 수확기간 동안 그 제품을 축소하지 않아야 한다.

〈표 9-2〉는 제품수명주기의 각 단계의 특징을 요약한 것으로서, 각 단계별 마케팅 목표와 전략이 포함되어 있다.

〈표 9-2〉 제품수명주기의 특징과 목표, 전략에 대한 요약표

특징	도입기	성장기	성숙기	쇠퇴기
판매	낮음	고성장	저성장	쇠퇴
원가	높음	평균	낮음	낮음
이익	손해	점점 높아짐	고	감소
고객	혁신층	조기 수용자	중기 다수자	최후 수요자층
경쟁사	소수	증가	다수(감소 시작)	감소
마케팅 목표	제품인지와 시용구매 창출	시장점유율을 최대화	기존 점유율을 유지하면서 이윤 극대화	비용절감과 수확
전략				
제품	기본 형태의 제품 제공	제품 확장, 서비스, 품질 보증 도입	상표와 모델의 다양화	경쟁력 없는 제품의 단계적 철수
가격	이익가산 원가가격 (고가격)	시장침투 가격 (저가격)	경쟁사에 대응할 수 있는 가격	저가격
유통	선택적 유통	집중적 유통	더 많은 집중적 유통	선택적 유통: 이윤창출 못하는 상점의 철수
광고	조기 구매자와 중간상에게 제품인지도 구축	소비자 대중에게 인지도와 관심 구축	상표 차별화와 편의를 강조	핵심적인 충성고객을 유지할 정도의 수준으로 줄임
판매촉진	시용구매를 유도하기 위한 강력한 판매촉진	수요의 급성장에 따라 판매촉진 비중 감소	자사 상표로 전환을 촉구하기 위한 판매촉진 증가	최소 수준으로 감소

제 5 절 제품과 서비스에 대한 추가 고려사항

제품과 서비스에 대해 추가적으로 고려해야 할 사항은 첫째, 제품결정에 따른 사회적 책임, 둘째, 제품과 서비스의 국제 마케팅에 대한 논점이다.

1. 제품결정과 사회적 책임

제품에 대한 결정은 많은 대중의 관심의 대상이 되고 있다. 마케팅 관리자는 제품인수나 포기로 인한 문제, 특허권, 제품의 품질과 안전, 품질보증과 같은 공공정책 논점과 규제에 특별한 주의를 기울여야 한다.

첫째, 기업이 합병의 결과로 신제품을 추가로 판매하는 경우, 이것이 독과점으로 인해 시장경쟁을 저해하는 경우에 정부는 이를 규제할 수 있다. 제품을 포기(단종함)하는 기업은 철수한 제품에 대해 이해관계가 있는 공급업자, 판매업자, 소비자에게 서류상 또는 암묵적으로 법적의무가 있다는 사실을 인지해야 한다. 마케팅 기업은 신제품을 개발할 때 특허법을 준수해야 한다. 즉 다른 기업의 기존제품과 유사하게 불법적으로 신제품을 개발할 수 없다.

둘째, 제조기업은 제품의 품질과 안전에 관한 법률을 준수해야 한다. 제조물 책임법(PL법 : Product Liability)은 제조물의 결함으로 인하여 발생한 손해에 대해 제조업자들의 손해배상책임을 규정함으로써 피해자의 보호를 도모하고 국민생활의 안전향상과 국민경제의 건전한 발전에 기여함을 목적으로 하는 법이다.

셋째, 많은 제조업체들이 소비자에게 자사의 제품품질을 확신시키기 위해 서면으로 작성한 제품보증서(warranties)를 제공한다. 제품보증은 통상 두 가지로 구분될 수 있는데, 완전보증(full warranties)이란 제품에 이상이 발생하면 일정기간 동안을 무상으로 수리해 주어야 하며, 수리 후 충분한 시도 후에도 제품이 작동되지 않으면 교환이나 전액 환불해 주어야 한다는 것을 의미한다. 그렇게 하지 않는 경우, 기업은 부분보증(limited warranties)만을 제공한다는 문구를 명시해야 한다.

2. 제품과 서비스의 국제 마케팅

제품 및 서비스를 담당하는 국제 마케팅 관리자는 특별한 도전적인 문제에 직면하고 있다. 우선, 어떤 나라에 어떤 제품과 서비스를 도입할 것인가를 결정해야 한다. 그 다음으로 제품과 서비스를 표준화할 것인가 또는 세계시장에 맞추어 차이를 두어 차별화할 것인가를 결정해야 한다.

국제 마케팅 기업은 제품이나 서비스를 표준화하는 것을 더 선호한다. 표준화(standardization)는 기업이 세계적으로 동일한 이미지를 유지하는데 도움이 된다. 또한 다양한 제품을 시장에 출시할 때 제품 디자인, 제조, 마케팅 비용 등을 절감케 한다. 이와는 반대로 세계 시장과 소비자는 서로 상이하기 때문에 국제 마케팅 기업은 상이한 개별 시장에 맞도록 제품을 변형시킴으로써 소비자와 시장의 차이점을 극복할 수 있다.

포장 또한 국제 마케팅 관리자가 쟁점으로 인식하고 있는 사항이다. 경우에 따라 포장은 매우 민감한 문제가 될 수 있다. 예를 들어, 제품명, 상표명, 색상 등이 한 나라에서 다른 나라로 쉽게 번역되거나 인식되어야 한다. 예컨대, 노란색 꽃이 미국에서는 문제가 없지만, 멕시코에서는 노란꽃이 죽음 또는 경멸을 상징한다. Nature's Gift 라는 상표명은 미국에서는 고급 식용버섯으로 매력적이지만, gift가 독을 의미하는 독일에서는 좋지 않게 받아들여질 수 있다. 세계 여러 곳의 소비자들의 신체적 특징에 맞는 포장도 필요하다. 예를 들어, 일본에서 판매되는 청량음료는 일본 사람들의 작은 손에 맞도록 작은 용량의 캔으로 판매된다. 즉 제품과 서비스의 표준화가 이익을 주기도 하지만, 국제 마케팅 기업은 특정한 국제시장의 독특한 욕구에 맞추어 제품과 서비스를 변경, 차별화하기도 한다.

서비스 마케팅 관리자도 세계시장에 진출할 때 각별한 주의가 요구된다. 예를 들어, 많은 은행들이 자국 기업을 위해 외환 교환이나 신용 보증 등의 해외 서비스를 제공하였으나, 최근에는 더욱더 국제화하고 있다. 전 세계로 도약하고자 하는 고객을 위해 세계 여러 국가, 여러 도시에서 마케팅을 행하고 있다.

또한 회계, 경영 상담, 광고 등과 같은 전문적인 경영 서비스 산업도 국제화되고 있는데, 이는 자사 고객들이 점차 세계화됨에 따라 국제화를 적극 추진하지 않을 수 없게 되었다.

해외시장에 가장 늦게 진출한 산업중의 하나인 소매상들도 자국시장이 점차 포화상태가 됨에 따라 해외시장으로 위치를 넓혀가고 있는데, Wal-Mart, Office Depot, Saks Fifth Avenue 백화점, 까르프 등이 이에 속한다.

특히 은행업, 항공업, 통신업, 기타 전문 서비스 등 국제적 서비스 기업의 성장 추세는 한동안 계속될 것으로 전망된다. 오늘날 서비스 기업은 더 이상 제조업 고객이 행했던 방식을 따르지 않고 나름대로 국제적으로 확장함으로써 더 우위를 점하고 있다.

참고문헌

윤훈현 역, 『마케팅 관리론』, 12판, 피어슨, 2006.

Bryan Lilly and Tammy R. Nelson, "Fads: Segmenting the Fad-Buyer Market," *Journal of Consumer Marketing*, vol. 20, no. 3, 2003, pp. 252-265.

J. Roland Ortt, "Innovation Management: Different Approaches to Cope with the Same Trends," *Management*, 2006, pp. 296-318.

Jack Neff, "Six-Blade Blitz," Advertising Age September 9, 2005, pp. 3, 53; and William C. Symonds, "Gillette's New Edge," *Business Week*, February 6, 2006, p. 44.

Kotler P. and Gary Armstrong, *Marketing : An Introduction*, 9th ed., Pearson, 2009.

Kotler P. and Gary Armstrong, *Principles of Marketing*, 12th ed., Pearson, 2008.

Kotler P. and Kevin Lane Keller, *Marketing Management*, 13th ed., Pearson, 2009.

Lawrence A. Crosby and Sheree L. Johnson, "Customer Centric Innovation," *Marketing Management*, March-april 2006, pp. 12-13.

Philip Kotler and Kevin Lane Keller, *Marketing Management*, 12th ed. (Upper Saddle River, NJ: Prentice Hall, 2006), pp. 321-335.

Richard Breeden, "By the Numbers-New or improved." *Wall Street Journal*, July 11, 2006, p. B9.

Robert G. Cooper, "Formula for Success," *Marketing Management*, March-April 2006, pp. 19-23.

Robert Gray, "Not Invented Here," *Marketing*, May 6, 2004, pp. 34-37.

Robert S. Shulman, "Material Whirl," *Marketing Management*, March-April 2006, pp. 25-27.

William C. Taylor, "Here's an Idea: Let Everyone Have Ideas," *New York Times*, March 26, 2006, p. 3.

www.carrefour.com/english/groupecarrefour/profil.jsp, October 2006.

Youngme Moon, "Break Free from the Product Life Cycle," *Harvard Business Review*, May 2005, pp. 87-94.

10
chapter

가격관리 : 고객가치의 이해

가격전략을 둘러싼 기업환경은 치열하게 급변하고 있다. 고객이 가격에 더욱 민감해짐에 따라 더 많은 기업들이 가격결정시 악습에 빠져들고 있다. 즉 소비자들이 적게 소비하는 전략을 모색하는 구두쇠가 됨으로써, 이러한 추세에 대응하여 거의 모든 기업이 가격을 더 인하하는 방안을 추구하고 따라서 기업의 이익은 잠식되고 있다.

그러나 가격인하가 최상책이 아니라는 것이다. 가격인하는 무모한 가격전쟁 그리고 이익 감소를 유발할 수 있다. 가격인하가 고객에게 그 상표가 제공하는 고객가치보다 가격이 더 중요하다는 것을 암시할 수 있기 때문이다. 그러나 기업은 가격이 아니라 가치를 판매해야 한다. 즉 마케팅 기업은 자사 상표에 대해 더 비싼 가격을 지불하는 것이 그 상표를 구매함으로써 획득하게 되는 더 큰 가치를 정당화한다는 것을 고객에게 이해시켜야 한다. 따라서 마케팅 기업은 창조된 고객가치에 상응하는 가격을 책정하여 적정이익을 창출해 주는 가격을 찾는 것이 도전적인 문제가 된다.

제1절 가격의 정의

1. 가격의 의미와 특성

협의적으로 볼 때, 가격(price)은 제품 또는 서비스에 부과된 화폐량이다. 더 넓은 의미에서 보면 가격은 제품 또는 서비스의 소유나 사용으로 획득하게 되는 이점(benefit)을 위해 고객이 포기해야 할 모든 가치의 합이다.

오랫동안 가격은 구매자의 선택에 영향을 주는 중요한 요인이었다. 그러나 최근 비가격 요인의 중요성이 상대적으로 커지고 있음에도 불구하고, 여전히 가격은 기업의 시장점유율과 수익성을 결정하는 가장 중요한 요소 중의 하나가 되고 있다.

가격은 마케팅 믹스 중 수익(revenue)을 창출하는 유일한 요소이며, 마케팅 믹스의 나머지 요인은 비용을 발생시킨다. 또한 가격은 마케팅 믹스 요소들 중 가장 유연성이 높다. 즉 제품 특성과 유통경로, 촉진 등은 단시간내에 변경하는데 어려움이 있지만, 가격은 곧바로 변경할 수 있다.

2. 가격에 대한 문제

가격은 마케팅 관리자가 골칫거리로 생각하는 첫 번째 문제이며, 실제로 많은 기업이 가격결정을 잘 다루지 못하고 있다. 마케팅 기업이 자주 답변하는 문제는 자사 제품의 높은 가치에 대해 가격이 고가라는 것을 구매자에게 설득시키지 못하고, 매출을 실현하기 위해 성급하게 가격을 인하한다는 것이다. 또 다른 흔한 실수는 고객가치 지향적 가격결정방법을 추구하지 않고 지나치게 원가지향적인 가격결정방법을 고집하며, 마케팅 믹스의 다른 요소들을 고려하지 않은 가격결정방법을 사용한다는 것이다.

일부 경영자는 가격결정을 큰 골칫거리로 간주하여 마케팅 믹스의 다른 요소에만 신경을 쓰고 있다. 그러나 현명한 경영자는 가격을 고객가치 창조와 획득을 위한 중요한 전략도구로 활용한다.

또한 가격은 기업의 재무성과에 직접적으로 영향을 미친다. 즉 1%의 가격개선은 대부분의 조직에서 12.5%의 이익개선을 창출하기 때문에 관리자는 가격에 많은 관심을 기울이고 있다. 더 중요한 것은 가격이 기업의 전반적인 가치제안의 한 부분을 차지하며, 고객가치 창조와 고객관계 구축에서 핵심적인 역할을 한다는 것이다.

제 2 절 가격결정 시 고려요인

기업이 책정한 가격은 수요를 조성하기에는 너무 높은 가격과 이익을 실현하기에는 너무 낮은 가격의 어느 중간에 있을 것이다. 〈그림 10-1〉에는 가격 결정시 중요한 고려요인이 제시되어 있다.

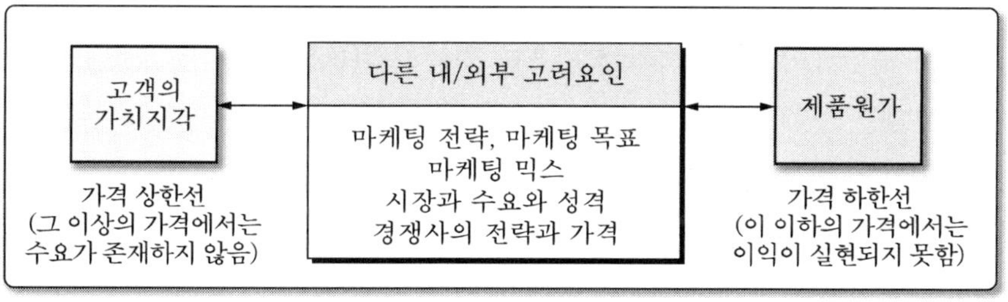

〈그림 10-1〉 가격결정시 고려요인

1. 가격결정시 중요한 고려요인

고객이 제품가치를 어떻게 지각하느냐가 가격의 상한선이 된다. 즉 가격이 제품가치보다 더 크다고 고객이 지각한다면 고객은 그 제품을 구입하지 않는다. 한편 제품원가는 가격의 하한선이 된다. 즉 기업이 원가 이하로 가격을 책정한다면, 이익을 창출하지 못한다.

그리고 두 가지 극단적인 가격대 사이에서 가격을 책정할 때, 기업은 다른 내, 외부의 요인, 즉 전반적인 마케팅 전략, 마케팅 믹스, 시장과 수요의 본질, 경쟁사의 전략과 가격 등을 고려해야 한다.

최종적으로 제품가격이 적정한가를 결정하는 것은 고객이다. 따라서 다른 마케팅 믹스의 의사결정과 마찬가지로 가격결정도 고객가치에서 출발해야 한다. 고객은 제품을 구매할 때, 가치가 있는 어떤 것(이점 : benefit)을 얻기 위해 가치 있는 어떤 것(가격)을 지불하기 때문이다. 즉 효과적이고 고객지향적인 가격결정이란 소비자가 제품으로부터 획득하게 될 이점(benefit)에 어느 정도 가치를 부여하는가를 이해하고, 가치를 획득하는 수준에서 가격을 책정하는 것이다.

2. 가치에 기초한 가격결정

1) 가치에 기초한 가격결정의 의미

양호한 가격결정은 제품 또는 서비스가 고객을 위해 창조한 가치를 완벽하게 이해하는 것에서 출발해야 한다. 가치에 기초한 가격결정(value-based pricing)이란 판매자의 원가보다는 구매자가 지각하는 가치에 중점을 두어 가격을 책정하는 것으로서, 마케팅 관리자는 제품과 마케팅 프로그램을 먼저 수립한 다음에 가격을 책정할 수 없다는 것을 시사한다. 즉 가격은 마케팅 프로그램이 개발되기 전에 고객이 지각하는 제품가치에 영향을 주는 다른 마케팅 믹스 요소와 함께 고려해야 한다는 것이다.

〈그림 10-2〉는 가치에 기초한 가격결정과 원가에 기초한 가격을 비교하여 보여준다. 원가에 기초한 가격결정은 제품을 중심으로 가격을 책정하는 것으로서, 기업은 좋은 제품을 설계한 후 그 제품을 생산하는데 소요되는 비용에 목표이익을 가산하여 가격을 결정하는 것이다. 이러한 겨우, 기업은 마케팅을 이용하여 그 가격에 상응하는 제품 가치가 있기 때문에 구매하는 것이 타당하다는 것을 구매자에게 확인시켜야 한다. 그러나 가격이 고가라고 소비자가 지각한다면, 기업은 이익률(마진)을 낮추거나, 매출감소를 감수해야 하는데, 두 가지 방법 모두가 수익성을 감소시키는 실망스러운 결과를 낳는다.

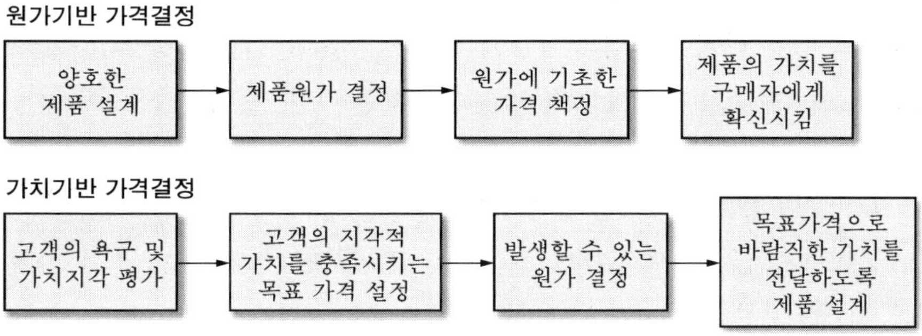

〈그림 10-2〉 가치기반 가격결정 대 원가기반 가치결정

가치에 기초한 가격결정은 원가에 기초한 가격결정과는 정반대이다. 즉 마케팅 기업은 고객이 지각하는 제품가치에 근거하여 목표가격을 정한다. 그 후 목표로 삼은 제품가치와 가격에 맞추어 제품을 설계하고, 이것을 생산하는데 소요되는 비용을 추정한다. 즉 가격결정은 고객의 욕구와 가치지각을 분석하는 것에서 출발하며, 제품가격은 소비자가 지각하는 가치에 기초하여 책정된다.

가치에 기초한 가격결정방법을 사용하는 마케팅 기업은 구매자가 경쟁사의 제품이나 서비스에 부여하는 가치를 파악해야 한다. 그러나 마케팅 기업은 고객이 자사제품에 부여하는 가치를 파악하고 측정하는 것이 용이하지 않은데, 그 이유는 제품에 부여하는 가치가 소비자에 따라 또는 상황에 따라 차이가 있기 때문이다.

그럼에도 불구하고, 소비자는 지각된 가치를 토대로 제품가격을 평가하므로, 마케팅 기업은 가치를 측정하도록 노력해야 한다. 마케팅 기업은 몇 가지 방법으로 측정할 수 있다. 즉 마케팅 기업은 소비자 조사를 이용하여 기본제품에 얼마의 가격을 지불할 것인가, 각각의 이점이 추가됨에 따라 얼마를 더 지불할 것인가를 소비자에게 물어볼 수 있다. 또한 실험을 통해서 서로 상이한 제품제공물에 대한 지각된 가치를 조사할 수 있다.

상기의 가치에 기초한 가격결정방법에는 두 가지 유형, 즉 우수한 가치에 상응하는 가격결정 그리고 부가가치 가격결정이 있다.

2) 우수한 가치에 상응하는 가격결정

가격과 품질에 대한 소비자 태도가 크게 변화함에 따라 마케팅 기업은 경제 여건의 변화 그리고 소비자가 지각하는 가격에 맞추어 가격을 책정하는 방법으로 전환하고 있다. 즉 많은 마케팅 기업이 우수한 가치에 상응하는 가격결정방법(good-value pricing)을 채택하고 있는데, 이것은 품질과 양호한 서비스를 잘 결합하여 적정가격을 제공하는 것이다.

이 가격결정방법은 시장기반이 확립된 유명 상표품이 상대적으로 저렴한 제품을 시장에 새로 도입할 때 사용한다. 예를 들어, Taco Bell, McDonald's사가 가치지향 메뉴를 제공하거나, P&G사가 기존제품보다는 다소 품질이 낮지만 훨씬 저렴한 가격대의 신제품을 출시하고 있다.

가치에 상응하는 가격결정방법의 또 다른 이용 경우는 기존가격에서 더 좋은 품질을 제공하거나, 또는 더 저렴한 가격으로 같은 품질을 제공하도록 기존 상표를 재설계하는 것이다. 가치에 상응하는 가격결정방법은 소매 수준에서도 이용되는데, 매일 매일 저가격 정책(EDLP : everyday low pricing)은 일시적인 가격인하를 거의 하지 않고, 항상 일정 수준에서 저가격으로 판매하는 것이다. 이와 대조되는 방법은 고-저 가격정책(high-low pricing)인데, 이것은 평상시에는 상대적으로 고가격을 책정하지만, 선택된 품목에 대해서는 빈번한 판촉으로 가격을 인하하는 방법이다.

최근 소매상들은 고-저 가격정책 대신에 EDLP를 채택하는 경향을 보이고 있다. 그러나 EDLP를 제공하기 위해서 마케팅 기업은 우선 항시 저원가 구조를 가져야 한다는 사실을 기억해야 한다.

3) 부가가치 가격결정

경쟁적인 마케팅 상황에서 기업이 직면하고 있는 도전적인 문제는 가격지배력을 구축하는 것인데, 가격지배력(pricing power)이란 가격경쟁을 배제하고, 시장점유율을 상실하지 않으며, 높은 가격과 높은 이폭을 확보할 수 있는 힘을 의미한다.

마케팅 기업은 가격지배력을 유지하기 위해 시장제공물의 가치를 유지하거나 구축해야 하는데, 이것은 일반상품(commodity product) 공급업자에게 특히 중요하다. 그 이유는 일반상품은 차별화가 거의 없으므로 치열한 가격경쟁이 발생하고 있기 때문이다. 즉 기업이 사업을 성장 시키거나 유지하기 위해 가격에 주로 의존한다면, 판매되는 제품 및 서비스는 일반상품화가 된다. 이렇게 되는 경우 고객충성도는 없어지게 된다.

따라서 가격지배력을 증가시키기 위해 마케팅 기업은 부가가치 가격결정방법을 채택해야 한다. 부가가치 가격결정방법(value-added pricing)이란 경쟁사의 가격에 맞추어 가격인하를 하기보다는 특성을 부가하거나 서비스를 추가하여 자사의 제품제공물을 차별화함으로써 더 비싼 가격을 정당화하는 것이다. 즉 경쟁사에서 찾을 수 없는 서비스를 제공하여 고객충성도를 유지한다는 것이다.

3. 기업원가와 제품원가

고객이 지각하는 가치(가치지각)가 가격의 상한선을 결정하는 반면에, 원가는 제품가격의 하한성이 된다. 원가에 기초한 가격결정(cost-based pricing)은 제품을 생산/유통/판매하는데 소요되는 비용에 적정수준의 이폭(마진)을 더하여 가격을 책정하는 것이다. 기업원가는 가격결정 전략시 중요한 구성요소이므로, 상대적으로 원가가 낮은 기업은 경쟁사보다 낮은 가격을 책정하여 더 많은 매출과 이익을 실현할 수 있다.

1) 원가유형

기업의 원가는 고정비와 변동비로 구분된다. 고정비(fixes cost) 또는 간접비(overhead cost)는 생산량 또는 매출액에 따라 변동하지 않는 비용으로서, 임대료, 광열비, 이자, 급료, 감가상각비 등이다. 변동비(variable cost)는 생산수준에 따라 변화하는 비용으로서, 원재료비, 포장비 등이다. 총원가(total cost)는 주어진 생산수준을 실현하는데 소요되는 고정비와 변동비의 합계이다. 경영자는 주어진 생산량에서 최소한 총생산비(총원가)를 회수할 수 있는 수준에서 가격을 책정하고자 한다.

기업은 발생한 원가를 주의 깊게 검토해야 한다. 즉 제품을 생산/판매하는데 소요되는 원가가 경쟁사의 원가보다 더 높다면, 기업은 더 비싼 가격을 책정하거나, 또는 이익 감소를 감수해야 하는데, 두 가지 모두는 경쟁력을 상실하게 된다.

2) 생산수준에 따른 원가변동

현명하게 가격을 책정하기 위해 경영자는 생산수준에 따라 원가가 어떻게 변화하는가를 알아야 한다. 예를 들어, 하루에 1,000개의 계산기를 생산할 수 있는 공장을 갖고 있는 경우, 〈그림 10-3A〉는 단기평균비용(SRAC: shortrun average cost) 곡선의 전형적인 모양을 보여준다. 이 경우에 기업이 1,000개보다 적게 생산하면 계산기의 대당 원가는 높아지지만, 생산량이 증가하여 하루 1,000개를 생산할 때까지 평균비용은 계속 낮아진다. 그 이유는 고정비가 더 많은 생산량에 배분되어 각 단위제품에서 고정비가 차지하는 비용이 낮아지기 때문이다. 그러나 기업이 하루 1,000개 이상의 계산기를 생산하려고 하는 경우, 평균비용은 증가하는데, 공장의 효율성(기계고장, 작업자의 대기 등)이 떨어지기 때문이다.

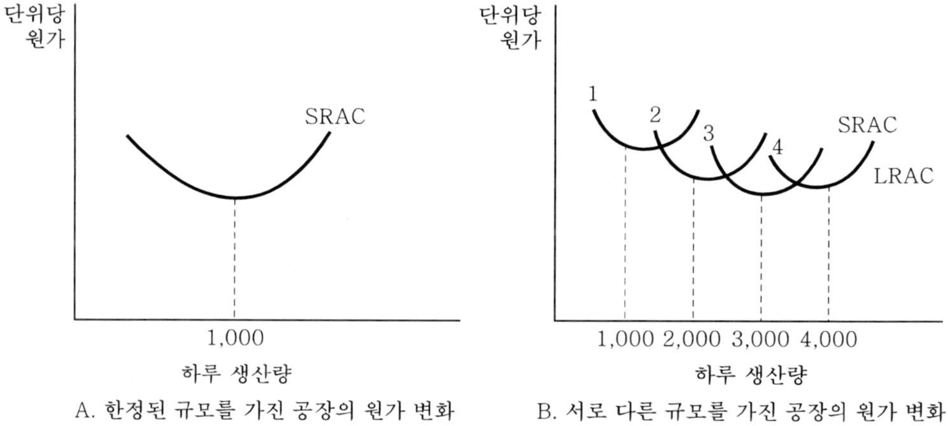

〈그림 10-3〉 기간당 생산량에 따른 단위 제품원가

만약 기업이 하루에 2,000개를 판매할 수 있어 더 큰 공장을 건설하는 경우, 그 공장은 더 효율적인 기계설비와 작업배치를 활용하게 된다. 이에 따라 장기평균비용(LRAC : long run average cost) 곡선과 같이, 하루 2,000개를 생산하는데 소요되는 비용은 하루 1,000개를 생산하는데 소요되는 비용보다 낮다. 〈그림 10-3B〉와 같이, 3,000개를 생산할 여력이 있는 공장이 더욱 더 효율적이다. 그러나 하루 4,000개를 생산하는 공장은 규모의 비경제성(관리해야 할 구성원 수의 증가, 많은 서류작업에 의한 작업지체 등)으로 인해 효율성이 떨어진다.

3) 생산경험과 원가의 관계

기업은 계산기를 생산하는 경험을 축적함에 따라 작업을 잘 하는 방법을 터득하게 된다. 즉 작업자는 효율적인 작업방법을 배우게 되고, 기계설비를 더 익숙하게 다루게 된다. 작업을 반복함에 따라 더 조직적으로 작업할 수가 있기 때문에 기업은 더 좋은 설비와 생산공장이 무엇인가를 파악하게 된다. 그 결과 생산경험이 누적됨에 따라 평균원가도 하락한다. 즉 처음 100,000개를 생산하는데 소요되는 평균원가가 대당 10,000원인 경우, 200,000개가 되면 9,000원으로, 다시 누적생산량이 400,000개가 되면 평균원가는 7,000원으로 하락한다. 이와 같이 생산경험이 누적됨에 따라 평균원가가 하락하는 현상을 경험곡선(experience curve 또는 학습곡선 : learning curve)이라고 한다(〈그림 10-4〉 참조).

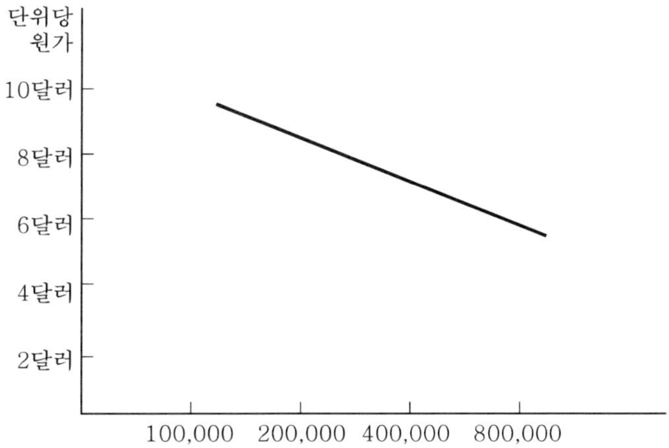

〈그림 10-4〉 누적 생산량과 함수관계를 갖는 단위당 원가 : 경험곡선

하향 기울기의 경험곡선은 기업에게 의미 있는 시사점을 제공한다. 기업의 단위당 생산원가가 하락할 뿐만 아니라, 기업이 주어진 기간 동안 더 많이 생산/판매한다면 생산원가의 하락속도는 더 빨라진다. 이 경우에 더 많은 생산량을 소화, 흡수할 수 있는 충분한 수요가 있어야 만 경험곡선이 실현가능하다. 따라서 경험곡선의 이점을 활용하기 위해 기업은 제품수명주기의 초기에 높은 시장점유율을 확보해야 한다. 이러한 목표를 실현하기 위해서는 우선 제품가격을 낮게 책정해야 하며, 그 결과로 판매량이 증가해야 한다. 그 후 더 많은 생산경험이 축적됨에 따라 생산원가가 하락하게 되며, 다시 가격은 더 낮아지게 된다.

그러나 원가를 낮추고 경험곡선을 활용하는 것에 너무 집착하는 것이 항상 효과적이지 않다는 것에 주의해야 한다. 경험곡선에 기초한 저가격 전략은 몇 가지 위험을 수반한다. 즉 공격적인 저가격 전략은 제품 이미지를 떨어뜨릴 수 있다. 또한 이 전략은 경쟁사가 경쟁력이 약하고, 자사의 가격인하에 대응하려는 의지를 갖지 않을 것이라는 가정에 근거를 두고 있다. 마지막으로 기업이 특정한 기술에 기초하여 대량생산을 추구하고 있는 동안, 더 낮은 원가를 실현할 수 있는 새로운 기술을 습득한 경쟁사가 더 낮은 가격으로 제품을 생산하는 경우, 당해 기업은 치명적인 타격을 입을 수 있다.

4) 원가가산 가격결정

(1) 원가가산 가격결정의 개념

원가가산 가격결정(cost-plus pricing)은 제품의 원가에 업계에서 사용하는 마진(markup)을 더한 것을 가격으로 정하는 방법으로 가장 간단한 방법이다. 예를 들어, 유통업체들은 원가에 정해진 마진을 가산하여 가격을 책정한다.

원가가산 가격결정법은 전형적인 형태인 표준마진율가산 가격결정법(markup pricing)의 예는 아래와 같다.

변동비	10,000원
고정비	300,000,000원
기대 판매액	50,000개인 경우

$$\text{단위당 원가} = \text{변동비} + \frac{\text{고정비}}{\text{판매량}} = 10,000 + \frac{300,000,000}{50,000}$$

$$= 10,000 + 6,000 = 16,000$$

이 경우 매출에서 20%의 마진을 획득하고자 하는 경우, 제품가격은

$$\text{제품가격} = \frac{\text{단위당 단가}}{(1 - \text{기대 매출수익률})} = \frac{16,000}{1 - 0.2} = 20,000\text{원}$$

제조업체는 판매상에게 한 개당 20,000원에 공급하고, 개당 4,000원의 이익을 획득

한다. 판매상(유통업체)은 다시 공급받은 제품에 대해 자신의 마진을 추가한다. 만약 판매상이 판매가격에서 50%의 마진을 얻고자 한다면, 공급가격(20,000원)에 자신의 마진을 가산한 40,000원(20,000 + 40,000 × 50%)을 판매가격으로 책정한다. 이 판매상의 원가 대비 마진율은 100%이다.

(2) 원가가산 가격결정법의 문제

표준마진율(standard markup)을 사용하여 가격을 책정하는 것은 합리적이지 않다. 수요와 경쟁사의 가격을 무시한 어떤 가격결정방법도 최상의 가격을 산출하지 못하기 때문이다. 즉 가격이 40,000원인 경우, 경쟁사의 가격보다 너무 비싼 것으로 지각됨으로써 수요가 50,000개가 아니라 30,000개로 감소하게 되면, 기업의 단위당 원가는 상승하게 된다. 그 결과 매출 대비 실현마진율은 낮아지게 된다. 즉 표준마진율가산 가격결정법은 그 방법으로 책정된 가격이 실제로 기대판매량을 실현시켜 줄 경우에만 효과가 있다.

이러한 문제점에도 불구하고 많은 판매업체가 여러 가지 이유 때문에 표준마진율 가격결정법을 이용한다. 첫째, 판매업자는 수요보다는 원가를 더 확실하게 알고 있다. 즉 가격을 원가와 연결하는 것이 가격결정 문제를 단순화하는데, 그 이유는 수요가 변할 때마다 가격을 자주 조정해야 할 필요가 없기 때문이다. 둘째, 업계의 모든 판매업자가 이 방법을 이용한다면, 가격이 유사하여 가격경쟁이 최소화된다. 셋째, 많은 사람들이 원가가산 가격결정방법이 구매자와 판매업자 모두에게 공정한 것으로 생각한다.

5) 손익분기 분석과 목표이익 가격결정방법

또 다른 원가지향적 가격결정방법으로서 손익분기 가격결정방법과 이것을 변형시킨 목표이익 가격결정방법이 있다.

손익분기 가격결정방법(break-even pricing)은 제품을 생산, 판매하는데 소요되는 비용을 회수하는 수준(손해도 이익도 나지 않는 수준)에서 가격을 책정하는 것이다. 목표이익 가격결정방법(target profit pricing)은 판매업자가 원하는 목표이익을 실현시키는 수준에서 가격을 책정하는 것이다. 예를 들어, GM사는 15~20%의 투자수익률(ROI : return on investment)을 실현시키는 수준에서 자동차가격을 책정한다. 이

가격결정방법은 적정수준의 투자수익률을 획득하도록 규제를 받는 공익사업(지하철, 수도, 전력 등)에서도 사용된다.

목표이익 가격결정방법은 손익분기도표의 개념을 활용하는데, 손익분기도표는 상이한 판매량에서 기대되는 총비용과 총수익을 보여주는 도표이다. 〈그림 10-5〉는 어떤 기업의 손익분기도표로서, 고정비는 판매량과 관계없이 300,000원이며, 변동비는 총비용에서 고정비를 뺀 것으로서 판매량이 증가함에 따라 증가한다. 총수익곡선은 0에서 시작하여 판매량이 증가함에 따라 증가한다. 총수익곡선의 기울기는 단위당 20원에 가격이 책정됨을 보여준다.

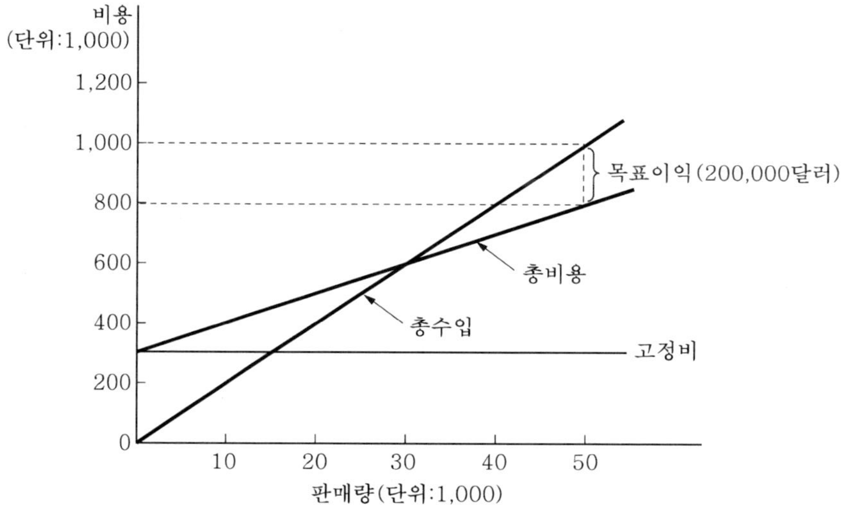

〈그림 10-5〉 목표이익을 실현하기 위한 손익분기도표

총수익곡선과 총비용곡선은 30,000개의 생산량에서 교차하는데, 이 교차점이 손익분기 판매량이다. 이 기업은 20원의 가격에서 최소 30,000개를 판매해야만 손익분기를 실현할 수 있다. 손익분기 판매량은 아래의 공식을 이용하여 계산할 수 있다.

$$\text{손익분기 판매량} = \frac{\text{고정비}}{(\text{가격} - \text{변동비})} = \frac{300,000}{20-10} = 30,000\text{개}$$

기업이 목표이익을 달성하기 위해 단위당 20원의 가격에서 30,000개 이상을 판매해야 하는데, 이 기업이 이 사업에 대해 1,000,000원을 투자하고, 20%의 투자 수익률(200,000원)을 획득할 수 있도록 가격을 책정하고자 하는 경우, 이 기업은 단위당 20원의 가격에서 최소 50,000개(300,000+200,000/20-10) 이상을 판매해야 한다.

만약 이 기업이 더 높은 가격을 책정한다면, 목표이익을 실현하기 위해 50,000개 이상을 판매할 필요는 없다. 그러나 비싸진 가격 때문에 기업이 기대하였던 판매량보다 적게 판매될 수도 있다. 즉 기업이 실현하는 판매량의 상당 부분이 수요의 가격 탄력성과 경쟁사의 가격에 영향을 받기 때문이다. 따라서 기업은 새로 상이한 제품 가격을 고려하여 각 가격대에서의 손익분기 판매량, 예상수요, 이익 등을 추정해야 한다.

손익분기도표에 의한 가격결정에 있어 마케팅 관리자가 주의해야 할 것은 목표이익을 실현하기 위해서 기업은 고정비와 변동비를 낮출 수 있는 방안을 모색함으로써 손익분기 판매량을 낮추어야 한다는 것이다.

4. 가격결정에 영향을 미치는 기업 내/외부 고려 요인

고객이 지각하는 가치는 가격의 상한선을 결정하고, 원가는 가격의 하한선이 된다. 그러나 이런 양극단의 가격대 사이에서 가격을 책정할 때, 기업은 여러 가지 내/외부 요인을 고려해야 한다.

내부요인에는 기업의 전반적인 마케팅 전략, 마케팅 목표, 마케팅 믹스, 기타 조직 특성 등이 포함되며, 외부요인에는 시장과 수요의 본질, 경쟁사의 전략과 가격, 기타 환경요인 등이 있다.

1) 전반적인 마케팅 전략, 마케팅 목표

가격은 마케팅 전략을 구성하는 많은 요소들 중 하나이므로, 가격을 책정하기 전에 기업은 제품에 대한 전반적인 마케팅 전략을 수립, 결정해야 한다. 즉 기업이 표적시장과 위치화를 신중하게 결정하였다면, 그 이후에 결정되는 마케팅 믹스전략의 수립은 보다 용이하다. 이와 같이 가격전략은 시장위치화 결정에 영향을 받기 때문이다.

가격결정의 전반적인 목표에는 생존추구, 현재이익의 극대화, 선도적인 시장점유율, 고객유지와 고객관계 구축 등이 포함되며, 더 나아가 구체적인 목표를 달성할 수 있는 가격을 책정해야 한다. 즉 기업은 신규고객을 끌어들이기 위해 그리고 이익을 획득하는 수준에서 기존 고객을 유지하기 위해 가격을 책정할 수 있다. 기업은 경쟁사의 시장진입을 막기 위해 낮은 가격을 책정하거나, 또는 시장을 안정화시키기 위해 경쟁사의 가격수준에서 가격을 책정할 수 있다. 또한 기업은 유통업체의 충성도와 지원을 받고 유지하기 위해서, 또는 정부의 개입을 막기 위해 가격을 책정할 수도 있다. 그리고 기업은 그 제품에 활력을 불어넣기 위해 일시적으로 가격을 인하할 수 있고, 제품계열 내의 다른 제품의 매출을 증가시키기 위해 한 제품의 가격을 낮게 책정할 수도 있다.

결론적으로, 가격결정은 서로 상이한 수준에서 설정되는 기업의 마케팅 목표를 달성하는데 도움을 준다는 점에서 중요한 역할을 한다.

2) 마케팅 믹스

가격은 마케팅 목표를 달성하기 위해 사용하는 마케팅 믹스 수단들 중 하나에 불과하다. 따라서 가격결정은 일관성 있고 효과적인 통합적 마케팅 프로그램이 될 수 있도록 제품설계, 유통경로, 촉진의 결정과 조화를 이루어야 한다. 그러므로 다른 마케팅 믹스 수단의 의사결정이 가격결정에 영향을 줄 수 있다. 예를 들어, 고성능 품질의 제품으로 위치화한다는 결정은 높은 생산원가를 회수하기 위해 고가격을 책정해야 함을 의미한다. 그리고 유통업체가 자사제품을 지원·촉진해 주기를 기대하는 기업은 더 많은 유통마진을 반영하여 가격을 책정해야 할 것이다.

기업은 가격을 기초로 하여 제품을 위치화한 다음, 원하는 가격수준에 맞추어 다른 마케팅 믹스 수단에 대한 의사결정을 하는 경우도 있다. 이 경우에 가격은 제품의 표적시장, 경쟁사, 제품 설계를 정의하는데 중요한 역할을 하는 제품위치화 요인이 된다. 이에 기업은 목표가격실현 원가관리법이라고 하는 기법을 토대로 하여 가격에 기초한 위치화 전략을 추구한다.

목표가격실현 원가관리법(target costing : 목표원가법)은 기업이 추구하는 판매가격을 먼저 결정한 후 이 가격을 실현시킬 수 있는 원가를 관리하는 것이다. 즉 목표가격실현 원가관리법은 신제품을 설계하고, 이 제품을 개발/생산하는데 소요되는 원가를 결정한 후 판매가격을 결정하는 일반적인 가격결정방법과는 반대되는 과정을 거친다. 즉 고객가치를 고려하여 이상적인 판매가격을 결정한 다음 그 가격대를 확실하게 실현할 수 있도록 원가를 관리하는 것이다.

또 다른 기업은 비가격 위치를 추구하기 위해 가격을 덜 강소하고 다른 마케팅 믹스 수단을 활용한다. 이에 따라 최상의 위치화 전략은 최저가의 제품을 추구하는 것보다는 마케팅 제공물의 차별화를 통해 더 높은 가격을 받을 만한 가치가 있도록 만드는 것이다. 예를 들어, 어떤 기업은 주방용 가전제품에 더 많은 가치를 부여함으로써 경쟁사보다 더 비싼 가격을 책정하는데, 고객은 그 제품의 높은 품질을 인정하기 때문에 그 제품을 구입하기 위해 기꺼이 더 비싼 가격을 지불하려고 한다.

일부 기업은 고품질 제품의 위치화를 추구하기 위한 노력으로 고가격을 의도적으로 부가시키기도 한다. 예를 들어, Steinway사는 자사의 그랜드 피아노 가격을 165,000달러로 책정하고, 그 가격에 맞추어 세계에서 최고로 훌륭한 피아노를 제공한다.

결론적으로, 마케팅 관리자는 가격을 책정할 때 전반적인 마케팅 전략과 마케팅 믹스를 고려해야 한다. 제품이 비가격 요인에 기초하여 위치화된다면, 품질, 유통, 촉

진에 대한 의사결정이 가격결정에 큰 영향을 미칠 것이다. 이에 반해 가격이 제품위치화의 핵심요인이 된다면, 제품가격이 다른 마케팅 믹스 요인의 결정에 큰 영향을 미친다. 그러나 마케팅 기업이 가격을 강조한다고 하더라도, 고객이 가격에만 의존하여 제품을 구입하는 경우는 거의 없다는 사실을 기억해야 한다. 즉 고객은 최고의 가치를 제공하는 제품을 원한다는 것으로, 지불한 가격으로 많은 이점(benefit)을 획득할 수 있는 제품을 추구한다는 것이다.

3) 조직적 특성

경영자는 조직의 어떤 구성원이 가격 책정에 대한 책임을 져야 하는가를 결정해야 한다. 중소기업은 마케팅 부서 또는 영업부서가 아니라 최고경영자가 가격을 결정한다. 대기업은 주로 사업부, 제품계열 관리자가 가격결정 문제를 취급한다.

산업재 시장의 경우, 판매원이 일정범위 내에서 고객과 가격협상을 하도록 허용된다. 이 경우에도 최고경영자는 가격목표와 가격방침을 정하고, 하위수준의 경영자나 판매원이 제안한 가격을 승인하기도 한다.

4) 시장과 수요

좋은 가격결정은 고객이 지각한 가치가 지불하고자 의도하는 가격에 어떻게 영향을 미치는가를 이해하는 것에서 출발한다. 즉 소비재 구매자와 산업재 구매자는 제품이나 서비스 가격과 이를 소유함으로써 얻게 되는 이점 사이에 균형을 맞추고자 한다. 따라서 가격을 책정하기에 앞서 마케팅 관리자는 가격과 제품 수요 간의 관계를 이해해야 한다.

(1) 시장유형에 따른 가격결정

판매업자가 가격을 자유롭게 결정할 수 있는가는 시장유형에 따라 달라진다. 경제학자들은 시장유형을 네 가지로 구분하는데, 각 시장유형이 가격결정에 주는 시사점은 각기 상이하다.

① 완전경쟁

완전경쟁(pure competition)은 시장이 많은 구매자와 많은 판매자로 구성되는 경우로서, 주식 그리고 많은 일용품의 거래에서 일어난다. 즉 어떤 구매자나 판매자도

시장가격에 큰 영향을 미치지 못한다. 이에 따라 완전경쟁 시장에서 마케팅 조사, 제품개발, 가격결정, 광고, 판매촉진은 거의 역할을 하지 못한다. 따라서 판매업자는 마케팅 전략수립에 거의 시간을 투입하지 않는다.

② 독점적 경쟁

독점적 경쟁(monopolistic competition)에서 시장은 하나의 시장가격이 아니라 일정한 가격범위에서 거래하는 많은 구매자와 판매자로 구성된다. 이렇게 일정한 가격범위에서 거래가 이루어지는 이유는 판매업자가 자신의 제공물을 차별화할 수 있기 때문이다. 즉 물리적 제품은 품질, 특성, 스타일 등에서 상이할 수 있으며, 부가서비스에서 서로 상이할 수 있다.

구매자는 판매업자가 제공하는 제품에 차이가 있다는 것을 지각하고, 각 제품에 대해 서로 상이한 가격을 지불한다. 판매업자는 상이한 고객 세분시장을 위해 차별화된 제공물을 개발하며, 가격 이외의 마케팅 믹스 수단으로 상표화, 광고, 인적판매를 활용하여 자신의 제공물을 차별화하려고 한다. 또한 이 시장에는 경쟁사가 많기 때문에, 과점정시장에 비해 경쟁사의 가격전략이 각 기업에 미치는 영향은 상대적으로 적다.

③ 과점적 경쟁

과점적 경쟁(oligopolistic competition)에서 시장은 경쟁사의 가격전략과 마케팅 전략에 민감하게 반응하는 소수의 판매업자로 구성된다. 제품은 표준화될 수도 있고(철강, 알루미늄), 또는 비표준화될 수도 있다(승용차, 컴퓨터 등). 시장이 소수의 판매업자로 구성되는 이유는 새로운 판매업자가 시장에 진출하기가 어렵기 때문이다. 따라서 판매업자는 경쟁사의 전략과 조치에, 특히 가격인하 조치에 민감하다.

④ 완전독점

완전독점(pure monopoly)은 시장에서 하나의 유일한 판매자가 있는 경우로서, 가격정책은 시장이 허용하는 범위에서 자유롭게 결정된다. 그러나 여러 가지 이유 때문에 원하는 최고가격을 책정하지 않는데, 경쟁사의 시장진입 봉쇄, 저가격으로 시장침투 가속화, 정부규제가 행해질 가능성을 사전에 배제하는 등이 포함된다.

(2) 가격-수요 관계 분석

기업이 책정하는 가격에 따라 수요수준도 변화한다. 책정된 가격과 가격으로 유발된 수요수준 간의 관계를 보여주는 곡선이 수요곡선이다(<그림 10-6> 참조). 즉 수요곡선(demand curve)은 책정된 가격에 대응하여 주어진 시점에서 시장이 구매하게 될 제품수량을 보여준다. 일반적으로 수요와 가격은 역(-)의 관계를 보이는데, 가격이 상승할수록 수요는 감소한다.

위신제품(prestige goods)은 수요곡선이 상방향(+) 기울기를 가질 수 있다. 즉 소비자 가격이 비쌀수록 품질이 더 좋은 것으로 판단하여 수요가 증가할 것이다. 그러나 기업이 지나치게 고가격을 책정하는 경우에는 수요가 감소할 수 있다.

많은 마케팅 기업이 서로 상이한 가격대에서 발생하는 수요를 추정함으로써 자사제품의 수요곡선을 추정한다. 또한 수요곡선의 형태는 시장유형에 따라 변화한다. 즉 독점상황에서 수요곡선은 서로 상이한 가격대에서 발생하는 총시장곡선을 나타낸다. 그러나 경쟁상황의 경우 서로 상이한 가격대에서 자사제품의 수요는 경쟁사가 가격을 일정하게 유지하는가 또는 자사제품의 가격에 따라 경쟁사가 가격을 변경하는가에 따라 영향을 받는다.

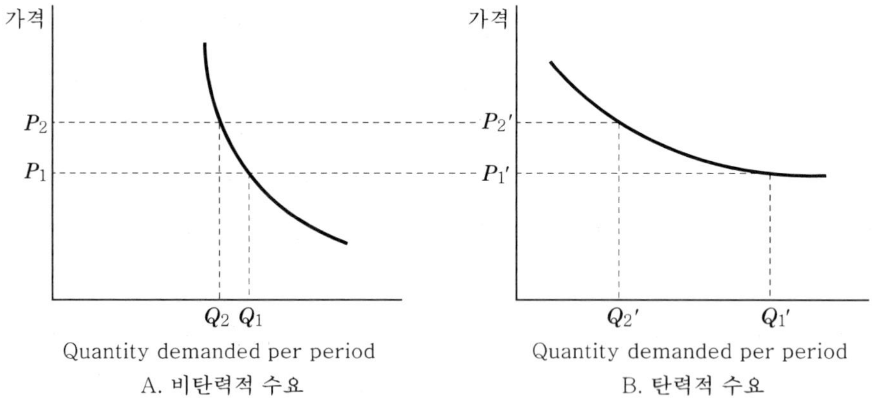

<그림 10-6> 수요곡선

(3) 수요의 가격탄력성

마케팅 관리자는 가격탄력성을 알아야 하는데, 가격탄력성(price elasticity)이란 가격변화에 따라 수요가 얼마나 민감하게 반응하는가를 보여주는 것이다.

〈그림 10-6〉의 두 가지 수요곡선을 볼 때, 〈그림 10-6 A〉는 P_1에서 P_2로의 가격 상승이 Q_1에서 Q_2로 비교적 작은 크기로 수요가 하락한다. 이에 반해 〈그림 10-6B〉는 동일한 크기의 가격 상승이 Q_1'에서 Q_2'로 큰 폭으로 수요가 하락한다. 가격이 변화하더라도 수요가 별로 변화하지 않는 경우를 수요가 비탄력적(inelastic)이라고 하며, 가격변화에 수요가 크게 변화하면 수요가 탄력적(elastic)이라고 한다. 수요의 가격탄력성은 아래의 공식으로 구한다.

$$\text{수요의 가격탄력성} = \frac{\text{수요량의 변화율}(\%)}{\text{가격의 변화율}(\%)}$$

판매업자가 가격을 2% 인상하였을 때 수요가 10% 감소한다면 수요의 가격탄력성은 -5이므로, 수요가 탄력적이다. 2%의 가격인상으로 수요가 2% 감소한다면 가격탄력성은 -1이다. 그러나 2%의 가격인상으로 수요가 1% 감소한다면 가격탄력성은 $-\frac{1}{2}$로서, 수요는 비탄력적이다. 결론적으로, 수요가 비탄력적일수록, 판매업자는 가격인상으로 더 많은 수익(수입)을 획득할 수 있다.

수요의 가격탄력성은 여러 요인에 의해서 결정된다. 즉 구매자가 구매하는 제품이 독특하거나 높은 품질, 명성, 독점성을 가질 때 구매자는 가격에 덜 민감해진다. 또한 대체품을 찾기 어렵거나, 대체품의 품질을 쉽게 비교할 수 없을 때 가격에 덜 민감하다. 그리고 한 제품에 대한 전체 지출액이 구매자의 전체 수입에서 차지하는 비중이 상대적으로 적거나 또는 비용을 다른 사람과 공유할 때도 구매자는 가격에 덜 민감하다.

판매업자는 수요가 비탄력적인 경우보다는 탄력적인 경우에 가격인하를 고려해야 한다. 그 이유는 가격인하가 더 많은 수요를 창출하여 수입을 증가시키기 때문이다. 그러나 기업은 지나친 가격인하로 인해 자사제품이 일반상품화되는 상황을 피해야 한다. 최근 규제완화, 인터넷 등과 같은 기술로 인해 즉각적인 가격비교가 가능해짐에 따라 소비자의 가격민감도가 높아지고 있는데, 이로 인해 전화기, 컴퓨터 등의 다양화된 제품이 일반상품으로 전락하고 있다.

많은 경쟁사가 거의 동일한 제품을 유사한 가격으로 또는 다른 기업보다 저렴하게 판매하는 상황에서 마케팅 관리자는 자사제품을 차별화시키는데 더 많은 노력을 기울여야 한다. 어느 때보다 마케팅 기업은 기존고객, 유망고객의 가격민감도 그리고 더 많은 제품특성을 획득하기 위해 사람들이 기꺼이 더 높은 가격을 지불하려고 하는가를 이해해야 한다. 즉 이것은 가격에 민감한 고객만을 표적으로 하는 기업은 결코 성공을 보장받을 수 없다는 사실을 시사한다.

5) 경쟁사의 전략과 가격

가격을 책정할 때 마케팅 기업은 경쟁사의 원가, 가격 및 시장제공물 등을 고려해야 한다. 그 이유는 소비자는 어떤 제품의 가치를 판단할 때, 이와 유사한 경쟁사 제품의 가격을 비교하기 때문이다. 예를 들어, 삼성 디지털 카메라를 구매하려고 고려하는 소비자는 삼성 제품의 가치와 가격을 캐논, 소니, 니콘 등 유사한 경쟁제품의 가치, 가격 등과 비교하여 평가한다.

또한 마케팅 기업의 가격전략은 경쟁의 본질에 영향을 줄 수 있다. 만약 삼성이 고가격-고마진 전략을 구사한다면, 이는 경쟁사를 시장에 끌어들이게 한다. 그러나 저가격-저마진 전략은 경쟁사의 시장진입을 저지하거나 시장에서 살아남지 못하게 할 것이다. 즉 삼성은 경쟁사의 원가와 가치를 기준점으로 삼아 자사제품의 원가와 가치를 결정해야 한다. 이러한 준거점(기준점)은 자사제품의 가격결정의 출발점이 될 수 있다.

상기와 같이 경쟁사의 가격전략을 평가하는 경우 마케팅 기업은 세 가지 문제에 대해 생각해야 한다.

첫째, 경쟁사의 제공물과 비교하여 자사 제공물의 고객가치를 검토해야 한다. 만약 소비자가 자사제품 또는 서비스가 더 많은 가치를 제공한다고 지각한다면, 마케팅 기업은 고가격을 책정할 수 있다. 그러나 소비자가 자사제품을 경쟁제품보다 가치가 낮다고 지각한다면, 마케팅 기업은 경쟁사보다 저가격을 책정하거나, 또는 비싼 가격을 정당화할 수 있도록 고객의 지각을 변화시킬 수 있는 조치를 취해야 한다.

둘째, 현 경쟁사가 어느 정도 강하며, 현재 어떤 가격전략을 구사하고 있는가를 분석해야 한다. 만약 마케팅 기업이 많은 수의 소규모 경쟁사를 대상으로 경쟁을 하고,

경쟁사의 가치에 비해 비싼 가격을 책정한다면, 경쟁사보다 낮은 가격을 책정하여 경쟁력이 약한 경쟁사를 시장에서 퇴출할 수 있다. 상기와는 반대로 저가격을 추구하여 비교적 규모가 큰 경쟁사가 시장을 지배하고 있다면, 마케팅 기업은 경쟁사가 무시하고 있는 적소시상(niche market)을 표적으로 부가가치 제품에 고가격을 책정할 수 있다.

셋째, 마케팅 기업은 경쟁환경이 고객의 가격민감도에 어떤 영향을 미치는가를 검토해야 한다. 예를 들어, 경쟁제품들 간에 별 차이가 없는 것으로 지각한다면, 고객은 가격에 더 민감해진다. 따라서 고객은 가장 저렴한 제품을 구입할 것이다. 그리고 고객이 구매 전에 경쟁제품과 가격정보를 더 많이 가지고 있을 경우, 고객의 가격민감도가 높아진다. 이 경우, 제품을 비교하기 쉽게 만드는 것은 고객에게 서로 상이한 사양의 가치를 평가하고, 의도하고자 하는 지불가격을 결정하는데 도움을 준다. 그리고 고객이 어떤 대안적인 제품에서 다른 제품대안으로 쉽게 변경할 수 있다면, 가격민감도가 높아진다. 즉 가격이 판단기준이 되기 때문이다.

결론적으로 볼 때, 마케팅 기업은 경쟁사와 비교하여 자사제품의 가격을 결정할 때 기본적인 원칙을 명심해야 한다. 즉 마케팅 기업이 어떤 수준(고, 중, 저가격)에서 가격을 책정하더라도, 고가격에 맞추어 고객에게 탁월한 가치를 제공해야 한다는 원칙을 적용해야 한다는 것이다. 그러나 이 원칙은 매우 간단하고 단순한 것이지만, 실행에 옮기기는 어렵다는 것이다.

6) 기타 외부요인

가격을 책정할 때, 마케팅 기업은 외부환경요인, 즉 경제여건, 유통업체, 정부, 사회적 책임 등도 고려해야 한다.

첫째, 경제여건은 마케팅 기업의 가격결정에 큰 영향을 미칠 수 있다. 호황 또는 불황, 인플레이션, 이자율 등 경제적 여건은 가격 의사결정에 영향을 미친다. 상기의 요인이 제품의 가격 그리고 가치를 고려하는 소비자의 지각과 생산원가에 영향을 미치기 때문이다.

둘째, 마케팅 기업은 재판매업자 즉 도매상과 소매상이 자사제품의 가격에 미치는 영향도 고려해야 한다. 즉 다양한 가격대에 대한 재판매업자의 반응을 고려해야 한다. 마케팅 기업은 재판매업자에게 적정수준의 이익(마진)을 보장하고, 자사제품의 판매를 지원하는 수준에서 가격을 책정하고, 자사제품을 효과적으로 판매하도록 도움을 주어야 한다.

셋째, 마케팅 기업은 가격결정에 영향을 주는 정부의 정책도 고려해야 한다. 즉 정부의 가격에 대한 규제관련 법규 등도 고려해야 한다.

넷째, 마케팅 기업은 가격을 결정할 때, 사회구성원의 관심사도 고려해야 한다. 즉 가격을 결정할 때 기업의 단기적인 판매, 시장점유율, 이익목표가 광범위한 사회적 고려요인에 의해서 조절되어야 하는 경우가 있다.

결론적으로 볼 때, 마케팅 기업의 가격결정은 고객, 기업, 경쟁사, 환경요인 등과 같이 많은 다양한 요인의 영향을 받는다는 사실에 주목해야 한다.

참고문헌

윤훈현 역, 『마케팅 관리론』, 12판, 피어슨, 2006.

Kotler P. and Gary Armstrong, *Marketing : An Introduction*, 9th ed., Pearson, 2009.

Kotler P. and Gary Armstrong, *Principles of Marketing*, 12th ed., Pearson, 2008.

Kotler P. and Kevin Lane Keller, *Marketing Management*, 13th ed., Pearson, 2009.

Nagle and Hogan, The Strategy and Tactics of Pricing, chapter 7.

Paul S. Hunt, "Seizing the Fourth P," *Marketing Management*, May-June 2005, pp. 40-44.

Robert J. Dolan, "Pricing: A Value-Based Approach," *Harvard Business School Publishing*, 9-500-071, November 3, 2003.

William F. Kendy, "The Price Is Too High," *Selling Power*, April 2006, pp. 30-33.

11
chapter

제품가격 결정 : 가격전략

가격결정은 기업, 경쟁, 환경 요인이 결합된 복잡하고 흥미 있는 과정이다. 그러나 문제를 더욱 복잡하게 만드는 것은 한 제품의 가격만을 책정하는 것이 아니라 제품계열을 구성하는 서로 상이한 품목들의 가격을 결정해야 하는 가격결정 구조를 개발해야 한다는 것이다. 가격구조는 제품이 수명주기를 거쳐 이동함에 따라 변경된다. 마케팅 기업은 구매자와 상황의 차이를 고려하여 제품 가격을 조정한다. 또한 경쟁환경이 변화함에 따라 마케팅 기업은 가격변화를 시도할 시점과 가격변화에 대응해야 할 시점 등을 고려해야 한다.

제 1 절 신제품 가격결정

가격전략은 제품이 수명주기의 각 단계로 이용함에 따라 변화하는데, 특히 도입기는 가격결정에서 가장 도전적인 시기이다. 신제품을 개발한 기업은 신제품의 가격을 결정하는데 초기 고가격전략과 시장침투 가격전략(초기 저가격전략)의 두 가지 중 하나를 선택할 수 있다.

1. 초기 고가격 전략

초기 고가격전략(market-skimming pricing)이란 마케팅 기업이 신제품을 기꺼이 구입하려는 고객들로 구성된 세분시장을 표적으로 하여 고가격을 책정하여 초기에 최고의 수익을 창출하려고 하는 가격전략이다. 예를 들어, Sony사는 HDTV를 처음 출시하였을 때 초기 고가격전략을 구사하였다. 1990년 신제품 가격은 43,000달러이었다. 1993년에는 6,000달러(28인치), 2001년에는 2,000달러(40인치)로 인하하였다. 미국시장에서 기본형의 HDTV는 500달러 이하로 판매되며, 가격은 계속 하락하고 있다. 이 방식으로 Sony사는 다양한 세분시장에서 최대한의 수익을 창출하였다.

초기 고가격에 기초하여 수익극대화를 창출하기 위해서는 몇 가지 조건이 성숙되어야 한다. 첫째, 품질과 이미지가 고가격을 지원해야 하며, 많은 구매자가 그 가격대에서 제품구매를 원해야 한다. 둘째, 소량생산에 소요되는 비용이 고가격정책의 이점을 상쇄할 정도로 높지 않아야 한다. 셋째, 경쟁사가 시장에 쉽게 진입하여 자사보다 저렴한 가격을 책정할 수 없어야 한다.

2. 시장침투 가격결정

시장침투 가격결정(market-penetration pricing : 초기 저가격전략)이란 처음부터 저가격을 책정하여 빠른 속도로 시장에 깊게 침투하는 전략이다. 즉 많은 수의 구매자를 신속하게 유인하여 높은 시장점유율을 확보하는 것이다.

저가격으로 판매량이 증가하여 원가가 인하된다면, 마케팅 기업은 가격을 현재보다 더 인하할 수가 있다. 예를 들어 Wal-Mart사는 시장침투 가격전략을 사용하여 시장을 지배하고 있다. 또한 Dell사도 시장침투 가격전략을 사용하여 PC시장에 진출하였는데, 고품질의 컴퓨터 제품을 비용이 적게 소요되는 직접경로를 통해 판매함으로써 가능하였다.

시장침투 가격전략은 아래의 조건을 충족시키는 경우에 효과를 거둘 수 있다. 첫째, 시장이 가격에 매우 민감하여 저가격이 더 많은 시장성장을 유발해야 한다. 둘째, 판매량이 증가함에 따라 생산원가와 유통비용이 절감되어야 한다. 셋째, 저가격 정책으로 경쟁사가 진입하지 못하여, 시장침투 가격전략을 구사한 기업이 저가격 위치를 계속 유지해야 한다. 그렇지 못할 경우, 저가격 우위는 일시적 현상이 되기 때문이다. 예를 들어, IBM 등의 경쟁업체가 Dell사에 대응하여 직접 유통경로를 구축하였을 때, Dell사는 한 동안 어려움을 겪었다. 그러나 낮은 생산원가와 유통비용을 실현하기 위해 전력투구함으로써 Dell사는 저가격의 경쟁우위를 계속 유지하고 업계 1위의 PC제조업체로 위치를 구축하였다.

제 2 절 제품믹스 가격전략

어떤 제품이 제품믹스의 구성요소일 경우, 그 제품에 대한 가격결정전략은 자주 변화한다. 이러한 경우 마케팅 기업은 전체 제품믹스의 이익을 극대화할 수 있는 개별제품 가격들의 집합을 모색한다. 제품믹스를 구성하는 제품들에 대한 가격결정은 매우 어려운데, 이유는 여러 제품들이 서로 관련된 수요와 원가를 가지고 있으며, 경쟁수준이 상이하기 때문이다.

제품믹스에 대한 가격전략에는 〈표 11-1〉과 같이 제품계열 가격결정, 선택제품 가격결정, 종속제품 가격결정, 부산물 가격결정, 묶음제품 가격결정 등이 포함된다.

〈표 11-1〉 제품믹스의 가격전략

전략	설명
제품계열 가격결정	전체 제품 계열을 구성하는 품목간에 서로 다른 가격대를 책정함
선택(사양)제품 가격결정	주제품과 함께 판매되는 선택(사양) 제품. 또는 액세서리(부속) 제품의 가격책정
종속제품 가격결정	주제품과 반드시 사용되어야 할 제품의 가격책정
부산물 가격결정	폐기 처리되어야 할 저가치의 부산물의 가격책정
묶음제품 가격결정	제품을 묶어 함께 판매될 경우의 가격책정

1. 제품계열 가격결정

마케팅 기업은 하나의 제품만을 개발하기보다는 제품계열을 개발한다. 예를 들어, LG전자나 삼성전자 등은 TV, 냉장고, 세탁기, 전자레인지, 에어컨 등의 제품계열을 확보하고 있는데, 냉장고의 경우, 냉장고의 용량에 따라 여러 종류의 냉장고를 생산하고 있다. 이 경우에 어떤 제품계열에서 더 고급스러운 제품품목일수록 더 많은 특성을 제공한다.

제품계열 가격(product line pricing)을 결정할 때, 경영자는 몇 개의 가격대(price steps)로 구분하고, 이에 따라 그 계열속에 포함된 제품을 구분한다. 가격대를 구분할 때, 경영자는 계열내 제품품목들간의 원가차이, 서로 상이한 특성에 대한 고객의 평가, 경쟁사의 가격 등을 고려해야 한다.

여러 산업에서 판매업자는 제품계열내의 제품을 구분하기 위해 잘 정립된 가격점(price points)을 사용한다. 예를 들어, 남성의류 전문점은 정장의 가격점을 200,000원, 400,000원, 600,000원의 세 가지 수준으로 나눌 수 있다. 이 경우에 고객은 세 가지 가격점의 정장을 저품질, 중품질, 고품질의 정장으로 판단할 수 있다. 세 가지의 가격점을 약간 인상하더라도 소비자는 자신이 선호하는 가격점의 정장을 구입한다. 따라서 판매업자는 가격차이에 맞추어, 지각된 품질에서 차이가 있도록 해야 한다.

2. 선택제품 가격결정

선택제품 가격결정(optional product pricing)이란 기본제품(standard product)에 추가하여 제공되는 선택제품(optional or accessory products : 사양제품)의 판매가격을 책정하는 것이다. 예를 들어, 승용차의 경우 알루미늄 합금 휠(wheels), GPS, 파우어 핸들 등을 선택해서 구입할 수 있다.

각 선택제품에 대한 가격결정은 용이한 문제가 아니다. 자동차회사는 어떤 품목을 기본가격에 포함시키고, 어떤 품목을 선택제품으로 제공할 것인가를 결정해야 한다. 최근에 자동차회사들은 과거에 선택제품으로 판매하였던 품목(예 : 에어컨 등)을 기본판매가격에 포함시키고 있다.

3. 종속제품 가격결정

종속제품 가격결정(captive-product pricing)이란 주제품과 함께 사용되어야 하는 종속제품에 대한 가격을 책정하는 것으로서, 종속제품에는 면도날, 비디오 게임, 프린터 잉크용기(cartridges) 등이 있다. 주제품(면도기, 비디오게임 콘솔, 프린터기 등)의 생산업체는 주제품 가격을 낮게 책정하고, 종속제품은 높은 마진을 보장하는 가격을 책정한다. 예를 들어, Gillette사는 면도기를 낮은 가격으로 판매하고, 면도날 카트리지를 판매하여 많은 이익을 벌어들이고 있다.

서비스 업계에서 이용되는 종속제품 가격결정전략은 이중요율 가격결정방법(two-part pricing : 이분 가격결정)이라고 한다. 즉 서비스가격은 고정된 기본수수료(fixed fee : 기본료)와 사용량에 따른 변동가격(variable usage rate)으로 구성된다. 예를 들어, 이동통신회사는 기본 통화료를 책정하고, 이를 초과한 통화에는 시간에 비례하여 통화수수료를 부과한다.

서비스 기업은 기본수수료에 얼마를 책정하고 사용량에 따라 얼마의 가격을 추가로 부과해야 할 것인가를 결정해야 한다. 기본서비스 가격은 서비스 이용을 유도하기 위해 가능한 한 낮게 책정해야 하며, 이익의 상당부분은 사용량에 비례하는 변동

수수료(variable fees)로 획득할 수 있다.

4. 부산물 가격결정

육류, 원유, 농산물, 화학제품 등을 가공생산하는 기업은 그 과정에서 부산물을 얻는다. 만약 부산물이 전혀 가치가 없고, 이를 처리하는데 비용이 소요된다면, 그 비용은 주제품의 가격결정에 영향을 줄 수 있다. 부산물 가격결정(by-product pricing)은 주제품의 가격이 경쟁력을 갖도록 부산물의 가격을 책정하는 것이다. 부산물 가격결정시 제조업자는 부산물을 원하는 시장을 찾아서 판매해야 하는데, 부산물은 저장/전달하는데 소요되는 비용을 커버할 수 있는 가격을 책정해야 한다.

경우에 따라 부산물이 상당한 이익을 창출할 수 있다. 예를 들어, 어떤 제지 생산업체는 한 때 화학폐기물로 간주하였던 부산물을 수익상 있는 제품으로 전환시켰다.

간혹 기업은 자신이 생산하는 부산물이 얼마나 가치가 있는가를 깨닫지 못하기도 한다. 예를 들어, 어떤 동물원은 이곳에서 발생하는 부산물, 즉 동물들의 분뇨가 추가 수익을 창출할 수 있는 매우 좋은 원천임을 깨달았다. 즉 동물의 분뇨를 약간 가공하여 비료를 생산함으로써 많은 수익을 창출하였다.

5. 묶음제품 가격결정

묶음제품 가격결정(product bundle pricing)은 기업의 몇 개의 제품을 묶어서 할인된 가격으로 판매하는 것이다. 예를 들어, 즉석식품점은 햄버거, 프렌치프라이, 청량음료를 묶어서 콤보가격(combo price)으로 판매한다. 리조트는 항공료, 숙박료, 식사비, 유흥비 등을 묶어 특별할인된 가격의 휴가용 패키지를 판매한다.

묶음가격(price bundling)은 이러한 가격 책정방법을 도입하지 않을 경우에는 구입하지 않았을 제품의 판매를 촉진시킬 수 있지만, 묶음가격은 묶음제품의 구매를 유도할 만큼 충분히 저렴해야 한다.

제 3 절 가격조정 전략

마케팅 기업은 고객에 따라 또는 상황에 따라 책정된 기본가격을 조정한다. 〈표 11-2〉와 같이 할인/공제가격, 세분시장별 가격, 심리적 가격, 촉진가격, 지리적 가격, 동태적 가격, 해외시장 가격 결정 등 7가지 유형의 가격조정 전략이 있다.

〈표 11-2〉 가격조정 전략

전략유형	특징
할인, 공제 가격결정	일찍 대금을 지불하거나 대량구매를 하는 등의 반응을 보인 고객을 보상하기 위해 가격을 할인해 줌.
세분시장별 가격결정	고객, 제품, 구매자 위치에 따라 서로 다른 가격을 책정함
심리적 가격결정	심리적 효과를 얻기 위해 가격을 조정함.
촉진 가격결정	단기적인 매출 증대를 목적으로 일시적으로 가격을 인하함
지리적 가격결정	고객의 지리적 입지를 고려하여 조정함
동태적 가격결정	개별고객과 상황의 특징에 맞추어 지속적으로 가격을 조정함
해외시장 가격결정	해외시장별로 수출가격을 조정함

1. 할인, 공제가격

마케팅 기업은 특별한 반응을 보이는 고객(대량구입 고객, 대금을 일찍 지불하는 고객, 비수기에 구입하는 고객 등)에게 보상하기 위해 기본가격을 조정한다. 이런 유형의 가격조정을 할인(discount)과 공제(allowance)라고 하는데, 그 형태가 다양하다.

1) 할인가격

할인가격에는 몇 가지 형태가 있다.

첫째, 현금할인(cash discount)은 구입대금을 빨리 지급하는 구매자에게 할인을 해 주는 것이다. 2/10, net 30의 경우가 있는데, 이것은 구매자가 30일 이내에 지불하면 되는 구입대금을 10일 이내에 지불할 경우에 구입대금의 2%를 깎아주는 것이다.

둘째, 수량할인(quantity discount)은 대량으로 구입하는 고객에게 할인을 제공하는 것이다. 구매자로 하여금 여러 다른 판매업자로부터 제품을 구입하지 않고 특정 판매자로부터 더 많이 구입하도록 유인하는 수단이다.

셋째, 기능할인(functional discount) 또는 중간상 할인(trade discount)은 중간상(유통업체)이 판매, 저장, 거래기록 등의 기능을 수행한 대가로 구입제품의 대금을 할인받는 것이다.

넷째, 계절할인(seasonal discount : 비수기 할인)은 비수기에 제품을 구입한 구매자에게 가격을 할인해 주는 것이다. 예를 들어, 여름철에 겨울용품을 구입하는 경우 또는 겨울철에 여름용품을 구입하는 경우에 할인가격을 구매자에게 제공한다. 또 다른 경우로서 봄, 여름에 사용하는 제품을 생산하는 기업은 가을과 겨울 동안 소매상에게 계절할인을 제공하는데, 이러한 가격할인은 성수기인 봄과 여름에 수요가 초과되는 것을 대비하여 미리 주문을 하도록 유도하는 기능이다. 따라서 계절할인으로 판매업자는 연중 안정된 생산량을 유지할 수 있다.

2) 공제

공제(allowance)는 소비자뿐만 아니라 중간상에게 제공되는 방식으로 크게 2가지가 있다.

첫째, 중고품 공제(trade-in allowance)는 중고품을 돌려주고 신제품을 구입한 고객에게 중고품 가격만큼 깎아주는 것이다. 예를 들어, 자동차 산업이나 가전제품 산업에서 이 방법이 자주 이용된다.

둘째, 촉진공제(promotional allowance)는 광고와 판매활성화 프로그램에 참여한 중간상에게 보상하기 위해 구입대금이나 가격을 깎아주는 것이다.

2. 세분시장별 가격결정

1) 세분시장별 가격결정 방법

세분시장별 가격결정(segmented pricing)은 고객, 제품, 고객의 위치 등에 따라 기본가격을 조정하는 것이다. 세분시장별로 가격을 부과하는 마케팅 기업은 가격차이가 원가상의 차이에 근거한 것이 아니더라도 동일한 제품이나 서비스에 대해 둘 이상의 상이한 가격으로 판매한다.

첫째, 고객세분시장별 가격결정(customer segment pricing)은 고객에 따라 같은 제품에 대해 상이한 가격을 책정하는 것이다. 예를 들어, 대중교통수단은 초등학생, 중. 고생, 대학생, 일반인에 대해 상이한 가격을 부과한다. 또한 박물관 등은 학생과 노인에게 입장료를 할인해 주고 있다.

둘째, 제품형태별 가격결정(product form pricing)은 제품형태에 따라 가격을 상이하게 책정하는 것으로서, 이는 원가상의 차이 때문이 아닐 수 있다. 예를 들어, 샘물의 경우 1ℓ짜리와 0.5ℓ짜리의 가격은 2배 차이가 나지 않는다. 즉 1ℓ짜리 샘물은 0.5ℓ짜리 가격의 2배가 되지 않는다.

셋째, 위치별 가격결정(location pricing)은 각각의 위치(입지)에 대해 고객에게 소요되는 비용이 동일한 경우에도 그 위치에 따라 상이한 가격을 책정하는 것이다. 예를 들어, 극장은 좌석 위치에 따라 상이한 가격을 책정하는데, 관람객이 특별한 위치를 선호하기 때문이다.

넷째, 시간대별 가격결정(time pricing)은 계절에 따라, 달에 따라, 주중/주말에 따라, 하루의 시간대에 따라 가격을 상이하게 책정하는 것이다. 철도회사는 주중과 주말에 대해 상이한 가격을 부과하거나, 전력회사도 상업용 고객에게 하루의 이용시간대에 따라 상이한 가격을 책정하며, 리조트도 주말과 비수기에 할인을 제공한다.

2) 수익관리 및 충족조건

세분시장별 가격결정은 여러 가지 명칭으로 수행된다. 수익관리(revenue management)란 올바른 고객에게, 올바른 시간에, 올바른 가격으로, 올바른 제품을 판매하도록 하는 것이다. 항공사, 호텔, 식당 등은 이를 수익관리(yield management)라고 하는데, 예를 들어, 항공사는 통상적으로 빈 좌석수, 수요, 경쟁사의 가격변경 등을 고려하여 시간별로, 경우에 따라 분별로 가격을 책정한다. 그러나 이 경우에 항공사는 항공료 책정시 수요, 고객 만족과 기업의 수익성 간에 균형을 맞추어야 하는 복잡한 과정을 거쳐야 한다.

세분시장별 가격결정 전략은 몇 가지 조건을 충족시켜야 그 효과를 거둘 수 있다.

첫째, 시장이 세분화될 수 있어야 하며, 각 세분시장의 수요수준이 서로 상이해야 한다.

둘째, 시장을 세분화하고 각 시장의 특징을 파악하는데 소요되는 비용이 가격을 차별화함으로써 획득하는 추가이익을 초과하지 않아야 한다.

셋째, 세분시장별 가격결정은 합법적이어야 한다.

넷째, 가장 중요한 조건으로서, 세분시장별 가격차이를 두는 것이 고객의 지각된 가치에서 차이가 있음을 반영해야 한다. 그렇지 않을 경우, 차별가격 책정은 고객의 분노와 적대감을 낳게 될 가능성이 있다.

3. 심리적 가격결정

가격은 제품성능과 관련된 정보를 소비자에게 전달한다. 예를 들어, 가격은 품질을 판단하는 근거가 되기도 한다. 50,000원짜리 향수 상표가 3,000원 정도의 원가가 소요된 향을 병에 담고 있다고 하더라도, 어떤 소비자는 그 가격에 상응하는 어떤 특별한 것을 갖고 있을 것이라고 생각하여 50,000원을 기꺼이 지불한다.

심리적 가격결정(psychological pricing)을 활용하는 기업은 제품의 경제적 가치보다는 가격이 갖는 심리적 효과를 고려한다. 즉 소비자는 비싼 제품이 싼 제품에 비해 품질이 더 좋은 것으로 지각하는 경향이 있다. 제품특성을 자세히 살펴보거나, 과거의 구매경험에 근거하여 제품의 품질을 판단하는 경우, 소비자는 품질을 판단하는데 가격에 덜 의존한다. 그러나 제품을 평가할 충분한 정보가 없거나, 전문지식이 부족한 소비자는 품질을 판단할 때 가격을 중요한 단서로 인식한다.

첫째, 준거가격(reference prices)은 심리적 가격결정을 활용하는 것으로서, 이것은 어떤 제품을 평가할 때 참조하기 위해 소비자의 기억 속에 있는 가격을 의미한다. 이러한 준거가격은 현재의 판매가격을 살펴보거나, 과거의 판매가격을 회상하거나 또는 구매상황을 평가함으로써 형성될 수 있다. 따라서 판매업자는 제품가격을 정할 때, 소비자가 갖고 있는 준거가격에 영향을 미치거나, 또는 이것을 활용할 수 있다. 예를 들어, 마케팅 담당자는 자사제품을 비싼 제품 옆에 진열함으로써 같은 수준의 제품이라는 것을 암시할 수 있다.

소비자는 대부분 구매시에 제 값을 지불하는가를 판단하는데 필요한 기술이나 능력이 없다. 즉 그들은 상이한 상표들 또는 점포들을 탐색하고 가격을 비교하고, 좋은 가격으로 구입하는데 필요한 시간, 능력, 의지를 갖고 있지 않다. 따라서 소비자는 구매과정에서 가격이 비싼가 또는 싼가를 판단하는데 도움이 되는 특별한 단서에 의존하게 된다. 예를 들어, 고급백화점에서 제품을 판매한다는 것이 비싼 가격을 받을 만한 가치가 있다는 것을 시사하는 것이다.

흥미 있는 사실은 그러한 가격판단 단서를 판매업자가 제공한다는 것이다. 첫째, 소매상들은 소매가격 옆에 제조업체가 제시한 높은 판매제시가격을 함께 보여줌으로써 제품의 가격이 원래 비싸게 책정되었음을 알려줄 수 있다. 둘째, 소매상은 소비자가 가격에 대한 정확한 지식을 갖고 있는 친숙한 제품에 대해서는 매우 싼 가격으로 판매함으로써, 상대적으로 친숙하지 않은 다른 제품의 판매가격도 낮을 것으로 추론하도록 유도할 수 있다. 상기의 방법인 가격판단 단서의 활용은 흔히 볼 수 있는 마케팅 관행이 되고 있다.

둘째, 단수 가격(odd-ending price)이란 가격에서의 작은 차이가 제품 간에 차이가 있음을 암시하는 것으로써, 9,900원짜리 제품과 10,000원짜리의 동일한 제품의 가격에서 볼 때, 100원의 차이는 심리적으로 클 수가 있다. 즉 소비자는 9,900원은 9,000원대의 가격으로, 10,000원은 10,000원대로 지각하게 된다. 9,900원은 할인된 가격으로 지각될 가능성이 높은 반면, 10,000원의 가격은 더 높은 품질수준을 가진 제품으로 지각될 수 있다.

어떤 심리학자는 아라비아 숫자는 각각 다른 상징성과 시각적 특징이 있으므로 가격책정 시 이를 고려해야 한다고 주장한다. 즉 8은 둥글고 평범한 느낌을 주기 때문에 진정성의 효과를 창출하는 반면, 7은 각진 느낌을 주기 때문에 불협화음적 효과를 창출한다는 것이다.

4. 촉진가격 결정

1) 촉진가격의 의미와 유형

촉진가격 결정(promotional pricing)은 구매에 따른 흥분감과 구매압박감을 창출하기 위해 일시적으로 제품가격을 정가 또는 원가 이하로 인하하는 것이다. 촉진가격에는 몇 가지 형태가 있다.

첫째, 유도용 손실품(loss leaders)은 슈퍼마켓이나 백화점이 일부 제품(손실유도품)에 대해 파격적으로 저가격을 제시함으로써 고객을 점포로 끌어들이기 위한 가격 전술이다. 이 경우 고객이 정상적인 마진으로 판매되는 다른 품목을 함께 구입할 것이라는 기대 때문이다.

둘째, 특별행사가격(special-event pricing)이란 판매업자가 시즌에 맞추어 더 많은 고객을 끌어들이기 위해 저가격을 부과하는 것이다. 예를 들어, 크리스마스 시즌이 지난 후, 또는 입학시즌에 고객을 점포로 끌어들이기 위해 싼 가격을 제시한다.

셋째, 현금 환불(cash rebates)은 특정기간에 구입한 고객에게 지급한 제품가격의 일부를 되돌려 주는 것이다. 현금 환불은 자동차 제조업체에서 처음 이용되었지만, 최근에는 내구재(가전제품) 등에서 이용되고 있다.

넷째, 기타 방법으로서, 제조업체는 소비자의 가격 부담을 줄여 주기 위해 저이자 신용공여(low-interest financing), 보증기간 연장(longer warranties), 무료 유지서비스(free maintenance) 등을 제공한다. 또 다른 방법으로서, 판매업자는 단순히 매출 증대와 재고를 감소시키기 위해 정상가격에 대해 할인(discount)을 제공할 수도 있다.

2) 촉진가격 결정의 역효과와 대책

촉진가격 결정은 여러 가지 역효과를 초래할 수 있다.

첫째, 너무 자주 사용되고 또한 경쟁사도 이를 모방할 경우, 세일이 제공될 때까지 구매를 연기하는 촉진민감형(deal-prone) 고객을 창출할 수 있다.

둘째, 항상 할인된 가격을 제공하는 것은 고객의 시각에서 볼 때, 상표의 가치를 잠식시킬 수 있다. 즉 가격촉진이라는 단기적인 처방으로 계속되는 상표는 비참하게 수명을 마감하게 될 수도 있다.

셋째, 촉진가격을 자주 사용함으로써 업계는 가격전쟁에 휘말리게 된다. 즉 시장이 정체됨에 따라 경쟁사들이 가격 할인을 함으로써, 모든 기업이 경쟁하게 되어 모두가 피해를 볼 수가 있다.

결론적으로 볼 때, 촉진가격 정책은 특정한 상황에서 일부 기업에게만 매출을 증대시키는 데 효과적일 수 있다는 것이다. 즉 하나의 경쟁사 또는 소수의 경쟁자들로서 가장 효율적으로 운영하는 기업에게만 이익이 되며, 그 외의 다른 기업은 손상을 입거나 계속 이익이 하락하는 결과를 맞게 된다.

5. 지리적 가격결정

마케팅 기업은 다른 지역에 있는 고객에 대해 어떤 가격을 부과할 것인가를 결정해야 한다. 즉 마케팅 기업은 더 먼 거리에 있는 고객에 대해 발생할 수 있는 운송비를 커버하기 위해 더 비싼 가격을 책정함으로써 거래관계가 종식될 수 있는 위험을 감수해야 할 것인가 또는 고객의 위치(거리)와 관계없이 모든 고객에게 동일한 가격을 부과함으로써 가까운 고객에게 더 비싸다는 인상을 주지 않을까 하는 위험도 있다.

지리적 가격결정(geographical pricing)에는 5가지 유형이 있다.

첫째, FOB 가격정책(FOB origin pricing)이란 자사의 공장으로부터 고객이 있는 지역까지 운송하는데 소요되는 비용을 각 고객이 부담하는 것이다. 이 가격정책은 운송수단에 주문제품이 선적되는 순간부터 제조업체는 제품에 대한 책임에서 자유로워짐을 의미한다(FOB : free on board). 이 가격결정 전략을 지지하는 사람은 이 방식이 운송료를 책정하는데 가장 공정하다고 생각한다. 그러나 이 방식은 먼 거리에 있는 고객에게는 고객인도가격이 비싸다고 인식되는 단점이 있다.

둘째, 균일가격 결정(uniform-delivered pricing)은 FOB 가격결정과 정반대가 되는 지리적 가격결정 방식으로서, 고객의 위치에 관계없이 모든 고객에게 운송포함 제품가격을 도입하여 부과하는 것이다. 이 방식에서 운임은 평균운송비에서 책정된다. 따라서 먼 거리에 있는 고객에게는 싼 운임이 부과되어 고객을 끌어들일 가능성이 있는 반면에, 가까운 고객에게는 비싼 운임이 부과되므로, 비싸다는 느낌을 주어 고객을 상실할 위험이 있다. 이 균일가격 결정은 비교적 관리하기가 쉽고 또한 전국시장을 상대로 자사제품의 가격을 광고할 수 있다는 장점이 있다.

셋째, 구역별 가격결정(zone pricing)은 FOB 가격결정과 균일가격 결정의 중간형태로서, 마케팅 기업은 두 개 또는 그 이상의 구역으로 나눈 다음, 각 구역에 있는 모든 고객에게 단일의 인도 가격을 부과한다. 이 경우, 공장에서 구역까지의 거리가 멀수록 더 높은 가격이 부과된다. 이 가격결정의 경우, 구역에 따라 가격이 상이하므로, 인접지역이더라도 구역이 상이하면 상이한 가격이 부과되므로, 고객이 싼 지역에 와서 구입할 수 있다.

넷째, 기점가격 결정(basing-point pricing)은 특정 도시를 기준점으로 정하고, 제품이 실제로 선적되는 도시가 어디인가에 관계없이 기준점에서 고객의 소비지까지 운송되는데 소요되는 운임을 각 고객에게 부과하는 방식이다. 따라서 공장 가까이에 있는 고객이라도 기점에서 멀리 떨어져 있다면 비싼 운임을 지불해야 한다. 그러나 모든 판매업자가 같은 도시를 기준점으로 사용한다면, 인도가격은 모든 고객에게 동일하게 되므로 가격경쟁을 피할 수 있다. 일부 기업은 복수 기준점을 선정함으로써 더 유연한 전략을 추구하는데, 이 경우에 고객은 가장 가까운 기준점을 근거로 하여 운송료를 지급하게 된다.

다섯째, 운송료부담 가격결정(freight absorption pricing)은 원하는 거래를 성사시키기 위해 실제 운송료 모두 또는 일정 부분을 판매업자가 부담하는 방식이다. 이 방식은 특정 고객 또는 특정 지역의 고객과 거래하기를 원하는 판매업자가 취하는 것이다. 이 방식을 이용하는 이유는 해당 고객과 더 많은 거래가 이루어지면 평균 비용이 하락하고 그 결과로 자신이 부담하는 운송비 이상을 보상받을 수 있을 것이기 때문이다. 운송료부담 가격결정 방법은 시장침투 전략을 추구하거나 또는 경쟁이 더욱 치열해지는 시장에서 경쟁력을 유지하고자 할 때 사용된다.

6. 동태적 가격결정

전통적으로 가격은 구매자와 판매업자의 협상을 통해 결정되었다. 그러나 19세기 말 대형 소매업태가 출현하면서 모든 구매자에게 단일의 가격을 책정하는 고정가격 정책(fixed price policies)이 도입되었다. 이에 따라 오늘날 대부분의 가격이 이 방식을 채택하고 있으나, 최근 들어 일부 기업이 과거의 가격책정 방식으로 되돌아가고 있다.

마케팅 기업들이 동태적 가격결정을 사용하고 있는데, 동태적 가격결정(dynamic pricing)이란 개별 고객의 특징과 욕구, 상황에 맞추어 계속 가격을 조정하는 것이다. 즉 인터넷에 의한 웹의 등장으로 정찰가격이 사라지고 동태적 가격결정이 이루어지고 있는데, 수많은 제품가격이 시장의 상황에 따라 끊임없이 변화하고 있다.

동태적 가격결정은 마케팅 기업에게 여러 가지 이점을 제공한다. 즉 인터넷 판매업체(예 : Amazon.com, Dell사 등)는 구축된 데이터베이스를 토대로 특정고객의 욕구를 파악하고, 그들의 자산수준을 측정하고, 그들의 구매행동에 맞추어 그때그때 고객화된 상품을 제안하고 또한 이에 맞추어 가격을 책정한다. 또한 카탈로그 소매업체(예 : L. L. Bean사, Spiegel사 등)는 수요나 원가의 변화에 따라 목록의 가격을 변경하는데, 특정 품목의 가격을 매일매일 변경하거나 시간단위로 변경한다. 즉 수많은 직접 마케팅 기업들이 특정시점에서의 재고, 원가, 수요 등을 간파하고 이에 맞추어 가격을 즉시 조정한다.

또한 구매자도 웹이 등장함에 따라 동태적 가격결정 방식으로 혜택을 보고 있다. 즉 쇼핑 로봇(shopping bots)은 수천 개의 판매업자의 제품과 가격을 그 자리에서 비교해 주는 서비스를 제공한다. 이에 따라 가격정보로 무장된 고객은 단순히 최상의 제품과 그 제품을 최상의 가격으로 판매하는 판매업자를 찾을 수 있을 뿐만 아니라 더 저렴한 가격을 얻기 위해 협상할 수 있다. 또한 구매자는 온라인 경매사이트에서 가격협상을 통해 상품을 교환할 수 있다.

그러나 동태적 가격결정은 논쟁을 일으킬 수 있다. 고객들은 주위 사람들이 다른 방식을 통해 동일한 제품을 더 싸게 구입한 것을 알게 되면 화를 낸다. 비싸게 구입한 고객들의 항의에 대해 마케팅 기업들은 적절한 대책을 강구해야 한다.

동태적 가격결정은 여러 상황에서 적절한 가격결정 방식이다. 누가 시장을 주도하느냐에 따라 가격을 조정하고, 고객에게 혜택이 돌아가기 때문이다. 그러나 마케팅 기업은 특정 고객집단을 자신에게 유리하게 이용하기 위해 동태적 가격결정 방식을 사용하지 않도록 주의해야 한다. 그 이유는 중요한 고객관계에 타격을 줄 수 있기 때문이다. 특히 온라인 소매환경에서 고객충성도가 매우 약하기 때문에, 소비자가 곧바로 상표를 변경할 수가 있다.

7. 해외시장 가격결정

국제시장에 제품을 판매하는 기업은 국가에 따라 어떤 가격을 책정해야 할 것인가를 결정해야 한다. 어떤 경우에는 모든 해외시장에 대해 동일한 가격을 책정할 수 있다. 그러나 대부분의 마케팅 기업은 현지시장의 여건과 원가 등을 고려하여 수출가격을 조정한다.

특정 국가에 부과해야 할 가격은 경제적 여건, 경쟁상황, 법규, 도소매 시스템의 발달 정도에 의해 영향을 받는다. 또한 국가에 따라 소비자의 지각과 선호도에 차이가 있으므로, 이에 맞추어 가격을 상이하게 책정할 수 있다. 또는 해외시장의 위치에 따라 상이한 마케팅 목표를 성취하기 위해서 가격전략을 변경할 수도 있다.

원가도 국제판매가격을 정하는데 중요한 역할을 한다. 즉 국가에 따라 동일한 제품에 대한 원가가 상이하므로, 상이한 가격을 부과할 수 있다. 이 경우 자국 시장보다는 현지시장의 판매가격이 더 높게 부과된다. 이렇게 가격이 상승하는 이유는 판매전략의 차이 또는 시장여건의 차이가 있기 때문이다. 그러나 대부분의 차이는 각 국가에서의 판매원가의 차이 때문에 발생한다. 즉 제품수정, 선적과 보험료, 수입관세와 세금, 환율변동, 물류 등으로 추가원가가 발생하기 때문이다.

상기와 같은 해외시장 가격결정은 특수한 문제가 있고 또한 복잡하므로, 제19장 국제 마케팅에서 더 상세하게 연구할 것이다.

제4절 가격 변화

가격결정 구조와 전략이 수립되었다고 하더라도, 마케팅 기업은 종종 가격변화를 주도하거나 또는 경쟁사의 가격변화에 대응해야 하는 상황에 직면한다.

1. 가격변화 주도

경우에 따라 마케팅 기업은 가격인상 또는 가격인하를 주도하는 것이 바람직하다고 판단할 수 있는데, 이 경우에 마케팅 기업은 구매자와 경쟁사의 반응을 예상해야 한다.

1) 가격인하 주도

상황에 따라 마케팅 기업은 가격인하를 고려할 수 있다. 즉 과잉생산능력과 치열한 가격경쟁으로 인해 수요가 감소되는 등에 직면한 기업은 매출과 점유율을 높이기 위해 공격적인 가격인하를 추구할 수 있다. 즉 과잉생산능력에 처한 기업이 시장점유율을 유지하기 위해 치열하게 경쟁적으로 가격을 인하하는 가격전쟁을 촉발시키고 있다.

기업은 원가절감을 통해 시장을 지배하려는 목적으로 가격을 인하할 수 있다. 즉 기업은 경쟁사보다 낮은 원가를 기반으로 가격을 인하할 수도 있고, 또는 가격인하를 통해 시장점유율을 높임으로써 대량생산을 하여 추가로 원가감소가 이루어질 것을 기대하고, 가격인하를 주도할 수도 있다. 예를 들어, Bausch & Lomb사와 Dell사가 이 전략을 수립하여 사용하였다.

2) 가격인상 주도

성공적인 가격인상은 이익을 상당히 증가시킬 수 있다. 예를 들어, 기업의 이익률이 매출의 6%일 경우, 가격인상으로 인해 매출이 감소되지 않는다면, 2%의 가격인상은 30%의 이익증가를 창출할 수 있다.

가격인상은 여러 요인에 의해서 초래될 수 있다. 첫째는 원가 상승이다. 원가 상승은 이익률을 압박하기 때문에 기업은 원가상승을 고객에게 전가시키려고 한다. 두번째 요인은 초과수요이다. 고객이 원하는 만큼 물량을 공급할 수 없을 때, 기업은 가격을 인상하거나, 생산된 제품을 고객에게 배급하거나, 또는 두 가지 대안을 모두 사용할 수 있다.

그러나 가격을 인상할 때, 마케팅 기업은 바가지 장사꾼으로 지각될 수 있는 위험을 피해야 한다. 고객은 이 사실을 잊지 않고, 과다하게 가격을 부과한다고 지각되는 기업 또는 해당 산업 전체와 거래를 단절할 것이다. 마케팅 기업은 이러한 위험을 피하기 위한 기법을 강구해야 한다.

첫째, 기업은 가격인상이 공정하다고 지각되도록 해야 한다. 즉 가격인상조치는 가격이 인상되어야 하는 이유를 마케팅 커뮤니케이션을 통해 고객에게 밝히도록 노력하는 것이다.

둘째, 가격인상조치가 가시적으로 드러나지 않게 해야 한다. 즉 가격인하 방침을 없애거나, 최소 주문량을 늘리거나 저마진 제품의 생산량을 감소시키는 것이다.

셋째, 기업의 판매원이 고객이 비용을 절감할 수 있는 방안을 찾을 수 있도록 도움을 주는 것이다.

그러나 가장 좋은 방법은 기업이 가격을 인상하지 않고 원가상승 또는 수요증가에 대처할 수 있는 방법을 고려하는 것이다. 즉 기업은 제품을 생산. 유통하는데 소요되는 원가를 절감할 수 있는 더 효과적인 방법을 모색할 수 있다. 즉 기업은 가격을 인상하는 대신에 제품의 크기를 줄이거나, 더 싼 원료로 대체하여 사용할 수도 있다. 또한 기업은 시장제공물의 묶음을 줄이는 것을 고려할 수 있는데, 일부의 제품 특성, 포장, 서비스 등을 고려하고, 과거 제공물의 일부분이었던 요소에 대해 별도의 가격을 책정할 수도 있다.

3) 가격변화에 대한 구매자의 반응

고객은 가격변화를 항상 일방적으로 해석하지 않는다. 즉 고객은 가격인하에 대해 몇 가지 관점을 가질 수 있다. 고가의 향수가격을 반으로 인하하거나, 또는 노트북 가격을 상당히 인하하는 경우, 고객들은 뜻밖의 생각을 갖게 된다. 고객은 곧 노트북이 새로운 모델로 대체될 것이다. 또는 제품에 결함이 있어 판매가 부진하다고 생각할 수 있다. 또는 당해 기업이 컴퓨터 사업을 포기하려고 한다거나, 충분한 대체부품을 공급할 만큼 장기간 이 사업을 유지하지 않을 것이라고 생각할 수 있다. 또는 품질이 하락된 것이라고 믿을 수도 있으며, 가격이 더욱 더 하락될 것이므로 더 기다려 보자고 생각할 수도 있다.

반대로, 매출감소를 초래하는 가격인상은 구매자에게 긍정적인 의미를 줄 수도 있다. PC 모델가격을 인상하였을 경우, 고객은 그 모델이 매우 인기가 있어 빨리 구입하지 않으면 구입할 수 없을 것이라고 생각할 수 있다. 또는 그 모델은 매우 성능이 좋은 컴퓨터라고 생각할 수 있다. 또 다른 한편으로 그 기업은 탐욕스러운 기업이므로 받을 수 있는 최대 수준으로 가격을 책정한다고 생각할 수 있다.

4) 가격변화에 대한 경쟁사의 반응

가격변경을 고려하는 기업은 고객의 반응뿐만 아니라 경쟁사의 반응도 고려해야 한다. 경쟁사가 반응을 보일 가능성이 높은 조건은 경쟁사의 수가 적거나, 제품이 표준화되어 있거나 또는 구매자가 제품과 가격에 대해 충분한 정보를 가지고 있는 경우이다.

기업은 경쟁사의 반응을 예상하기가 복잡하고 어려운데, 그 이유는 경쟁사가 자사의 가격인하나 가격인상을 여러 방식으로 해석하기 때문이다. 즉 자사의 가격인하에 대해 경쟁사는 우리 기업이 시장점유율을 확대하려고 한다고 생각하거나, 판매실적이 저조하여 매출을 진작시키기 위해 노력하고 있다고 생각할 수 있다. 또는 해당 산업 전체가 가격을 인하함으로써 총수요를 확대시킬 것을 원한다고 생각할 수도 있다.

마케팅 기업은 경쟁사의 대응방안을 예측해야 한다. 만약 모든 경쟁사가 비슷하게 행동한다면 전형적인 어떤 한 경쟁사의 반응만을 분석하면 된다. 그러나 경쟁사들이 서로 상이하게 대응한다면 각 경쟁사에 대해 개별적으로 분석해야 한다. 그러나 일부 기업이 자사의 가격변화에 대처한다면, 나머지 기업도 함께 대처할 것이라고 예상하는 것이 옳다.

2. 경쟁사의 가격변화에 대한 대응

1) 경쟁사의 가격변화의 이유 분석

자사의 가격변경 주도와는 반대로, 경쟁사의 가격변화에 대해 자사가 대응해야 하는데, 이 때 기업은 몇 가지 문제를 고려해야 한다. ① 경쟁사가 가격을 변경하는 이유 ② 가격변화가 일시적인가 또는 영구적인가 ③ 자사가 대응하지 않았을 경우에 자사의 시장점유율과 이익의 변화 정도 ④ 다른 경쟁사의 반응정도 ⑤ 자사의 상황, 전략, 가격변화에 대한 고객의 반응 등도 고려되어야 한다.

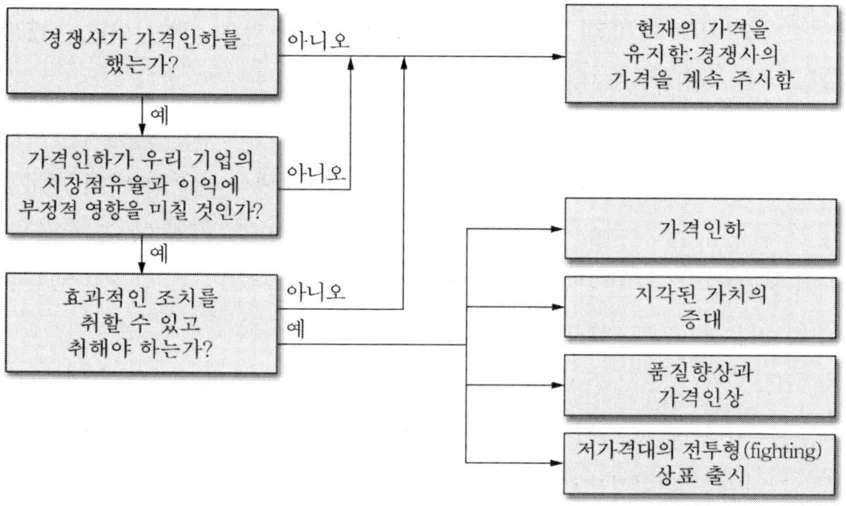

〈그림 11-1〉 경쟁사의 가격변화에 대한 평가와 대응

〈그림 11-1〉은 경쟁사의 가격인하에 대해 기업이 평가 및 반응할 수 있는 대안적 방안을 보여준다. 경쟁사의 가격 인하가 자사의 매출과 이익에 부정적으로 영향을 미치는 경우, 자사는 단순히 현재의 가격과 이익률을 유지하겠다고 결정할 수도 있다. 즉 현재의 시장점유율이 크게 상실되지 않을 것이라고 믿거나 또는 경쟁사와 같이 자사 가격을 인하할 경우에 상당한 이익이 감소할 수 있을 것으로 예측할 수 있다. 또 다른 대안으로 기업은 경쟁사의 가격인하가 미치는 영향에 대해 더 많은 정보를 획득할 때까지 기다린 후에 대응하기로 결정할 수 있다. 그러나 지나치게 대응시기를 미루는 것은 경쟁사의 매출을 증대시켜 경쟁사의 힘과 자신감을 키울 수 있다.

2) 경쟁사의 가격변경에 대한 대응조치

경쟁사의 가격변경에 대해 기업이 취할 수 있고 또한 취해야 한다고 결정한 경우, 기업은 4가지 대안 중 하나를 선택할 수 있다.

첫째, 기업은 경쟁사의 가격인하에 맞추어 가격을 인하할 수 있다. 즉 시장이 가격에 민감하기 때문에 경쟁사의 가격인하로 인해 자사의 시장점유율이 상당히 감소될 것으로 판단하여, 자사는 가격을 인하할 수 있다. 이 경우에 단기적으로 자사의 수익성은 낮아진다. 따라서 일부 기업은 이익률을 유지하기 위해 제품품질, 서비스, 마케팅 커뮤니케이션 활동을 낮출 수 있지만 이러한 조치는 장기적으로 시장점유율에 대해 부정적으로 영향을 미칠 수 있다. 따라서 기업은 가격을 인하하더라도 품질수준은 유지되도록 노력해야 한다.

둘째, 기업은 가격을 유지하면서 시장 제공물의 지각적 가치를 높일 수 있다. 기업은 마케팅 커뮤니케이션을 개선하여 가격을 인하한 경쟁사 제품에 비해 자사제품의 상대적 가치가 더 높다는 것을 부각시킬 수 있다. 즉 기업은 가격인하로 이익률의 하락을 감수하기보다는 기존가격을 유지하면서 지각된 제품가치를 향상시키는데 투자하는 것이 비용상 효과적이라고 판단할 수 있다.

셋째, 제품품질을 향상시키고 가격을 인상함으로써 자사 상표를 고가격, 고가치로 이용시킬 수 있다. 품질 향상으로 고객가치를 높임으로써 가격인상을 정당화시킬 수 있는데, 그 결과 가격인상으로 기업의 마진이 커지게 된다.

넷째, 저가격대의 전투용 상표(투사형 상표 : fighting brand)를 출시할 수 있다. 즉 기업은 기존의 제품계열에 더 저렴한 품목을 새로 추가하거나, 별도로 저가 상표를 개발하는 것이다. 이러한 조치는 ① 경쟁사의 가격인하로 상실하게 될 특정한 세분시장이 가격에 민감하고 ② 자사제품의 품질이 향상되었다는 주장에 대해 별 반응을 보이지 않는 경우에 상기의 조치가 필요하다. 예를 들어, 저가 항공사가 저가격으로 위협함으로써, KAL과 아시아나 항공사가 저가격대 항공을 새로 개발하고 있다.

제5절 공공정책과 가격결정

자유시장경제에서의 핵심요소는 가격경쟁이지만, 기업은 자신이 원하는 가격을 자유롭게 책정하도록 허용되지 않기도 한다. 여러 가지 법규가 공정한 가격정책이 이루어지도록 규제하기 때문이다. 더 나아가 기업은 가격정책에 대한 사회적 관심도 고려해야 한다. 가격결정에 영향을 미치는 법규가 많은데, 그 법규의 목적은 독점을 억제하고 자유로운 상거래를 부당하게 막는 사업관행을 규제하는데 있다.

〈그림 11-2〉는 가격결정과 관련된 주요 공공정책적 문제를 보여주는데, 이 공공정책적 문제는 특정한 유통경로 단계에서 발생하는 불공정 가격관행(고정 가격정책, 약탈적 가격정책)과 유통경로 전반에 걸쳐 발생되는 불공정 가격관행(소매가격 유지정책, 차별적 가격정책, 기만적 가격정책 등)을 포함한다.

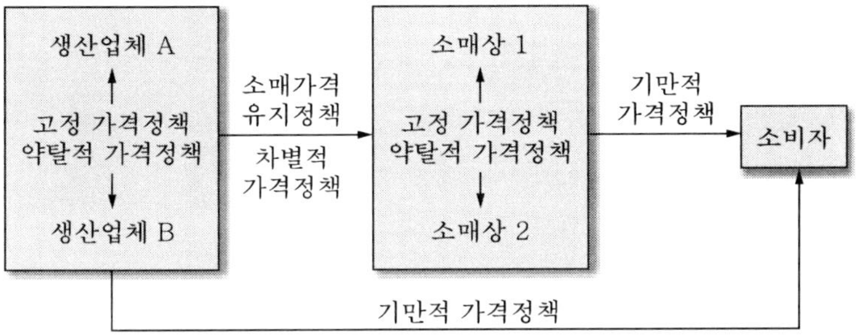

자료 : Dhruv Grewel and Larry D. Compeau, "Pricing and Public Policy : A Research Agence and Overview of Speical Issue," *Journal of Public Policy and Marketing*, Spring 1999, pp. 3-10, Figure1.

〈그림 11-2〉 가격결정과 관련된 공공 정책적 이슈

1. 특정 유통경로 단계의 가격정책

고정가격정책(price-fixing)이란 판매업자가 경쟁사와 사전에 의견을 교환하여 가격을 책정하는 것으로서, 만약 판매업자가 경쟁사와 사진에 의견을 교환하여 가격을 책정하는 경우에 가격담합이 되는데, 이 가격담합은 불법이다. 이러한 가격관행을 저지른 기업은 상당한 액수의 벌금을 부과받게 된다.

또한 정부는 판매업자가 약탈적 가격정책(predatory pricing)을 사용하는 것도 금지하고 있는데, 약탈적 가격정책이란 경쟁사에 보복하기 위해 또는 경쟁사를 망하게 하여 장기적으로 더 높은 이익을 실현하기 위한 의도로 원가 이하의 가격으로 판매하는 것이다. 만약 과잉재고를 처분하기 위해 원가 이하로 판매하는 것은 약탈적 가격정책으로 간주되지 않지만, 경쟁사를 몰아내기 위해 원가 이하로 판매하는 것은 약탈적 가격정책에 해당된다.

2. 유통경로 전반에 걸친 가격결정

유통경로 전반에 걸쳐 여러 가지 가격결정이 이루어지는데, 판매업자가 행하지 않아야 할 불법적인 가격정책이 있다.

첫째, 판매업자는 특정 거래단계에 있는 모든 고객에게 동일한 가격조건을 제공해야 한다. 즉 불공정한 가격차별을 금지하는 것으로서, 예를 들어, 많은 소매업체는 규모와 관계없이 특정 제조업체로부터 같은 가격조건을 제공받을 권리가 있다.

그러나 만약 판매업체가 상이한 소매상에게 판매하는데 원가 차이가 발생한다는 사실을 증명할 수 있다면 가격차별은 허용된다. 예를 들어, 소규모한 소매상에게 판매하는 것에 비해 대형 소매상에게 판매하는 경우 개당 원가가 더 낮은 경우에는 차별가격이 가능하다. 또한 판매업체가 상이한 소매상에게 품질수준이 상이한 제품을 생산/판매하는 경우에는 가격차별이 허용될 수 있다. 또한 가격차별화는 목적이 일시적이고, 국지적이고, 공격적이 아니라 방어적인 경우는 정당하게 경쟁사에게 대적하기 위해 사용될 수 있다.

둘째, 정부는 소매가격 유지정책(retail or resale price maintenance)을 법으로 금지하고 있는데, 이는 제조업체가 거래업체에게 특정한 소매가격을 책정하도록 요구할 수 없다는 것이다. 즉 판매업자는 소매상에게 제조업체의 권장소매가격(suggested retail price)을 제시할 수는 있지만, 독립적인 가격정책을 사용하는 거래 소매업체에게 제품 판매를 거부할 수 없고, 선적, 배송을 지체시키거나, 광고지원금의 지불을 거부하는 등 조치로 그 소매업체를 처벌할 수 없다.

셋째, 기만적 가격정책(deceptive pricing)은 소비자를 오도하거나 실제로 그 가격대에 구입할 수 없는 가격정보나 가격절감 정보를 소비자에게 제시하는 것이다. 이러한 가격정책은 가짜의 준거가격 즉 비교가격으로 소비자를 오도케 하는데 사용될 수 있는데, 소매업체가 인위적으로 정상가격을 비싸게 책정한 다음 그 가격 옆에 세일가격을 표시하는 경우이다.

물론 이 가격정책은 정보가 진실하면 불법이 아니다. 그러나 기만적 가격정책 지침에 의하면, 판매업자는 정상 소매가격에서 인하된 것이 아니라면 가격할인을 광고하지 않아야 하며, 판매가격이 실제는 공장도 가격이나 도매가격이 아니라면 그 가격이라는 사실을 광고하지 않아야 하며, 정상품의 할인된 가격으로 불량품을 광고하지 않아야 한다.

넷째, 스캐너 사기(scanner fraud)란 소매점이 고객의 구입가격을 실제보다 과다하게 계산하는 것으로서, 스캐너를 사용하여 구입상품의 가격을 계산하는 추세가 확산됨으로써 문제가 되고 있다. 과대 계산의 대부분은 관리 미숙에서 비롯되는데, 간혹 의도적으로 과대하게 계산하는 경우도 있다.

다섯째, 가격혼돈(price confusion)은 소비자가 실제로 지불하는 가격이 얼마인가를 이해하기 어렵게 만드는 가격책정 방법을 사용할 때 발생하는 것이다. 예를 들어, 소비자는 주택융자금의 실제가격 또는 자동차임대의 실제가격에 오도되는 경우가 있으며, 또 다른 예로서 가격과 관련된 주요 정보가 멋진 광고물 때문에 묻혀 버리는 경우이다.

상기와 같은 불법적인 가격정책이 자행되고 있지만, 명성이 높은 판매업자는 법이 요구하는 항목 이상의 노력을 하고 있다. 고객을 공정하게 대하고 또한 그들이 가격과 가격조건을 충분히 이해하도록 만드는 것은 강력하고도 지속적인 고객관계를 구축할 때 중요한 부분을 차지한다.

참고문헌

윤훈현 역, 『마케팅 관리론』, 12판, 피어슨, 2006.

Dhruv Grewel and Larry D. Compeau, "Pricing and Public Policy: A Research Agenda and Overview of Special Issue," *Journal of Public Policy and Marketing*, Spring 1999, pp. 3-10.

Kotler P. and Gary Armstrong, *Marketing : An Introduction*, 9th ed., Pearson, 2009.

Kotler P. and Gary Armstrong, *Principles of Marketing*, 12th ed., Pearson, 2008.

Kotler P. and Kevin Lane Keller, *Marketing Management*, 13th ed., Pearson, 2009.

Lauren Kellere Johnson, "Dueling Pricing Strategies," *MIT Sloan Management Review*, Spring 2003, pp. 10-11; and Peter R. Darke and Cindy M. Y. Chung, "Effects of Pricing and Promotion on Consumer Perceptions: It Depends of How You Frame It," *Journal of Retailing*, 2005, pp. 35-47.

Manoj Thomas and Vicki Morvitz, "Penny wise and Pound Foolish: The Double-Digit Effect in Price Cognition," *Journal of Consumer Research*, June 2005, pp. 54-64; and Heyong Min Kim and Luke Kachersky, "Dimensions of Price Salience: A Conceptual Framework for Perceptions of Multi Dimensional Prices," *Journal of Product and Brand Management*, 2006, vol. 15, no. 2, pp. 139-147.

Philip Kotler and Kevin Lane Keller, *Marketing Management*, 12th ed. (Upper Saddle River, NJ: Prentice Hall, 2006), pp. 432-433.

Stefan Stremersch and Gerard J. Tellis, "Strategic Bundling of Products and Prices: A New Synthesis for Marketing," *Journal of Marketing Research*, January 2002, pp. 55-72; Chris Janiszewski and Marcus Cunha, Jr., "The Influence of Price Discount Framing on the Evaluation of a Product Bundle," *Journal of Marketing Research*, March 2004, pp. 534-546.

Thomas T. Nagle and John E. Hogan, *The Strategy and Tactics of Pricing*, 4th ed.(Upper Saddle River, NJ: Prentice Hall, 2006).

12
chapter

마케팅 경로와 공급체인관리

대부분의 마케팅 기업은 혼자서 고객에게 가치를 제공할 수 없다. 마케팅 기업은 더 큰 가치 전달 네트워크에서 다른 기업과 함께 활동해야 한다.

제 1 절 공급체인과 가치전달 네트워크

1. 공급체인과 수요체인

제품 또는 서비스를 생산하여 구매자가 구입할 수 있도록 하기 위해 생산자는 고객과의 관계를 구축할 뿐만 아니라 공급체인을 구성하는 중요한 원료공급업자 및 유통업자와의 관계를 구축해야 한다.

공급체인은 후방거래와 전방거래 동반자로 구성된다. 기업 입장에서 후방거래는 제품, 서비스를 생산하기 위해 필요한 원료, 부품, 정보, 금융, 전문기술을 공급하는 기업들의 집합체이다. 이와는 반대로 전방거래는 도매상과 소매상 등 재판매업자인 중간상으로 구성된다. 이러한 전방거래 마케팅 경로(marketing channel 또는 distribution channel) 동반자는 기업과 고객 사이의 실질적인 관계를 형성시켜 준다.

물론 후방거래 동반자와 전방거래 동반자들은 모두 다른 기업의 공급체인의 일부이기도 하다.

각 기업이 공급체인을 훌륭하게 설계하는 것은 고객에게 더 양호한 가치를 제공하는 역할을 하도록 하기 위한 것이므로, 개별 기업의 성공은 그 기업이 자사의 마케팅 경로를 잘 운영하는 것뿐만 아니라 전체적인 마케팅 경로가 경쟁사의 경로와 비교하여 그 경쟁력이 어떠한가에 좌우된다.

만들고 판매한다(make and sell)는 제조 관점에서 보는 공급체인(supply chain)은 필요한 원료, 생산 투입물, 공장의 생산용량을 말하는 것으로서, 그 의미가 매우 제한적이다. 이해 반에 감지하고 반응한다(sense and respond)는 마케팅 사고방식에서 의미하는 수요체인(demand chain)이 더 좋은 용어라고 할 수 있다. 이러한 관점에서 기업의 마케팅 계획수립은 고객가치를 창조하기 위해 자원과 경영활동의 경로를 조직화함으로써 표적고객의 욕구에 반응하는 것이다.

2. 가치전달 네트워크

마케팅 사고방식의 의미를 갖고 있는 수요체인도 구매-생산-소비활동을 단계적이고 일직선의 관점에서 보면 매우 제한적일 수 있는데, 그 이유는 인터넷의 등장으로 기업 사이의 관계가 더욱 많아지고 복잡하게 형성되기 때문이다. 이에 따라 오늘날 대부분의 대기업은 끊임없이 발전하는 가치전달 네트워크를 구축하고 관리하고 있다.

이러한 가치전달 네트워크(value-delivery network)는 전체 거래시스템의 성과를 향상시키기 위해 동반자 관계를 형성한 제조업체, 공급업체, 유통업자, 최종고객으로 구성한다. 따라서 고객에게 최상의 가치를 제공하기 위해서 마케팅 기업은 고객가치 네트워크를 구성하는 다양한 동반자와 함께 효율적으로 움직여야 한다.

마케팅 기업은 고객에게 가치를 제공하기 위해 전방거래 경로를 구성하는 동반자만큼이나 후방경로를 구성하는 동반자도 필요하다. 따라서 마케팅 관리자는 자사의 전방거래 활동뿐만 아니라 후방거래 활동에 참여하고 영향을 미치고 있다. 즉 마케팅 관리자는 마케팅 경로 관리자 그 이상인 전체 가치 네트워크 관리자가 되는 것이다.

제 2 절 마케팅 경로의 본질과 중요성

1. 유통경로의 정의 및 특성

대부분의 생산업자는 최종소비자에게 직접 제품을 판매하지 않고 중간상을 이용하여 제품을 시장에 제공한다. 즉 생산업자는 유통경로(distribution channel) 또는 마케팅 경로(marketing channel)를 조성하는데, 마케팅 경로란 제품 또는 서비스를 개인 소비자나 기업고객이 사용하고 소비할 수 있도록 하는 상호의존적인 조직의 일체를 말한다.

기업의 유통경로 결정은 다른 마케팅 믹스요소의 의사결정에 직접 영향을 미친다. 즉 가격결정은 마케팅 기업이 대형 할인점을 이용하느냐, 고급 전문점을 이용하느냐 또는 웹을 통해서 소비자에게 직접 판매할 것인가에 따라 상이하다. 기업의 판매원과 커뮤니케이션에 대한 결정은 경로구성원을 어느 정도 설득하고, 훈련시키며, 동기를 부여하며 또한 지원이 필요하는가에 따라 달라진다. 기업이 어떤 신제품을 개발하거나 또는 획득할 것인가도 그 신제품이 경로구성원의 능력에 합당한가에 좌우된다.

기업이 종종 유통경로에 주의를 기울이지 않아 큰 손해를 보기도 하지만, 많은 마케팅 기업들이 창의적인 유통경로를 구축함으로써 경쟁적 우위를 획득하고 있다. 예

를 들어, FedEx사는 창의적이고 탁월한 유통경로 시스템으로 우편수송업에서 선도기업이 되었다. Dell사는 소매상을 통하지 않고 소비자에게 직접 PC를 판매함으로써 컴퓨터 업계에 큰 변화를 초래케 하였다. Amazon.com사는 인터넷을 통해 도서 및 기타 다른 많은 제품을 판매토록 하였다. 또한 G마켓사는 오픈 마켓시장에서 선두자리를 차지하고 있다.

유통경로 결정은 다른 마케팅 믹스요소들보다 다른 기업과 장기적인 관계를 필요로 한다. 즉 광고, 가격, 촉진 프로그램은 쉽게 변경할 수 있으며 또한 오래된 제품을 없애고 시장의 기호에 맞는 신제품을 출시할 수 있다. 그러나 프랜차이즈 계약기업, 독립적인 판매상 또는 대형 소매상과의 계약을 통해 유통경로를 구축했다면, 시장환경이 변했다고 해도 회사의 직영점이나 웹사이트로 유통경로를 바꾸는 것은 용이하지 않다. 그러므로 마케팅 관리자는 현재뿐만 아니라 미래의 판매환경에 대한 시각에서 유통경로를 신중하게 설계해야 한다.

2. 경로구성원들의 가치 부가

1) 경로구성원의 경제적 가치

생산업자가 판매업무를 유통업자에게 맡기는데, 그것은 제품이 어떻게, 누구에게 판매되는가에 대한 생산업자의 통제를 포기하는 것을 의미한다. 그러한 포기에도 불구하고, 생산업자가 중간상을 이용하는 이유는 제품이 표적시장의 고객에게 접근하는데 효율성이 증가되기 때문이다. 중간상은 네트워크 경험, 전문성, 운영상 규모의 경제를 통해 기업이 단독으로 성취할 수 있는 이상을 제공한다.

〈그림 12-1〉은 중간상을 이용하는 것이 경제적이라는 사실을 보여준다. 즉 〈그림 12-1A〉는 3부류의 고객에게 도달하기 위해 직접 마케팅 활동을 하는 세 명의 생산업자를 보여준다. 이 시스템은 9번의 서로 다른 거래를 필요로 한다. 이와는 대조적으로 〈그림 12-1B〉는 3부류의 고객과 접촉하는 하나의 유통업자(중간상)를 이용하는 세 명의 생산업자를 보여준다. 이 시스템은 6번의 거래가 필요하다. 즉 중간상은 소비자와 생산업자가 해야 할 일을 줄여줌으로써 경제성을 제공한다.

경제 시스템의 관점에서 볼 때, 마케팅 중간상은 생산업자가 제조한 제품구색을 소비자가 원하는 구색으로 바꾸는 역할을 한다. 즉 특정한 생산업자는 각각 제품을 한정된 구색으로 대량생산을 하지만, 소비자는 다양한 구색으로 소량을 원하다. 이에 대해 마케팅 경로구성원은 많은 생산업자로부터 대량 구매하여 소비자가 원하는 다양한 구색을 갖추어 소량으로 판매한다. 이렇게 볼 때, 중간상은 수요와 공급을 연결시키는 중요한 역할을 한다.

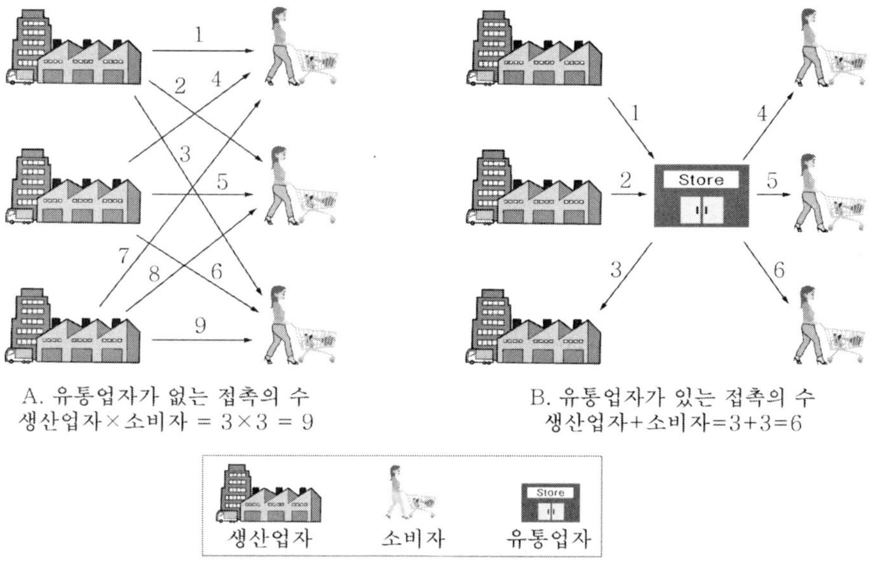

〈그림 12-1〉 마케팅 중간상을 이용하여 거래수를 줄임.

2) 경로구성원의 기능수행

유통경로 구성원은 제품과 서비스를 제공하는 제조업체의 공급 그리고 구매자의 수요를 분리시키는 시간, 공간, 소유의 차이를 극복함으로써 가치를 부가한다. 즉 마케팅 경로의 구성원은 많은 경로 기능을 수행하는데, 2가지의 큰 도움을 준다.

첫째, 거래를 달성하도록 하기 위해 5가지 기능을 수행한다.

- 정보 : 거래를 계획하고 촉진하기 위해 필요한 마케팅 환경의 영향요인에 대한 마케팅조사 자료와 정보를 수집하고 배포함.
- 촉진 : 제공물에 대한 설득력 있는 커뮤니케이션을 개발하고 전달함.

- 접촉 : 예상되는 구매자를 탐색하고 커뮤니케이션함.
- 조정 : 제공물을 구매자의 요구조건에 맞춤, 제조, 등급화, 조립, 포장 등과 같은 활동이 포함됨.
- 협상 : 제품의 소유권 또는 소유가 이전될 수 있도록 제공물의 가격 및 다른 조건에 대한 합의를 이끌어냄.

둘째, 완성된 거래가 성사되도록 하기 위해 3가지 기능을 수행한다.

- 물적유통 : 물품을 수송하고 저장함.
- 금융 : 경로 활동에 따른 비용을 충당하기 위한 자금을 획득하고 사용함.
- 위험부담 : 경로활동을 수행하는데 발생하는 위험을 부담함.

여기에서 마케팅 기업이 해야 할 것은 상기의 8가지 기능을 수행해야 할 것인가 또는 하지 않을 것인가가 아니라, 이 기능은 반드시 수행되어야 하는 것이기 때문에, 누가 수행해야 할 것인가를 결정하는 것이다.

생산업자가 수행하면, 생산원가가 증가하고 따라서 제품 가격이 높아진다. 이에 반해 기능 중 일부를 중간상에게 위임한다면, 생산업자의 원가와 제품가격은 낮아지지만, 중간상은 수행하는 기능에 따른 비용 등을 청구하게 된다. 따라서 경로에서 수행하는 기능을 배분하는 경우, 비용 대비 최상의 가치를 제공할 수 있는 경로구성원에게 기능을 할당해야 한다.

3. 경로수준의 수

소비자가 제품과 서비스를 구입할 수 있도록 기업은 유통경로를 설계해야 한다. 제품 그리고 제품의 소유권을 최종 소비자에게 전달하는 업무를 수행하는 각각의 마케팅 중간상을 경로수준(channel level)이라고 한다. 생산업자와 최종소비자 역시 특정한 기능을 수행하기 때문에 각 경로의 일부분이다.

한편 중간상 수준의 수는 경로의 길이를 나타내는데 〈그림 12-2 A〉는 서로 길이가 상이한 몇 가지 소비자 유통경로 유형을 보여준다(소비재 마케팅 경로).

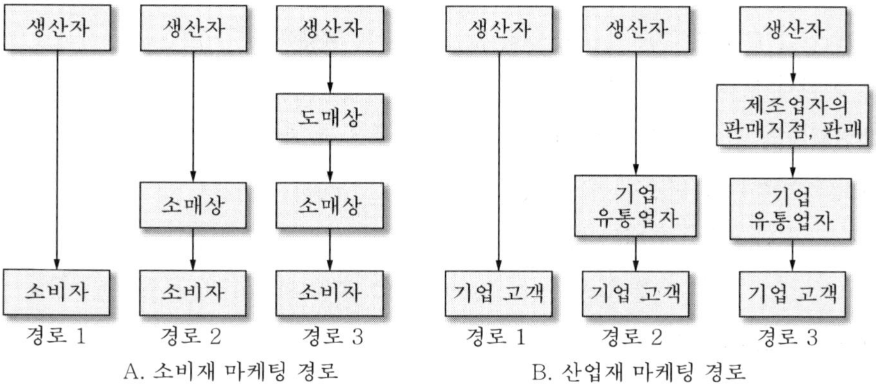

〈그림 12-2〉 유통경로 수준

경로 1은 직접 마케팅 경로(direct marketing channel)로서, 중간상이 없는데 기업이 직접 소비자에게 제품을 판매하는 것이다. 예를 들어, Amway사는 제품을 홈파티, 사무실 파티를 통한 방문판매와 웹판매를 하며, 또 다른 기업은 전화와 인터넷을 통해 직접 판매한다. 〈그림 12-2A〉의 나머지 경로는 하나 또는 그 이상의 중간상이 개입된 간접 마케팅 경로(indirect marketing channel)이다.

〈그림 12-2B〉는 산업재 유통경로로서, 산업재 마케팅 기업은 자사의 판매원을 이용하여 산업재 고객에게 직접 판매하거나, 다양한 형태의 중간상에게 판매하고, 중간상이 산업재 고객에게 판매한다.

생산업자의 관점에서 볼 때, 더 많은 경로수준은 통제력이 약해지고, 경로가 더 복잡해진다는 것을 의미한다. 또한 경로 내의 많은 유통기관은 몇 가지 유형의 흐름에 관여하고 있다. 이 흐름에는 제품의 물적유통 흐름(physical flow), 소유권 흐름(flow of ownership) 지불 흐름(payment flow), 정보 흐름(information flow), 촉진 흐름(promotion flow)이 있다.

제3절 경로행동과 조직

유통경로는 다양한 흐름으로 결속되어 있는 기업들의 단순한 집합체 그 이상의 의미가 있다. 즉 유통경로는 개인, 기업, 그리고 경로목적을 달성하기 위해 상호작용하는 사람과 기업으로 구성된 복잡한 행동적 시스템이다. 어떤 경로 시스템은 느슨하게 조직화된 기업들간의 비공식적인 상호작용만으로 구성되지만, 또 다른 경로 시스템은 강력한 조직구조로 관리되는 공식적인 상호작용으로 구성되기도 한다. 또한 경로 시스템은 변화하고 있다. 즉 새로운 형태의 중간상이 출현하거나 완전히 새로운 경로 시스템이 개발되기도 한다.

1. 경로행동

1) 경로구성원의 상호의존

마케팅 경로는 서로의 이익을 위해 협력하는 기업으로 구성되므로 각 경로구성원은 다른 구성원에게 의존하게 된다. LG 전자의 대리점 및 양판점 등은 소비자 욕구에 맞는 가전제품을 디자인하기 위해 LG 전자에 의존한다. 마찬가지로 LG 전자는 고객을 끌어들이고, 자사 제품을 구입하도록 설득시키고 또한 판매 후 서비스를 제공하기 위해 대리점 등에게 의존한다. 또한 대리점들은 상표의 명성을 높여줄 좋은 판매와 서비스를 제공하기 위해 다른 대리점 등에게 의존한다. 사실 LG 전자의 각 대리점 등의 성공은 LG전자의 전체 마케팅 경로가 다른 가전제품 제조업체의 경로와 얼마나 잘 경쟁할 수 있느냐에 좌우된다.

각각의 경로구성원은 경로에서 전문적인 역할을 수행한다. 예를 들어, LG전자는 소비자가 선호할 수 있는 가전제품을 설계, 생산하고 전국광고를 통해서 수요를 창출하는 역할을 수행한다. 하이마트 등은 LG제품을 편리한 장소에 진열하고, 구매자의 질문과 요청에 답변하고, 판매를 완료하는 역할을 한다. 즉 경로는 각 구성원이 가장 잘 수행할 수 있는 분야의 과업을 맡았을 때 가장 효과적이 된다.

2) 경로 갈등

개별 경로구성원의 성공은 전체 경로의 성공에 좌우되므로, 모든 경로기업은 원활하게 협력해야 한다. 즉 경로구성원은 자신의 역할을 이해하고, 받아들어야 하고, 활동을 조정하며, 전체 경로의 목표를 달성하기 위해 협력해야 한다. 그러나 거시적인 시각에서 전체 경로의 목표를 달성하기 위해 협력한다는 것은 간혹 개별기업의 목표를 포기해야 함을 의미하므로, 거시적인 시각을 가진 경로구성원은 거의 없다.

경로구성원이 서로 의존하고 있다고 하더라도 간혹 자신의 단기적인 최상의 이익을 위해 독자적인 행동을 한다. 즉 경로구성원들은 누가 어떤 과업을 해야 하는가 그리고 과업에 대한 보상이 무엇인가에 대해 상이한 의견을 가지고 있다. 목표, 역할, 보상에 대한 의견의 불일치는 경로 갈등(channel conflict)을 초래하는데, 이에는 2가지 갈등이 있다.

첫째, 수평적 갈등(horizontal conflict)은 경로상 같은 수준(도매 또는 소매)에 있는 기업 사이에서 발생하는 갈등을 말한다. 예를 들어, 어떤 대리점은 같은 도시에 있는 다른 대리점이 가격을 너무 낮게 책정하거나, 지정된 지역 밖에까지 광고함으로써 자신의 판매를 빼앗아 간다고 불평한다. 또는 어떤 프랜차이즈 가맹점은 다른 가맹점이 손님에게 과다한 요금을 청구하거나, 나쁜 서비스를 제공함으로써 전체 프랜차이즈 가맹점의 이미지를 손상시킨다고 불평한다.

둘째, 수직적 갈등(vertical conflict)은 경로상 다른 수준에 있는 기업 사이에서 발생하는 갈등으로서, 수평적 갈등보다 더 빈번하게 발생한다. 예를 들어, 어떤 기업이 소매상에게 직접 판매함으로써 독립적인 대리점과의 갈등을 초래할 수 있다. 또 다른 경우로서, 어떤 기업이 양판점을 통해 판매함으로써 기존의 전문대리점이나 백화점과 심각한 갈등을 일으킬 수 있다.

그러나 약간의 경로 갈등은 건전한 경쟁을 가져오기도 한다. 즉 이러한 경쟁이 없다면 경로가 수동적이고 비혁신적이 될 수 있다는 점에서 볼 때, 갈등은 경로 전체를 위해 좋을 수도 있다. 그러나 격렬하고 장기적인 경로 갈등은 경로의 활동성을 저하시킬 수도 있으며, 경로관계에 지속적인 손해를 입힐 수도 있다. 그러므로 기업은 경로 갈등이 심해지기 전에 관리해야 한다.

2. 수직적 마케팅 시스템의 등장과 유형

1) 수직적 마케팅 시스템의 등장과 의미

유통경로 전체를 잘 운영하기 위해서는 각 경로구성원의 역할이 명확히 할당되고, 경로 갈등이 관리되어야 한다. 역할을 담당하고 갈등을 관리할 수 있는 능력이 있거나 지도력을 제공하는 기업, 기관 또는 메커니즘을 이용한다면 경로는 더 잘 관리될 수 있다.

지금까지에서 볼 때, 통제력과 능력이 없는 전통적인 유통경로는 경로 갈등과 양호하지 못한 경로성과 때문에 손해를 경험하였다. 그러나 이에 최근에 경로 지도력을 제공하는 수직적 마케팅 시스템이 출현되었는데 〈그림 12-3〉은 2가지 형태의 유통경로를 비교하고 있다.

전통적인 유통경로는 하나 또는 그 이상의 독립적인 생산업자, 도매상, 소매상으로 구성되어 있다. 각각은 경로 시스템 전체를 희생하면서까지 자신의 독자적인 이익 극대화를 추구하는 개별 사업단위로서, 어떤 경로구성원도 다른 구성원보다 더 많은 통제력을 갖지 않으며, 역할을 할당하고, 경로 갈등을 해결할 공식적인 수단도 없다.

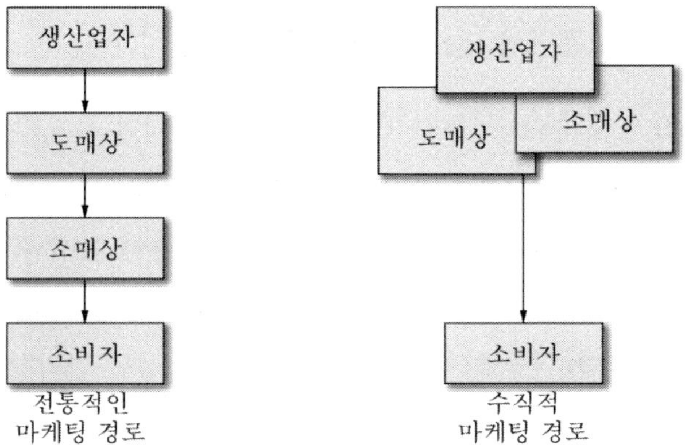

〈그림 12-3〉 전통적 마케팅 경로와 수직적 마케팅 경로 시스템의 비교

이와는 반대로, 수직적 마케팅 시스템(vertical marketing system ; VMS)은 하나의 통일된 시스템으로 행동하는 생산업자, 도매상, 소매상으로 구성된다. 하나의 경로구성원이 다른 구성원을 모두 소유하기도 하고, 또는 계약을 맺거나 또는 모두를 협력하게 할 수 있는 강력한 힘을 행사한다. 그리고 수직적 마케팅 시스템은 생산자, 도매상 또는 소매상 중 어느 누구에 의해서도 지배될 수 있다.

2) 수직적 마케팅 시스템 유형

수직적 마케팅 시스템은 세 가지 유형(기업형, 계약형, 관리형)이 있는데, 각각의 유형은 경로에서 지도력과 힘을 확보하기 위해 서로 상이한 수단을 사용한다.

(1) 기업형 VMS

기업형 VMS(corporate VMS)는 하나의 소유권 하에서 생산과 유통의 모든 단계를 통합한다. 그리고 조정과 갈등관리는 정규적인 조직적인 경로를 통해 이루어진다.

예를 들어, 어떤 거대한 식료품 기업은 자사 점포에서만 볼 수 있는 8,000개 이상의 자체 상표를 만들어 내는 42개의 공장을 소유하고 운영한다. 또한 어떤 식품회사는 제빙설비, 청량음료 병입사업, 아이스크림 공장, 베이글로부터 생일 케이크에 이르는 모든 제품을 자사 점포에 공급하는 제빵사업을 운영하고 있다. 이탈리아의 안경 제조업체인 Luxoffica사는 Ray-Ban, Vogue, Anne Klein, Ferregamo, Bulgari 등과 같은 수많은 유명 상표의 안경을 제조하며, 그 상표 안경을 자사가 소유하고 있는 안경 체인점인 LensCrafters와 Sunglass Hut를 통해 판매한다.

(2) 계약형 VMS

계약형 VMS(contractual VMS)는 계약을 통해 결합하고 생산과 유통에서 서로 다른 수준에 있는 독립된 회사로 구성된다. 이 계약을 통해 독립된 기업들은 각자가 독자적으로 달성할 수 있는 것보다 더 많은 경제성이나 판매효과를 획득할 수 있다. 또한 경로구성원에 대한 역할조정과 갈등관리는 경로구성원 간의 계약적 합의로 이루어진다.

계약관계의 가장 일반적인 유형은 프랜차이즈 조직으로서, 프랜차이즈(franchise)에 의한 경로구성원은 생산, 유통과정의 여러 관계를 연결한다. 이러한 프랜차이즈는 호텔, 즉석식품 식당에서부터 치과, 피부과 및 중매 서비스업에 이르기까지 그리고 결혼상담소와 호텔 청소서비스로부터 체력단련 센터와 장례식장에 이르기까지 거의 대부분의 사업 형태에 조성되어 있다.

프랜차이즈에는 3가지 유형이 있다.

첫 번째 유형은 제조업자 후원 소매상 프랜차이즈 시스템(manufacturer-sponsored retailer franchise system)으로서, 가전제품 제조업체나 자동차 제조업체의 독립적인 프랜차이즈 판매상 네트워크가 대표적인 예이다.

두 번째 유형은 제조업자 후원 도매상 프랜차이즈 시스템(manufacturer-sponsored wholesaler franchise system)인데, Coca-Cola사는 다양한 시장에서 활동하는 도매상인 병입기업(bottler)에게 원액을 판매하는데, 병입기업인 도매상은 이를 완제품으로 제조하여 지역시장의 소매상에게 판매한다.

세 번째 유형은 서비스회사 후원 소매상 프랜차이즈 시스템(service firm-sponsored retailer franchise system)으로서, Hertz, Avis와 같은 자동차 대여업, McDonald's, Burger-King과 같은 즉석식품 체인, 그리고 Holiday-Inn, Ramada-Inn과 같은 호텔 체인이다.

(3) 관리형 VMS

관리형 VMS(administered VMS)는 하나 또는 몇 개의 경로구성원이 규모와 힘을 행사하는 형태이다. 시장점유율이 높은 상표를 가진 제조업자는 유통업자로부터 강력한 협조와 지지를 획득할 수 있다. 대형 가전제품 제조업체나 대형 식품 제조업체 등은 전시, 진열대 공간, 촉진, 가격정책에 대해서 유통업체로부터 협조를 받을 수 있다.

이와는 반대로, Wal-Mart, E-마트, Lotte Mart, Toy's R Us와 같은 대형 소매상은 자신이 판매한 제품을 공급해 주는 제조업자에게 강력한 영향력을 행사할 수 있다.

3. 수평형 마케팅 시스템

수평형 마케팅 시스템(horizontal marketing system)은 새로운 마케팅 기회를 추구하기 위해 같은 경로 수준에 있는 둘 또는 그 이상의 기업이 결합한 것으로서, 공생적 마케팅(symbiotic marketing)이라고도 한다. 이 기업들은 함께 일함으로써 단독으로 사업을 할 때보다 더 좋은 성과를 달성하기 위해 자본, 생산, 마케팅 자원을 결합한다.

기업은 경쟁사 또는 비경쟁사와 힘을 합칠 수 있는데, 서로 단기적 또는 영구적으로 함께 일하며, 또 다른 경우에는 새로운 별도의 기업을 설립하기로 한다. 예를 들어, 컨디션은 규모가 작은 제약회사에서 생산(제조원)하지만, 유통 분배는 CJ가 담당하고 있다(판매원). 또 다른 예로서, McDonald's는 Wall-Mart 점포에 Express 식당을 두고 있다.

최근 이와 같은 경로협정이 세계적으로 운영되고 있는데, 예를 들어 Nestle사는 북아메리카를 제외한 80개국에서 General Mills사의 시리얼 상표를 공동으로 판매하고 있다. 또한 Coca-Cola사와 Nestle사는 전세계 40개국에 커피, 차, 캔 음료 그리고 맛이 첨가된 우유를 판매하기 위해 합작회사를 설립하였다. Coca-Cola사는 Nestle사에게 청량음료의 마케팅과 유통에 대한 세계시장 경험을 제공하였으며, Nestle사는 자사 상표인 Nescafe와 Nestea를 Coca-Cola사에게 제공하였다.

4. 복수경로 마케팅 시스템

과거에 많은 기업들이 하나의 시장이나 세분시장에 제품을 판매하기 위해 하나의 경로만을 사용하였다. 그러나 오늘날 고객 세분시장과 여러 경로형태가 증가함에 따라 더 많은 기업이 복수경로 시스템(multichannel distribution system) 또는 혼합 마케팅 경로(hybrid marketing channel)를 이용하고 있다. 복수경로 시스템은 하나의 기업이 하나 이상의 고객 세분시장에 도달하기 위해서 두 가지 또는 그 이상의 마케팅 경로를 사용하는 것이다.

〈그림 12-4〉의 복수경로 시스템에서 볼 때, 생산업자는 직접우편 카탈로그, 전화마케팅, 인터넷을 이용하여 소비자 세분시장1에 직접 판매하며, 소매상을 통해서 소비자 세분시장2에 도달한다. 그리고 생산업자는 유통업자와 판매상을 통해 기업 세분시장1에 간접적으로 판매하고, 자사의 판매원을 통해 기업 세분시장2에 직접적으로 판매한다.

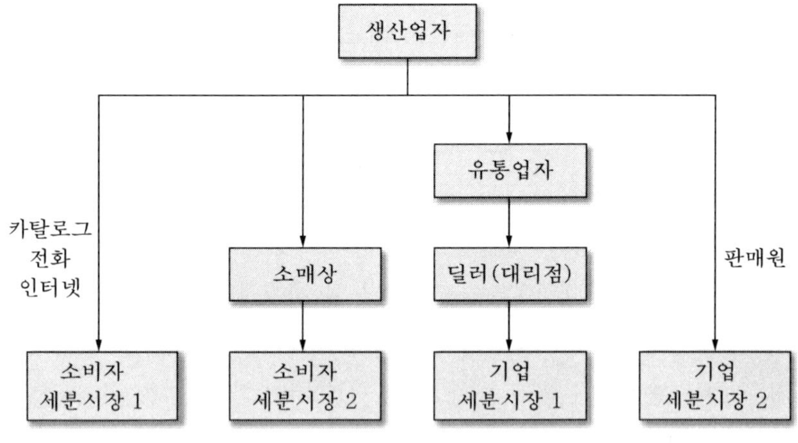

〈그림 12-4〉 복수경로 시스템

복수경로 시스템은 규모가 크고, 복잡한 시장에 직면하고 있는 마케팅 기업에게 많은 이점을 제공한다. 즉 각각의 새로운 경로를 통해 매출을 증가시키고, 시장범위를 확대할 수 있으며, 상이한 세분시장의 특별한 욕구에 자사의 제품과 서비스를 맞출 수 있는 기회를 획득할 수 있다.

그러나 복수경로 시스템은 통제하기가 어렵고, 여러 경로가 서로 고객을 획득하고 판매를 증가시키기 위해 경쟁하므로 갈등이 발생할 수 있다. 예를 들어, 어떤 기업이 자사의 웹사이트를 통해 고객에게 직접 판매함으로써 많은 소매 대리점들이 불공정 경쟁이라고 주장하였으며, 상당수 판매원들이 새로운 내부 유통경로 때문에 해고를 당할 것이라고 생각하였다.

5. 변화하는 경로조직

기술의 변화로 직접 마케팅과 온라인 마케팅이 폭발적으로 성장함으로써 마케팅 경로의 본질과 설계가 크게 영향을 받고 있다. 한 가지 중요한 추세는 탈중간상화 또는 직거래이다. 탈중간상화(탈중개화 : disintermediation)는 제품과 서비스 생산업자가 중간상을 배제하고 직접 최종 구매자에게 접근하거나 새로운 형태의 유통업자가 전통적인 경로를 대체함으로써 발생한다.

많은 산업에서 전통적인 중간상이 배제되고 있다. 예를 들어, Dell사, Southwest항공사와 같은 기업은 직접 최종 구매자에게 제품과 서비스를 판매함으로써 자사의 마케팅 경로에서 소매상을 제외시켰다. 또 다른 경우로서, 새로운 형태의 유통업자가 전통적인 중간상을 대신하고 있는데, 온라인 마케팅이 성장함으로써 전통적인 오프라인 소매상(brick and mortar)의 역할을 대신하고 있다.

그러나 탈중간상화는 생산업자와 중간상 모두에게 문제와 기회를 제공한다. 전통적인 중간상은 자신이 경로에서 배제되는 것을 피하기 위해 공급체인에서 가치를 부가할 수 있는 새로운 방법을 모색해야 한다. 경쟁력을 유지하기 위해 제품 및 서비스 생산업자는 인터넷과 다른 방식의 직접 유통망을 개발해야 한다. 그러나 이런 새로운 형태의 유통망을 개발하는 것이 이미 존재하고 있는 유통망과 직접적인 경쟁을 유발할 수 있고, 이것이 갈등을 야기시키고 있다.

이러한 문제를 해결하고자 하는 기업은 직접 유통망 구축이 전체 유통 시스템에 도움이 되도록 하기 위해 여러 방안을 모색해야 한다. 예를 들어, 자사의 웹사이트를 개설하였지만, 웹사이트에서는 제품에 관한 정보를 제공하지만 제품을 구입할 수 없도록 하는 것이다. 그 대신에 고객에게 해당 제품을 구입할 수 있는 소매점의 웹사이트나 매장을 안내해 줌으로써 직접 마케팅은 자사의 경로 동반자 모두에게 도움이 된다.

제4절 경로설계 결정

마케팅 경로를 설계할 때 제조업자는 이상적인 것과 현실적으로 가능한 것 사이에서 고심하게 된다. 규모가 작고 자본이 한정된 신설기업은 일반적으로 한정된 시장지역에서 판매를 시작하므로, 최상의 경로를 결정하는 것이 문제가 아니라, 소수의 역량 있는 중간상으로 하여금 자사제품을 취급하도록 설득하는 것이 문제가 된다.

신설기업이 성공하면 새로운 시장으로 범위를 넓히게 되는데, 시장 규모가 작은 경우에는 소매상에게 직접 판매할 수 있지만, 규모가 큰 경우에는 유통분배업자 등을 통해 판매해야 한다. 즉 어떤 지역에서는 프랜차이즈 조직을 통해서 판매하고, 또 다른 지역에서는 모든 중간상을 통해 판매하기도 한다. 그리고 접근하기 어려운 고객에게 직접 판매할 수 있도록 웹 매장을 추가할 수도 있다. 즉 경로 시스템은 시장기회와 시장조건에 따라 발전하게 된다.

그러나 최상의 효과를 창출하기 위해서는 경로를 분석하고 또한 경로에 대한 의사결정 시 그 목적이 분명해야 한다. 즉 경로 시스템을 설계하기 위해서는 고객의 욕구를 분석하고, 경로목표를 설정하며, 주요한 경로대안을 확인하고 평가해야 한다(〈그림 12-5〉 참조).

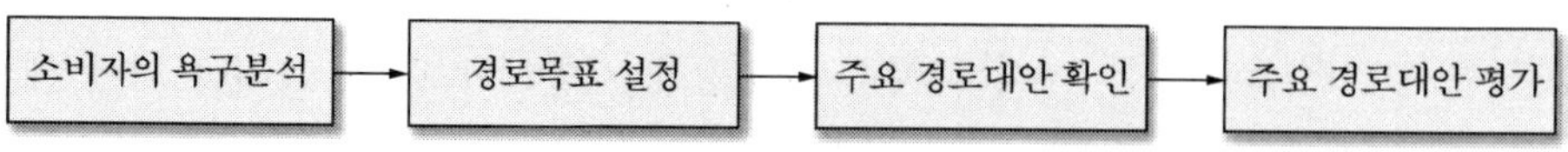

〈그림 12-5〉 경로설계 과정

1. 소비자의 욕구분석

마케팅 경로는 고객가치 전달 네트워크의 일부로서, 각각의 마케팅 경로구성원이 고객을 위해 가치를 부가한다. 따라서 마케팅 기업은 경로를 설계할 때 표적고객이 그 경로로부터 어떤 가치를 원하고 있는가를 파악하는 것에서 시작해야 한다. 즉 소비자가 주거지 근처에서 제품을 구입하기를 원하는가 또는 멀리 떨어져 있는 중심지까지 갈 의향이 있는가, 직접 또는 우편이나 전화를 통해서 구입하려고 하는가 또는 온라인으로 구입하려고 하는가, 넓은 구색이 가치가 있다고 여기는가 또는 전문화된 구색을 선호하는가, 배달, 신용판매, 수선, 설치와 같은 부가 서비스를 원하는가 또는 서비스를 다른 곳에서 받을 것인가를 파악해야 한다. 배달이 신속할수록, 제품구색이 다양할수록, 부가서비스가 많이 제공될수록 경로 서비스 수준은 더 높아진다.

신속한 배송, 최상의 제품구색, 최상의 서비스가 실질적으로 불가능할 수도 있다. 기업과 경로구성원은 소비자가 바라는 모든 서비스를 제공하는데 필요한 자원과 기술을 보유하지 않을 수도 있다. 또한 높은 수준의 서비스를 제공하면 경로에서 많은 비용이 발생하며, 따라서 소비자에게 높은 가격을 부과하게 된다. 그러므로 마케팅 기업은 소비자의 욕구를 충족시키는데 필요한 비용, 실행 가능성, 고객의 가격선호성과 소비자의 욕구 사이에 균형을 이루도록 해야 한다. 이러한 관계에서 볼 때, 대형할인점은 소비자가 낮은 수준의 서비스를 받아들이는 대신에 저가격을 추구할 수 있다는 사실에 소구함으써 성공하였다.

2. 경로목표 설정

마케팅 기업은 표적으로 정한 고객의 서비스 욕구수준을 고려하여 경로목표를 결정해야 한다. 기업은 서로 다른 수준의 경로 서비스를 원하는 상이한 세분시장을 확인할 수 있다. 즉 마케팅 기업은 서브할 세분시장을 결정하고, 또한 세분시장에 가장 적합한 경로를 결정해야 한다. 따라서 각 세분시장에서 기업은 고객이 원하는 서비스 요구수준을 충족시키는데 소요되는 전체 경로비용을 최소화할 수 있다.

또한 마케팅 기업의 경로목표는 기업의 타 기능부서(마케팅 부서 이외의 부서), 제품, 마케팅 중간상, 경쟁사, 환경 등의 본질에 의해 영향을 받는다. 예를 들어, 기업의 규모와 재무능력에 따라 자사가 담당해야 할 마케팅 기능과 중간상에게 맡길 기능이 결정된다. 또한 부패가능성이 있는 제품을 판매하는 기업은 판매가 지연되거나 취급횟수가 너무 많아지는 것을 피하기 위해서 직접 마케팅을 도입, 수행할 수 있다.

어떤 상황의 경우, 기업은 경쟁사의 제품을 취급하는 점포에서 또는 근처에서 경쟁할 수도 있으며, 또 다른 경우로서, 생산업자는 경쟁사가 현재 사용하고 있는 경로를 피하기로 결정할 수도 있다.

또한 경제 상태와 법적규제와 같은 환경요인도 경로목표와 경로설계에 영향을 미친다. 예를 들어, 불경기에 생산업자는 가장 경제적인 방법으로 제품을 유통시키기 위해 짧은 경로를 사용하며 또한 최종가격을 인상시키는 불필요한 서비스를 없애기도 한다.

3. 주요 경로대안의 확인

마케팅 기업은 자사의 경로목표를 설정한 후, 중간상의 유형, 중간상의 수, 각 경로구성원이 담당할 책임 등을 기초로 하여 주요 경로대안을 확인해야 한다.

1) 중간상의 유형

마케팅 기업은 경로기능을 수행하는데 이용할 수 있는 경로구성원의 유형을 확인, 규명해야 한다. 예를 들어, 자동차용 하이패스기를 개발한 제조업체는 자사의 판매원, 제조업자 대리점, 도로공사, 기타 자동차 액세서리 취급점, 자동차 제조업체 등의 경로대안을 확인할 수 있다.

상기의 경로대안들은 각기 상이한 특성이 있으므로 상이한 유통경로 전략이 요구된다. 즉 각 경로대안에 대한 상이한 특성에 적합한 구체적인 대응전략이 제시되어야 한다.

2) 중간상의 수

마케팅 기업은 각 경로수준에서 이용할 경로구성원의 수를 결정해야 하는데 이에는 집중적 유통, 전속적 유통, 선택적 유통 등 3가지 전략이 있다.

(1) 집중적 유통

집중적 유통(intensive distribution)이란 가능한 한 많은 점포에 자사 제품을 공급하는 전략으로서, 편의품 생산업자와 일상적으로 자주 사용되는 원재료 공급업자(생산업자)가 이용한다.

이러한 제품은 소비자가 그 제품을 원하는 시간과 장소에서 구입할 수 있어야 하는 것으로서, 치약, 과자, 청량음료, 라면, 조미료 등 소비재 기업이 이 방식으로 제품을 유통시킨다. 이 제품은 상표노출과 소비자의 구매 편의성을 극대화하기 위해 수많은 점포에서 판매된다.

(2) 전속적 유통

전속적 유통(exclusive distribution)이란 생산업자가 제한된 수의 판매상에게만 자신이 맡은 지역에서의 독점권인 유통권을 부여하는 전략이다. 즉 이것은 생산업자가 자사 제품을 취급하는 중간상의 수를 의도적으로 제한하는 것으로서, 고급 자동차나 명품 여성의류의 유통에 적용된다.

전속적 유통을 허용함으로써 제조회사는 더 강력한 유통업자의 판매지원을 받을 수 있으며, 판매상의 가격, 촉진, 신용판매, 서비스를 통제할 수 있다. 반면에 전속적 유통은 자사 제품의 이미지를 높일 수 있으며, 더 높은 마진폭이 보장된다.

(3) 선택적 유통

선택적 유통(selective distribution)이란 하나 이상의 중간상을 이용하기는 하지만, 제품을 취급하고자 하는 모든 중간상을 이용하는 것이 아닌 전략으로서, 집중적 유통과 전속적 유통의 중간 형태이다.

선택적 유통은 주로 TV, 가구, 소형 가전제품에서 사용되며, 선택된 경로구성원과 원만한 동업자관계를 형성할 수 있고, 평균 이상의 판매노력을 기대할 수 있다. 또한 선택적 유통을 이용함으로써 제조업체는 전속적 유통에 비해 더 많은 통제력과 적은 비용으로 적절한 시장범위를 확보할 수 있다.

3) 경로구성원의 책임관계

생산업자와 중간상은 각 경로구성원의 거래조건과 책임에 합의해야 한다. 즉 각자가 수행해야 할 가격방침, 판매조건, 지역 판매권, 구체적인 서비스 등에 합의해야 한다. 즉 생산업자는 정가(list prices)와 중간상에게 제공될 적정 할인 가격을 결정해야 하며, 또한 각 경로구성원의 판매지역을 정해 주어야 한다. 이 경우 해당 판매구역에 새로운 중간상을 추가하는 경우 신중을 기해야 한다.

또한 거래 당사자가 각각 부담해야 할 서비스와 책임은 신중하게 명문화되어야 하는데, 특히 프랜차이즈나 전속적 유통경로에서 더욱 필요하다.

4. 주요 경로대안의 평가

마케팅 기업은 여러 경로대안 중에서 자사의 장기목표를 가장 잘 달성하는 경로를 선택해야 한다. 이 때에 각 경로대안은 경제성, 통제성, 적응성 등의 평가기준을 토대로 평가될 수 있다.

첫째, 기업은 경제적 기준을 이용하여 상이한 경로대안에서 예상되는 판매액, 비용, 수익성을 비교해야 하는데, 각 대안에 필요한 투자액 그리고 그 결과로 실현될 수익을 평가해야 한다.

둘째, 기업은 통제 문제를 고려해야 한다. 일반적으로 중간상을 이용한다는 것은 중간상에게 해당제품에 대한 마케팅의 통제권을 넘겨주는 것이므로, 몇몇 중간상은 다른 중간상보다 더 많은 통제권을 원하고 실제로 통제권이 있다. 그러나 기업은 가능한 한 많은 통제권을 원하고 있다.

셋째, 기업은 적응성도 고려해야 한다. 경로조직은 장기적인 관계를 맺고 있으므로, 기업은 환경변화에 적응할 수 있도록 경로구성원이 탄력적이기를 바라고 있다. 따라서 장기적인 관계경로는 경제성과 통제성 측면에서 상당히 뛰어나야 한다.

5. 국제 유통경로의 설계

국제 마케팅 관리자는 해외시장에서 경로를 설계하는데 추가로 여러 가지 복잡한 문제에 직면한다. 각 국가는 기간이 지나면서 진화 발전되고 또한 변화속도에 따라 그 국가만의 독특한 유통경로 시스템이 있기 때문이다. 즉 국가마다 경로 시스템이 매우 상이하므로, 국제 마케팅 관리자는 각 국가의 경로구조에 맞추어 자사의 경로 전략을 적응시켜야 한다.

어떤 국제시장은 경로 시스템의 단계와 중간상의 수가 너무 많아서 유통 시스템이 복잡하고 침투하기 어려울 수가 있다. 또한 극단적인 경우로서, 후진국의 유통경로 시스템은 분산되어 있고 비효율적이거나 또는 경로 시스템이 없기도 한다. 예를 들어, 중국과 인도는 10억 이상의 인구가 있는 거대한 시장이지만 유통 시스템이 열악하여 대부분의 다국적 기업은 부유한 도시에 있는 소수의 사람들에게만 접근하여 이윤을 창출하고 있다.

간혹 국가의 관습이나 정부규제가 다국적 기업의 제품을 유통시키는데 제약이 되기도 한다. 예를 들어, 중국은 다단계 마케팅을 규제하므로 방문판매를 불허하고 있어 방문판매를 주로 이용하는 다국적 기업은 곤혹을 치루고 있다.

국제 마케팅 관리자는 다양한 해외시장의 광범위한 유통경로 대안에 직면하고 있다. 따라서 상이한 국가에서 또는 국가 사이에 효과적인 경로 시스템을 설계하는 것은 어려운 과제가 되고 있다.

제 5 절 경로관리 결정

경로대안을 검토한 후 최적의 경로설계를 결정하면, 마케팅 기업은 선택한 경로를 실행하고 관리해야 한다. 경로관리는 개별 경로구성원을 선정하고, 관리하고, 동기를 부여하고, 시간이 지남에 따라 성과를 평가하는 것이다.

1. 경로구성원 선정

생산업자가 자격을 갖춘 마케팅 중간상을 모집하는 능력은 기업에 따라 다양하다. 즉 어떤 생산업자는 경로구성원을 모집하는 것이 어렵지 않을 수도 있지만, 어떤 생산업자는 충분한 자격을 갖춘 중간상을 모집하기 위해서 많은 노력을 기울여야 하는 경우도 있다. 예를 들어, Toyota사는 Lexus 계열을 취급할 판매상을 모집하는데 전혀 문제가 없었다. 그러나 U.S. Time Company사가 Timex 시계를 판매할 때, 보석상들이 그 시계를 취급하지 않아 양판점을 통해 판매하였다.

마케팅 기업은 중간상을 선정할 때, 더 양호한 중간상을 선별할 수 있는 기준을 결정해야 한다. 기업은 각각의 경로구성원의 사업기간, 타제품계열의 취급 여부, 과거의 성장률과 수익성, 협력성, 평판 등을 기준으로 중간상을 평가한다. 중간상이 대리점이라면 기업은 대리점이 취급하는 다른 타제품의 수와 특성, 보유하고 있는 판매원의 규모와 질을 평가해야 한다.

2. 경로구성원의 관리와 동기부여

마케팅 기업은 선발된 경로구성원이 최선을 다할 수 있도록 지속적으로 관리하고 동기를 부여해야 한다. 기업은 중간상을 통해서 제품을 판매할 뿐만 아니라, 중간상에게 그리고 중간상과 함께 판매해야 하기 때문이다. 따라서 마케팅 기업은 중간상을 최일선의 고객으로, 그리고 동반자로 인식해야 한다. 즉 협력관계를 맺기 위해서 동반자 관계관리(PRM : partner relationship management)를 실행해야 한다. 이를 통해서 기업과 타 기업의 마케팅 동반자 모두의 요구에 맞는 마케팅 시스템이 만들어질 수 있다.

마케팅 기업은 자사의 유통경로를 관리할 때, 유통업자의 단결된 가치전달 시스템의 일부가 되어 함께 협력함으로써 더욱 성공할 수 있다는 것을 확신시켜야 한다. 예를 들어, 제조업자와 중간상은 최종 소비자를 위한 월등한 가치를 창조하기 위해 서로 협력할 수 있는데, 두 기업은 상품화 목표와 전략, 재고수준, 광고와 촉진활동 등을 공동으로 계획할 수 있다.

현재 마케팅 기업들이 전체 유통경로에 대한 마케팅 활동을 조정하기 위해 동반자 관계관리(PRM) 시스템을 설치하고 있다. 즉 경로 동반자를 모집하고, 훈련시키고, 관리하고, 동기를 부여하고, 그들과 관계를 평가하기 위해 동반자 관계관리(PRM)와 공급체인 관리(SCM : supply chain management) 소프트웨어를 이용하고 있다.

3. 경로구성원 평가

생산업자는 판매할당액의 달성정도, 평균 재고수준, 제품배송시간, 파손품과 손실품 처리, 기업의 촉진과 훈련 프로그램에 대한 협력, 고객 서비스 등과 같은 기준에 대해 정기적으로 경로구성원의 성과를 평가해야 한다.

마케팅 기업은 양호한 성과를 달성하고, 고객에게 훌륭한 가치를 제공하는 중간상을 확인하여 보상해야 한다. 한편 성과가 좋지 않은 중간상에게 분발할 수 있도록 지원을 하거나, 마지막 수단으로 중간상을 바꾸어야 한다. 즉 기업은 정기적으로 중간상의 자격을 재평가하여 열등한 중간상과는 관계를 정리할 수 있다.

마지막으로 제조업자는 자사의 판매상과 대리점에 대해 세심한 주의를 기울여야 한다. 판매상과 대리점 등을 소홀히 다루는 제조업자는 그들의 지원을 잃을 뿐만 아니라, 법적인 문제를 초래할 위험이 있다.

제6절 공공정책과 유통경로 결정

1. 유통경로에 대한 공공정책

대개의 경우 마케팅 기업은 자사에게 적합한 유통경로를 조성할 수 있는 합법적인 자유가 있다. 이에 따라 유통경로와 관련된 법규의 목적은 어떤 기업이 바람직한 경로를 사용하지 못하도록 다른 기업이 방해하는 전략을 규제하는 것이다. 즉 대부분의 유통경로 관련법규는 일단 서로 관계를 맺은 경로구성원에 대한 상호 권리와 의무를 다루고 있다.

그러나 많은 생산업자들이 관련법규를 위반하는 행위, 즉 전속적 유통, 전속적 거래, 전품목 강요, 끼워팔기 계약, 거래를 임의적으로 중단함 등과 같은 불법적 행위를 하고 있다.

2. 불법적 행위

제조업자들과 도매상들은 아래와 같은 불법적인 행위를 자행하고 있다.

첫째, 전속적 계약은 불법적인 행위이다. 많은 생산업자와 도매상은 제품에 대해 전속적 유통경로를 이용하고자 한다. 즉 제품 판매업자는 전속적 유통(exclusive distribution) 전략을 구사하는데, 이것은 제품 판매업자가 특정한 소매상에게만 자사 제품을 취급할 수 있도록 허용하는 것이다. 즉 제품 공급업자가 판매상과 대리점에게 경쟁사의 제품을 취급하지 않을 것을 요구하는 전속적 거래(exclusive dealing)를 행한다.

이 경우에 공급업자와 판매상은 전속적 계약으로 혜택을 얻을 수 있다. 즉 공급업자는 더 충성스럽고 신뢰할 수 있는 소매점을 확보할 수 있으며, 판매상은 지속적인 공급처와 강력한 지원을 확보할 수 있다. 그러나 다른 생산업자는 전속적 계약을 맺은 판매상에게 자사 제품을 판매할 수 없게 된다. 이에 따라 전속적 거래계약은 규제를 받게 된다.

둘째, 전속적 영업지역 계약(exclusive territorial agreement)으로, 이것은 전속적 거래에 포함되는 것으로서, 생산업자는 주어진 특정지역에서 다른 판매상에게 제품을 판매하지 않기로 합의할 수 있으며 또한 유통업자는 자신의 영업지역에서만 제품을 판매하기로 계약을 할 수 있다. 상기의 경우 중 후자는 중요한 법적인 문제가 되고 있다.

셋째, 전품목 강요(full-line forcing)는 강력한 상표를 보유한 생산업자가 판매상에게 제품계열의 일부 또는 전부를 모두 취급해야 한다는 조건하에 판매상에게 그 상표제품을 판매하는 것이다.

넷째, 끼워팔기 계약(tying agreement)은 반드시 불법적인 것은 아니지만 만일 이 계약이 근본적으로 경쟁을 위축시킨다면 법에 위반된다. 그 이유는 이러한 상행위로 소비자가 다른 경쟁상표 제품 중에서 자유롭게 선택할 수 있는 권리를 침해하기 때문이다.

다섯째, 거래를 끊을 수 있는 권리에 대한 제한 규제로서, 생산업자는 제품을 취급한 판매상을 선택할 권리가 있지만, 거래를 끊을 수 있는 권리는 제한을 받는다. 일반적으로 공급업자는 계약조항의 이유로 판매상과의 거래를 끊을 수 있다.

제 7 절 마케팅 로지스틱스와 공급체인 관리

마케팅 기업은 고객이 적시적소에서 적절한 상표구색으로 제품을 구입할 수 있도록 하기 위해 제품과 서비스를 저장하고, 취급하고, 이동시킬 수 있는 최상의 방법을 결정해야 한다. 즉 물적유통과 로지스틱스의 효과성은 고객만족과 기업의 비용에 막대한 영향을 미친다.

1. 마케팅 로지스틱스의 본질과 중요성

1) 마케팅 로지스틱스의 본질

물적유통(물류 : physical distribution)이라고도 하는 마케팅 로지스틱스(marketing logistics)란 적절한 이윤을 창출하면서 고객의 욕구를 충족시키기 위해 원산지로부터 소비시점까지 제품, 서비스, 관련 정보의 물적 흐름을 계획하고, 집행하며, 통제하는 과업을 의미한다. 즉 최적의 제품을 적절한 고객에게 적시적소에 전달하는 과정이다.

과거에 물적유통은 공장에 있는 제품을 고객에게 가장 적은 비용으로 공급할 수 있는 방법을 모색하는 것이었다. 그러나 오늘날의 마케팅 관리자는 고객중심의 로지스틱스 사고를 하고 있는데, 이것은 시장에서 시작하여 역으로 다시 공장으로 심지어는 완료공급업자에게로 거슬러 과업을 수행하는 것이다.

마케팅 로지스틱스는 외적 물류(outbound distribution), 즉 제품을 공장에서 중간상에게, 그리고 최종고객에게 이동시키는 것뿐만 아니라, 내적 물류(inbound distribution), 즉 제품과 원료를 원료공급업자로부터 공장으로 이동하는 것 그리고 역물류(reverse distribution), 즉 소비자 또는 재판매업자로부터 파손품, 원하지 않은 제품, 초과제품이 반송되는 것 등의 문제와 관련이 있다.

마케팅 로지스틱스는 전체적인 공급체인 관리(SCM : supply chain management)를 의미하는데, 공급체인 관리는 〈그림 12-6〉과 같이 공급업자, 구매대리인, 마케팅 관리자, 경로구성원, 고객의 행위와 활동을 조정하는 과업을 수행한다. 이 활동에는 예측, 정보 시스템, 구매, 생산계획, 주문처리, 재고, 수송계획이 포함된다.

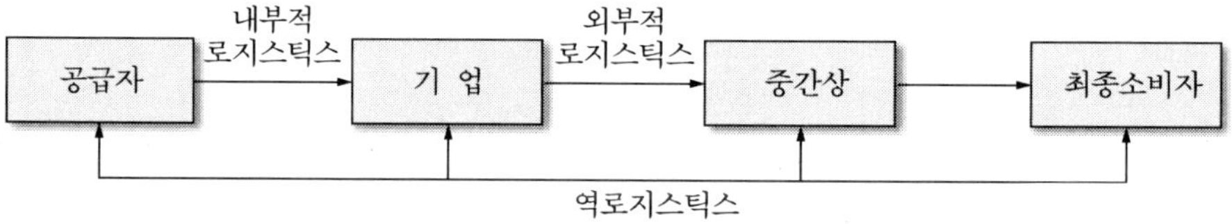

〈그림 12-6〉 공급체인관리

2) 마케팅 로지스틱스의 중요성

오늘날 마케팅 기업은 여러 가지 이유로 로지스틱스를 더욱 더 강소하고 있다.

첫째, 마케팅 기업은 고객에게 더 양호한 서비스 또는 더 저렴한 가격을 제공할 수 있는 향상된 로지스틱스를 이용함으로써 강력한 경쟁우위를 확보할 수 있다.

둘째, 향상된 로지스틱스는 마케팅 기업 및 고객 모두에게 상당한 비용절감의 효과를 제공한다. 로지스틱스 비용이 기업 전체에서 상당한 비중을 차지하고 있는 현실(전체 매출액의 14~15%)에서 로지스틱스 비용의 절감은 가격인하를 가능케 한다.

셋째, 제품의 다양화가 증가함에 따라 보다 향상된 로지스틱스 관리가 필요하다. 대형 소매상들이 과거보다 더 다양한 제품을 취급함으로써 다양한 제품을 주문하고, 수송하고, 재고를 파악하고, 통제하는 것은 로지스틱스의 도전적인 과제이다.

넷째, 정보기술의 발달은 유통의 효율성을 획득하는데 있어 중요한 기회를 제공한다. 오늘날의 마케팅 기업은 공급체인 관리용 소프트웨어, 웹에 기초한 로지스틱스 시스템, 판매시점의 스캐너, 표준화된 제품 코드, 위성추적, 주문, 지급자료의 전자식

전송 등을 사용함으로써, 제품, 정보, 금융 내용의 흐름을 신속하고 효율적으로 관리할 수 있다.

2. 로지스틱스 시스템의 목표

일반적으로는 로지스틱스 목표란 최소의 비용으로 최상의 고객 서비스를 제공하는 것이라고 하는데, 불행스럽게도 어떤 로지스틱스 시스템도 고객 서비스를 극대화하면서 동시에 유통비용을 극소화할 수 없다. 고객 서비스를 극대화한다는 것은 신속하게 배송하고, 많은 재고를 보유하고, 다양한 구색을 갖추고, 자유롭게 반품할 수 있는 방침을 수립하고, 기타 서비스를 확대하는 것인데, 이 모든 것은 유통비용을 증가시킨다. 반대로 유통비용을 극소화하게 되면 느린 배송, 낮은 재고수준, 많은 양을 한꺼번에 드문드문 수송하게 되는데, 이것들 모두는 고객 서비스 수준을 저하시켜 고객만족을 낮춘다.

그러므로 마케팅 로지스틱스의 목표는 최소의 비용으로 목표로 정한 수준의 고객 서비스를 제공하는 것이어야 한다. 이에 따라 우선 마케팅 기업은 고객에게 제공할 다양한 유통 서비스의 상대적 중요성을 파악해야 한다. 그 후 각 세분시장에 알맞은 수준의 서비스를 설정해야 한다. 그러나 이때의 목표는 판매를 극대화하는 것이 아니라, 이윤을 극대화하는 것임을 명심해야 한다.

그러므로, 마케팅 기업은 더 높은 수준의 서비스를 제공함으로써 획득할 수 있는 이점과 그에 대해 소요되는 비용을 비교검토해야 한다. 즉 경쟁사보다 낮은 서비스를 제공하고 대신에 구매자에게 낮은 가격을 부과하거나, 또는 경쟁사에 비해 더 양호한 서비스를 제공하고 그 비용을 커버할 수 있는 높은 가격을 부과할 수 있다.

3. 로지스틱스 시스템의 주요 기능

로지스틱스 목표를 설정한 후 마케팅 기업은 그 목표를 달성하는데 소요되는 비용을 최소화할 수 있는 로지스틱스 시스템을 설계해야 한다. 로지스틱스의 중요한 기능에는 창고관리, 재고관리, 수송, 로지스틱스 정보관리가 있다.

1) 창고관리

생산주기와 소비주기는 서로 일치하지 않으므로 기업은 판매가 이루어질 때까지 제품을 보관해야 한다. 보관기능은 생산량과 소비량 그리고 생산시점과 구매시점 간의 차이를 해소시킴으로써 고객이 제품을 구입할 준비가 될 때에 이용할 수 있도록 한다.

마케팅 기업은 생산된 제품을 보관하는데 필요한 창고 수, 창고유형, 창고입지를 결정해야 한다. 즉 기업은 제품을 보관하기 위해 저장창고(storage warehouse)나 물류센터(distribution center)를 이용한다. 저장창고는 제품을 장기간 저장하는데 적합한 반면에, 물류센터는 상품을 보관하며 또한 이동시키는데 이용된다. 즉 물류센터는 수많은 공장이나 공급업자로부터 제품을 공급받고, 주문을 받아 효율적으로 처리하고, 고객에게 제품을 가능한 한 신속하게 전달할 수 있도록 하는 거대한 자동화된 창고이다.

최근에 창고는 기술적인 면에서 크게 변화, 발전되고 있다. 점차 단층의 자동화된 창고이며, 컴퓨터에 의해 관리됨으로써 적은 인력이 소요된다. 컴퓨터와 스캐너는 주문서를 읽고, 제품을 적재하기 위해 리프트 트럭과 전기식 도르래, 로봇을 작동시키고, 제품을 선적 도크까지 운반하게 하며, 송장을 발행한다.

2) 재고관리

재고관리도 역시 고객만족에 영향을 주므로, 관리자는 너무 적지도 않고 너무 많지도 않은 적정수준으로 재고를 유지해야 한다. 재고가 너무 적으면 고객이 구입하고자 할 때 제품을 공급할 수 없는 위험에 처하게 되는데, 이를 해결하기 위해 기업은 상당한 비용이 소요되는 긴급선적이나 긴급생산을 해야 한다. 반면에 과잉 재고시 필요 이상의 재고 유지비와 재고상품의 진부화가 발생할 수 있다. 따라서 기업은 많은 재고량을 유지하는데 소요되는 비용과 많은 재고를 확보함으로써 창출되는 이익 간에 균형이 이루어지도록 관리해야 한다.

많은 기업이 적시(JIT : just in time) 로지스틱스 시스템을 이용하여 재고량과 관련 비용을 크게 절감하고 있다. 이 시스템을 이용하여 생산업자와 소매상은 몇 일분의 아주 적은 양의 부품재고 또는 상품재고만을 유지한다. 즉 새로운 재고는 사용할 때까지 창고에 보관되는 것이 아니라, 필요한 때에 정확하게 도착한다. JIT시스템은 정확한 예측과 함께 신속하고, 빈번하고, 유연성 있는 배송이 필요하다. 그러나 이 시스템은 재고유지와 처리에 소요되는 비용이 상당히 절감되는 효과가 있다.

마케팅 관리자는 재고관리를 더 효율적으로 하는 방법을 모색하고 있다. 아마도 미래에는 재고처리가 완전 자동화될 수도 있는데, 전자테크(RFIO) 또는 스마트 테그 기술을 이용할 수 있다. 이 기술에 의하면, 소형의 송신용 칩이 제품에 내장되거나 또는 함께 포장되어 전체적인 공급망을 지능화, 자동화시킬 수 있게 된다. 즉 전자테크를 사용하는 기업은 현재 제품이 공급체인에서 어디에 있는지 언제든지 알 수 있다. 또한 스마트 셀브즈(smart shelver)는 언제 다시 주문해야 할 것을 알려 줄뿐만 아니라, 자동으로 공급업체에게 주문을 넣을 수 있는데, 이런 신기술은 유통을 진화, 발전시킬 것이다.

3) 수송

기업이 선택한 수송수단은 제품가격, 즉시 배송여부, 제품이 도착한 후의 상태에 대해 영향을 미치는데, 모두가 고객만족과 밀접한 관계가 있다

기업은 제품을 수송하는데 트럭, 철도, 수상, 파이프라인, 항공의 5가지 수송수단을 이용할 수 있으며, 디지털 제품은 새로운 대안으로 인터넷이 고려될 수 있다.

(1) 트럭

트럭을 이용한 수송이 차지하는 비중은 꾸준히 증가하고 있다. 트럭은 경로 선택과 스케줄 조정에 유연성이 있으며, 일반적으로 철도보다 빠른 서비스를 제공할 수 있다. 그리고 고가제품의 단거리 운송에 아주 적합하다.

최근 트럭수송 기업은 여러 가지 서비스를 추가하고 있는데, 24시간 위성추적 서비스에서 로지스틱스 일정관리 소프트웨어까지 다양한 서비스를 제공하고 있다.

(2) 철도

철도도 전체 화물수송에서 상당한 부분을 차지하고 있다. 특히 철도수송은 석탄, 모래, 광물, 농수산품 등과 같이 부피가 큰 제품을 먼 거리를 소송할 때 비용 면에서

매우 효율적이다.

철도수송기업도 특정 제품을 처리하기 위한 장비를 고안하여 고객을 위한 서비스를 증대하고 있다.

(3) 수상수송

수상수송은 전체 수송량에서 볼 때 상당한 비중은 아니지만 내륙수로나 해로를 통해서 다량의 물건을 선박이나 바지선으로 수송한다. 모래, 석탄, 기름등 부패하지 않는 제품과 대량물품을 수송하기에 저렴하고 좋은 수단이지만, 시간이 오래 걸리고 기후에 영향을 받는다.

(4) 파이프라인 수송

이 수송방법은 석유, 천연가스, 화학약품의 수송에 특화된 수단이다. 대부분의 파이프라인은 자사제품만을 수송하는데 사용된다.

(5) 항공수송

항공수송은 전체 수송량에서 차지하는 비중은 작지만 매우 중요한 수단이다. 항공화물의 비용은 트럭이나 철도에 비해 매우 고가이지만, 신속한 수송이 요구되거나 상당히 먼 거리를 수송할 때 적합하다.

항공수송은 생선이나 꽃처럼 상하기 쉬운 제품, 기술기구(휴대폰 등)나 보석처럼 값이 고가이고 부피가 작은 제품에 이용된다. 마케팅 기업은 항공화물 수송이 재고수준을 줄여주고, 포장비용과 창고수를 줄여준다는 사실을 인식하고 있다.

(6) 인터넷

인터넷은 생산자가 만든 디지털 제품을 소비자에게 위성이나 케이블 모뎀, 전화선 등으로 전달한다. 소프트웨어 기업, 언론매체, 음반기업, 교육기업 등이 디지털 제품을 수송하는데 인터넷을 활용할 수 있다.

최근 인터넷은 과거의 CD나 신문을 통해 유통하는데 소요되는 비용보다 저렴한 비용으로 제공하므로 유통비용을 절감할 수 있는데, 어떤 물질적 제품이 아니라 디지털 기술이 정보를 수송한다.

(7) 통합일괄 수송

점차 화주들은 두 가지 이상의 수송수단을 결합한 통합일괄 수송(intermodal transportation)을 이용하고 있다. 피기백(piggyback)은 철도와 트럭을, 피시백(fishyback)은 수상과 트럭을, 트레인십(trainship)은 수상과 철도를, 에어트럭(airtruck)은 항공과 트럭을 결합하여 사용하는 것이다.

이러한 통합일괄 수송은 하나의 수송방법으로는 제공할 수 없는 이점을 제공한다. 예를 들어, 피기백은 트럭만을 이용했을 때보다 저렴할 뿐만 아니라 더 유연성이 있고 편리하다.

수송수단을 결정할 때 화주는 속도, 확실성, 이용가능성, 비용 등의 여러 요인을 균형 있게 고려해야 한다. 예를 들어, 속도를 최우선으로 생각한다면 항공과 트럭이 적합하고, 저렴한 가격을 최우선으로 생각하면 철도, 수상 수송이나 파이프라인 수송이 가장 적합하다.

4) 로지스틱스 정보관리

마케팅 기업은 정보를 이용하여 공급체인을 관리한다. 유통경로의 동반자는 정보를 공유하고, 더 양호한 로지스틱스 의사결정을 하기 위해 상호 연결되어 있기 때문이다. 즉 로지스틱스 관점에서 볼 때, 고객의 주문, 대금청구, 재고수준, 고객 자료와 같은 정보의 흐름은 경로의 성과와 밀접한 관계가 있으며, 마케팅 기업은 유통경로에 관한 정보를 획득하고, 처리하고, 공유하는 일련의 과정을 간결하고 접근하기 용이하고, 신속하면서 정확하게 설계해야 한다.

상기의 다양한 정보는 우편, 전화, 판매원, EDI 등 여러 가지 방법으로 공유되고 관리된다. 예를 들어, 최근 대형할인점들은 자사의 공급업체(vendor)들과 EDI로 연결하고, EDI를 통해 주문하고 또한 자금을 결재한다.

최근 기업고객(예 : 대형할인점)은 공급업체(납품업체 : vendor)가 스스로 주문을 결정하고, 배송일정을 계획하도록 요구한다. 즉 대형 소매업체는 공급업체가 관리하는 재고 시스템(VMI : vendor-managed inventory) 또는 지속적 재고보충 시스템(continuous inventory replenishment system)을 도입하여 제품 공급업체(납품업체)

와 긴밀한 협력관계를 유지하고 있다. VMI를 사용함으로써 기업고객은 판매 및 현 재고수준에 대한 자료를 실시간에 공급업체와 공유할 수 있다. 이에 따라 제품 공급업체는 재고관리와 배송에 대해 모든 책임을 진다. 일부 소매업체는 재고비와 배송비를 공급업체에게 넘기는 단계로까지 발전하고 있는데, 이러한 시스템은 구매자와 판매자의 긴밀한 협력이 요구된다.

4. 통합적 로지스틱스 관리

오늘날 많은 마케팅 기업이 통합적 로지스틱스 관리(integrated logistics management)를 채택하고 있다. 더 양호한 고객 서비스를 제공하면서 유통비용을 절감하기 위해서는 기업 내부는 물론 또는 마케팅 경로 조직체 간에 팀워크가 필요하기 때문이다. 기업 내부의 경우, 여러 기능부서는 기업의 로지스틱스 성과를 극대화하기 위해 서로 밀접하게 협력해야 한다. 외부적으로 기업은 전체적인 유통경로 시스템의 성과를 극대화하기 위해 공급업자와 고객의 로지스틱스 시스템을 자신의 로지스틱스 시스템과 통합해야 한다.

1) 기업 내부의 상호기능적 팀워크

기업에서 다양한 로지스틱스 활동 책임은 마케팅, 판매원, 재무, 생산, 구매 등 서로 다른 기능부서에 맡겨지고 있다. 이러한 각각의 기능부서는 다른 기능부서의 활동에는 거의 관심을 두지 않고 자신의 로지스틱스 성과만을 극대화하려고 한다. 그러나 수송, 재고, 창고관리, 주문처리 등의 로지스틱스 활동은 상호작용하며, 간혹 역방향으로 작용하기도 한다. 즉 유통경로 활동은 서로 높은 상충관계를 갖고 있기 때문에, 서로 다른 기능부서가 내리는 결정은 전체 로지스틱스 성과가 월등하게 성취될 수 있도록 조정되어야 한다.

통합적인 공급체인 관리의 목표는 기업의 모든 로지스틱스 의사결정 사항을 조화롭게 하는 것이다. 기능부서의 긴밀한 협조체제는 몇 가지 방법으로 가능하다.

첫째, 여러 가지 상이한 마케팅 로지스틱스 활동에 책임을 지는 경영자로 구성된 로지스틱스 위원회를 설치한다.

둘째, 기능별 로지스틱스 활동을 연결시키는 공급체인 관리직을 마련한다.

셋째, 소프트웨어 제공기업에서 이용할 수 있는 정교한 공급체인 관리 소프트웨어를 도입할 수 있다.

여기에서 가장 중요한 것은 합리적인 비용으로 시장의 만족을 증가시킬 수 있도록 로지스틱스 활동과 마케팅 활동을 조정하는 것이다.

2) 로지스틱스 동반자력 구축

마케팅 기업은 자신의 로지스틱스를 개선하는 것 이상을 수행해야 한다. 즉 전체적인 유통흐름을 개선하기 위해 다른 경로구성원과 협력해야 하는데, 그 이유는 유통경로 구성원은 고객가치와 고객만족을 전달하는 과정에서 서로 밀접하게 연결되어 있기 때문이다. 즉 어떤 기업의 유통경로 시스템은 다른 기업의 공급 시스템이 되기 때문이다. 그러므로 각 경로구성원의 성공은 전체적인 공급체인의 성과에 따라 좌우된다. 예를 들어, 가구회사는 제품 디자이너, 공급업체, 운송업체, 창고, 서비스 제공자로 구성된 전체적인 공급체인이 최상의 효율성을 실현할 수 있어야 만 스타일이 있고, 합리적인 가격의 가구를 제조할 수 있다.

현명한 마케팅 기업은 고객 서비스를 향상하고 또한 유통비를 절감하기 위해 로지스틱스 전략을 조정하고, 공급업자와 고객과의 강력한 동반자력을 구축하고 있는데, 아래와 같은 전략을 구사할 수 있다.

첫째, 많은 마케팅 기업들이 교차기능적 팀(교차기업적 팀 : cross-functional team, cross-company team)을 도입하고 있다 이러한 협력체제로 모두가 이득을 볼 수 있으며 또한 최종 소비자에게도 혜택을 제공한다.

둘째, 다른 마케팅 기업은 공동분담 프로젝트(shared projects)를 통해서 동반자력을 형성한다. 예를 들어, 대형소매상은 점포내 마케팅 프로그램과 관련하여 공급업체와 밀접하게 협력하고 있다. 즉 대형소매상은 자사의 주요 공급업체가 새로운 상품화 프로그램에 대한 시험장소로 자사 점포를 사용할 수 있도록 허용한다. 공급업체는 그 대형소매점에 머물면서 자사 제품이 어떻게 판매되며, 고객이 어떻게 그 제품과 관계를 갖는가를 관찰할 수 있다. 그 후 공급업체는 그 소매상과 고객에게 적합한 마케팅 프로그램(4ps)을 개발한다.

중요한 것은 공급업체의 모든 구성원이 최종 소비자를 위해 협력해야 한다는 것이다. 최종 소비자에게 가치를 제공하기 위해 공급업체의 모든 구성원이 합심해야 한다는 것으로서, 이렇게 됨으로써 공급업자와 고객(대형소매상)은 이런 동반자력으로 혜택을 보게 된다.

3) 제3의 로지스틱스 기업 이용

대기업들은 자사 제품을 생산, 판매하고 있지만 로지스틱스 업무 즉 공장에 원재료를 공급하고, 고객에게 제품을 보내기 위해 수행하는 포장, 선적, 하역, 분류, 보관, 운송, 세관통과, 추적 등 일련의 과정에 대해 큰 부담을 느끼고 있다. 이에 따라 이런 업무가 과중해지면서 로지스틱스 과업의 일부 또는 전부를 제3의 로지스틱스 기업에게 맡기고 있다.

전문적인 제3의 로지스틱스 기업(예 : UPS, Ryder System사 등)은 재고를 줄이고, 더 신속하고 정확하게 제품을 고객에게 운송해 줌으로써 의뢰기업을 도와주고 있다.

기업이 제3의 로지스틱스 기업의 서비스를 이용하는 여러 가지 이유가 있다. 첫째, 제3의 로지스틱스 기업의 핵심활동이 제품을 시장에 전달하는 것이므로, 더 효율적이고 낮은 비용으로 업무를 수행할 수 있다. 둘째, 아웃소싱은 기업의 본연의 업무, 핵심사업에 집중할 수 있도록 도와준다. 셋째, 전문적인 제3의 로지스틱스 기업은 복잡한 로지스틱스 환경을 잘 이해하고 있으므로, 특히 세계시장으로 그 시장범위를 확장하는 기업에게 큰 도움을 준다.

참고문헌

윤훈현 역, 『마케팅 관리론』, 12판, 피어슨, 2006.

"Supply Chain Management Systems," *Logistics Today*, 2006, pp. 34-42.

Anne Coughlin, Erin Anderson, Louis W. Stern, and Adel EI-Ansary, *Marketing Channels*, 7th d. (Upper Saddle River, NJ: Prentice Hall, 2006), chapter 10.

Kotler P. and Gary Armstrong, *Marketing : An Introduction*, 9th ed., Pearson, 2009.

Kotler P. and Gary Armstrong, *Principles of Marketing*, 12th ed., Pearson, 2008.

Kotler P. and Kevin Lane Keller, *Marketing Management*, 13th ed., Pearson, 2009.

Mark Roberti, "sing RFID at Item Level," *Chain Store Age*, July 2006, pp. 56-57.
Nanette Byrnes, "Avon Calls. China Opens the Door," *Business Week Online*, February 28, 2006, p. 19.

13
chapter

소매업과 도매업

제1절 소매업

1. 소매업의 정의

소매업(retailing)이란 제품이나 서비스를 개인적 또는 비영리적인 목적으로 사용하는 소비자에게 직접 판매하는 것과 관련된 모든 활동이다. 이러한 소매업을 통해서 판매고를 달성하는 것을 소매상(retailer)이라고 한다. E-마트, 신세계 백화점, Lotte백화점, Lotte마트, 재래시장, 슈퍼마켓 등이며, 또한 화장품 판매대리점, 닷컴기업, 지방에 있는 모텔체인, 환자를 치료하는 의사 등도 소매상이다.

거의 모든 소매업은 주로 소매점포에서 이루어지지만, 최근 들어 무점포 소매업이 점포 소매업에 비해 빠른 속도로 성장하고 있다. 무점포 소매업은 직접우편, 카탈로그, 전화, 인터넷, TV홈쇼핑, 가정 및 사무실 판매, 가정 방문판매, 자동판매기, 기타 직접적인 방법을 통해 소비자에게 제품을 판매하는 것이다.

2. 소매상의 유형

소매점포는 그 규모나 형태가 매우 다양하며, 계속해서 새로운 형태의 소매상이 생겨나고 있다. 소매점포는 제공되는 서비스 수준, 상품구색의 폭과 깊이, 상대적 상품가격, 조직방법 등과 같은 몇 가지 특징으로 분류될 수 있다(〈표 13-1〉 참조).

〈표 13-1〉 주요 소매상 유형

전문점(specialty stores) : 취급되는 상품계열의 폭은 한정되어 있으나 해당 계열내에서는 매우 다양한 상품구색을 갖춘다. 의류점, 운동용품점, 가구점, 꽃집, 서점 등이 있다. 의류점은 단일계열(single line) 상점이며, 남성 의류점은 한정된 제품계열(limited-line) 점포, 남성용 맞춤 전문점은 초전문화된(superspecialty) 점포이다. 예 : 갭(Gap), 타프(The Athlete's Foot), 윌리엄스 소노마(Williams-Sonoma)

백화점(department stores) : 의류, 가정용 가구, 가정용품 등 다양한 제품계열을 취급하는데, 각각의 제품계열은 전문 구매자나 전문상인에 의해서 각 부문별로 관리, 운영된다. 예 : 시어스(Sears), 메이시스(Macy's), 니만 마커스(Neiman Marcus)

슈퍼마켓(supermarkets):비교적 큰 규모, 저가격 저마진, 대량판매, 셀프 서비스로 운영되며, 식료품과 가정용품에 대한 소비자의 전반적인 욕구를 충족시키기 위한 소매점이다. 예 : 세이프웨이(Safeway), 크로거(Kroger), 앨버트슨스(Albertsons), 퍼블릭스(Publx)

편의점(convenience stores): 비교적 소규모의 점포로 주거지역 가까이에 입지하며, 1주 내내 늦은 시간까지 영업을 하고, 재고회전이 빠른 편의품 등의 한정된 제품계열을 다소 비싼 가격으로 판매한다.

할인점(discount stores):표준상품을 박리다매한다. 예: 월마트, 타깃(Target), 코올스(Kohl's)

오프프라이스 소매상(off-price retailers ; 저가격 소매점):정규 도매가격보다 낮은 가격으로 구입하여 소비자에게 다른 소매상보다 낮은 가격으로 판매한다. 간혹 제조업자나 다른 소매상으로부터 낮은 가격으로 잔여상품, 초과생산품, 불량상품 등을 얻어서 취급한다. 저가격 소매점에는 제조업체 상설할인매장(factory outlets), 독립 오프프라이스 소매점(independent off-price retailers), 창고소매업클럽(warehouse clubs, wholesale clubs)이 있다. 제조업체 상설할인매장은 제조업체에 의해 직접 운영되는데, 그 예로는 미카사(Mikasa)가 있다. 독립 오프프라이스 소매점은 독립사업가에 의해 소유되어 운영되거나 대규모 소매기업의 한 사업부로 운영되며 그 예로는 티제이 맥스(TJ Maxx)가 있다. 창고소매업클럽은 회비를 내는 회원을 대상으로 제한된 상표의 식품, 가전제품, 의류 및 기타 여러 가지 제품을 아주 싼 할인가격으로 판매하는데, 그 예로는 코스트코(Costco), 샘스(Sam's), 비제이스 홀세일 클럽(BJ's Wholesale Club)이 있다.

슈퍼스토어(superstores):일상적으로 구매되는 식료품과 비식료 제품에 대한 소비자의 모든 욕구를 충족시키기 위한 대형 점포이다. 슈퍼스토어에는 카테고리 킬러(category killers), 슈퍼센터(supercenter), 하이퍼마켓(hypermarket)이 있다. 카테고리 킬러는 특별한 제품계열에 대해 매우 깊은 상품구색을 갖추고, 그 제품계열에 대한 풍부한 지식을 가진 직원들을 확보하고 있다. 그 예로는 베스트 바이(Best Buy), 페츠마트(PetSmart), 스테이플스(Staples)가 있다. 슈퍼센터(supercenter)는 슈퍼마켓과 할인점을 결합한 형태로, 월마트 수퍼센터(Supercenter), 슈퍼타깃(SuperTarget), 슈퍼 K마트센터 (Super Kmart Center), 마이저(Meijer)가 그 예이다. 하이퍼마켓은 220,000평방피트가 넘는 큰 규모로, 슈퍼마켓, 할인점, 창고소매점을 결합한 것이다. 그 예로는 까르푸(Carrefour)가 있다.

1) 서비스 수준

제품별로 필요한 서비스 수준이 상이하고, 서비스에 대한 고객의 선호도 역시 다양하다. 그러므로 소매상은 셀프 서비스, 한정 서비스, 완전 서비스 등의 세 가지 기준의 서비스 중 한 가지를 제공할 수 있다.

(1) 셀프 서비스 소매상

셀프 서비스 소매상(self service retailer)은 구입비용을 절약하기 위해 매장에 가서 직접 상품을 비교하여 선택하려는 고객을 대상으로 한다.

셀프 서비스는 모든 할인영업이 기본이 되고 있으며, 편의품 판매업자나 전국상표로서 재고회전이 빠른 선제품을 판매하는 소매상이 주로 이용한다. 최근에는 주유소까지도 셀프 주유소가 등장하고 있는데, 일반적인 주유소보다 가격이 저렴하다.

(2) 한정 서비스 소매상

한정 서비스 소매상(limited-service retailer)은 고객이 많은 정보를 필요로 하는 신제품을 주로 취급하기 때문에 많은 판매지원 서비스가 제공하는 소매상이다. E-마트, 롯데마트 등과 같은 소매상(미국의 경우 : Sears, JcPenney 등)이다.

이 소매상은 운영비가 증가하므로 가격은 셀프 서비스 소매상보다 비싸다.

(3) 완전 서비스 소매상

완전 서비스 소매상(full-service retailer)은 판매원은 고객이 여러 제품을 비교하여 선택할 수 있도록 전체 구매과정을 도와주며, 고객이 많은 쇼핑노력을 기울이는 전문품을 주로 취급한다.

이 소매상은 많은 서비스가 제공되기 때문에 운영비가 증가하여 가격이 매우 비싸며, 전문점이나 고급 백화점이 대표적인 예이다.

2) 상품구색의 폭과 깊이

소매상은 취급하는 상품계열의 폭과 깊이에 의해 분류될 수 있다.

(1) 전문점

전문점(specialty stores)은 취급계열의 폭은 한정되어 있으나, 해당 계열 내에서는 매우 다양한 상품구색을 갖추고 있다. 오늘날 시장세분화, 시장표적화, 제품전문화로 인해 특정 제품이나 특정 세분시장에 집중하는 점포에 대한 욕구가 증가함에 따라 전문점이 크게 성장하고 있다.

(2) 백화점

백화점(department store)은 전문점과는 대조적으로 매우 다양한 상품계열을 취급한다. 최근 백화점은 더 집중화되고 유연성 있는 전문점 그리고 효율적이고 가격이 저렴한 할인점 사이에서 그 기반을 빼앗기고 있다. 이에 따라 백화점은 할인점의 위협에 대처하기 위해 촉진적 가격정책(promotional pricing)을 실시하고 있으며, 또한 다른 백화점은 전문점과 경쟁하기 위해 점포상표(사적상표 : private brand, store brand)와 독점 상표(single brand)인 디자이너 숍의 사용을 증대시키고 있다.

또 다른 백화점은 우편주문 판매, 전화판매, 웹사이트 판매 등을 실시하기도 하며, 고급 백화점들은 고품질 서비스를 강조하기도 한다.

(3) 슈퍼마켓

슈퍼마켓(supermarket)은 가장 많이 볼 수 있는 소매상 유형이다. 그러나 최근 인구성장이 둔화, 그리고 편의점, 할인식품점, 수퍼스토어, 또는 상류층을 겨냥한 전문식품점의 등장에 의한 경쟁격화로 인해 매출 성장이 둔화되고 있다. 뿐만 아니라 슈퍼마켓은 외식의 증가로 큰 타격을 받고 있어 어려운 시기를 맞고 있다.

이에 따라 슈퍼마켓은 고객을 끌어들이기 위한 개선책을 마련하고 있다. 식품 점유율(위 점유율 : share of stomachs)을 확보하기 위해서 대형슈퍼마켓은 즉석제조 베이커리, 미식가용 델리코너, 신선한 생선코너와 같은 고품질 식품과 개선된 매장환경을 제공함으로써 고급화하고 있다. 한편 일부 슈퍼마켓은 웹을 이용한 판매를 추가하고 있다.

(4) 편의점

편의점(convenience store)은 제품계열이 한정되어 있고, 재고회전율이 높은 것이 특징이다. 최근 편의점은 체인화되고 있으며(7-eleven, Buy the way 등), 주 고객층을 젊은이와 남성 노동자에서 여성으로 확장하기 위해 점포를 변화시키고 있다.

남성들이 맥주, 담배, 잡지를 구입하기 위해 이용하는 트럭기사용(track stop) 점포의 이미지를 없애고, 대신 신선하고 준비된 음식(예 : 삼각 김밥 등), 깨끗하고 안전하며 고급화된 점포환경을 제공하고 있다.

(5) 수퍼스토어

수퍼스토어(superstore)는 일반적인 슈퍼마켓보다 규모가 크며, 일상적으로 판매되는 식료품이나 비식료품, 서비스 등 광범위한 상품구색을 갖춘 소매상이다.

Wal-Mart 등 할인소매점이 수퍼센터(super center)를 운영하고 있는데, 이것은 식료품과 할인점을 결합한 초대형 식품 할인점이다.

(6) 단일제품범주 만물상

단일제품범주 만물상(category killer)은 수퍼센터의 일종으로서, 어떤 특별한 제품계열에 대해 매우 깊은 상품구색을 갖추고, 그 제품계열에 대해 풍부한 지식을 가진 직원을 확보하고 있다.

도서(교보문고, 영풍문고 등), 어린이용품, 장난감(Toys R Us), 전자제품, 주택 개선용품, 린넨과 타월, 파티용품, 스포츠용품, 심지어 애완동물 용품 등을 취급하고 있다.

(7) 하이퍼마켓

하이퍼마켓(hypermarket)은 수퍼스토어의 또 다른 변형으로서, 크기는 미식 축구장 6배의 면적의 거대한 수퍼스토어이다. 이것은 유럽과 기타 여러 세계시장에서는 성공하였지만(예:카르프), 미국에서는 크게 성공하지 못하였다.

(8) 기타 서비스 제공 소매상

서비스라는 제품계열을 제공하는 소매상으로서, 호텔과 모텔, 은행, 항공사, 대학, 병원, 영화관(CGV등), 테니스클럽, 볼링장, 식당, 수선점, 미용실, 세탁소 등이 포함된다.

3) 상대적 가격

소매상은 부과하는 가격을 기준으로 분류될 수 있다. 즉 어떤 소매상은 일반적인 가격에 평균적인 품질과 서비스를 제공하지만, 어떤 소매상은 고품질의 제품과 서비스를 고가격으로 판매한다.

(1) 할인점

할인점(discount store)은 표준화된 상품을 낮은 가격에 판매하여 박리다매를 추구한다. 오늘날 할인점은 린(lean) 생산방식과 효율적인 운영을 통해서 가격을 낮게 유지하면서, 점포환경을 개선하고, 고객 서비스를 증가시키고 있다. 이에 따라 Wal-Mart와 같은 선도기업은 현재 소매업계에서 지배적인 위치를 차지하고 있다.

(2) 오프프라이스 소매점

오프프라이스 소매점(off-price retailer : 저가격 소매점)은 정상적인 도매가격보다 낮은 싼 가격으로 소비자에게 판매한다. 이 소매점은 식품, 의류, 전자제품에서부터 부가 서비스가 없는 금융, 할인 중개업(brokerage)에 이르기까지 거의 모든 분야에서 등장하고 있다.

이 소매점에는 독립 오프프라이스 소매점, 제조업체 상설할인매장, 창고소매업 클럽과 같은 세 가지 유형이 있다.

첫째, 독립 오프프라이스 소매점(independent off-price retailer)은 독립 사업가들이 소유하여 운영하거나 또는 소매기업의 한 사업부가 운영한다. 대부분의 대형 오프프라이스 소매점은 더 규모가 큰 체인점이 소유하고 있는데, TJ Maxx, Marshall's 등이 있다.

둘째, 제조업체 상설할인매장(factory outlet)은 제조업체(Levi's, 금강제화 등)가

직영점을 운영하는 것으로서, 다양한 품목을 소매가격의 50% 정도 저렴하게 판매한다. 이러한 제조업체 직영점이 수십 개가 집결하여 제조업체 상설할인몰(factory outlet malls)과 할인 소매센터(value-retail centers)를 형성하고 있다.

제조업체 상설할인몰은 제조업체 직영점으로 구성되어 있으며, 소매업에서 가장 활발하게 성장하는 유형이다. 반면에 할인 소매센터는 제조업체 직영점과 오프프라이스 소매점 및 백화점 재고직영점 등이 결합된 형태이다.

현재 할인몰은 고급화되고 있으며, 매장에서 제조업체(factory)를 없애고 있으며, 또한 제조업체 상설할인매장과 전통적인 소매점 간의 격차가 좁혀짐에 따라 가격 할인폭도 점차 작아지고 있다.

셋째, 창고소매업 클럽(warehouse clubs)은 도매클럽(wholesale club) 또는 회원창고 소매업(membership warehouse)이라고 불리우는데, Sam's Club, Costco, BJ's 등이 대표적인 예이다.

창고소매업 클럽은 규모는 거대하지만 실내장식이 거의 없는 창고형 점포이다. 고객은 가구나 무거운 가전제품, 기타 커다란 제품을 계산대까지 직접 끌고 가야 한다. 또한 배달 서비스가 안 되고 신용카드를 이용할 수 없다. 그러나 모든 상품을 초저가로 구입할 수 있으며, 몇몇 선정된 상표품은 엄청나게 싼 가격으로 구입할 수 있다.

창고소매업 클럽은 특가품을 찾은 저소득층 고객뿐만 아니라 필수품을 구매하는 고객으로부터 사치품 구매고객까지 광범위한 고객층을 끌어들이면서 급속하게 성장하고 있다. 또한 이 소매업은 소매 컨셉트가 신명품족(new luxury)이라고 부르는 도시에 사는 세련된 부류의 소비자를 끌어들이고 있다.

4) 소매 조직체

소매점은 거의 소매상들에 의해 소유되고 있지만, 기업형 또는 계약형 조직의 형태로 결합되는 경우도 있다. 소매 조직체 유형에는 회사체인, 임의체인, 소매상 조합, 프랜차이즈 조직, 머천다이징 복합기업 등이 있는데, 〈표 13-2〉와 같다.

〈표 13-2〉 주요 소매 조직체 유형

유형	내용	예
회사체인 (corporate chain stores)	두 개 이상의 상점이 공동으로 소유되고 통제되며, 중앙집중식 구매와 머천다이징을 하며 비슷한 계열의 상품을 판매한다. 회사체인은 모든 유형의 소매활동에서 볼 수 있지만, 백화점, 잡화점, 식품점, 드럭스토어, 양화점, 여성의류점 등에서 가장 두드러지게 볼 수 있다.	시어스(Sears), 세이프웨이(Safeway), CVS, 윌리엄스 소노마(Williams-Sonoma)
임의체인 (voluntary chains)	도매상 후원의 독립 소매상 집단으로, 단체구입과 공동 머천다이징을 한다.	IGA(independent Grocers Alliance), Wastern Auto, Do-It Best hardware, True Value
소매상조합 (retailer cooperatives)	독립적인 소매상이 중앙 구매조직을 만들고, 공동 판매촉진을 한다.	식품연합 (Associated Grocers), Ace
프랜차이즈 조직 (franchise organizations)	프랜차이즈 본부(franchisers: 제조업자, 도매상, 서비스 조직)와 프랜차이즈 가맹점(franchisees: 프랜차이즈 시스템 내에서 한 개 이상의 단위점포에 대한 소유 및 영업권을 구입한 독립사업가) 간에 맺어진 계약에 의해서 형성된 조직이다. 프랜차이즈 조직은 독특한 제품이나 서비스, 사업방법, 상표명, 영업권, 또는 프랜차이즈 본부가 개발한 특허권 등에 기반을 두고 있다.	맥도날드(McDonald's), 서브웨이(Subway), 피자헛(Pizza Hut), 지피루브(Jiffy Lube), 마이니크머플러(Meineke Mufflers), 세븐일레븐(7-Eleven)
머천다이징 복합기업 (merchandising conglomerates)	여러 가지 다각화된 소매업 계열과 형태들을 중앙 소유권 하에 결합한 자유로운 형태의 기업으로서, 유통기능과 관리기능을 어느 정도 통합한다.	리미티드 브랜즈 (Limited Brands)

체인점(chain store)이란 공동으로 소유되고 통제되는 두 개 이상의 점포로서 독립적인 소매상에 비해 많은 장점이 있다. 우선 규모가 크기 때문에 저가로 대량구매가 가능하다. 그리고 가격, 촉진, 상품화(merchandising), 재고관리, 판매예측 등을 행하는 전문가를 고용할 수 있다.

(1) 회사체인

〈표 13-2〉와 같이 회사체인(corporate chain)은 두 개 이상의 소매상이 공동으로 소유되고 통제되며, 중앙집중식으로 구매하고, 머천다이징을 하며, 비슷한 지역에 상품을 판매한다.

(2) 임의체인

임의체인(voluntary chain)은 단체구입과 머천다이징을 수행하는 도매상이 후원하는 독립 소매상의 집단으로 계약형 조합이다.

(3) 소매상 조합

소매상 조합(retailer cooperate)이란 독립 소매상들의 계약형 조합의 하나로서, 독립 소매상이 결합하여 공동소유의 도매업을 운영하며, 머천다이징과 촉진활동을 공동으로 수행한다.

이 조직을 통해서 독립 소매상은 구매와 촉진활동에 있어서 경제성을 달성하고, 회사체인과 가격경쟁을 할 수 있다.

(4) 프랜차이즈

프랜차이즈(franchise)도 역시 계약형 소매조직의 한 형태로서, 독특한 제품이나 서비스, 사업방법, 상표명, 영업권 또는 프랜차이즈 본부(공여기업)가 개발한 특허권을 갖고 있다.

프랜차이징은 즉석식품, 피트니스 센터, 미용실, 자동차 대여점, 모텔, 여행사, 부동산 및 기타 많은 제품 및 서비스 분야에서 이용되고 있는데, 소비자의 욕구를 충족시키는 것이라면 어떤 분야에도 적용될 수 있다.

(5) 머천다이징 복합기업

머천다이징 복합기업(merchandising conglomerate)은 중앙집중적 소유권 하에서 여러 상이한 소매업 형태들이 결합한 기업이다. 예를 들어, Limited Brands사는 Limited, Express, Victoria's Secret, Bath & Body Works, White Bara, Candle Company를 운영하고 있다.

이와 같은 복수상표 전략과 유사한 다각화된 소매업은 각각의 소매운영에 대해 우수한 관리 시스템과 경제성을 제공하는 혜택을 준다.

3. 소매상의 마케팅 의사결정

소매상은 고객을 끌어들이고 유지하기 위해 항상 새로운 마케팅 전략을 수립하고 있다. 그러나 오늘날 소매상의 상품구색과 서비스는 점점 비슷해지고 있다. 이에 따라 현재 어떤 소매상도 독점적으로 상품을 제공하기가 더욱 어려워지고 있다.

소매상 간의 서비스 차별화도 역시 퇴색되고 있다. 많은 백화점들이 서비스를 줄이고 있는 반면에, 할인점은 서비스를 증가시키고 있기 때문이다. 한편 고객은 과거보다 더욱 현명해지고 가격에 민감해지고 있다. 이에 따라 오늘날 소매상은 자신의 마케팅 전략을 재고해야 한다는 사실을 터득하고 있다(〈그림 13-1〉 참조).

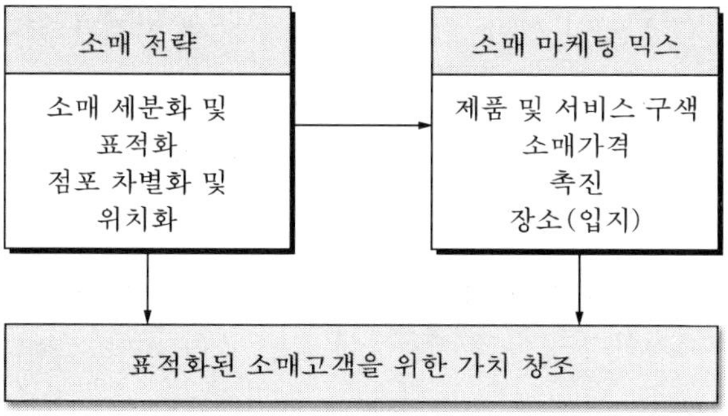

〈그림 13-1〉 소매상의 마케팅 전략

1) 표적시장과 위치화 결정

우선 소매상은 표적시장을 결정하고, 그 시장에서 어떻게 위치를 구축할 것인가를 결정해야 한다. 즉 고소득층, 중산층, 저소득층 구매자 중 누구에게 초점을 맞출 것인가, 표적구매자들은 다양한 상품구색, 깊이 있는 상품구색, 편의성 또는 저렴한 상품가격 중 어떤 것을 원하는가 등을 고려하여 표적시장과 위치화를 결정해야 한다.

시장에 대한 정의와 그 시장의 고객특성을 파악해야만 상품구색, 서비스, 상품가격, 광고, 실내장식 등에 대한 일관성 있는 의사결정을 할 수 있다. 즉 성공적인 소매상이 되기 위해서는 표적시장을 분명하게 정의하고, 그 시장에서 강력한 위치를 구축해야 한다. 예를 들어, Wal-Mart사는 저렴한 가격으로 위치화되어 있는 반면에 Target사는 고급할인점으로 적소시장을 표적으로 함으로써 할인된 가격을 제공하지만, 고급스러운 스타일과 디자인, 그리고 높은 수준의 서비스로 할인경쟁을 하고 있다.

2) 상품구색과 서비스 결정

소매상은 상품구색, 서비스 믹스, 점포 분위기와 같은 세 가지 중요한 제품변수에 대해 결정해야 한다.

(1) 소매상의 상품구색

소매상의 상품구색(product assortment)은 표적구매자의 기대와 일치함과 동시에 다른 소매상과 차별화되어야 한다. 이러한 전략에는 세 가지가 있다.

첫째, 자체 상표나 소매상 상표(private brand : PB)를 제공하거나 또는 독점판매권을 갖고 있는 제조업체 상표(national brand : NB)와 같이 경쟁되는 소매상이 취급하지 않는 상품을 제공하는 것이다.

둘째, 화제거리가 되는 상품에 대해 이벤트를 기획하는 것이다. 예를 들어, 인도나 중국과 같은 특정 국가의 상품들을 이용하여 특별 쇼를 하는 것이다. 또는 2등품, 과잉 재고상품, 회사정리 상품들에 대해 초염가 판매행사를 하는 것과 같이 깜짝 기획상품전을 하는 것이다.

셋째, 매우 세분화된 표적시장을 대상으로 상품구색을 제공하여 차별화하는 것이다. 예를 들어, 초대형 사이즈 의류를 판매하거나, 성인용 장난감 매장에서 진귀한 상품을 제공하는 것이다.

(2) 서비스 믹스

서비스 믹스(service mix)는 소매상이 고객과의 직접적인 접촉을 통해서 또는 전화나 웹을 통해서 고객의 질문에 응답하고, 서비스 담당자와 상담을 할 수 있도록 하는 것이다.

예를 들어, 스스로 조립하는 방법에 대해 교육하는 것에서부터 전용 신용카드에 이르기까지 DIY(do-it-yoursell) 고객에 대해 다양한 서비스 믹스를 제공하는 것이다.

(3) 점포 분위기

점포 분위기(store's atmosphere)는 상품의 매력도를 높이는 요소로서, 점포의 진열과 배열(layout)은 고객의 쇼핑을 불편하게 또는 편하게 만든다. 즉 산만하다, 쾌적하다, 어두침침하다, 화려하다 등과 같은 점포의 느낌을 주는 것이다.

소매상은 표적고객에게 적합하며 또한 구매를 유도할 수 있는 점포 분위기를 설계해야 하는데, 그 이유는 그 곳에서 제품에 대한 정보를 획득하고 제품을 사용해 볼 수 있기 때문이다.

어떤 소매상은 경험 소매업(experiential retailing)을 실천하고 있는데, 예를 들어, 점포 내에 있는 커다란 벽에서 등산용품을 사용할 수 있으며, Gore-Tex 비옷을 가상의 소나기 속에서 시험할 수가 있다. 상기와 같이 많은 소매상들이 자사의 점포를 고객이 독특하고 흥미로운 쇼핑환경을 경험할 수 있는 현장으로 변화시키고 있다.

이 모든 것은 소매점이 단순히 상품의 구색을 갖추는 것 이상이라는 것을 보여준다. 즉 이런 소매점은 그곳에서 쇼핑하는 사람들이 경험하게 되는 환경이다. 따라서 점포의 분위기는 소매상이 경쟁사의 점포와 자사 점포를 차별화하는 강력한 수단이 된다.

3) 가격결정

소매상의 가격결정은 표적시장과 위치화, 제품과 서비스의 구색, 경쟁상황에 맞도록 수립되어야 한다. 모든 소매상은 높은 마진과 많은 판매량을 추구하지만, 두 가지를 동시에 성취하기는 어렵다. 따라서 소매상은 높은 마진에 적은 판매량(전문점)이나, 낮은 마진에 많은 판매량(할인점) 중에서 하나를 추구한다.

그리고 소매상은 어느 정도의 할인 그리고 가격촉진을 사용할 것인가를 결정해야 한다. 즉 어떤 소매상은 가격을 이용하여 촉진을 하지 않고 대신에 제품과 서비스 질로 경쟁한다. 또 다른 소매상은 고-저 가격정책을 구사한다. 즉 매일 판매되는 상품에 대해 상대적으로 높은 가격을 부과하고, 가격할인 촉진을 자주 행한다. 이 촉진전략은 주로 매장에 고객을 많이 끌어들이거나 판매가 잘 안 되는 재고를 처분하는데 사용된다. 이러한 전략으로 소비자는 가격이 저렴하다는 소매점 이미지를 갖게 되고, 통상가격으로 다른 제품을 구입하는 소비자를 소매점으로 끌어들인다. 또 다른 소매점(Wal-Mart, Costco, Home-Depot 등)은 매일매일 저가격(EDLP : everyday low pricing)을 실행하여 언제나 대부분의 상품에 대해 낮은 가격을 유지하고, 가격할인은 거의 하지 않는다. 상기의 전략 중 어느 것이 최상의 가격인가는 그 소매상의 마케팅 전략과 경쟁사들의 가격정책에 따라 결정된다.

4) 촉진결정

소매상은 소비자에게 접근하기 위해 광고, 인적판매, 판매촉진, PR, 직접 마케팅 등의 촉진믹스를 사용한다. 그리고 소매상은 신문, 잡지, TV, 라디오, 인터넷에 광고를 하거나, 신문에 삽입되는 광고물이나 직접우편물을 이용할 수도 있다. 인적판매는 고객을 맞이하는 방법, 고객의 요구에 응대하는 방법, 고객의 불만을 처리하는 방법에 대해 충분히 훈련된 판매원이 있어야 가능하다.

또한 소매상의 판매촉진은 매장 내 실연(demonstration), 진열, 콘테스트 및 유명인사 탐방 등을 이용하기도 한다. 그리고 PR활동에는 기자회견이나 연설, 점포 개점행사, 특별행사, 사보, 잡지 그리고 공공서비스 활동 등을 할 수도 있다. 또한 대부분의 소매상은 웹사이트를 구축하고 있는데, 이것은 고객에게 정보와 다른 특성을 제공하며, 상품을 직접 판매하기도 한다.

5) 입지결정

소매상의 성공의 결정은 무엇보다도 입지이다. 즉 소매상이 표적고객에게 접근하기 쉬우면서 또한 자사의 위치화와 일치하는 점포 위치를 선정하는 것은 매우 중요하다. 다만 소규모 소매상의 위치 결정은 대규모 소매상에 비해 크게 문제가 되지 않을 수도 있다.

오늘날 대부분의 점포들은 고객을 끌어들이는 힘을 증가시키고, 고객에게 원스톱 쇼핑(one-stop shopping)의 편리함을 제공하기 위해 밀집되어 있다. 이에 달라 소매점은 중앙상업지구, 쇼핑센터, 지역형 쇼핑센터, 커뮤니티형 쇼핑센터, 근린형 쇼핑센터, 파우워 센터 등이 있다.

(1) 중앙상업지구

중앙상업지구(central business district)는 과거의 중요한 소매밀집 형태로서, 대도시의 도심에 백화점, 전문점, 은행, 극장 등이 모여 있는 형태이다.

그러나 사람들이 교외로 이주함에 따라 중앙상업지구는 교통, 주차, 범죄의 문제로 큰 타격을 받고 있다. 따라서 도심상인들이 교외로 쇼핑센터 지점을 개설하고 있다.

(2) 쇼핑센터

쇼핑센터(shopping center)는 하나의 단위로 계획, 개발, 소유, 관리되는 소매사업체들의 집단이다.

지역(교외)형 쇼핑센터(regional shopping center 또는 regional shopping mall)는 40개에서 200개 정도의 점포들이 있는 크고 웅대한 쇼핑센터이다. 이곳은 소규모 도심지역과 같은 곳으로서, 광범위한 지역의 고객을 끌어들인다.

커뮤니티형(공동체형) 쇼핑센터(community shopping center)는 15~40개의 소매점포로 형성된다. 이곳에는 백화점 지점, 잡화점 지점, 슈퍼마켓, 전문점, 전문사무실, 은행 등이 있다.

근린형 쇼핑센터(neighborhood shopping center) 또는 소형상가(strip mall)는 보통 5~15개의 점포로 이루어진다. 이것은 주거단지와 가까이에 위치하며, 소비자에게 편리함을 제공한다. 이곳에는 슈퍼마켓, 할인점과 세탁소, 셀프서비스 빨래방, 비디오 대여점, 이발소와 미용실, 철물점과 같은 서비스 점포가 있다.

3) 파우워 센터

파우워 센터(power center)는 최근에 등장한 쇼핑센터로서, 거대하고 개방적인 형태이다. Wal-Mart, Home-Depot, Costco, Bestbuy, Officebox 등과 같은 독립 건물로 된 대형 유명점포를 포함한 여러 소매점포들이 길게 늘어져 있는 형태이다.

각 점포는 한 점포만을 방문하고자 하는 구매자를 위해 정면에 있는 주차장을 활용할 수 있는 입구를 확보하고 있는데, 이것은 전통적인 실내 쇼핑몰에 도전하기 위해 출현하였으며, 급격히 증가하고 있다.

상기와 같은 형태와는 별도로, 호화스러운 Mall of America와 같은 초대형 쇼핑센터(mega malls)가 성장하고 있으며, 가치지향적인 할인몰(outlet mall)과 파우워 센터 그리고 다른 한편으로 소규모의 라이프스타일 센터(lifestyle center)가 출현하고 있다. 라이프스타일 센터는 고급 상점, 편리한 위치, 고급스러운 점포 분위기를 가진 소규모한 쇼핑몰로서, 부유층의 거주지 인근에 입지하여, 그 지역 소비자의 요구에 적합한 제품과 서비스를 제공한다. 이와 같이 향후 쇼핑몰은 단지 제품을 구입하는 장소라기보다는 어떤 것을 창출하는 장소가 되고 있다.

4. 소매업의 미래

소매상은 자신에게 기회와 위협을 주는 변화하는 환경 속에서 활동하고 있다. 즉 소비자의 주머니를 차지하기 위해 치열한 경쟁을 하고 있다. 소비자의 인구 통계적 특성, 라이프스타일, 쇼핑패턴이 급격하게 변화함에 따라 소매업의 기술 역시 빠르게 변화하고 있다. 그러므로 소매상이 성공하기 위해서는 표적시장을 신중하게 선정하고, 강력한 위치를 구축해야 한다. 또한 경쟁적인 전략을 수립하고 실행하기 위해 아래와 같은 소매업의 발전추세를 고려해야 한다.

1) 새로운 소매업태의 출현과 소매 수명주기의 단축

변화하고 있는 소비자의 욕구와 소매환경에 대응하기 위해 새로운 소매업태가 계속 등장하고 있지만, 그 수명주기는 더욱 더 짧아지고 있다. 이에 따라 외관적으로 탄탄하게 보이는 소매업의 위상은 급격히 무너질 수 있다. 새로운 소매업태들이 과거와 달리 성숙기까지 걸리는 시간이 과거보다 훨씬 짧아지고 있으며, 그에 따라 더 빨리 쇠퇴기에 이르게 될 것이다.

소매업의 이러한 진화발전은 부분적으로 소매업 수레바퀴(wheel of retailing) 개념으로 설명된다. 즉 많은 새로운 유형의 소매업태는 저마진, 저가격, 고급스럽지 않은 점포운영 방식으로 시작하여 비용과 마진의 증가로 비대해진 기존의 소매상에 도전한다. 기존의 비대한 소매상을 압도하여 성공한 새로운 소매상은 점차 시설을 개선하고 더 많은 서비스를 제공하게 되고, 그 결과로 비용이 증가하여 가격도 상승한다. 결국 새로운 소매상은 자신이 무너뜨린 기존의 전통적인 소매상과 같은 길을 가는 것이다. 이러한 순환과정은 낮은 원가와 낮은 가격을 가진 새로운 유형의 소매상의 출현으로 다시 시작된다. 즉 소매업 수레바퀴의 개념은 백화점, 슈퍼마켓, 할인점 그리고 오프프라이스 소매점의 초기 성공과 그 이후에 고전하고 있는 현상을 설명한다.

2) 무점포 소매업의 등장

대부분의 사람들이 아직도 점포에서 구매하는 고전적인 방식을 취하고 있지만, 오늘날 소비자는 우편주문, TV홈쇼핑, 전화주문, 인터넷 쇼핑 등과 같은 여러 가지 방법으로 제품을 구입하고 있다. 이러한 소매업의 발전은 어떤 전통적인 소매상에게는 위협적인 것일 수도 있지만, 또 다른 소매상에게는 기회를 제공한다. 현재 대부분의 소매상은 직접적인 소매경로를 개발하고 있다. 또한 온라인 소매상도 온라인만(click-only) 이용하기 보다는 온라인과 오프라인을 동시에(click-and-brick) 활용하고 있다.

무점포 소매업의 가장 새로운 형태는 온라인 소매업이다. 수년 전만 해도 온라인 소매업에 대한 전망은 매우 좋았지만, 닷컴기업(dot.com)들의 몰락으로 온라인 소매업의 전자소매(e-tailing)는 위기를 맞고 있다. 상기의 위기 속에서도 운영이 잘 되고 성장하고 있는 온라인 소매상이 존재하고 있다. 즉 사용하기 쉬운 웹사이트, 온라인 서비스의 개선, 검색기술의 발전으로 온라인 사업이 점차 번창하고 있다.

현재 모든 형태의 소매상이 중요한 마케팅 수단으로 웹을 사용하고 있다. 또한 적소시장의 마케팅 관리자들은 신규 고객을 유치하여 매출액을 증가시키기 위해 웹을 사용하고 있다. 이에 대해 수많은 고객들은 더 정교해진 검색엔진과 가격비교 사이트를 이용하여 전자적인 방법으로 소매거래를 하고 있다.

과거의 오프라인 소매상이 온라인 소매거래를 합침으로써, 상당수는 가상의 세계와 현실의 세계를 성공적으로 결합한 복수경로 소매상(multi-channel retailer)이 되고 있다. 즉 오프라인 매장과 온라인 채널은 서로에게 도움을 주고 있다. 그 결과 오프라인과 온라인이 결합된 소매상들은 많은 매출을 올리고 있다.

3) 소매의 집중화

오늘날 상이한 유형의 많은 소매상이 동일한 고객을 차지하기 위해 동일한 제품을 동일한 가격으로 판매하고 있다. 즉 동네서점, 창고소매업 클럽, 수퍼스토어, 웹사이트에 이르는 여러 형태의 점포에서 책을 구입할 수 있다. 또한 가전제품의 경우에도, 백화점, 할인점, 전문점, 오프프라이스(저가격) 소매점, 전자제품 수퍼스토어(양판점), 그리고 수많은 웹사이트가 동일한 고객을 대상으로 경쟁하고 있다.

이와 같이 소비자, 제품, 가격, 소매상의 융합을 소매 집중화(retail convergence)라고 한다. 즉 모든 수준의 고객이 동일한 점포에서 동일한 제품을 구입하기 위해 쇼핑을 하고 있으므로, 할인점, 전문점, 백화점과 같은 구분은 의미가 없어지고 있다. 이에 따라 소매점이 성공하기 위해서는 상품구색, 서비스, 가격이 경쟁사들과 차별화되고 대응해야 한다.

집중하는 소매상들 간의 경쟁이 더 치열하게 되면, 차별화는 더 어렵게 된다. 특히 체인 형태의 수퍼스토어와 소형 독립소매상들 간의 경쟁이 과열되고 있다. 체인점은 대량구매량과 많은 판매량 때문에 저가격으로 구입하여 저마진으로 번성하고 있다.

이에 따라 수퍼스토어가 출현함으로써 인근의 독립 소매상은 파산의 위기에 처할 수 있다.

그러나 상기의 현상으로 인해 소규모한 독립 소매상들이 불리한 처지에 있는 것은 아니다. 일부 소규모한 독립 소매상들은 수퍼스토어가 제공할 수 없는 개인적인 관계를 형성하고 있으며 또한 전문품 적소시장을 충족시킴으로써 충성적인 고객을 확보하고 있다.

4) 초대형 소매상의 출현

거대한 양판점과 전문품 수퍼스토어의 등장, 수직적 마케팅 시스템의 구축 그리고 소매업의 인수합병이 추진됨으로써 막강한 초대형 소매상이 출현하고 있다. 초대형 소매상은 양호한 정보 시스템과 구매력을 이용하여 소비자에게 우수한 상품과 서비스를 저렴한 가격으로 제공하고 있다. 그 결과로 초대형 소매상은 규모가 작고 영세한 경쟁사를 압박함으로써 더 크게 성장하고 있다.

또한 초대형 소매상은 소매상과 생산자 간의 힘의 균형을 이동시키고 있다. 현재 소수의 거대한 소매상은 제조업자와의 거래에서 우위를 차지함으로써 제조업자가 수많은 소비자에게 접근하는 것을 통제하고 있다.

5) 소매기술의 중요성 증가

소매기술이 소매상에게 경쟁적인 도구로서 매우 중요해지고 있다. 진보적인 소매상은 보다 정확하게 예측하고, 재고비용을 줄이고, 공급자에게 전자식으로 주문하고, 점포들 간에 정보를 교환하고 또한 점포내에서 고객에게 판매하기 위해 정보기술과 소프트웨어 시스템을 사용하고 있다. 즉 이러한 소매상은 계산대의 스캐닝 시스템, 온라인 거래처리, 전자 자료 교환, 점포내 TV, 상품처리 시스템 등을 사용하고 있다.

소매상들이 이용하고 있는 기술 중 가장 눈부신 발전은 고객과 관계를 맺는 방법에 관한 것이다. 현재 많은 소매상이 터치스크린 키오스크(kiosk), 고객우대카드, 전자선반 라벨, 전자선반 표기, 휴대용 쇼핑지원 기기, 스마트 카드, 셀프 스캐닝 시스템, 가상현실진열과 같은 기술을 사용하고 있다.

6) 주요 소매상의 세계적인 확대

독특한 운영방식과 강력한 상표 위치화를 구축한 소매상은 국내시장의 차원을 넘어 세계적으로 그 시장을 확장하고 있다. 예를 들어, McDonald's, Wal-Mart, 카루프, Mark & Spenser 등 소매상이 빠른 속도로 세계적인 입지를 확보하고 있다.

이러한 세계시장으로의 진출은 미국기업뿐만 아니라 유럽과 아시아 기업에서 이루어지고 있다. 즉 프랑스의 Carrefour, 독일의 Metro와 Aldi, 영국의 Tesco, 일본의 Yaohan 슈퍼마켓, 스웨덴의 IKEA 가정용 가구점 등이 있다.

7) 공동체 또는 집합소로서의 소매점

혼자 사는 사람, 집에서 일하는 사람, 또는 도심에서 멀리 떨어져 있는 사람들이 증가함에 따라, 소매상들은 제품과 서비스를 제공하는 것에 추가하여 사람들이 함께 있을 수 있는 공간을 제공하고 있다. 이러한 공간에는 커피숍, 쇼핑몰, 서점, 아이들 놀이방, 수퍼스토어, 그린마켓 등이 있다. 즉 오늘날 서점은 서점이기도 하고, 도서관이 되며, 거실의 역할도 하며, 커피숍이 되고 있다. 즉 책만을 파는 것이 아니라, 편안함, 휴식, 공동체와 같은 책 그 이상의 것을 판매한다.

그러나 오프라인 소매점만이 공동체를 조성하는 것이 아니라, 많은 소매상이 인터넷에서 가상의 공동체를 구축하고 있는데, 이 공동체는 오직 온라인 모임장소이다.

제2절 도매업

1. 도매업의 의미와 기능

도매업(wholesaling)은 재판매 또는 사업 목적으로 구입하는 고객에게 제품이나 서비스를 판매하는데 관련된 모든 활동을 의미하며, 도매활동을 행하는 기업을 도매상(wholesaler)이라고 한다.

도매상은 주로 생산자로부터 구입하여 소매상, 산업재 소매점 또는 다른 도매상에게 판매한다. 따라서 규모가 크고 영향력이 있는 도매상이라고 하더라도 최종소비자에게는 잘 알려져 있지 않다.

도매상은 생산업자에게 중요하며 또한 생산업자가 소매상이나 소비자에게 직접 판매하지 않고 도매상을 이용하는 이유는 도매상이 아래에 제시된 경로기능 중 하나 이상을 수행함으로써 가치를 부가하기 때문이다.

- **판매와 촉진**(selling and promoting) : 도매상은 제조업자들이 저렴한 비용으로 많은 소규모한 고객에게 도달할 수 있는 힘을 발휘한다. 즉 도매상은 많은 거래선을 확보하고 있으며, 지리적으로 먼 제조업자보다 구매자에게 더 많은 신뢰감을 줄 수 있다.
- **구매와 구색맞춤**(buying and assortment building) : 도매상은 품목을 선택하여 고객이 필요로 하는 구색을 맞춤으로써 소비자의 불편을 덜어준다
- **거래량 분할**(bulk-breakup) : 도매상은 대량으로 구입한 제품을 소량으로 분할하여 판매함으로써 고객으로 하여금 돈을 절약케 한다.
- **보관**(warehousing) : 도매상은 재고를 보유함으로써 공급업자와 고객의 재고비용과 위험부담을 덜어 준다.
- **운송**(transportation) : 도매상은 생산업자보다 고객과 가까이에 있으므로 고객에게 신속하게 배송할 수 있다.
- **금융**(financing) : 도매상은 고객에게 신용판매를 하고, 공급업자에게는 미리 주문하고, 지정된 일자에 대금을 지불함으로써 금융서비스를 제공한다.
- **위험부담**(risk bearing) : 도매상은 제품에 대한 소유권을 갖고, 도난, 파손, 변질, 진부화 등의 비용을 부담함으로써 위험을 감수한다.
- **시장정보**(market information) : 도매상은 공급업자와 고객에게 경쟁사의 활동, 신제품, 가격변화 등에 관한 정보를 제공한다.
- **경영 서비스와 조언**(management service and advice) : 도매상은 소매상이 자사의 판매원을 교육, 훈련시키고, 점포배치와 진열을 개선하고, 회계와 재고통제 시스템을 수립할 수 있도록 도움을 준다.

2. 도매상의 유형

도매상은 크게 상인도매상, 중개상과 대리상, 제조업자 영업점의 세 가지 유형으로 구분된다(〈표 13-3〉 참조〉).

첫째, 상인도매상(merchant wholesaler)은 전체 도매업의 상당부분을 차지하는 최대의 도매상이다. 상인도매상은 완전기능 도매상과 한정기능 도매상으로 나누어진다.

완전기능 도매상(full-service wholesalers)은 종합적인 서비스를 제공하지만, 한정기능 도매상(limited-service wholesaler)은 자신의 공급업자와 고객에게 몇 가지 서비스만 제공한다. 몇 가지 상이한 유형의 한정기능 도매상은 유통경로 상에서 다양한 전문화된 기능을 수행한다.

둘째, 중개상과 대리인은 상인도매상과는 두 가지 관점에서 상이하다. 즉 중개인과 대리인은 제품에 대한 소유권을 가지지 않으며, 단지 몇 가지 기능만 수행한다. 그리고 상인 도매상처럼 제품계열이나 고객의 유형에 따라 전문화되어 있다.

중개인(broker)은 구매자와 판매자를 같은 장소에 모이게 하여 거래협상을 도와주는 역할을 한다. 대리인(agents)은 구매자와 판매자 중 어느 한쪽을 대표하여 이들과 지속적인 관계를 유지한다. 제조업자 대리인(manufacturer's agent 또는 manufacturer's representative)은 대리 도매상 중에서 가장 일반적인 형태이다.

셋째, 제조업자 영업점(manufacturer's saler branches and office)은 독립적인 도매상을 통하지 않고 판매업자나 구매업자가 직접 운영하는 형태이다.

3. 도매상의 마케팅 의사결정

최근 도매상은 증가하고 있는 경쟁적 압력, 고객들의 더 많은 요구사항, 새로운 기술, 대규모한 산업재 구매자, 기관 구매자와 소매 구매자들에 의한 직접구매 프로그램 등에 직면하고 있다. 이러한 도매환경에 적응하기 위해 도매상은 표적시장의 선정, 위치화, 제품구색과 서비스, 가격, 촉진, 입지와 같은 마케팅 믹스에 대한 마케팅 의사결정을 해야 한다(〈그림 13-2〉 참조).

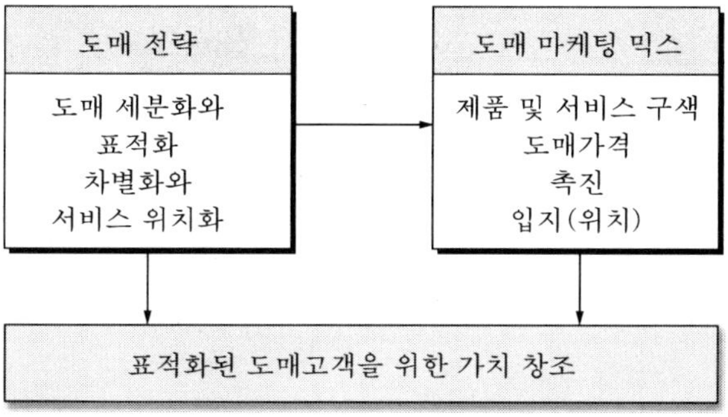

〈그림 13-2〉 도매상의 마케팅 전략

1) 표적시장과 위치화 결정

도매상은 전체 소비자들 모두에게 서비스와 제품을 제공할 수 없으므로 자신의 표적시장과 위치화를 효과적으로 정의해야 한다. 즉 도매상은 고객의 규모(대규모 소매상에 대한 공급), 고객의 유형(편의점에만 공급) 서비스의 요구수준(신용구매를 원하는 고객) 등과 같은 요인을 기준으로 표적시장을 선택할 수 있다.

여러 상이하며 이질적인 표적시장들 중에서 도매상은 보다 수익성 있는 고객을 탐색, 선택하여 표적시장으로 정하고 그에 맞는 강력한 제공물을 설계하고 또한 그들과 보다 우호적인 관계를 구축해야 한다. 또한 도매상은 자동재주문 시스템을 계획하고, 관리자 훈련과 자문 시스템을 마련하며, 임의체인을 후원할 수 있다. 그리고 도매상은 규모가 작은 고객에게는 대량주문을 요구하거나 추가적인 서비스에 대한 요금을 청구함으로써 수익성이 낮은 고객을 줄일 수 있다.

2) 마케팅 믹스 결정

도매상은 제품구색과 서비스, 가격, 촉진, 입지에 대해 결정해야 한다.

첫째, 도매상은 제공하는 제품과 서비스 구색에 대해 결정해야 한다. 도매상은 모든 제품계열을 취급해야 하고, 즉시 배송하기 위해 충분한 재고를 확보해야 하는 압력을 받고 있다. 그러나 이러한 압력은 수익에 영향을 줄 수 있으므로, 도매상은 자신이 취급하는 제품계열의 수를 줄이고, 수익성이 높은 계열만을 선택하여 취급하고 있다. 또한 도매상은 강력한 고객관계를 구축하기 위해 어떤 서비스를 포함하고 제외할 것인가, 또한 요금을 부과할 서비스는 어떤 것인가를 재검토해야 한다. 즉 표적고객에게 가장 가치 있는 서비스 믹스를 찾아야 한다.

둘째, 가격 역시 중요한 결정요소이다. 도매상은 일반적으로 표준마진율에 의해 가격을 정한다. 그러나 새로운 고객을 확보하기 위해 어떤 제품계열에 대해서는 마진율을 줄이기도 한다. 또한 도매상은 공급업자의 판매를 증가시킬 수 있다고 판단하면 공급업자에게 특별가격을 요구할 수도 있다.

셋째, 촉진도 중요한 성공요인이지만, 도매상은 촉진에 거의 신경을 쓰지 않는다. 즉 도매상은 유통업체용 광고, 판매촉진, 인적판매, PR 등을 무계획적으로 수행한다. 즉 인적판매의 경우 판매원은 한 사람의 고객과 이야기하는 것으로 여기고 있다. 도매상은 비인적 촉진기법을 사용할 필요가 있다. 그리고 도매상은 전반적인 촉진전략을 개발하고, 공급업체가 제공하는 촉진물과 촉진 프로그램을 사용해야 한다.

넷째, 입지로서, 도매상은 자신의 위치, 시설물, 웹사이트 위치를 신중하게 선택해야 한다. 일반적으로 도매상은 임대료가 저렴하고, 세금이 낮은 지역에 위치하고 자신의 사무실이나 시설 및 관리 시스템에는 거의 돈을 투자하지 않는다. 그 결과 자재취급과 주문처리 시스템이 뒤쳐져 있다. 그러나 규모가 크고 혁신적인 도매상은 자동화 창고와 온라인 주문 시스템을 도입하여 원가상승에 대응하고 있다. 즉 컴퓨터를 이용하여 회계, 계산서 발행, 재고통제, 수요예측 등을 실시한다. 즉 현대적인 도매상은 자신의 서비스를 표적고객의 요구에 맞추고 또한 원가를 절감할 수 있는 사업방법을 탐색하고 있다.

4. 도매업의 추세

오늘날 도매상은 여러 가지 도전적인 문제에 직면하고 있다. 즉 가격인상에 대한 고객의 강력한 저항, 원가와 품질에 기초하여 부가가치를 창조하지 못하는 공급업자를 제외시키려는 것 등의 추세에 노출되어 있다.

그러나 혁신적인 도매상은 표적고객과 공급업자들의 변화하는 욕구를 충족시키기 위한 더 좋은 새로운 방법을 모색하고 있다. 즉 도매상은 장기적으로 생존할 수 있는 유일한 길이란 마케팅 경로 전체의 효율성을 높임으로써 가치를 부가해야 한다는 사실을 인식하고 있다.

첫째, 대형 도매상과 대형 소매상의 구분이 점차 애매해지고 있다. 많은 소매상이 여러 도매기능을 수행하는 도매클럽이나 하이퍼마켓의 형태로 운영되고 있으며, 또한 한편 많은 대형 도매상은 자사 소유의 소매점을 운영하고 있기 때문이다.

둘째, 도매상은 자신이 소매상에게 제공하는 서비스, 즉 소매가격 결정, 협동광고, 마케팅 및 경영보고서, 회계 서비스, 온라인 거래 및 기타 서비스를 증가시키기 위한 노력을 계속해야 한다. 즉 자신의 고객에게 가치를 효과적으로 전달하는 방법을 발견하지 못하는 도매상은 도태될 상황이 오게 될 것이다. 그러나 자동화, 전산화, 웹기반 시스템의 사용이 증가됨으로써 도매상은 주문, 수송 및 재고처리에 소요되는 비용을 절감할 수 있으며 또한 생산성이 높아지게 된다.

마지막으로, 국내시장의 성장이 둔화되고, 국제무역기구(EU, NAETA 등)가 탄생함으로써 대형 도매상은 국제화를 추진할 수밖에 없게 되었다. 즉 자국시장은 물론 해외시장으로 그 활동범위를 넓혀가는 것이 하나의 돌파구가 되고 있다.

참고문헌

윤훈현 역, 『마케팅 관리론』, 12판, 피어슨, 2006.

"2006 Global Powers of Retailing," *Stores*, January 2006.

Kathleen Seiders and Glenn B. Voss, "From Price to Purchase," *Marketing Management*, November-December 2005, pp. 38-43.

Kotler P. and Gary Armstrong, *Marketing : An Introduction*, 9th ed., Pearson, 2009.

Kotler P. and Gary Armstrong, *Principles of Marketing*, 12th ed., Pearson, 2008.

Kotler P. and Kevin Lane Keller, *Marketing Management*, 13th ed., Pearson, 2009.

Malcolm, P. McNair and Eleanor G. May, "The Next Revolution of the Retailing Wheel," *Harvard Business Review*, September-October 1978, pp. 81-91; Stephen Brown, "The Wheel of Retailing: Past and Future," *Journal of Retailing*, Summer 1990, pp. 143-147.

Robert Berner, "Dark Days in White Goods for Sears," *Business Week*, March 10, 2003, pp. 78-79.

Susan Reda, "Filling My Cart at Costco," *Stores*, February 2005, p. 8.

14
chapter

통합적 마케팅 커뮤니케이션 전략 : 고객가치에 대한 커뮤니케이션

제 1 절 커뮤니케이션과 촉진믹스

1. 고객관계 구축과 커뮤니케이션

양호한 고객관계를 구축하기 위해서는 우수한 제품을 개발하고 가격을 매력적으로 책정하고, 표적 소비자가 용이하게 구입할 수 있도록 하는 것 이상이 요구된다. 즉 마케팅 기업은 모든 커뮤니케이션 활동을 계획하고, 이를 신속하게 결합하여 통합적 마케팅 커뮤니케이션 프로그램으로 만들어야 한다.

우수한 커뮤니케이션은 어떤 관계를 구축하고 유지하는데 중요한 역할을 수행할 뿐만 아니라, 수익성 있는 고객관계를 구축하기 위한 기업의 노력 중 핵심적인 요소이다.

2. 촉진믹스

마케팅 커뮤니케이션 믹스(marketing communication mix) 또는 촉진믹스(promotion mix)는 고객가치를 설득력 있게 전달하고 고객관계를 구축하기 위해 사용되는 광고, 판매촉진, 인적판매, 공중관계, 직접 마케팅 도구들의 구체적인 조합을 의미한다. 상기의 여섯 가지 주요 촉진 도구에 대한 정의는 아래와 같다.

- **광고**(advertising) : 특정한 광고주가 자신의 아이디어, 제품 또는 서비스에 대해 대가를 지불하면서 비인적 매체를 통해 전달하고 촉진시키는 수단이다.
- **판매촉진**(sales promotion) : 제품 또는 서비스의 사용이나 구매를 촉진시키기 위한 단기적이며 다양한 자극책으로서의 수단이다.
- **인적판매**(personal selling) : 한 사람 또는 그 이상의 잠재구매자와 직접 대면하면서 상호작용을 통해 판매제시를 하며, 질문에 응답하고, 주문을 획득하는 등 고객관계를 구축하기 위한 판매원의 활동이다.
- **공중관계**(public relation) : 긍정적인 홍보를 확보하고, 호의적인 기업 이미지를 구축하고, 부정적인 소문, 이야기 또는 사건에 대처하거나, 이를 교정함으로써 기업의 다양한 공중과 우호적인 관계를 구축하기 위해 설계된 여러 가지 다양한 프로그램을 말한다.
- **직접 마케팅**(direct marketing) : 특별한 고객 및 예상 잠재고객으로부터 즉각적인 반응을 확보하고 지속적인 고객관계를 조성하기 위한 직접 의사소통을 하기 위해 직접우편, 전화, 팩스, 직접 반응 TV, 전자우편, 인터넷, 기타 도구를 사용하는 것이다.
- **행사와 경험**(event and experience) : 일일 별로 또는 특별하게 상표와 관련된 상호작용을 조성하기 위해서 디자인된 것으로서 기업이 주관하는 활동이나 프로그램이다.

위에서 제시된 각 촉진도구는 소비자와 의사소통을 하기 위해 사용할 수 있는 구체적인 촉진수단들이 포함된다(〈표 14-1〉 참조). 예를 들어, 광고에는 방송, 인쇄, 인터넷, 옥외, 기타 다른 유형이 포함되며, 판매촉진에는 할인, 쿠폰, 견본, 진열, 실연 등이 포함된다. 인적판매에는 판매설명회, 업계 전시회, 인센티브 프로그램이 포함되며, 공중관계에는 보도자료, 후원, 특별행사, 웹 페이지가 포함된다. 직접 마케팅에는 카탈로그, 전화 마케팅, 광고탑, 인터넷 등이 포함된다.

〈표 14-1〉 흔히 사용되는 커뮤니케이션 수단

광고	판매촉진	행사/경험	공중관계	인적 판매	직접 마케팅
인쇄 및 방송광고 포장-외장 포장 내 삽입물 영화 브로슈어와 소책자 포스터와 리플렛 안내서 광고의 복사물 간판 진열간판 구매시점 광고 시청각 자료 상징과 로고 비디오테이프	경진회, 경기대회, 추첨 복권 경품, 프리미엄 견본배포 업계 전시회와 박람회 전시회 실연 쿠폰 환불금(rebates) 낮은 이자 오락 중고품 교환공제 단골고객 프로그램 함께 끼워팔기	스포츠 오락 페스티벌 예술 대의 공장견학 기업 박물관 거리행사	신문 게재용 자료 연설 세미나 연차보고서 자선적 기부 발간 공동체 관계 로비 기업 실제용 매체 기업 잡지	판매제시 판매회의 유인 프로그램 견본 박람회와 전시회	카탈로그 우편 전화마케팅 전자식 쇼핑 TV 쇼핑 팩스우편 전자우편 음성우편

상기의 마케팅 커뮤니케이션에는 구체적인 도구 이상의 것이 포함된다. 즉 제품 디자인, 가격, 포장 모양과 색상, 판매하는 매장 등 모든 것이 구매자에게 무엇인가를 전달한다. 따라서 촉진믹스는 마케팅 기업의 중요한 커뮤니케이션 수단들의 통합이지만, 마케팅 믹스(4P : 제품, 가격, 경로, 촉진)가 최상의 커뮤니케이션 효과를 획득할 수 있도록 조율되어야 한다.

제 2 절 통합적 마케팅 커뮤니케이션

지난 수십 년 동안 마케팅 기업은 많은 고객에게 표준화된 제품을 판매하는 대량 마케팅 기술에 숙달되었다. 그 과정에서 마케팅 기업은 대량 마케팅 전략을 지원하는데 효과적인 대중매체를 통한 커뮤니케이션 기술을 개발하여 왔다. 그러나 오늘날 마케팅 관리자는 새로운 마케팅 커뮤니케이션 환경에 직면하고 있다.

1. 새로운 마케팅 커뮤니케이션에 대한 전망

최근 마케팅 커뮤니케이션의 면모는 두 가지 요인에 의해서 변화되고 있다. 첫째, 대규모 시장이 분화됨에 따라 마케팅 기업은 대량 마케팅으로부터 그 방향을 변화시키고 있다. 즉 마케팅 관리자는 좁게 정의된 시장에 속한 고객과 긴밀한 관계를 구축하는데 초점을 맞춘 마케팅 프로그램을 개발하고 있다. 둘째, 정보기술의 발전은 세분화된 마케팅으로 이동을 가속화시키고 있다. 즉 마케팅 관리자는 새로운 정보기술을 이용하여 세부적으로 고객정보를 분석하고 고객의 욕구를 면밀하게 추적, 조사할 수 있다.

발전·개선된 정보기술을 이용하여 마케팅 기업은 고객과 서로 의사소통하는 방법을 변화시키고 있다. 디지털 시대는 이동전화, 아이팟, 인터넷에서부터 위성 TV, 유성 TV 시스템, DVR(digital video recorders)에 이르는 새로운 정보도구와 커뮤니케이션 도구를 만들어 내고 있다. 새로운 기술은 기업들이 표적고객과 상호작용할 수 있는 흥미진진한 새로운 매체수단을 제공하고 있다. 또한 새로운 기술에 의해 소비자는 보내고 받을 메시지의 특징과 시기를 선택할 수 있는 통제권을 갖게 된다.

2. 마케팅 커뮤니케이션 모델의 변화

1) 세분화된 마케팅으로의 변화와 매체의 분열화

세분화된 마케팅으로의 이동 그리고 정보 커뮤니케이션 기술의 발전은 마케팅 커뮤니케이션에 크게 영향을 미치고 있다. 즉 표적화된 마케팅으로의 이동 그리고 변화하는 커뮤니케이션 환경은 새로운 마케팅 커뮤니케이션 모델을 탄생시키고 있다. 즉 TV, 잡지, 기타 대중매체가 여전히 중요한 촉진도구이기는 하지만, 그것들의 지배력은 이제 감소하고 있다. 이에 대해 광고주와 광고대행사들은 개별화된 메시지를 더 적은 규모의 고객 세분시장에 전달하기 위해 더 전문화되고 더욱 표적화된 매체를 대안적인 매체로 추가하고 있다. 새롭게 등장하고 있는 매체로는 특별잡지, 유선TV채널, VOD에서 TV프로그램과 라디오 게임 속의 제품 삽입, 인터넷 카탈로그, 전자우편, 포드케스트(podcast)에 이르기까지 광범위하다. 종합적으로 볼 때, 마케팅 기업은 대중매체를 적게 사용하고 전문화된 매체를 더 많이 사용하고 있다.

이러한 변화로 인해 대중매체 커뮤니케이션 모델이 붕괴될 것이라고 예측하기도 한다. 이것은 마케팅 관리자가 웹사이트, 전자우편, 무선전화, VOD 등의 새로운 디지털 기술로 인해 전통적인 대중매체를 점차 포기할 것이라는 것이다. 즉 네트워크 TV와 대량 마케팅 기업에게 재앙이 되고 있는 매체의 분열화는 원하는 것을 소비하고 있는 적은 수의 소비자 집단에게 도달하며 그들과 대화할 수 있는 기회를 제공한다.

2) 네트워크 TV의 변화

매체가 분열화됨으로써 마케팅 관리자는 TV광고에 대한 믿음을 깨뜨리고 있다. 즉 대중매체의 비용이 증가하고, 청중은 감소하고, 광고혼잡상태는 증가하며, 더 많은 청중이 혼잡스러운 TV광고를 건너뛰기 위해 VOD나 티보(TiVo)와 같은 시스템을 사용함으로써 TV광고의 종말을 부추기고 있다.

이에 따라 대형 광고주들은 광고예산을 네트워크(전국망) TV에서 표적화되고, 비용효율적이며, 상호작용적이고, 청중의 흥미를 끄는 매체로 옮기고 있다. 이제 시청자는 아이팟에서 TV쇼를 보고, 비디오 게임기에서 영화를 보고, 인터넷에서 라디오를 듣는 등 다양한 새로운 방향으로 흩어지고 있다. 이에 따라 마케팅 관리자는 새롭고, 예측하기 어려운 방향으로 가고 있는 고객에게 도달할 수 있는 방법에 대한 계획을 수립하기 시작하고 있다.

매체가 분열화되고, 소비자가 다양한 방법을 이용하고 있기는 하지만, 아직까지도 네트워크 TV방송과 기타 다른 대중매체가 대부분의 주요 마케팅 기업의 촉진예산 중 상당부분을 차지하고 있다.

그러나 새로운 마케팅 커뮤니케이션 모델은 전통적인 대중매체와 더 세분화되고 개별화된 새로운 매체의 조합으로 점차 이동하는 모습을 띄고 있다.

3. 통합적 마케팅 커뮤니케이션의 필요성과 개념

1) 통합적 마케팅 커뮤니케이션의 필요성

대량 마케팅으로부터 매체의 접근방식과 커뮤니케이션 접근방식이 더 다양한 조합으로 이동함으로써, 마케팅 기업은 또 다른 문제점에 봉착하고 있다. 즉 소비자는 오늘날 광범위한 정보원천에서 나오는 상업적 메시지에 싸여 있다. 그러나 소비자는 마케팅 기업이 제공하는 다양한 메시지 원천을 구분하지 않는다. 즉 소비자가 접하는 다양한 매체에서 나오는 메시지는 마음속에서 모두 합쳐서 마케팅 기업에 대한 하나의 메시지를 형성하게 된다. 그러나 마케팅 기업이 상이한 매체에서 제공하는 상충되는 메시지는 기업 이미지, 상표 위치, 고객관계를 혼란스럽게 하는 결과를 초래할 수 있다.

마케팅은 아주 다양한 커뮤니케이션 매체를 통합시키지 못함으로써 소비자에게 전달되는 메시지를 뒤범벅하게 만들고 있다. 즉 대중매체의 광고는 어떤 것을 이야기하고, 가격촉진은 다른 신호를 보내고, 제품 포장과 표찰은 또 다른 메시지를 전달한다. 기업의 매출관련 보고서는 완전히 상이한 어떤 것을 말하고 의미하며, 기업의 웹사이트는 다른 것과 조화를 이루지 못하고 있다.

문제가 되는 것은 이러한 커뮤니케이션이 마케팅 기업의 서로 다른 부서에서 나온다는 것이다. 즉 광고 메시지는 광고부 또는 광고대행사에서 기획되고 실행되며, 인적판매 커뮤니케이션은 판매 관리팀에서 개발된다. 기업의 다른 전문가는 공중관계, 판매촉진, 행사, 인터넷 마케팅, 다른 마케팅 커뮤니케이션 유형을 책임지고 있다.

마케팅 기업은 자신의 커뮤니케이션 도구를 구분하여 사용하고 있지만, 소비자는 상이한 커뮤니케이션을 하나로 결합하여 인식하고 있다. 따라서 마케팅 기업은 소비자의 그러한 시각으로 변화해야 한다.

2) 통합적 마케팅 커뮤니케이션의 개념

오늘날 마케팅 기업은 통합적 마케팅 커뮤니케이션(IMC : integrated marketing communication)의 개념을 도입하고 있다. 〈그림 14-1〉과 같이, 이 개념에서 마케팅 기업은 조직과 상표에 대한 분명하고, 일관성 있고, 설득력 있는 메시지를 전달하기 위해 많은 커뮤니케이션 경로를 주의 깊게 통합한다.

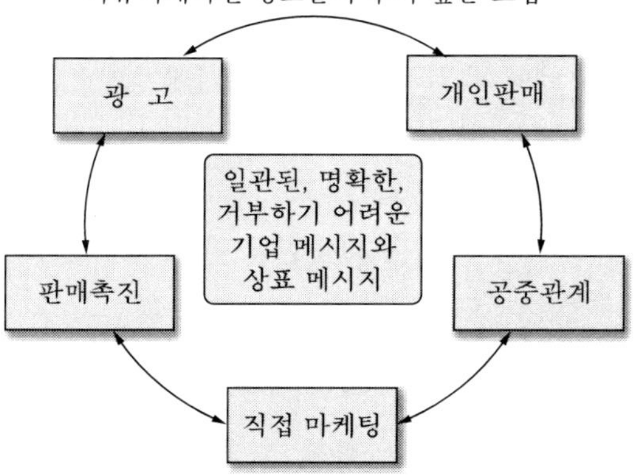

〈그림 14-1〉 통합적 마케팅 커뮤니케이션

IMC는 고객이 기업과 그 기업의 상표를 만날 수 있는 모든 접점(contact points)을 인식할 것을 요구한다. 각 상표의 접점(brand contact)은 긍정적이든 부정적이든 또는 중립적이든 어떤 메시지를 전달한다. 그리고 마케팅 기업은 각 접점마다 일관성이 있고 긍정적인 이미지를 전달하기를 원한다. 이에 IMC는 마케팅 기업과 그 기업의 제품이 고객이 당면한 문제를 해결하는데 어떻게 도움을 줄 수 있는가를 보여줌으로써 강력한 고객관계를 구축하는데 목표를 두는 전반적인 마케팅 커뮤니케이션 전략으로 연결된다(〈그림 14-2〉 참조).

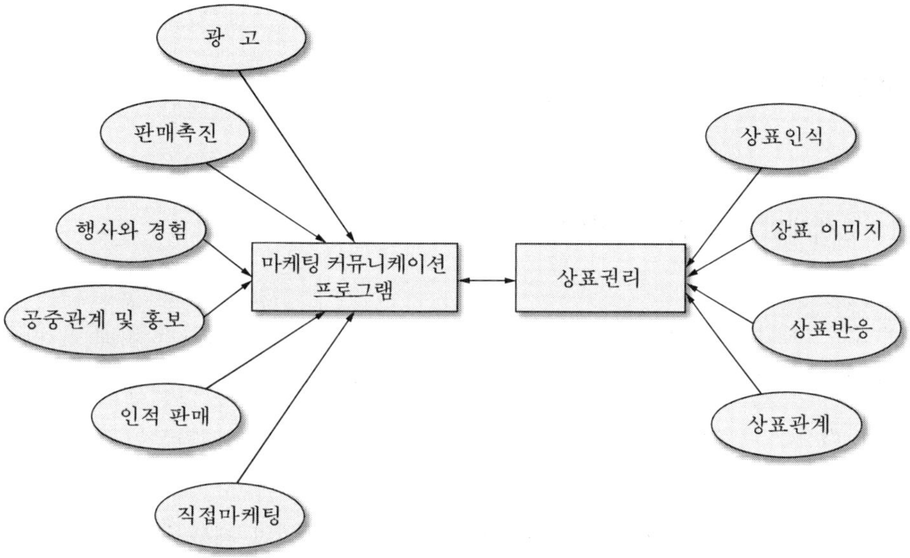

〈그림 14-2〉 상표권리를 구축하기 위한 통합적 마케팅 커뮤니케이션

또한 IMC는 마케팅 기업의 모든 메시지와 이미지를 결속시킨다. 즉 마케팅 기업의 TV광고와 인쇄광고, 전자우편과 인적판매 커뮤니케이션은 같은 메시지, 모습, 느낌이어야 하며 또한 공중관계 자료도 웹사이트와 같은 메시지와 느낌이 되어야 한다.

상기와 같은 의미에서 볼 때, 통합적 마케팅 커뮤니케이션이란 치밀하고도 포괄적인 계획으로 이루어진 부가된 가치를 인식하는 마케팅 커뮤니케이션 계획을 수립하는 개념이라고 정의할 수 있다. 그러한 계획은 다양한 커뮤니케이션 규율, 즉 일반적인 광고, 직접반응, 판매촉진 및 공중관계 등의 전략적 역량을 평가하며 또한 분명한 메시지를 분산되고 흐트러지지 않게끔 결합함으로써 명확성, 일관성, 극대효과를 제공하기 위해 상기의 여러 규율을 결합한다.

과거에는 어떤 담당자나 부서도 다양한 촉진도구의 커뮤니케이션 역할을 생각하고 촉진믹스를 조정하는 책임이 없었다. 그러나 이제 마케팅 기업은 통합적 마케팅 커뮤니케이션을 실행하기 위해 마케팅 기업의 모든 마케팅 커뮤니케이션 노력에 전체적으로 책임지는 마케팅 커뮤니케이션 책임자를 임명하고 있다. 이렇게 됨으로써 더 양호한 커뮤니케이션 일관성과 판매에 대해 더 큰 영향력을 발휘하고 있다. 즉 마케팅 기업은 수많은 기업활동으로 형성되는 기업 이미지를 통합하기 위해 이런 책임을 어떤 사람에게 위임하고 있다.

제3절 커뮤니케이션 과정

1. 고객에의 접근과 고객관계관리

통합적 마케팅 커뮤니케이션은 바람직한 청중의 반응을 획득하기 위해 표적청중을 발견하고, 잘 조정된 촉진 프로그램을 만드는 것을 포함한다. 따라서 오늘날의 마케팅 관리자는 과거의 근시안적인 접근방법에서 벗어나 커뮤니케이션을 장기간에 걸쳐 고객관계를 관리하는 관점으로 바꾸고 있다.

고객은 서로 상이하므로 커뮤니케이션 프로그램은 특정한 세분시장, 적소시장, 개인을 위해 개발되어야 한다. 새로운 상호작용적 커뮤니케이션 기술을 활용하여 마케팅 관리자는 고객에게 접근하는 방법 뿐만 아니라, 고객이 당기업에게 접근하는 방법을 발견해야 한다.

따라서 커뮤니케이션 과정은 표적고객이 마케팅 기업 및 상표와 만날 수 있는 모든 가능한 접점에 대한 감사에서 시작해야 한다. 예를 들어, 가전제품을 구입하는 어떤 사람은 다른 사람과 이야기하고, TV광고를 보고, 신문이나 잡지의 기사와 광고를 읽고, 여러 웹사이트를 방문하고, 여러 매장에서 가전제품을 볼 수 있다. 이에 따라 마케팅 관리자는 각각의 커뮤니케이션 경험이 구매과정의 각 단계에 어떤 영향을 미치는가를 평가해야 한다. 그렇게 평가함으로써 마케팅 관리자는 광고비를 더 효율적이며 효과적으로 할당할 수 있다.

2. 커뮤니케이션 과정의 요소

마케팅 관리자는 효과적으로 메시지를 전달하기 위해 커뮤니케이션이 어떻게 작용하는가를 이해해야 한다. 커뮤니케이션은 〈그림 14-3〉과 같이 9개 요소로 구성되어 있다. 이들 중 두 가지는 커뮤니케이션의 주요 구성원인 발신자와 수신자이고, 다른 두 가지 요소는 커뮤니케이션 도구인 메시지와 매체이다. 다른 네 가지는 부호화, 해독화, 반응, 피드백 등의 주요 커뮤니케이션 기능이며, 마지막은 시스템 내의 잡음이다.

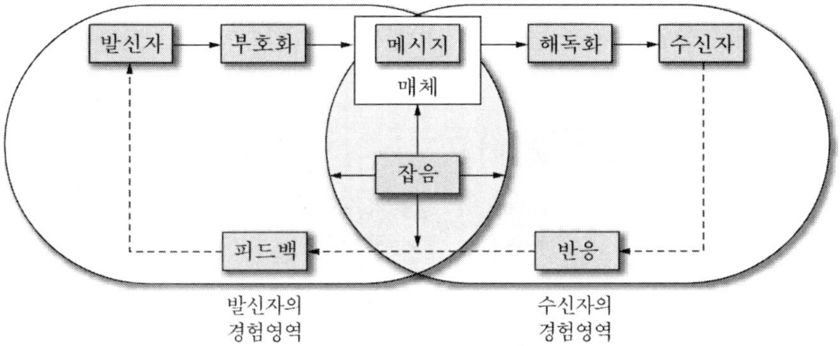

〈그림 14-3〉 커뮤니케이션 과정의 요소

- 발신자(sender) : 관계된 다른 사람에게 메시지를 보내는 관계자(HP사)
- 부호화(암호화 : encoding) : 생각을 상징적 형태로 전환시키는 과정(HP사의 광고대행사는 단어와 그림을 조합하여 의도한 메시지를 담은 광고를 만듦)
- 메시지(message) : 발신자가 전달하는 상징의 조합으로 전체적인 광고물임(실제의 HP사의 프린터기 광고)
- 매체(media) : 메시지가 발신자로부터 수신자로 이용하는데 사용하는 커뮤니케이션 경로(HP사가 선택한 특정 잡지)
- 해독화(decoding) : 발신자가 암호화한 상징에 수신자가 의미를 부여하는 과정(소비자가 HP사의 프린터기 광고를 읽고 광고에 포함된 단어와 그림을 해석함)
- 수신자(receiver) : 다른 관계자가 보낸 메시지를 수신하는 관계자(HP사의 광고를 읽은 재택근무 또는 사업 고객)
- 반응(response) : 메시지에 노출된 후 수신자가 보내는 반응(소비자가 HP사의 프린터기의 속성을 인지하거나, 더 많은 정보수집을 위해 HP사의 웹사이트를 방문하거나, 실제로 HP사의 프린터기를 구입하거나, 아무 것도 하지 않는 등의 모든 가능한 반응)
- 피드백(feed back) : 발신자에게 다시 전달되는 수신자 반응의 일부(HP사의

광고나 HP사의 제품을 칭찬하거나 비판하기 위해 HP사에게 편지를 보내기나 전화를 함)

- 잡음(noise) : 커뮤니케이션 과정 중에 발생하는 예상하지 않은 잡음이나 왜곡으로서, 그 결과로 수신자는 발신자가 보낸 것과는 다른 메시지를 받게 됨(소비자가 잡지를 읽는 동안 주위가 분산되어 HP광고 또는 광고의 핵심 포인트를 놓침).

메시지가 효과적이 되기 위해서는 발신자의 암호화 과정은 수신자의 해독화 과정과 조화를 이루어야 한다. 즉 가장 좋은 메시지는 수신자에게 익숙한 단어와 상징으로 구성된 것이다. 즉 발신자의 경험영역과 수신자의 경험영역이 일치할수록 메시지는 더 효과적일 가능성이 높다. 이것은 마케팅 커뮤니케이션 담당자는 효과적으로 의사소통하기 위해 소비자의 경험영역을 이해해야 한다는 것이다.

상기의 커뮤니케이션 모델은 좋은 커뮤니케이션이 되기 위한 몇 가지 중요한 요인을 시사한다. 첫째, 발신자는 그들이 도달하고자 원하는 청중이 어떤 사람인가를 알아야 하고, 원하는 반응이 무엇인가를 알아야 한다. 둘째, 표적청중이 메시지를 어떻게 해독(해석)할 것인가를 고려하여 메시지를 암호화해야 한다. 셋째, 표적청중에게 도달되는 매체를 통해서 메시지를 보내야 한다. 넷째, 메시지에 대한 청중의 반응을 평가할 수 있는 피드백 경로를 개발해야 한다.

제 4 절 효과적인 커뮤니케이션 개발 단계

마케팅 관리자는 효과적인 통합적 커뮤니케이션 프로그램과 촉진 프로그램을 개발하기 위해 표적청중을 정하고, 커뮤니케이션 목표를 설정하고, 메시지를 설계하고, 메시지를 전달할 매체를 선정하며, 메시지 정보원천을 선정하며 피드백을 수집해야 하는 단계를 밟아야 한다(〈그림 14-4〉 참조).

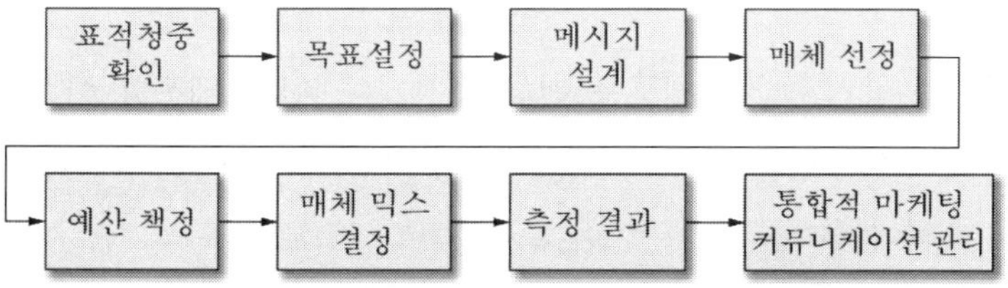

〈그림 14-4〉 효과적인 커뮤니케이션 수립 단계

1. 표적청중 확인

마케팅 커뮤니케이션 담당자는 마음속에 분명한 표적청중을 정함으로써 커뮤니케이션 개발과정을 시작한다. 청중은 잠재구매자 또는 현재 구매자, 구매 의사결정을 하는 사람, 구매 의사결정에 영향을 미치는 사람, 또는 개인, 집단, 특별한 공중, 일반 공중이 될 수 있다.

표적청중은 무엇을 말하고, 어떻게 표현하고, 언제 어디서 전달하고, 누가 메시지를 전달할 것인가 등과 관련된 커뮤니케이션 의사결정에 많은 영향을 미치기 때문이다.

2. 커뮤니케이션 목표 설정

마케팅 관리자는 표적청중으로부터 어떤 반응을 추구할 것인가를 결정해야 한다.

물론 최종 반응은 구매반응이지만, 구매는 장기적인 의사결정 과정에서 이루어진다. 따라서 마케팅 커뮤니케이션 담당자는 표적청중이 현재 의사결정 단계 중 어디에 있으며, 어떤 단계로 이동하는가에 대해 알아야 한다.

표적청중은 소비자가 구매에 이르는 과정에서 일반적으로 거치는 6개의 구매준비 단계 즉 인지(awareness), 숙지(knowledge), 호감(liking), 선호(preference), 확인(conviction), 구매(purchase) 중 어느 단계에 있다(〈그림 14-5〉 참조).

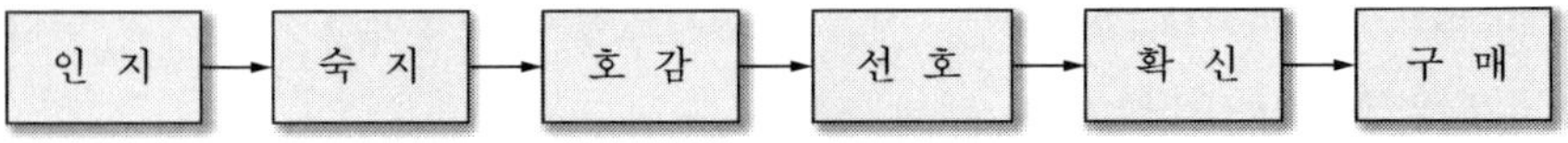

〈그림 14-5〉 구매준비 단계

마케팅 기업의 표적시장은 제품을 전혀 모르거나, 단지 제품의 이름만을 알거나 또는 상표에 대해 일부만을 알 수 있다. 이 경우에 커뮤니케이션 담당자는 먼저 인지와 숙지를 구축해야 한다.

만약 표적고객이 제품을 알고 있다면, 그 제품에 대해 어떻게 느끼고 있는가에 대한 문제를 해결해야 한다. 즉 담당자는 계속해서 그 소비자가 그 제품에 대해 감정이 유발될 수 있는 더 강력한 단계로 이동하도록 해야 한다. 이 단계에는 호감(그 제품에 대한 긍정적인 감정), 선호(다른 것보다 그 제품을 더 좋아함), 확신(자신에게 그 제품이 최상의 것이라고 생각함)이 포함된다. 이 단계 즉 긍정적인 감정과 확신을 심어주기 위해 여러 촉진수단을 이용할 수 있다. 예를 들어, 광고는 감정적인 상표관계를 구축하고, 경쟁상표와 비교하여 자사 상표의 장점을 칭찬해야 한다.

마지막으로, 표적시장의 일부 고객은 그 제품에 대해 확신을 갖고 있지만, 아직 구입할 준비가 되지 않을 수 있다. 가망고객은 더 많은 정보탐색 또는 경제성의 향상 등의 이유로 기다릴 수도 있다. 이 경우에 커뮤니케이션 담당자는 이러한 소비자가 마지막 단계로 이동하도록 해야 한다. 이를 위해서는 특별 가격촉진, 리베이트(환불), 또는 프리미엄 등이 이용될 수 있다. 또한 판매원은 선별된 고객을 방문하거나 편지를 보내 매장을 방문하도록 초청하고, 특별 전시회를 보여줄 수 있다.

이 경우에 마케팅 커뮤니케이션만으로 자사 상표에 대한 긍정적인 감정과 구매가 이루어지지 않는다는 것이다. 이 제품이 고객에게 월등한 가치를 제공해야 한다. 실제로 탁월한 마케팅 커뮤니케이션이 품질이 낮은 제품을 빠르게 실패케 할 수 있다. 그 이유는 가망고객이 형편없는 저질 제품을 더 빨리 알게 됨으로써 더 빨리 그 제품의 단점을 인식하기 때문이다. 따라서 양호한 마케팅 커뮤니케이션은 말과 행동이 일치되어야 한다.

3. 메시지 설계

표적청중의 바람직한 반응이 정해진 후, 커뮤니케이션 담당자는 효과적인 메시지를 개발해야 한다. 이상적인 메시지는 주의를 끌고(attention), 관심과 흥미를 자극시키고(interest), 욕망을 자극하고(desire), 장기기억 속에 남겨지며(memory), 행동을 유도하는(action) 것이어야 한다.

실제로 소비자를 인지에서부터 구매행동까지 모든 과정을 거치게 하는 메시지는 거의 없지만, 상기의 AIDMA 모형은 좋은 메시지가 가져야 할 바람직한 수준이 무엇인가를 제시한다.

메시지를 종합적으로 구성할 때, 커뮤니케이션 담당자는 무엇을 말하고(메시지 내용), 이것을 어떻게 표현할 것인가(메시지의 구조와 형태)를 결정해야 한다.

1) 메시지 내용

마케팅 담당자는 바람직한 반응을 만들어낼 수 있는 소구(appeal)와 주제를 모색해야 한다. 소구유형에는 이성적, 감정적, 도덕적 소구가 있다.

(1) 이성적 소구(합리적 소구)

이성적 소구(rational appeal)는 청중 자신의 이익(sell-interest)과 관련되는 것으로서, 제품이 원하는 이점(benefit)을 줄 수 있음을 보여주는 것이다. 예를 들어, 제품의 품질, 경제성, 가치, 성능을 보여 주는 메시지가 이에 해당된다.

(2) 감정적 소구

감정적 소구(emotional appeal)는 구매할 동기를 부여하는 부정적인 또는 긍정적인 감정을 불러일으키고자 하는 것이다. 커뮤니케이션 담당자는 사랑, 자부심, 기백,

유모어 등과 같은 긍정적인 감정을 이용할 수 있다. 예를 들어, 유모어 메시지를 좋아하는 사람은 유머러스한 메시지가 후원자(광고주)에 대해 더 많은 관심, 호감과 믿음을 끌어낼 수 있다.

이러한 장점 때문에 대부분의 기업이 광고에서 유모어를 사용하고 있는데, 이는 가장 선호하는 광고방식으로 유모어를 선정하고 있음으로 나타난다. 잘 사용되면 유모어는 주의를 끌고, 사람을 기분 좋게 만들고, 상표에 개성을 심어 준다. 그러나 광고주는 유모어를 사용할 때 주의해야 한다. 즉 잘못 사용되면 유모어는 설득을 방해할 수 있고, 빠르게 그 효과가 감소될 수 있고, 제품에 대한 주의를 분산시킬 수 있으며, 소비자를 짜증나게 만들 수도 있다.

상기와는 대조적으로 커뮤니케이션 담당자는 공포, 죄의식, 수치심과 같은 부정적인 감정을 사용할 수 있다. 이러한 감정을 유발시킴으로써 사람들이 해야 할 일을 하도록 하거나, 또는 해서는 안 될 것을 하지 못하도록 하기도 한다. 즉 양치질하기, 더 잘 먹기, 새로운 타이어로 바꾸기, 또는 담배, 과음, 건강에 나쁜 음식물을 먹지 말 것 등이 예가 된다.

(3) 도덕적 소구

도덕적 소구(moral appeal)는 무엇이 옳고 적합한가에 대해 청중의 생각에 초점을 맞추는 것이다. 이 소구방식은 사람에게 더 깨끗한 환경, 더 좋은 인종관계, 여성에 대한 동등권, 심신장애자 후원 등과 같은 사회적 대의를 지원하는 것을 촉구하기 위해 사용된다.

일반적으로 도덕적 소구는 영리기업의 마케팅 커뮤니케이션에서는 많이 이용되지 않고, 사회적 마케팅(social marketing)에 이용되고 있다.

2) 메시지 구조

마케팅 관리자는 메시지 구조에 관해 세 가지 문제를 해결해야 한다.

첫째, 결론을 이끌어낼 것인가 또는 결론을 청중에게 맡길 것인가이다. 광고가 결론을 내리는 것보다 질문을 던지고, 구매자가 결론을 내리도록 하는 것이 더 바람직하다.

둘째, 강력한 주장을 처음에 또는 마지막에 제시할 것인가이다. 강력한 주장을 처음에 제시하는 것은 강한 관심을 줄 수 있지만, 종반부에 극적인 효과를 창출할 수 없다.

셋째, 일방적인 주장을 사용할 것인가 또는 양면적 주장을 할 것인가이다. 일방적 주장(one-sided agreement)은 자사 상표의 장점만을 주장하는 것으로서, 이 주장은 판매를 위한 설명회에서 더 효과적이다. 그러나 청중의 교육수준이 높거나, 반대되는 의견을 듣고 싶어 하거나, 또는 커뮤니케이션 담당자가 극복해야 할 부정적 연상을 갖고 있는 경우에는 일방적 주장은 효과가 적다.

한편 양면적 주장(two-sided agreement)은 단점을 받아들이면서 장점을 언급하는 것으로서, 광고주에 대한 신뢰도를 높이고, 구매자를 경쟁사의 공격에 대해 덜 민감하게 할 수 있다.

3) 메시지 형태

마케팅 커뮤니케이션 담당자는 강력한 메시지 형태를 필요로 한다.

인쇄광고의 경우, 담당자는 헤드라인, 카피, 그림과 색상을 정해야 한다. 주의를 끌기 위해 광고주는 새로움과 대조, 눈길을 끄는 그림이나 헤드라인, 독특한 구성, 메시지의 크기와 위치, 색상, 모양과 움직임을 이용할 수 있다.

만약 메시지가 라디오에서 전달된다면, 담당자는 단어, 소리, 음성을 선정해야 한다. 즉 서비스를 촉진하는 광고의 소리는 유형 제품을 촉진하는 광고와는 달라야 한다.

메시지가 TV를 통하거나 직접 대면으로 전달되는 경우, 상기의 요소들뿐만 아니라, 신체적 언어가 계획되어야 한다. 즉 메시지를 보내는 사람은 자신의 얼굴 표정, 제스처, 의상, 자세, 머리모양과 같은 모든 것을 세심하게 준비해야 한다.

만약 메시지가 제품이나 포장으로 전달된다면, 담당자는 질감, 향기, 색상, 크기와 모양에 주의해야 한다. 예를 들어, 연령 등 기타 다른 인수통계적 요인은 소비자가 색상을 인식하고 반응하는 방식에 영향을 미친다. 특히 색상에 대한 선호도가 연령에 따라 상이하다는 사실도 기억해야 한다.

4. 매체 선정

커뮤니케이션 담당자는 메시지를 전달할 경로를 선정해야 하는데, 커뮤니케이션 매체 유형에는 인적 커뮤니케이션 경로와 비인적 커뮤니케이션 경로가 있다.

1) 인적 커뮤니케이션 경로

인적 커뮤니케이션 경로(personal communication channel)란 두 명 또는 그 이상의 사람이 서로 직접 의사소통을 하는 것으로서, 대면을 통해서, 전화로, 우편이나 전자우편을 통해서 또는 인터넷 채팅으로도 의사소통을 한다. 인적 커뮤니케이션 경로는 개인적인 표현과 피드백이 허용되기 때문에 효과적이다.

어떤 인적 커뮤니케이션 경로는 마케팅 기업이 직접 통제할 수 있다. 예를 들어, 마케팅 기업의 판매원은 표적구매자와 직접 접촉한다. 그러나 제품에 대한 다른 인적 커뮤니케이션은 마케팅 기업이 직접 통제하지 않는 경로를 통해 구매자에게 도달될 수 있다. 즉 이 경로에는 구매자에게 의견을 전달하는 독립적인 전문가가 포함되는데, 소비자 대변인, 온라인 구매 가이드 등 뿐만 아니라 표적고객과 말을 나누는 이웃, 친구, 가족 구성원, 동료 등이 이에 속한다. 구전 영향(효과)(word-of-mouth influence)이라고 하는 이 경로는 많은 영역에서 상당한 영향을 미친다.

상기의 인적인 영향력은 고가이며, 위험하고 눈에 잘 띄는 제품에 더 중요하다. 그 이유는 기존 사용자가 제품을 이야기하는 것을 들어보기 전에 고가의 제품을 구입하는 사람은 거의 없기 때문이다. 이에 따라 마케팅 조사시 구매 영향력을 조사하는 경우에 친척이나 친구의 추천을 설문지에 포함시켜야 한다.

기업은 인적 커뮤니케이션 경로가 자신을 위해 잘 작동될 수 있도록 하기 위해 여러 가지 조치를 취할 수 있다. 즉 마케팅 기업은 자사 상표에 대한 의견선도자(opinion leader)를 창조할 수 있는데, 마케팅 기업은 영향력을 행사하는 사람에게 매력적인 조건으로 제품을 공급하거나 또는 그를 교육시켜 다른 사람에게 정보를 제공할 수 있도록 한다. 이를 이용한 마케팅을 소문 마케팅(buzz marketing)이라고 하는데, 의견선도자를 양성하고 이들이 제품이나 서비스에 대한 정보를 공동체에 속한 다른 사람들에게 퍼트리게 한다.

2) 비인적 커뮤니케이션 경로

비인적 커뮤니케이션 경로(nonpersonal communication channel)는 대면적인 접촉이나 피드백 없이 메시지가 전달되는 매체로서, 이에는 주요 매체, 분위기 및 행사 등이 포함된다. 주요 매체에는 인쇄매체(신문, 잡지, 직접우편), 방송매체(TV, 라디오), 전시 매체(옥외광고, 표식, 포스터), 온라인 매체(전자우편, 웹사이트)가 포함된다.

분위기는 제품 구매의도를 창출하거나 강화시켜 주는 계획된 환경을 의미한다. 예를 들어, 은행은 고객으로 하여금 가치 있는 것으로 인식되는 신뢰성 또는 다른 질적 차원을 전달하도록 계획한다.

행사(event)는 표적청중에게 메시지를 전달하기 위해 연출되는 행사이다. 예를 들어, 공중관계 부서는 기자회견, 개점행사, 전시회와 쇼, 공장견학 등과 같은 행사를 준비한다.

비인적 커뮤니케이션은 구매자에게 직접적으로 영향을 미친다. 또한 대중매체를 통해 메시지를 전달하여 인적 커뮤니케이션을 유도함으로써 간접적으로 의견선도자에게 영향을 미친다. 즉 처음에 TV, 잡지, 기타 대중매체에서 의견선도자에게로 전달된 다음, 다시 의견선도자가 다른 사람에게 전달됨으로써 의사소통이 이루어진다. 따라서 의견선도자는 대중매체와 청중 사이에 위치하며, 대중매체에 노출되지 않은 사람에게 메시지를 전달한다. 이에 따라 대중매체를 사용하는 커뮤니케이션 담당자는 의견선도자에게 직접 메시지를 표적화함으로써, 그들이 다른 사람에게 메시지를 전달하도록 해야 한다는 것을 시사한다.

마케팅 담당자는 광고 및 다른 촉진활동에서 일반 소비자의 추천이나 구전을 통한 증언(word-of-mouse testimonial) 등을 삽입함으로써 인적 커뮤니케이션을 대체하거나, 자극하기 위해 비인적 커뮤니케이션 경로를 이용한다.

5. 메시지 정보원천 선정

인적 및 비인적 커뮤니케이션 중 어떤 것이든 관계없이, 표적청중에게 메시지가 미치는 영향은 청중이 메시지 전달자를 어떻게 인식하느냐에 따라 좌우된다. 즉 매우 신뢰할 수 있는 정보 원천에 대해서 전달되는 메시지는 더 설득적이다. 이에 따라 식품회사 등은 교수, 의사, 기타 건강보조 종사자와 같은 전문가를 이용하여 자사제품을 추천하도록 동기를 부여하기 위해 촉진활동을 한다. 또한 마케팅 기업은 메시지를 전달하기 위해 유명한 운동선수, 배우, 또는 만화의 캐릭터와 같은 유명인사를 광고 후원자로 고용한다. 예를 들어, 골프선수인 최경주는 정관장과 신한은행, 탈렌트인 김태희는 아파트, 건강음료, 이동전화기 등 여러 제품을 대변한다.

그러나 마케팅 기업은 상표를 대변한 유명인사를 선정할 때 주의를 기울여야 한다. 잘못된 대변인의 선정은 곤란한 상황을 초래하고 심하게는 기업과 제품의 이미지에 손상을 입힐 수도 있다. 이에 따라 오늘날 유명인사에 대한 광범위한 확인절차를 거친 후에 계약하는 것이 일반적인 관행이 되고 있다.

6. 피드백 수집

매체를 통해 메시지를 보낸 후, 커뮤니케이션 담당자는 그 메시지가 표적청중에 미친 영향과 효과를 조사해야 한다. 조사내용에는 메시지를 기억하는가, 몇 번이나 보았는가, 어떤 점을 기억하고 있는가, 메시지를 어떻게 느끼고 있는가, 제품과 기업에 대해 과거의 태도와 현재의 태도를 청중에게 물어 보는 것 등이 포함된다. 또한 커뮤니케이션 담당자는 얼마나 많은 사람들이 제품을 구입했는가, 그 제품을 얼마나 많은 사람에게 이야기하였는가, 매장을 방문했는가 등과 같이 메시지로 인해 유발되는 행동을 측정해야 한다.

상기와 같은 조사내용 이외에, 마케팅 커뮤니케이션에 대한 피드백에는 촉진 프로그램이나 제품 제안 등과 같이 추가적인 제안이 포함될 수 있다 즉 마케팅 담당자는 상기와 같은 조사결과를 검토하여 촉진 프로그램을 변경하거나 또는 다른 마케팅 믹스 수단을 변경할 필요가 있는가를 파악하게 된다. 즉 인지도, 경험, 만족도 등을 조사함으로써 촉진 프로그램은 물론 구체적인 마케팅 믹스 수단을 설계할 수 있다.

제 5 절 촉진예산과 촉진믹스 결정

마케팅 기업은 촉진예산을 결정하는 방법 그리고 그 예산을 촉진도구별로 배분하여 촉진믹스를 구성하고 또한 통합적 마케팅 커뮤니케이션을 개발하기 위해 촉진도구를 결합해야 한다.

1. 전체 촉진예산 결정

마케팅 기업이 직면하고 있는 가장 어려운 마케팅 의사결정 중의 하나는 촉진에 얼마나 많은 돈을 지출할 것인가이다. 물론 산업이나 기업에 따라 촉진예산의 정도에는 큰 차이가 있다. 예를 들어, 소비재의 경우에는 촉진예산의 비중이 높지만, 산업재의 경우에는 그 비중이 낮다. 또한 같은 산업내에서도 촉진비용을 많이 지출하는 기업이 있고 적게 지출하는 기업이 있다.

광고에 대한 예산을 설정하기 위해 사용되는 일반적인 방법은 4가지로서, 가용예산 할당법, 매출액 비율법, 경쟁사 대비 할당법, 목표과업 할당법 등이 있다.

1) 가용예산 할당법

가용예산 할당법(affordable method)이란 기업이 감당할 수 있는 수준에서 촉진예산을 결정하는 것이다. 즉 전체이익에서 운영비용과 자본지출을 차감한 다음, 남은 자금의 일정 비율을 광고에 사용한다.

이 방법은 소규모한 기업에서 주로 사용되는데, 자신이 가지고 있는 여유자금 이상으로 광고비에 지출할 수 없기 때문이다.

불행스럽게도 이 방법은 촉진이 매출에 미치는 영향을 무시한다. 즉 광고가 기업의 성공에 결정적인 영향을 미칠 수 있는 상황에서도 우선순위가 높은 기업활동에 우선 자금을 지출한 다음 마지막에 촉진비용을 지출하기 때문이다.

이 방법은 연간 촉진예산을 불확실하게 만들고, 그에 따라 장기적인 시장계획을 수립할 수가 없게 한다. 특히 이 방법은 과다한 광고비 지출이라는 결과를 초래할 수도 있지만 과소지출을 초래할 수도 있다.

2) 매출액 비율법

매출액 비율법(percentage-of-sales method)이란 기업이 현재의 또는 예상되는 매출의 일정 비율을 촉진예산으로 설정하는 것으로서, 또는 단위당 판매가격의 일정 비율을 촉진예산으로 설정한다.

이 방법은 사용하기 편리하고, 관리자가 촉진비용, 판매가격, 단위당 수익 간의 관계를 판단하는 것을 도와주는 장점이 있다.

그러나 매출액 비율법은 거의 정당화되지 못한다. 즉 판매를 촉진비의 결과가 아니라 원인으로 잘못 인식하고 있는 것이다. 즉 많은 연구결과, 촉진비용과 상표력 간에 긍정적인 관계가 있음을 밝히고 있다. 그러나 이런 긍정적인 상관관계가 원인(촉진비)이 결과(상표력)를 결정하는 것이 아니라, 결과(상표력)가 원인(촉진비)을 결정하는 것으로 귀결되는 경우가 있다. 따라서 더 많은 매출액을 창출하는 강력한 상표가 가장 많은 광고예산을 사용할 수 있는 여력을 가질 수 있게 된다.

매출액 비율법은 기회보다는 자금의 조달 가능성에 근거를 두고 있다. 즉 이 방법은 매출감소를 반전시키기 위해 필요한 예산증가를 허용하지 않는 단점이 있다. 또한 예산은 매년 매출에 따라 변경되기 때문에 장기적인 계획이 어려워진다. 마지막으로, 이 방법은 과거에 사용했던 비용이나 경쟁사가 사용하는 비율 외에 다른 특별한 비율을 산정하기 위한 근거를 제공하지 않는다.

3) 경쟁사 대비 할당법

경쟁사 대비 할당법(competitive-parity method)이란 경쟁사가 지출하는 금액에 맞추어 자사의 촉진예산을 설정하는 것이다. 즉 경쟁사의 광고를 체크하거나, 간행물이나 협회자료를 통하여 산업의 촉진비 추정치를 구한 다음, 산업의 평균에 근거하여 예산을 정한다.

이 방법은 첫째, 경쟁사의 예산은 산업 전체의 중지를 반영한다. 둘째, 경쟁사에 맞추어 비용을 지출하면 촉진전쟁을 방지하는데 도움이 된다는 것을 주장한다. 그러나 불행스럽게도 이 두 가지 주장에 대한 근거는 확실하지 않다. 즉 첫째, 자사가 어느 정도의 촉진비용을 지출해야 하는가와 관련하여 경쟁사가 자사보다 더 좋은 아이디어를 가지고 있다고 믿을 만한 근거가 없다는 것이다. 둘째, 기업은 서로 상이하며, 각 기업은 각자 고유한 촉진이 필요하다는 것이다. 셋째, 경쟁사 대비 할당법이 촉진전쟁을 방지한다는 근거도 없다는 것이다.

4) 목표과업 할당법

가장 효과적인 예산결정방법인 목표과업 할당법(objective-and-task method)은 촉진활동으로 성취하고자 하는 목표 그리고 목표 달성에 필요한 과업을 근거로 촉진예산을 설정하는 것이다.

이 방법은 아래와 같은 과정을 밟아 촉진예산이 결정된다.

(1) 구체적인 촉진목표를 설정한다.

(2) 목표를 달성하기 위해 필요한 과업을 결정한다.

(3) 과업을 수행하기 위해 필요한 예산을 추정한다.

(4) 각 과업을 수행하는데 필요한 비용을 모두 합친 것이 제안되는 촉진예산이 된다.

이 방법의 장점은 커뮤니케이션 관리자에게 지출된 금액과 결과 사이의 관계에 대한 가정을 명확히 설명하도록 요구하는 것이다. 그러나 이 방법은 가장 사용하기 어려운데, 그 이유는 어떤 구체적인 과업이 설정된 목표를 달성하는데 필요한 것인가를 판단하기가 어렵기 때문이다.

2. 전반적인 촉진믹스 구성

통합적 마케팅 커뮤니케이션 개념은 마케팅 기업이 촉진도구를 신중하게 결합하여 조화로운 촉진믹스를 만들어야 한다는 것이다. 그러나 마케팅 기업은 어떤 촉진믹스 도구, 수단을 사용할 것인가를 결정하기 위해서는 촉진도구를 선정하는데 영향을 미치는 요인을 고려해야 한다.

1) 각 촉진도구의 본질

각 촉진도구는 고유한 특징과 단점이 있으므로, 마케팅 관리자는 촉진믹스를 구성할 때 이러한 특징을 이해해야 한다.

(1) 광고

광고(advertising)는 단위노출당 저비용으로 지역적으로 분산되어 있는 불특정 다수의 소비자에게 도달할 수 있고 또한 판매업자(광고주)는 동일한 메시지를 여러 번 반복할 수 있다. 예를 들어, TV광고는 수많은 청중에 도달할 수 있다. 즉 1,200만 TV 보유가정 중 20% 이상이 MBC의 연속극인 "이산"을 시청하거나 또는 10% 이상이 MBC의 일일 연속극인 "아현동 마님"을 시청하는 등 대량 청중에게 도달하기를 원하는 기업은 TV가 좋은 수단이 될 수 있다.

대규모한 광고는 넓은 도달범위 외에도 판매업자의 기업규모, 인기, 성공에 관한 긍정적인 메시지를 전해준다. 광고는 공적인 특성이 있으므로, 소비자는 광고되는 제품을 더 합법적인 것으로 인식하는 경향이 있다. 광고는 비싼 촉진도구이지만, 마케팅 기업은 자사의 제품을 가상적 표현, 인쇄물, 음성 및 색상을 예술적으로 이용함으로써 극적으로 표현할 수 있다. 또한 광고는 즉각적으로 판매를 창출할 수 있다.

한편 광고는 여러 가지 단점이 있다. 광고는 신속하게 많은 사람에게 도달될 수 있지만, 비인적이고, 고객을 직접적으로 설득할 수가 없다. 그 이유는 광고가 청중에 대해 일방적으로 커뮤니케이트하며, 청중은 관심을 기울이거나 반응해야 한다고 느끼지 않기 때문이다. 또한 광고는 매우 많은 비용이 소요될 수 있는데, 특히 네트워크(전국망) TV광고는 막대한 예산이 소요된다.

(2) 인적판매

인적판매(personal selling)는 구매과정 중 특정한 단계 즉 구매자의 선호, 확신, 행동을 구축하게 하는데 있어 가장 효과적인 도구이다. 인적판매는 둘 또는 그 이상의 사람 사이에 개인적인 상호작용이 일어나기 때문에 각 사람은 상대방의 욕구와 특성을 관찰할 수 있고 신속하게 이에 적응, 대응할 수 있다. 인적판매는 일상적인 판매관계에서 개인적인 친구관계에 이르기까지 다양한 고객관계가 일어나도록 한다. 즉 효과적인 판매원은 고객의 문제점을 해결해 줌으로써 장기적인 관계를 구축하기 위해 고객의 관심사를 마음속에 간직한다. 마지막으로, 구매자의 반응이 거절인 경우에도 인적판매는 구매자로 하여금 경청하고, 반응할 수 있는 욕구를 느끼게 할 수 있다.

그러나 인적판매는 많은 비용을 수반한다. 판매원은 광고에 비해 기업에 대해 장기적인 몰입을 요구하므로 기업은 장기적인 투자를 해야 한다. 또한 판매원의 규모는 변경하기가 용이하지 않다. 상기와 같은 이유 때문에 인적판매는 가장 비싼 촉진도구이다.

(3) 판매촉진

판매촉진(sales promotion)은 쿠폰, 콘테스트, 가격할인, 견본, 프리미엄 등 다양한 종류의 촉진도구가 포함되며, 각각은 고유한 특징을 가지고 있다.

판매촉진은 고객의 주의를 끌고, 구매를 유도할 수 있는 강력한 동기를 제공하며, 제품제공물을 극적으로 표현하고, 위축된 판매를 증진시키는데 사용된다. 이에 따라 판매촉진은 즉각적인 반응을 유도하고, 이러한 반응에 대해 보상을 제공한다. 즉 판매촉진은 지금 당장 구입하세요라고 제안하는데, 이에 반해 광고는 우리 제품을 구입하십시오.라고 제안한다.

판매촉진의 효과는 단기적으로 나타난다. 그러나 장기적인 상표 선호도나 고객관계를 구축하는데 있어 광고나 인적판매 만큼 효과적이지 않다.

(4) 공중관계

공중관계(public relation)는 신뢰성이 매우 높은데, 그 이유는 뉴스거리, 특집기사, 후원, 행사, 홍보 등은 광고보다 더 진실되고 신뢰성이 있다고 청중들이 인식하고 있기 때문이다. 그리고 공중관계는 기업이나 제품을 극적으로 표현할 수 있다.

마케팅 관리자는 공중관계를 충분히 이용하지 않거나 또는 공중관계를 사후적으로 이용하는 경향이 있다. 그러나 다른 촉진믹스 요소와 함께 사용되도록 잘 설계된 공중관계 캠페인은 매우 효과적이고 경제적일 수 있다.

(5) 직접 마케팅

직접 마케팅(direct marketing) 유형에는 직접우편, 카탈로그, 전화 마케팅, 온라인 마케팅 등이 있는데, 이 모두는 고유한 특성이 있다. 즉 직접 마케팅은 비공중적으로서 메시지는 특정한 개인을 표적으로 한다. 또한 즉각적이며 개인별화되어 있다. 메시지는 신속하게 준비될 수 있고, 특정한 소비자에게 소구되도록 맞출 수 있다.

또한 직접 마케팅은 상호작용적이므로, 마케팅 팀과 소비자 간의 대화가 허용되고, 메시지는 소비자의 반응에 따라 변경될 수 있다. 따라서 직접 마케팅은 마케팅 노력을 표적화할 수 있으며 또한 일 대 일 고객관계를 구축하는데 적합하다.

(6) 행사와 경험

행사(event)와 경험(experience)은 소비자들의 삶 속에서 특별하고도 보다 개인적으로 관련되는 순간의 한 부분이 됨으로써 행사에의 관여는 그 기업과 표적시장과의 관계를 더 넓고 깊게 한다.

잘 선정된 행사와 경험은 소비자들이 개인적으로 관여하는 것과 크게 관여하는 것처럼 보일 수 있다. 또한 소비자들에게 생명력이 있고, 실시간에 품질을 제공함으로써 소비자들은 행사와 경험에 보다 능동적으로 몰입되고 있음을 간파할 수 있다. 또한 행사는 간접적으로 자연스럽게 판매하는 그 이상의 효과가 있다.

그러나 행사에 대한 주관과 후원은 여러 가지 잠재적인 단점이 있다. 행사의 성공은 예측할 수 없으며 또한 후원 주관기업이 거의 통제할 수 없다. 많은 소비자들이 행사가 가능하도록 재무적 지원을 제공하는 주관, 후원 기업을 신뢰하고 있지만, 소비자들은 아직까지도 행사의 상업성에 대해 화를 내기도 한다.

2) 촉진믹스 전략

마케팅 관리자는 촉진믹스 전략을 수립할 때 푸시 촉진과 풀 촉진 그리고 제품과 시장의 유형, 제품수명주기 등을 고려해야 한다.

(1) 푸시 촉진과 풀 촉진

마케팅 관리자는 푸시 촉진 또는 풀 촉진 중 하나를 선택할 수 있다. 〈그림 14-6〉

와 같이 특정한 촉진도구에 대한 상대적인 중요성도 푸시 또는 풀 전략에 따라 달라진다.

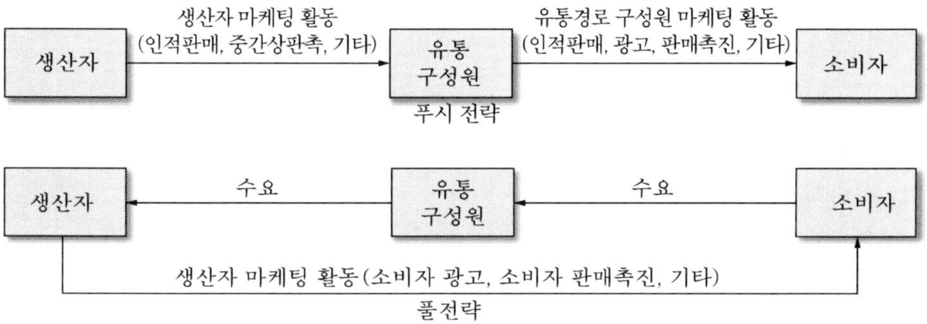

〈그림 14-6〉 푸시 전략과 풀 전략

푸시(push : 밀어내기) 전략은 마케팅 경로를 통해서 최종소비자에게 제품을 밀어내는 것이다. 생산자는 유통경로 구성원이 자사제품을 취급하고 최종소비자에게 그 제품을 촉진하도록 유도하기 위해 마케팅 활동(주로 인적판매와 중간상 촉진)을 유통경로 구성원에게 기울인다.

풀(pull : 끌어당기기) 전략은 생산자가 최종소비자로 하여금 자사제품을 구매하도록 하기 위해 마케팅 활동(광고와 소비자 촉진)을 최종소비자를 표적으로 하여 수행하는 것이다. 풀 전략이 효과적이면, 소비자는 유통경로 구성원(소매상)에게 자사제품을 요구하고, 그에 따라 유통경로 구성원(소매상은 도매상에게, 도매상은 생산자에게)은 다시 그 제품을 생산업자에게 요구하게 된다. 즉 풀 전략을 사용하면, 소비자 수요가 유통경로를 따라 제품을 끌어당긴다.

일부 산업재 기업은 푸시 전략만을 사용하고, 일부 직접 마케팅 기업은 풀 전략만을 사용하지만, 대부분의 기업은 두 전략을 적절히 조합하여 사용한다.

최근에 소비재 기업이 자신의 촉진믹스에서 푸시 방식의 비중을 높이고, 풀 방식의 비중을 낮추고 있다. 그러나 이러한 추세는 기업이 장기적인 상표권리를 구축하는 것을 희생하면서 단기적인 매출을 증가시킬 수 있다는 우려를 가져오고 있다.

(2) 촉진믹스 전략 수립시 기타 고려요인

마케팅 기업은 촉진믹스 전략을 수립할 때 제품과 시장의 유형, 제품수명주기 등 많은 요인을 고려해야 한다.

소비재와 산업재 시장에 따라 서로 상이한 촉진도구의 상대적 중요성은 상이하다. 즉 B to C 기업은 통상 풀 전략을 많이 사용하는데 광고, 판매촉진, 인적판매, 공중관계의 순으로 촉진자금을 사용한다. 한편 B to B 마케팅 기업은 푸시 전략을 많이 사용하는데 인적판매, 판매촉진, 광고, 공중관계의 순으로 자금을 사용한다. 그리고 제품이 고가이거나 위험이 수반되는 경우, 또는 판매자의 수가 작고 규모가 큰 경우에는 일반적으로 인적판매가 많이 이용된다.

각 촉진도구의 효과는 또한 제품수명주기의 관계에 따라 상이하다. 도입기에는 광고와 공중관계가 인지도를 높이기 위해 필요하며, 판매촉진은 제품을 조기에 구입하도록 하는데 유용하다. 인적판매는 유통경로 구성원이 자사제품을 취급하도록 유도, 권유하기 위해 사용되어야 한다.

성장기에는 소비자와 경로구성원에게 적은 인센티브를 제공해도 충분하기 때문에, 판매촉진의 비중이 감소되는 반면에 광고와 공중관계의 강한 영향력은 지속된다.

성숙기에는 판매촉진이 다시 광고에 비해 상대적으로 중요해진다. 구매자는 제품을 잘 알고 있기 때문에 광고는 단지 소비자로 하여금 자사제품을 상기하도록 하기 위해 필요하다.

쇠퇴기에는 제품에 대한 상기수준을 유지하기 위해 광고가 계속되며, 공중관계는 감소하며, 판매원은 제품에 대해 관심을 적게 기울이면서, 대조적으로 판매촉진은 강력하게 실행된다.

3. 촉진믹스의 통합

촉진예산과 촉진믹스가 결정되면, 마케팅 기업은 모든 촉진믹스 요소, 수단을 통합해야 하는데, 마케팅 커뮤니케이션을 통합 즉 하나의 목소리를 내기 위해서는 아래에 제시된 체크리스트를 검토해야 한다.

- 추세를 분석한다. 즉 기업의 사업능력에 영향을 미치는 내부와 외부의 추세를 분석한다.
  - 커뮤니케이션이 가장 도움을 줄 수 있는 영역을 탐색한다.

- 각 커뮤니케이션 기능의 강점과 약점을 분석한다.
- 강점과 약점을 고려하여 촉진기법의 조합을 개발한다.

• 조직 전체에 걸쳐 커뮤니케이션 지출비 항목을 점검한다.
- 커뮤니케이션 예산과 과업을 항목별로 분류하고, 하나의 예산수립 과정으로 통합한다.
- 제품별, 촉진도구별, 제품수명주기별로 모두 커뮤니케이션의 지출을 다시 평가하고 효과를 관찰한다.

• 기업과 상표에 대한 모든 고객접점을 확인한다.
- 각 접점에서의 커뮤니케이션이 전반적인 커뮤니케이션 전략과 조화를 이루고 있는가를 확인한다.
- 커뮤니케이션 노력이 고객이 원하는 시기에, 장소에서 표적고객이 원하는 방식으로 이루어지고 있는가를 확인한다.

• 커뮤니케이션을 계획하기 위한 팀을 구성한다.
- 모든 커뮤니케이션 기능에 참여시켜 공동으로 커뮤니케이션을 계획한다.
- 커뮤니케이션 계획의 각 단계에는 고객, 공급업자, 이해관계자를 포함한다.

• 모든 커뮤니케이션 매체에서 조화롭게 사용될 수 있는 주제, 음량, 질적 요소를 개발한다.
- 각 요소가 기업의 독특하고 핵심적인 메시지와 판매제안을 전달하고 있는가를 확인한다.
- 더 좋은 효과를 가져오고, 기능 간에 불필요한 업무중복을 방지하기 위해 일관성을 확인한다.

• 모든 커뮤니케이션 요소가 공유될 수 있는 성과자료를 개발한다.
- 모든 커뮤니케이션 활동의 종합효과를 평가하기 위한 시스템을 개발한다.

• 기업의 설득적 커뮤니케이션 노력에 대해 책임을 지는 관리자를 임명한다.
- 모든 계획이 중앙집권화되고 또한 공유될 수 있는 성과 측정치를 개발함으로써 효율성이 향상되는가를 확인한다.

제6절 사회적으로 책임지는 마케팅 커뮤니케이션

마케팅 기업은 촉진믹스를 구성할 때, 마케팅 커뮤니케이션과 관련되는 전반적인 법적, 윤리적인 문제를 잘 인식해야 한다. 마케팅 관리자는 소비자 및 재판매업자와 공개적이며 진실하게 의사소통을 하기 위해 노력하고 있다. 그러나 아직까지도 커뮤니케이션 남용과 오용이 일어나고 있어, 공공정책 입안자는 광고, 판매촉진, 인적판매, 직접 마케팅 활동을 규제하기 위한 많은 법적 규제를 개발하고 있다.

1. 광고와 판매촉진

법적으로 기업은 허위광고(false advertising) 또는 기만광고(deceptive advertising)를 해서는 안 된다. 즉 광고주는 제품이 실제로 할 수 없는 어떤 것을 치료한다고 제시하는 것과 같은 허위적인 주장을 해서는 안 된다. 실제로 아무도 속지 않을지라도 속일 가능성이 있는 광고는 안 된다.

판매업자는 거짓된 주장으로 고객을 유혹하는 미끼(bait-and-switch) 광고를 해서는 안 된다. 예를 들어, 정상가격보다 싸게 판매한다고 광고한 후, 소비자가 광고된 제품을 구입하고자 할 때, 고객으로 하여금 더 비싼 제품을 구입하도록 유도하기 위해 광고된 제품의 특성을 깎아내리고, 그 제품의 성능을 과소평가하는 경우 비윤리적이고 불법이다.

기업의 중간상 촉진도 규제대상이 될 수 있다. 예를 들어, 판매업자는 특정한 고객을 우대하기 위해 중간상 촉진을 할 수 있다. 즉 판매업자는 비율적이며 상대적으로 동등한 조건으로 모든 재판매업자에게 촉진할인과 서비스를 제공해야 한다.

2. 인적판매

기업의 판매원은 공정한 경쟁의 규칙을 준수해야 한다. 즉 판매원은 기만적인 판매활동(deceptive sale)을 해서는 안 된다. 판매원은 고객에게 거짓말을 해서는 안 되고, 소비자에게 제품을 구입하여 획득하게 될 장점이나 이점을 오도해서도 안 된다. 또한 판매원의 설명은 광고의 주장과 일치해야 한다.

제품을 탐색하기 위해 매장을 방문하는 소비자나 집에서 판매원의 방문을 받은 소비자는 서로 상이한 법규가 적용된다. 집에서 방문을 받은 사람은 불시에 방문을 받을 수 있고, 구매를 강요하는 판매술이 취약하기 때문에, 미국의 경우에 three-day cooling of rule을 적용시키고 있다. 이 규칙에 의하면, 자신의 집에서 29달러 이상의 물건을 구입한 고객은 어떠한 이의제기 없이 단시간 내에 계약을 취소하거나, 물건을 반환하고, 지불한 돈을 돌려받을 수 있다.

B to B 거래의 경우, 판매원은 구매대리인(agent) 또는 구매에 영향을 줄 수 있는 다른 사람에게 뇌물을 제공해서는 안 된다. 뇌물 또는 산업스파이를 통해서 경쟁사의 기술적 기밀 또는 거래 기밀을 획득하거나 사용해서는 안 된다. 마지막으로 판매원은 사실이 아닌 것을 유포함으로써 경쟁사와 경쟁사 제품의 명성에 손상을 입히지 않아야 한다.

참고문헌

윤훈현 역, 『마케팅 관리론』, 12판, 피어슨, 2006.

www.marketingpower.com/live/mg-dictionary.php?, August 2006.

Bob Garfield, "The Chaos Scenario," *Advertising Age*, April 4, 2005, pp. 1, 57+; and "Readers Respond to 'Chaos Scenario'," *Advertising Age*. April 18, 2005, pp. 1.

Brian Steinberg and Suzanne Vranica, "As 30-Second Spot Fades, What Will Advertisers Do Next?" *Wall Street Journal*, January 3, 2006, p. A15.

Don E. Schultz and Philip J. Kitchen, *Communication Globally: An Integrated Marketing Approach* (New York: McGraw-Hill, 2000).

Kotler P. and Gary Armstrong, *Marketing : An Introduction*, 9th ed., Pearson, 2009.

Kotler P. and Gary Armstrong, *Principles of Marketing*, 12th ed., Pearson, 2008.

Kotler P. and Kevin Lane Keller, *Marketing Management*, 13th ed., Pearson, 2009.

Lane, King, and Russell, Kleppner's Advertising Procedure, chapter 25.

Lisa de Moraes, "'American Idol' Belts Out a Huge Opening Number: 33.6 Million," *Washington Post*, January 20, 2006, p. C1.

Philip Kotler, *Marketing Management*, 12th ed.(Upper Saddle River, NJ: Prentice Hall 2006), pp. 558-561.

W. Ronald Lane, Karen Whitehill King, and J. Thomas Russell, Kleppner's *Advertising Procedure,* 16th ed. (Upper Saddle River, NJ: Prentice Hall, 2005), Chap. 6.

15
chapter

광고와 공중관계

마케팅 기업은 고객가치를 창조하는 것 이상의 활동, 즉 표적고객에게 그 가치를 분명하고 설득력 있게 전달해야 한다.

제1절 광고

광고는 역사적으로 볼 때 고대 로마시대로까지 거슬러 올라갈 수 있다. 다양한 형태의 행사와 제안을 알리기 위해 사용된 간판이나, 무언가를 알리기 위해 벽에 칠한 페인트칠, 상품을 알리기 위해 바위에 그림을 그리는 것 등이 기능상에서 볼 때 모두가 광고이다.

물론 현대의 광고는 과거의 것과는 크게 상이하다. 즉 광고는 어떤 것을 알리고 설득하기 위한 방법에서 볼 때는 같은 의미와 목적이지만, 기업에서 차지하는 위치와 기능에서 볼 때, 분명 과거의 광고와는 크게 상이하다.

마케팅 기업이 주로 광고를 이용하지만, 비영리 조직(정부 등), 전문직 종사자(변호사, 의사, 회계사 등), 사회단체(적십자사 등) 등 다양한 조직체도 다양한 표적공중에게 자신의 활동을 알리기 위해 광고를 이용한다.

마케팅 관리자는 광고 프로그램을 개발할 때 〈그림 15-1〉과 같은 4가지 의사결정을 해야 한다.

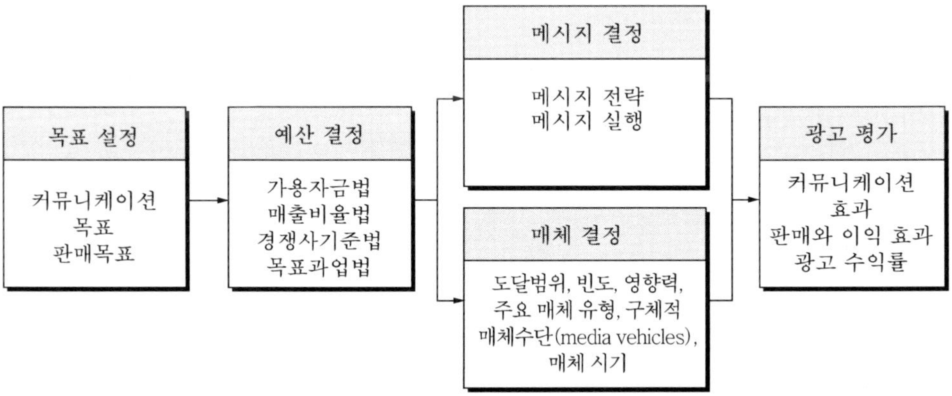

〈그림 15-1〉 광고와 관련된 주요 의사결정

1. 광고목표의 설정

1) 광고목표의 의미

광고 프로그램 개발의 첫 번째 단계는 광고목표를 설정하는 것이다. 목표는 표적 청중, 위치화, 마케팅 믹스에서 이미 결정된 의사결정을 기초로 하여 이루어지는데, 이는 광고가 전체 커뮤니케이션 프로그램에서 해야 할 것을 정의한다. 따라서 광고목표는 고객가치를 전달함으로써 고객관계를 구축하는 것을 돕는 것이다.

광고목표(advertising objective)란 특정한 표적청중에게 일정기간 동안 성취해야 할 구체적인 커뮤니케이션 과업이다. 이러한 광고목표는 주요 목적에 따라 정보제공형, 설득형, 상기자형으로 구분된다(〈표 15-1〉 참조).

〈표 15-1〉 광고목표의 예

정보 제공형 광고	
고객가치의 전달 시장에 신제품 소개 제품기능에 대한 설명 제품에 대한 새로운 용도의 제안	가격변동에 관한 정보 제공 이용 가능한 서비스의 기술 그릇된 인상을 바로잡음 상표 및 기업 이미지 구축
설득형 광고	
상표 선호도 구축 자사 상표로의 전환 유도 제품속성에 관한 소비자 지각의 변화	소비자가 지금 구매하도록 설득 소비자가 구매 권유 전화를 받도록 유도 소비자가 다른 사람에게 상표에 대해 이야기 하도록 설득
상기자 광고	
고객관계 유지 고객에게 가까운 미래에 자사 제품이 필요할지 모른다고 상기시켜 줌	소비자에게 제품을 살 수 있는 장소를 상기시킴 비수요기에도 소비자가 상표를 인지하도록 함

2) 광고목표에 따른 광고유형

광고는 그 목표에 따라 〈표 15-1〉과 같이 세 가지 유형으로 구분된다.

(1) 정보제공형 광고

정보제공형 광고(informative advertising)는 일차적 수요(본원적 수요 : primary demand)를 만들기 위한 목표의 광고로서, 주로 신제품을 소개할 때 사용된다. 예를 들어, DVD의 초기 생산업자는 신제품의 고품질, 이미지, 편의성 등의 이점 등을 알린다.

(2) 설득형 광고

설득형 광고(persuasive advertising)는 선택적 수요(selective demand)를 확보하는 목표를 위한 광고로서, 경쟁이 치열해질수록 더 중요하다. 예를 들어, DVD 시장이 구축된 후, 마케팅 기업은 소비자에게 자사 상표가 최고의 품질을 제공한다는 것을 설득해야 한다.

어떤 설득형 광고는 비교광고의 형태가 되는데, 비교광고(comparative advertising)는 어떤 상표를 다른 경쟁상표와 직접 또는 간접적으로 비교하는 것이다. 이 비교광고는 청량음료, 맥주, 컴퓨터, 자동차 대여, 신용카드, 저축상품 등에 이르기까지 여러 제품에 사용된다. 그러나 광고주는 비교광고를 사용할 때 주의해야 한다. 너무 자주 사용되면 경쟁사가 반격할 수 있고, 그 결과로 모두가 피해를 보는 광고전쟁을 불러일으킬 수도 있다.

(3) 상기자 광고

상기자 광고(reminder advertising)는 고객관계를 유지시키고, 고객이 그 제품을 계속 생각하게 만드는데 도움을 주는 광고로서, 성숙기 시장에서 중요하다. 즉 상기자 광고는 구매를 설득하기보다는 그 상표와의 관계를 구축하고 유지하는데 그 목적이 있다.

광고의 목표는 제13장에서 연구한 바와 같이 구매자의 구매준비 단계에 따라서 소비자를 이동시키는 것이다. 따라서 어떤 광고는 소비자의 즉각적인 구매를 유도하도록 설계되기도 하며, 다른 광고는 장기적인 고객관계를 구축하거나 강화하는데 초점을 맞춘다. 예를 들어, Nike의 TV광고인 "Just Do it"는 즉각적인 판매를 유도하는 것이라기보다는 고객이 그 상표를 생각하고 느끼는 방식을 변화시키려는 목적을 가진 광고이다.

2. 광고예산 설정

광고목표를 설정한 후, 마케팅 관리자는 각 제품에 대한 광고예산을 설정해야 한다. 광고예산을 설정하기 위해 사용되는 네 가지 방법에 대해서는 제14장에서 연구하였다. 본 절에서는 광고예산을 세울 때 고려해야 할 요인에 대해 설명한다.

첫째, 상표에 대한 광고예산은 제품수명주기의 단계에 따라 달라진다. 예를 들어, 신제품은 인지도를 확보하고, 소비자의 시험적인 구매를 유도(시용)하기 위해 많은 예산이 필요하다. 반면에 성숙기의 상표는 매출에서 광고예산이 차지하는 비율이 다른 단계에 비해 낮다.

둘째, 시장점유율도 광고예산에 영향을 미친다. 즉 시장점유율을 확대하거나 경쟁사로부터 시장점유율을 빼앗고자 할 때에는 시장점유율을 유지하고자 할 때보다 일반적으로 더 많은 광고비 예산이 필요하다. 또한 점유율이 낮은 상표는 매출에서 광고예산이 차지하는 비율을 더 높일 필요가 있다.

셋째, 경쟁사가 많고, 광고 혼잡도가 높은 시장에 진출해 있는 상표는 시장에서 경쟁광고에 의한 잡음(혼잡)을 극복할 수 있도록 많은 광고비를 지출해야 한다.

넷째, 어떤 제품계열 내에서 상표가 서로 비슷하여 차별화가 어려운 경우, 광고주는 자사 제품이 고객의 눈에 띠도록 하기 위해 더 많은 광고비를 지출해야 한다. 그러나 자사 제품이 경쟁사 제품과 상당한 차이가 있는 경우, 광고는 소비자에게 그 차이를 지적하고 전달하기 위해 사용할 수 있다.

3. 광고전략 개발과 수립

광고전략은 광고 메시지 개발과 광고 매체의 선정이라는 두 가지 중요한 요소로 구성된다. 과거에 기업은 매체계획을 메시지 개발과정의 다음 단계로 생각하여 왔다.

그러나 오늘날 매체의 분화와 다양화, 증가되는 매체비용, 더욱 초점이 맞추어진 표적 마케팅 전략은 매체의 계획기능이 중요하다는 사실을 부각시키고 있다. 점차 광고주는 광고 메시지와 이 메시지를 전달하는 광고매체 사이의 밀접한 조화를 추구하고 있다.

1) 광고 메시지 개발

광고예산과는 관계없이, 광고는 소비자의 관심을 획득하고, 메시지가 잘 전달될 때 성공할 수 있다. 즉 좋은 광고 메시지는 오늘날 비용이 많이 소요되고 또한 혼잡한 광고환경에서 특히 중요하다.

많은 라디오 방송국, 전국망 TV채널, 유성 TV, 수많은 전국 잡지, 지속적으로 배달되는 카탈로그, 직접우편, 인터넷, 전자우편과 온라인 광고가 있고, 소비자는 집에서, 직장에서, 어디에서나 광고에 싸여 있다. 어떤 전문가는 한 사람이 하루에 평균

3,000개의 메시지에 노출된다고 주장한다.

(1) 광고혼잡 극복하기

광고혼잡(advertising clutter)이 소비자를 괴롭힌다면, 이는 광고주에게는 큰 문제가 된다. 전국망 TV의 경우, 광고주는 엄청난 금액을 광고를 제작하는데 지출하며, 또한 인기 있는 시간대에 광고를 하며, 또한 인기 있는 시간대에 광고를 보낼 때마다 많은 비용을 지출한다.

이러한 비용 이외에도 자사 제품의 광고는 다른 광고, 고지, 전국망 프로그램 안내 등과 같은 잡음에 둘러싸여 있다. 그 밖에도 TV와 다른 매체의 혼잡 상태는 매우 적대적인 광고환경을 만든다. 즉 너무나 많은 광고에 둘러싸여 있으므로 이에 따라 광고를 더 부정적으로 인식하게 된다.

최근까지 TV시청자는 광고주의 포로와 같았다. 그러나 오늘날 디지털의 기술은 고객에게 풍부한 정보와 오락대안을 제공해 주고 있다. 유선 TV와 유성 TV, 인터넷, VCD, DVD 대여 등의 성장과 함께 시청자들은 다양한 대안을 갖게 되었다. 또한 디지털 기술은 고객에게 시청할 것과 시청하지 않을 것을 선택할 수 있는 무기를 제공한다. 즉 점차 더 소비자는 광고를 보고자 하지 않는다. 소비자는 비디오를 볼 때 광고가 나오면 빨리 감아버린다(zapping). 그리고 원격조정장치를 이용하여 광고가 나오는 동안 소리가 나오지 않도록 하거나, 다른 채널에서 무엇이 나오는가를 확인하기 위해 채널을 돌린다(zipping).

문제를 더 심각하게 만드는 것은 티보(TiVo : TV 프로 140시간을 수록할 수 있는 대용량 하드 디스크) 스타일의 DVR(digital Video Recorder) 시스템이 빠르게 성장하고 있다는 것이다. 티보는 고객이 녹화된 프로그램을 볼 때 광고의 70%를 건너뛸 수 있다. 즉 시청자는 광고 없이 또는 광고를 보더라도 자신의 시간설계에 따라 프로그램을 시청할 수 있게 된다.

따라서, 광고주는 전통적인 매체를 통해서 수동적인 시청자에게 항상 똑같은 진부한 메시지를 강제로 주입시킬 수 없다. 시청자의 관심을 얻고 유지하기 위해 광고 메시지는 더 치밀하게 계획되어야 하고, 더 상상력이 풍부해야 하며, 시청자에게 더 많은 것을 제공해야 한다. 즉 광고주는 소비자를 초대하기에 충분할 정도로 흥미있고,

재미가 있으며, 유용하며, 즐거운 제품을 만들어야 한다.

이러한 상황에 처함으로써 마케팅 관리자들은 광고와 오락의 새로운 결합, 즉 Madison & Vine이라는 새로운 개념을 받아들이고 있다. 즉 새로운 매력적인 메시지로 고객에게 도달하기 위해, 그리고 광고혼잡 상태를 뚫고 나가기 위한 새로운 길을 만들기 위해 광고와 오락을 결합하고 있다.

(2) 메시지 전략

효과적인 광고 메시지를 개발하기 위해서는 무엇보다도 먼저 메시지 전략을 수립해야 한다. 즉 전체적인 메시지가 소비자에게 의사소통이 되도록 결정해야 한다. 이것은 바로 소비자가 제품이나 기업을 생각나게 만들거나 반응하게 만드는 광고의 목적을 실행하기 위한 것이다.

사람이 반응하는 때는 자신이 그렇게 함으로써 어떤 이점(benefit)을 얻을 수 있다는 것을 믿을 때이다. 따라서 효과적인 메시지 전략을 개발, 수립한다는 것은 광고 소구로 사용될 수 있는 고객 이점을 확인하는 것에서 시작되어야 한다는 것이다. 즉 이상적인 것은 기업의 위치화와 고개가치 전략이 수립된 다음, 이에 기초하여 광고 메시지 전략을 수립해야 한다는 것이다.

메시지 전략 기술문이란 광고주가 강조하고자 하는 이점과 위치화를 간단하고도 분명하게 요약한 것이다. 그 후 광고주는 설득력 있는 크리에이티브 컨셉트(creative concept) 또는 빅 아이디어를 개발해야 하는데, 이것은 독특하면서 기억할 만한 방법으로 메시지 전략에 활력을 불어넣는 것이다. 즉 이 단계에서 간단한 메시지 아이디어는 대단한 광고 캠페인으로 발전한다. 일반적으로 카피라이터와 아트디랙터가 한 팀이 되어 다양한 크리에이티브 컨셉트를 만들고, 이들 중에서 하나를 빅 아이디어로 발전시킨다. 이때 크리에이티브 컨셉트는 시각적 표현, 문구 또는 이들의 조합으로 구현된다.

크리에이티브 컨셉트란 제품 아이디어와 제품 컨셉트를 결합시킨 것으로서, 제품의 물리적인 측면에서의 차별적 속성인 독특한 판매 포인트(UPS)를 소비자의 심리적 측면에서의 소비자 이점(benefit)으로 전환시키는 것 즉 소비자 이점으로 해석하는 것이다. 따라서 크리에이티브 컨셉트는 광고 캠페인에 사용될 구체적인 소구를 선택하는데 있어 안내역할을 한다. 여기에서 광고소구(advertising appeal)는 3가지 특징을 가져야 한다.

첫째, 광고소구는 의미 있는 것이어야 한다. 즉 의미 있는 광고소구란 제품을 소비자에게 더 바람직하고 흥미로운 것으로 보이도록 만드는 이점(benefit)을 제시하는 것이다.

둘째, 광고소구는 믿을 만해야 한다. 즉 소비자가 제품이나 서비스가 약속한 이점을 전달할 것이라고 믿을 수 있게 만들어야 한다.

셋째, 광고소구는 독특해야 한다. 즉 자사제품이 경쟁제품보다 무엇이 더 좋은가를 보여주어야 한다.

(3) 메시지 실행

광고주는 빅 아이디어를 표적고객의 주의와 흥미를 끌어낼 실제 광고로 표현해야 한다. 크리에이티브 팀은 메시지를 실행에 옮기기 위해 가장 좋은 접근방법, 스타일, 어조, 단어, 광고형태를 탐색해야 한다. 메시지는 통상 9가지 실행 스타일로 표현될 수 있다.

- 생활의 단면(slice of life) : 이 스타일은 정상적인 상황에서 제품을 사용하는 전형적인 사람을 보여준다. 예를 들어, 어떤 우유광고는 건강에 좋은 아침식사와 더불어 희망찬 하루를 시작하는 젊은 전문직 여성을 보여준다.
- 생활양식(lifestyle) : 이 스타일은 어떤 제품이 특정한 생활양식(lifestyle)과 잘 조화를 이룬다는 것을 보여준다. 예를 들어, 엄청난 물결에 도전하는 카약을 타는 사람을 보여준다.
- 환상(fantasy) : 이 스타일은 제품이나 서비스의 사용과 관련된 현상을 창출한다. 예를 들어, 많은 광고가 꿈을 주제로 하는 경우이다.
- 무드(분위기) 또는 이미지(mood or image) ; 이 스타일은 아름다움, 사랑, 평온함과 같이 제품이나 서비스와 관련된 분위기나 이미지를 구축한다. 예를 들어, 어떤 제안을 하는 것 이외에 제품에 대한 주장을 하지 않는 것으로서, 어떤 항공사는 편안한 실내등과 탑승객을 편안하고 행복하게 모시는 세련된 승무원을 보여준다.

• 음악(musical) : 이 스타일은 사람이나 만화의 캐릭터가 제품을 노래하는 것을 보여준다. 예를 들어, 코카콜라 광고는 노래를 이용한다.

• 개성 상징(personality symbol) : 이 스타일은 제품을 대변하는 캐릭터를 보여준다. 이 캐릭터는 만화로 만들어질 수도 있거나 또는 실제 인물일 수도 있다.

• 기술적 전문성(technical expertise) : 이 스타일은 제품을 만드는 기업의 전문성을 보여준다. 예를 들어, 그 제품을 제조할 때의 오랜 전통의 경험을 이야기하는 것이다.

• 과학적 증거(scientific evidence) : 이 스타일은 자사 상표가 경쟁상표보다 더 좋거나 선호된다는 설문조사 결과나 증거를 제시한다. 예를 들어, 자사 치약이 경쟁상표보다 충치예방 효과를 고객에게 설득하기 위해 과학적 증거를 사용한다.

• 제품 후원사에 의한 실연과 후원(testimonial evidence and endorsement) : 이 스타일은 매우 믿을 만하거나 호감이 가는 제품 후원사를 광고에서 보여주는 것이다. 예를 들어, 보통사람이 특정 제품을 얼마나 좋아하고 있는가를 말할 수도 있거나, 유명인사가 세품을 설명하는 것이다.

또한 광고주는 광고에 사용되는 어조(tone)를 정해야 한다. 즉 항상 긍정적인 어조를 사용할 수도 있으며, 또는 광고혼잡을 극복하기 위해 기발한 유모어를 이용할 수도 있다.

그리고 광고주는 광고에서 기억될 수 있고 관심을 끄는 단어를 사용해야 한다. 즉, 공학적으로 잘 만들어진 자동차입니다. 또는 이 시대 최고의 승용차 등으로서, 더 창의적이고, 영향력이 강한 문구를 사용하는 것이다.

마지막으로 광고물의 구성요소(format elements)는 광고의 영향력뿐만 아니라 비용에도 차이를 초래한다. 즉 광고 디자인의 작은 변화는 효과에서 큰 차이를 만들 수 있다. 삽화(illustration)는 인쇄광고에서 독자의 첫 시선을 받기 때문에 관심을 끌 만큼 강력해야 한다. 그리고 헤드라인(head line)은 표적고객이 본문을 읽을 수 있도록 효과적으로 유인해야 한다. 마지막으로 광고 메시지의 중심이 되는 본문(copy)은 간결해야 하지만 강하고 설득력이 있어야 한다. 더 나아가 모두가 조화롭게 합쳐져 고객의 가치를 설득력 있게 전달해야 한다.

2) 광고매체의 선정

광고매체를 선정하는 과정의 주요 단계는 ① 도달범위, 도달횟수(빈도), 영향력을 결정하는 것 ② 주요 매체유형을 설정하는 것 ③ 구체적인 매체 수단 또는 도구를 선정하는 것 ④ 매체 실행시기를 결정하는 것으로 구성된다.

(1) 도달범위, 빈도, 영향력의 결정

매체를 선정하기 위해서 광고주는 우선 광고목표를 달성하는데 필요한 도달 범위와 도달횟수(빈도)를 결정해야 한다.

도달범위(reach)란 주어진 기간 동안 광고 캠페인에 노출된 표적청중의 비율로서, 예를 들어, 광고주가 캠페인을 시작한 후 3개월 동안 표적시장의 70%에게 메시지를 노출시키고자 시도하는 것이다.

도달횟수(빈도 : frequency)는 표적시장에 있는 사람이 메시지에 노출되는 평균적인 횟수로서, 예를 들어, 광고주는 3번의 평균 노출횟수를 기대할 수 있다.

영향력(impact)은 주어진 매체를 통한 메시지 노출의 질적인 가치이다. 예를 들어, 월간 중앙이나 신동아에 실린 똑같은 메시지는 여성중앙이나 여성동아에 비해 더 신뢰성이 있다. 증거를 보여줄 필요가 있는 광고는 TV가 라디오보다 효과적인데, TV는 시각과 청각을 모두 활용할 수 있기 때문이다. 고객이 디자인이나 제품특성에 대해 자신의 아이디어를 제공하는 제품은 직접우편보다 웹사이트에서 더 잘 촉진될 수 있다.

일반적으로 광고주는 청중에게 단순히 도달하는 것보다 고객을 참여시킬 수 있는 매체를 선호한다. 예를 들어, TV광고의 경우에 프로그램이 표적청중과 얼마나 관련성이 있고, 그 광고가 어떤 프로그램에 삽입되느냐가 중요하다는 것이다. 즉 소비자가 어느 정도 상표의 아이디어에 연결되어 있고, 몰두하고 있는가를 판단하는 방법이 필요하다는 것이다. 그 이유는 소비자가 관여하고 몰입되어 있다면 관계를 구축할 수 있는 적절한 방법이 되는 것이기 때문이다.

(2) 주요 매체 유형의 선정

매체계획 관리자는 각 주요 매체 유형의 도달범위, 빈도, 영향력을 알아야 한다. 〈그림 15-2〉와 같이, 주요 매체 유형은 TV, 신문, 직접우편, 잡지, 라디오, 옥외, 인터넷 등이다.

매체계획 관리자는 매체를 선택할 때 여러 가지 요인을 고려해야 한다. 즉 광고메시지를 표적고객에게 효과적이고 효율적으로 전달할 수 있는 매체를 선택하기 위해서 각 매체의 영향력, 메시지 효과성, 비용 등을 고려해야 한다.

매체계획 관리자는 매체믹스를 정기적으로 재검토해야 한다. 오랫동안 TV와 잡지가 광고주의 매체믹스에서 우위를 점하고 있어 상대적으로 다른 매체는 무시되어 왔다. 그러나 대중매체의 비용이 상승하고, 청중이 감소하고, 흥미진진한 새로운 디지털 매체가 나타남에 따라 광고주는 고객에게 도달할 수 있는 새로운 방법을 찾고 있다. 즉 광고주는 더 전문화되고 표적화의 수준이 높은 매체로 전통적인 대중매체를 보완하고 있는데, 비용이 저렴하고, 표적고객에게 효과적으로 도달할 수 있으며 또한 고객의 몰입을 이끌어낼 수 있게 되었다.

예를 들어, 유선 TV와 위성 TV 시스템이 점차 인기를 끌고 있다. 이 시스템은 스포츠, 뉴스, 영양, 예술, 집수리와 정원 가꾸기, 요리, 여행, 역사, 금융 등과 같이 주제의 범위를 좁힌 프로그램 유형을 가능케 해주고, 선별된 집단을 목표로 하고 있다.

〈표 15-2〉 주요 매체 유형의 특성

미디어	장점	단점
TV	우수한 대량 마케팅 커버리지;단위 노출당 적은 비용; 시각, 청각 및 동작의 결합; 감각에 호소	높은 절대비용; 높은 광고혼잡; 잠깐 시간 동안의 노출; 낮은 청중 선별력
신문	유연성, 적시성; 지역시장 커버리지에 좋음; 넓은 수용성; 높은 신뢰성	짧은 수명; 낮은 재생품질; 낮은 독자회람 가능성
직접우편	높은 청중 선별력; 유연성; 같은 매체 내에서 광고경쟁이 없음; 개별화가 가능함	상대적으로 높은 단위 노출당 비용; 스팸메일 이미지
잡지	높은 지리적 및 인구통계학적 선별력; 신뢰와 권위, 고품질의 재생; 긴 수명과 우수한 독자회람 가능성	광고구매 시점과 광고게재 시점 간의 긴 간격; 높은 비용; 게재 위치가 보장되지 않음
라디오	우수한 지역적 수용성; 높은 지리적 및 인구통계학적 선별력; 낮은 비용	청각으로 제한됨, 짧은 노출기간; 낮은 주의 유발력; 분화된(fragmented) 청중
옥외	유연성; 높은 반복노출; 낮은 비용; 낮은 메시지 경쟁; 우수한 위치 선택 가능성	낮은 청중 선별력; 크리에이티브의 제한
인터넷	높은 선별력; 적은 비용; 즉시성; 상호작용 가능성	인구통계학적 측면에서의 청중 불균형;상대적으로 작은 영향력; 청중이 노출을 통제함

이에 광고주는 무차별적인 산탄총 방식(shotgun)을 사용하는 전국망 방송 대신에 특정 세분시장을 대상으로 소총방식(rifle)으로 행하는 유선 TV와 같은 유선방송의 이점을 활용하고 있다. 즉 유선과 위성방송 매체가 매우 합리적인 광고 매체인 것처럼 보인다.

그러나 광고는 거의 흔치 않은 곳에서 나타나고 있다. 즉 더 저렴한 비용으로 표적고객에게 접근할 수 있는 광고주는 여러 가지 대안을 발견하고 있다.

매체계획 관리자가 매체를 선정하는데 영향을 미치는 또 다른 추세는 한 번에 하나 이상의 매체를 사용하는 사람 즉 과매체 사용자(media multitakers)가 증가하고 있다는 것이다. 즉 TV를 보는 동안에 신문을 읽거나, TV가 방영되는 시간에 온라인을 이용하는 등 동시에 하나 이상의 매체 유형을 시도하고 있다. 오늘날 아이들이 이러한 현상을 보이면서, 다매체 사용자가 증가하고 있다.

따라서 매체계획자는 광고에 사용할 매체 유형을 선정할 때, 청중의 매체 상호작용을 고려해야 한다.

(3) 특정 매체 도구(수단)

매체 계획자는 최상의 매체도구(수단: media vehicles)를 선정해야 한다. 매체도구란 일반적인 매체유형의 구체적인 매체로서, 예를 들어, TV도구에는 MBC, SBS나 KBS2의 주중, 주말 연속극, 일일 연속극, 9시 뉴스 등이 있으며, 잡지에는 신동아, 월간조선, 여성중앙, 여성동아 등이 있다.

매체계획자는 매체도구별로 1,000명에게 도달하는 비용을 계산해야 한다. 예를 들어, 전면 4색 컬러광고를 여성중앙이나 여성동아 전국판에 게재하려면 1,000만원이 소요되고, 이 잡지의 발행부수가 50만 부라고 할 경우, 1,000명에게 이 광고가 도달되는데 소요되는 비용은 20,000원이다. 같은 광고를 다른 잡지에 게재한다면 500만원이 소요되고, 이 잡지의 발행부수가 20만부라고 할 경우, 1,000명당 비용은 25,000원이 될 수 있다. 매체계획자는 각 잡지를 1,000명당 비용으로 평가하고, 표적고객에게 도달하는 비용이 상대적으로 적은 잡지를 선택해야 한다.

매체계획자는 각 매체별로 광고를 제작하는 비용도 고려해야 한다. 신문광고를 제작하는 데는 적은 비용이 소요되지만, TV광고는 제작하는데 많은 비용이 소요된다.

그리고 구체적인 매체도구를 선정하는 경우 매체계획자는 매체비용과 매체 효과성과 관련된 요인을 비교하여 균형을 유지해야 한다.

첫째, 매체계획자는 각 매체도구의 청중수준을 조사해야 한다. 예를 들어, 하기스 1회용 기저귀 광고는 주부들이 보는 잡지가 노출가치가 높은 반면에 청소년 등이 보는 잡지는 노출가치가 낮다.

둘째, 매체계획자는 청중의 몰입수준(audience engagement)을 고려해야 한다. 예를 들어, 광고를 많이 취급하는 잡지는 전문기사거리를 많이 다루는 잡지보다 광고에 더 많은 주의를 받는다.

셋째, 매체계획자는 매체도구의 편집수준을 평가해야 한다. Times나 Business

Week지는 Business Review지보다 더 믿을 만하고 권위가 있다.

(4) 매체시기의 결정

광고주는 1년 동안에 광고를 어떻게 일정을 잡을 것인가를 결정해야 한다. 예를 들어, 어떤 기업의 제품 매출이 12월에 피크에 이르고, 3월에 떨어진다고 가정해 보자, 이 기업은 계절적 패턴에 따라 또는 계절적 패턴과는 반대로 광고량을 조절할 수도 있다. 또 다른 예로서, 카드회사는 중요한 축제일에만 카드를 광고할 수 있다.

또한 광고주는 광고의 패턴을 선택해야 하는데, 2가지 유형이 있다.

첫째, 지속형(confinuity)은 주어진 기간 동안 동일하게 광고비를 지출하는 유형이다.

둘째, 맥박형(진동형 : pulsing)은 주어진 기간 동안 동일하지 않게 광고비를 할당하는 형태로서, 예를 들어, 52개의 광고가 매주 하나씩 집행될 수도 있고, 몇 번에 걸쳐 집중적으로 집행될 수도 있다. 이 광고 형태를 이용하는 배경은 짧은 기간 동안 인지율을 구축하기 위해 광고를 집중적으로 집행하고, 그 효과가 다음 기간에도 이월될 수 있기를 기대한다. 또한 적은 비용으로 지속형 형태와 동일한 효과를 얻을 수 있다고 생각한다. 그러나 매체 계획자는 이 방식이 인지수준을 극대화할 수는 있지만, 광고 커뮤니케이션의 깊이가 희생된다고 믿고 있다.

4. 광고효과와 광고투자 수익률 평가

대부분의 마케팅 기업은 광고효과를 측정하고 또한 광고투자에 대한 수익률을 확인하기 위해 노력해야 하지만, 아직까지도 광고주는 이에 미치지 못하고 있다. 즉 광고주는 커뮤니케이션 효과 그리고 매출 및 수익효과라는 두 가지 광고효과를 정기적을 측정해야 한다.

첫째, 광고의 커뮤니케이션 효과를 측정함으로써, 광고주는 광고물과 매체가 광고메시지를 잘 전달하고 있는가를 확인할 수 있다. 즉 개별적인 광고는 집행 전후에 평가될 수 있다. 광고가 집행되기 전에 광고주는 소비자에게 광고를 보여주고 소비자가 그 광고를 좋아하는가를 물어보고, 메시지에 대한 회상 또는 태도변화를 측정할 수 있다. 광고가 집행된 후, 광고주는 광고가 소비자의 회상 또는 제품 인지도, 지식, 선호도에 어떤 영향을 미쳤는가를 측정할 수 있다. 커뮤니케이션 효과에 대한 광고 집행 전후의 평가는 전체 광고 캠페인에서도 이루어질 수 있다.

둘째, 광고에 의한 매출 및 수익효과는 커뮤니케이션 효과의 측정처럼 용이하지 않고 훨씬 더 어렵다. 그 이유는 매출과 수익은 광고 이외에도 제품 특성, 가격, 구입 가능성과 같은 여러 가지 요인의 영향을 받기 때문이다.

광고에 의한 매출 및 수익 효과를 측정하는 한 가지 방법은 과거의 매출 수익과 과거의 광고비를 비교하는 것이다. 또 다른 방법은 실험을 이용하는 것이다.

그러나 많은 요인(통제 불가능한 요인)이 광고 효과에 영향을 미치기 때문에, 광고비 지출의 결과를 측정하는 것은 아직까지도 정확하지 못한 과학적 문제도 남아 있다.

5. 광고에서의 기타 고려 요소

광고전략과 광고 프로그램을 개발하는 경우, 기업은 두 가지 추가적인 질문, 즉 첫째, 기업이 광고기능을 조직화하는 방법(누가 어떤 광고과업을 수행하는가), 둘째, 광고전략과 광고 프로그램을 복잡한 국제시장에 적응하는 방법에 대해 연구해야 한다.

1) 광고 조직

기업들은 광고업무를 처리하는 방법에서 상이하다. 소기업은 영업부의 직원이 맡을 수도 있다. 대기업에는 광고부가 있는데, 광고부의 임무는 담당자에게 광고예산을 설정하고, 광고대행사와 함께 일하며, 광고대행사가 하지 않는 광고 관련 일을 취급하도록 하는 것이다. 대기업도 외부의 광고대행사를 이용하는데, 여러 가지 장점을 광고대행사가 갖고 있기 때문이다.

오늘날의 광고회사(광고대행사)는 광고주의 광고담당자보다 광고 관련업무를 더 잘 처리하는 전문가를 고용하고 있다. 또한 광고대행사는 다양한 광고주와 일하고 다양한 상황에서 일을 처리하는 풍부한 경험과 함께 광고주는 문제점을 해결하는데 외부인의 관점을 제공한다.

오늘날 대규모한 광고대행사는 광고주를 위해 광고 캠페인의 모든 단계를 처리할 수 있는 전문인력과 자원을 확보하고 있다.

2) 국제광고에 대한 의사결정

국제광고주는 국내광고주가 경험하지 못하는 많은 복잡한 문제에 직면하고 있다. 가장 근본적인 문제는 국제적인 광고를 어느 정도 각국 시장의 고유한 특성에 맞추느냐하는 것이다.

첫째, 어떤 다국적 기업은 매우 표준화된 광고를 전 세계적으로 집행함으로써 세계적인 상표를 후원하기도 한다. 예를 들어, Coca-Cola사는 Sprite 상표를 세계의 젊은이를 표적고객으로 하여 표준화된 소구를 사용한다. 한편 Gillette사의 Venus 여성용 면도기 광고는 지역문화에 맞추어 광고가 약간 수정되었을 뿐 세계적으로 거의 동일하다.

이런 표준화된 광고는 낮은 광고비용, 세계적으로 통일된 광고활동, 일관성 있는 세계적인 이미지 구축 등의 이점이 있다. 그러나 무엇보다도 각 국가의 문화, 인구통계적 요인, 경제적 조건 등이 상이하다는 사실을 무시하는 단점이 있다.

둘째, 표준화의 장점에 따라, 국제 광고주는 생각은 세계적으로 하고, 행동은 지역적으로 하고자 한다. 즉 그들은 광고활동을 보다 효율적이고 일관성 있게 전개하기 위해 세계적 광고전략을 개발한다. 그 후 지역시장의 고객욕구와 고객 기대에 부응하기 위해 광고 프로그램을 조정한다. 예를 들어, Coca-Cola사는 서로 상이한 국제시장에서 사용될 수 있는 여러 광고물을 준비한다. 어떤 광고물은 언어만 바꾸어 여러 나라에서 집행하기도 한다. 이 때 각 지역 관리자는 자신이 맡은 시장에 가장 적합한 광고를 결정한다.

세계적 광고주는 몇 가지 특별한 문제에 직면하고 있다. 예를 들어, 광고매체의 비용과 이용가능성이 나라마다 매우 상이하며, 또한 각 나라는 광고활동을 규제하는 정도에서 상이하다. 이는 많은 국가가 법규 시스템을 갖추어 있어 어떤 기업이 광고에 사용할 수 있는 비용, 사용하는 매체, 광고주장의 본질, 광고 프로그램의 기타 측면을 규제하고 있기 때문이다. 이에 따라 광고주는 각 국가의 환경조건에 맞게 광고캠페인을 변경해야 한다.

결론적으로 볼 때, 광고주는 전반적인 광고활동의 지침이 되는 세계적 전략을 수립할 수 있지만, 구체적인 광고 프로그램은 각 지역(국가)의 문화와 관습, 매체의 특성, 광고규제에 따라 적응해야 한다.

제 2 절 공중관계

대중적인 촉진도구로서 공중관계(public relation)는 긍정적인 제품홍보(publicity) 기사를 개발하고, 좋은 기업 이미지를 구축하고, 비우호적인 소문, 이야기, 행사 등을 처리함으로써 다양한 공중과의 우호적인 관계를 구축하는 것이다.

1. 공중관계의 기능

다양한 공중과의 우호적인 관계를 구축하는 공중관계는 그 담당부서에서 아래에 제시된 기능을 수행한다.

- 언론관계 또는 언론 대행 : 사람, 제품 또는 서비스에 대한 주의를 끌기 위해 뉴스 매체에 기사성이 있는 정보를 개발하여 제공한다.
- 제품 홍보 : 특정 제품에 대한 기사를 발표한다.
- 공중문제(public affairs) : 전국적인 또는 지역적인 공동체 관계를 구축·유지한다.
- 로비활동 : 입법이나 규제에 영향을 미치기 위해 입법 관계자나 정부 관료와의 관계를 구축하고 유지한다.
- 투자자 관계 : 금융 공동체에 있는 주주나 이해관계자와 관계를 유지한다.
- 개발 : 재정적인 또는 자발적인 후원을 얻기 위해 기부자 또는 비영리 단체의 회원과 공중관계를 유지한다.

상기의 기능을 수행하는 공중관계는 제품, 사람, 장소, 아이디어, 활동, 조직, 국가를 촉진하기 위해 사용된다. 또한 기업은 소비자, 투자자, 매체, 공동체와 우호적인 관계를 구축하기 위해 공중관계를 사용한다. 일반적으로, 협회(trade association)는 계란, 사과, 우유, 감자 등과 같은 쇠퇴기 상품에 대한 관심을 재구축하기 위해 공중관계를 사용하고 있다. 최근 지자제가 활성화됨에 따라 특정 도시들이 홍보활동과 광고 캠페인을 하여 도시의 이미지를 개선하고 많은 관광객을 끌어들이고 있다. 또한 국가도 더 많은 관광객, 외국 투자자, 국제적 후원을 끌어내기 위해 공중관계를 사용하고 있다.

2. 공중관계의 역할과 효과

공중관계는 광고보다 훨씬 저렴한 비용으로 공중의 인지도에 강력한 영향을 미칠 수 있다. 기업은 매체의 지면이나 시간을 확보하기 위해 비용을 지불하지 않지만, 그 대신에 기업은 담당자가 정보를 개발하고 행사를 관리하는데 필요한 비용에 대해서는 투자해야 한다.

만일 마케팅 기업이 재미있는 이야기나 행사를 개발하면, 여러 매체가 이를 기사로 활용할 것이며, 그 결과로 수십억 원을 지불하는 광고와 동일한 효과를 줄 수 있다. 따라서 광고보다 더 신뢰성이 높게 된다.

그러나 공중관계의 잠재적인 장점에도 불구하고, 공중관계는 간혹 마케팅의 서자로 취급되어 왔는데, 그 이유는 공중관계가 제한적이고 간헐적으로 사용되어 왔기 때문이다. 즉 공중관계 부서는 본사에 위치하고 있으며, 또한 담당자는 주주, 종업원, 입법 관계자, 언론 등 다양한 구성원과 씨름하기 바쁘고, 제품의 마케팅 목표를 지원하기 위한 공중관계 프로그램을 무시하게 된다. 특히 마케팅 관리자와 공중관계 책임자가 항상 같은 목소리를 내지 않고 있다. 즉 공중관계 담당자는 자신의 임무를 단순히 의사소통으로 생각하는 반면에, 마케팅 관리자는 광고와 공중관계가 상표 구축, 판매와 이익, 고객관계에 미치는 영향에 대해 관심을 두는 경향이 있기 때문이다.

그러나 마케팅 환경은 변화하고 있다. 공중관계가 기업의 전체 마케팅 예산 중에서 적은 부분을 차지하고 있지만, 공중관계는 점차 상표를 구축하는데 더 중요한 역할을 수행하고 있다. 즉 공중관계는 상표를 구축하는데 있어 강력한 도구가 되고 있다. 광고가 지배하던 시대가 끝나고, 공중관계가 가장 강력한 마케팅 커뮤니케이션 도구로 부상하고 있다. 물론 광고가 사라지고 있는 것이 아니라 광고와 공중관계가 상표를 구축하고 유지하기 위해 공동으로 작업해야 한다는 것이다.

3. 주요한 공중관계 도구

공중관계는 다양한 기능을 수행하므로 다양한 도구를 사용한다. 가장 중요한 도구 중의 하나가 뉴스이다. PR 전문가는 기업, 제품과 사람에 대해 호의적인 기사거리를 만든다. 뉴스거리가 자연스럽게 생기기도 하지만, PR담당자는 뉴스거리를 만들기 위한 행사나 활동을 제안해야 한다.

둘째, 연설도 제품과 기업에 대한 홍보를 만들어 준다. 기업의 책임자가 매체 질문에 응해야 하거나, 협회나 판매회의에서 대화를 나누어야 한다. 이러한 행사는 기업 이미지에 도움이 되기도 하고 해가 되기도 한다.

셋째, 기타 PR 도구에는 뉴스 회합, 언론기관 탐방, 개막행사, 불꽃놀이, 레이저쇼, 풍선기구 설치, 다매체 설명회, 스타와 함께하는 구경거리, 교육 프로그램 등과 같은 특별한 행사가 포함되는데 이것들은 표적청중에게 영향을 미치거나, 관심을 끌기 위해 계획된다.

공중관계를 담당하는 사람은 표적시장에 영향을 미치기 위한 자료를 준비한다. 이 자료에는 연차보고서, 안내책자, 기사, 회사의 사보나 잡지 등이 포함된다. 그 밖에서 영화, 사운드 프로그램, DVD, 온라인 서비스 등과 같은 음성자료도 의사결정 도구로 사용된다. 기업주체성(CI) 자료도 공중이 즉시 인지할 수 있는 기업의 주체성을 창출하는데 도움을 준다. 로고, 판타지, 안내책자, 표식, 사업용 양식, 명함, 건물, 유니폼, 기업의 자동차와 트럭 등도 매력적이고 독특하고, 기억될 수 있다면 모두가 마케팅 도구가 될 수 있다. 마지막으로 기업은 공중 서비스 활동에 자금과 시간을 기부함으로써 공중과 우호적인 관계를 증진시킬 수 있다.

마케팅 관리자는 상표에 대한 흥분과 호의적인 구전을 창출하기 위해 구전 마케팅 활동을 고려할 수 있다. 구전 마케팅은 사회적 네트워크 과정을 이용하여 고객 스스로 제품과 서비스 정보를 공동체의 다른 사람에게 전달하게 된다.

최근에 또 다른 공중관계 개발도구는 모바일 투어 마케팅(mobile tour marketing)인데, 이것은 이곳저곳으로 이동하면서 자사 상표를 소비자에게 알리는 활동이다. 모바일 투어 마케팅은 표적고객과 일 대 일의 관계를 구축하기 위한 효과적인 방법으로서, 워크숍이나 전시회를 개최하는 것이다. 즉 이용 가능한 장비를 마련하여 전국을 순회하면서 쇼와 같은 활동을 행하는 것이다.

기업의 웹사이트도 중요한 공중관계 수단이 될 수 있다. 소비자와 다른 공중 구성원은 정보와 오락을 획득하기 위해 사이트를 방문하는 것으로서, 예를 들어, 요리와 조리정보를 제공하는 사이트를 기업이 제공하는 것이다. 또한 웹사이트는 위기상황에 대처하기 위한 이상적인 도구가 되고 있다. 즉 기업이 불리한 사건이 발생했을 때 단시간 내에 웹사이트를 구축하여 대처함으로써, 문제를 해결할 수가 있다.

결론적으로 볼 때, 관리자는 다른 촉진도구와 마찬가지로 PR의 목표를 수립하고, PR 메시지와 도구를 선택한 다음, 그 계획을 실행에 옮기고, 결과를 평가해야 한다. 즉 기업의 공중관계는 전체적으로 통합적 마케팅 커뮤니케이션 노력의 일환으로 수행되는 다른 촉진활동과 조화를 이루어야 한다.

참고문헌

윤훈현 역, 『마케팅 관리론』, 12판, 피어슨, 2006.

http://mediakit.businessweek.com and www.newsweekmediakit.com, August 2006.

"100 Leading National Advertisers," *Special Issue of Advertising Age*, June 26, 2006.

Abbey Klaassen, "New Wins Early Battle in Viewer-Engagement War," *Advertising Age*, March 20, 2006, p. 10.

David H. Freedman, "The Future of Advertising Is here," Inc., August 2005, pp. 70-78.

Kotler P. and Gary Armstrong, *Marketing : An Introduction*, 9th ed., Pearson, 2009.

Kotler P. and Gary Armstrong, *Principles of Marketing*, 12th ed., Pearson, 2008.

Kotler P. and Kevin Lane Keller, *Marketing Management*, 13th ed., Pearson, 2009.

Scott Cutlip, Allen Center, and Glen Broom, *Effective Public Relations*, 9th ed.(Upper Saddle River, NJ: Prentice Hall, 2006), chapter 1.

W. Ronald Lane, Karen Whitehill King, and J. Thomas Russell, Kleppner's *Advertising Procedure,* 16th ed. (Upper Saddle River, NJ: Prentice Hall, 2005), chapter 6.

16
chapter

인적판매와 판매촉진

인적판매는 매출을 증대시키고 고객관계를 유지하기 위해 고객, 예상잠재고객과 대면을 통해서 상호작용하는 활동으로 구성된다. 판매촉진은 고객의 구매, 재판매업자의 지지와 지원, 판매원의 노력을 유도하기 위해 단기적인 인센티브를 사용하는 것과 관련된다.

제1절 인적판매

전 세계의 모든 기업은 기업고객, 최종고객에게 제품과 서비스를 판매하기 위해 판매원을 이용한다. 즉 판매원은 다른 종류의 조직에서 발견되는데, 예를 들어, 대학에서 신입생을 모집하는 담당직원, 새로운 신자를 끌어들이기 위해 교회의 신도위원회, 예술관련기관은 기부자를 확보하고 기금을 모으기 위해 기금을 모금하는 사람을 고용한다. 정부기관도 판매원을 이용한다.

1. 인적판매의 본질

인적판매(personal selling)는 가장 오래된 직업 중의 하나로서, 판매하는 사람은 판매원(영업사원, 판매대리인(sales representatives), 지역관리자, 거래처 담당자, 판매 상담자, 판매 엔지니어, 대리인(agent), 거래처 개발 담당자 등으로 불리운다.

사람들은 판매원에 대해 비우호적인 고정관념을 가지고 있다. 즉 판매원은 판매지역을 돌아다니면서 의심하지 않는 구매자나 구매를 꺼려하는 구매자에게 제품을 속여 파는 독불장군으로 묘사한다.

그러나 현대적인 판매원은 상기의 부정적인 고정관념과는 상이하다. 즉 오늘날의 판매원은 장기적인 고객관계를 구축하고, 유지하기 위한 교육과 훈련을 잘 받은 전문가로서, 고객의 말에 귀를 기울이고, 고객의 욕구를 파악하며, 고객의 문제를 해결하기 위해 전사적인 활동을 계획한다.

판매원은 다양한 범위의 직위를 갖고 있다. 극단적인 경우로서, 판매원은 계산대 뒤에 있는 백화점의 판매원과 같이 단순히 주문 수주자(order taker)일 수도 있다. 또 다른 극단적인 경우는 주문 창출자(order getter)로서, 산업장비, 가전제품, 항공기, 보험, 정보기술 서비스 등과 같은 제품과 서비스를 위해 창의적인 판매기술과 관계구축을 요구하는 직위이다.

2. 판매원의 역할

인적판매는 대면적이며 인적인 촉진믹스 도구이다. 즉 광고가 표적고객 집단과의 일방적이고 비인적인 의사소통으로 구성되는 반면에, 인적판매는 고객과 판매원 사이의 양방향적이고 개인적인 의사소통을 포함한다. 이러한 의사소통에는 직접 대면이나 전화, 비디오나 웹 회합, 또는 기타 다른 수단이 포함된다. 따라서 판매원은 고객의 문제를 분명하게 파악하기 위해 다양한 방법으로 고객을 탐색할 수 있고, 이를 기초로 하여 고객의 특별한 욕구에 맞추기 위해 마케팅 제공물이나 설명회를 변경시킬 수 있다.

판매원의 역할은 기업에 따라 상이하다. 즉 어떤 기업은 판매원이 없이 온라인이나 카탈로그를 이용하여 판매하지만, 다른 기업은 제조업체 대리인, 판매 대리인, 또는 브로커를 통해서 판매하기도 한다. 그러나 대부분의 기업에서 판매원은 중요한 역할을 수행한다. 즉 산업재 마케팅 기업의 경우, 판매원은 고객과 직접 일을 하지만, 소비재 기업에서의 판매원은 배후에서 중요한 임무를 수행한다. 즉 도매상과 소매상의 지원을 확보하기 위해 일하고, 자사제품을 효과적으로 판매할 수 있도록 도와준다.

판매원은 기업과 고객의 연결고리 역할을 한다. 즉 판매원은 구매자나 판매원 모두를 위해서 일을 한다. 새로운 고객을 발견하여 자사 제품과 서비스에 대한 정보를 전달한다. 고객과 접촉하고, 제품에 대해 설명하고, 고객의 이의에 대해 대답하고, 가격과 조건을 협상하며, 계약을 종결하는 과정을 거쳐 제품을 판매한다. 이에 추가하여 판매원은 고객에게 서비스를 제공하고, 시장조사와 일상정보를 수집하는 업무를 수행한다.

또한 판매원은 기업에서 고객의 관심사를 대변하고, 구매자-판매자 관계를 관리하는 책임자로서 고객을 대변한다. 판매원은 기업의 제품과 활동에 대한 고객의 관심사를 파악하여, 이것을 관련되는 내부 담당자에게 전달한다. 또한 판매원은 더 큰 고객가치를 개발하고 창조하기 위해 고객의 욕구를 파악하고 마케팅 부서 및 다른 부서의 담당자와 함께 일을 한다. 즉 근대적 관점에서 볼 때, 판매원은 단순히 매출 실적을 올리는데 관심을 기울이는 것에서 더 나아가 고객의 가치와 기업의 이익을 창출하기 위해 기업 내의 다른 사람과 함께 일을 해야 한다.

제2절 판매원 관리

판매원 관리(sales force management)는 판매원의 활동을 분석, 계획, 실행, 통제하는 과정으로서, 이에는 판매원 전략과 판매원 구조를 설계하고, 판매원의 모집, 선발, 훈련, 보상, 감독, 평가하는 것이 포함되는데, 〈그림 16-1〉과 같다.

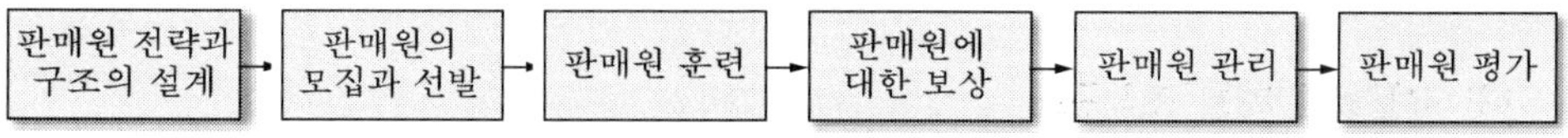

〈그림 16-1〉 판매원 관리의 주요 단계

1. 판매원 전략과 판매원 구조 설계

마케팅 관리자는 판매원 전략과 판매원 구조와 관련하여 ① 판매원과 과업의 구성 ② 판매원의 규모 ③ 판매원이 혼자서 또는 팀으로 활동 ④ 현장에서 판매 또는 웹을 통해 판매 등에 대한 문제에 직면한다.

1) 판매원 구조

일반적으로 기업은 여러 제품계열을 확보하고 있으므로, 판매의 책임은 여러 제품계열로 나누어진다. 물론 하나의 제품계열을 판매하는 경우도 있는데, 이 경우에는 지역별 판매원 구조를 사용한다. 그러나 여러 제품계열을 취급하는 경우에 기업은 제품별 판매원 구조, 고객별 판매원 구조, 이를 결합한 조직구조가 필요하다.

(1) 지역별 판매원 조직 구조

지역별 판매원 구조(territorial sales force structure)에서 판매원은 각 지리적 영역에 전속으로 할당되고, 지역에 있는 모든 고객에게 기업의 모든 제품과 서비스를 판매한다.

이 조직은 각 판매원의 임무와 책임을 명확하게 규정한다. 또한 지역별로 고객관계를 개발하려는 판매원의 욕구를 증가시켜 판매효율성을 개선시켜 준다. 마지막으로 판매원은 제한된 지역에서 돌아다니기 때문에 출장경비가 상대적으로 적게 소요된다.

지역별에 판매원 조직은 여러 단계의 판매 관리자층이 지원한다. 즉 판매원 조직의 맨 아래의 위치한 판매담당자에서 시작하여 판매대리인, 소매점 관리자, 소매판매 담당이사, 지역판매원 관리본부장, 지역별 판매원 본부장을 거쳐 부사장과 총괄 판매원 본부장에게 전달된다.

(2) 제품별 판매원 조직구조

제품 종류가 많고, 제품특성이 복잡한 경우, 판매원은 제품을 잘 알아야 한다. 즉 제품관리가 필요함으로, 제품별 판매원 조직구조(product sales force structure)를 도입한다. 이 경우에 판매원은 특정한 제품계열을 취급한다.

이 조직구조의 경우, 하나의 고객이 다양한 자사제품을 구입할 때 문제가 될 수 있다. 예를 들어, 기업의 각 제품사업부에는 독립적인 판매원 조직을 확보하고 있으며, 제품 계열별 판매원 조직구조가 있다면, 각 제품을 담당하는 판매원이 동시에 하나의 기업고객을 방문할 수 있다. 이로 인해 발생하는 추가비용은 이 조직구조가 제공하는 장점과 비교되어야 한다.

(3) 고객별 판매원 조직구조

고객별 판매원 조직구조(customer sales force structure)는 판매원을 고객별 또는 산업별(업종별)로 구성하는 것이다. 즉 상이한 산업별로, 기존고객, 신규고객을 확보하기 위해 주요 거래처, 일반 거래처에 별개의 판매원 조직이 구성될 수 있다.

이렇게 고객을 중심으로 판매원 조직을 구성함으로써 기업은 중요한 고객과 더 밀접한 관계를 구축할 수 있다. 즉 이 조직구조에서 개별 판매원 조직은 구체적인 고객들에 대해 헌신하고 도와주는 독립된 부서들로 나누어진다.

(4) 복잡한 판매원 조직구조

기업이 다양한 지역에서 다양한 고객유형에게 다양한 제품을 판매하는 경우, 몇 가지 유형의 판매원 조직구조를 결합한 판매원 조직구조를 갖춘다. 판매원은 고객과 지역별로, 제품과 지역별로, 제품과 고객별로, 또는 제품/고객/지역별로 특화될 수 있다. 따라서 기업은 고객의 욕구를 가장 충족시킬 수 있고 또한 전반적인 마케팅 전략에 맞는 판매원 조직구조를 선택해야 한다.

양호한 판매원 구조를 확보하기 위해 기업은 정기적으로 판매원 조직을 점검하여 당사 고객의 욕구를 잘 충족시키고 있는가를 확인해야 한다. 시간이 지나면서 판매원 조직은 복잡해지고, 효율성이 떨어지며, 고객의 욕구에 신속하게 반응, 대처하지 못할 수가 있기 때문이다.

2) 판매원 규모

판매원 조직구조가 결정되면, 이에 적합한 판매원 규모를 고려해야 한다. 그 이유는 판매원은 기업에서 가장 생산적이면서 가장 비싼 자산 중의 하나이기 때문이다. 즉 판매원의 수가 증가할수록 매출과 비용이 동시에 증가하기 때문이다.

마케팅 기업은 판매원의 크기를 정하기 위해 업무량 접근방법(workload approach)을 이용한다. 이 방법을 사용하기 위해서 기업은 우선 거래처를 운영하는데 필요한 일의 양과 관련된 요인(거래처의 규모, 거래처 상황, 기타 요인)에 따라 거래처를 구분한다. 그 다음으로 기업은 각 거래처 집단별로 바람직한 방문횟수를 기준으로 필요한 판매원 수를 결정한다.

예를 들어, 어떤 기업이 1,000개의 A형 거래처와 2,000개의 B형 거래처가 있는 경우, A형 거래처에는 매년 36번 방문하고, B형 거래처에는 매년 12번 방문한다. 이때 판매원의 업무량은 60,000번(1,000 × 36 + 2,000 × 12)이다. 한 명의 판매원이 1년에 평균 1,000번을 방문할 수 있다면, 60명(60,000/1,000)명의 판매원을 확보해야 한다.

3) 판매원 전략 및 판매원 조직구조에 관한 기타 문제

판매원 관리자는 누가 판매활동에 참여하며, 또한 어떻게 판매원과 지원인력이 함께 협력하여 일할 것인가를 결정해야 한다.

(1) 내부 또는 외부 판매원

마케팅 기업은 외근 판매원(outside sales force 또는 현장 판매원 : field sales force), 내근 판매원(inside sales force), 또는 모두를 이용할 수 있다. 외근 판매원은 현장에서 고객을 방문하기 위해 출장을 나간다. 반면에 내근 판매원은 전화, 인터넷, 구매자의 방문 등을 통해서 사무실에서 판매업무를 수행한다.

일부 내근 판매원은 외근 판매원을 위한 지원을 제공함으로써, 외근 판매원이 주요 고객에게 자사제품을 판매하는데 또는 새로운 예상잠재고객을 확보하는데 많은 시간을 사용할 수 있도록 도와준다. 예를 들어, 기술적 판매지원 담당자는 기술적 정보와 고객의 질문에 응답한다. 판매 보조원은 다른 판매원을 위한 행정적 지원을 한다.

다른 내근 판매원은 단지 지원하는 것 이상의 과업을 수행한다. 즉 전화 마케팅 관리자와 웹 판매자는 전화나 인터넷을 이용하여 새로운 잠재고객을 발견하고, 가망고객을 평가하며, 거래처에게 직접 판매한다. 이들은 규모가 작거나 도달하기 어려운 고객에게 매우 효과적이며, 상대적으로 비용이 적게 소요되는 판매대안이 될 수 있다. 예를 들어, 제품과 고객이 복잡해짐에 따라 판매원이 하루 평균 4회 정도 접촉할 수 있는 것과는 대조적으로, 전화 마케팅 기업은 하루 평균 20번에서 33번 정도로 의사결정자와 접촉할 수 있다.

중소기업은 전화나 웹을 이용한 판매가 중요한 판매방법이 될 수 있지만, 대기업도 중소규모의 고객에게 제품을 직접 판매하기 위해 또는 규모가 큰 고객을 도와주기 위해 전화나 웹을 이용한다.

많은 유형의 제품과 판매상황을 위해 전화나 웹을 통한 판매가 개인적인 방문판매보다 더 효과적일 수 있다. 전화나 인터넷은 비대면적이기는 하지만 고객관계를 구축할 때 놀라울 정도로 개인적으로 이용될 수 있다. 즉 상호작용이 전화나 인터넷으로 가능하다. 이것은 고객이 성공하는데 도와주는 것이기 때문이다.

(2) 팀 판매

제품이 더 복잡해지고 고객이 더 많은 것을 요구하는 경우, 판매원 한 사람이 고객의 욕구를 모두 처리할 수 없다. 따라서 기업은 규모가 크고 복잡한 거래처를 관리하기 위해 팀 판매방식(team selling)을 이용한다. 판매팀은 문제점을 관리하고, 해결책을 제시하고, 판매기회를 포착하는 등 개별 판매원이 할 수 없는 일을 수행할 수 있다. 이런 기능을 담당하는 판매팀은 판매, 마케팅, 기술, 지원 서비스, R&D, 엔지니어링, 생산, 재무 등 여러 부서에서 파견된 전문가로 구성된다. 이 팀조직은 각 주요 고객의 욕구를 완벽하게 충족시키는데 초점을 맞춘다.

그러나 팀 판매는 여러 가지 단점이 있다. 첫째, 판매팀은 한 판매원과 일하는데 익숙한 고객을 혼란스럽게 하거나, 압도할 가능성이 있다. 둘째, 고객을 혼자서 개척, 개발하고 관리하는데 익숙한 판매원은 함께 일하고 팀에 소속된 다른 구성원을 신뢰하는데 어려움을 겪을 수 있다. 셋째, 팀 노력에 대한 개별 구성원의 기여도를 평가하기가 어려우며 따라서 공정한 보상에서 문제가 될 수 있다.

2. 판매원의 모집과 선발

판매원 조직을 운영하는데 있어 핵심이 되는 것은 양호한 판매원을 모집하고 선발하는 것이다. 보통의 판매원과 최우수 판매원의 성과는 엄청난 차이가 있다. 즉 일반적인 판매원 조직에서 상위 30%에 속하는 판매원은 매출의 60%를 차지한다. 따라서 판매원에 대한 세밀한 선발은 기업의 판매성과를 높일 수 있다.

판매원을 잘못 선발하면 판매성과에서 차이를 초래할 뿐만 아니라 손실을 초래케하는 이직을 발생시킨다. 한 명의 판매원이 퇴직하면, 새로운 판매원을 고용하고 훈련시키는데 소요되는 비용은 매우 높일 수 있다. 또한 새로운 판매원으로 구성된 판매원 조직은 생산성이 낮고, 이직은 중요한 고객과의 관계에 나쁜 영향을 미친다.

우수한 판매원에 대한 조사결과에 의하면, 가장 우수한 판매원은 내재적 동기부여, 훈련된 업무 스타일, 계약을 마무리하는 능력, 가장 중요한 고객과의 관계를 구축하는 능력을 갖고 있음을 밝혔다. 모든 우수한 판매원이 갖고 있는 한 가지 공통점이란 남보다 뛰어나고자 하는 끊임없는 욕망이 있다는 것이다.

그리고 훈련을 잘 받은 판매원은 독특한 업무 스타일을 갖는다. 즉 판매원이 조직적이지 못하고, 고객의 욕구에 초점을 맞추지 못하며, 열심히 일하지 않는다면, 갈수록 증가하는 고객의 요구사항을 맞출 수가 없다. 따라서 판매원은 세밀하고 조직적인 계획을 세우고, 적시에 잘 훈련된 방식으로 이를 완수하는데 집착해야 한다.

또한 판매원은 계약을 마무리하는 것이 무엇보다 중요하다. 그러나 계약을 마무리할 수 있는 요건이란 바로 포기하지 않는 인내심인데, 이것은 자신감이 매우 높고, 자신이 바른 일을 하고 있다고 믿는 것이다.

그러나 오늘날과 같이 관계 마케팅이 중요시되는 환경에서 유능한 판매원이 갖추어야 할 가장 중요한 특징은 고객 문제를 해결하는 능력 그리고 관계를 구축하는 능력이다. 이 능력은 감정이입을 잘 하고, 남을 배려하고, 신속하게 반응하고, 이야기를 잘 듣고, 정직한 사람이라는 것이다. 그리고 우수한 성과를 달성하는 판매원이란 고객의 시각에서 자신을 바라보고, 고객의 눈을 통해서 세상을 바라본다. 또한 고객의 호감을 얻는 것이 아니라, 고객을 위해 가치를 추가하는 판매원이다.

마케팅 기업은 신입사원을 모집할 때, 해당 산업에서 성공적인 판매원에게 요구되는 특성(자질)을 파악하기 위해 판매업무 자체와 가장 성공적인 판매원의 특징을 분석해야 한다. 그 후 적절한 사람을 모집해야 한다. 인적자원 부서는 기존 판매원, 고용회사, 광고, 웹사이트 탐색, 대학 취업센터에서 지원자를 찾는다. 다른 모집원천으로는 다른 기업의 우수한 판매원을 스카우트하는 것이 있다. 이미 검증된 판매원은 많은 훈련을 받을 필요가 없고, 당장 효율적으로 일을 할 수가 있기 때문이다.

기업은 모집을 통해 많은 지원자를 모으고, 가장 우수한 사람을 선발해야 한다. 선발과정은 간단한 비공식적인 면접에서부터 시험과 면접 등 다양하다. 대부분의 기업이 판매직 지원자에게 공식적인 시험을 실시한다. 시험은 판매적성, 분석력, 조직적 기술, 성격, 기타 특징을 측정한다. 시험성적은 개인적인 특징, 신원 보증인, 과거 근무경력, 면접결과 등을 포함한 지원자 정보 중 하나에 불과하다.

3. 판매원의 훈련

신입 판매원은 몇 주, 몇 달, 1년 이상 판매교육을 받을 수 있다. 기업들은 세미나, 판매 회합, 웹을 통해서 지속적인 훈련 프로그램을 제공하여 판매원의 경력을 쌓아준다.

이러한 훈련 프로그램은 크게 두 가지 목적이 있다. 첫째, 판매원은 고객을 이해하고, 어떻게 고객과 관계를 구축할 수 있는가를 알 필요가 있으므로, 훈련 프로그램을 통해 판매원은 고객의 유형과 욕구, 구매동기, 구매습관 등을 배울 수가 있다. 둘째, 효과적으로 판매를 할 수 있는가를 교육시키고 또한 판매과정의 기본을 훈련시킬 수 있다. 또한 기업뿐만 아니라 제품, 경쟁사를 파악할 필요가 있으므로, 효과적인 훈련 프로그램은 판매원에게 기업의 목표, 조직구조, 주요 제품과 시장, 주요 경쟁사의 전략을 교육시킨다.

오늘날 많은 기업들이 훈련비용을 절감하고, 훈련을 보다 효율적으로 진행하기 위해 기존의 훈련 프로그램에 추가하여 웹에 기반을 둔 훈련 프로그램을 제공하고 있다.

온라인 훈련은 교과서에 기초한 간단한 제품정보를 제공하는 것에서부터 판매기술을 구축해 주는 웹 기반의 판매훈련, 현장 판매방문의 동태성을 구현하는 매우 세련된 시뮬레이션 기법에 이르기까지 다양하다.

인터넷을 이용한 판매원 훈련은 여러 가지 장점이 있다. 첫째, 교육생에게 정확한 정보를 공유할 수 있도록 하며, 관심을 자극하고 사로잡는다. 둘째, 설명하는 사람과 실시간으로 시각적이고 청각적인 의사소통이 가능하다. 셋째, 판매원은 신제품에 대해 학습할 뿐만 아니라, 고객과 만나기 전에 제품지식을 재점검하고, 거의 모든 주제에 관한 지식을 강화할 수 있다. 넷째, 판매원에 대한 진단적 평가를 통해서 판매담당 관리자는 각 판매원의 기술과 지식수준을 확인하여 지속적인 지원과 훈련을 제공할 수 있다. 다섯째, 판매원은 사무실을 떠나지 않고도 자신에게 편리한 시간에 훈련교육에 참석할 수 있다. 여섯째, 온라인 훈련은 상당한 비용을 절감케 한다.

4. 판매원에 대한 보상

양호한 판매원을 끌어들이기 위해 마케팅 기업은 매력적인 보상계획(compensation plan)이 있어야 한다. 보상은 고정급여, 변동급여, 비용, 부대혜택 등 여러 요소로 구성된다. 봉급이라는 고정급여는 판매원에게 안정적인 수입을 제공한다. 변동급여는 판매성과에 근거하여 지급하는 수수료나 보너스로서, 더 많은 노력과 성공에 대해 보상하는 것이다.

판매원 관리자는 각 판매업무의 보상 요인을 어떻게 최적으로 조합하여 구성할 것인가를 결정해야 한다. 기업은 고정급여와 변동급여를 상이하게 조합함으로써 4가지 형태의 보상계획을 세울 수 있다. 순수한 봉급방식, 순수한 수수료 방식, 봉급과 보너스 방식, 봉급과 수수료 방식이 있다.

판매원에 대한 보상계획은 판매원에게 동기를 부여할 수 있고, 그들의 활동에 영향을 미칠 수 있다. 보상은 판매원에게 전반적인 마케팅 목표에 부응하는 활동을 하도록 유도해야 한다. 〈표 16-1〉은 기업의 보상계획이 전사적인 마케팅 전략에 어떻게 반영되는가를 보여준다. 즉 기업의 전략이 빠르게 성장하고, 시장점유율을 증대시키는 것이라면, 보상계획은 수수료 부분을 증가시키고, 신규거래처 확보에 대해 보너스를 제공함으로써 판매원의 높은 판매성과와 신규 거래처 개발을 장려할 수 있다. 반면에 기존 거래처에 의해 수익성을 극대화하는 것이 목표라면, 보상계획은 기본급의 비중을 높이고, 기존 거래처에 대한 매출과 고객만족에 따라 추가 인센티브를 제공할 수 있다.

〈표 16-1〉 전사적인 마케팅 전략과 판매원에 대한 보상의 관계

	전략목표		
	급격한 점유율 증가	선도적 시장지위의 강화	이익 극대화
이상적 판매원	· 독립적 솔선수범	· 경쟁지향적 문제 해결자	· 팀 플레이어 · 관계 관리자
판매활동의 초점	· 거래 성사 · 높은 수준의 노력 유지	· 상담적 판매	· 기존 거래처 침투수준 제고
보상의 역할	· 신규 거래처 확보 · 높은 판매성과에 대한 보상	· 신규/기존 거래처 매출실적에 대한 보상	· 제품믹스의 관리 · 팀 판매의 장려 · 우수한 거래처 관리에 대한 보상

출처 : Sam T. Johnson, "Sales Compensation: In Search of a Better Solution," *Compensation & Benefits Review*, November-December 1993, p. 52. copyright ⓒ 1998 American Management Association, NY, www.amanet.org.

실제로 점차 기업들은 높은 수수료 보상방침을 채택하지 않고 있는데, 그 이유는 보상계획이 판매원으로 하여금 단기적인 이익을 추구하도록 만들기 때문이다. 즉 판매원은 계약을 체결하기 위해 거래처를 지나치게 밀어붙이면서 고객관계를 손상케 할 가능성이 있기 때문이다. 이에 따라 마케팅 기업은 고객과의 관계를 구축하고, 고객의 장기적인 가치를 높여주는 판매원에게 더 많이 보상하는 보상계획을 고안하고 있다.

제3절 판매원에 대한 감독과 동기부여

1. 감독과 동기부여의 목적과 방법

신입 판매원은 판매구역, 보상 및 훈련 이외의 감독과 동기부여도 필요하다. 감독의 목적은 적절한 방법으로 적절한 지시를 함으로써 자신의 임무를 현명하게 수행할 수 있도록 도와주는 것이다. 한편 동기부여의 목적은 판매원이 판매 목표를 달성하기 위해 열심히 일하도록 격려하는 것이다.

1) 판매원에 대한 감독

판매원에 대한 면밀한 감독은 기업에 따라 상이하다. 기업은 판매원이 표적고객을 확인하고, 방문규범을 세울 수 있도록 도와준다. 즉 기업은 신규고객을 개발하기 위해 판매원이 얼마나 많은 시간을 투자해야 하는가를 구체적으로 지시하고, 다른 활동에 대한 시간관리에서 우선순위를 정해준다. 이를 위한 도구는 판매원이 어떤 고객과 예상잠재고객을 방문해야 하는가, 어떤 활동을 해야 하는가를 보여주는 주간, 월간, 연간 방문 계획표(call plan)를 작성하게 하는 것이다. 다른 도구로는 시간과 임무에 관한 분석(time-and-duty analysis)으로서, 이것은 판매활동에 소요되는 시간에 추가하여 출장, 대기, 중간 휴식, 행정적인 잡일을 위한 시간도 고려된다.

〈그림 16-2〉는 판매원이 시간을 어떻게 사용하는가를 보여주는데, 평균적으로 판매하기 위한 시간은 전체 시간의 10% 정도이다. 중요한 것은 기업은 항상 시간을 절약하기 위한 방안을 모색해야 한다는 것으로서, 기업은 판매원의 시간을 절약할 수 있는 방법을 모색해야 한다. 즉 기록 작성/보관 업무를 단순화시키고, 더 좋은 판매방문과 일정계획을 개발하고, 더 많은 양질의 고객 정보를 제공하고, 출장 대신에 전화, 전자우편, 또는 영상회의 등을 이용하도록 해야 한다.

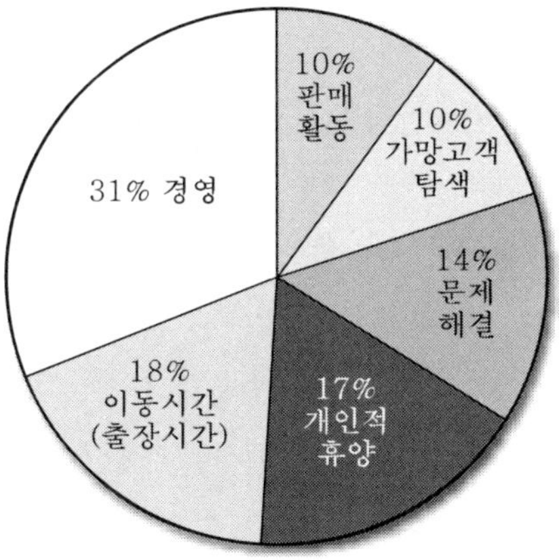

〈그림 16-2〉 판매원의 활동별 사용시간

많은 기업들이 판매원 자동화 시스템(sales force automation system)을 도입하고 있는데, 이 시스템은 컴퓨터와 디지털을 이용하여 판매업무를 처리하는 것으로서, 판매원이 언제 어디에서든지 효율적으로 일을 수행할 수 있도록 도와준다. 즉 기업은 정기적으로 판매원에게 최신장비를 제공한다. 최신장비로 무장한 판매원은 더 효과적이고 효율적으로 기존고객 및 예상잠재고객의 정보를 정리하고, 판매를 분석, 예측하고, 판매방문을 계획하고, 설명회를 준비하고, 판매와 비용보고서를 작성하고, 거래처 관계를 관리할 수 있다.

가장 빠르게 성장하는 기술도구는 인터넷으로서, 인터넷은 판매업무를 수행하고, 고객과 상호작용하고, 고객을 대하는 방법에 대해 개선해야 할 것을 제공한다. 즉 인터넷은 제품을 판매하는 것을 지원할 뿐만 아니라, 판매원의 훈련, 판매회의를 하고, 거래처를 대하는 일에 이르기까지 모든 활동을 지원하는데 사용되고 있다.

2) 판매원에 대한 동기부여

판매원 관리자는 판매원을 감독해야 할 뿐만 아니라 동기도 부여해야 한다. 어떤 판매원은 관리자의 독려가 없이도 최선을 다해 임무를 수행할 수도 있지만, 판매업무는 많은 갈등을 줄 수도 있다. 즉 판매원은 혼자 일해야 하고, 집을 떠나 출장을 가야 한다. 능력 있는 동료 판매원과 경쟁을 해야 하고, 까다로운 고객을 만나야 한다. 따라서 관리자는 판매원이 최선을 다해 일할 수 있도록 특별한 격려를 해주어야 한다.

관리자는 조직의 분위기, 판매할당량, 긍정적인 인센티브 등을 이용하여 판매원의 사기와 성과를 높일 수 있다.

첫째, 조직 분위기는 판매원이 우수한 성과를 실현할 수 있는 기회, 가치, 보상에 대해 갖는 느낌을 의미한다. 즉 판매원을 매우 중요한 공헌자로 간주하고, 소득과 승진에서 무한한 기회를 제공하는 분위기를 조성해야 한다.

둘째, 기업의 판매할당량을 정함으로써 판매원에게 동기를 부여해야 한다. 판매원이 판매할당량을 완수했을 때 그에 상응하는 수수료를 지급하도록 해야 한다.

셋째, 기업은 판매원이 더 노력할 수 있도록 다양한 긍정적인 인센티브를 사용해야 한다.

넷째, 판매회합을 개최함으로써 판매원이 사회적 교류시간, 일상적인 일로부터의 휴식, 구성원들과 만나 이야기를 나눌 수 있는 기회, 기분전환, 소속감을 확인할 수 있는 기회를 제공해야 한다.

다섯째, 기타 방법으로서 기업은 판매원이 통상적으로 기대되는 것보다 더 노력하도록 하기 위해 판매경진대회를 후원해야 한다. 또한 상장, 상품, 현금보상, 여행, 이익분배 계획 등 기타 인센티브를 제공해야 한다.

2. 판매원의 평가와 판매원의 성과

판매원 관리과정은 피드백이 필요하다. 양호한 피드백은 판매원의 성과를 평가하기 위해 그들에 대한 정보를 정기적으로 수집하는 것을 의미한다.

관리자는 여러 가지 방법으로 판매원에 관한 정보를 수집한다. 가장 중요한 정보원천은 판매보고서(sales report)로서, 주간과 월간의 활동계획과 장기간에 걸친 할당지역의 마케팅 계획이 포함된다. 판매원은 방문계획 활동완료 보고서(call report)를 작성하며, 또한 비용보고서를 제출한다. 기업은 판매원에게 할당된 지역의 판매와 이익 성과를 확인하고, 개인적 관찰, 고객 설문조사, 다른 판매원과의 대화를 통해 추가 정보를 수집한다.

판매 관리자는 다양한 판매원 보고서와 기타 정보를 이용하여 판매원을 평가한다. 일을 계획하고 계획된 일을 수행하는 판매원의 능력을 평가한다. 또한 판매원에게 건설적인 피드백을 제공하고 업무를 잘 수행할 수 있도록 동기부여를 해야 한다.

또한 관리자는 전반적인 판매성과를 평가해야 한다. 즉 판매조직은 고객관계, 판매, 이익목표의 달성도, 마케팅 부서와 기업 내 타부서와 잘 협동하여 일하고 있는가의 여부, 결과에 따른 비용지출의 여부, 판매원에 대한 투자수익률 등을 측정해야 한다.

제4절 인적판매 과정

판매원의 인적판매 과정은 판매원이 수행해야 할 여러 단계로 구성되는데, 이 단계는 신규고객을 확보하고, 그 고객으로부터 주문을 받으려는 목표에 초점을 맞추고 있다. 그러나 대부분의 판매원은 기존 거래처를 유지하고, 장기적인 고객관계를 구축하기 위해 많은 시간을 투자한다.

1. 판매과정 단계

〈그림 16-3〉과 같이 판매과정은 7개 단계로 구성되어 있다.

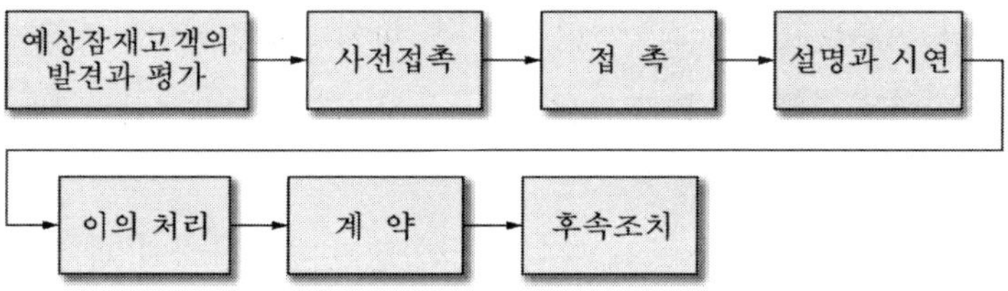

〈그림 16-3〉 효과적인 판매활동의 주요과정

1) 예상잠재고객의 발견과 평가

판매과정의 첫 단계는 예상잠재고객을 발견하는 것으로서, 미래에 고객이 될 가능성이 있는 고객을 찾아내는 것이다. 가능성이 있는 고객을 접촉하는 것은 판매성공의 결정적인 요인이 되기 때문이다. 즉 판매원이 적절한 예상잠재고객을 발견할 수 있도록 훈련을 시킴으로써 예상잠재고객을 발견하는데 효율성을 증대시키는 것이 판매를 증대하는데 가장 빠른 방법이기 때문이다.

판매원은 많은 예상잠재고객과 접촉해야 한다. 물론 기업이 먼저 사전에 고객유인책(선도요인)을 제공한다고 해도 판매원은 자신의 예상잠재고객을 발견하는 기술을 습득해야 한다. 가장 좋은 원천은 추천으로서, 판매원은 기존고객에게 다른 사람을 추천하도록 요청하거나 또는 공급업체, 판매상, 경쟁관계가 아닌 판매원 등과 같은 다른 정보원천을 개발해야 한다. 또한 판매원은 전화번호부나 웹에서 예상잠재고객을 찾을 수 있고 전화나 직접우편으로 첫 접촉을 할 수 있다. 또는 판매원은 사전통보 없이 사무실을 방문할 수도 있다.

판매원은 예상잠재고객을 평가하는 방법을 알아야 한다. 이것은 예상잠재고객 중 가능성이 높은 고객과 가능성이 없는 고객을 구별하는 것이다. 예상잠재고객은 재무적 능력, 사업의 규모, 특별한 욕구, 입지, 상장가능성에 기초하여 평가될 수 있다.

2) 사전접촉

사전접촉(preapproach) 과정이란 판매원이 예상잠재고객을 방문하기 전에 구매조직 및 그 조직 내의 구매자에 관해 가능한 한 많은 정보를 확보하여, 예상잠재고객에 대해 아는 과정이다. 판매원은 구매기업에 대해 이해하기 위해 산업(업계)과 온라인의 공식원천, 면식이 있는 사람, 다른 정보원천을 접촉할 수 있다.

판매원은 방문목표를 설정해야 한다. 즉 예상잠재고객을 평가할 것인가, 정보를 수집할 것인가 또는 즉각적으로 매출을 실현시킬 것인가 등의 목표를 설정해야 한다. 또한 판매원은 최상의 접근방법, 즉 직접 방문, 전화 통화 또는 편지로 할 것인가를 선택해야 한다.

판매원은 방문시기를 신중하게 고려해야 한다. 바쁜 시간에 예상잠재고객을 방문하는 것은 비효율적이기 때문이다. 마지막으로, 판매원은 거래처에 대한 전반적인 판매전략을 미리 생각해야 한다.

3) 접촉

접촉(approach) 단계에서 판매원은 상대방과 좋은 출발을 하기 위해 어떻게 만나고, 인사하고, 관계를 시작할 것인가를 생각해야 한다. 이 단계에는 판매원의 등장, 대화의 시작, 후속 관찰 등이 포함된다.

대화의 서두는 시작부터 호감을 줄 수 있도록 긍정적인 것이어야 한다. 즉 판매원은 고객의 욕구를 이해하기 위해 질문을 하거나, 구매자의 주의와 호기심을 끌기 위해 전시나 견본을 보여 준다. 그러나 가장 중요한 것은 고객의 말을 경청하는 것으로서, 경청은 모든 단계에서 매우 중요하다.

4) 설명과 시연

설명 단계는 판매원이 구매자에게 제품에 관해 이야기하는 것으로서, 고객에게 제품의 이점(benefit)을 설명하고, 이 제품이 어떻게 고객의 문제를 해결해 줄 수 있는가를 보여주는 것이다. 고객의 문제를 해결해 주는 판매원은 해결책과 결과를 원하는 고객에게 가장 효과적이다. 즉 고객은 자신의 관심분야에 귀를 기울이고, 욕구를 잘 이해하며, 올바른 제품과 서비스를 제공하는 판매원을 원하기 때문이다.

이러한 욕구충족 접근방법(need-satisfaction approach)은 판매원에게 경청과 문제해결 능력을 요구한다. 즉 판매원은 고객의 문제를 이해하고, 원하는 것을 찾고, 관심사가 무엇인가를 발견하고 충족시켜야 하기 때문이다.

구매자가 판매원에 대해 가장 싫어하는 것은 너무 강압적이고, 약속시간에 늦고, 신뢰감이 가지 않고, 준비가 되어 있지 않거나, 조직적이지 못한 것이다. 반대로 구매자가 가장 좋아하는 것은 잘 듣고, 감정이 이입되고, 정직하고, 믿을 만하고, 완벽하며, 세심하게 후속조치를 취하는 것이다. 즉 훌륭한 판매원은 제품과 서비스를 파는 방법뿐만 아니라 고객의 말을 경청하고 고객관계를 강력하게 구축하는 방법을 알고 있다.

오늘날에는 한 사람이나 여러 사람에게 다양한 매체를 복합적으로 활용한 시연이 진보된 기술로 가능해지고 있다. 즉 과거의 차트방식이 아니라 CD, DVD, 온라인 시연기술, 시연용 소프트웨어가 장착된 휴대폰과 노트북 컴퓨터가 이용되고 있다.

5) 이의(반대의견) 처리

고객은 설명을 듣는 동안 또는 주문을 할 때 반대의견을 갖고 있다. 그 문제는 논리적일 수도 또는 감정적일 수도 있다. 간혹 고객은 반대하는 의견을 말하지 않을 경우도 있다.

고객의 반대 의견을 처리할 때 판매원은 긍정적인 사고를 가져야 한다. 즉, 숨어 있는 반대 의견을 찾아내고, 고객이 반대의견을 갖고 있는가를 확인하고, 또한 반대

의견을 더 많은 정보를 제공할 수 있는 기회로 삼아야 하며, 반대의견을 구매해야 하는 이유로 반전시킬 수 있어야 한다. 즉 판매원은 고객의 반대 의견을 처리할 수 있는 기술을 배워야 한다.

6) 계약(종결)

예상잠재고객의 반대의견을 처리한 후, 판매원은 계약을 마치기 위한 시도를 해야 한다. 어떤 판매원은 계약 즉 종결(closing)할 수 있는 기회를 찾지 못하거나, 잘 처리하지 못하기도 한다. 즉 그들은 자신감이 없거나, 주문을 요청하는 것에 대해 미안한 감을 느낄 수도 있으며, 마지막 계약서에 도장을 찍는 적절한 시점을 인지하지 못하기도 한다. 판매원은 구매자로부터 종결을 나타내는 표식(동작, 코멘트, 질문 등)을 인지하는 방법을 알아야 한다.

판매원은 종료기법 중 하나를 사용할 수 있다. 주문을 하도록 요청하거나, 합의사항을 점검하거나, 주문서를 작성하는 것을 도와주거나, 구매자가 어떤 모델을 원하는가를 물어보거나, 지금 주문하지 않으면 기회를 잃어버릴 수 있다고 알려 줄 수도 있다. 또한 판매원은 구매자에게 계약을 해야 할 특별한 이유(낮은 가격, 추가 비용을 지급하지 않고 여분을 제공함 등)를 제안할 수도 있다.

7) 후속 조치

후속 조치(follow-up) 단계는 고객의 만족을 확실하게 하고 또한 관계를 지속시키기 위해 필요한 단계이다. 계약을 체결한 후 판매원은 배달시기, 구매조건, 기타 비용 등과 같이 상세한 것을 모두 완결시켜야 한다.

첫 번째 주문을 받은 후 판매원은 적절한 설치, 교육, 서비스 등이 이루어졌는가를 확인하기 위해 후속 방문을 계획해야 한다. 후속 방문을 통해 판매원은 어떤 문제를 발견하거나, 판매 후 발생할 수 있는 문제를 줄일 수 있다.

2. 인적판매와 고객관계관리

7단계의 판매과정은 거래지향적으로서, 각 단계의 목적은 판매원이 고객과 구체적인 판매를 종결할 수 있도록 하는 것이다. 그러나 기업의 목표는 단순히 판매만을 지향하는 것이 아니라 설정된 주요고객을 확보하고 유지하는 것이다. 또한 오랜 동안 서로에게 이득이 되는 관계가 형성되도록 고객을 대할 수 있는 능력이 있음을 보여주는 것이다. 이에 판매원은 수익성 있는 고객관계를 구축하고 관리하는데 중요한 역할을 담당한다.

오늘날 대규모 기업고객은 다양한 지역에 제품과 서비스를 일괄해서 판매하고 배송할 수 있고, 제품과 서비스를 개선하기 위해 고객팀과 밀접하게 협력할 수 있는 공급업체 즉 마케팅 기업을 선호한다. 따라서 고객을 위한 판매의 첫 번째 단계는 관계의 시작인 것이다. 즉 거래처를 확보하고 유지하는 것은 좋은 제품을 만들고, 판매원이 많은 계약을 체결하도록 지도하는 것보다 더 많은 것이 필요하다는 사실이다. 이를 위해 마케팅 기업은 고객의 소리를 듣고, 욕구를 이해하며, 고객가치를 창조하고, 지속적인 관계를 구축하기 위한 노력을 조성해야 한다.

제5절 판매촉진

인적판매와 광고는 판매촉진과 밀접한 관계를 갖고 수행한다. 판매촉진(sales promotion)이란 제품과 서비스의 구매 또는 판매를 장려하기 위해 제공되는 단기적인 인센티브로 구성된다. 광고가 제품이나 서비스를 구입할 이유를 제시한다면, 판매촉진은 지금 구입할 이유를 제안한다. 즉 판매촉진은 조기에 또는 강력한 시장반응을 자극하기 위해 고안된 매우 다양한 촉진도구를 포함한다.

1. 판매촉진의 급속한 성장

판매촉진 도구는 제조업자, 유통업자, 소매업자, 비영리단체 등 대부분의 조직체가 이용한다. 최종고객(소비자용 판촉), 소매상과 도매상(중간상 판촉), 기업고객(산업체 판촉), 판매원(판매원용 판촉)을 표적으로 한다.

판매촉진은 특히 소비재 시장에서 급속하게 성장하고 있는데, 여러 가지 요인 때문이다. 첫째, 기업 내에서 제품관리자는 현재의 판매를 증가시켜야 하는 큰 부담을 갖고 있으므로, 판매촉진은 단기적으로 사용할 수 있는 효과적인 도구이다. 둘째, 경쟁이 치열해지고, 경쟁상표들 간에 차이점이 없을 때, 경쟁사는 제공물을 차별화하기 위해 판매촉진을 더 많이 사용한다. 셋째, 증가하는 광고비, 매체 혼잡, 법적 제약 등으로 광고의 효율성이 떨어지고 있다. 그리고 소비자는 점점 더 판매촉진에 민감해지고 또한 소매상은 제조업체에게 더 많은 가격할인을 요구하고 있다.

판매촉진의 이용이 증가함으로써 촉진혼잡(promotion clutter)이 일어나고 있다. 즉 소비자는 점점 더 판매촉진에 등을 돌리고 있으며, 소비자의 구매를 유도했던 판촉도구의 효과도 약화되고 있다. 이에 제조업자는 더 큰 가치를 제공하는 쿠폰이나 더 극적인 구매시점 전시(pop) 등과 같이 혼잡상태를 극복할 수 있는 방법을 찾고 있다.

판매촉진 프로그램을 개발할 때, 마케팅 기업은 우선 판매촉진의 목표를 설정한 다음, 이를 달성하는데 가장 적절한 도구(수단)를 선택해야 한다.

2. 판매촉진 목표

판매촉진 목표는 매우 다양하다. 첫째, 판매업자는 단기적으로 소비자의 구매를 유도하기 위해서, 또는 장기적으로 고객 관계를 향상시키기 위해 소비자 촉진(consumer promotion)을 사용할 수 있다.

둘째, 중간상 촉진(trade promotion : 거래촉진)의 목표는 소매상이 새로운 품목을 취급하고, 재고를 유지하고, 미리 구입하고, 기업의 제품을 광고하며, 기업에게 더 넓은 진열공간을 할당하도록 하는 것이다.

셋째, 판매원 촉진(sales force promotion)의 목표는 기존제품과 신제품이 판매원의 지원을 더 많이 받도록 하거나, 판매원에게 신규거래처를 개발하도록 유도하는 것이다.

판매촉진은 광고, 인적판매 및 기타 다른 촉진믹스 도구와 함께 사용되는 것이 일반적이다. 즉 소비자 판촉은 광고를 통해 소비자에게 알려지고, 소비자를 흥분시키고 끌어당기는 힘을 광고에 추가할 수 있다. 또한 중간상 판촉과 판매원 판촉도 기업의 인적판매 과정을 지원한다.

일반적으로 판매촉진은 단순히 단기적인 매출이나 일시적으로 상표를 변경하도록 만들기보다는 제품의 위치를 강화하고, 장기적인 고객관계를 구축하는데 도움을 주어야 한다. 즉 잘 설계된 판매촉진 도구는 획기적으로 소비자의 흥분을 유발시키고 또한 장기적으로 소비자와의 관계를 구축할 수 있는 잠재력이 있다. 이에 따라 마케팅 관리자는 단기적인 효과를 창출하는 가격지향적인 판촉 대신에 상표권리를 구축하기 위한 판매촉진을 고안해야 한다.

최근 기업들은 우량고객 우대 마케팅 프로그램(frequency marketing program : 빈도 마케팅 프로그램)과 충성고객 클럽(loyalty clubs)을 이용하고 있다. 즉 호텔, 슈퍼마켓, 항공사 등이 자주 이용하는 정규고객(숙박객, 구매자, 승객)에게 보상하는 고객충성 프로그램을 운영하고 있다.

3. 주요한 판매촉진 도구

많은 판매촉진 도구가 판매촉진 목표를 달성하기 위해 이용되고 있다(〈표 16-5〉 참조).

〈표 16-5〉 판매촉진 목표별 도구

판매촉진 목표	판매촉진 도구
소비자 판매촉진	견본, 쿠폰, 현금환불(리베이트), 포장묶음 가격(소액할인 판촉), 프리미엄, 단골고객에 대한 보상 프로그램, 상품(시연, 복권, 게임), 단골고객 보상, 무료 시용, 제품 보증, 교차촉진, 구매시점 전시 및 실연
중간상 판매촉진	콘테스트, 프리미엄, 진열, 가격인하(가격할인), 공제, 무료상품, 푸시지원금
기업 및 판매원 판매촉진	업계회합, 업계전시회, 판매 콘테스트, 특별품 광고

1) 소비자 판매촉진 도구

소비자 판매촉진 도구에는 견본, 쿠폰, 현금환불, 가격할인, 패키지, 프리미엄, 광고용 판촉물, 진열과 시연, 콘테스트, 추첨, 게임 등이 있다.

첫째, 견본(sample)은 제품을 시험적으로 사용할 수 있는 양을 제공하는 것으로서, 신제품을 소개하거나 기존제품에 대해 새로운 자극을 만드는데 가장 효과적인 방법이지만, 가장 비용이 많이 소요되는 방법이다.

견본은 무료로 제공되기도 하고, 기업이 견본을 제조하는데 소요되는 비용을 커버하기 위해 적은 금액을 고객에게 부담시키기도 한다. 견본은 가정을 직접 방문하여 제공되기도 하고, 우편으로 보내기도 하며, 매장에서 배포되거나, 다른 제품에 부착되거나, 광고에 포함되기도 한다. 간혹 몇 가지 견본을 결합한 견본 패키지가 제공되는데, 다른 제품과 서비스를 촉진하는데 사용될 수 있다.

둘째, 쿠폰(coupon)은 명시된 제품을 구입할 때 구매자에게 할인을 제공한다는 증빙서로서, 신제품의 초기구매를 촉진하거나 성숙된 상표의 판매를 자극하기 위해 사용된다.

쿠폰은 우편으로 또는 매장에서, 신문광고 등을 이용하여 배포되어 왔지만, 최근에는 새로운 방법이 개발되고 있다. 슈퍼마켓 진열대의 자동발급기, 전자 구매시점 쿠폰 프린터, 전자우편과 온라인 매체, 텍스트 매체 시스템 등이 있다. 또한 핸드폰으로 쿠폰이 전달되기도 한다.

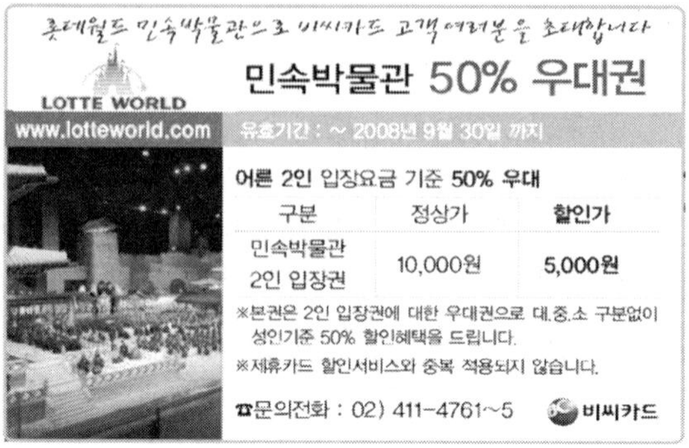

셋째, 현금 환불(cash refund) 또는 리베이트(rebate)는 구입하는 장소에서가 아니라 구매가 이루어진 후 가격할인을 제공하는 점을 제외하면 쿠폰과 유사하다. 소비자가 제조회사에게 구매와 관련된 증빙서류를 보내면, 기업은 구입한 금액 일부를 우편을 통해 반환해 준다.

넷째, 가격 패키지(price packs) 또는 소액할인 판촉(cents-off deals)은 제품의 정상가격에서 할인을 제공한다. 제조회사는 표찰이나 포장에 직접 할인된 가격을 표시한다. 가격 패키지는 한 제품을 할인된 가격으로 판매하거나(제품 하나의 가격에 두 개를 주는 것), 또는 관련되는 두 제품(치약과 칫솔)을 묶어서 가격을 할인하는 것이다. 소액할인 패키지는 단기적인 매출을 자극할 때 쿠폰보다 더 효과적일 수 있다.

다섯째, 프리미엄(premium)은 제품의 구입을 유도하기 위한 인센티브로서 무료 또는 낮은 비용으로 제공되는 상품으로서, 예를 들어, 어린이용 제품에 포함된 장난감에서부터 전화카드, DVD 등이 이용된다. 프리미엄은 포장안에 포함되거나 포장과는 별개로 따로 준비되거나 또는 우편으로 전달될 수 있다.

여섯째, 광고 판촉물(advertising specialties) 또는 판촉용 제품(promotional products)은 광고주의 이름, 로고, 메시지를 함께 찍어 고객에게 선물을 주는 유용한 물건으로서, T셔츠, 옷, 펜, 커피잔, 달력, 열쇠고리, 마우스 패드, 성냥, 짐가방, 냉각기, 골프공, 캡슐 등이 포함된다. 판촉용 제품은 다른 소비자용 판촉도구보다 상당한 기간 동안 사용자는 의식하지 못하지만 상표명을 기억하는데 효과적이다.

일곱째, 단골고객에 대한 보상(patronage rewards)은 기업의 제품이나 서비스를 정기적으로 사용하는 사람에게 제공하는 현금이나 다른 형태의 보상이다. 예를 들어,

항공사는 단골고객 프로그램(frequency flier plan)을 제공하는데, 이 프로그램은 고객에게 여행된 마일리지에 점수를 부여함으로써 고객이 이 점수로 항공여행을 무료로 할 수 있게 해 준다. 그리고 슈퍼마켓을 빈번하게 이용하는 고객에게 카드를 발급하여 계산대에서 많은 할인을 해준다.

여덟째, 구매시점 판촉(point-of purchase promotions)은 구매시점에서 제공되는 진열이나 시연을 포함한다. 최근 소매상들이 여러 가지 판촉용 진열품, 시연, 포스터를 처리하는 것을 선호하지 않으므로, 제조업체는 이에 대처하기 위해 더 좋은 POP 자료를 제공하고, 설치해 주며, TV, 인쇄, 온라인 메시지와 연계시켜 운영하고 있다.

아홉째, 콘테스트, 추첨, 게임은 소비자에게 행운이나 추가적인 노력으로 현금, 여행, 제품과 같이 무엇인가를 받을 수 있는 기회를 제공한다. 콘테스트(contest)는 소비자에게 신청서를 제출할 것을 요구하고, 심사단이 신청서를 평가하여 가장 우수한 것을 선정하는 것이다. 추첨(sweepstakes)은 소비자로부터 이름을 받아 상금을 주기 위해 추첨을 하는 것이다. 게임(game)은 소비자가 물건을 구입할 때마다 무엇인가를 주는데(빙고 숫자, 누락된 글자 등), 상금을 타는데 도움이 될 수도 되지 않을 수도 있다. 판매 콘테스트는 가장 우수한 성과를 올린 사람에게 상금을 줌으로써 판매상이나 판매원이 더 열심히 일하도록 유도한다.

2) 중간상 판촉도구

중간상 판촉도구(trade promotion tool)는 재판매업자가 자사 제품을 취급하고, 진열공간을 제공하고, 소매광고를 통해서 자사 제품을 촉진하고, 고객에게 자사 제품을 적극적으로 판매하도록 설득시키기 위해 사용되는 것이다. 최근에게는 소매상의 진열공간이 부족하기 때문에, 제조업자는 자사 제품을 위한 진열공간을 확보하고, 유지하기 위해 소매상이나 도매상에게 가격을 인하하고, 수당을 지급하고, 반품을 보장하고, 무료제품을 제공해 주어야 한다.

제조업자는 여러 가지 중간상 판촉도구를 사용한다. 첫째, 콘테스트, 프리미엄, 진열 등과 같이 소비자를 대상으로 사용되는 판촉도구의 대부분을 중간상 촉진으로도 사용될 수 있다.

둘째, 제조업자는 지정된 기간 동안 구입한 것에 대해 정가에서 비례적으로 할인을 해 줄 수 있는데, 가격할인(price-off), 송장 가격할인(off-invoice), 정가할인(off-list)이라고도 한다.

셋째, 제조업자는 소매상이 자사 제품을 취급하기도 동의해 준 것에 대한 보상으로 공제(건당에 대해 일정액을 지급함)를 제공할 수 있는데, 광고 공제(advertising allowance)는 소매상이 제품을 광고하기 위해 지출한 금액을 상환해 주는 것이며, 진열 공제는 소매상이 자사 제품을 특별하게 진열한 것에 대해 보상하는 것이다.

넷째, 제조업자는 특정한 양을 구입하거나, 또는 특별한 것을 취급하는 경우에 재판매업자에게 무료제품을 제공할 수 있다.

다섯째, 제조업자는 판매상 또는 판매상의 판매원에게 현금이나 선물 등과 같은 푸시 지원금(push money)을 제공할 수 있다.

여섯째, 제조업자는 소매상에게 기업의 이름이 새겨진 광고 판촉물(specialty advertising items)을 제공할 수 있는데, 이에는 팬, 연필, 달력, 성냥, 메모지, 자 등이 있다.

3) 기업용 판촉도구

마케팅 기업은 기업고객을 대상으로 판촉활동을 수행하고 있다. 기업고객용 판촉도구는 거래를 시작하고, 구매를 자극하고, 기업고객에게 보상을 해 주고, 판매원에게 동기를 부여하기 위해 사용된다. 기업고객용 판촉은 소비자 촉진이나 중간상 촉진을 위해 사용되는 도구 중 대부분을 포함하는데, 업계회합과 업계 전시회, 판매 콘테스트에 대해 설명한다. 마케팅 기업과 업계 협회는 제품을 촉진하기 위해 업계회합과 업계 전시회를 개최한다. 특히 기업고객에게 자사 제품을 판매하는 기업은 업계 전시회에서 자사 제품을 보여 준다.

첫째, 업계회합을 통해서 판매업자는 새로운 판매 기회를 발견하고, 고객과 접촉하고, 신제품을 소개하고, 새로운 고객을 만나고, 기존고객에게 더 많이 판매하고, 간행물이나 시청각 자료를 이용하여 고객을 교육시킬 수 있는 기회를 확보할 수 있다.

둘째, 업계 전시회를 이용하여 마케팅 기업은 판매원을 통해서는 접촉하기 어려운 예상잠재고객을 만날 수 있다.

셋째, 판매 콘테스트(sales contest)는 판매원이나 판매상들 간에 경쟁을 유발시키기 위한 것으로서, 마케팅 기업은 판매 콘테스트를 통해 특정 기간 동안 판매성과를 높이기 위한 동기를 제공한다. 판매 콘테스트는 우수한 성과를 올린 구성원에게 동기를 부여하고, 이를 인정해 주는 것인데, 성과가 우수한 구성원은 여행, 현금, 다양한 형태의 보상을 받는다. 판매 콘테스트는 측정가능하고, 달성 가능한 목표와 연계될 때 가장 효과적이다.

4. 판매촉진 프로그램 개발

마케팅 관리자는 전반적인 판매촉진 프로그램을 설계할 때 사용될 판매촉진 유형을 선정할 뿐만 아니라 여러 가지 의사결정을 해야 한다.

첫째, 마케팅 관리자는 더 많은 판매 반응을 유도할 수 있는 인센티브의 크기를 결정해야 한다.

둘째, 마케팅 관리자는 참여할 수 있는 조건을 정해야 한다. 즉 인센티브는 모든 사람에게 제공될 수도 있거나 또는 선별된 집단에게만 제공될 수도 있다.

셋째, 마케팅 관리자는 판매촉진 프로그램을 촉진하는 방법 및 유통, 배포하는 방법을 결정해야 한다. 즉 유통배포하는 방법에 따라 도달범위와 비용수준이 상이하기 때문이다. 또한 마케팅 관리자는 여러 가지 매체 유형, 즉 포장, 매장, 인터넷, 광고물 전단지 등을 동시에 사용할 수도 있는데, 이 경우에 여러 가지 매체 유형을 묶어서 하나의 전반적인 캠페인 개념으로 만들어야 한다.

넷째, 마케팅 관리자는 판촉기간을 정해야 한다. 판촉기간이 너무 짧으면 많은 예상잠재고객이 이 프로그램에 접하게 못하여 구매하지 않을 수도 있다. 반면에 판촉기간이 너무 길면, 고객의 즉각적인 행동을 유도할 수 있는 힘을 상실할 수도 있다.

다섯째, 마케팅 관리자는 판촉의 결과에 대한 평가도 해야 한다. 즉 마케팅 관리자는 판매촉진에 대한 투자수익률을 측정해야 한다. 가장 일반적인 평가방법은 촉진 전, 촉진 중, 촉진 후의 매출을 비교하는 것이다. 즉 마케팅 관리자는 이 판촉 프로그램이 새로운 고객을 유지하였는가, 그리고 기존고객으로 하여금 더 많이 구입하도록 유도하였는가 등에 대한 질문을 해야 한다.

결론적으로 볼 때, 판매촉진은 전체 촉진믹스에서 중요한 역할을 하므로, 마케팅 관리자는 판매촉진의 목표를 정의하고, 가장 우수한 판촉도구를 선정하고, 판매촉진 프로그램을 설계하고, 실행에 옮기며, 결과를 평가해야 한다. 더 나아가 판매촉진은 전반적인 통합적 마케팅 커뮤니케이션 프로그램에서 다른 촉진믹스 도구와 신중하게 조정되어야 한다.

참고문헌

윤훈현 역, 『마케팅 관리론』, 12판, 피어슨, 2006.

"The Cost of the Average Sales Call Today is More Than $400," *Business Wire*, February 28, 2006.

David Chelan, "Revving Up E-Learning to Drive Sales," *EContent*, March 2006, pp. 28-32; and E-Learning Evolves Into Mature Training Tool, *T+D*, April 2006, p. 20.

David J. Cichelli, "Plugging Sales 'Time Leaks,'" Sales & *Marketing Management*, April 2006, p. 23.

Henry Canaday, "Recruiting the Right Stuff," *Selling Power*, April 2004, pp. 94-96.

Kotler P. and Gary Armstrong, *Marketing : An Introduction*, 9th ed., Pearson, 2009.

Kotler P. and Gary Armstrong, *Principles of Marketing*, 12th ed., Pearson, 2008.

Kotler P. and Kevin Lane Keller, *Marketing Management*, 13th ed., Pearson, 2009.

Tim Lukes and Jennifer Stanley, "Bringing Science to Sales," *Marketing Management*, September-October 2004, pp. 36-41.

William L. Cron and Thomas E. DeCarlo, *Sales Management*, 9th ed.(New York: John Wiley & Sons, 2006), pp. 84-85.

17
chapter

직접 마케팅과 온라인 마케팅

마케팅 도구와 촉진도구는 대량 마케팅(mass marketing) 상황을 전제로 발전하여 왔다. 즉 표준화된 메시지와 제공물로 넓은 시장을 목표로 하여 중간상을 통해 유통된다. 그러나 오늘날 표적시장이 점점 작아지면서, 마케팅 기업은 직접 마케팅을 제1의 마케팅 접근방법으로, 또는 다른 접근방법에 추가적인 방법을 활용하고 있다.

제 1 절 직접 마케팅의 의미와 모델

1. 직접 마케팅의 의미

직접 마케팅(direct marketing)은 세밀하게 표적화된 각 소비자와의 직접적인 연결로 구성되며, 고객으로부터 즉각적인 반응을 확보하고, 지속적인 고객관계를 발전시키기 위한 것이다. 또한 직접 마케팅은 일 대 일의 상호작용 방식을 기초로 하여 고객과 직접 커뮤니케이션 한다. 즉 직접 마케팅은 상세한 데이터베이스를 이용하여 마케팅 제공물이나 마케팅 커뮤니케이션이 정확하게 정의되고 세분화된 고객층의 욕구에 맞추고, 더 나아가 구매자 개인의 욕구에 맞춘다.

따라서 상표구축과 고객관계 구축의 차원을 넘어, 직접 마케팅 관리자는 직접적이고 즉각적이며, 측정가능한 고객의 반응을 획득하고자 한다.

2. 직접 마케팅의 새로운 모델

과거의 카탈로그, 직접우편, 전화 마케팅과는 달리, 오늘날에는 데이터베이스 기술과 인터넷과 같은 새로운 마케팅 매체가 급속하게 진보발전됨에 따라 직접 마케팅은 극적인 전환기를 맞고 있다.

우리는 직접 마케팅을 중간단계가 없는 마케팅 경로인 직접 유통도구로 배웠으며, 또한 고객과 직접적인 커뮤니케이션을 하는 접근방법의 한 방법으로서 촉진믹스의 한 요소로 인식하였다.

물론 대부분의 기업은 직접 마케팅을 제품이나 메시지를 마케팅하기 위한 보충역할을 하는 경로와 매체로 사용하고 있다. 예를 들어, 기업은 대중매체 광고와 함께 보완적인 수단으로 직접 마케팅을 이용하고 있다. 백화점의 경우, 대부분의 상품을 점포 진열대에 놓고 판매하지만, 직접우편이나 온라인 카탈로그를 이용하여 판매하기도 한다.

그러나 오늘날 직접 마케팅은 보완적인 역할을 하는 경로나 매체 이상이다. 직접 마케팅의 변화된 것인 온라인 마케팅(online marketing)은 사업을 수행하는데 있어 거의 완전한 모델이 되고 있다. 또한 보완적인 다른 하나의 마케팅 경로나 광고매체 이상인 새로운 직접 모델은 마케팅 기업이 고객과의 관계를 구축하는 방법을 변화시키고 있다.

직접 모델을 선택한 기업은 직접 마케팅과 인터넷을 단지 보완적인 접근방법으로 이용하기보다는 유일한 접근방법으로 이용하고 있다. 예를 들어, Dell, Amazon, Com, eBay 등과 같은 기업은 직접 마케팅을 기반으로 전반적인 시장접근방법을 구축하고 있다.

제 2 절 직접 마케팅의 성장과 혜택

1. 직접 마케팅의 성장추세

직접 마케팅은 가장 빠르게 성장하는 마케팅 형태가 되고 있다. 미국의 경우, 2005년 한 해 동안 직접 마케팅에 1,610억 달러를 소비하였고, 이는 미국 전체 광고비의 48%를 차지한다. 직접 마케팅 비용은 1조 8,500억 달러로 추정되는 직접 마케팅 매출을 창출하였는데 미국 경제 전체매출의 7%를 점한다. 그리고 직접 마케팅에 대한 매출은 계속 성장할 것으로서, 직접 마케팅 매출은 2009년까지 매년 6.4%씩 성장할 것으로 추정한다.

직접 마케팅은 계속해서 더욱 웹지향적이 될 것이며, 인터넷 마케팅이 직접 마케팅의 지출과 판매에서 차지하는 부분은 점점 증가할 것이다. 인터넷은 현재직접 마케팅 판매에서 단지 16% 정도이지만, 인터넷 마케팅에 사용되는 비용은 다른 직접 마케팅 매체보다 1.7배 이상의 빠른 속도로 증가할 것으로서, 인터넷 관련 매출액은 12.6% 증가될 것으로 예상된다.

이에 따라 직접 마케팅은 하나의 사업 모델로서 또는 통합적인 마케팅 믹스의 보완역할로서든지 간에, 직접 마케팅은 구매자와 판매자 모두에게 많은 혜택을 준다.

2. 직접 마케팅의 혜택

1) 구매자에게 주는 혜택

직접 마케팅은 구매자에게 여러 가지 혜택을 제공한다.

첫째, 고객에게 직접 마케팅은 편리하고, 쉽고, 비공개적이다.

둘째, 고객은 교통체증을 피하고, 주차공간을 찾을 필요가 없고, 제품을 찾기 위해 점포를 돌아다닐 필요가 없다.

셋째, 고객은 낮이나 밤, 어느 때나 집과 사무실에서 편안하게 카탈로그를 뒤지거나, 웹사이트를 방문할 수 있다.

넷째, 산업재 구매자는 판매원과 시간을 보내지 않고도 제품과 서비스에 대해 알 수가 있다.

다섯째, 고객은 매우 다양한 제품을 쉽게 접할 수가 있다. 즉 고객은 물리적 공간의 제약을 받지 않고 세계 어디에 있는 판매업자와 접촉할 수 있다.

여섯째, 고객은 기업, 제품, 경쟁자를 비교할 수 있는 풍부한 정보에 접근할 수 있다.

일곱째, 직접 마케팅은 양방향적이며, 즉각적이므로, 고객은 원하는 정보, 제품, 또는 서비스의 조합을 정확히 창출하기 위해 전화나 판매업자의 웹사이트를 이용하여 판매업자와 상호작용을 할 수 있으며, 이렇게 만들어진 조합을 즉시 주문할 수 있다.

여덟째, 직접 마케팅은 소비자에게 강력한 제어수단을 제공하므로, 소비자는 스스로 어떤 카탈로그를 볼 것인가 또는 어떤 웹사이트를 방문할 것인가를 결정할 수 있다.

2) 판매업자에게 주는 혜택

직접 마케팅은 소비자(구매자)뿐만 아니라 판매업자에게도 혜택을 준다.

첫째, 직접 마케팅은 판매업자에게 고객관계를 구축할 수 있는 강력한 도구의 역할을 한다. 즉 데이터베이스 마케팅을 이용하여, 마케팅 관리자는 소집단 및 개인고객을 공략할 수 있으며, 개인화된 커뮤니케이션으로 제공물의 판매를 촉진할 수 있다.

둘째, 직접 마케팅은 일 대 일의 특징이 있으므로, 마케팅 기업은 전화나 온라인으로 고객과 상호작용을 할 수 있고, 고객의 욕구를 알 수 있으며, 특정 고객의 취향에 제품과 서비스를 맞출 수 있다. 또한 고객의 질문에 대해 즉각적으로 개별적인 피드백을 할 수가 있으며 또한 받을 수가 있다.

셋째, 직접 마케팅으로 마케팅 기업은 낮은 비용으로 효율적이고 빠른 속도로 시장에 도달할 수가 있다. 즉 직접 마케팅을 이용함으로써 기업 간 마케팅(B to B)에서 증가하는 판매원 비용을 대체할 수가 있다. 전화마케팅, 직접우편, 기업의 웹사이트와 같이 고객접촉당 비용이 적게 소요되는 매체는 비용 대비 효과가 더 높다. 이렇게 볼 때, 온라인 직접 마케팅은 비용을 더욱 절감하며, 효율성을 향상시키고, 주문처리와 재고관리, 배송과 같은 유통, 로지스틱스 기능을 더 빠르게 처리할 수 있다.

넷째, 직접 마케팅은 기업에게 많은 유연성을 제공한다. 즉 마케팅 관리자는 가격과 촉진 프로그램을 계속해서 조정·변경할 수 있으며, 즉각적이고 시기적절한 광고나 제안을 할 수 있다.

다섯째, 직접 마케팅을 이용하여 기업은 다른 경로로는 접할 수 없는 구매자와 접촉할 수 있다. 특히 소규모 기업은 자사가 기반으로 하고 있는 지역시장에 있는 고객에게 우편으로 카탈로그를 보낼 수 있으며, 주문과 문의를 용이하게 할 수 있도록 수신자부담 전화번호를 운영할 수 있다. 또한 구매자와 판매업자가 몇 초 내에 한 나라에서 다른 나라로 국경을 넘나들며 클릭할 수 있는 세계적인 매체이므로, 소규모 마케팅 기업도 세계시장에 쉽게 접근할 수 있다.

제 3 절 고객 데이터베이스와 직접 마케팅

1. 고객 데이터베이스의 의미와 포함 내용

효과적인 직접 마케팅은 우수한 고객 데이터베이스가 준비되어 있어야 한다. 고객 데이터베이스(customer database)는 개개인의 고객과 예상잠재고객에 대한 종합적인 자료를 조직적으로 취합한 것으로서, 지리적, 인구통계적, 심리묘사적, 행동분석적 자료가 포함되어 있다.

따라서 양호한 고객 데이터베이스는 강력한 고객관계를 구축하는 수단이 되는데, 그 이유는 고객 데이터베이스는 고객이 어떻게 바라보고 행동하는가를 보여주기 때문이다.

고객 데이터베이스에 포함되는 내용은 소비재 마케팅과 산업재 마케팅에서 차이가 있다. 즉 소비재 마케팅에서 고객 데이터베이스는 고객의 인구통계적 정보(연령, 소득, 가족사항, 생일), 심리적 정보(활동, 관심사, 의견: AIO), 구매행동(구매 선호도나 과거 구매실적, 최근 구매실적(recency), 빈도(frequency), 금전적 가치(monetary value): RFM) 등이 포함된다. 산업재 시장의 경우, 고객 프로파일에는 고객이 구매했던 제품과 서비스, 과거 구매 수량과 가격, 기업고객의 주요 접촉대상자(연령, 생일, 취미, 좋아하는 음식), 경쟁 공급업자, 현재의 계약상태, 향후 몇 년간 예상되는 고객의 지출액, 현 거래처에 대한 경쟁우위와 열위 요소에 대한 평가 등이 포함된다.

2. 데이터베이스의 활용성과 투자비용

마케팅 기업은 데이터베이스를 다양하게 활용할 수 있다. 즉 기업은 예상잠재고객을 찾고, 시장선도자가 되기 위해 데이터베이스를 이용한다. 즉 고객을 자세히 알기 위해 데이터베이스를 자세히 검토하여 자신의 제공물과 커뮤니케이션을 세분화된 표적고객층과 개개인의 특별한 취향 및 행동에 맞추어 세밀하게 조정한다.

또한 마케팅 기업의 데이터베이스는 더 강력하고 장기적인 고객관계를 구축할 수 있는 유용한 도구가 될 수 있다. 즉 데이터베이스를 이용하여 충성고객의 기반을 창출할 수 있다.

그러나 다른 마케팅 도구와 마찬가지로 데이터베이스 마케팅도 특별할 투자가 요구된다. 마케팅 기업은 컴퓨터 하드웨어, 데이터베이스 소프트웨어, 분석 프로그램, 커뮤니케이션 연결장치, 숙련된 구성원을 확보하는데 투자해야 한다.

또한 제품과 상표관리, 신제품 개발, 광고와 촉진, 직접우편, 전화 마케팅, 웹 마케팅, 현장 판매, 주문처리, 고객서비스 업무 등을 담당하는 여러 마케팅 집단이 포함되어야 한다. 그러나 효율적으로 잘 관리되는 데이터베이스는 설치, 운영하는데 필요한 비용 이상의 매출과 고객관계를 획득할 수 있어야 한다.

제4절 직접 마케팅 유형

〈그림 17-1〉과 같이 직접 마케팅의 주요 유형에는 8가지가 있다.

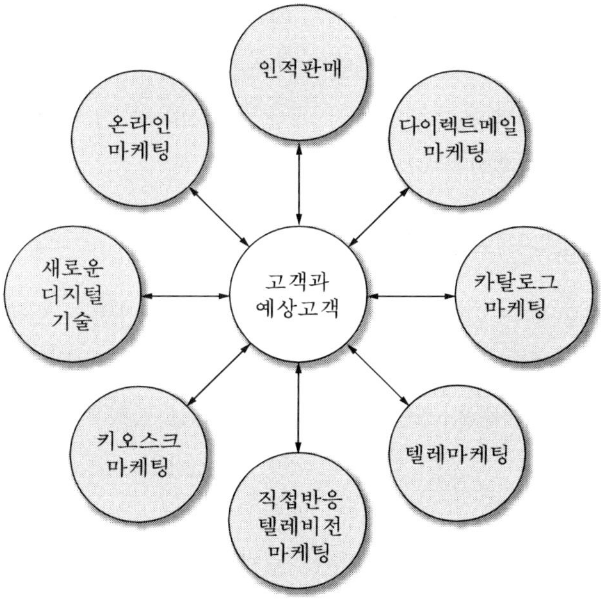

〈그림 17-1〉 직접 마케팅 유형

1. 직접우편 마케팅

1) 직접우편 마케팅의 의미와 용도

직접우편 마케팅(direct mail marketing)이란 어떤 제안이나 짧은 메시지, 기념품 또는 다른 품목을 한 개인의 특정 주소에 발송하는 것으로서, 직접우편 담당마케팅 관리자는 신중하게 선택된 우편발송 명단을 이용하여 우편물을 발송한다.

이 우편물에는 편지, 카탈로그, 광고, 공중관계용 소책자, 견본, CD, DVD, 판매원의 이력이 기록된 명함 등이 포함되는데, 직접우편은 가장 규모가 큰 직접 마케팅 매체이다.

직접우편은 직접적인 일 대 일 커뮤니케이션에 적합한 것으로서, 세밀하게 표적화된 시장을 선택할 수 있고, 개인화할 수 있으며, 유동적이고, 결과의 측정이 용이하다. 즉 매체에 도달하는 사람 수의 관점에서 볼 때, TV나 잡지와 같은 대중매체보다 직접우편의 비용이 더 많이 소요되기는 하지만, 직접우편은 마케팅 기업이 원하는 사람에게 도달케 할 가능성은 훨씬 높다. 따라서 직접우편은 모든 종류의 제품, 즉 책, 음악, DVD, 잡지 구독에서부터 보험, 선물용품, 의류, 고급 음식, 산업재에 이르기까지 모든 제품의 판매를 추천하는데 매우 효과적이다. 또한 자선단체도 많은 돈을 기부받기 위해 직접우편을 이용하고 있다.

2) 직접우편 산업의 새로운 방법

직접우편 산업은 지속적으로 새로운 방법과 고객접근방법을 모색하고 있다. 예를 들어, CD와 DVD가 가장 빠르게 성장하는 직접우편 매체 중의 하나이다. 어떤 연구는 CD나 DVD를 포함시킨 마케팅 제공물은 전통적인 직접우편보다 50-60% 정도의 높은 반응을 보인다는 사실을 밝혔다. 또한 팩스메일(fax mail), 음향메일(voice mail), 전자우편(e-mail)과 같은 새로운 형태의 메시지 전달방법이 대중화되고 있다. 이와 같은 새로운 종류의 전자우편 광고는 도달률을 높이고, 시선을 끌기 위한 만화, 상호작용을 가능케 하는 링크, 스트리밍 비디오(streaming video), 개인화된 오디오 메시지 등을 사용한다.

전자우편과 다른 새로운 방식은 우체국의 보통우편의 속도와 비교할 때 매우 빠른 속도로 직접우편을 배달한다. 그러나 전통적인 경로로 배달되는 우편과 마찬가지로 관심이 없는 사람에게 배달되는 경우, 정크메일(junk mail)로 인식될 수 있다. 이에 따라 현명한 마케팅 관리자는 직접우편을 신중하게 표적화하여 자신의 돈과 받는 사람의 시간을 낭비하지 않도록 해야 한다. 이에 전자우편을 받기 원하는 사람에게만 전자우편 광고를 보내기 위해 동의를 기반으로 하는(permission-based) 프로그램을 설계하고 있다.

2. 카탈로그 마케팅

1) 카탈로그 마케팅의 의미 및 활용

카탈로그 마케팅(catalog marketing)은 기술진보에 의한 개인화된 일 대 일 마케팅이 확산됨으로써 많은 변화를 경험하고 있다. 즉 인터넷 사용이 폭발적으로 증가함에 따라 더 많은 카탈로그가 디지털화 되었다. 웹을 유일한 기반으로 하는 다양한 카탈로그 사업자가 등장하였으며, 대부분의 인쇄물 카탈로그 사업자는 자신의 마케팅 믹스에 웹을 기반으로 하는 카탈로그를 추가하고 있다.

인터넷이 카탈로그 판매를 위한 새로운 수단으로서의 역할을 하고 있지만, 역시 인쇄 카탈로그가 여전히 카탈로그 마케팅의 중요한 매체로 남아 있다. 연구에 의하면, 인쇄 카탈로그는 온라인 주문의 많은 부분을 창출하고 있음을 밝혔다. 즉 인쇄 카탈로그를 받은 소비자는 온라인으로 구매할 확률이 더 높으며, 카탈로그를 받지 않은 고객보다 16% 더 많이 온라인에서 소비한다.

소비자는 카탈로그로 무엇이든 구입할 수 있다. 예를 들어, 더 선명하고 이미지로 꾸며진 카탈로그는 100만원 이상의 제품까지도 구입할 수 있게 한다. 최근에는 고급 전문 백화점들이 고가제품에 대한 중산층 시장을 개척하기 위해 카탈로그를 활용하고 있다.

마케팅 기업은 카탈로그를 이용하여 효과적으로 판매할 수 있으며, 또한 고객관계를 구축할 수 있다. 즉 최근의 한 연구에 의하면, 카탈로그를 받은 대다수의 여성은 카탈로그에 많은 관심을 기울였음을 밝혔다.

2) 웹 기반 카탈로그의 이점과 문제

웹에 기반을 둔 카탈로그는 인쇄 카탈로그에 비교하여 많은 이점을 제공한다.

첫째, 기업은 제작, 인쇄, 배송비용을 절감할 수 있다.

둘째, 인쇄 카탈로그는 공간이 한정되어 있는 반면에, 온라인 카탈로그는 제공할 수 있는 상품의 수가 무제한이다.

셋째, 웹 카탈로그는 실시간에 판매를 가능케 한다. 즉 제품과 제품의 특징을 필요에 따라 추가하거나 제거할 수 있으며, 가격도 수요와 일치시키기 위해 즉시 조정, 변경할 수 있다.

넷째, 온라인 카탈로그는 게임이나 콘테스트, 매일매일의 특별행사와 같은 양방향의 오락거리와 판촉광고를 통해 흥미로운 요소를 부가할 수 있다.

그러나 웹에 기반을 둔 카탈로그는 몇 가지 문제를 수반한다.

첫째, 인쇄 카탈로그는 강제로 우편함에 배달되어 소비자에게 더 많은 주목을 끄는 반면에, 웹 카탈로그는 수동적인 측면이 있으므로 촉진활동이 필수적으로 필요하다.

둘째, 웹 카탈로그는 인쇄 카탈로그보다 신규고객을 유인하는 것이 더 어렵다. 따라서 웹상에서 판매하는 카탈로그 사업자를 인쇄 카탈로그로 표시해서는 안 된다.

3. 전화 마케팅

전화 마케팅(telephone marketing 또는 telemarketing)은 소비재와 산업재 고객에게 직접 판매하기 위해 전화를 사용하는 것을 의미한다. 즉 사람들은 소비자를 직접 표적으로 하는 전화 마케팅에 매우 익숙하며, 또한 B to B 마케팅 기업 역시 전화 마케팅을 광범위하게 사용하고 있다.

전화 마케팅 기업은 소비자와 기업고객에게 직접 판매하기 위해 발신(outbound) 전화 마케팅을 이용한다. 수신(inbound) 전화 마케팅에 사용되는 수신자부담 전화번호(한국 : 080, 미국: 800번)는 TV, 인쇄광고, 직접우편, 카탈로그에서 주문을 받기 위해 이용된다.

올바르게 기획되고, 표적화된 전화 마케팅은 구매의 편리함, 풍부한 제품과 서비스 정보 등을 포함하여 많은 혜택을 제공한다. 그러나 폭발적으로 증가하고 있는 불필요한 발신전화 마케팅은 많은 소비자를 괴롭히고 있다. 즉 매일매일 걸려오는 정크전화(junk phone)에 짜증을 내고 있다. 이에 발신전화 규제법이 발효되어 시행되고 있지만, 수신소비자 전화 마케팅과 발신 B to B 전화 마케팅은 여전히 꾸준하게 성장하고 있다.

전화 마케팅은 비영리단체의 중요한 모금활동 수단이 되고 있다. 즉 많은 전화 마케팅 기업은 새로운 고객을 유인하고, 판매하기 위한 대안을 모색하고 있는데, 새로운 대안으로서 직접우편, 직접 반응 TV, 실시간 채팅 웹기술, 고객을 불러들이기 위한 복권 등이 있다.

많은 직접 마케팅 기업은 콜센터 활동을 미진한 상태에 있는 고객에게 판매를 권유하기 위해 전화를 하는 것으로부터 기존고객과의 관계를 관리하는 일에 집중하는 것으로 변화시키고 있다. 또한 직접 마케팅 기업은 옵인(opt-in)전화 시스템을 개발하였는데, 기업은 이를 통해 전화나 전자우편으로 자신과 접촉해도 좋다고 허락한 고객에게만 유용한 정보나 제공물을 보낸다.

4. 직접반응 TV 마케팅

직접반응 TV 마케팅은 직접반응 TV 광고와 홈쇼핑 채널로 크게 두 가지 형태가 있다.

1) 직접반응 TV 광고(direct-response television advertising : DRTV)

직접 마케팅 기업이 60초에서 120초짜리 TV 특별광고를 보내는 것으로서, 광고에서 제품은 설득력 있게 묘사되고, 고객이 주문할 수 있는 수신자부담 전화번호나 웹사이트가 공지된다. 또한 TV시청자는 한 제품에 30분 또는 긴 광고성 프로그램(정보제공 광고 : informercial)을 시청할 때도 있다.

최근 정보제공 광고는 주스기와 부엌용품, 벼락부자가 되는 방법, 운동을 거의 하지 않고도 살을 빼는 방법 등 약간은 문제성이 있는 분야에 주력하고 있다. 그러나 최근 들어 많은 대기업이 정보제공 광고를 이용하여 상품을 판매하고 있으며, 고객에게 소매상에 대한 정보나 제품정보를 제공하며, 회원도 모집하고, 구매자를 자사의 웹사이트로 끌어들이는 역할도 한다.

직접반응 TV 광고방송은 보통 제작비용이 적게 소요되고, 소비자가 이 매체를 이용하면 더 저렴하게 구입할 수 있다. 또한 직접반응 광고에는 다른 매체 캠페인과는 달리 항상 수신자부담 전화번호와 웹 주소를 포함하고 있으므로, 마케팅 관리자는 용이하게 자신의 캠페인 효과를 추적할 수 있다. 이로 인해 DRTV는 전통적인 방송

광고나 유선TV보다 더 빠르게 성장하고 있다.

2) 홈쇼핑 채널

홈쇼핑 채널(home-shopping channels)은 제품과 서비스의 판매만을 목적으로 하는 TV프로그램이나 채널을 말한다. 대부분의 홈쇼핑 채널은 하루 24시간 방송되는데, 프로그램 호스트(program hosts)는 전화를 이용하여 시청자와 이야기를 나누면서 보석, 램프, 수집용 인형, 못에서 전기기구, 가전제품에 이르는 제품을 제공한다.

시청자는 수신자부담 전화번호로 전화하거나 온라인으로 상품을 주문한다. 유선TV와 위성TV가 널리 보급되면서 수신장치가 설치된 가정에 방송되고 있다.

이에 따라 아직까지도 이미지가 낮음에도 불구하고, 홈쇼핑 채널은 매우 세련되고, 매우 성공적인 마케팅 운영방법으로 진화, 발전되고 있다.

5. 키오스크 마케팅

소비자가 컴퓨터와 디지털 기술에 점점 더 익숙해짐에 따라, 많은 마케팅 기업이 키오스크(kiosks)라고 하는 정보제공 및 주문할 수 있는 기기를 점포, 공항, 기타 장소에 설치하고 있다. 키오스크는 실제로 제품을 판매하는 자동판매기와는 상이한 것으로서, 최근에는 어느 곳에서나 볼 수 있다. 즉 셀프 서비스 호텔(무인 모텔 등), 항공사의 체크인 기계에서부터 점포에 없는 상품을 주문할 수 있는 점포 내에 설치된 주문 키오스크에 이르기까지 다양한 형태를 만날 수 있다.

예를 들어, 점포내부에 설치된 Kodak, Fuji, HP의 키오스크는 고객이 메모리 스틱이나 이동전화기, 기타 디지털 저장 장치에 있는 사진을 옮길 수 있게 하고, 사진을 편집할 수 있도록 하며, 질 좋은 색상으로 인쇄할 수 있게 한다.

산업재 마케팅 기업도 역시 키오스크를 이용하고 있다. 예를 들어, 어떤 기업은 무역박람회에 키오스크를 설치하여 선도판매(sales leads : 상품 구입에 관심을 보이는 예상잠재고객)를 유도하고, 자사 제품에 대한 정보를 제공한다. 키오스크 시스템은 등록배지에 암호화된 고객의 데이터를 읽어 키오스크에서 인쇄될 수 있는 기술적인 데이터 시트를 만들어 내거나, 고객이 팩스나 우편으로 받을 수 있는 기술적인 데이터 시트를 만든다.

6. 새로운 디지털 직접 마케팅 기술

오늘날 많은 새로운 디지털 기술 덕분에, 직접 마케팅 기업은 어디에서나, 어느 시간에나, 어떤 것에 대해서도 고객과 상호작용할 수 있으며, 영향을 줄 수가 있다. 흥미로운 새로운 직접 마케팅 기술에는 이동전화 마케팅, 팟캐스트와 보드캐스트, 양방향 TV 등이 있다.

1) 이동전화 마케팅

많은 마케팅 기업은 이동전화를 차세대의 거대한 직접 마케팅 매체로 인식하고 있다. 이에 따라 모든 형태의 마케팅 기업이 현재 직접 마케팅에 이동전화를 통합시키고 있다. 이동전화 판매촉진에는 전화 벨소리 경품, 모바일 게임, 광고로 후원되는 콘텐츠로부터 문자경품(text in contests)과 복권에 이르기까지 모든 것을 포함한다.

이동전화 마케팅이 가장 발전된 국가는 일본으로서, 일본은 생활의 상당부분을 이동전화를 이용하여 해결하고 있다. 이에 따라 일본에서의 이동전화 광고비 지출 규모는 2005년 1억 5,800만 달러에서 2009년에는 6억 8,000만 달러에 이를 것으로 예상된다.

일본의 직접 마케팅 기업은 상표를 구축하기 위한 방법으로서 이동전화를 사용하는 것을 실험하고 있다.

2) 팟캐스트와 보드케스트

팟캐스팅(podcasting)과 보드캐스팅(vodcasting)은 이동 중에 주문이 가능한 가장 최신의 기술이다.

팟캐스트라는 이름은 널리 퍼져있는 Apple사의 아이팟(ipod)에서 파생된 것으로서, 팟캐스팅으로 소비자는 인터넷을 통해 오디오 파일(podcasts)이나 비디오 파일(video casts)을 아이팟이나 손에 들고 다니는 다른 장치로 다운로드하고 원하는 시간에, 원하는 장소에서 파일을 듣거나 본다.

이러한 결과로 이 새로운 매체는 마케팅 기업에게 많은 관심을 끌고 있다. 마케팅 기업은 광고에 의해 후원되는 팟캐스트 형태, 다운로드가 가능한 광고나 정보제공 기사 형태, 기타 촉진의 형태로 팟캐스트와 보드캐스트를 직접 마케팅 프로그램에 통합하고 있다.

3) 양방향 TV

양방향 TV(상호작용적 TV : interactive TV : ITV)는 시청자가 리모컨을 이용하여 TV프로그램이나 광고와 서로 대화할 수 있게 한다.

양방향 TV는 마케팅 기업에게 양방향(상호작용)의 방식으로 시청자의 관여 수준을 더 높이는 방식으로 표적화된 시청자에게 도달할 수 있는 기회를 제공한다.

이동전화 마케팅, 팟캐스트와 보드캐스트, 양방향 TV는 흥분을 자아내는 직접 마케팅 기회를 제공한다. 그러나 마케팅 기업은 새로운 직접 마케팅 접근방법을 조심스럽고, 슬기롭게 이용해야 한다. 다른 종류의 직접 마케팅을 이용하는 경우 소비자의 반발과 저항을 감수해야 한다. 즉 소비자는 어떤 마케팅 방법을 사생활 침해로 여길 수 있다. 따라서 마케팅 기업은 자신의 직접 마케팅 대상을 신중하게 선정해야 한다. 즉 고객의 사생활을 침해하는 것이 아니라, 고객에게 진정한 가치를 전달하는 직접 마케팅이 되어야 한다.

제 5 절 온라인 마케팅

온라인 마케팅(online marketing)은 직접 마케팅 중에서 가장 빠르게 성장하는 형태이다. 즉 최근의 기술진보는 디지털 세대를 창조하였다. 인터넷과 기타 다른 강력한 새로운 기술이 널리 보급됨에 따라 구매자 그리고 구매자의 욕구를 충족시켜야 하는 마케팅 기업에게 극적인 영향을 미치고 있다.

1. 마케팅과 인터넷

오늘날 세계적 사업의 대부분이 사람과 기업을 이어주는 디지털 네트워크를 통해 이루어지고 있다. 컴퓨터 네트워크의 거대한 공급망인 인터넷은 세계 전역의 모든 사용자를 서로 연결시켜 주며 또한 놀랄 만큼 거대한 정보 저장소에 연결시켜 주고 있다. 이에 따라 인터넷 사용은 계속 꾸준히 증가하고 있다.

인터넷은 마케팅 기업에게 고객을 위한 가치를 창조하고, 고객과의 관계를 구축하기 위한 완전히 새로운 방식을 제공하고 있다. 편리함, 속도, 가격, 제품정보, 서비스에 대한 고객의 생각을 근본적으로 바꾸고 있다. Amazon.com, eBay 등과 같은 소위 닷컴이라고 하는 초기 온라인(click-only) 기업의 놀라운 성공은 현재의 전통적인 오프라인 기업(brick-and-mortar)과 소매상으로 하여금 자신이 시장을 어떻게 만족시켰는가에 대해 다시 검토하도록 하였다. 현재 거의 모든 전통적인 기업은 온라인 판매경로와 커뮤니케이션 경로를 갖추기 시작하였고, 그 결과 온-오프라인 통합기업(click-and-mortar)으로 경쟁하고 있다.

2. 온라인 마케팅 영역

온라인 마케팅은 〈그림 17-2〉와 같이 4가지 주요영역이 있다. 즉 기업-소비자 간

(B2C: business to consumer), 기업 간(B2B : business to business), 소비자 간(C2C: consumer to consumer), 소비자-기업 간(C2B : consumer to business)온라인 마케팅이 있다.

	소비자를 대상으로	기업을 대상으로
기업이 시작(주도)	B2C (기업-소비자 간)	B2B (기업 간)
소비자가 시작(주도)	C2C (소비자 간)	C2B (소비자-기업 간)

〈그림 17-2〉 온라인 마케팅 영역

1) 기업-소비자간 온라인 마케팅

기업-소비자간(B2C: business to consumer) 온라인 마케팅은 재화와 서비스를 온라인에서 최종소비자에게 판매하는 것이다. 현대의 소비자는 온라인에서 의류, 주방기구, 비행기표에서부터 컴퓨터와 자동차에 이르기까지 어떤 것이든 구입할 수 있다. 이에 따라 온라인에서 구입하는 소비자 수도 꾸준한 속도로 증가하고 있다.

더욱 중요한 것은 미국의 경우, 온라인에서 거래되는 판매에 온라인 검색에 의한 오프라인 매출을 더하면 현재 인터넷이 전체 소매거래의 27%에 영향을 미치고 있다는 것이다. 따라서 현명한 마케팅 관리자는 다른 마케팅 경로로 판매를 유인하기 위해 인터넷을 이용하는 통합 복수경로 전략(integrated multichannel strategies)을 채택하고 있다.

사람들이 점차 웹으로 향하면서, 온라인 소비자 집단이 점차 주류가 되고 있으며, 또한 다양해지고 있다. 인터넷은 현재 마케팅 기업에게 다양한 형태의 온라인 경험을 추구하고 있는 매우 다양한 소비자를 제공해 주고 있다. 그러나 인터넷 소비자는 구매 접근방법과 마케팅에 대한 반응측면에서 전통적인 오프라인 소비자와는 여전히 상이하다. 첫째, 인터넷에서의 교환과정에서 고객은 거래를 시작하고 통제한다. 둘째,

전통적인 마케팅은 수동적인 청중을 표적으로 하지만, 온라인 마케팅은 능동적으로 자신이 방문할 웹사이트를 선택하고, 조건과 제품에 따라 마케팅 정보를 선택하는 소비자를 표적으로 한다. 따라서 이 새로운 세계의 온라인 마케팅은 새로운 마케팅 접근방법을 요구한다.

2) 기업간 온라인 마케팅

기업간 온라인 마케팅(B2B) 기업은 새로운 산업재 고객에게 도달하기 위해 또한 현재의 기업고객과 더욱 효과적으로 거래하기 위해 구매 효율성을 높이고 더 양호한 가격을 확보하기 위해 B2B 웹사이트, 전자우편, 온라인 제품 카탈로그, 온라인 거래 네트워크, 기타 온라인 자원을 이용하고 있다.

대규모한 B2B 마케팅 기업은 현재 온라인에서 제품정보와 고객의 구매, 고객에 대한 지원 서비스를 제공하고 있다. 예를 들어, 기업 구매자는 판매기업의 웹사이트를 방문할 수 있고, 그 기업의 제품과 기타 상세한 명세서를 선택할 수 있으며, 판매와 서비스에 대한 정보를 요청할 수 있고, 구성원과 상호작용을 할 수 있다.

단지 온라인으로 자사 제품과 서비스를 판매하는 차원을 넘어, 마케팅 기업은 중요한 산업재 고객기업과 더 강력한 관계를 구축하기 위해 인터넷을 사용할 수 있다. 예를 들어, Dell사는 세계 전역의 113,000개 이상의 산업재 고객과 기관 고객에게 맞춤식 웹사이트를 제공하고 있다.

3) 소비자간 온라인 마케팅

여러 이해 당사자 사이에서 다양한 범위의 제품과 주제에 대해 수많은 소비자간(C2C) 온라인 마케팅과 커뮤니케이션이 웹상에서 발생하고 있다. 어떤 경우에 인터넷은 소비자가 제품이나 정보를 직접 서로 교환할 수 있게 하는 훌륭한 수단을 제공한다. 예를 들어, Amazon.com, Auctions 및 기타 경매 사이트는 어떤 것이라도 진열할 수 있고, 팔 수 있는 대중적인 장터를 제공하고 있는데, 아파트, 골동품, 동전과 우표, 보석에서부터 컴퓨터와 가전제품에 이르기까지 어떤 것이든 진열하고 팔 수 있다.

이렇게 됨으로써 C2C 사이트는 사람들에게 지역의 벼룩시장이나 신문광고보다 더 많은 청중에게 접근할 수 있도록 한다. 흥미롭게도 eBay사는 C2C 시장에서의 큰 성공을 기반으로 수많은 B2C 판매자의 관심을 끌고 있다. 여기에는 생활용품을 판매하는 소기업에서부터 다양한 재고를 경매를 통해 정리, 처분하고자 하는 대기업에까지 이르고 있다.

또 다른 경우로서, C2C는 특별한 이해집단에게 소구하는 인터넷 공개토론(forums)을 통해 정보교환을 가능케 하고 있는데, 이 활동은 상업적 또는 비상업적 목적을 위해 구성된다. 예를 들어, 웹 로그(web logs)와 블로그(blogs)는 좁은 범위로 한정된 주제로 개인의 생각을 제시하는 온라인 저널이다. 블로그는 정치나 야구에서부터 하이쿠(haiku), 자동차 수리, 최근의 TV 시리즈에 이르기까지 어떤 것이든 될 수 있다.

많은 마케팅 기업들이 신중하게 선택한 소비자에게 도달하기 위해 블로그를 하나의 매체로 이용하고 있는데, 한 가지 방법은 기존 블로그에 광고를 내는 것이고, 또는 블로그의 콘텐츠에 영향력을 행사하는 것이다.

한편 다른 기업은 자기 자신의 블로그를 만들고 있는데, 예를 들어, Coca-Cola사는 자신의 2006년 통계 올림픽 스폰서십에 온라인 공동체를 포함시키기 위해 블로그를 구성하였다.

블로그는 마케팅 도구로서 몇 가지 이점이 있다. 오늘날 널리 흩어져 있는 청중에게 도달할 수 있는 신선하고 독창적이며, 개인적이고, 저렴한 방법을 제공할 수 있다. 그러나 블로그 세계는 통제하기 어렵고 어수선한 면도 있다.

결론적으로 C2C는 온라인 구매자가 완전히 제품정보를 소비하는 것이 아니라 제품정보를 창출하는 것을 의미한다. 즉 온라인 구매자는 정보를 공유하기 위해 인터넷 이해자 집단에 참여한다. 그리고 그것은 온라인 구전(word of web)이 구전(word of mouth)과 함께 중요한 구매 영향력으로서 역할을 한다.

4) 소비자-기업간 온라인 마케팅

오늘날의 소비자는 인터넷 덕분에 기업과의 커뮤니케이션이 더욱 쉬어짐을 인식하고 있는데, 이는 소비자-기업 간의 온라인 마케팅이 그 역할을 하고 있기 때문이다. 대부분의 마케팅 기업은 자사의 웹사이트에 예상잠재고객 및 현재의 고객을 초청하여 제안사항이나 질문거리를 알린다. 이러한 차원을 넘어, 소비자는 기업의 초대를 기다리기보다는 오히려 웹에서 판매자를 찾아낼 수 있고, 판매자의 제공물을 알 수 있으며, 구매를 하고, 피드백을 줄 수 있다. 즉 현재의 소비자는 거래에 끌려가는 것이 아니라 웹을 이용하여 기업과의 거래를 주도할 수도 있다. 따라서 판매자는 구매자의 제안을 받아들일 것인가만을 결정하면 된다.

또한 소비자는 마케팅 기업에게 어떤 문제를 질문하거나 제안하기 위해 또는 불평, 불만을 제기하거나 칭찬하기 위해 웹사이트를 이용할 수 있다. 이에 기업의 사이트는 감정이나 또는 기업과 접촉하려는 이유를 잘 표현할 수 있도록 편지템프릿(letter template)을 고객에게 제공한다. 그 다음 이 사이트는 각 기업에서 고객 서비스를 담당하는 관리자에게 편지를 보내고 응답을 받을 수 있도록 도움을 준다.

3. 온라인 마케팅 기업의 유형

모든 유형의 기업이 현재 온라인 마케팅 활동을 하고 있는데, 〈그림 17-3〉에는 온라인 마케팅 기업들이 행하는 다양한 유형이 제시되어 있다.

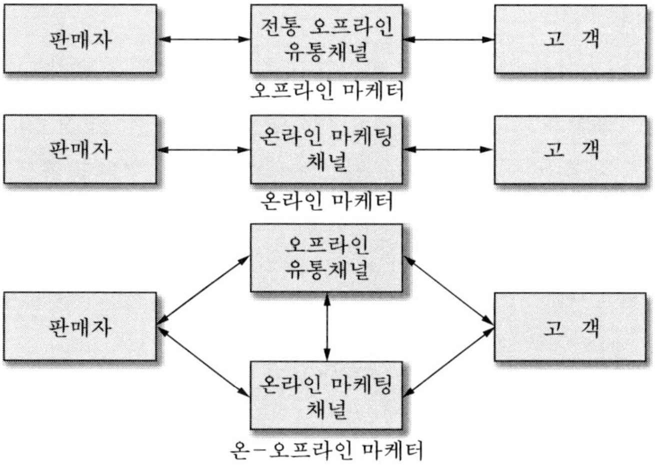

〈그림 17-3〉 온라인 마케팅 유형

1) 온라인 기업

전통적으로 오프라인(brick and mortar)이 존재하고 있는 시장에 인터넷은 온라인 기업(click-only)인 닷컴(dot-com)이라는 새로운 마케팅 기업을 탄생시켰다.

온라인 기업은 다양한 형태와 크기로 나타나고 있다. 인터넷을 통해 최종소비자에게 직접 제품과 서비스를 판매하는 온라인 소매업체(e-retailers), 닷컴(dot-com)이 포함되는데, Amazon.com이 이에 속한다. 온라인 집단에는 Yahoo!, Google 등과 같은 탐색엔진(search-engine : 검색엔진)과 포털(portals)이 포함된다. 이 집단은 처음에는 검색엔진으로 시작하여, 그 후에는 인터넷으로 들어가는 첫 번째 출입구가 되기를 희망하면서 뉴스, 날씨, 주식시장 기사, 오락, 점포 등과 같은 서비스를 추가하고 있다.

또 다른 온라인 기업으로서 인터넷 서비스 제공자(internets service providers: ISPS)는 인터넷과 전자우편을 연결하는데, 유료형태로 제공한다. 그리고 eBay와 같은 거래 사이트(transaction sites)는 사이트에서 성사되는 거래에서 수수료를 받는다. 마지막으로 뉴욕 타임즈 웹(www.nytimes.com), ESPN.com, 브리태니커 백과사전 온라인과 같은 다양한 콘텐츠 사이트(content sites)는 금융정보, 뉴스, 연구물, 기타 정보를 제공한다.

온라인 웹 비즈니스를 둘러싼 과잉열기는 1990년대 후반의 닷컴 골드러시(dot-com gold rush) 기간 동안 최고수준에 달했다. 그러자 투자 열기는 2000년에 무너졌고, 고공비행을 하며 과도하게 평가된 많은 닷컴 기업이 완전히 땅바닥으로 추락하였다.

2) 온-오프 통합기업

인터넷이 성장함에 따라 기존에 성공하였던 전통적인 오프라인 기업은 온라인 경쟁사와 효율적으로 경쟁하기 위해 자신도 온라인으로 뛰어들어야 한다는 사실을 깨닫고 있다. 이에 따라 전통적인 오프라인 기업이 지금은 온-오프 통합기업(click-and-mortar)으로 번영하고 있다.

많은 온-오프 통합기업이 온라인 영역에서 온라인 경쟁사보다 더 많은 성공을 거두고 있다. 이와 같이 온-오프 통합기업이 성공하는 데는 몇 가지 이점이 있기 때문이다.

첫째, 기존의 오프라인 기업은 성공적으로 잘 알려져 있으며, 신뢰성이 있는 상표명과 더 많은 재무적 자원을 확보하고 있다. 둘째, 오프라인 기업은 거대한 고객기반을 확보하고 있으며, 더 깊은 산업 지식과 경험을 보유하고 있으며, 또한 핵심적인 공급업자와 좋은 관계를 유지하고 있다.

온라인 마케팅과 기반이 구축된 오프라인 운영을 결합함으로써 온-오프라인 통합소매상은 고객에게 더 많은 선택권을 제공한다. 예를 들어, 소비자는 하루 24시간 이용할 수 있는 온라인 쇼핑에서 편리함과 다양한 제품구색을 획득하거나, 점포 쇼핑에서 개인별화된 실제적인 쇼핑경험을 하거나, 두 가지 대안을 결합한 쇼핑을 하는 것 중에서 선택할 수 있다. 또한 고객은 온라인에서 제품을 구입하였으나, 구매 후 원하지 않은 제품은 근처 점포에서 쉽게 반환할 수 있다.

4. 온라인 마케팅 실행을 위한 구축작업

모든 기업은 온라인으로 이용하는 것을 고려해야 한다. 기업은 〈그림 17-4〉에 제시된 네 가지 방법 중 어떤 것을 사용하여 온라인 마케팅을 실행할 수 있다.

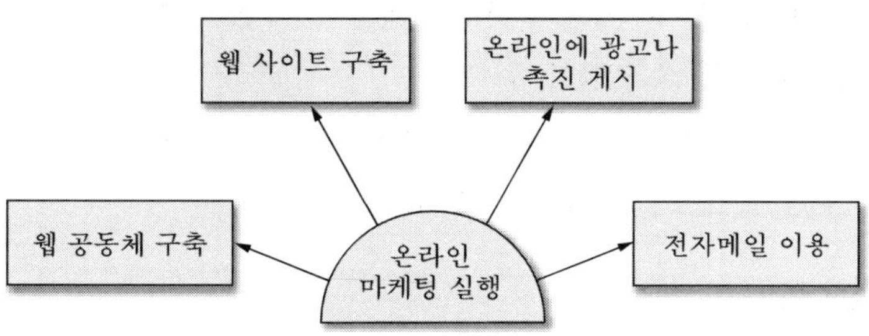

〈그림 17-4〉 온라인 마케팅 실행과정

1) 웹사이트 구축

모든 기업에 있어, 온라인 마케팅을 수행하는 경우 첫 번째 단계는 웹사이트를 구축하는 것이다. 마케팅 관리자는 웹사이트를 구축하는 차원을 넘어 매력적인 사이트를 설계해야 한다. 그리고 소비자가 방문하고, 이곳저곳을 구경하면서 머물 수 있도록 하며, 다시 자주 올 수 있도록 하는 방안을 찾아야 한다.

(1) 웹사이트 유형

웹사이트는 목적과 내용에서 매우 다양하다. 가장 기본적인 형태는 기업 웹사이트(corporate website)로서, 기업의 제품을 직접 판매하는 것보다는 고객과 좋은 관계를 유지하고 다른 판매경로를 보완하기 위해 설계된 것이다. 기업 웹사이트는 고객의 질문에 응답하고, 고객과 더 가까운 관계를 구축하고, 고객에게 기업에 대해 흥미를 끌도록 하기 위해 매우 풍부하고 다양한 정보와 다른 특성을 제공한다.

기업 웹사이트의 첫 번째 목적은 기업이 고객과의 관계를 증진시키는 것으로서, 고객은 그 기업의 철학과 제품 및 위치를 알 수 있다. 그 다음 목적은 기타 여러 가지 활동을 추가하는 것으로서, 친구에게 공짜 전자카드를 보내거나, 뉴스레터(사보)를 구독신청하거나 게임도 즐길 수가 있다.

또 다른 기업은 마케팅 웹사이트(marketing website)를 구축하는데, 이 사이트는 고객이 기업과 상호작용을 할 수 있는데, 이 상호작용을 통해서 기업은 고객에게 직접적으로 구입토록 하거나 또는 다른 마케팅 성과를 기대할 수 있다. 즉 수십 가지의 제품범주를 찾을 수 있고, 특정 품목을 더 많이 알 수 있으며, 전문가의 제품평가를 볼 수 있다. 또한 몇 번 마우스를 클릭하여 최근 인기 있는 제품을 확인하고 온라인으로 주문하고, 신용카드로 지불할 수 있다.

마케팅 웹사이트는 고객의 경험에 강하게 영향을 주며, 개인적이고, 사용자가 마치 집단의 일원인 것처럼 느끼게 하는 효과가 있다.

(2) 효과적인 웹사이트 설계

웹사이트를 구축하는 것과 사람을 방문하게 만드는 것은 별개의 문제이다. 기업은 방문자를 끌어들이기 위해, 오프라인 인쇄물 광고와 방송광고를 통해 또는 다른 사이트에 광고를 하거나 링크를 거는 등의 노력을 통해 웹사이트를 적극적으로 홍보해야 한다. 그러나 오늘날의 웹 사용자는 웹사이트가 만족을 줄 수 있을 정도로 충실하지 않다면, 웹사이트를 외면하게 된다.

따라서 핵심적인 것은 웹사이트에 들어온 소비자를 떠나지 않도록 하고, 다시 돌아올 수 있도록 하기 위해 충분한 가치와 흥분을 창출하는 것이다. 이것은 기업이 현재 추세를 반영하며, 신선하고, 유용한 상태를 유지할 수 있도록 계속 자신의 웹사이트를 최신의 것으로 변경시켜야 함을 의미한다.

어떤 제품유형은 방문자를 유혹하기가 용이하다. 예를 들어, 컴퓨터와 재무 서비스와 같은 고관여 제품을 구입하는 소비자는 판매업자의 마케팅 활동이나 정보를 기꺼이 고려한다. 그러나 저관여 제품의 마케팅 기업은 웹사이트 방문자를 유인할 때 어려운 문제에 직면한다.

그러므로, 첫 번의 방문시에 매력적으로 보일 수 있고, 재방문을 유발하기에 충분히 흥미로운 웹사이트를 설계하는 것이 핵심적인 도전적인 과제이다. 이에 따라 마케팅 기업은 시선을 끌고, 붙잡기 위해 텍스트나 음향, 애니메이션을 결합하고 다채롭고, 시각적으로 매우 세련된 웹사이트를 만들고 있다.

새로운 방문자를 끌어들이고, 재방문을 유도하기 위해 온라인 마케팅 기업은 효과적인 웹사이트를 설계하기 위해 7C에 주목해야 한다(〈그림 17-5〉 참조).

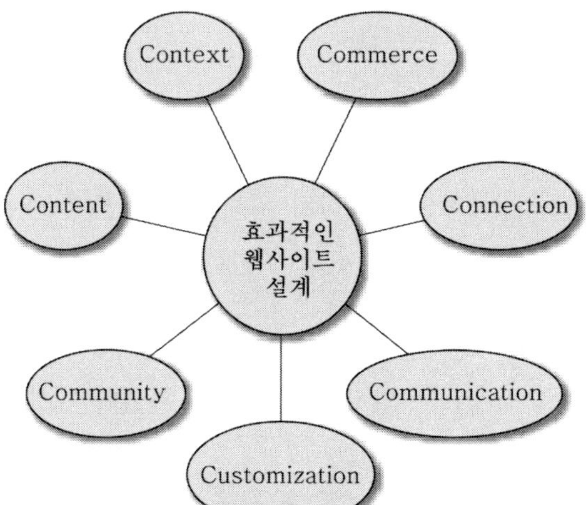

〈그림 17-5〉 웹사이트 구성요소 : 7C

• 환경(context) : 사이트의 레이아웃과 디자인
• 내용(content) : 텍스트, 그림, 음향, 영상

- 공동체(community) : 사이트가 사용자간에 커뮤니케이션을 가능하게 하는 방법
- 고객화(customization) : 사이트를 다양한 사용자에게 맞출 수 있는 능력이나 사용자가 사이트를 사용자 개인에게 맞출 수 있게 하는 능력
- 커뮤니케이션(communication) : 사이트가 사이트-사용자간, 사용자-사이트간, 또는 양방향 커뮤니케이션을 사용하게 하는 방법
- 연결(connection) : 사이트가 다른 사이트에 링크되어 있는 정도
- 상업성(commerce) : 상업적 거래를 가능하게 하는 사이트의 능력

상기의 7C 이외에 고객을 계속 사이트에 오도록 하기 위해 마케팅 기업은 또 다른 C인 계속적인 변화(constant change)를 받아들여야 한다.

최소한 웹사이트는 사용하기 쉬워야 하며, 전문적으로 보여야 하며, 매력적인 모습이어야 한다. 그러나 궁극적으로 웹사이트는 쓸모가 있어야 한다. 즉 효과적인 웹사이트는 깊이가 있고, 쓸모 있는 정보, 구매자가 관심을 두고 있는 제품을 찾아서 평가하는데 도움을 주는 대화식 도구, 다른 관련된 사이트의 연결, 계속 변화하는 판촉활동, 적절한 흥분을 유발하는 오락적 특징 등이 포함되어야 한다.

2) 온라인에 광고와 촉진 제시

소비자가 더 많은 시간을 인터넷에서 보내므로, 마케팅 기업은 상표를 구축하기 위해, 또는 웹사이트로 방문자를 유인하기 위해 마케팅 비용을 온라인 광고로 옮기고 있다.

(1) 온라인 광고의 형태

온라인 광고의 주요 형태에는 전시광고, 검색과 관련되는 광고, 온라인 분류광고 등이 있다.

첫째, 온라인 전시광고(display ads)는 인터넷 이용자의 화면 어디에서 나타나는 것으로서, 배너광고, 삽입광고, 팝업광고, 리치 미디어 등이 포함된다. 가장 흔한 형태는 배너(banner)인데, 배너 모양의 광고는 웹 페이지의 위쪽이나 아래쪽, 왼쪽, 오른쪽 또는 중간에서도 볼 수 있다.

삽입광고(interstitials)는 웹사이트 화면이 바뀌고 있는 사이에 나타나는 온라인 전

시광고로서, 특히 새로운 화면이 나타나고 있는 동안에 출현한다. 팝업(pop-ups)은 현재 보고 있는 창 앞에 갑자기 나타나는 새로운 창에 있는 온라인 광고이다. 통제하기가 매우 힘들어 큰 불쾌감을 준다. 이에 따라 인터넷 서비스 제공자와 웹 브라우저 제공자는 소비자가 대부분의 팝업을 차단할 수 있도록 응용 프로그램을 개발하였다. 최근 광고주는 팝언더(pop-underes) 광고를 개발하였는데, 이것은 사람들이 보고 있는 페이지 뒤에 나타남으로써 팝업 차단을 피하는 새로운 창이다.

리치 미디어(rich media) 전시광고는 애니메이션, 동영상, 음향, 상호작용성을 혼합한 것으로서, 전통적인 배너광고보다 소비자에게 더 많은 시선을 끈다. 떠다니다가(float), 날아다니거나(fly), 갑작스러운 반응과 같은 여러 기술을 도입하는데, 애니메이션은 웹 페이지의 이곳저곳을 마구 돌아다니는 최초의 공간으로 돌아간다.

둘째, 검색관련 광고 또는 맥락광고(search-relates ads 또는 contextual advertising)는 Google 및 Yahoo!와 같은 사이트에 검색엔진 결과와 함께 나타나는 링크(links)와 텍스트를 기반으로 하는 광고이다. 이 검색광고는 고객을 다른 형태의 온라인 촉진에 연결해 주는데 효과적인 방법이 될 수 있다.

(2) 온라인 촉진의 기타 형태

온라인 촉진의 기타 형태로는 콘텐츠 스폰서십, 동맹과 제휴 프로그램, 바이러스성 광고가 있다.

첫째, 기업은 콘텐츠 스폰서십(content sponsorship)을 이용하여 다양한 웹사이트의 특별한 콘텐츠를 후원함으로써, 인터넷에 자신의 이름을 노출시키는 기회를 획득할 수 있다. 스폰서십은 방문자에게 관련 있는 정보와 서비스를 제공할 수 있는 신중하게 표적화된 사이트에 있는 것이 최적이다.

둘째, 기업은 동맹과 제휴 프로그램(alliance and affiliate program)을 개발할 수 있는데, 온라인이나 오프라인에서 새로 홍보하기 위해 다른 기업과 함께 일하는 것이다.

셋째, 바이러스성 마케팅(viral marketing)은 구전 마케팅의 인터넷 버전으로서, 웹사이트 구축, 전자우편 메시지, 다른 마케팅 행사가 포함되는데, 매우 전염성이 강해서 고객으로 하여금 친구에게 이것을 전해 주길 원하게 만든다. 고객이 메시지나

촉진을 다른 사람에게 전해 주기 때문에 바이러스성 마케팅은 매우 저렴하며, 또한 정보가 친구로부터 오면 받는 사람은 열어서 읽을 가능성이 매우 높다.

(3) 온라인 광고의 미래

온라인 광고가 여전히 전체광고에서 또는 모든 기업의 마케팅 지출액 중에서 적은 부분을 차지하고 있지만, 급속하게 성장하고 있다.

온라인 마케팅은 특히 다른 마케팅 노력의 보완적 수단으로서 유용한 목적을 달성하므로, 결과적으로 온라인 마케팅은 많은 광고주의 마케팅 믹스에서 중요한 역할을 담당하고 있다.

3) 웹 공동체 구축 또는 참여

블로그와 다른 웹 공개토론장이 인기를 얻음으로써 웹 공동체(web community)라고 하는 상업적으로 후원받는 많은 웹사이트가 등장하고 있다. 웹 공동체는 인터넷의 C2C 특성을 이용한 것으로서, 이 사이트는 구성원을 온라인으로 모이게 하고, 공통의 관심사를 교환하게 한다. 웹 공동체는 가상공간으로서, 이곳에서는 모두가 전자우편 주소를 알고 있다.

인터넷 이웃을 방문하는 사람은 강한 공동체 의식을 갖고 있으므로, 이러한 공동체는 광고주에게 매력적이다. 소비자는 웹사이트에 자주 방문하며 또한 장기간 계속 방문하며, 소비자는 공통의 관심사가 있고, 뚜렷한 인구통계적 특징을 갖고 있기 때문이다.

4) 전자우편 이용

전자우편은 중요한 온라인 마케팅 도구로서 부각되고 있다. 즉 B2B나 B2C 기업들이 고객에게 도달하기 위해 전자우편 마케팅을 사용하고 있다는 것이다. 그러나 계속해서 증가하면서 혼란상태에까지 이르고 있다.

계속 어수선해지는 전자우편 환경 속에서 효과적으로 경쟁하기 위해 마케팅 기업은 풍성한 전자우편 메시지를 만들어야 한다. 이것은 오디오와 비디오 스트리밍으로 가득찬 활기차고, 양방향적이며, 개인화된 메시지를 만들어야 한다는 것이다. 또한 더 신중하게 시선을 끄는 전자우편 메시지를 원하고, 이에 반응하는 사람을 표적으로 정해야 한다.

그러나 마케팅 기업은 감당할 수 없을 정도로 많은 정크 전자우편(junk e-mail)에 둘러싸여 있는 인터넷 이용자가 화를 내지 않도록 주의하고 조심해야 한다. 즉 스팸(spam)이 폭발적으로 증가하는 것은 소비자에게 실망감을 불러일으키고 화를 내게 하는데, 스팸이란 전자우편 박스를 막히게 하는 요청하지 않은 불필요한 상업적 전자우편 메시지이다.

원하지 않은 마케팅 전자우편을 보내 고객을 짜증나게 하는 것을 피하려면, 마케팅 기업은 전자우편 마케팅을 실행하는 것에 대해 고객으로부터 허락을 요청해야 한다. 또한 수신자에게 어떻게 전자우편 촉진을 받아들이거나 또는 거부할 것을 알려야 한다. 이에 따라 허가(용인)에 기초한 마케팅(permission-based marketing)이라고 하는 마케팅 접근방법이 전자우편 마케팅의 기준모델이 되고 있다.

5. 온라인 마케팅의 희망과 도전과제

온라인 마케팅의 미래는 거대한 희망과 함께 많은 도전적인 문제를 제시하고 있다.

온라인 마케팅은 여전히 인터넷과 온라인 마케팅이 잡지, 신문, 점포를 대신하여 정보와 구매에 대한 원천이 될 것을 시도하고 있다. 그러나 대부분의 마케팅 기업은 현실적인 관점을 갖고 있다. 즉 대부분의 기업에서 온라인 마케팅은 시장에 대한 하나의 중요한 접근방법이며, 이 접근방법은 완벽하게 통합된 마케팅 믹스 내에서 다른 접근방법과 함께 적용할 것으로 생각하고 있다.

많은 도전적인 문제가 있지만, 대기업과 중소기업 모두는 온라인 마케팅을 마케팅 전략과 믹스에 통합시키고 있다. 즉 온라인 마케팅이 계속해서 성장함에 따라 고객과의 관계를 형성하고, 판매를 증대시키고, 기업과 제품 정보를 전달하고, 제품과 서비스를 더욱 효과적이며 효율적으로 전달하는데 온라인 마케팅이 강력한 직접 마케팅의 도구임을 인식하고 있다.

6. 통합적 직접 마케팅

기업의 상이한 여러 직접 마케팅 노력은 서로 잘 통합되지 않거나 또는 다른 마케팅 촉진믹스와 잘 통합되지 않고 있다. 그 이유는 마케팅 촉진믹스가 각기 상이한 부서에서 이루어지기 때문이다. 즉 매체 광고는 광고대행사와 기업의 광고부서에서 행한다. 직접우편과 카탈로그 사업을 직접 마케팅 전문가가 처리하는 한편, 웹사이트는 외부의 인터넷 기업이 개발하고 운영한다. 더욱이 많은 기업이 예상잠재고객에게 도달하고 판매하기 위해 단지 한 번의 노력만을 하거나, 구매를 유발하기 위한 몇 개의 단계에서 하나의 수단으로만 사용한다.

이에 대한 강력한 접근방법은 통합된 직접 마케팅(integrated direct marketing)이다. 이것은 신중하게 조성된 다양한 매체의 여러 단계의 캠페인을 사용하는 것으로서, 이러한 캠페인은 반응을 크게 증가시킬 수 있다.

예를 들어, 직접우편 하나만으로는 2%의 반응을 만들 수 있지만, 웹사이트에 수신자부담 전화번호를 추가하면 50%까지 반응률을 올릴 수 있다. 그리고 잘 계획된 전자우편 캠페인은 최고 500%의 부가적인 반응률을 올릴 수 있다. 즉 일반적인 우편발송에 양방향 마케팅 채널을 포함하면 2%의 반응이 15% 이상으로 올라갈 수 있다.

직접 마케팅 경로를 서로 통합하거나, 또는 다른 매체와 통합하는 것은 마케팅 관리자가 최고의 우선순위로 고려해야 하는 것이다.

제6절 직접 마케팅의 공공정책적 문제

직접 마케팅 기업과 그의 고객은 서로에게 보상을 주는 관계를 가지고 있다. 그러나 어떤 직접 마케팅 기업이 공격적이고 수상한 전술을 행하는 경우에 소비자를 괴롭히거나 피해를 줌으로써, 산업 전체의 평판에 부정적인 영향을 미치고 있다. 남용의 범위는 소비자를 짜증나게 하는 단순한 지나침으로부터 불공정한 행위와 노골적인 기만과 사기에까지 이르고 있다. 직접 마케팅 산업은 점차 커지고 있는 사생활 침해 문제에 직면하고 있으므로, 온라인 마케팅 기업은 인터넷 보안문제에 대처해야 한다.

1. 성가심과 불공정, 기만, 사기

과도한 직접 마케팅은 간혹 소비자를 귀찮게 하거나 기분을 상하게 한다. 너무나 시끄럽고, 길고, 강요하는 직접반응 TV 광고방송, 우편함을 가득 채우는 정크메일, 전자우편함 속의 스팸, 컴퓨터 화면은 원하지 않은 팝업이나 팝언더 광고로 가득차 있다.

소비자를 귀찮게 하는 차원을 넘어, 몇몇 직접 마케팅 기업은 충동적이거나 순진한 구매자를 부당하게 이용함으로써 비난을 받고 있다. 즉 TV에 중독된 쇼핑자를 목표로 삼는 TV 쇼핑채널과 TV 프로그램과 같은 정보제공적 광고 등은 판매에 거의 저항하지 않는 구매자를 자극시키기 위해 구매마감 시간제한과 구매의 편리함을 계속 이야기하거나, 과감한 가격인하를 주장하기도 한다.

더 심각한 것은 유명한 직접 마케팅 기업이 소비자가 오해할 가능성이 있는 우편이나 카피문구를 만든다는 사실이다. 또한 투자사기나 자선사업을 위한 가짜 모금과 같은 사기사건이 계속 증가하고 있다. 즉 신분도용과 금전적 사기를 포함한 인터넷 사기(internet fraud)도 심각한 문제가 되고 있다.

인터넷 사기의 한 가지 흔한 유형은 피싱(phishig)으로서, 피싱이란 타인의 ID를 도용하여 사용자로 하여금 자신의 개인적 자료를 누설하도록 속이기 위해 거짓 내용으로 된 전자우편 또는 사기성 웹사이트를 이용하는 유형이다. 이러한 피싱은 인터넷과 전자우편 거래에 있어 사용자의 신뢰를 쌓기 위해 노력해 온 합법적인 온라인 마케팅 기업의 상표 정체성에 피해를 준다.

많은 소비자는 온라인 보안(online security)을 걱정한다. 즉 소비자들은 비도덕적인 정탐꾼이 온라인 거래를 엿보거나 신용카드 번호를 가로채어 본인 모르게 거래를 할까봐 두려워한다.

또 다른 인터넷 마케팅에 대한 걱정거리는 공격에 취약하거나 권한이 없는 집단에 접근하는 것이다. 예를 들어, 성인을 위한 내용물을 처리하는 마케팅 기업은 미성년자의 접근을 제한하기가 어렵다는 것이다.

2. 사생활 침해

사생활 침해(invasion of privacy)는 직접 마케팅 산업이 직면하고 있는 가장 다루기 힘든 공공정책적 논쟁이다. 소비자는 데이터베이스 마케팅으로부터 많은 이득을 획득하고 있다. 즉 소비자는 자신의 관심사에 맞는 마케팅 제공물을 획득한다. 그러나 많은 비판가들은 마케팅 기업이 소비자의 삶을 너무나 많이 알고 있으며, 마케팅 기업이 이 지식을 소비자를 부당하게 다루는데 사용할 수 있다는 것을 걱정한다. 또한 데이터베이스를 과도하게 사용함으로써 소비자의 사생활을 침해한다고 주장한다.

최근 소비자는 경품행사에 참여할 때마다, 신용카드를 신청할 때마다, 웹사이트를 방문할 때마다, 또는 우편이나 전화, 인터넷으로 제품을 주문할 때마다 소비자의 이름이 기업의 데이터베이스에 들어간다. 복잡한 컴퓨터 기술을 이용하여 직접 마케팅 기업은 판매노력의 목표를 정확한 특정 표적고객에 맞추기 위해 데이터베이스를 이용할 수 있다.

온라인에서의 사생활 침해(online privacy)는 특별한 걱정을 유발한다. 즉 대부분의 온라인 마케팅 기업은 자세한 고객 정보를 수집하고 분석하는데 능숙하기 때문에, 최초의 목표를 의도적으로 초월하여 다른 용도로 사용하기도 한다.

소비자와 정책 입안자들은 만약 기업이 자신의 계획을 마케팅하거나 다른 기업과 데이터베이스를 교환하는데 불법으로 고객정보를 사용한다면, 언제든지 정보를 이용할 수 있다는 것이 소비자에게 쉽게 피해를 줄 수 있다는 사실을 걱정한다. 즉 데이터베이스를 구축하려는 욕구로 인해 기업은 간혹 너무 흥분하거나 통제력을 잃기도 한다.

3. 대책의 필요성

이런 모든 것은 사적자유를 침해하는 것을 막기 위해 입법부에서 특별한 조치를 취하기 이전에, 마케팅 기업이 스스로 강력한 자구책을 마련해야 한다는 것을 시사한다. 즉 온라인 사적자유와 보안문제에 대한 대응조치로 정부가 법적 조치를 취하고 있다. 예를 들어, 온라인 사생활 보호법령 그리고 아동의 사생활 권리에 대한 어린이의 온라인 사생활 보호법령 등이 시행되고 있다.

그러나 더 중요한 것은 마케팅 기업이 소비자의 사생활 문제와 보안문제에 자기 자신만의 조치를 가지고 대응해야 한다는 것이다. 또한 비영리 자율규제 기관도 기업의 사생활 대책과 보안대책을 감시하고 있다.

직접 마케팅 산업이 전체적으로 공공정책 문제를 다루고 있다. 예를 들어, 미국의 경우, 직접 마케팅 협회(DMA:Direct Marketing Association)는 미국 소비자에 대한 사생활 약속을 시작하고 있다. 이 사생활 약속은 모든 DMA회원이 일련의 신중하게 만들어진 소비자 사생활 규정에 충실할 것을 요구한다.

결론적으로 볼 때, 대부분의 직접 마케팅 기업은 고객이 원하는 것, 즉 기업의 마케팅 제공물을 고맙게 생각하고, 이에 응답할 소비자만을 목표로 하는 정직하고 정교하게 계획한 마케팅 제공물을 제공하기를 바라고 있다. 즉 직접 마케팅 기업은 원하지 않는 소비자에게 낭비하기에는 너무나 많은 비용이 소요된다는 사실을 터득하고 있다.

참고문헌

윤훈현 역, 『마케팅 관리론』, 12판, 피어슨, 2006.

"Consumer, Internet Usage," Interactive Marketing & Media, a supplement to Advertising Age, April 17, 2006, p. 28.

"Growth Trends Continue for Direct Marketing," press release, Direct Marketing Association, September 29, 2005, accessed at www.the-dma.org.

"Interactive: Ad Age Names Finalists," *Advertising Age*, February 27, 1995, pp. 12-14.

Debbie A. Connon, "The Ethics of Database Marketing," *Information Management Journal*, May-June 2002, pp. 42-44.

Direct Marketing Association, "The DMA 2006 Statistical Fact Book" June 2006, pp. 249-250.

Enid Burns, "The Deadly Duo: Spam and Viruses, March 2006," *ClickZ Stats*, April 28, 2006.

Goutam Chakraborty, "What Do Customers Consider Important in B2B Web sites?" *Journal of Advertising*, March 2003, p. 50; and "Looks Are Everything," *Marketing Management*, March/April 2006, p. 7.

Ira Teinowitz, "'Do Not Call' does Not Hurt Direct Marketing," *advertising Age*, April 11, 2005, pp. 3, 95.

Jena McGregor, "High-tech Achiever: MINI USA," *Fast company*, October 2004, p. 86.

Kim Wright Wiley, "Meg Whitman: the $40 Billion eBay Sales Story," *Selling Power*, November-December, 2005, pp. 63-70.

Kotler P. and Gary Armstrong, *Marketing : An Introduction*, 9th ed., Pearson, 20097.

Kotler P. and Gary Armstrong, *Principles of Marketing*, 12th ed., Pearson, 2008.

Kotler P. and Kevin Lane Keller, *Marketing Management*, 13th ed., Pearson, 2009.

Mary Ann Kleinfelter, "Know Your Customer," *Target Marketing*, January 2005, pp. 28-31.

제 4 부

마케팅 영역의 확대

18
chapter

경쟁우위 창출

현대의 마케팅 기업은 치열한 경쟁시대를 살아가고 있다. 즉 마케팅 기업은 치열한 경쟁시장에서 성공하기 위해 제품철학과 판매철학에서 탈피하여 소비자 중심적인 마케팅 철학으로 바꾸어야만 한다.

오늘날 경쟁시장에서 승리하기 위해서 마케팅 기업은 제품을 관리하는데 탁월해야 할 뿐만 아니라 고객과의 관계관리에도 뛰어나야만 한다. 고객을 이해한다는 것이 중요하지만 그것만으로는 충분하지 않다. 즉 고객과 유익한 관계를 조성하고 또한 경쟁우위를 확보하기 위해서 마케팅 기업은 고객에게 경쟁사보다 더 많은 가치와 만족을 주어야 한다.

본 장에서는 경쟁적 마케팅 전략에 대해 연구할 것이다. 경쟁적 마케팅 전략(competitive marketing strategy)이란 어떻게 기업이 유익한 고객관계를 조성하고, 그것을 유지하기 위해 경쟁사를 분석하여 성공적이고 가치중심적인 전략을 개발할 것인가를 의미한다. 첫 번째 단계는 경쟁사를 확인하고, 평가하고, 선택하는 과정이다. 두 번째 단계는 경쟁사에 대응하여 강력한 기업 위치를 설계하고, 가능한 한 최상의 경쟁우위를 제공하는 경쟁적 마케팅 전략을 개발·수립하는 것이다.

제 1 절 경쟁사 분석

효과적인 마케팅 전략을 개발, 수립하기 위해서 마케팅 기업은 가능한 한 경쟁사와 관련된 모든 것을 파악해야 한다. 즉 기업은 끊임없이 자신의 마케팅 전략, 제품, 가격, 유통경로, 촉진을 직접적인 경쟁사와 비교해야 한다. 이렇게 함으로써 마케팅 기업은 자신의 잠재적 경쟁우위와 열위를 발견할 수 있다. 〈그림 18-1〉과 같이 경쟁사 분석은 먼저 경쟁사를 확인하고 평가한 후 어떤 경쟁사를 공격하거나 회피할 것인가를 선택하는 단계로 진행한다.

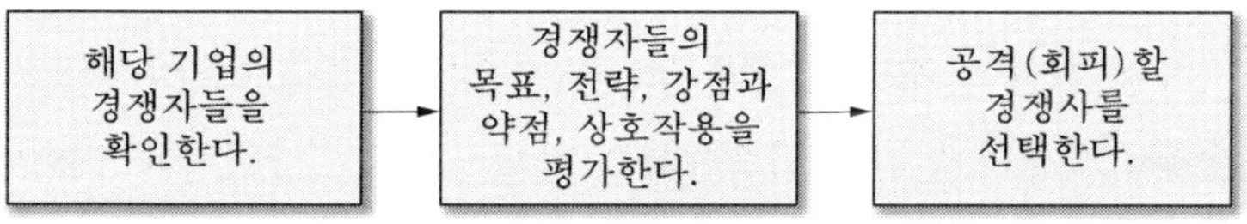

〈그림 18-1〉 경쟁사 분석 단계

1. 경쟁사 확인, 규명

1) 경쟁사의 의미와 범위

일반적으로 경쟁사를 확인하는 것이 간단한 일처럼 보일 수 있다. 가장 좁은 의미에서 볼 때, 경쟁사란 자사와 유사한 제품과 서비스를 같은 고객집단에게 유사한 가격으로 공급하는 다른 기업으로 정의할 수 있다. 그러므로 Pepsi콜라는 Coca콜라를 주요 경쟁사로 볼 수 있지만 Hite맥주를 경쟁사로 간주하지는 않을 것이다. 교보문고는 영풍문고를 주요 경쟁사로 간주하지만, E-마트나 Costco를 주요 경쟁사로 보지는 않을 것이다.

그러나 실제로 마케팅 기업은 더 넓은 범위의 경쟁사와 부딪친다. 같은 제품이나 제품종류를 만드는 모든 기업이 경쟁사가 될 수 있다. 예를 들어, Ritz-Carlton호텔은

Hilton호텔 등을 포함하여 모든 호텔과 경쟁한다고 생각할 수 있다. 즉 더 넓은 의미로 경쟁사는 같은 서비스를 제공하는 제품을 만드는 모든 기업을 포함한다고 할 수 있다. Ritz-Carlton호텔은 다른 호텔뿐만 아니라 피곤한 여행자에게 잠자리를 제공하는 모든 기관을 경쟁사로 생각할 수 있다. 마지막으로 더 광범위하게 경쟁사란 같은 고객의 돈을 가지고 경쟁하는 모든 기업이 될 수 있다. Ritz-Carlton호텔은 쿠르즈, 별장, 해외여행에 이르는 모든 여행레저 서비스와 경쟁한다고 생각할 수 있다(〈그림 18-2〉 참조).

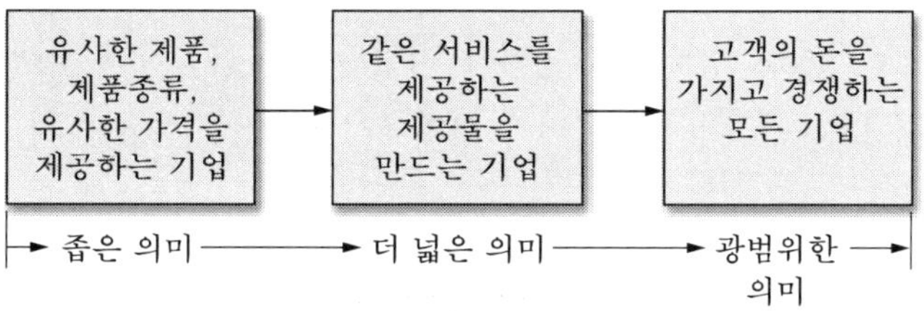

〈그림 18-2〉 경쟁사에 대한 범위

마케팅 기업은 근시안적 경쟁에 빠지지 않아야 한다. 왜냐하면 기업은 현재 파악된 경쟁사에 의해 잠식되기보다는 잠재적인 경쟁사로부터 더 쉽게 타격을 받아 고전할 수 있기 때문이다. 예를 들어, 수십 년 동안 정보사업을 하던 기업은 직접적인 경쟁사 때문이 아니라 휴대전화와 인터넷의 등장 때문이었다. Kodak필름은 주요 경쟁사를 Fuji필름으로 인식하였으나, 최근에는 필름 제조기업이 아닌 Sony, Canon과 같은 디지털 카메라 제조기업, 디지털 사진인화 사업, 온라인 영상공유 서비스 사업이 경쟁으로 등장하게 되었다.

2) 경쟁사의 확인

마케팅 기업은 2가지 시각에서 경쟁사를 확인할 수 있다.

우선 기업은 산업(industry)적 시각에서 경쟁사를 확인할 수 있다. 기업은 스스로를 석유산업, 제약산업, 자동차 산업, 음료산업의 일원이라고 생각할 수 있다. 만약 어떤 기업이 자신이 포함되어 있는 산업에서 효과적인 선수기업(player)이 되려면, 해당 산업의 경쟁유형을 이해해야 한다.

기업은 시장(market) 차원에서 경쟁사를 확인할 수 있다. 즉 소비자의 동일한 욕구(needs)를 충족시키려고 노력하거나, 또는 동일한 소비자 집단과 관계를 형성하려는 기업을 경쟁사로 정의할 수 있다.

산업적 시각에서 보면, Pepsi콜라는 Coca콜라, 7-up, 칠성사이다 등 다른 청량음료 제조업체와 경쟁관계에 있다고 할 수 있다. 그러나 시장관점에서 보면 소비자가 진정 원하는 것은 갈증을 해소하는 것일 수 있다. 이러한 1차적 욕구는 생수, 과일주스, 아이스티 등 많은 음료로 만족시킬 수 있다.

일반적으로 시장의 관점에서 보는 경쟁개념으로 기업은 더 넓은 의미의 실제적 및 잠재적 경쟁사 집단을 확인할 수 있다. 그 중 하나의 접근방법은 구매자가 제품을 습득하고 사용하는 단계로 지도를 만들어서 기업의 직·간접적인 경쟁사를 묘사하는 방법이다. 〈그림 18-3〉은 디지털 이미지 산업에서 Eastman Kodak사의 경쟁사 지도를 표시하고 있다.

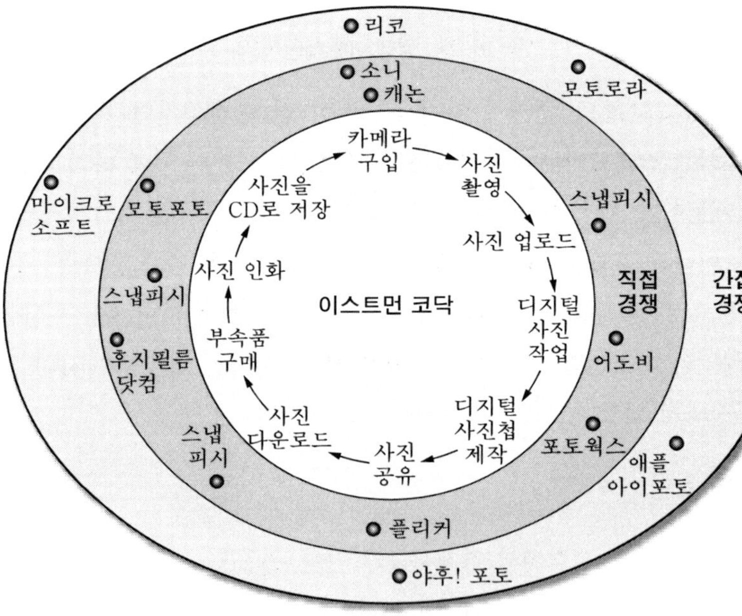

〈그림 18-3〉 경쟁사 지도

중앙에는 카메라 구매, 사진촬영, 디지털 사진앨범 만들기, 사진인화, 기타 소비자 활동이 있다. 중앙의 원 주위의 첫 번째 원에는 각 소비자 활동별로 Kodak필름의 주요 경쟁사가 나열되어 있다. 카메라 구매에는 Canon과 Sony, 사진인화와 사진 공유에는 HP의 Snapfish 등이 있다. 중앙의 원 주위의 두 번째 원에는 간접적인 경쟁사가 있다. Apple, Motorola, Microsoft, 기타 직접적인 경쟁사가 될 가능성이 있는 모든 기업이 있다. 이런 분석유형으로 기업은 직면하고 있는 경쟁기회와 도전을 한눈에 파악할 수 있다.

2. 경쟁사 평가

주요 경쟁사를 파악한 후 마케팅 관리자는 경쟁사의 목표, 경쟁사가 시장에서 추구하는 것, 경쟁사의 전략, 경쟁사의 강점과 약점, 그리고 자사가 취하는 행동에 대한 경쟁사의 대응에 대해 알아야 한다.

1) 경쟁사의 목표 파악

각 경쟁사는 여러 가지 목표를 가지고 있다. 즉 기업은 경쟁사의 현재 이윤과 시장점유 성장률, 현금흐름, 기술적 지도력, 서비스 지도력, 기타 다른 목표에 대한 상대적 중요도를 알아야 한다. 경쟁사의 여러 목표를 파악하게 되면, 현재 경쟁사가 자신의 위치에 만족하고 있는가 또는 다른 경쟁적 활동에 어떻게 대응할 것인가를 알 수가 있다. 예를 들어, 어떤 기업이 저원가의 지도력을 추구하고 있다면, 그 기업은 경쟁사의 광고비 증가에 대해서는 크게 반응하지 않지만, 경쟁사가 원가를 절감할 수 있는 제조기술을 도입했다면, 매우 강력하게 대응할 것이다.

또한 기업은 다양한 세분시장에서 경쟁사의 목표를 점검해야 한다. 경쟁사가 새로운 세분시장을 발견하였다면, 그것은 또 다른 기회가 될 수 있다. 만약 자사가 이미 진출한 세분시장을 경쟁사가 공략하려는 계획을 세우고 있다면, 사전에 경각심을 줄 수 있고, 공격에 대비한 무장을 할 수 있다.

2) 경쟁사의 전략 파악

한 기업의 전략이 다른 기업의 전략과 유사할수록 두 기업은 더욱 경쟁하게 된다.

많은 산업에서 경쟁사는 서로 상이한 전략을 추구하는 집단으로 나누어진다. 전략적 집단(strategic group)이란 주어진 표적시장에서 같거나 유사한 전략을 구사하는 산업 내의 기업집단을 말한다. 예를 들어, 주요 가전산업에서 삼성전자와 LG전자는 같은 전략적 집단에 속해 있다. 이 두 기업은 좋은 서비스가 지원되는 모든 종류의 중고가 가전제품을 생산하고 있다. 이와는 대조적으로 상당수 중소기업은 또 다른 전략적 집단에 속해 있다. 이들은 중저가의 가전제품을 제조한다.

마케팅 기업은 전략적 집단을 확인함으로써 중요한 통찰력을 얻을 수 있다. 즉 어떤 기업이 전략적 집단 중의 하나에 진출한다면, 그 집단의 구성기업은 그 기업의 주요 경쟁사가 될 수 있다. 그러므로 그 기업이 LG나 삼성이 속한 전략적 집단에 진출하여 성공하기 위해서는 이들보다 우월한 전략적 이점을 개발해야 한다.

어떤 전략적 집단 내의 경쟁이 매우 치열하지만, 전략적 집단 간에도 경쟁이 존재한다. 첫째, 어떤 전략적 집단은 중복된 세분시장에 소구할 수 있다. 예를 들어, 어떤 전략을 가지고 있느냐에 관계없이 모든 주요 가전제품 제조업체는 아파트나 주택 건설업체 세분시장을 공략할 수 있다. 둘째, 고객은 서로 상이한 전략적 집단이 제공하는 이점의 차이를 잘 인식하지 못할 수도 있다. 즉 고객은 LG나 삼성 제품과 동양매직 제품이 품질에서 별 차이가 나지 않는다고 생각할 수도 있다. 셋째, 한 전략적 집단의 구성기업은 새로운 전략적 집단으로 그 범위를 확대할 수 있다. 삼성이나 LG의 최고품 품질 제품이 선진외국의 제조업체의 제품과 경쟁할 수 있다.

마케팅 기업은 해당 산업에 위치하는 전략적 집단을 확인할 수 있는 모든 차원을 파악해야 한다. 즉 각각의 경쟁사가 어떻게 소비자에게 가치를 제공하는가를 알아야 한다. 각 경쟁사의 제품 품질, 특성과 마케팅 믹스, 고객 서비스, 가격책정, 유통범위, 판매원 관리 전략, 광고와 판매촉진 프로그램 등을 알아야 한다. 또한 각 경쟁사의 기술개발(R&D), 제조, 구매, 재무 및 전략의 기타 세부 사항까지 연구해야 한다.

3) 경쟁사의 강점과 약점 파악

마케팅 관리자는 자사의 경쟁사가 어떻게, 무엇을 할 수 있는가를 알기 위해서 각 경쟁사의 강점과 약점을 파악해야 한다. 우선, 마케팅 기업은 각 경쟁사의 과거 몇 년간의 목표, 전략, 성과에 대한 자료를 수집해야 한다.

또한 마케팅 기업은 2차 자료, 개인적 경험, 구전을 통해 경쟁사의 강점과 약점을 파악할 수 있다. 그리고 소비자, 원료공급업자, 판매업자 등에게 1차적인 마케팅 조사를 할 수 있다. 또는 제품 품질과 성과를 개선하기 위한 방법으로 자사의 제품과 과정을 경쟁사의 것과 비교하거나, 다른 산업의 1위 기업과 비교하는 등 상대를 벤치마킹을 하기도 한다. 이에 따라 벤치마킹(benchmarking)은 기업의 경쟁력을 향상시키는 강력한 도구와 수단이 되어 왔다.

4) 경쟁사의 반응 예측

마케팅 기업은 경쟁사가 앞으로 무엇을 할 것인가를 예측해야 한다. 경쟁사의 기업 목표, 전략, 강점과 약점은 경쟁사가 앞으로 어떻게 행동할 것인가를 설명하는데 필요하다. 또한 가격인하, 촉진 증가, 신제품 출시 등과 같은 자사의 조치에 대해 경쟁사가 취할 수 있는 대응을 예상할 수 있다. 또한 각 경쟁사는 기업철학, 기업문화, 방침 등에 대해서도 반응할 수 있다. 경쟁사가 어떻게 행동하고 반응할 것인가를 예측하기 위해서 마케팅 관리자는 해당 경쟁사의 사고방식을 깊이 이해해야 한다.

각 경쟁사는 각기 상이한 방식으로 반응한다. 어떤 기업은 경쟁사의 움직임에 대해 빨리 반응하거나 또는 강하게 반응하지 않기도 한다. 그 기업은 자신의 고객이 충성적이라고 생각할 수도 있다. 또 다른 경우로서, 경쟁사의 움직임에 대해 대응하기에 충분한 자금이 없을 수도 있다. 또한 어떤 경쟁사는 어떤 특별한 움직임에는 대응하고, 다른 움직임에는 대응하지 않을 수도 있다. 또 다른 경쟁사는 어떤 움직임에는 빠르고, 강하게 대응한다.

어떤 산업에서는 경쟁사가 비교적 조화롭게 병존하기도 한다. 또 다른 산업에서는 끊임없이 싸우기도 한다. 주요 경쟁사가 어떻게 반응할 것인가를 아는 것은 기업에게 경쟁사를 공격하기 위한 최상의 방법과 기업의 현재 위치를 지키기 위한 최상의 방법을 알려주는 단계가 될 수 있다.

3. 공격하거나 회피할 경쟁사 선택

마케팅 기업은 표적고객, 유통경로, 마케팅 믹스 전략과 관련된 과거의 결정을 통해서 전반적인 주요 경쟁사를 선택하였다. 마케팅 관리자는 어떤 경쟁사와의 경쟁에 가장 집중할 것인가를 정해야 한다.

1) 강한 경쟁사 대 약한 경쟁사

기업은 여러 계층의 경쟁사 중 하나에 집중할 수 있다. 대부분의 기업은 약한 경쟁사와 경쟁하는 것을 선호한다. 약한 경쟁사와 경쟁하는 것은 비교적 적은 투자자본과 시간이 요구되기 때문이다. 그러나 그 과정에서 기업은 거의 얻는 것이 없다. 이에 따라 기업은 능력을 향상시키기 위해서 강력한 경쟁사와 경쟁하고자 한다. 강한 경쟁사도 반드시 어떤 약점이 있으며, 그들과의 경쟁에서 이길 경우 많은 대가를 얻을 수 있기 때문이다.

경쟁사의 강점과 약점을 평가하는 유용한 도구는 고객가치 분석(consumer value analysis)이다. 고객가치 분석의 목표는 표적고객이 가치가 있다고 생각하는 이점(benefit)이 무엇인가와 이 고객이 다양한 경쟁사 제품의 상대적 가치를 어떻게 평가하는가를 파악하는 것이다. 고객가치 분석을 행하는 기업은 먼저 소비자가 가치가 있다고 생각하는 중요한 속성이 무엇인가 그리고 각 속성을 얼마나 중요하게 생각하는가를 파악해야 한다. 그 다음으로 고객이 가치가 있다고 생각하는 속성에 대해 자사와 경쟁사의 성과를 측정한다.

마케팅 기업이 경쟁우위를 획득하기 위해서는 소비자 세분집단별로 경쟁사 제품과 비교하여 자사제품이 어떤 가치를 제공할 수 있는가를 검토해야 한다. 만약 자사제품이 모든 중요한 속성에서 경쟁제품보다 월등하게 뛰어난 가치를 제공한다면, 기업은 더 높은 가격을 책정하여 높은 수익을 창출하거나 또는 경쟁제품과 같은 가격을 제시함으로써 많은 시장점유율을 획득할 수 있다. 그러나 반대로 자사가 중요한 속성에서 경쟁사보다 낮은 수준의 성과를 올린다고 평가된다면, 기업은 속성을 강화시키거나, 경쟁사를 압도할 수 있는 중요한 다른 속성을 찾는데 투자해야 한다.

2) 가까운 경쟁사 대 먼 경쟁사

대부분의 기업은 먼 경쟁사보다는 자신과 가장 유사한 가까운 경쟁사와 경쟁을 한다. 그러므로 Nike는 Prospecs보다는 Adidas나 Puma 등과 더 경쟁을 한다. E-마트는 Lotte마트나 Home-Ever와 경쟁하지만, 신세계 백화점, Lotte 백화점, 현대백화점과 같은 고급 백화점과 경쟁하지 않는다.

동시에 기업은 가까운 경쟁사를 파괴시키려고 노력해서는 안 된다. 예를 들어, 1990년대 말 Bausch & Lomb사는 다른 소프트렌즈 제조업체와 대응하여 공격적으로 움직여 큰 성공을 거두었다. 그러나 압력을 받은 가까운 약한 경쟁업체는 자신을 Johnson & Johnson과 같은 큰 기업에 인수되었다. 결과적으로 Bausch & Lomb사는 현재 더 큰 경쟁에 직면하게 되었다. 즉 경쟁사를 파괴시키려고 했던 노력의 결과, 즉 가까운 경쟁사를 멸망시키려고 한 결과, 현재는 먼 경쟁사와 경쟁함으로써 더 큰 고통을 받고 있다.

결론적으로 볼 때, 가까운 경쟁사를 해치면서 얻은 승리가 더 강력한 경쟁사를 불러들일 수 있다는 것이다.

3) 좋은 경쟁사 대 나쁜 경쟁사

어떤 기업은 경쟁사를 필요로 하고, 경쟁사로부터 덕을 보기도 한다. 경쟁사가 존재하는 것이 전략적으로 이득이 되기도 한다. 즉 경쟁사의 존재는 총수요를 증가시키는데 도움이 될 수 있다. 경쟁사와 시장을 공유하고, 제품개발 비용을 나누어 부담하고 새로운 기술을 합법화하는 것을 서로 도울 수 있다. 경쟁사가 덜 매력적인 세분시장에 서비스를 제공하기도 하며, 더 많은 제품 차별화를 이룰 수도 있다. 마지막으로 독과점의 위험을 줄이고, 노동자와 규제자에 대한 교섭력을 증가시킬 수 있다.

그러나 기업이 모든 경쟁사를 유익하게 보지는 않는다. 산업에는 좋은 경쟁사와 나쁜 경쟁사가 있다. 좋은 경쟁사는 산업의 규칙에 따라 경쟁에 참가한다. 그러나 나쁜 경쟁사는 규칙을 위반한다. 즉 나쁜 경쟁사는 자기의 몫을 벌어들이려고 하기보다는 구입하려고 하며, 큰 위험을 수반하는 도박을 하며, 자신의 규칙에 따라 행동한다. 이에 따라 산업 전체를 희생시키게 한다.

결론적으로 볼 때, 좋은 기업은 오직 올바르게 행동하는 경영자로만 이루어진 산업현장을 만들고자 한다. 즉 현명한 기업이란 나쁜 경쟁자를 공격하기 위해 좋은 경쟁자를 지지하는 행동을 취하는 기업이다.

4. 경쟁적 일상정보 시스템 설계

경쟁사에 대해 알아야 할 정보는 반드시 취합하여 해석하고, 배포하고, 사용되어야 한다. 이러한 경쟁적 정보를 수집하기 위해서는 많은 시간과 비용이 요구된다. 이에 따라 마케팅 기업은 비용효율성이 높은 방법으로서 자신의 경쟁적 일상정보 시스템(competitive intelligence system)을 설계해야 한다.

경쟁적 일상정보 시스템은 아래와 같은 단계로 이루어져야 한다.

첫째, 필요한 경쟁적 정보유형과 이 정보의 원천을 파악해야 한다.

둘째, 현장 속 판매원, 유통업자, 공급업자, 마케팅 조사기업, 관련 협회, 웹사이트 등 및 출판된 자료(정보, 출판물, 연설문, 기사 등)를 통해 계속 정보를 수집한다.

셋째, 정보의 타당성과 신뢰성을 체크하고, 해석한 후 적절한 방법으로 편성한다.

넷째, 관련된 의사결정자에게 중요한 정보를 보내고, 경쟁사에 관한 경영자의 질문에 응답한다.

상기의 시스템을 이용하여 마케팅 관리자는 적절한 시간에 경쟁자에 관한 정보를 전화, 전자우편, 게시판, 사보, 보고서 등의 형태로 받아볼 수 있다. 또한 경쟁사의 갑작스러운 움직임에 대한 해석이 필요하거나, 또는 경쟁사의 강점과 약점을 알고 싶을 때, 또는 자사가 계획한 조치에 대해 경쟁사가 어떻게 대응할 것인가를 알고 싶을 때마다 관리자는 이 시스템에 연결하여 확인할 수 있다.

상기의 경쟁적 일상정보 시스템을 마련할 수 없는 소기업은 특정 직원을 지정하여 해당 경쟁자를 지켜보고 탐색하는 임무를 맡길 수 있다. 이에 따라 경쟁자를 담당하는 직원은 그 경쟁자를 최대한 가깝게 추적·조사해야 한다. 담당자는 그 경쟁자에 대해 사내 전문가가 되므로, 경쟁사에 대해 알고자 하는 부서는 배정된 사내 전문가에게 연락하여 정보를 얻을 수 있다.

제 2 절 경쟁적 전략

주요 경쟁사를 파악하고 평가한 후, 마케팅 기업은 우수한 고객가치를 창조할 수 있는 경쟁우위를 확보할 수 있도록 넓은 범위의 경쟁적 마케팅 전략을 설계해야 한다.

1. 마케팅 전략 접근방법

1) 마케팅 전략의 상이함

어떤 전략도 모든 기업에게 최고의 전략이 될 수 없다. 각 기업은 해당 산업에서 주어진 위치와 기업의 목적, 시장기회, 자원에 따라 어떤 전략이 가장 적절한가를 결정해야 한다. 심지어 어떤 기업 내에서도 서로 상이한 사업과 제품에 대해서 다른 전략이 필요할 수도 있다. 예를 들어, 삼성전자의 경우에 반도체 사업과 핸드폰 사업 그리고 가전제품 사업의 마케팅 전략은 분명하게 차이가 있다.

전략적 계획을 수립하는 방법도 기업에 따라 차이가 있다. 대기업은 공식적인 경쟁적 마케팅 전략을 개발하고 충실하게 실행한다. 그러나 덜 공식적이기는 하지만 질서 있는 방식으로 전략을 개발, 수립하는 기업도 있다. 예를 들어, Harley-Davidson, Virgin Atlantic Airways, BMW의 Mini와 같은 기업은 마케팅 전략에 대한 많은 규칙을 위반함으로써 성공하였다. 이런 기업은 큰 마케팅 부서를 운영하지 않고, 비용이 많이 소요되는 마케팅 조사를 행하거나, 정교한 경쟁적 전략을 자세하세 나열하거나 광고비에 많은 자금을 투입하지도 않는다. 그 대신에 개략적인 전략을 수립하고, 제한된 자원을 활용하고, 소비자와 가까이에서 일하며, 소비자의 욕구를 더 만족시키는 해결책을 창출한다. 즉 구매자 클럽을 만들고, 구전 마케팅을 이용하며, 소비자의 충성도를 획득하는데 집중한다. 이것은 모든 마케팅이 IBM이나 P&G사와 같은 대기업 마케팅 전략을 그대로 따를 필요가 없다는 것이다.

2) 마케팅 전략과 실전방식의 단계

마케팅 전략과 실전방식은 세 단계, 즉 창업가적 마케팅, 공식적 마케팅, 사내 창업가적 마케팅의 단계를 거친다.

(1) 창업가적 마케팅(entrepreneurial marketing)

대부분의 기업은 능력 있는 어떤 개인이 창업하는 경우가 많다. 그들은 기회를 가시화하고, 메모지에 쓴 즉석 계획으로 유연한 전략을 세우고, 대중의 관심을 얻기 위해 모든 기회를 활용한다.

그들은 마케팅과 광고에 많은 돈을 투자하지 않고, 견본을 나누어주는 홍보활동에 초점을 맞출 수도 있으며, 게릴라 마케팅 등을 이용할 수도 있다.

(2) 공식적 마케팅(formulated marketing)

작은 기업이 성공하면, 더 공식적인 마케팅으로 움직인다. 그들은 공식적인 마케팅 전략을 개발하고, 그것에 충실하도록 노력한다. 즉 마케팅 조사와 계획 전략을 실행할 공식적인 마케팅 부서를 설치하고, 여러 마케팅 도구를 이용한다.

(3) 사내 창업가적 마케팅(intrepreneurial marketing)

노련한 대기업은 공식적인 마케팅에 사로 잡혀 있다. 그들은 마케팅 조사보고서를 자세하게 검토하고, 최신의 조사 결과를 상세하게 분석하고 경쟁전략과 프로그램을 수립하려고 노력한다. 그러나 이런 기업은 처음 기업을 창업할 때 가졌던 마케팅 창조성과 열정을 잃어버리기도 한다.

이 때 기업은 내부적으로 처음 성공하였던 창업가 정신과 행동을 회복할 필요가 있다. 즉 더 독창력을 발휘하고 부서 수준에서의 사내 창업가적 정신을 갖도록 북돋아 주어야 한다. 과거의 마케팅 전략을 새롭게 바꾸고 새로운 접근방법을 시도해야 한다. 각 상표관리자와 제품관리자는 사무실 밖에서 소비자와 함께 생활하며, 고객의 생활에 가치를 추가할 수 있는 새롭고 창조적인 방법을 가시화해야 한다.

본질적인 것은 효과적인 경쟁적 마케팅 전략의 개발에는 다양한 접근방법이 존재한다는 것이다. 즉 마케팅의 공식화된 것과 창조적인 것 사이에는 지속적인 긴장이 존재한다. 그러나 여기에서 염두에 둘 것은 기업이 사용할 수 있는 마케팅 전략에 포함되어야 할 것은 마케팅 창조성과 열정인 것이다.

2. 기본적인 경쟁전략

1) Porter의 3가지 승리전략

Michael Porter는 기업이 다룰 수 있는 3가지 승리전략과 한 가지 실패전략을 포함한 네 가지 기본적인 경쟁적 위치화 전략을 제안하였다. 세 가지 승리전략은 아래와 같다.

(1) 전사적 비용우위 전략(overall cost leadership)

이 전략을 사용하는 기업은 제조비용과 유통비용을 최소화하기 위해 노력한다. 낮은 원가는 경쟁제품보다 낮은 가격을 책정할 수 있으며, 높은 시장점유율을 획득할 수 있다. 예를 들어 Texas Instrument(TI), Dell, Wal-Mart사가 이 전략의 선두기업이다.

(2) 차별화 전략(differentiation)

이 전략을 사용하는 기업은 해당 산업에서 자신을 선도자처럼 보이게 하는 차별화된 제품계열과 마케팅 프로그램을 창조하는데 노력한다. 대부분의 소비자는 가격이 너무 비싸지 않다면, 이 상표를 선호할 것이다. 예를 들어, IBM사는 IT업계에서, Caterpillar사는 중장비 업계에서 이 전략을 추구한다.

(3) 집중전략(focus)

이 전략을 사용하는 기업은 전체시장을 추구하기보다는 몇몇 세분시장을 대상으로 모든 노력을 집중한다. 예를 들어, Ritz Carlton 호텔은 사업과 레저 목적 여행자들 중 상위 5%에 집중한다. 하모니카 시장의 85%를 차지하고 있는 Horner사가 이 전략을 이용한다.

위에 제시된 전략 중 한 가지를 선택하여 분명한 전략을 추구하는 기업은 성공할 가능성이 있다. 선택한 전략을 실현한 기업은 많은 이윤을 창출한다. 반면에 분명한 전략을 추구하지 못하는 중간 기업은 실패한다. 예를 들어, Sears 백화점과 Holiday-Inn사는 소비자에게 그 서비스가 저가도 아니고, 최고의 가치를 제공하지도 않으며, 특정한 세분시장을 만족시키는 데에도 최고가 아님으로써 어려움에 처하였다. 이런 중간 기업은 모든 전략적 측면에서 잘 하려고 하지만, 결과적으로 어느 하나에도 뛰어나지 못하였다.

2) 새로운 경쟁적 마케팅 전략 분류

최근 Michael Treacy와 Fred Wiersema는 경쟁적 마케팅 전략에 대한 새로운 분류를 제안하였다. 그들은 고객에게 우수한 가치를 전달하는 기업이 선도적 지위를 획득할 수 있다고 주장하였다. 기업은 우수한 고객가치를 전달하기 위해 가치영역 전략이라고 하는 아래의 3가지 전략 중 하나를 추구할 수 있다.

(1) 운영상 탁월함(operational excellence)

이 전략을 사용하는 기업은 가격과 편의성 면에서 해당 산업을 선도함으로써 우수한 가치를 제공할 수 있다. 원가를 절감하고, 군더더기가 없는 효율적인 가치전달 시스템을 창조하려고 노력한다.

이 기업은 믿을 수 있고, 좋은 품질의 제품 또는 서비스를 저렴하고 손쉽게 획득하고자 하는 고객을 표적으로 한다. Wal-Mart, South-West Airlines, Dell사 등이 있다.

(2) 고객 친근성(customer intimacy)

이 전략을 사용하는 기업은 시장을 정밀하게 세분화하고, 표적 소비자의 욕구에 정확히 맞는 맞춤형 제품이나 서비스를 제공함으로써 우수한 가치를 제공한다. 고객과 가깝고 친밀한 관계를 유지하고, 고객에 대한 상세한 지식을 갖춤으로써 고객의 특별한 욕구를 만족시키는 것에 특화한다. 세분화와 표적화하기 위해 자세한 고객 데이터베이스를 구축하고, 고객의 욕구에 신속히 대응할 수 있도록 마케팅 담당자에게 권한을 부여한다.

고객 친근성 전략을 이용하는 기업은 자신이 원하는 것과 정확히 일치되는 제품이나 서비스에 대해 더 비싼 가격을 지불할 용의가 있는 고객을 대상으로 한다. 이 기업은 장기적인 고객충성도를 구축하고 평생고객가치를 획득할 수 있다면 무엇이든 할 용의가 있다. Ritz Carton, Lexus, American Express, British Airways 등이 있다.

(3) 제품 선도력(product leadership)

이 전략을 이용하는 기업은 시장을 선도하는 제품이나 서비스를 계속 출시함으로써 우수한 가치를 제공한다. 자신의 제품이나 경쟁제품을 진부화하도록 만드는 것을 목표로 한다.

제품 선도자는 새로운 아이디어를 창출하고, 새로운 해결방법을 추구하며, 신제품을 시장에 신속하게 출시하기 위해 노력한다. 이 기업은 가격이나 불편함으로 인한 비용에 개의치 않는 최첨단, 최신식 제품과 서비스를 원하는 소비자를 목표로 한다. Nokia와 Microsofot사가 이에 해당된다.

어떤 기업은 동시에 한 가지 이상의 가치영역 전략을 성공적으로 추구하려고 한다. 예를 들어, FeEex사는 운영상의 탁월함과 고객 친근성 모두에서 뛰어나다. 그러나 이런 기업은 흔하지 않다. 단지 소수의 기업만이 한 가지 이상의 가치영역에서 최고가 될 수 있다. 간혹 모든 가치영역에서 최고가 되고자 하는 노력이 결과적으로 어느 것에서도 최고가 될 수 없는 기업을 만들기도 한다.

따라서 시장을 선도하는 기업은 한 가지 가치영역에 집중하고, 그 분야에서 뛰어난 성과를 보이면서, 동시에 다른 두 가지 가치영역에서는 산업의 기준을 충족시키고 있다. 이런 기업은 고유의 전반적인 가치전달 네트워크를 설계하여 선택한 가치영역을 지속적이며 항상적으로 지원한다.

경쟁전략을 가치영역에 따라 분류하는 것은 매력적인데, 그 이유는 마케팅 전략을 고객에게 우수한 가치를 전달한다는 한 가지 목표에 집중하기 때문이다. 즉 각각의 가치영역은 오래 지속되는 고객관계를 구축하는 구체적인 방법을 제시하기 때문이다.

3. 경쟁적 위치

주어진 시간에 주어진 표적시장에서 경쟁하는 기업은 각기 서로 상이한 목표와 활용가능한 자원을 가지고 있다. 규모의 크기, 보유자원의 크기, 성숙된 기업과 새로운 창업기업, 단기적인 시장점유율 성장을 추구하는 기업과 장기적인 수익에 집중하는 기업이 있다. 즉 각 기업은 표적시장내에서 서로 상이한 경쟁적 위치를 점하고 있다.

표적시장내에서 기업은 네 가지 역할에 따라 상이한 경쟁적 전략, 즉 시장 선도자, 시장 도전자, 시장 추종자, 그리고 적소시장 추구자로 분류된다.

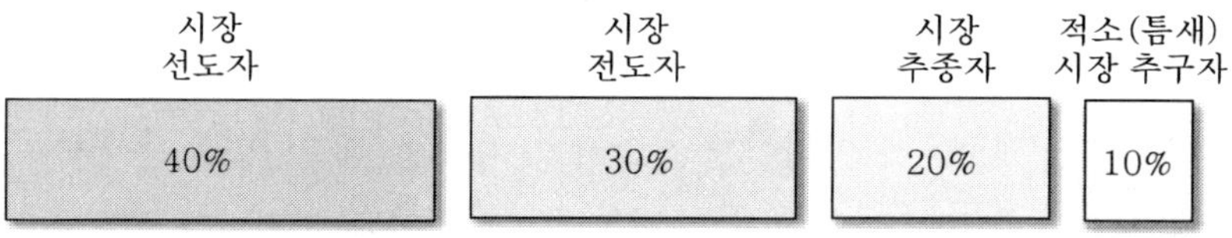

〈그림 18-4〉 사상의 시장구조

〈그림 18-4〉와 같이 한 산업은 여러 기업으로 구성되는데, 시장의 40%는 가장 큰 시장점유율을 차지하고 있는 시장 선도자(market leader)의 손에 있다. 또 다른 30%는 시장점유율을 증가시키고자 싸우는 2위 기업들로서 시장 도전자(market challengers)의 손에 있다. 또 다른 20%는 시장을 흔들지 않고 점유율을 유지하고자 하는 다른 하위 기업군인 시장 추종자(market followers)가 차지하고 있다. 나머지 10%는 다른 기업

에 의해 서비스를 받지 못하고 있는 작은 세분시장을 상대하는 적소시장 기업(market nichers)이 차지한다.

〈표 18-1〉에는 시장 선도자, 시장 도전자, 시장 추종자, 적소시장 기업이 취할 수 있는 마케팅 전략이 제시되어 있다. 그러나 여기에서 기억해야 할 것은 이러한 분류가 전체 기업에 적용되는 것이 아니라는 것이다. 특정 산업에서 그 기업이 차지하고 있는 위치에서만 적용된다는 것이다. 예를 들어, 어떤 대기업이 어떤 시장에서는 선도자일 수 있으나, 다른 시장에서는 적소시장 기업이 될 수 있기 때문이다. 즉 기업은 개별 사업단위나 제품에 따라 각각의 경쟁적 상황에 맞는 상이한 전략을 사용해야 한다는 것이다.

〈표 18-1〉 시장 선도자, 시장 도전자, 시장 추종자, 적소시장 기업을 위한 전략

시장 선도자 전략	시장 도전자 전략	시장 추종자 전략	적소(틈새)시장 추구자 전략
전체시장 확장	전면 공격	바짝 뒤쫓기	고객, 시장, 품질-가격, 서비스에서의 특화
시장점유율 보호 시장점유율 확장	간접 공격	거리를 두고 뒤쫓기	복수 틈새시장 추구

4. 시장 선도자 전략

1) 시장 선도자의 위치와 위험

산업에는 다른 기업들에게 인정받는 시장 선도자가 있다. 이 선도기업은 시장에서 가장 큰 시장점유율을 차지하며, 가격변화, 신제품 도입, 유통망, 촉진사용 등에서 다른 기업을 선도한다. 선도기업은 다른 기업에 비해 높게 평가되거나 존경을 받을 수 있고, 그렇지 않을 수도 있다. 그러나 다른 기업은 선도기업의 우위성을 인정한다.

경쟁업체는 시장 선도자에게 도전하거나, 모방하거나 또는 피해야 할 대상으로서 시장선도기업에 비교의 초점을 맞춘다. 잘 알려진 시장 선도자로는 Wal-Mart(소매업), Microsoft(컴퓨터 소프트웨어), IBM(정보기술 기기와 서비스), Caterpillar(건설용 중장비), Anheuser-Busch(맥주), Intel(마이크로프로세서), McDonald's(즉석식

품), Nike(운동화), Google(인터넷 검색 서비스) 등이 있다.

선도기업의 여정은 순탄치 않다. 다른 기업이 선도자의 강점에 끊임없이 도전하여 약점을 이용하려고 하기 때문에 지속적으로 시장을 지켜야 한다. 시장 선도자는 시장에서 쉽게 기회를 상실하고 2위나 3위의 자리로 미끄러지기 쉽다. 즉 다른 기업이 제품혁신을 이용하여 선도자의 자리를 위협하기도 한다. 선도기업은 거만해지거나 자기만족에 빠져 경쟁상황을 오판할 수도 있다. 또는 선도자는 새롭고 더 활기찬 경쟁사에 비해 구식으로 보일 수도 있다.

2) 시장 선도자의 1위 자리 유지전략

1위 자리를 유지하기 위해서 선도기업은 아래 세 가지 행동 중 하나를 선택할 수 있다. 첫째, 전체 수요를 증가시키는 방법을 찾을 수 있다. 둘째, 좋은 방어행동과 공격행동을 통해 현재의 시장점유율을 보호할 수 있다. 셋째, 동일한 시장내에서 시장점유율을 더 증가하기 위해 노력할 수 있다.

(1) 전체 수요 확대전략

전체시장이 확장되면 대개 선도기업이 가장 많은 이익을 획득한다. 즉 사람들이 어떤 특정 제품을 더 많이 구입하면 선도기업은 경쟁사에 비해 더 많은 이득을 획득할 수 있다.

첫째, 시장 선도자는 새로운 사용자와 새로운 용도를 개발하고, 제품의 사용빈도를 늘림으로써 시장을 확대시킬 수 있다. 즉 현재는 그 제품을 사용하지 않는 사람들로 하여금 그 제품을 사용하도록 설득할 수 있다(예 : 향수). 또는 새로운 인구통계적 세분시장에서 사용자를 찾을 수도 있다(남성시장). 또는 다른 나라에 그 제품을 수출함으로써 새로운 지역적 세분시장으로 확대할 수 있다.

둘째, 마케팅 관리자는 그 제품의 새로운 용도를 발견하고 장려함으로써 확대할 수 있다. 예를 들어, Arm & Hammer 베이킹 소다는 냉장고 탈취제 그리고 세탁 바구니, 쓰레기통의 냄새를 없애는 것 등으로 그 용도를 알리고 있다.

셋째, 시장 선도자는 소비자에게 제품을 더 자주 사용하고, 한 번에 더 많이 사용하도록 설득함으로써 더 많은 사용빈도를 조성할 수 있다. 예를 들어, 스프 제조기업은 스프를 더 많이 먹을 수 있도록 새로운 요리조리법을 광고할 수 있다.

(2) 시장점유율 보호유지 전략

시장 선도자는 전체 시장규모를 확대하는 노력과 동시에 경쟁사의 공격에 대항하여 현재의 위치를 방어할 필요가 있다. Dell사는 HP사의 공격을 방어하며, Caterpillar사는 Komachu사의 공격을, E-마트는 Lotte 마트의 공격을, McDonald's는 Burger King의 공격을 방어해야 한다.

시장 선도자는 여러 가지 방법으로 자신의 위치를 방어, 보호할 수 있다.

첫째, 경쟁사에게 기회를 제공할 수 있는 자신의 약점을 미리 예방하거나 시정해야 한다.

둘째, 선도기업은 항상 고객과 약속한 가치를 실현해야 한다. 제품 가격은 소비자가 상표에서 느낄 수 있는 가치와 일치하도록 유지해야 한다. 수익적인 소비자와의 강한 관계를 유지하기 위해 계속 일해야 한다. 즉 시장 선도자는 경쟁사가 결점을 파고들지 못하도록 새는 구멍을 막아야 한다.

셋째, 최고의 방어는 좋은 공격이므로, 최고의 대응은 지속적인 혁신이다. 따라서 시장선도자는 현재 상태를 유지하지 않아야 하며, 산업을 신제품, 새로운 고객 서비스, 효과적인 유통, 비용 절감의 세계로 인도해야 한다. 고객에게 제공되는 경쟁적 효율성과 가치를 지속적으로 증대시켜야 한다. 즉 도전자에게 공격을 받을 때 선도기업은 단호하게 대응해야 한다.

(3) 시장점유율 확대전략

시장 선도자는 시장점유율을 더 증가시키는 전략을 사용함으로써 더 성장할 수 있다.

일반적으로 수익성은 시장점유율과 비례하므로, 많은 기업이 수익성을 증가시키기 위해 시장점유율을 확장하려고 한다. 그러나 상기의 주장과는 달리, 어떤 연구는 많은 산업이 큰 이익을 내는 한두 개의 대기업과 특정 영역에 집중하여 이익을 내는 서너 개의 기업, 그리고 그다지 이익을 내지 못하는 많은 중소기업으로 구성되어 있다고 제시한다.

어떤 기업은 자신이 서브하는 시장에서 다른 경쟁사에 비해 높은 점유율을 획득하여 수익을 증가시키고 있다. 예를 들어, Lexus는 전체 자동차 시장에서는 낮은 점유율을 차지하고 있지만, 고급 자동차 세분시장에서는 1위 상표이므로 높은 수익을 창출하고 있다. 이 기업이 서브하는 시장에서 높은 점유율을 획득하는 것은 품질이 좋은 제품을 만들고, 좋은 서비스 경험을 제공하고, 친밀한 고객관계를 유지하는 등 해야 할 일을 잘 하고 있기 때문이다.

그러나 기업은 시장점유율을 높이면 자동적으로 이익이 증가할 것이라고 생각해서는 안 된다. 그 이유는 이익의 증가 등은 점유율을 증가시키는 전략에 의해서만 좌우되지 않기 때문이다. 즉 높은 시장점유율을 차지하고 있지만 이윤이 낮은 기업도 있고, 점유율은 낮지만 이윤이 많은 기업도 있다. 높은 시장점유율을 획득하는데 소요되는 비용이 수익을 초과할 수 있기 때문이다.

따라서 높은 시장점유율이 높은 수익을 창출하는 경우란, 첫째, 시장점유율이 증가함에 따라 단위비용이 낮아지는 경우, 둘째, 기업이 경쟁사보다 우수한 품질의 제품을 제공할 때, 셋째, 높은 품질을 제공하는데 소요되는 비용을 회수할 수 있을 만큼 높은 가격을 부과할 수 있을 때이다.

5. 시장 도전자 전략

1) 시장 도전자의 정의와 목표

해당 산업에서 2~3위 또는 그 이하인 기업으로서, 차위 기업은 첫째, 더 많은 시장점유율을 획득하기 위해 공격적인 자세를 통해 1위 기업 또는 다른 경쟁사에게 도전하거나(시장 도전자), 둘째, 풍파를 일으키지 않고 경쟁사와 협력하여 공존하는 전략의(시장 추종자) 두 가지 중 한 가지의 경쟁적 전략을 취할 수 있다.

시장 도전자는 우선 어떤 경쟁사에게 도전할 것인가를 결정하고, 이에 상응하는 전략적 목표를 분명히 해야 한다. 도전자는 다소 위험하기는 하지만 잠재적으로 높은 이익을 창출할 수 있는 전략으로 시장 선도자를 공격할 수 있다. 이 때 도전기업의 목표는 시장에서 1위 자리를 획득하는 것이다.

또한 도전자는 단지 더 많은 시장점유율을 차지하는 목표를 취할 수 있다. 시장점유율의 측면에서 볼 때, 가장 많은 이득을 보는 것이 시장 선도자이지만, 도전기업도 2인자의 우위로서 이득을 본다. 따라서 도전기업은 어떤 것이 시장 선도자를 성공케 만들었는가를 관찰하고, 그것을 어떻게 뛰어넘을 수 있는가를 생각해야 한다.

또 다른 대안으로서, 도전기업은 시장 선도자를 피해 자사 규모와 비슷하거나 또는 더 작은 지역기업에게 도전할 수 있다. 어떤 소규모 기업은 대개 충분한 자금을 확보하지 못하거나, 고객에게 좋은 서비스를 제공하지 못하기도 한다. 중요한 점은 도전자는 반드시 상대 기업을 신중하게 결정하고, 실현가능한 목표를 정확히 정의해야 한다.

2) 시장 도전자의 전략적 목표 달성방법

시장 도전자는 자신이 선택한 경쟁사를 가장 효과적으로 공격하여 전략적 목표를 달성하는 방법을 결정해야 한다.

첫째, 도전자는 경쟁사의 제품, 가격, 유통, 광고 노력에 정면으로 승부하는 전면공격을 선택할 수 있다. 이 전략은 경쟁사의 약점이 아니라 강점을 공략하는 것으로서, 결과는 누가 더 강하고 오래 버티느냐에 좌우된다. 만약 도전자가 경쟁사보다 적은 자원을 가지고 있다면, 전면공격은 좋은 전략이 아니다. 그 이유는 시장에서 확실히 자리를 잡고 있고, 자원이 풍부한 경쟁사에게 성공적으로 도전하는 것은 결심만으로는 충분하지 않기 때문이다.

둘째, 도전자는 경쟁사의 약점이나 경쟁사의 시장범위가 미치지 못하는 적소시장을 대상으로 간접적인 공격을 감행할 수 있다. 이런 간접적인 도전은 당해 기업이 경쟁사보다 적은 자원을 가지고 있을 때 유효하다.

6. 시장 추종자 전략

1) 시장 추종자의 추종과 이점

모든 후발 기업이 시장 선도자에게 도전하지는 않는다. 그리고 시장 선도자가 상대 기업의 도전을 가볍게 여기지도 않는다. 그 이유는 선도기업은 고객을 쟁취하기 위한 총력전에서 더 오래 버틸 수 있는 자원을 가지고 있기 때문이다. 이에 따라 많은 기업이 선도기업에 도전하기보다는 따라가는 것을 선호한다.

시장 추종자는 여러 가지 이점을 획득할 수 있다. 시장 선도자는 신제품과 시장을 개발하고, 유통망을 넓히고, 시장을 교육시키는데 많은 비용을 감당해야 한다. 반대로 도전기업뿐만 아니라 추종기업은 선도기업의 경험을 배울 수 있다. 즉 적은 비용을 투자하여 선도자의 제품과 프로그램을 모방하거나 개선할 수 있다. 따라서 시장 추종기업은 선도 기업을 앞지르지는 못하지만 상응하는 이익을 얻을 수 있다.

2) 시장 추종자의 차별적 우위전략

추종한다는 것이 수동적이거나 선도기업을 단순히 모방하는 것은 아니다. 시장 추종자는 현재의 고객을 보유하고 새로운 고객을 획득할 수 있는 방법을 알아야 한다. 시장 선도기업으로부터 고객을 빼앗아 오기 위해 충분히 가깝게 따라가되 동시에 보복을 피할 수 있을 정도의 거리를 확보하는 등 균형을 맞추는 방법을 알아야 한다.

시장 추종자는 표적시장에서 더 편리한 입지나 서비스, 신용 제공 면에서 차별적 우위를 갖도록 노력해야 한다. 시장 추종기업은 시장 도전기업의 중요한 공격 목표가 되기도 하므로, 시장 추종기업은 제조원가와 가격을 낮추거나 제품과 서비스에 대해 높은 품질을 유지해야 한다. 그리고 시장 추종기업은 새로운 시장이 개발되면 그 시장에 진입해야 한다.

7. 적소시장 추구전략

1) 적소시장과 적소기업

모든 산업에는 전문적으로 적소시장(틈새시장 : market niches)을 대상으로 하는 기업이 있다. 즉 전체 시장 또는 더 큰 세분시장을 공략하는 대신에 적소기업은 하위 세분시장을 표적으로 한다. 이런 적소시장 추구자는 대부분 제한된 자원을 가진 소규모 기업이 많다. 그러나 대기업의 작은 사업부도 적소전략을 추구하기도 한다. 전체 시장에서 낮은 점유율을 가진 기업이라도 현명한 적소시장 전략을 이용, 구사함으로써 성공적으로 수익을 올릴 수 있다.

적소시장이 수익성을 획득하는 데는 여러 가지 이유가 있다. 적소시장 추구기업은 목표로 정한 고객집단을 잘 알고, 그들의 욕구를 다른 기업보다 더 잘 만족시키기 때문이다. 결과적으로, 적소기업은 부가가치를 제공함으로써 비용을 커버, 상회할 수 있는 가격을 부과할 수 있다. 즉 대량 마케팅 기업이 많은 판매량을 확보하는 대신, 적소기업은 높은 마진을 확보한다.

적소기업은 안전하고 수익성이 있는 한 개 이상의 적소시장을 발견해야 한다. 즉 이상적인 적소시장은 수익성을 획득할 만큼 충분히 크고, 성장 가능성이 있어야 한다. 또한 적소기업이 효과적으로 활동할 수 있는 시장이어야 한다. 가장 중요한 것은 적소시장은 주요 경쟁사의 주목을 덜 받는 것이어야 한다. 적소시장이 성장하여 더 매력적인 시장이 되는 동안, 기업은 주요 경쟁사에 대항하여 자신을 방어할 수 있는 기술과 고객신용을 형성할 수 있어야 한다.

2) 적소시장 전략과 전문화

적소시장 추구전략의 중요한 아이디어는 전문화(특화: specialization)이다. 즉 적소기업은 몇몇 시장, 고객, 제품, 마케팅 믹스 등에 전문화할 수 있다. 예를 들어, 법률 서비스 기업이 형법, 민법, 상법 시장에 전문화하는 것처럼, 적소기업은 한 가지 유형의 최종소비자를 위한 서비스를 전문화할 수 있다. 또한 적소기업은 주어진 고객규모 집단을 위해 활동하는데 전문화할 수 있다. 즉 많은 적소기업이 주요 집단에 의해 무시되어온 소형이나 중규모의 고객집단을 위해 활동하는데 전문화하고 있다.

어떤 적소기업은 현대자동차나 삼성전자, LG전자 등과 같은 한 두 개의 특정 고객에게 초점을 맞추고 자신의 생산물 전부를 판매한다. 어떤 적소기업은 세계시장의 일정한 지역, 지방에서만 판매하는 방법으로 지역시장에 집중한다. 품질-가격 적소시장을 추구하는 기업은 저가격대 시장이나 고가격대 시장에서 사업을 한다. 마지막으로 서비스 적소기업은 다른 기업이 제공하지 않는 서비스를 제공하여 전문화한다.

적소시장 추구전략은 몇 가지 위험요소를 내포하고 있다. 적소시장이 고갈될 수도 있고, 대규모한 경쟁사를 끌어들일 정도로 적소시장이 성장할 수도 있다. 이런 이유 때문에 많은 적소기업이 복수 적소시장 추구전략을 구사하고 있다. 두 개 이상의 적소시장을 개발함으로써 적소기업은 생존할 수 있는 기회를 누릴 수 있다. 심지어는 대기업도 전체시장에 서비스를 제공하기 위해 복수 적소시장 전략을 선호하기도 한다.

제 3 절 고객지향성과 경쟁자지향성의 균형

1. 경쟁자중심 기업과 고객중심 기업

기업은 시장에서 선도자이건, 도전자이건, 추종자이건 또는 적소시장 추구자이건 경쟁사를 가까이에서 지켜보며 가장 효율적으로 자신을 위치화할 수 있는 경쟁적 마케팅 전략을 찾아야 한다. 위치화한 후에도 신속하게 변화하는 경쟁상황에 맞추어 전략을 지속적으로 수정해야 한다.

이렇게 되는 경우, 기업이 너무 많은 시간과 에너지를 경쟁사를 추적, 대응하는데 소비함으로써 자신의 고객지향성이 손상될 수도 있다. 즉 기업은 경쟁사에게 너무 집중하여 더 중요하고 수익성 있는 고객과의 관계를 유지하는데 집중하지 못할 수 있다.

경쟁자중심적 기업은 대부분의 시간을 경쟁사의 움직임과 시장점유율을 추적하고 대응전략을 찾는데 소요한다. 이 방법은 장점과 단점이 있다. 즉 긍정적인 면에서 볼 때, 기업은 전투지향성을 개발할 수 있고, 자신의 위치에서 약점을 살피고, 경쟁사의 약점을 간파할 수 있다. 부정적인 면에서 볼 때, 기업은 너무 피동적으로 활동한다. 즉 자체적인 고객관계 전략을 실천하기보다는 경쟁사의 움직임에 따라 자신의 움직임을 결정한다. 결과적으로 소비자를 위한 더 큰 가치를 창조할 수 있는 혁신적인 새로운 방법을 찾는 대신에 산업의 관행에 맞추거나 이를 단순히 확장하는 것으로 끝나기로 한다.

반대로 고객중심적 기업은 전략을 수립하는 과정에서 고객개발에 집중한다. 고객중심적 기업은 새로운 기회를 파악하고 실현가능한 장기적 전략을 수립하는데 유리하다. 즉 고객의 욕구가 진화하는 것을 살펴봄으로써, 기업은 어떤 고객집단을 위해 일하는 것이 중요한가, 어떤 새로운 욕구를 서브하는 것이 중요한가를 결정할 수 있다. 그 후 기업은 표적고객에게 탁월한 가치를 전달하는데 자원을 집중할 수 있다.

실질적으로 오늘날의 마케팅 기업은 소비자와 경쟁사 모두를 지켜보는 시장중심적 기업이 되어야 한다. 그러나 경쟁사에 대한 경계가 기업이 고객에게 초점을 맞추는 것을 방해하게 해서는 안 된다.

2. 기업의 지향성 진화

〈그림 18-5〉와 같이 마케팅 기업은 시간이 지남에 따라 4가지 지향성에 따라 움직일 수 있다.

		고객 중심적: 아니다	고객 중심적: 그렇다
경쟁자 중심적	아니다	제품지향성	고객지향성
경쟁자 중심적	그렇다	경쟁자지향성	시장지향성

〈그림 18-5〉 진화하는 기업 지향성

첫 번째 단계는 기업이 고객과 경쟁사에게 거의 관심을 두지 않는 시기인 제품지향적 단계이다. 두 번째 단계에서 기업은 고객지향적으로 바꾸며, 고객에게 관심을 두기 시작한다. 세 번째 단계는 경쟁사 지향적으로서, 기업이 경쟁사에게 관심을 두기 시작한다. 오늘날 기업은 네 번째 단계로서 경쟁사와 고객 모두에게 균형적인 관심을 가지는 시장지향적인 시각을 가져야 한다.

단순히 경쟁사를 경계하고, 기존의 사업방식을 고수하며 경쟁에서 이기려고 하기보다는 고객을 지켜보고 수익성을 창출하는 고객관계를 정립할 수 있는 혁신적인 방법을 찾아야 한다. 즉 마케팅 기업은 경쟁사가 제공하는 가치보다 더 우수한 가치를 고객에게 전달할 때 수익성을 창출할 수 있는 고객관계를 구축할 수 있다. 즉 마케팅은 고객과 시장 모두를 충분히 이해하는 것에서 시작해야 한다.

참고문헌

윤훈현 역, 『마케팅 관리론』, 12판, 피어슨, 2006.

Jeffrey F. Rayport and Bernard J. Jaworski, *e-Commerce* (New York: McGraw-Hill, 2001), p. 53.

Kotler P. and Gary Armstrong, *Marketing : An Introduction*, 9th ed., Pearson, 2009.

Kotler P. and Gary Armstrong, *Principles of Marketing*, 12th ed., Pearson, 2008.

Kotler P. and Kevin Lane Keller, *Marketing Management*, 13th ed., Pearson, 2009.

Michael E. Porter, *competitive Strategy: techniques for Analyzing Industries and Competitors* (New York: Free Press, 1980), chap. 2; and Porter, "What Is Strategy?" pp. 61-78.

Michael Porter, *Competitive Advantage: Creating and Sustaining Superior Performance* (New York: Free Press, 1998), chap. 6.

Michael treach and Fred Wiersema, "Customer Intimacy and Other Value Disciplines," *Harvard Business Review*, January-February 1993, pp. 84-93.

Philip Kotler and Kevin Lane Keller, *Marketing Management*, 12th ed. (Upper Saddle River, NJ: Prentice Hall, 2006), pp. 13-14.

19
chapter

국제 마케팅

과거에 기업들은 국제무역에 거의 관심을 갖지 않았다. 기업들은 수출을 통해 추가적인 매출이 가능하다면 그것으로 충분하다고 생각하였다. 그 이유는 국내시장이 크고 기회가 많았기 때문이었다. 또한 국내시장은 안전할 뿐만 아니라 경영자들이 외국어를 배울 필요도 없고, 변화하는 문화를 다룰 필요도 없으며, 정치적, 법적인 불확실성에 직면하거나, 서로 상이한 고객의 욕구와 기대에 맞게 제품을 적응시킬 필요가 없기 때문이었다. 그러나 오늘날의 상황은 완전히 달라졌다. 즉 모든 형태의 조직이 전 세계로 나가고 있다.

제 1 절 오늘날의 국제 마케팅

1. 국제시장의 출현

더 빨라진 통신, 수송, 금융흐름에서 세계는 급속하게 좁아지고 있다. Gucci 핸드백과 넥타이, Sony 전자제품, McDonald's 햄버거, Nokia의 이동전화기, 일본의 스시, 독일의 BMW와 Benz, Starbucks 커피와 같이 한 국가에서 생산된 제품이 다른 나라에서도 적극적으로 받아들여지고 있다.

이처럼 국제무역은 계속 증가하고 있다. 미국의 경우, 1969년 이래로 세계 다국적 기업의 수가 7,000개에서 7만개 이상으로 증가하였다. 세계에서 가장 큰 100개 기업 중 53개 기업만이 본국에서 수익을 창출하며, 나머지 47개 기업은 다국적 기업이다. 세계에서 가장 큰 기업인 EXXON Mobil사의 한해 수익은 세계 21위권 국가의 전체 GDP를 능가한다.

2003년 이후 세계 총 GDP가 매년 2.5~4% 성장한 반면, 세계 총무역은 연간 6~10% 정도 성장하고 있다. 무역량의 증가는 2005년 세계 수출 점유율의 24%를 차지하는 중국과 같은 개발도상국에서 가장 두드러지게 나타나고 있다.

Coca-Cola, GE, IBM, Colgate, Caterpillar, Ford, Boeing, McDonald's 등의 미국기업이 세계를 자신의 시장으로 만들고 있으며, Sony, Toyota, BP, IKEA, Nestle, Nokia, Prudential과 같은 기업들은 너무나 익숙한 이름이 되었다. 예를 들어, 미국기업인 것처럼 보이는 제품이나 서비스가 실제로 외국기업에 의해서 생산되거나 소유된 것도 있다. 즉 Bantam서적, Baskin-Robbins 아이스크림, GE와 RCA의 TV, Carnation 우유, Pillsbury 식품, Universal Studios, Motel 6 등이 있다. 프랑스의 타이어 제조업체인 Michelin사는 현재 사업의 36%를 북미에서 행하고 있으며, 반창고, 베이비 샴푸와 같은 제품을 만드는 Johnson & Johnson사도 자사 사업의 44%를 해외에서 운영하고 있다.

그러나 세계적인 무역이 증가하는 만큼 세계적인 경쟁도 치열해지고 있다. 외국기업이 새로운 해외시장에 공격적으로 진출하고 있으며, 국내시장도 이제는 더 이상 기회가 많지 않다. 이제 거의 모든 산업이 외국기업과의 경쟁을 피할 수 없다. 만약 기업이 국제화를 지연한다면, 서유럽과 동구유럽, 중국, 러시아, 환태평양 일대와 같이 성장하고 있는 시장에서 봉쇄당하는 위험에 처하게 된다. 즉 신중을 기하기 위해서 자국시장에 머무는 기업은 다른 시장에 진출할 수 있는 기회를 상실할 뿐만 아니라 자국시장도 빼앗기는 위험을 감수해야 한다. 외국 경쟁자들을 전혀 생각하지 않은 국내 기업은 자신의 시장에서 이들 경쟁사들을 갑자기 발견하고 당황하게 된다.

2. 국제시장 진출과 국제기업

오늘날은 과거에 비해 해외로 진출해야 하는 필요성이 커지고 있지만, 위험 또한 증가하고 있다. 해외로 진출한 기업은 매우 불안정한 해외정부와 해외 통화, 정부의 규제조치, 높은 무역장벽들에 직면하게 된다. 부패 또한 큰 문제가 되고 있다.

국제기업(global firm)이란 한 국가 이상에서 활동함으로써 순수하게 국제시장에서 경쟁하는 기업이 이용할 수 없는 마케팅, 생산, 연구개발, 재무적 이점과 우위를 획득할 수 있는 기업을 말한다. 이런 국제기업은 세계를 하나의 시장으로 보고 있으므로, 국경을 중요하게 생각하지 않고, 초국적 상표를 개발한다. 또한 국제기업은 자신이 최상으로 활용할 수 있는 곳이라면 어디에서든지 원자재를 조달하고 생산하고 판매한다. 즉 21세기의 초국적기업은 국적이 없는 곳으로 옮겨가고 있다.

이러한 국제화가 모든 중소기업이 성공하기 위해서 수십 개 국가에서 활동해야 한다는 것을 의미하지는 않는다. 중소기업은 전세계의 적소(틈새)시장을 추구해야 한다. 그러나 세계는 점차 좁아지고 있으며, 그 규모와는 관계없이 세계적 산업에서 활동하는 기업은 세계시장에서 그들 자신의 위치를 확보해야 한다.

기업은 세계화를 신속하게 실행하기 위해서 아래의 제시된 문제에 대해 해결책을 강구해야 한다.

첫째, 그 국가에서, 그 국가가 속한 경제지역에서, 전세계적으로 어떤 위치를 확립해야 하는가?

둘째, 자신의 국제적인 경쟁자는 누구이며, 그들의 전략과 재원은 무엇인가?

셋째, 어디에서 제품을 생산하고, 원재료를 조달해야 하는가?

넷째, 세계의 어느 기업과 어떤 전략적 제휴를 형성해야 하는가? 이다.

〈그림 19-1〉과 같이 기업은 국제 마케팅을 수행하는데 여섯 가지 중요한 의사결정에 직면하고 있다.

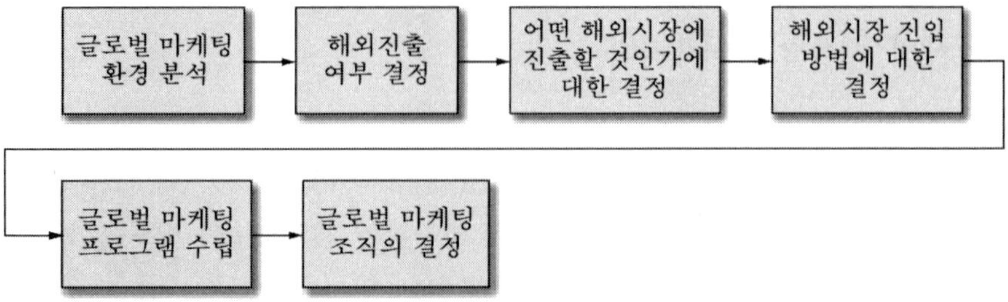

〈그림 19-1〉 국제 마케팅의 주요 의사결정 사항

제2절 국제 마케팅 환경분석

어떤 기업이든 국제적으로 활동하기 위해서는 우선 국제 마케팅 환경에 대한 철저한 이해가 요구된다. 국제 마케팅 환경은 과거 20년 동안 급격하게 변화되어 왔으며, 그 결과 새로운 기회와 문제가 대두되고 있다.

1. 국제무역 시스템

기업이 해외로 진출하기 위해서는 국제무역 시스템을 이해해야 한다. 기업이 해외에 상품을 판매할 때, 국가 간의 무역에 대한 각종 규제에 직면한다. 즉 외국정부는 재정수입을 증가시키기 위해서 또는 자국의 산업을 보호하기 위해서 특정 수입제품에 대해 관세(traiff)를 부과할 수 있다. 또는 외국정부는 쿼터(할당:quota)를 실시할 수도 있는데, 이는 특정 제품군에 대해 수입할 수 있는 수입제품의 양을 제한하는 것이다. 쿼터의 목적은 자국의 외환보유고를 유지하고, 자국 산업과 고용을 보호하기 위한 것이다. 또한 외환통제(exchange control)도 규제의 한 방법으로서, 외환의 사용량과 환율에 제한을 가하는 것이다.

이 외에도 외국정부는 외국기업을 입찰에서 차별화한다거나, 외국기업의 상품에 제한을 가할 수 있는 제품표준을 설정하는 등 각종 비관세 장벽을 실시한다.

상기와는 반대로 국가 간의 무역을 촉진시키는 GATT와 다양한 형태의 지역 자유무역협정이 있다.

1) 세계무역기구와 GATT

관세와 무역에 관한 일반협정(GATT: General Agreement on Traiffs and Trade)은 관세를 인하하고, 기타 국제무역장벽을 줄임으로써 세계무역을 촉진시키기 위해 마련된 60년 이상 오래된 협정이다.

가장 최근에 타결된 GATT 협상인 우루과이 라운드(Uruguay Round)는 1993년 협상이 타결되기까지 무려 7년이 소요되었다. 우루과이 라운드는 계속적으로 여전히 존재하는 상품에 대한 관세를 30%까지 인하하도록 하였다. 또한 이 협정으로 GATT는 농업, 여러 분야의 서비스 교역까지 관장하도록 하였으며, 저작권, 특허권, 상표권, 지적재산권에 대한 보호를 강화하였다.

또한 우루과이 라운드는 무역장벽을 줄이고, 무역에 대한 국제적인 표준을 설정하는 차원을 넘어서 GATT를 실행하기 위해 세계무역기구(WTO: World Trade Organization)를 창설하였다. WTO는 GATT에 참여한 국가의 무역정책을 감시하고, 세계적인 무역분쟁을 중재하며, 무역제재를 가하는 등 이전의 GATT가 가지고 있지 않았던 권한을 가진 통솔기구로서 활동한다. GATT협정의 새로운 라운드인 도하 라운드(Doha Round)가 개최되고 있는데, 그 협정은 계속 진행되고 있다.

2) 지역적인 자유무역지대

어떤 국가는 자유무역지대(Free Trade Zone) 또는 경제 공동체(Economic community)를 형성하고 있다. 경제 공동체는 국제무역 규제에 있어서 동일한 목표달성을 위해 협동하고자 결성한 국가의 집단이다. 그 예로서 유럽연합(EU: European Unit)이 있다.

(1) 유럽연합

유럽연합은 1959년에 결성된 것으로서, 회원국 간에 제품, 서비스, 금융, 노동을 자유롭게 이용하기 위해 장벽을 줄이고, 비회원국과의 무역정책을 수립함으로써 하나의 유럽시장을 조성하기 위해 설립되었다. 오늘날 유럽연합은 세계에서 가장 거대한 시장 중의 하나로 5억 명 가량의 소비자를 포함한 27개 회원국으로 구성되어, 세계 수출량의 20% 이상을 차지하고 있다.

유럽연합은 유럽과 다른 국가에게 엄청난 기회를 제공함과 동시에 위협적인 존재이다. 통합의 정도가 증가함에 따라 유럽 기업은 더 규모가 커지고 경쟁력도 강화되고 있다. 그러나 더 관심을 가져야 할 점은 유럽내의 장벽이 낮아짐으로써 외부와의 장벽이 더 두터워진다는 것이다. 이러한 유럽요새는 유럽연합 국가들의 기업들에게는 많은 혜택이 주어지는 반면에 비회원국들의 기업에게는 각종 규제를 통해 무역을 방해한다.

최근 몇 년 동안 12개 회원국이 유로(EURO)를 공동통화로 채택함으로써 완전한 통합으로 향해가고 있다. 다른 회원국도 수년 내에 유로화할 것으로 기대된다. 유로의 채택으로 유럽에서의 경영활동과 관련된 많은 통화위험이 감소할 것이며, 과거에 취약한 통화를 이용했던 회원국들이 더 매력적인 시장으로 부각되고 있다.

그러나 회원국이 유로를 공동통화로 채택하고 있으나, 유럽 합중국이 될 가능성은 거의 없다. 14개의 상이한 언어와 각국의 독특한 문화로 인해 완벽한 통합이 어려우며, 각국이 하나의 독립체로서 활동하기 때문이다.

(2) 북미 자유무역협정(NAFTA)

NAFTA(North American Free Trade Agreement)는 미국, 멕시코, 캐나다 간에 자유무역지대를 형성하였다. 이 협정은 매년 14조 4,000억 달러 이상의 제품과 서비스를 생산하고 소비하는 4억 3,500만 명의 소비자로 구성된 단일시장을 조성하였다.

NAFTA는 앞으로 15년 후에는 3개국 간에 모든 무역장벽과 투자제한을 없앨 것이다. NAFTA가 성공함에 따라 2005년 중미 자유무역협정(Central American Free Trade Agreement)은 미국과 코스타리카, 도미니카 공화국, 엘살바도르, 과테말라, 온두라스, 니카라과 간의 자유무역지대를 설립하였다. 그리고 1994년부터 미주 자유무역지대(Free Trade Area of the American)를 설립하는 것에 대한 협상이 진행 중이다. 이 거대한 자유무역지대는 베링해엽에서부터 케이프 혼까지의 34개국을 포함하며, 8억 명의 인구, 1조 7,000억 달러에 이르는 GDP를 형성하게 될 것이다.

(3) 기타 자유무역지대

중남미와 남미 간에 조성된 남미공동시장(MERCOSUR)은 10개의 중남미 국가들이 참여하며, 안데스 공동체(CAN)는 5개국이 추가되었다. 2004년 말, 남미공동시장과 안데스 공동체가 단일화에 동의함에 따라 남미국가 공동체(CSN: South American Community of Nations)가 창설되었다.

남미국가 공동체는 2007년까지 남미공동시장과 안데스 공동체 간에 완전한 통합을 이루어 2019년까지는 가맹국 간의 모든 관세가 사라질 것으로 예상된다. 3억 7,000만 이상의 인구, 연 2조 8,000억 달러 이상의 경제규모, 1,810억 달러의 수출규모를 가진 남미국가 공동체는 북미자유무역협정, 유럽연합 다음으로 가장 큰 경제연합을 조성할 것이다.

자유무역지대에 대한 최근의 추세는 전세계적으로 새로운 시장기회를 창출해 내기도 하지만, 일부에서는 문제점도 있다. 예를 들어, 미국의 노동조합은 NAFTA로 인해 제조관련 일이 임금이 저렴한 멕시코로 빠져나갈 것을 염려하며, 환경보호단체는 기업들이 공해규제가 약한 멕시코로 공장을 이전할 것이라고 말한다.

각국마다 반드시 이해해야 할 상이한 특성이 있다. 따라서 외국기업의 입장에서 진출국가의 상이한 제품과 서비스에 대한 수용수준과 시장매력도는 그 국가의 경제적 환경, 정치, 법률적 환경, 문화적 환경에 의해 결정된다.

2. 경제적 환경

국제 마케팅 관리자는 각국의 경제상황을 파악해야 한다. 국제시장으로서의 특정국가의 매력도는 그 국가의 산업구조와 소득분포의 요인에 영향을 받는다.

첫째, 한 국가의 산업구조(industrial structure)는 그 국가의 제품과 서비스에 대한 욕구, 소득수준, 고용수준 등을 결정하는데, 산업구조는 네 가지 유형으로 분류될 수 있다.

① 자급자족 경제

자급자족 경제에서는 대다수 사람들이 단순 농업에 종사하며, 생산물의 대부분을 소비하고, 나머지 일부만 재화 및 서비스와 물물교환을 한다.

② 원자재 수출경제

이 국가경제는 소수의 천연자원은 풍부하지만, 다른 부분은 낙후되어 있다. 수익의 대부분은 천연자원의 수출에서 나오는데, 칠레(주석, 아연), 콩고(구리, 코발트, 커피), 사우디아라비아(석유) 등이 있다. 이 국가는 대형장비, 공구, 필수품, 트럭 등 제품의 좋은 시장이 된다. 외국인 거주자와 부유한 상류층이 많다면 사치품 시장도 형성될 수 있다.

③ 개발도상국 경제

제조업의 비중이 국가경제의 10~20% 정도를 차지한다. 이집트, 인도, 브라질 등의 국가가 여기에 속한다. 제조업이 증가하면서 섬유원료, 철강, 중장비, 기계의 수입이 증가하고, 섬유, 제지, 자동차 등의 완제품 수입은 감소한다. 산업화로 인해 신흥부유층과 규모가 작지만 그 수가 증가하고 있는 중산층이 형성되는데, 양 계층이 새로운 유형의 수입품을 원한다.

④ 개발국 경제

개발국 경제는 공산품, 서비스, 투자자금의 주요 수출국으로서, 공산품을 상호교역할 뿐만 아니라 다른 유형의 국가에 수출하고, 원자재와 반제품을 수입한다. 이 국가는 다양한 제조활동과 많은 중산층으로 인해 거의 모든 제품의 좋은 시장이 되고 있다.

둘째, 경제적 요인 중 두 번째는 각국의 소득분포로서, 산업화된 국가는 저, 중, 고소득층이 공존하는 반면에, 자급자족 경제국가는 소득수준이 매우 낮다. 한편 다른 국가는 소득수준이 매우 높은 고소득층만이 존재하기도 한다. 따라서 개발도상국도 사치품을 포함한 거의 모든 종류의 제품에 대해 매력적인 시장이 될 수 있다. 예를 들어, 많은 고급 상품을 취급하는 마케팅 관리자들이 급속히 성장하는 중국 소비시장을 공략하기 위해 발 빠르게 움직이고 있다.

3. 정치적, 법적 환경

1) 정치적, 법적 환경요인

국가마다 정치적, 법적 환경은 차이가 크다. 특정 국가에서 사업을 할 것인가의 여부를 결정하기 위해서는 해당 국가의 해외구매에 대한 태도, 정부의 관료성, 정치적 안정성, 정부의 통화규제와 같은 요인을 고려해야 한다.

첫째, 외국기업에 대해 매우 호의적인 국가가 있는가 하면, 비호의적인 국가도 있다. 예를 들어, 인도 정부는 수입할당제, 통화규제, 기타 제한들을 이용하여 외국기업의 경영활동을 어렵게 한다. 이와는 대조적으로 싱가포르, 태국, 베트남과 같은 국가는 외국의 투자자를 적극적으로 유치하고 있으며, 인센티브와 유리한 조건을 외국투자자에게 제공하고 있다.

둘째, 정치적 안정성도 중요한 문제이다. 예를 들어, 지난 20년 동안 정부가 10번이나 교체되었던 인도 정부는 테러 등으로 인해 정치적으로 불안정하다. 따라서 외국기업이 인도에서 사업하는데 위험을 느낄 수 있다. 많은 국제 마케팅 관리자들이 아직도 인도의 거래시장에 매력을 느끼고 있지만, 불안정한 정치 상황은 경영활동과 금융상의 문제를 처리하는데 상당한 영향을 미치고 있다.

셋째, 기업이 진출한 해당 국가의 통화규제도 고려요인이 된다. 수출기업은 자신에게 가치 있는 통화로 이익을 실현하려고 한다. 수입업자는 판매자 국가의 통화 또는 국제적으로 통용되는 통화로 구입대금을 지불해야 한다. 그러나 이러한 통화로 대금지불이 안 될 경우에 수출기업은 봉쇄통화(blocked currency)로 대금을 받게 된다. 봉쇄통화란 수입국으로부터의 화폐이동이 수입국 정부에 의해 규제되는 통화이다. 그러나 수출기업은 수입국에서 자신이 필요로 하는 다른 재화를 구입할 수 있거나, 다른 국가에 판매하여 통화를 획득할 수 있을 때만 봉쇄통화를 받아야 할 것이다. 또한 통화제한 조치 이외에 변동환율제도 수출기업에게 높은 위험부담을 준다.

2) 기타의 국제거래 방법

대부분의 국제거래는 현금거래를 수반한다. 그러나 많은 국가는 외국에서 구입한 제품에 대해 지불할 경화(hard currency)를 거의 보유하지 못하고 있다. 따라서 현금 대신에 다른 품목으로 대금을 지불하고자 하는데, 이러한 방식의 거래를 구상무역(counter trade)이라고 한다. 구상무역에는 여러 가지 형태가 있다.

첫째, 바터(barter)는 상품 및 서비스의 직접적인 교환을 의미하는 것으로서, 예를 들어 원유를 수출하고 대신에 밀을 수입하는 경우이다.

둘째, 현물 상환(compentation 또는 buyback)이란 판매업자가 특정국가에 공장, 설비, 기술 등을 판매하는 대신에 그 공장에서 생산된 제품을 받는 거래이다. 예를 들어, 일본기업이 편물기계와 직물을 중국에 있는 의류 제조업체에게 판매한 대가로 완제품인 섬유를 받는 경우이다.

셋째, 대응구매(counter purchase)는 가장 일반적인 구상무역으로서, 판매자가 판매대금을 전액 현금으로 받지만, 일정기간 내에 그 금액에 해당되는 만큼의 물품을 상대국가에서 재구매하는 거래방식이다. 예를 들어, Boeing사는 인도에 항공기를 판매하여 받은 대금으로 인도의 커피, 쌀, 피마자유, 기타 제품을 구입하여 이것을 다른 국가에 판매하였다.

4. 문화적 환경

각 국가마다 나름대로의 풍속, 관습, 규범, 금기사항이 있다. 따라서 국제 마케팅 기업은 국제 마케팅 프로그램을 수립할 때, 각 국가의 문화가 소비자 반응에 어떻게 영향을 미치는가를 검토해야 한다. 또한 자신의 마케팅 전략 등이 현지문화에 어떻게 영향을 미치는가를 알아야 한다.

1) 문화의 마케팅 전략에 대한 영향

국제 마케팅 기업은 마케팅 프로그램을 수립하기 전에 각 국가의 소비자가 특정 제품에 대해 생각하고 사용하는 방식을 조사해야 한다. 이러한 생각과 사용방식이 놀라울 정도로 차이가 있기도 한다. 예를 들어, 프랑스의 남자들은 평균적으로 부인보다 화장품과 미용보조품을 두 배가량 많이 사용한다. 탄자니아 여성들은 아이에게 달걀을 먹이지 않는데, 아이가 대머리가 되거나 성불능이 될 것을 걱정하기 때문이다.

따라서 문화적 규범과 문화적 차이를 무시하는 기업은 엄청난 비용을 감수하며, 황당한 실수를 범할 수 있다.

상관습과 상행위 또한 국가마다 큰 차이가 있다. 예를 들어, 미국 경영자는 바로 요점으로 들어가서 빠르고 강하게 대면 협상을 하기를 좋아한다. 그러나 일본이나 다른 아시아 사업가들은 이와 반대되는 행동을 하기도 한다. 또 다른 예로서, 남미 사람들은 상대방과 코가 맞닿을 만큼 바짝 다가앉거나 서서 이야기한다. 따라서 국제 마케팅 관리자는 다른 국가에서 사업을 하기 전에 이와 같은 요인을 철저하게 이해해야 한다.

또한 문화적 차이를 이해하는 기업은 국제적으로 자사 제품을 위치화할 때 문화적 차이를 자사의 강점으로 이용할 수 있어야 한다. 즉 문화적 전통, 선호성, 구매행동 등을 이해함으로써 기업은 황당한 실수를 피할 수 있으며, 비교문화적 기회를 이용할 수 있다.

2) 마케팅 전략의 문화에 대한 영향

어떤 마케팅 관리자는 자사의 국제 마케팅 전략에 대해 문화가 미치는 영향을 염려하는 반면에, 다른 마케팅 관리자는 자사의 마케팅 전략이 전세계 문화에 미치는 영향을 생각해야 한다. 예를 들어, McDonald's, Coca-Cola, Starbucks, Nike, Microsoft, Disney, MTV와 같은 많은 다국적 기업이 자사의 상표를 세계화하는 것이 아니라 전세계문화를 미국화하였다고 비난을 받고 있다. 즉 미국은 자신의 문화를 수출한다. 개인의 권리, 언론의 자유, 여성 존중과 같은 미국의 이념이 다른 국가에 전달되어 그 지역의 문화의 질을 높이기도 한다. 그러나 어떤 때에는 물질주의 또는 더 나쁜 것들이 전파되어 그 지역의 전통을 말살시키기도 한다. 즉 전세계의 국가들이 McDomination(맥도날드화), Coca-Colanization(전세계의 코카콜라화) 아래서 개별국가의 문화적 정체성을 잃어가고 있다는 것이다.

간혹 이러한 우려들이 미국이나 선진국들이 세계화에 대한 격렬한 반발을 불러일으키기도 한다. 유명한 미국, 일본 등 선진국 상표들이 몇몇 국제시장에서 불매운동과 항의의 표적이 되고 있다. 특히 미국 자본주의의 상징인 Coca-Cola, McDonald's, Nike, KFC와 같은 기업은 특히 반미감정이 최고조일 때 전세계 분쟁지역 시위자들의 반세계화(antiglobalization)의 대상이 되고 있다.

그러나 근본적인 것은 문화적 교류가 양방향으로 진행되고 있다는 것이다. 즉 선진국이 문화적 영향을 받기도 한다는 것이다. 즉 선진 다국적 기업은 해외에서 성공하기 위해서 자신의 문화적 가치와 전통을 강요하려고 하기보다는 그 지역(국가)의 문화적 가치와 전통에 적응해야 한다는 것이다.

제 3 절 해외진출 여부 결정 및 진출할 해외시장 선정

1. 해외진출 여부 결정

모든 기업이 생존하기 위해서 위험을 무릅쓰고 국제적인 시장에 진출할 필요는 없다. 즉 지역 사업체는 오직 그 지역시장에서만 사업을 잘 수행할 필요가 있다. 국내에서 사업을 하는 것이 더 쉽고 안전하다. 경영자는 다른 국가의 언어와 법률을 배울 필요가 없다. 또한 불안정한 통화를 다룰 필요가 없으며, 정치적, 법적 불확실성에 직면할 필요도 없으며, 상이한 고객의 기대를 충족시키기 위해 제품을 변경할 필요도 없다.

그러나 자신의 세계적 위치가 특정시장에서의 전략적 위치에 강력하게 영향을 미치는 세계적 산업에서 경영활동을 하는 기업은 성공하기 위해서 전세계적으로 경쟁해야 한다.

기업은 여러 가지 요인 때문에 국제적인 활동무대에 진출해야 한다. 즉 세계적인 경쟁기업이 더 좋은 제품이나 더 낮은 가격으로 국내시장을 공격할 수 있다. 그 경우 국내시장의 기업은 자신의 자원을 뺏기지 않기 위해서 국내시장에서 해외 경쟁기업을 반격해야 한다. 또는 국내시장이 정체되어 있거나, 쇠퇴하고 있어 외국시장이 더 많은 매출액과 이윤을 획득할 수 있는 기회를 제공할 수 있다. 또는 고객들의 활동범위가 해외로 확대되어 국제적인 서비스를 제공해야 할 필요가 있을 수도 있다.

해외시장으로 진출하기에 앞서 기업은 여러 가지 위험 정도를 측정하여 자사가 세계적으로 경영활동을 할 수 있는 능력이 되는가를 진단해야 한다. 즉 1) 다른 국가의 소비자에 대한 기호와 구매행동을 이해할 수 있는가 2) 매력적인 제품을 다른 기업에 비해 경쟁력 있게 제공할 수 있는가 3) 다른 국가의 경영문화에 적응하고, 외국기업과 효과적으로 거래할 수 있는가 4) 자사의 경영자가 필요한 국제적인 경험을 가지고 있는가 5) 경영자가 다른 국가의 규제와 정치환경에 의한 영향을 고려하고 있는가 등을 진단, 평가해야 한다.

국제시장으로 진출하는 데는 어려움이 많기 때문에, 기업은 어떤 상황이나 사건으로 인해 마지못해 국제적으로 활동무대에서 활동하게 된다. 즉 국내 수출업자, 외국의 수입업자, 외국정부가 기업에게 해외에서 제품을 판매할 것을 요구할 수도 있다. 또는 기업이 과잉생산 문제를 해결하기 위해서 추가 시장을 찾을 필요가 있을 수 있는데, 이 경우에 기업은 해외진출을 강행해야 한다.

2. 진출할 해외시장 결정

해외시장에 진출하기에 앞서 국제 마케팅 기업은 몇 가지 요인을 고려해야 한다.

첫째, 기업은 국제 마케팅의 목표와 정책을 설정해야 한다. 먼저 기업은 자사가 원하는 해외매출의 크기를 결정해야 한다. 즉 자사의 전체 매출액 중에서 해외매출의 비중을 정해야 한다.

둘째, 기업은 얼마나 많은 국가에 진출할 것인가를 결정해야 한다. 즉 기업은 자사의 능력에 맞추어 진출할 수 있는 국가의 수를 결정해야 한다.

셋째, 기업은 진출할 시장국가의 유형을 결정해야 한다. 특정 국가의 매력도는 제품과 지리적 요인, 소득수준과 인구, 정치적 환경 등에 의해 결정된다. 그러나 최근 새로운 대형시장이 부상함에 따라 기회와 동시에 위협적인 도전적인 문제가 발생하고 있음에 주의해야 한다.

기업은 진출가능한 국제시장을 파악하고, 각 국가를 신중하게 평가해야 한다. 그리고 각 국가를 평가할 때에는 많은 요인을 고려해야 한다. 즉 기업은 진출 가능한 세계시장을 시장의 크기, 시장 성장률, 사업비용, 경쟁우위, 위험수준 등 여러 가지 기준을 토대로 진출순위를 결정해야 한다. 〈표 19-1〉에 제시된 지표를 이용하여 각 시장의 잠재력을 평가한 후, 마케팅 관리자는 장기적으로 가장 큰 투자수익률을 주는 시장을 선택해야 한다.

〈표 19-1〉 시장 잠재력 지표

인구통계적 특성	사회문화적 요인
교육수준 인구 규모와 증가율 연령 구성	소비자 생활양식, 신념, 가치관 사업규범과 접근방식 문화적, 사회적 규범 언어
지리적 특성	**정치·법률적 요인**
기후조건 국가 크기 인구 밀도-도시, 지방 수송 구조, 시장 접근성	국가 정책적 우선순위 정치적 안정성 국제무역에 대한 정부의 태도 정부의 관료주의 통화, 무역 규제
경제적 요인	
GDP 규모와 성장률 소득분포 산업 인프라 천연자원 재무적, 인적자원	

제4절 해외시장 진출방법 결정

기업은 자사 제품을 해외시장에 판매하기로 결정한 후, 최적의 진출방법을 결정해야 한다. 진출전략에는 수출, 합작투자, 직접투자 등이 있는데, 〈그림 19-2〉와 같다. 그림에서 보는 바와 같이 수출, 합작투자, 직접투자 순으로 통제정도(control), 잠재수익성(profitability), 개입의 정도(몰입도:commitment), 그리고 위험도(risk)가 높아진다.

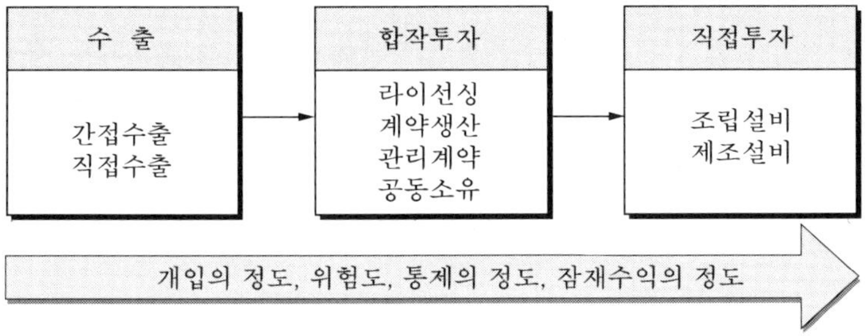

〈그림 19-2〉 해외진출 전략

1. 수출

수출(exporting)은 해외시장으로 진출하는 가장 단순한 방법이다. 기업은 잉여생산물을 소극적으로 수출하거나 또는 특정시장으로 수출을 확대하기 위해 적극적으로 개입하기도 한다. 즉 기업은 자국에서 제품을 생산하는데, 제품을 수출시장에 적응할 수 있도록 수정할 수도 있거나 또는 그렇지 않을 수도 있다. 그러나 수출의 경우, 기업은 제품계열, 조직, 투자, 사명 등을 거의 변경하지 않는다.

수출은 간접수출과 직접수출로 이루어진다. 일반적으로 기업은 독립적인 국제 마케팅 중간상(예: 종합상사 등)을 통한 간접수출(indirect exporting)로 수출을 시작한다. 간접수출은 기업이 해외 마케팅 조직이나 네트워크를 갖출 필요가 없으므로 투자비용이 적다. 또한 간접수출은 해외진출에 대한 위험도가 낮은데, 그 이유는 국제 마케팅 중간상이 모든 노하우와 서비스를 제공하므로 판매업자가 범할 수 있는 실수를 감소시켜 주기 때문이다.

결국 판매업자는 자신이 수출을 하는 직접수출(direct expoting)을 하게 되는데, 직접수출은 간접수출에 비해 투자비용과 위험이 다소 커지지만, 그만큼 잠재적인 수익은 증가한다. 기업은 몇 가지 방법으로 직접수출을 할 수 있다.

1) 먼저 수출활동을 전담하는 국내 수출 부서를 설치할 수 있다.
2) 해외 판매지점을 설치하여 판매와 유통, 가능하다면 촉진까지도 담당케 한다. 판매지점은 더 적극적인 개입과 마케팅 프로그램을 통제할 수 있으며, 전시센터와 고객 서비스 센터의 역할을 하기도 한다.
3) 사업 기회를 찾기 위해 기업이 국내 판매원을 일정기간 동안 해외에 보낼 수도 있다.
4) 기업은 제품을 구입하여 소유하는 해외 유통업자를 통하거나, 또는 기업을 대신하여 제품을 판매하는 해외 판매대리인을 통해 수출할 수 있다.

2. 합작투자

합작투자(joint venture)는 외국기업과 협력하여 제품이나 서비스를 생산 또는 판매하는 방법으로서, 해외에서 제품을 판매하기 위해 현지 파트너와 합작관계를 형성한다는 점에서 수출과 상이하다.

합작투자 유형에는 라이센싱, 계약생산(계약제조), 관리계약, 공동소유의 네 가지 유형이 있다.

1) 라이센싱

라이센싱(licensing)은 제조업자가 국제 마케팅에 개입하는 비교적 단순한 방법으로서, 자국기업(licensor)이 외국시장에 있는 기업(licensee)과 계약을 맺는 형태이다. 공여기업(licensor)이 자사의 제조공정, 등록상표, 특허권, 거래비밀 또는 기타 가치 있는 자산에 대한 사용권을 수여기업(licensee)에게 제공해 주고, 그 대가로 로열티를 받는 것이다.

공여기업은 낮은 위험부담으로 시장에 진출할 수 있고, 수여기업은 생산의 전문성 또는 유명한 제품이나 상표를 자체 개발하지 않고도 이용할 수 있는 이점이 있다.

그러나 라이센싱도 단점이 있다. 공여기업이 경영활동을 독자적으로 하는 것보다 통제력이 약해진다. 더욱이 수여기업이 성공하여 많은 이윤을 획득해도 공여기업은 그 이윤을 포기해야 하며, 계약만료시 수여기업이 새로운 경쟁사로 등장할 수 있다.

2) 계약생산

계약생산(계약제조 : contract manufacturing)은 제품을 생산하거나 서비스를 제공하기 위해서 외국 현지의 제조업자와 계약을 체결하는 것이다. 예를 들어, 한국에 진출한 외국계 대형할인점인 Costco사가 판매하는 제품 중 일부를 한국의 제조업체로 하여금 생산하여 납품토록 하는 것이다.

계약 생산은 제조공정에 대한 통제력이 약화되고, 제조를 통한 잠재적인 이익이 상실된다는 문제점이 있다. 반면에 낮은 위험부담으로 시장에 신속하게 진출할 수 있다는 이점이 있고, 후에 현지 제조업체와 합작을 하거나, 그 제조업체를 인수할 수 있는 기회가 제공된다.

3) 관리계약

관리계약(management contracting)은 기업이 자본을 투자하는 외국 현지기업에게 자사의 관리 노하우를 제공하는 것이다. 즉 기업은 제품이 아닌 관리 서비스를 수출하는 것으로서, Hilton은 세계 각국에 호텔을 운영하는데 이 방법을 사용하고 있다.

관리계약은 해외시장에 진출하는데 위험부담이 적은 방법이며, 초기부터 수익이 창출된다. 이 방법은 기업이 나중에 현지기업의 주식의 일부분을 매입할 수 있는 권리가 부여된다면 특히 매력이 있다. 그러나 기업이 최소한 관리능력을 더 좋은 용도에 더 잘 활용할 수 있거나 또는 독자적으로 투자하여 더 큰 이익을 획득할 수 있다면, 관리계약은 좋은 방법이 될 수 없다. 또한 계약기간 동안에는 기업이 자체적으로 그 사업을 할 수 없다.

4) 공동소유

공동소유(joint ownership)는 기업이 해외 투자자와 결합하여 현지 국가에 기업을 설립하고 공동소유와 통제로 운영하는 형태이다. 기업이 현지기업의 주식을 매입하거나 또는 두 기업이 하나의 새로운 기업을 설립하기도 한다.

이 방법은 경제적 또는 정치적 이유 때문에 이용되는 경우가 있다. 기업이 단독으로 투자하기에는 자금이나 자원 또는 관리능력이 부족하거나, 현지국가의 정부가 공동소유를 시장진출의 허용조건으로 내세우기도 한다.

공동소유는 몇 가지 단점이 있다. 투자, 마케팅, 기타 정책에 대하여 두 기업이 의견에 일치하지 않을 수도 있다. 또한 많은 외국기업은 성장을 위해 수익을 재투자하기를 원하지만, 현지기업은 수익을 벌어들이는 것만을 선호할 수 있다. 또한 외국기업은 마케팅에 큰 비중을 두는 반면에 현지기업은 판매에만 의존하기도 한다.

3. 직접투자

직접투자(direct investment)는 해외에 조립 또는 생산설비를 두고 사업을 하는 방법으로서, 100% 투자기업(100% wholly owned company 현지법인)이다. 기업이 수출을 통해서 경험을 축적하였고, 해외시장의 규모가 크다면, 해외에 생산시설을 갖추는 것은 많은 이점이 있다.

첫째, 기업은 현지시장의 저렴한 노동력과 원자재, 외국정부의 투자 인센티브, 운송비 절감 등을 통해 비용을 줄일 수 있다.

둘째, 현지국가에서 고용을 창출하기 때문에 기업 이미지를 제고할 수 있다. 기업이 현지의 정부, 고객, 공급업자, 유통업자와 밀접한 유대관계가 형성되어, 현지시장에서 제품을 더 잘 적응시키는데 도움이 된다.

셋째, 기업은 투자에 대한 완전한 통제력을 갖기 때문에 자사의 장기적인 국제 목표에 부합되는 제조와 마케팅 전략을 개발할 수 있다.

그러나 직접투자의 주요 단점을 통화봉쇄나 평가절하, 시장악화 또는 정부의 변화와 같은 많은 위험에 직면할 수 있다는 것이다. 따라서 기업은 이러한 위험을 감수하는 것 이외에는 다른 대안이 없음을 인식해야 한다.

제5절 국제 마케팅 프로그램 수립

하나 또는 그 이상의 해외시장에서 경영활동을 하는 기업은 자사의 마케팅 전략과 프로그램을 현지상황에 어느 정도 적응시킬 것인가를 결정해야 한다.

1. 표준화 또는 현지화 마케팅 믹스

자사의 마케팅 전략과 프로그램을 해외 시장환경에 적응하는 방법으로서, 극단적인 방법은 전세계적으로 동일한 제품을 판매하고 동일한 마케팅 접근방법을 사용하는 표준화 마케팅 믹스가 있다. 다른 극단적인 방법은 마케팅 믹스 요소를 각 표적시장에 맞추는 현지화 마케팅 믹스 전략인데, 이 전략은 비용이 많이 소요되지만, 시장점유율과 수익이 증가하게 된다.

마케팅 전략과 프로그램을 현지화(적응화)하느냐 또는 표준화하느냐 하는 문제는 많은 논쟁거리가 되고 있다.

기술이 발전되어 세계가 점차 좁아지고 있으며, 이에 따라 소비자의 욕구가 전세계적으로 더욱 비슷해지고 있다. 이에 따라 세계적 상표와 표준화된 세계적 마케팅이 가능해지고 있다. 즉 세계적 상표화와 표준화를 통해서 기업은 더 강력한 상표력을 구축하고, 규모의 경제를 통한 비용절감 효과를 누릴 수 있다.

그러나 마케팅 개념은 마케팅 프로그램을 각각의 표적 고객집단의 독특한 욕구에 맞출 때 그 프로그램이 효과적이 된다는 사실이다. 즉 전세계의 집중화(global convergence)에도 불구하고 서로 다른 국가의 소비자는 매우 다양한 문화적, 경제적, 법적 환경 속에 살고 있다. 따라서 각 국가의 소비자는 그들의 1차적 욕구와 2차적 욕구, 구매력, 제품 선호도, 쇼핑패턴, 매체 선호성 등에서 상당한 차이를 보이고 있다. 이러한 것은 쉽게 변화하지 않기 때문에 대부분의 마케팅 관리자는 각국의 소비자의 욕구에 자신의 제품, 가격, 유통, 촉진을 적응시키고 있다.

그러나 세계적 표준화 그리고 현지적응화 등은 선택의 문제가 아니라 정도의 문제이다. 따라서 국제 마케팅 관리자는 기업은 세계적으로 생각하지만, 행동은 지역적으로 해야 한다고 생각한다. 즉 표준화와 현지화 간의 균형을 추구해야 한다는 것이다.

2. 제품

세계시장에서의 제품과 마케팅 커뮤니케이션 전략은 5가지가 있다(〈그림 19-3〉 참조). 우선 3가지 제품전략을 설명하고, 나머지 2가지는 커뮤니케이션 전략에서 연구한다.

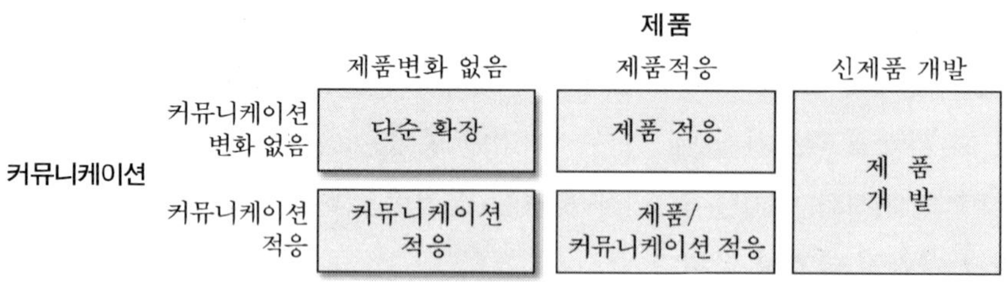

〈그림 19-3〉 5가지 세계적 제품과 커뮤니케이션 전략

1) 단순제품확장 전략

단순제품확장(straight product extension) 전략은 제품을 전혀 변경하지 않고 해외시장에 판매하는 것이다. 즉 제품을 해외시장에 그대로 가지고 가서 그 제품에 맞는 고객을 찾는 전략이다. 그러나 이 전략의 첫 번째 단계는 현지 소비자가 그 제품을 사용할 것인가 그리고 어떤 형태를 선호할 것인가를 파악해야 하는 것이다.

단순제품확장 전략은 경우에 따라서 성공할 수도 있지만, 실패할 수도 있다. 즉 이 전략은 제품개발비, 제조설비 변경비, 새로운 촉진비와 같이 부가적인 비용이 발생하지 않으므로 매력적으로 보이지만, 그 제품이 현지 소비자를 만족시키지 못한다면 장기적으로 비싼 대가를 치를 수 있다.

2) 제품적응 전략

제품적응(product adaption) 전략은 제품을 현지상황이나 요구에 맞도록 변경하는 것이다. 예를 들어, Nokia사는 주요 시장에 따라 자사의 휴대폰을 맞춤화하고 있다. 또는 P&G사는 자사의 Covergirl 화장품 상표를 중국시장에 맞게 변경하였다.

3) 제품개발 전략

제품개발(product invention) 전략은 해외시장에 맞게 새로운 제품을 만들어내는 것이다. 이 전략에는 두 가지 방법이 있다.

첫째, 이미 낙후된 제품이지만 진출하려는 국가의 소비자의 욕구에 잘 맞는다면 그 낙후된 제품을 재도입하는 것이다. 즉 자국에서는 이미 구형이지만 진출국가에서는 신제품으로 인식되어 변경하지 않고 도입하는 것이다. 예를 들어, 한국에서는 이미 구형이 된 컬러 TV 모니터가 후진국에는 신제품으로 인식되므로 후진국에 구형이 된 컬러 TV 모니터를 진출시키는 것이다.

둘째, 외국시장에 맞도록 신제품을 개발하는 방법이 있다. 이 경우는 기존 제품이 현지시장에 맞지 않으므로, 그 현지시장에 적응할 수 있도록 신제품을 개발하는 것이다.

3. 촉진 전략

기업은 자국시장에서 사용하던 커뮤니케이션 전략을 현지시장에서 동일하게 사용하거나 또는 각각의 해외 현지시장에 맞도록 변경할 수 있다.

몇몇 세계적 기업은 전 세계 각지에서 표준화된 광고 주제를 사용한다. 물론 표준화된 커뮤니케이션 캠페인에서도 언어와 문화적 차이 때문에 약간의 수정이 요구된다. 예를 들어, 관능성에 대한 태도가 국가마다 문화적 차이가 있으므로, 광고의 관능적 수준을 낮추거나 높일 수 있다.

색상 또한 다른 국가에서 금기시하는 색상을 피하기 위해 변경된다. 예를 들어, 자주빛은 대부분의 라틴 국가에서는 죽음을 생각하고, 흰색은 일본에서 조의를 의미하며, 녹색이 말레이시아에서는 질병을 연상시킨다.

심지어는 상표명까지 변경할 수도 있다. Kellogg사는 스웨덴에서 자사의 Bran Buds 시리얼 상표명을 바꾸었는데, 스웨덴에서 Bran Buds가 화상을 입은 농부(burned farmer)로 번역되기 때문이었다. 미국에서 Mitsubishi사는 자사의 SUB인 Pajero를 Montero로 변경하였는데, 그 이유는 스페인어로 자위행위를 뜻하는 은어이기 때문이었다. 또 한 가지 예로서 한국의 자전거 상표인 Dai Young은 미국식으로 발음할 때 Die Young이 될 수 있다.

다른 기업은 자신의 광고 메시지를 현지시장에 완전히 적응시키기 위해 커뮤니케이션 적응 전략을 수행한다. 미국에서 Kellogg 광고는 경쟁상표와 비교해서 Kellogg 시리얼의 맛과 영양을 강조하고, 소비자가 우유를 별로 마시지 않고 아침에 거의 먹지 않는 프랑스에서는 소비자에게 시리얼을 맛있고 건강에 좋은 아침식사임을 납득시켰다.

매체도 국가마다 매체 이용가능성이 다르기 때문에 국가별로 적응시켜야 한다. 예를 들어, 유럽에서는 TV광고시간을 상당히 제한한다. 프랑스에서는 하루 4시간만 TV광고를 할 수 있으며, 스칸디나비아에서는 TV광고를 못하게 하고 있다. 또한 광고주는 몇 달 전에 미리 광고시간을 확보해야 하고, 언제 광고가 방송될 것인가를 통제할 수가 없다. 잡지 또한 국가별로 그 효과가 다양하다. 예를 들어, 이태리에서는 잡지가 중요한 매체이지만, 오스트리아에서는 그다지 중요하지 않은 매체이다. 신문의 경우 영국에서는 전국지를, 스페인에서는 지방지를 발간한다.

4. 가격

1) 국제가격 결정방법

기업은 국제가격 결정시 많은 문제에 봉착한다. 예를 들어, 국제 마케팅 기업은 자사 제품의 가격을 전세계적으로 어떻게 책정할 것인가를 결정해야 한다.

첫째, 세계 각지에 동일한 가격으로 제공할 수 있지만, 이 경우 그 가격이 후진국에서는 너무 높은 가격이고 선진국에서는 너무 낮은 가격일 수 있다.

둘째, 반대로 각 국가별로 소비자가 부담할 수 있는 가격을 책정할 수 있다. 그러나 이 전략은 각 국가별 실제원가의 차이를 무시하는 것이다.

셋째, 모든 국가에서 자사의 원가에 표준이익률을 적용할 수 있다. 그러나 이 방법은 생산원가가 높은 국가에서는 제품가격이 지나치게 높게 책정될 수 있다.

2) 해외가격의 상승화 및 이전가격

기업이 제품가격을 어떤 방법으로 책정하든지, 그 제품의 해외가격은 국내가격보다는 높다. 그 이유는 가격의 상승화(price escalation) 문제에 직면하기 때문이다. 즉 제품의 공장도 가격에 운송비, 관세, 수입상의 마진, 도매상 및 소매상 마진 등이 증가되기 때문이다. 이에 따라 기업이 국내와 같은 이익을 창출하기 위해서는 해외에서 2~5배 정도 높은 가격으로 판매해야 한다.

또 다른 문제는 기업이 외국 자회사에 보내는 상품(부품)에 대한 가격을 설정하는 것이다. 만약 너무 높은 가격을 책정하면 그 국가에서 소득세나 법인세 등을 적게 부과하겠지만, 더 높은 관세를 부담하게 된다. 반대로 너무 낮은 가격을 책정한 경우에는 덤핑(dumping)으로 간주될 수 있다. 덤핑은 기업이 제품가격을 원가 이하로 또는 국내 가격보다 더 낮게 책정할 때 발생한다.

3) 세계적 가격결정의 투명성화

최근 경제적, 기술적 영향으로 인해 세계적인 가격결정이 복잡해지고 있다. 예를 들어, 유럽연합은 유로화로 인해 가격의 차이가 줄어들고 있다. 즉 소비자가 국가 간의 가격 차이를 인식하게 되면, 기업은 단일통화를 채택하고 있는 모든 국가에 대해 가격을 동일하게 책정해야 한다. 그러나 매우 독특하고 필수적인 제품이나 서비스를 제공하는 기업은 이러한 가격 투명성의 영향을 적게 받는다.

인터넷은 국가 간의 가격 차이를 확실하게 보여준다. 기업이 인터넷을 통해서 제품을 판매하는 경우, 고객은 다른 국가에서 얼마에 그 제품이 판매되고 있는가를 확인할 수 있다. 즉 고객은 가장 낮은 가격을 제공하는 기업이나 판매상에게 직접 제품을 주문할 수 있기 때문에 기업은 더 표준화된 국제가격을 책정해야 한다.

5. 유통경로

국제기업은 최종소비자에게 제품을 유통시키는 문제에 대해 전체경로 관점을 가져야 한다. 〈그림 19-4〉는 판매자와 최종소비자 간에 3개의 중요한 경로단계가 있음을 보여준다.

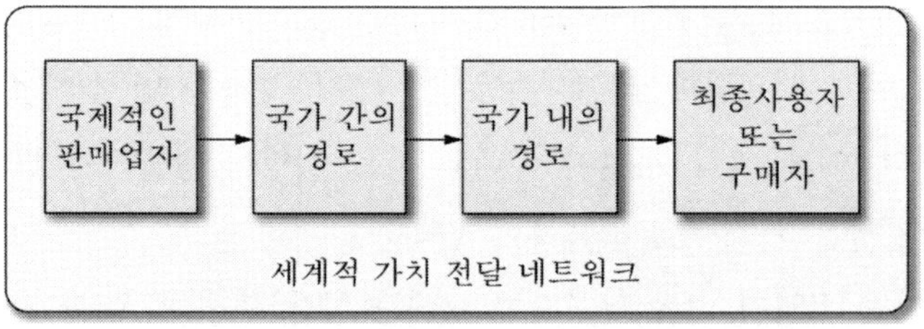

〈그림 19-4〉 국제 마케팅의 전체경로개념

첫 번째 경로단계는 판매자의 본부조직으로서, 이것은 경로의 한 부분이면서 경로를 감독하는 역할을 한다.

두 번째 경로단계는 국가 간의 경로로서, 제품을 해외국가로 운송하는 것이다.

세 번째 경로단계는 국가내의 경로로서, 그 국가에 들어온 제품을 최종소비자에게 전달하는 과정이다. 따라서 판매업자는 해외국가에서 그 제품이 어떻게 유통되는가에 주의를 기울여야 한다.

국가 내에서의 유통경로는 국가마다 매우 다양하다. 첫째, 각 국가 간의 중간상의 수와 유형에도 큰 차이가 있다. 예를 들어, 중국시장에서 마케팅 활동을 하는 외국기업은 정부가 통제하는 도매상과 소매상의 험한 미로를 통해서 제품을 유통시켜야 한다. 따라서 외국기업이 중국의 유통 시스템 하에서 마케팅 활동을 하기 위해서는 상당한 시간과 투자가 요구된다.

둘째, 각 국가 간의 또 다른 차이점은 소매상의 규모와 특징이다. 선진국에서는 대규모한 소매체인이 지배적이지만, 많은 다른 국가에서는 작고 독립적인 소매상을 통해서 제품이 유통된다. 예를 들어, 인도에서는 무수히 많은 소매상이 소규모한 점포를 운영하거나 재래시장에서 제품을 판매한다. 이들의 마진은 높은 편이지만, 소비자가 흥정을 하기 때문에 실제가격은 내려간다. 슈퍼마켓은 경제적, 문화적 장벽 때문에 도입되지 못하고 있다. 즉 여러 제약요인들로 인해서 개발도상국에서는 대규모한 소매업이 빠르게 확산되지 못하고 있다.

제6절 국제 마케팅 조직구성

1. 국제 마케팅 활동 관리방법

국제기업은 3가지 방법으로 국제 마케팅 활동을 관리한다. 즉 대부분의 기업이 처음에는 수출부서를 두고, 그 후 국제사업부를 설립하고, 마지막으로 세계적 조직형태가 된다.

기업은 일반적으로 제품을 선적하는 단순한 활동으로부터 국제 마케팅을 시작한다. 해외에서의 매출액이 증가하면, 기업은 판매관리자와 몇 명의 사원으로 구성되는 수출부서를 조직한다. 매출액이 증가함에 따라 해외사업을 적극적으로 추진하게 되고, 수출부서는 다양한 마케팅 서비스를 제공할 수 있도록 규모가 커진다. 만약 기업이 합작투자나 직접투자의 단계에 이르게 되면, 수출부서는 더 이상 해외 마케팅 활동을 행하기가 어렵다.

기업은 많은 국제시장을 대상으로 다양한 진출방법을 추구하게 된다. 즉, 어떤 국가에는 수출을 하고, 다른 국가에는 라이센싱을, 또 다른 국가에서는 합작투자를 할 수도 있다. 이러한 경우, 기업은 모든 국제활동을 담당하는 국제사업부 또는 자회사를 설립한다.

이러한 국제사업부는 다양한 형태로 조직될 수 있다. 국제사업부는 마케팅, 제조, 마케팅 조사, 재무, 기획, 인사 전문가로 구성되는데, 이들은 여러 운영단위별 계획을 수립하고, 서비스를 제공하는데, 운영단위는 3가지 방법 중 하나로 조직된다.

첫째, 지역별 조직(geographical organization)에서는 그 국가의 관리자가 자신이 담당한 각 국가에 있는 판매원, 판매지사, 유통업자, 라이센스 수여기업을 관리한다.

둘째, 제품별 국제조직(world product group)은 자신이 맡은 제품집단을 전세계적으로 판매하고 관리한다.

셋째, 국제 자회사(international subsidiary)로서, 각 자회사는 자신의 판매와 수익을 관리한다.

2. 세계적 조직과 국제화 필요성

상당수 국제기업은 국제사업부의 단계를 넘어 완전한 세계적 조직(global organization)이 된다. 이 기업은 자사를 오직 해외에 제품을 판매하는 국내기업으로서가 아니라 범세계적인 기업으로 생각한다. 본사의 최고경영자와 스태프는 제조설비, 마케팅 정책, 자금 흐름, 로지스틱스 시스템을 세계적 관점에서 계획한다.

세계 도처에 있는 운영단위는 국제사업부의 책임자를 거치지 않고 직접 최고경영자 또는 이사회에 보고한다. 경영자에 대한 교육훈련은 국내적으로 또는 국제적으로 실시되는 것이 아니라 세계 도처의 운영단위에서 실시된다. 기업의 경영자는 여러 국가에서 고용하고, 부품은 가장 저렴한 곳에서 구입하며, 예상되는 수익이 가장 높은 시장에 투자한다.

따라서 오늘날 기업은 자신이 경쟁에서 살아남고자 한다면 더 세계화해야 한다.

외국기업이 국내시장에 성공적으로 진입해옴에 따라, 기업은 보다 더 적극적이며 신속하게 해외시장으로 진출해야 한다. 기업은 국제적인 사업을 국내사업의 다음으로 인식하는 태도와 자세를 버리고, 세계를 국경이 없는 단일시장으로 인식하는 시각을 가져야 한다.

참고문헌

윤훈현 역, 『마케팅 관리론』, 12판, 피어슨, 2006.

"Fortune 500," Fortune, April 17, 2006, p. F-1.

"Overviews of Eurepean Union Activities: Economic and Monetary Affairs," accessed at http://europa.eu.int/pol/emu/overview en.htm, September 2006.

"The European Union at a Glance," accessed online at http://europa.eu.int, September 2006.

"World Trade Picks Up in Mid-2005; but 2006 Picture Is Uncertain," *WTO press release*, April 11, 2006.

Ann Chen and Vijay Vishwanath, "Expanding in China," *Harvard Business Review*, March 1, 2005.

George E. Belch and Michael A. Belch, *Advertising and Promotion: An Integrated Marketing Communications Perspective*, 7th ed. (New York, NY: McGraw Hill, 2007), Chapter 20.

James Bamford, David Ernst, and David G. Fubini, "Launching a World-Class Joint Venture," *Harvard Business Review*, February 2004, pp. 91-100.

Kevin Z. Jiang, "Americas: trading UP?" *Harvard International Review*, Spring 2006, pp. 10-12.

Kotler P. and Gary Armstrong, *Marketing : An Introduction*, 9th ed., Pearson, 2009.

Kotler P. and Gary Armstrong, *Principles of Marketing*, 12th ed., Pearson, 2008.

Kotler P. and Kevin Lane Keller, *Marketing Management*, 13th ed., Pearson, 2009.

Mark Rice-Oxley, "In 2,000 Years, Will the World Remember Disney or Plato?" *Christian Science Monitor*, January 15, 2004, p. 16.

Mubeen M. Aslam, "Are You Selling the Right Colour? A CrossCultural Review of Colour as a Marketing Cue," *Journal of Marketing Communications*, March 2006, pp. 15-20.

Normandy Madden, "After Slow Start, Porsche Cranks Its Chinese Marketing Plan into Top Gear," *Advertising Age*, May 8, 2006, p. 28.

Pankaj Ghemawat, "Regional Strategies for Global Leadership," *Harvard Business Review*, December 2005, pp. 97-108.

Peter Coy, "Why Free-Trade Talks Are in Free Fall," *Business Week*, May 22, 2006, p. 44.

Phillip Kotler and Kevin Lane Keller, *Marketing Management*, 12th ed.(Upper Saddle River, NJ:2006), pp. 677-684.

Ricky griffin and Michael Pustay, *International business*, 4th ed. (Upper Saddle River, NJ: Prentice Hall, 2005), pp. 522-523.

Robert Berner and David Killey, "Global brands," *Business Week*, August 1, 2005, pp. 86-94.

Shanti Gamper-Rabindran, "NAFTE and the Environment: What the Data Tell Us?" *Economic Development and Cultural change*, April 2006, pp. 605-634.

Steve Hamm, "Borders Are So 20th Century," *Business Week*, September 22, 2003, pp. 68-73.

Warren J. Keegan, *Global Marketing Management*, 7th ed. (Upper Saddle River, NJ: Prentice Hall, 2002), pp. 346-351.

20
chapter

마케팅 윤리와 사회적 책임

책임감 있는 마케팅 기업은 소비자가 원하는 것을 발견하고, 그것을 시장에 제공함으로써 고객이 원하는 가치를 창조하고, 고객으로부터 오는 가치를 획득한다. 즉 이것은 마케팅 기업이 주장하는 것으로서, 고객가치와 상호 이득을 획득하는 철학이다. 따라서 마케팅 개념의 목표는 눈에 보이지 않는 손에 의해 움직이는 경제활동 속에서 많은 소비자들의 다양하고 변화하는 욕구를 만족시키는 것이다.

그러나 모든 마케팅 기업이 상기의 마케팅 개념을 따르지 못하고 있다. 사실상 의심스러운 마케팅 활동이 실행됨으로써 어떤 마케팅 활동은 사회 전반에 큰 파장을 일으키고 있다. 예를 들어, 담배의 경우, 담배회사는 담배를 판매할 자유가 있고, 흡연자도 담배를 구입할 권리가 있다. 그러나 이런 개인적 행위가 공공질서에 좋지 않은 영향을 줄 수 있다.

따라서 사적인 마케팅 행위가 사회에 영향을 미치고 있다는 것에 대해서는 부정하지 않는다. 문제가 되는 것은 개인 소비자와 사회 전체를 위한 가치를 창조할 수 있는 윤리적인 마케팅 활동을 실행토록 하는 것이다.

제1절 마케팅에 대한 사회적 비판

마케팅에 대한 많은 비판이 있다는 사실은 부정할 수 없다. 이러한 비판 중 일부는 해명할 수 있는 것도 있지만, 그렇지 못한 것이 현실이다. 사회 비판가는 어떤 마케팅 활동이 개인 고객과 사회전체 그리고 다른 기업들에게 해를 끼친다고 주장한다.

1. 개인고객에게 대한 마케팅 영향

소비자는 마케팅 시스템이 자신의 관심사를 얼마나 잘 반영하고 있는가에 대해 많은 관심을 기울이고 있다. 소비자는 마케팅 활동에 대한 관심과 태도가 복합적이거나, 심지어 우호적이지 않은 태도를 가지고 있다. 소비자 옹호단체, 정부기관, 기타 사회 비판가는 마케팅이 고가 판매, 소비자를 현혹하는 기만적 행위, 강압적 판매행위 등을 되풀이하고 있으며, 이 때문에 소비자는 큰 피해를 보고 있다고 주장한다(〈표 20-1〉 참조).

〈표 20-1〉 개인고객에 대한 마케팅의 영향

구 분	내 용
높은 가격	높은 유통비용, 높은 광고비와 촉진비용, 과도한 가격인상
촉진관련 기만행위	기만적 가격표기, 기만적 촉진, 포장과 관련된 기만행위
촉진관련 강압판매	판매원에 대한 강압판매 교육
제품관련 위조품	유해 폐기물, 위험한 제품, PL 적용
계획적 진부화	스타일 변화
사회적으로 소외된 고객에 대한 서비스 소홀	신용등급이 낮은 소비자에 대한 높은 이자, 보험료 부과

1) 높은 가격

많은 사회 비판가는 현재의 마케팅 시스템에서 정해진 가격이 더 현명한 시스템에서의 가격보다 더 높게 책정되어 있다고 주장한다. 그 이유는 3가지 요소, 즉 높은 유통비용, 높은 광고비와 촉진비용, 과도한 가격인상 때문이라고 주장한다.

(1) 높은 유통비용

탐욕스러운 중간업자가 자신이 제공한 서비스에 대해 정당한 가치 이상으로 가격을 책정하고 있다고 비판을 받고 있다. 즉 중간업자가 너무 많고 비효율적이며, 불필요하고 중복된 서비스를 제공하고 있다는 것이다. 결과적으로 유통비용이 많이 소요되며, 따라서 소비자가 이 과도한 비용을 높은 가격이라는 형태로 지불한다는 것이다.

이에 대해 중간상인(재판매업자)은 자신의 역할은 제조업자와 소비자의 일을 대신 해주는 것이라고 주장한다. 즉 원가와 최종 판매가격 사이의 차액(이폭)은 소비자 자신이 원하는 더 편리하고, 더 많은 수의 점포와 구색, 더 좋은 서비스, 더 긴 점포 운영시간, 제품반환 보장, 기타 서비스를 반영하는 데에서 발생하는 것이라고 주장한다. 실제로 그들이 주장하는 대로, 현재 소매 경쟁이 너무 치열하여 마진은 매우 낮다. 따라서 경쟁적으로 재판매업자들은 효과적인 운영을 통해 낮은 가격을 유지해야 한다.

(2) 높은 광고비와 촉진비용

광고와 판매촉진에 사용되는 많은 비용이 가격을 높인다는 비판을 받고 있다. 광고를 하는 상표와 광고를 거의 하지 않는 상표의 가격 차이가 크다는 것은 포장이나 촉진의 상당 부분이 다만 외적인 가치만을 높일 뿐 기능적인 면에서는 거의 이점이 없다는 것이다.

마케팅 기업도 광고비가 제품원가에 추가된다는 사실을 인정한다. 그러나 광고는 잠재고객에게 상표의 구입가능성과 장점을 알림으로써 가치를 부가시킨다. 유명제품은 비싸지만 고객에게 일정 정도 이상의 품질을 보증해주며, 실용적인 제품은 싼 가격으로 구입할 수 있도록 한다. 한편 소비자는 자신을 부자처럼 느끼게 하고, 매력적으로 느끼게 하며, 특별하게 느끼게 해주는 심리적 이점을 제공하는 제품을 원하고 또한 그 제품에 기꺼이 더 많은 돈을 지불하려고 한다.

또한 강력한 광고와 촉진은 기업에게 경쟁자의 노력을 따라 잡기 위해 반드시 필요한 것이며, 기업은 촉진에 사용하는 비용에 대해 많은 관심을 기울이고 있으며, 자금을 현명하게 사용하려고 노력한다.

(3) 과도한 가격인상

어떤 기업은 제품가격을 과도하게 높게 책정하고 있다. 예를 들어, 제약기업은 원가에 비해 약품가격을 지나치게 높게 책정하고 있으며, 장례업체들은 상을 당한 일가친척의 슬픈 감정을 이용하며, 자동차 수리기업은 비싼 서비스 수수료를 부과하고 있다.

마케팅 기업은 소비자와 좋은 관계를 맺고, 앞으로도 사업을 계속하기 위해 소비자와 공정하게 거래하려고 노력한다고 주장한다. 어느 경우, 기업이 소비자를 이용하거나, 소비자 학대가 발생하기도 하는데, 그러한 고발을 당할 수도 있다. 또한 마케팅 기업은 소비자들이 가격이 왜 높게 책정되어야 하는가를 이해하지 못한다고 말한다. 예를 들어, 의약품의 경우, 소비자 가격은 원료비보다는 신약 개발에 필요한 연구개발비가 많이 소요되기 때문이라고 주장한다.

2) 촉진관련 기만행위

(1) 소비자에 대한 기만행위

마케팅 기업은 소비자가 실제보다 더 많은 가치를 얻고 있다고 믿게 함으로써 소비자를 우롱한다고 비난을 받는데, 이러한 기만행위(deceptive practices)는 가격, 촉진, 포장의 세 가지에서 일어난다.

첫째, 기만적 가격표시(deceptive pricing)는 공장가 또는 도매가를 마치 실제가격인 것처럼 광고하거나, 허위로 표시한 비싼 소매가격에서 많이 할인해 주는 것처럼 표기하는 것 등이 포함된다.

둘째, 기만적 촉진(deceptive promotion)은 제품의 특성이나 성능의 허위광고, 이미 품절된 제품을 세일한다고 광고하여 소비자를 점포로 유인하는 행위 등을 포함한다.

셋째, 포장과 관련된 기만행위(deceptive packaging)는 미묘하게 디자인을 조작하여 포장의 내용물을 과장하거나 표찰을 오도하거나 오도할 수 있는 용어로 크기를 표시하는 등의 것이 포함된다.

2) 기만행위에 대한 조치

기만행위로 인해 입법조치 그리고 소비자 보호조치가 행해지고 있다. 그러나 문제가 되는 것은 기만적이라는 것을 정의하는 것이다. 즉 과대광고(advertising puffery)와 유혹적인 상상(alluring imagery)은 자연스럽게 일어나며, 심지어는 바람직한 경우가 있으므로, 기만적인 것과는 다르다. 물론 과대광고와 유혹적 상상이 소비자에게 미묘한 형태로 해가 될 수 있으므로, 소비자는 교육을 통해 보호를 받아야 하기도 한다.

문제가 되는 것은 광고의 이미지의 힘을 이용한 감정적인 소구는 보는 사람으로 하여금 초점을 사실에서 멀어지도록 한다는 것이다. 따라서 모든 광고(misleading ads)를 방어하는 가장 좋은 방법은 광고에 대한 제재가 아니라, 소비자의 각성과 비판이라는 것이다. 즉 소비자는 한 발자국 물러나서 광고의 가치를 판단해야 하며, 실체에서 허풍을 분리시키는 기술을 익혀야 한다.

마케팅 기업은 기만행위를 피하려고 한다고 주장한다. 그 이유는 기만행위가 장기적으로 사업에 악영향을 주기 때문이다. 즉 유익한 고객과의 관계는 가치와 믿음의 기반 위에 구축된다. 만약 소비자가 스스로 원하는 것을 획득하지 못한다면, 그는 더 믿을 만한 제품으로 바꾸어 구매한다. 또한 소비자는 대개의 경우 기만행위로부터 스스로를 보호한다. 생각보다 많은 소비자가 마케팅 기업의 판매의도를 인식하고 있으며, 구매할 때 더 많은 주의를 기울인다.

3) 촉진관련 강압판매

판매원은 소비자로 하여금 사려고 생각하지 않은 제품을 사도록 설득하는 강압판매(high-pressure selling)를 하고 있다고 비판을 받는다. 즉 보험, 부동산, 중고차 등은 사는 것이 아니라 팔린다고 한다. 판매원은 구매를 유도할 수 있도록 판에 박힌 부드러운 말을 전달하도록 훈련을 받으며, 판매원은 많은 인센티브를 받기 위해 판매량을 늘리는데 노력한다.

그러나 강압판매는 마케팅 기업에게 도움이 되지 않는다. 이런 전술이 단기간에 수익을 노리는 일회성 판매상황에서는 괜찮지만, 대부분의 판매상황은 소중한 고객과의 장기적인 관계를 맺는 것을 필요로 한다. 따라서 강압적 또는 기만적 판매행위는 이런 관계에 심각한 손상을 줄 수 있다.

4) 제품관련 위조품, 유해 폐기물, 위험한 제품

(1) 제품의 품질 및 기능상의 결함

또 다른 윤리적인 문제는 제품의 품질이나 기능상의 결함 문제이다.

첫 번째 불평 중의 하나는 제품이 잘 만들어지지 않았고, 서비스가 형편없다는 것이다.

두 번째의 비난은 수많은 제품이 너무 작은 이점을 제공하고 있으며, 어떤 제품은 해롭기까지 한다는 것이다.

세 번째 불만은 제품안전에 대한 것이다. 제품안전이 문제가 되는 이유는 기업의 무관심, 복잡한 기능을 하는 제품의 출현 증가, 그리고 품질관리 소홀 등이 포함된다. 물론 제품안전에 대해 여러 유관기관에서 실험정보를 제공하고 있다. 소비자로 하여금 더 좋은 구매결정을 하도록 돕고 있으며, 기업으로 하여금 제품의 결점을 보완하거나 제거하도록 독려 감독하고 있다.

(2) 제조물 책임과 마케팅 기업의 조치

많은 마케팅 기업이 우수한 품질의 제품을 제조하고자 한다. 만약 기업이 품질이 좋지 않거나 안전하지 않은 제품을 제공하는 경우, 그 제품은 제조물 책임(P/L : product liability) 소송에서 많은 벌금을 내야 한다. 특히 제품의 결함을 알면서도 소비자에게 공개하지 않은 기업은 제조물 책임법에 의해 처벌할 수 있다.

기업이 제공하는 제품에 만족하지 않은 소비자는 장래의 구매를 기피하고, 다른 소비자들에게도 구매하지 않도록 권장한다. 그러므로 품질에 관한 문제는 간혹 심각한 결과로 이어진다. 오늘날 마케팅 기업은 고객중심의 품질관리가 소비자 가치와 만족의 결과로 이어지고 결국 기업에게 이익을 주는 고객관리로 발전한다는 사실을 알고 있다.

5) 계획적 진부화

제품이 실질적으로 교체되어야 할 필요를 느끼기도 전에 그 제품을 구식으로 만드는 계획적인 진부화 프로그램을 진행하기도 한다는 비난이 있다. 즉 기업은 소비자로 하여금 더 많이 더 자주 구입하도록 하기 위해 유행을 바꾸고 있다는 비난을 받고 있다. 예를 들어, 끊임없이 변화되는 의류 패션의 경우, 어떤 기업은 매력적인 기능성 디자인을 보유하고 있다가 의도적으로 나중에 출시함으로써 그 전 모델이 유행이 뒤쳐져 보이도록 한다. 또한 이러한 행위는 가전업체와 컴퓨터 업체에서도 많이 발생하고 있다.

이러한 비난에 대해 마케팅 기업은 소비자가 스타일의 변화를 좋아한다고 말한다. 즉 소비자는 오래된 제품에 싫증을 내고, 새로운 모습과 디자인의 제품을 원한다고 말한다. 물론 첨단제품의 경우 소비자는 그 전 모델이 아직은 사용할 수 있지만, 대부분 최신 버전을 원한다. 새로운 디자인을 보류하고 있는 기업은 경쟁사가 새로운 디자인을 먼저 출시하여 시장을 빼앗을지 모른다는 위험을 안고 있다.

대다수의 기업은 소비자를 경쟁사에게 빼앗기는 것을 원하지 않기 때문에 자사제품이 빨리 고장나도록 디자인하지 않는다. 대신에 제품이 끊임없이 소비자의 기대를 만족시키거나 초월하도록 끊임없이 개선하고 있다. 대부분의 경우, 계획적 진부화는 자유경쟁시장에서 경쟁력이나 기술력의 원동력이 되고 있으며, 제품과 서비스를 계속 개선하도록 유도하는 수단이 되고 있다.

6) 사회적으로 소외된 고객에 대한 서비스 소홀

마케팅 시스템은 사회적으로 혜택을 받지 못하는 소외된 고객을 소홀히 서브하고 있다는 비판을 받고 있다. 승용차가 없는 도시의 빈민자는 대부분 교외에 위치한 대형 매장을 이용하지 못하므로 질이 낮은 제품을 취급하는 도심에 있는 작은 점포에서 비싼 가격으로 제품을 구입할 수밖에 없다.

그러나 대형 체인점들은 소외된 사람들이 사는 지역에는 체인점을 개점하지 않고 있다. 이러한 현상은 대형 할인점뿐만 아니라 보험업, 대여업, 은행업, 보건의료업 등에서 일어나고 있다. 주택 보험사와 자동차 보험사는 신용등급이 낮은 소비자에게는 높은 보험료를 부과하고 있다.

더 양호한 마케팅 시스템이란 혜택을 받지 못하는 소비자에 대한 서비스를 보장할 수 있는 것이어야 한다. 사실 많은 마케팅 기업이 실질적인 가치를 창조하는 합법적인 제품과 서비스를 소외된 소비자를 표적으로 제공함으로써 이익을 창출하고 있다. 또한 관련 정부기관이 거짓된 가치를 선전하는 판매업자 그리고 특정 소비자에게 서비스 제공을 거부하는 기업, 또한 소외된 소비자에게 바가지를 씌운 기업 등을 제재하기도 한다.

2. 사회전체에 대한 마케팅 영향

마케팅 시스템은 시회에 대해 사회악을 더하고 있다는 비난을 받고 있다. 즉 거짓된 욕망과 지나친 물질주의화, 공공재의 희생, 문화적 오염, 지나친 정치력 등이 비난의 대상이 되고 있다(〈표 20-2〉 참조).

〈표 20-2〉 사회전체에 대한 마케팅 영향

구 분	내 용
거짓된 욕망과 지나친 물질주의화	소유물에 많은 관심 조장, 물질문명에 심취케 함.
희생되는 공공재	사적 재화의 증가, 사회비용 증가
문화적 오염	상업광고에 의한 생활 방해, 상업적 소음
정치력의 발휘	기업과의 이해관계 조성

1) 거짓된 욕망과 지나친 물질주의화

마케팅 시스템이 사람들을 물질적으로 만들어, 소유물에 너무 많은 관심을 가지게 만든다는 비난을 받고 있다. 즉 사람들은 그들이 어떤 사람인가보다는 그들이 무엇을 소유하고 있느냐에 따라 평가를 받는다. 부와 소유물에 대한 욕망이 극에 달하고 있으며, 물질문명에 계속 심취되어 있다.

이런 물질에 대한 지나친 관심이 자연스런 마음의 상태라기보다는 마케팅으로 만들어진 잘못된 욕망의 문제라는 것이다. 즉 기업은 사람들의 물건에 대한 욕망을 끊임없이 자극하고 있다. 그러나 기업은 소비자에게 실질적인 혜택을 주기보다는 더 많은 이익이 자신에게 돌아가도록 잘못된 욕망을 마케팅을 통해 만들어내고 있다.

그러나 이러한 비판은 사람들의 1차적 욕구(needs)가 기업의 힘에 의해서 만들어지고 있다고 기업의 힘을 과장하여 표현하기 때문이다. 사람들은 광고 그리고 다른 마케팅 수단에 대해 강한 방어의식을 가지고 있다. 그리고 기업은 새로운 욕구를 만들어 내기보다는 기존의 욕구에 소구하는 것이 더 효과적이다. 그리고 사람은 중요한 의사결정을 할 때 스스로 정보를 탐색하며, 한 가지 정보에만 의존하지 않는다. 심지어 광고에 영향을 받을 수 있는 덜 중요한 제품을 구매하는 경우에도 제품이 소비자의 기대를 만족시켜야만 반복구매로 이어질 수 있다. 마지막으로, 시장에서 신제품이 대부분 실패하는 것은 기업이 수요를 통제할 수 없다는 사실을 보여준다.

즉 우리의 욕구와 가치는 마케팅 기업뿐만 아니라 가족, 동료, 종교, 문화적 배경, 교육 등에 의해서도 영향을 받는다.

2) 희생되는 공공재

너무 많은 사적 재화가 판매됨으로써 공공재가 희생되고 있다는 비난이 있다. 즉 사적 재화가 증가할수록, 이용할 수 있는 공공서비스를 더 많이 요구한다. 예를 들어, 자동차(사적 재화)가 증가할수록, 고속도로, 신호등, 주차장, 경찰서비스(공공재)가 더욱 필요하게 된다. 또한 사적 재화의 증가는 사회비용의 증가를 초래한다. 즉 자동차의 증가는 교통혼잡, 공기 오염, 휘발유 부족, 교통사고의 증가 등 사회비용을 초래케 한다.

사적 재화와 공공재 간의 균형을 이루도록 하는 방안이 강구되어야 한다.

한 가지 방법은 제조업자가 모든 사회비용을 부담하는 것으로서, 정부는 자동차에 더 많은 안전장치와 효율적인 엔진, 오염방지장치 등을 부착할 것을 요구할 수 있다. 그러나 이러한 요구는 자동차 제조업체로 하여금 가격인상을 유도하게 되고, 따라서 소비자는 자동차 가격이 너무 비싸다고 생각하게 된다. 이렇게 되는 경우, 그 제조업체는 시장에서 사라지게 될 수도 있다. 즉 수요는 사적 재화와 공공재 간의 균형을 잘 이룰 수 있는 제조업체에게로 움직이게 될 것이다.

두 번째 방법은 소비자에게 사회비용을 부과시키는 것이다. 세계의 많은 대도시에서 교통혼잡을 줄이기 위한 방안으로 혼잡통행료를 징수한다. 요금을 징수함으로써 시내교통의 혼잡이 감소되고 또한 시내 대중교통시스템이 향상될 수 있다. 즉 자동차 이용비용이 크게 증가하면, 소비자는 러시아워가 아닌 시간을 이용하거나, 대안적인 교통수단을 이용하게 된다.

3) 문화적 오염

마케팅 시스템이 문화적 오염을 만들어낸다고 비판을 받고 있다. 즉 너무나 많은 페이지의 광고가 있는 잡지, 자연 경관을 해치는 광고판, 전자우편에 가득찬 스팸광고와 같이 상업광고가 생활을 방해하고 있다. 이러한 방해물은 끊임없이 사람의 마음을 물질주의, 섹스, 권력, 사회적 지위의 메시지로 물들이고 있다. 이에 따라 마케팅 시스템의 변화를 촉구하고 있다.

이러한 상업적 소음에 대해 마케팅 기업은 다음과 같이 항변한다.

첫째, 마케팅 기업은 자신의 광고가 표적청중에게 도달되기를 바라고 있다. 그러나 공중파 채널들은 제품에 전혀 관심을 기울이지 않는 사람에게까지 광고가 노출되도록 하고, 이에 따라 사람들은 지겨워하고 짜증을 내고 있다.

둘째, 광고는 많은 TV와 라디오 프로그램이 시청자와 청취자에게 무료로 제공될 수 있게 해주며, 신문과 잡지의 가격을 낮추게 한다. 즉 많은 사람들은 이러한 혜택을 얻기 위해서 상업광고를 감수해야 한다.

마지막으로, 오늘날의 소비자는 여러 가지 대안을 가지고 있다. 즉 TV를 시청할 때 시청자는 상업광고를 건너뛰고 시청할 수 있고, 유선이나 위성채널을 이용해 광고를 보지 않을 수도 있다. 그러나 소비자의 주의를 끌기 위해 광고주는 광고를 더 재미있고 정보를 제공하도록 만들어야 한다.

4) 정치력의 발휘

기업이 너무 많은 정치력을 발휘한다고 비난을 받고 있다. 유류, 담배, 자동차, 제약에 대해 이해관계를 갖고 있는 국회의원들이 공공의 복지에 대항하여 산업의 이해를 옹호하고 있다. 또한 광고주는 대중매체에게 너무 많은 압력을 행사하고, 독립적이고 공정하게 보도할 자유를 제한하고 있다는 비난을 받고 있다.

산업과 기업은 자신의 이익을 장려하고 보호하며 또한 그러한 권리를 갖고 있다. 그러나 그러한 기업은 공공복지 때문에 파산하거나 큰 타격을 받기도 한다. 공공복지에 대한 보호로 인해 자동차의 안전기준이 높아지며, 담배갑에 건강에 위협을 줄 수 있다는 경고문을 제시하도록 하였다.

최근에는 대기업이 공중의 이익과 기업의 이익 간의 균형점을 찾고 있으며, 또한 지나친 기업의 영향력은 이러한 강력한 이해관계를 견제하고 상쇄시키는 반대세력을 만들어내는 경향이 있다.

3. 다른 기업에 대한 마케팅의 영향

기업의 마케팅 행위는 다른 기업에게 해를 주고 경쟁을 제약할 수 있다. 즉 경쟁업체와의 합병, 진입장벽을 만드는 마케팅 활동, 불공정한 마케팅 경쟁행위 등 3가지 문제가 관련된다(〈표 20-3〉 참조).

〈표 20-3〉 다른 기업에 대한 마케팅 영향

구 분	내 용
경쟁업체와의 합병	다른 경쟁기업과 합병하여 확장하고 경쟁을 위축시킴
신생기업의 시장진입을 제한함	대기업이 특허이용, 많은 촉진비 투자, 공급업체, 판매상과의 묶음, 독과점 형성
불공정한 마케팅 행위	원가 이하의 가격책정, 공급업체에 대한 위협, 약탈적 경쟁 시도

1) 경쟁업체와의 합병

기업은 자사에서 신제품을 개발하는 대신에 경쟁사를 합병하여 사업을 확장하고자 할 때, 다른 기업에게 해를 주고 경쟁을 위축시킬 수 있다. 시장에 진입한 경쟁사가 조만간에 대기업에 흡수됨으로써 경쟁이 위축되고 있다. 소매업, 문화, 재무 서비스, 운송, 장거리 통신, 의료기관에 이르는 거의 모든 산업에서 경쟁업체의 수가 현저하게 감소하고 있다.

물론 인수합병이 상기와 같은 문제와는 달리 사업에 도움이 될 수도 있다. 합병하는 기업은 규모의 경제를 획득함으로써 비용을 절감하고 가격을 인하할 수 있다. 잘 관리된 기업은 관리가 안 되는 기업을 합병하여 효율성을 높일 수 있다. 합병 후 경쟁력이 없었던 산업이 경쟁력을 회복할 수도 있다. 그러나 합병은 해를 줄 수 있으므로, 항상 정부는 합병의 규제에 주의를 기울이고 있다.

2) 신생기업의 시장진입을 제한함.

선도기업의 마케팅 활동은 신생기업이 시장에 진입하는 것을 제한할 수도 있다. 대기업은 특허와 많은 촉진비를 이용하여 원자재 공급업체 또는 판매상을 묶어둠으로써 경쟁업자가 접근하는 것을 제한하거나 봉쇄시킬 수 있다.

물론 이러한 독과점은 대규모로 사업을 운영함으로써 얻게 되는 경제적 우위의 자연스러운 결과이기도 하다. 그러나 이러한 진입장벽에 대해서는 법규에 의해서 견제되고 있다.

3) 불공정한 마케팅 행위

어떤 기업은 실제로 다른 기업에 손상을 입히거나 파괴시키는 의도로 불공정한 마케팅 행위를 하기도 한다. 즉 원가보다 더 낮게 가격을 책정하기도 하고, 공급업자에게 거래를 하지 않겠다고 위협하기도 하며, 경쟁업체의 제품구매를 방해하기도 한다. 이에 따라 이러한 약탈적 경쟁을 방지하기 위해 많은 법안이 제정되고 있다.

기업들이 다양한 약탈적 행위를 자행함으로써 고발을 당하기도 하는데, 약탈적 가격결정이 많이 이용되고 있다. 약탈적 가격결정이란 특정지역에서 작은 점포를 망하게 하기 위해서 저가격을 제공하는 것이다.

사 과 문

-코오롱패션머티리얼(주) 및
소비자, 섬유관련 종사자께-

본인은 코오롱패션머티리얼(주)의 저명한 상표인 "COOLON®"이 특허청에 등록되어 법에 의해 보호받고 있을 뿐 아니라 일반 소비자의 신뢰와 저명도가 높음을 인지하고 있음에도 불구하고 "COOLON®" 행택을 상표권자의 허락없이 무단으로 제작 및 부착하여 판매한 바, 코오롱패션머티리얼(주) 브랜드의 대외적 이미지를 손상시키고 소비자의 민원발생 야기 등 손해를 입힌데 대하여 깊이 뉘우치며 소비자 및 섬유관련 종사자 여러분에게도 깊이 사과드리는 바입니다.

금후 이러한 일이 두번다시 없을 것을 서약하오며, 코오롱패션머티리얼(주)명예를 실추시키고 상거래 질서를 혼란시키는 일이 없도록 하겠습니다.

2008년 11월 17일

〈코오롱패션머티리얼(주)의 등록상표〉

부 성 사 대표
삼광섬유 대표

제 2 절 마케팅을 규제하는 시민행동

기업이 경제와 사회에 해악을 미치는 요인이 될 수 있다고 보는 시각 때문에, 기업을 바로잡자는 풀뿌리 운동이 일어나고 있는데, 이에는 소비자 보호운동 그리고 환경보호운동이 있다.

1. 소비자 보호운동

소비자 보호운동(consumer movement)은 기업들의 불법적이며 비윤리적인 활동에 대해 소비자들이 모여 보호를 받고, 권리를 확보하기 위한 운동이다. 즉 제약회사의 스캔들, 물가 폭등, 제품의 잠재적 위험성 등이 자행됨으로써 소비자를 중심으로 일어난 보호운동이다. 특히 1960년대 초 John F. Kennedy 대통령이 소비자의 4대 권리, 즉 소비자의 안전을 추구할 권리(right to safety), 정보를 받을 권리(right to be informed), 청원할 수 있는 권리(right to be heard), 소수의 소비자들이 불이익을 당하지 않을 권리 등을 발표함으로써 소비자 보호운동은 한 차원 진전되었다.

그 후 소비자 보호운동은 소비자주의(consumerism)로 발전되었다. 소비자주의란 소비자의 권리를 보호하고, 판매자와의 관계에서 구매자의 힘을 신장시키려는 시민 그리고 정부기관의 조직적인 움직임을 말한다. 지금까지 전통적인 권리와 구매자의 권리를 비교해 볼 때, 힘의 균형이 판매자에게 기울어져 있었다. 구매자가 구입하지 않을 권리를 가지고 있지만, 구매자는 너무 정보가 없고, 교육을 받지 못하였으며, 정교하게 무장된 판매자를 만났을 때 현명한 결정을 내릴 수 있도록 보호를 받지 못하였다.

이에 소비자 보호단체는 기존의 구매자 권리에 소비자 권리를 추가할 것을 요구하며, 또한 정부는 이러한 소비자 권리를 강화하기 위해 소비자 보호관련 법규를 제정하고 있다. 즉 세일하는 제품을 구입하지 않을 수 있는 권리, 제품이 안전할 것이라고 기대할 수 있는 권리, 제품이 제대로 기능할 것이라고 기대할 수 있는 권리에 추가하여 제품의 중요한 속성을 충분히 알 권리, 의심스러운 제품이나 마케팅 행위에서 보호받을 수 있는 권리, 생활의 질을 향상시킬 수 있는 방향으로 제품과 마케팅 행위에 영향을 미칠 수 있는 권리를 추가할 것을 요구하고 있다.

또한 소비자 보호관련 법규는 기업의 기만적 행위에서 소비자 권리의 강화, 제품 안전규제의 강화, 개인정보 보호의 보장, 정부기관에 대한 더 많은 권한부여 등이 포함되고 있다.

그러나 소비자는 상기의 권리뿐만 아니라 자기 자신을 보호할 의무도 있다. 불공정 거래에 관련되었다고 믿는 소비자는 해당 기업이나 매체에 연락하거나, 정부기관이나 지역단체 등에 고발함으로써 해결해야 할 책임과 의무가 있다.

2. 환경보호주의

1) 환경보호주의의 대두

소비자보호 운동가는 마케팅 시스템이 효율적으로 소비자의 욕구를 만족시키고 있는가를 생각하는 반면에, 환경운동가는 마케팅이 환경에 미치는 영향과 소비자의 1차적 욕구와 2차적 욕구를 만족시키는데 소요되는 비용을 걱정한다.

환경보호주의(environmentalism)란 인간이 현재 살고 있는 환경을 보호하고 개선하고자 하는 의식을 가진 시민들, 기업과 정부조직의 조직적인 운동을 말한다.

환경보호 운동가는 마케팅과 소비에 반대하는 것이 아니라, 그들은 단지 소비자와 기업이 환경에 관심을 가지고 일해 주기를 바란다. 그들은 마케팅 시스템의 목적을 소비, 소비자 선택 또는 소비자 만족을 최대화하는 것이 되어서는 안 되며, 삶의 질을 최대화하는 것이어야 한다고 주장한다. 그리고 삶의 질이란 단지 소비제품과 서비스의 양과 질뿐만 아니라 환경의 질을 포함한다. 즉 환경보호 운동가는 제조업체와 소비자의 의사결정에 환경비용이 포함되기를 바란다.

환경보호주의의 첫 번째 물결은 1970년 환경단체와 환경을 걱정하는 소비자에서 시작되었다. 소비자들은 노천 채굴, 산림의 훼손과 감소, 산성비, 대기 오존층의 파괴, 산업 폐기물, 생활 쓰레기 등으로 인한 생태계의 파괴를 걱정한다. 또한 나쁜 공기,

오염된 수질, 화학적으로 처리된 음식물로 인한 건강문제의 증가와 국민 휴양지역의 감소를 염려한다.

두 번째 환경보호주의는 1970년대와 80년대에 환경에 영향을 주는 산업행위를 규제하는 법률을 통과시킨 정부에서 일어났다. 이러한 움직임은 특정한 산업에 큰 영향을 주었다. 철강업과 건설업, 그리고 자동차 업계, 포장 업계 등은 법규의 제정으로 인해 많은 비용을 감당해야만 하며, 이에 따라 시장에서 경쟁력을 상실케 되는 위험에 처하게 되었다.

상기의 두 가지 움직임은 기업이 환경에 해를 끼치지 않는 것을 당연한 책임으로 여기는 더욱 강력한 세 번째 물결로 발전하였다. 기업은 항의자로서 예방자로서, 규제당하는 입장에서 책임지는 입장으로 변신하였다. 기업은 환경친화 유지(environmental sustainability)정책을 받아들이고 있다. 즉 환경친화 유지 정책은 지구를 보호하는 동시에 기업의 이윤을 창조하는 방법이다.

이러한 정책하에서 볼 때, 세련된 기업은 누가 하라고 해서 하거나, 또는 단기적 수익을 획득하기 위해서 행하기보다는, 이것은 옳은 일이기 때문에 행동하는데, 그것이 기업과 환경 모두에 이익이 된다는 것을 알고 있기 때문이다.

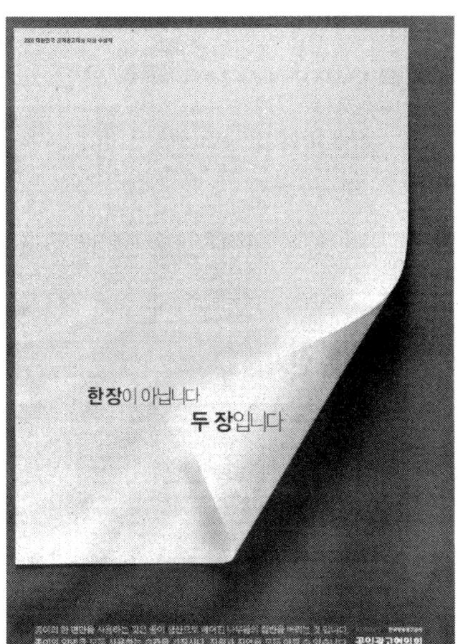

2) 환경친화 유지 척도

〈그림 20-1〉은 기업의 환경친화 유지에서의 진보수준을 측정하는데 사용하는 환경친화 유지 척도이다.

	현재 녹색화	미래 녹색화의 차원을 넘어
내부	**공해방지** 폐기물(쓰레기)이 발생하기 전에 폐기물을 없애거나 줄임	**새로운 환경 기술** 환경기술과 역량을 위한 새로운 기반을 개발함
외부	**제품 중심적 환경보호** 전체적인 제품수명주기에 걸쳐 환경적인 영향을 최소화함	**환경친화 유지비전** 미래의 환경친화 유지를 위한 전략적 프레임워크를 수립함

〈그림 20-1〉 환경친화 유지 포트폴리오

첫째, 가장 기본적인 단계는 기업이 공해방지에 노력을 하는 것이다. 이것은 단순히 배기가스 억제만을 의미하는 것은 아니고, 생성된 폐기물 처리까지 포함한다. 공해방지는 폐기물이 생성되기 전에 미리 이를 제거하거나 최소화하는 것으로, 공해방지를 강조하는 기업은 최근 녹색 마케팅 프로그램으로 대응하고 있다. 녹색 마케팅(green marketing)이란 환경적으로 안전한 제품, 재활용이 가능하고 미생물을 작용하여 처리가 가능한 포장용기, 더 좋은 오염통제장치, 연료효율성을 높이는 방법 등을 개발하는 것이다.

둘째, 다음 단계는 제품중심적 환경보호 단계이다. 제품중심적 환경보호(product stewardship)란 제조공정에서부터 공해를 최소화하는 것뿐만 아니라 제품이 전체 제품수명주기를 거치는 동안 비용을 줄이는 동시에 환경에 미치는 영향을 최소화하려는 노력을 말한다. 많은 기업이 개발단계에서 회수, 재사용, 재생이 용이한 제품을 디자인하려는 환경친화적 디자인(DFE : Design for Environment)제도를 도입하고 있다. DFE는 환경을 보호할 뿐만 아니라 기업에게도 상당히 유익한 제도이다.

세 번째 단계는 기업이 미래를 내다보는 새로운 환경기술(new environmental technology)을 계획하는 것이다. 많은 기업의 환경친화 유지정책에서의 진전이 기존의 기술력에 의해 여전히 제한을 받고 있다. 따라서 충분히 환경친화적인 정책을 개발하려면 신기술을 개발해야 한다.

마지막으로 기업은 미래를 위한 지침이 되는 환경친화 유지 비전(sustainability vision)을 개발할 수 있다. 이것은 기업의 제품과 서비스 운영과정, 정책이 어떻게 진화되어야 하며, 이런 목표를 달성하기 위해 어떤 신기술이 개발되어야 할 것인가를 알려준다. 이러한 환경친화유지 비전은 공해방지, 제품중심적 환경보호, 환경기술을 어떻게 운영할 것인가에 대한 핵심사항을 제안한다.

오늘날 많은 기업이 〈그림 20-1〉의 환경친화 유지 척도의 4가지 단계 중 첫 번째 단계인 공해방지에만 지나치게 투자한다. 그러나 미래를 바라보는 기업은 제품중심적 환경보호와 환경기술 개발에 힘쓰고 있다. 또한 환경친화 유지비전을 가지고 있는 기업도 있다. 그러나 환경친화 유지 척도의 한 두 단계만을 강조하는 것은 근시안적인 태도이다. 그러므로 기업은 반드시 환경친화 유지의 4가지 차원 모두에 골고루 신경을 써야 한다.

3) 국제 마케팅 기업과 환경보호

환경보호운동은 국제 마케팅 기업에게 있어 특별한 도전적인 문제이다. 국제적인 무역장벽은 낮아지고, 세계시장은 넓어짐에 따라 환경문제는 국제무역에 어느 때보다 크게 영향력을 발휘하고 있다.

북미, 서유럽 국가와 그 외 선진국들이 엄격한 환경기준을 적용하고 있다. 미국은 20개 이상의 주요 환경법이 1970년대부터 실행되고 있으며, 현재에도 계속 입법이 진행되고 있다. 유럽공동체도 최근 자동차와 소비 가전제품에 영향을 주는 제품폐기(end-of-life) 법안을 통과시켰으며, 자연환경관리와 감시계획이 환경에 관련된 자율규제 지침을 제공한다.

그러나 환경정책은 아직도 국가마다 매우 상이하다. 덴마크, 독일, 일본 그리고 미국과 같은 국가는 매우 발전된 환경정책과 높은 대중적 기대수준을 갖고 있다. 그러나 중국, 인도, 브라질, 러시아와 같은 국가는 아직도 초보단계에 있다.

또한 한 나라의 소비자에게 동기를 부여하는 환경요인이 다른 나라의 소비자에게는 아무런 영향을 주지 않을 수도 있다. 즉 스위스와 독일에서 PVC청량음료 병의 사용은 엄격히 규제되지만, 강력한 재활용 프로그램을 갖고 있는 프랑스에서는 선호되고 있다.

다국적 기업은 세계적으로 통용되는 표준화된 환경보호 관행을 개발하는데 어려움을 겪고 있다. 이에 따라 다국적 기업은 전반적인 정책을 수립하고 이 정책을 각 나라의 규제와 기대수준에 맞추어 변형시킨 프로그램을 개발, 사용하고 있다.

3. 마케팅을 규제하는 사회운동

마케팅 관행에 대한 시민들의 우려사항은 종종 대중적인 관심을 불러일으키고 입법화하도록 하였다. 즉 사회운동의 결과로 새롭게 법안이 마련되고 있다.

이렇게 입법화된 법규들은 마케팅에 대한 많은 정치적, 법적 환경을 조성한다. 이러한 법규를 마케팅 관리자가 이해함으로써 경쟁관계, 제품, 가격, 촉진, 유통경로에 대한 결정시 많은 도움을 얻고 있다.

그러나 마케팅 관리자는 〈표 20-4〉와 같은 법적 문제에 부딪치고 있다.

〈표 20-4〉 법적으로 문제를 야기시킬 수 있는 마케팅 의사결정

결정사항	결정 내용
판매관련 결정	뇌물 사용여부, 거래관련 기밀의 도움여부, 고객비난 관련 오도여부, 고객관계 공개여부, 불공정 차별여부
광고관련 결정	허위광고 여부, 기만적 광고 여부, 미끼 상술광고 여부, 판촉수수료 제공과 판촉 서비스 관련
유통경로 관련 결정	전속적 거래 관련, 지역별 특정판매권 결정, 끼워팔기 결정, 판매상 권리
제품관련 결정	제품추가 및 삭제 관련, 특허보호 관련, 제품의 질과 안전관련, 제품보증 관련
포장관련 결정	공정한 포장화와 제품성분 표기관련, 과도한 원가관련, 희소자원 관련, 공해관련
가격관련 결정	가격고정, 약탈적 가격책정, 가격차별, 최저가격 절정, 가격인상 관련, 바가지요금 관련
경쟁업체 관련 결정	반경쟁 인수합병, 진입장벽 관련, 약탈적 경쟁행위 관련

제3절 사회적 책임 마케팅

처음에 많은 기업들이 소비자주의와 환경보호주의에 반대하였다. 소비자나 환경에 대한 관심은 중요하지 않거나 부당하다고 생각했기 때문이었다.

그러나 지금은 마케팅 기업이 새로운 소비자 권리를 원칙적으로 포용하고 있다. 여전히 많은 기업이 특별한 소비자 문제를 해결하는데 적절하지 않다는 이유로 일부 법규를 반대하고 있지만, 소비자의 알 권리와 소비자 정보보호 문제는 인지하고 있다. 이러한 기업은 소비자주의와 환경보호주의가 고객가치를 창조하고 또한 소비자와의 관계를 강화시키는 한 가지 방법이라는 사실을 인식하고 호의적으로 받아들이고 있다.

1. 계몽적 마케팅

계몽적 마케팅(enlightened marketing) 철학이란 기업의 마케팅 활동은 마케팅 시스템의 장기적 효과를 극대화시키는 것을 지원해야 한다는 것이다. 이러한 계몽적 마케팅은 소비자지향적 마케팅, 고객가치창조 마케팅, 혁신적 마케팅, 사명의식 마케팅, 사회지향적 마케팅의 원칙으로 구성되어 있다.

1) 소비자지향적 마케팅

소비자지향적 마케팅(consumer oriented marketing)이란 기업이 자신의 마케팅 활동을 소비자의 관심과 입장에서 바라보는 것으로서, 기업은 정의된 고객집단의 욕구를 인식하고 서브하고, 만족시키기 위해 노력하는 것이다.

따라서 양호한 마케팅 활동을 하는 모든 기업은 고객에게 최상의 가치를 전달하는 열정을 가지고 있다는 것이다. 즉 세상을 소비자의 눈으로 보려는 노력만이 기업이 소비자와 장기적으로 이윤을 창출하는 고객관계를 맺을 수 있도록 도와준다.

2) 고객가치창조 마케팅

고객가치창조 마케팅(customer-value marketing)의 원칙은 기업의 많은 자원을 고객가치를 창조하는 마케팅 활동에 투자하는 것이다. 즉 고객가치의 측면에서 제품의 질, 특성, 이점 등을 증진시키는 데 투자해야 한다.

계몽적 마케팅은 소비자가 기업의 마케팅 활동으로 획득할 수 있는 가치를 지속적으로 향상시킴으로써 장기적인 소비자 충성도와 관계형성을 유도한다. 따라서 소비자를 위한 가치를 창조함으로써 기업도 소비자로부터 가치를 획득할 수 있다.

3) 혁신적 마케팅

혁신적 마케팅(innovative marketing)의 원칙은 기업에게 끊임없이 제품과 서비스에 대한 개선점을 탐색할 것을 요구한다. 새롭고 더 좋은 방법을 탐색하는 일을 간과하는 기업은 결국 더 우수하고 양호한 방법을 찾아낸 경쟁사에게 고객을 빼앗기게 될 것이다.

4) 사명의식 마케팅

사명의식 마케팅(sense of mission marketing)이란 기업이 기업사명을 정의할 때 제품중심으로 좁게 제시하기보다는 사회적 역할을 고려하여 광의로 제시해야 한다는 것이다.

기업이 사회적 역할을 고려하여 기업 사명을 정의할 때, 구성원은 자신의 일에 자부심을 느끼며, 정확한 목표의식을 가질 수 있다. 그리고 광의적인 기업사명과 연관된 상표는 상표와 고객 모두의 장기적인 이해관계를 확실하게 구축할 수 있다.

이에 따라 기업들은 자신의 전체 기업사명에 광의적인 사회적 역할을 포함하고 있다. 예를 들어, Unilever사의 한 상표인 Ben & Jerry's 아이스크림의 목표는 제품관련, 경제적, 사회적 사명을 포함하여 "함께 잘 살기 위한"이라는 더 넓은 기업사명을 설정하였다.

5) 사회지향적 마케팅

사회지향적 마케팅(societal marketing)의 원칙에 의하면, 계몽적 기업은 소비자의 욕구와 이해관심사를 고려하여 기업의 필요요건과 장기적인 사회적 이익을 위한 마케팅 결정을 한다. 즉 기업이 소비자와 사회의 장기적인 이해관계를 무시하는 것은 소비자와 사회에 폐를 끼친다는 것을 알고 있으므로, 기업은 사회문제를 기회로 인식하는 시각을 가져야 한다.

사회문제에 관심 있는 마케팅 기업은 제품을 설계할 때 단지 즐거움을 줄 뿐만 아니라 유익함도 고려한다. 〈그림 20-2〉와 같이 제품은 즉각적인 소비자 만족 그리고 장기적인 소비자 이점의 정도에 따라 분류된다.

〈그림 20-2〉 사회지향적 수준에 의한 제품분류

첫째, 맛 없는 음식, 비효율적인 기계와 같이 결함이 있는 제품(deficient product)은 즉각적 만족이나 장기적인 이점 모두를 제공하지 못한다.

둘째, 즐거움을 주는 제품(pleasing product)은 높은 즉각적 만족은 주지만, 장기적으로 소비자에게 해가 될 수 있다.

셋째, 안전벨트나 에어백과 같은 유익한 제품(salutary product)은 당장에 별로 주의를 끌지 못하지만 장기적으로 소비자에게 편익을 제공할 수 있다.

넷째, 바람직한 제품(desirable product)은 높은 단기적 만족과 높은 장기적 이점을 주는 제품으로 맛도 있고, 영양가도 있는 아침식사 대용식 등이 있다.

기업은 모든 제품을 바람직한 제품으로 만들려고 노력해야 한다. 즐거움을 주는 제품에 대한 도전적인 과제 중의 하나는 판매는 매우 잘 되지만, 결국 소비자에게 해를 끼칠 수 있다는 것이다. 그러므로, 기회를 살리려면 현제품의 즐거움을 제공하는 능력을 해치지 않으면서 장기적인 유익성을 고려해야 한다. 유익한 제품의 도전적인 과제는 즐거움을 주는 어떤 속성을 추가하여 소비자의 마음속에 더 바람직하게 인식하도록 만드는 것이다.

2. 마케팅 윤리

1) 윤리적 딜레마

마케팅 기업은 많은 윤리적 딜레마에 직면한다. 즉 많은 경우, 불확실한 상태에서 어떻게 하면 가장 좋은 결정이 될 수 있는가를 판단해야 한다. 모든 경영자가 훌륭한 윤리적 감각을 가지고 있지 않으므로, 기업은 조직의 모든 구성원이 반드시 따라야 하는 광범위한 지침인 기업 마케팅 윤리방침을 개발해야 한다. 이런 방침에는 유통업자와의 관계, 광고기준, 고객 서비스, 가격정책, 제품개발, 일반적인 윤리기준이 포함되어 있다.

어떤 세심한 지침도 마케팅 기업이 직면하는 모든 윤리적 상황을 해결해 주지는 못한다. 예를 들어, 마케팅 관리자가 즉각적인 판매를 촉진하기 위해 어떤 행동을 한다면, 그 행동은 부도덕하거나, 비도덕적이라고 할 수 있다. 또 만약 관리자가 매출을 유발하기 위한 어떤 행동도 수행하지 않는다면, 끊임없이 윤리적이어야 한다는 긴장감 때문에 비효과적인 관리자가 될 것이다. 따라서 마케팅 관리자는 각 상황에서 윤리적인 행위가 중요하다는 사실을 파악하는데 도움이 되는 몇 가지 원칙을 정하고, 양심상 떳떳하게 할 수 있는 일이 어디까지인가를 결정해야 한다.

마케팅 윤리와 사회적 책임 문제에 대해 기업과 마케팅 관리자가 대처할 수 있는 지침에는 원칙이 있다.

첫 번째 철학은 자유시장과 법률체계를 따르는 것이다. 즉 기업과 관리자는 양심적으로 시장과 법률이 허락하는 한도 내에서 일하면 된다.

두 번째 철학은 사회제도가 아닌 개별 기업과 경영자에게 책임을 돌리는 것이다. 이것은 더 진보된 철학으로서, 기업은 사회적 양심을 갖는 것이다. 즉 기업과 경영자는 윤리와 도덕성에 대한 높은 기준을 갖고, 사회제도가 허락하는 정도에 관계없이 자신의 기준에 따라 기업의 문제를 결정하는 것이다.

2) 윤리강령의 개발과 준수

기업과 경영자는 사회적으로 책임감이 있고, 윤리적인 기업행동을 해야 한다. 사회지향적 마케팅 개념을 가진 경영자는 합법적으로 허락된 기준 외에도 개인적 성실성, 기업 양심, 장기적인 소비자 복지에 기반을 둔 기준을 개발해야 한다. 즉 책임감 있고 분명한 원칙은 기업이 복잡한 문제에 직면했을 때 이를 해결할 수 있는 실마리가 된다.

특히 환경보호주의가 등장함에 따라 윤리적 문제는 국제 마케팅 기업과 관리자에게 특별한 도전적 문제가 되고 있다. 그 이유는 기업의 기준과 관행이 각 나라마다 너무나 상이하기 때문이다. 예를 들어, 뇌물과 리베이트 등이 선진국에서는 불법이지만 많은 후진국에서는 일반적인 관행으로 인정되고 있다. 따라서 도덕적 잣대가 낮은 나라에서 효과적으로 경쟁하며, 사업하기 위해서는 기업이 자신의 도덕적 기준을 이에 맞추어 낮출 것인가 하는 판단이 요구된다. 그러나 기업은 세계적으로 공유된 일정 기준을 따라야 한다.

이렇듯, 기업은 기본적으로 지켜야 하는 고유된 일정기준을 가져야 한다. 이에 많은 업계협회와 전문가 협회가 윤리강령(code of ethics)을 제시하고 있으며 또한 많은 기업이 자체의 윤리강령을 채택하고 있다. 이에 추가하여 기업은 경영자에게 중요한 윤리문제에 적절하게 대응할 수 있는 방법을 교육하는 프로그램을 개발하고 있다. 또한 윤리경영 워크숍과 세미나 등을 열고 윤리위원회를 설치하고 있다.

그러나 문서화된 강령과 윤리경영 프로그램이 윤리적 행동을 보장해 주지는 않는다. 윤리적이며 사회적으로 책임을 지는 기업 전체의 현실이 필요하다. 즉 윤리가 기업문화의 전반에 녹아 있어야 한다는 것이다.

참고문헌

윤훈현 역, 『마케팅 관리론』, 12판, 피어슨, 2006.

"Transparench International Bribe payers Index" and "Transparency International Corruption Perception Index," accessed at www.transparency.org, August 2006.

Daniel J. Tschopp, "Corporate Social Responsibility: A Comparison between the United States and Europe," *Corporate Social-Responsibility and Environmental Management*, March 2005, pp. 55-59.

Denver D'Rozario and Jerome D. Williams, "Retail Redlining: Definition, Theory, Thpology, and Measurement," *Journal of Macromarketing*, December 2005, pp. 175.

Kara Sissell, "Senate Bill Would Allow Criminal Charges in Product Liability Suits," *Chemical Week*, March 22, 2006, p. 43.

Kotler P. and Gary Armstrong, *Marketing : An Introduction*, 9th ed., Pearson, 2009.

Kotler P. and Gary Armstrong, *Principles of Marketing*, 12th ed., Pearson, 2008.

Kotler P. and Kevin Lane Keller, *Marketing Management*, 13th ed., Pearson, 2009.

Theodore Levitt, "The Morality(?) of Advertising," *Harvard Business Review*, July-August 1970 pp. 84-92.

찾아보기

[ㅇ]

[ㅈ]

[ㅊ]

[ㅋ]

〈기타〉

[저자 약력]

• 윤 훈 현

연세대학교 상경대학 경영학과 졸업(경영학사)
연세대학교 경영대학원 수료(판매관리 전공, 경영학 석사)
목원대학교 경영학과 조교수 역임
미국 University of Wisconsin(Madison) 경영대학원 객원교수
고려대학교 대학원 박사과정 수료(경영학 박사)
고려대학교 산업개발연구소장 역임
고려대학교 경영정보대학원장 역임
현 : 고려대학교 경상대학 경영학부 교수
고려대학교 경영정보대학원 교수

저서 : 『21세기 경영학』(공저, 2004), 『현대경영학』(1998)
『현대소비자행동론』(1998), 『소비자행동의 이해』(2008)
편저 : 『객관식 경영학연습』(1993)
역서 : 『최신마케팅원론(Philip Kotler, Marketing : An Introduction)』, 제2판(1991), 제3판(1994), 제4판(1998), 제5판(2001), 제6판(2003)
『현대마케팅론(P. Kotler & G. Armstrong : Principles of Marketing)』, 제4, 5, 7판
『신마케팅론(Gilbert A. Churchill and J. Paul Peter : Marketing)』, 제1판(1996)
『소비자행동론(Henry Assael, Consumer Behavior)』, 제5판, 제6판(1998).
『마케팅관리론(Philip Kotler, Marketing Management』 제6, 7, 8, 9, 10, 11, 12판

마케팅의 이해

2009년 1월 20일 초판인쇄
2009년 1월 30일 초판발행

저 자 윤 훈 현
발행인 유 성 렬
발행처 **청목출판사**
서울특별시 영등포구 신길동 233-96
전화 (02) 849-6157(代) · 2820
FAX (02) 849-0817
등록 제318-1994-000090호

파본은 바꾸어 드립니다. 값 33,000원

http : //www.chongmok.co.kr

ISBN 978-89-5565-276-5